W0350772

Orchideenkultur

Botanische Grundlagen, Kulturverfahren, Pflanzenbeschreibungen

Herausgegeben von Gertrud Fast

Unter Mitarbeit von
J. Coenraad Arends, Martin Hemer, Hans Koch,
Kuno Krieger, Erich L. Nuernbergk, Walter Vöth

32 Farbtafeln mit 119 Bildern
113 Zeichnungen und Schwarzweißfotos

Verlag Eugen Ulmer Stuttgart

Verzeichnis der Mitarbeiter

Ir. J. Coenraad Arends, M. Sc.
Landbouwhogeschool, Laboratorium voor Plantensystematiek en -geografie, Wageningen

Dr. Gertrud Fast
früher Institut für Bodenkunde und Pflanzenernährung, FH Weihenstephan

Dr. Martin Hemer
Institut für Pflanzenschutz, Saatgutuntersuchung und Bienenkunde, Münster/Westf.

Gartenbauingenieur (grad.) Hans Koch
Orchideenzüchter, Unna

Kuno Krieger
Kleingewächshaus-Fachmann, Herdecke-Ende

Prof. (emer.) Dr. Erich L. Nuernbergk
Allgemeine Botanik, Universität Hamburg

Walter Vöth
Botanischer Garten der Universität Wien

CIP-Kurztitelaufnahme der Deutschen Bibliothek

Orchideenkultur: botan. Grundlagen, Kulturverfahren, Pflanzenbeschreibung / hrsg. von Gertrud Fast. Unter Mitarb. von J. Coenraad Arends ...
– Stuttgart : Ulmer, 1980.
ISBN 3-8001-6019-6

NE: Fast, Gertrud [Hrsg.]; Arends, J. Coenraad [Mitarb.]

© 1980 Eugen Ulmer GmbH & Co.,
Gerokstraße 19, 7000 Stuttgart
Printed in Germany
Umschlaggestaltung: Alfred Krugmann
mit einem Foto von Kuno Krieger
Gesamtherstellung: Passavia GmbH, Passau

Vorwort

Als der Verlag Eugen Ulmer vor einigen Jahren mit dem Wunsch an mich herantrat, die Herausgabe eines neuzeitlichen Buches über die Orchideenkultur zu übernehmen, hatte ich zunächst Bedenken, ob angesichts der in jüngster Zeit erschienenen Werke auf diesem Gebiet so ein Unternehmen überhaupt noch sinnvoll sei. Andererseits empfand ich es als lohnende und willkommene Aufgabe, die im Laufe vieler Jahre am Institut für Pflanzenernährung und Bodenkunde der Fachhochschule Weihenstephan gewonnenen Erfahrungen in zusammenhängender Form darzustellen. Dem Leiter des Instituts, Herrn Prof. Dr. Penningsfeld, bin ich für die Unterstützung dieses Vorhabens durch Überlassung von Versuchsunterlagen und kritische Durchsicht des Manuskripts zu großem Dank verpflichtet. Ebenso danke ich Herrn Gartenbauing. (grad.) Paul Kurzmann, einem Mitarbeiter des Instituts, für die mit viel Sorgfalt angefertigten Aufnahmen aus dem Versuchsbereich.

Mein Dank gilt fernerhin den Mitautoren dieses Buches, die trotz teilweise starker beruflicher Inanspruchnahme bereit waren, die Bearbeitung bestimmter Sachgebiete zu übernehmen. Durch die verschiedenen Beiträge sollte ein möglichst abgerundetes Bild über die Grundlagen der Orchideenkultur gegeben werden, doch mußten wir uns bei der Behandlung der einzelnen Themen auf Wesentliches beschränken und einige Wissensgebiete sogar gänzlich außer acht lassen, um den Umfang und damit auch den Preis dieses Handbuches in Grenzen zu halten. Wir bemühten uns jedoch, durch Angabe der wichtigsten Spezialliteratur dem interessierten Leser Hinweise zu geben, wo weitere Informationen zu finden sind.

Eine gewisse Schwierigkeit bei der Abfassung des Textes lag darin, daß sowohl Liebhaber- wie Berufsgärtner angesprochen werden sollten, obwohl beide Gruppen zum Teil recht unterschiedliche Vorkenntnisse mitbringen. Berücksichtigt werden sollten vor allem die Wünsche der ersteren, die als Anfänger eine leicht verständliche Anleitung zur Auswahl und Pflege von Orchideen suchen, als Fortgeschrittene mit den neuesten Forschungsergebnissen und Anbauverfahren vertraut gemacht werden möchten. Darüber hinaus mußte aber für den Erwerbsgärtner auch die wirtschaftliche Seite beleuchtet werden.

Gerade bei Orchideen ist es allerdings manchmal problematisch, verbindliche Aussagen hinsichtlich einer optimalen Kulturführung zu machen, da uns in vielen Bereichen noch die experimentell erarbeiteten Grundlagen fehlen. Im Vergleich zu der Vielzahl an morphologischen und taxonomischen Studien, die der Familie der Orchidaceae gewidmet wurden, ist der Umfang an physiologischen Untersuchungen bisher sehr begrenzt, so daß wir bei unseren Angaben überwiegend auf die teilweise divergierenden Erfahrungen der Praxis angewiesen sind. Da jedoch die Orchideenkultur dank moderner Anbau-, Züchtungs- und Vermehrungsmethoden während der letzten Jahrzehnte einen ungewöhnlichen Aufschwung nahm, ist anzunehmen, daß sich die wissenschaftliche Forschung künftig verstärkt der noch offenen Fragen annehmen wird.

Die Autoren dieses vom Verlag vorzüglich ausgestatteten Buches waren bestrebt, den heutigen Stand unserer Kenntnisse aufzuzeigen, in der Hoffnung, damit dem Orchideenkultivateur einen nützlichen Leitfaden an die Hand zu geben. Möge dieser Band, für dessen gewissenhafte lektorale Bearbeitung Frau Maja Schiele bestens gedankt sei, seine Aufgabe erfüllen und mit dazu beitragen, die gewünschten Kulturerfolge zu erzielen!

Freising, im Frühjahr 1980 — Gertrud Fast

Inhaltsverzeichnis

1 Biologie der Orchideen

1.1 Allgemeines

Taxonomisch gehört die Familie der Orchidaceae, kurz Orchideen genannt, zu den Spermatophyta (Samenpflanzen) und hier wieder zu den Magnoliophytina oder Angiospermae, also zu den höheren Blütenpflanzen. Diese Unterabteilung gliedert sich wiederum in die beiden Klassen der Dicotyledoneae (Zweikeimblättrige Bedecktsamer) oder Magnoliatae und der Monocotyledoneae (Einkeimblättrige Bedecktsamer) oder Liliatae. In dieser letzten Klasse finden wir dann die Orchideen in der Unterklasse der Liliidae nach den Liliales als einzige Familie in der zweiten Ordnung der Orchidales. Da die dritte Ordnung von den Bromeliales mit der einzigen Familie der Bromeliaceae gebildet wird, sind die Orchidaceae taxonomisch einerseits mit dieser Familie und andererseits mit den Familien der Liliaceae, der Agavaceae, der Amaryllidaceae, der Iridaceae und den kleinen Familien der Dioscoreaceae und Pontederiaceae verwandt.

Charakteristisch sind für unsere Familie die dorsiventrale Blütensymmetrie, die Reduktion des Androeceums (Staubblattkreise) auf nur zwei bzw. ein Staubblatt und seine Verwachsung mit Griffel bzw. Narbe in der Columna (Säule), ferner der häufig in Pollinien zusammengefaßte Pollen, der unterständige Fruchtknoten und das Fehlen eines Endosperms (Nährgewebe) in den sehr zahlreichen winzigen Samen. Die Pflanzen sind entweder Geophyten (Erdpflanzen, d.h. Stauden mit überwinternden Erdsprossen und daran sitzenden unterirdischen Knospen) oder als ausdauernde Kräuter meist Epiphyten (Baumbewohner u.a.). Holzgewächse fehlen bei den Orchideen. Ein weiteres Kennzeichen der Familie ist das Vorhandensein einer endotrophen Mykorrhiza (S. 48), die für die Ernährung der Keimlinge wichtig ist, und ihre ausschließliche Zoophilie (Tierblütigkeit).

Die Orchideen sind über die ganze Erde verbreitet, soweit ein pflanzliches Wachstum möglich ist, und ihr Vorkommen erstreckt sich von Grönland bis Feuerland, von Kamtschatka bis Tasmanien.

Nach Brieger (S. 124) sind die Orchideen zu Beginn des Tertiärs vor etwa 60 Mill. Jahren in einem gemeinsamen Tropenbereich Asiens und Amerikas entstanden. Ihre Entwicklung dürfte vornehmlich nach dem Miozän, d.h. in den letzten 30 Mill. Jahren der Erdgeschichte, erfolgt sein. Inwieweit ökologische Faktoren die späteren Wanderungen epiphytischer Orchideen beeinflußt haben, läßt sich gegenwärtig nicht genau ermitteln.

Im übrigen bleibt es eine offene Frage, ob die geophytischen oder die epiphytischen Orchideen eher oder gleichzeitig entstanden sind. In der Kultur beobachtet man dabei, daß es sowohl Extreme als auch solche Arten gibt, die nicht nur epiphytisch, sondern auch geophytisch wachsen. Eine *Orchis* wird man z.B. schwerlich an einem Baume angebunden kultivieren können, und ebenso wird es eine *Stanhopea* oder eine *Microcoelia* kaum vertragen, wenn man solche Arten in Erde setzt. Andererseits gibt es viele Species, die sogar in der Natur infolge ihrer Anpassungsfähigkeit sowohl geophytisch als auch epiphytisch vegetieren, wie z.B. manche Paphiopedilen und Cymbidien oder Epidendren der radicans-Gruppe, welch letztere man in tropischen Ländern als „Pelargonium-Ersatz" auf Beeten sieht. Auch *Grammatophyllum speciosum* findet man in Singapur angepflanzt im Rasen stehen, und manche *Cattleya-* und *Catasetum-*Arten wachsen in ihrer Heimat statt auf Bäumen auf Felsen. Aus dem vegetativen Aufbau der Orchideen lassen sich aber Schlüsse ziehen, inwieweit eine Milieu-Änderung vertragen wird oder nicht.

1.2 Bau der Pflanze

1.2.1 Aufbau der Sproßachsen

Allgemein unterscheidet man bei den Orchideen einen sympodialen und einen monopodialen Aufbau der Sproßachsen. Der weitaus häufigere sympodiale Aufbau ist im Prinzip der gleiche wie bei unseren Laubbäumen. Hier stellt die Endknospe eines Triebes nach einer gewissen Zeit ihr Wachstum ein, und nach einer kürzeren oder längeren Ruheperiode nimmt die der Endknospe nächstliegende Seitenknospe das Wachstum wieder auf. Physiologisch betrachtet haben daher die sympodial gebauten Sprosse immer ein intermittierendes Wachstum.

Bei dem monopodialen Aufbau des Vandeen-Typus wächst dagegen der Sproß mit einem einzigen Endmeristem theoretisch unbegrenzt weiter, und eine Wachstumsunterbrechung ist nicht notwendig. Man kann diesen Wachstumstypus mit der Hauptachse einer Araucarie, Fichte oder Tanne vergleichen, nur haben die Vandeen oder Phalaenopsen distich (zweizeilig) angeordnete Blätter. Der sympodiale Aufbau erfolgt in vielen Fällen, z.B. bei *Cattleya, Laelia, Schomburgkia* usw. in der Weise, daß die Hauptachse zu einem parallel zur Unterlage wachsenden, dorsiventral gebauten Rhizom umgewandelt ist (Abb. 1). Die ausgetriebene Endknospe strebt nach Ausbildung eines kurzen Internodiums im rechten Winkel empor und bildet dann einen Kurztrieb, der in der Regel verdickt ist und Pseudobulbe genannt wird. Am Ende der Pseudobulbe entstehen zumeist ein oder zwei Blätter. Das Endmeristem des Kurztriebes entwickelt sich entweder nicht weiter oder erzeugt einen Blütenstand. Nach einer gewissen, vom Klima und der jeweiligen Art bedingten Ruhezeit treibt das am Ende des Rhizoms befindliche Seitenauge wieder aus, und der ganze Vorgang wiederholt sich. Nicht immer ist die Hauptachse rhizomförmig. Sympodialen Aufbau haben z.B. auch die aufrecht wachsenden Sproßsysteme von *Rodriguezia obtusifolia* und *Oncidium flexuosum.* Umgekehrt können die Rhizome unterirdisch wachsen und die Pseudobulben zwiebelartig aus dem Boden hervortreten wie bei *Bletia rodriguezii.*

Der sehr variable Aspekt der einzelnen Orchideengattungen wird stark durch die Größe der Kurztriebe und vor allem die Länge der Rhizom-Internodien bestimmt. Besonders lange Internodien haben einige *Bulbophyllum-*Arten. Bei *B. uniflorum* können z.B. die Pseudobulben bis zu 20 cm entfernt voneinander

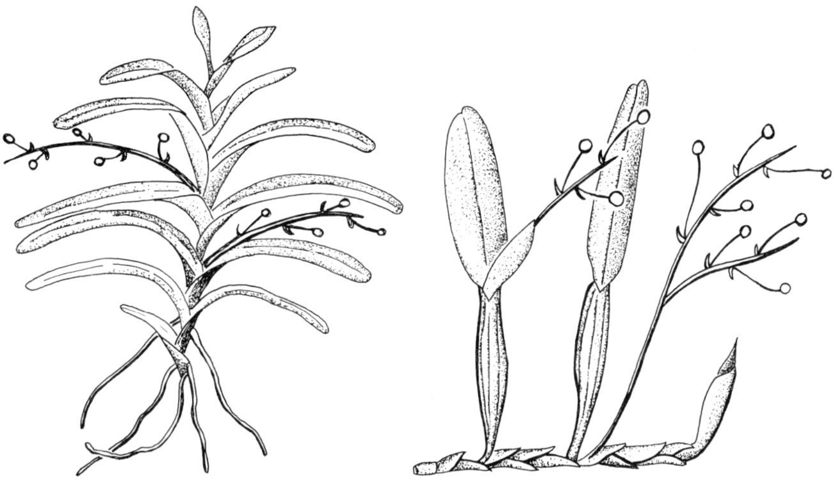

Abb. 1. Aufbau der Sproßachsen, links monopodial (Vanda), rechts sympodial (Cattleya). Beim Monopodium seitliche, beim Sympodium endständige Blütenstände, die bei der Pseudobulbe links akranth (endständig), bei der Pseudobulbe rechts pleuranth (seitenständig) entwickelt sind. Nach THOMALE 1954.

stehen. Die Länge der Internodien spielt auch beim monopodialen Typus eine Rolle, so sind sie bei *Phalaenopsis* sehr kurz, bei Vandeen, wie *Vanda teres,* erheblich länger. Bei *Phalaenopsis* kommt hinzu, daß die Sprosse an der Basis absterben und die Blätter abwerfen. So bleiben die *Phalaenopsis*-Pflanzen immer sehr kurz. Beim monopodialen Typus entstehen die Infloreszenzen in den Achseln der Blätter.

Bei manchen Orchideen gibt es ein Mittelding zwischen sympodialem und monopodialem Aufbau, z.B. bei *Epidendrum*-Arten (*E. arachnoglossum, E. ellipticum, E. elongatum, E. radicans, E. schomburgkii* u.a.). Hier sind die Rhizom-Internodien sehr kurz, und das Rhizom ist selber stark verzweigt. Die aufrechtstehenden Kurztriebe sind nicht verdickt und oft von beträchtlicher Länge, was einen monopodialen Aufbau vortäuscht. Daß dieser aber nicht vorhanden ist, ergibt sich aus der terminalen Infloreszenz. Neben Arten mit Pseudobulben kommt bei *Epidendrum* auch der Fall vor, daß die Infloreszenzen auf besonderen Kurztrieben entstehen, wie bei *E. stamfordianum* (syn. *Auliza stamfordiana*).

Häufig sind die kurzen, aufrechten Internodien gedreht, wodurch trotz der prinzipiellen Distichie eine mehrzeilige Beblätterung vorgetäuscht wird und schließlich eine Art Rosette entsteht. Aus aufrecht stehenden Trieben, z.B. von *Epidendrum,* können ferner sog. **Sproßbüschel** dadurch entstehen, daß sie sich frühzeitig an der Basis verzweigen und dann sekundäre, aufstrebende Kurztriebe bilden. Einen büschelartigen Aufbau der Vegetationsorgane findet man auch bei stark verzweigten Rhizomen mit sehr kurzen Internodien, wie es etwa *Paphiopedilum* und *Dendrobium* zeigen.

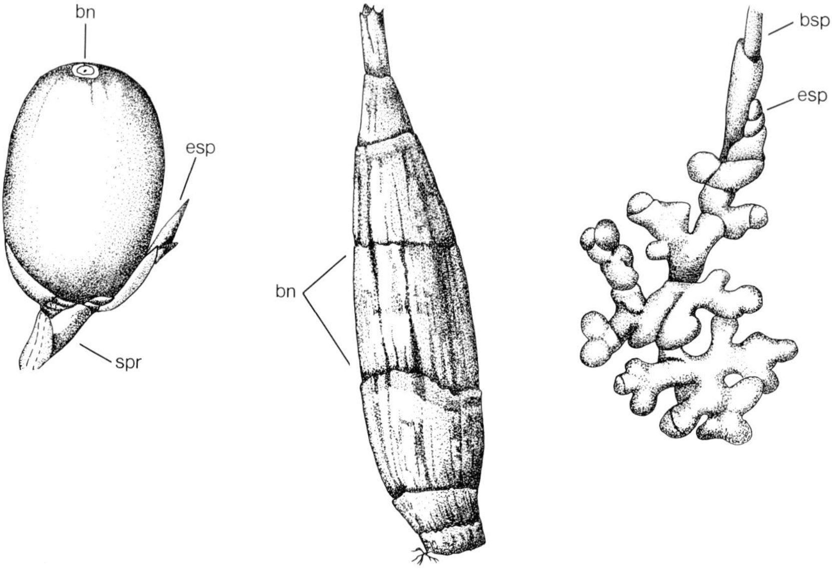

Abb. 2. Pseudobulben, links heteroblastisch (Coelogyne cristata), Mitte homoblastisch (Catasetum fimbriatum); rechts Rhizom von Corallorhiza trifida. Nach WETTSTEIN 1935.

spr Sproß, an dessen Ende der Pseudobulbus steht, bsp blühender Sproß, esp Erneuerungssproß, bn Blattnarbe.

1.2.2 Pseudobulben

Hier sind zweierlei Typen zu unterscheiden: die homoblastischen Pseudobulben und die heteroblastischen Pseudobulben (Abb. 2). Die homoblastischen Bulben sind aus vielen kurzen Internodien zusammengesetzt und tragen fast ihrer ganzen Länge nach Blätter. Oft handelt es sich dabei nur um gleichmäßig verdickte Stämme. Die Infloreszenzen erscheinen in der Regel seitlich, wie bei *Dendrobium*. Die heteroblastischen Pseudobulben bestehen aus einem verdickten Internodium mit terminalen Blättern und ggf. Blütenstand. Bei der homoblastischen Pseudobulben der Catasetinae gibt es insofern eine Variante in der Stellung der Infloreszenzen, als diese zwar bei *Cycnoches* seitlich stehen, bei *Catasetum* aber sich aus einem besonderen Rhizomauge an der Basis entwickeln. Bei einigen Arten, besonders *Schomburgkia* und *Diacrium* (syn. *Caularthron*) können die heteroblastischen Bulben hohl sein und haben dann an der Basis eine Öffnung. In der Natur werden diese hohlen Bulben gewöhnlich von Ameisen bewohnt. Die Größe der Pseudobulben variiert außerordentlich. Bei im Schatten wachsenden Pflanzen von *Grammatophyllum speciosum* erreichen sie bis zu 2,50 m Länge. Dagegen haben die scheibenförmigen Bulben von *Bulbophyllum globuliferum, B. minutissimum* und *B. odoardi* nur einen Durchmesser von 1–3 mm (DEANE 1969, KERNER V. MARILAUN 1888).

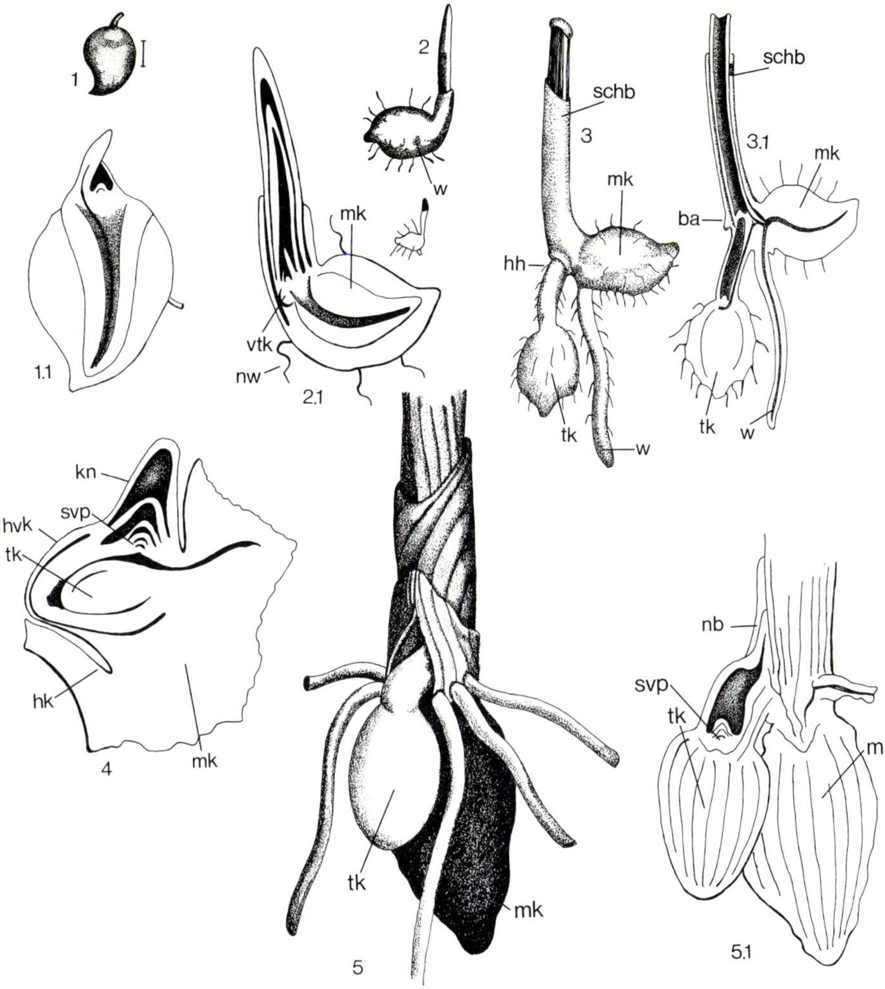

Abb. 3. Knollen von Orchis militaris. Nach IRMISCH und LUERSSEN 1853 aus WIESNER 1928.

1 Junge Keimpflanze, Senkrechte daneben: natürliche Größe, 1.1 Längsschnitt, stärker vergrößert, 2 ältere Keimpflanze mit hervortretender Wurzel, unten natürliche Größe, oben vergrößert, 2.1 Längsschnitt, vergrößert, 3 Keimpflanze im kommenden Frühjahr, 3.1 Längsschnitt, etwas verkleinert, 4 Querschnitt durch die Mutterknolle mit Anlage der Tochterknolle an der erwachsenen Pflanze, vergrößert, 5 Basis der erwachsenen Pflanze im Sommer, natürliche Größe, 5.1 Längsschnitt, natürliche Größe.

mk Mutterknolle, tk Tochterknolle, vtk Vegetationspunkt der zukünftigen Tochterknolle, w Wurzel, in Fig. 3 und 3.1 der Mutterknolle, nw Nebenwurzeln, ba Blattanlage, schb Scheidenblatt, svp Sproßvegetationspunkt, hk Hüllblatt (Deckblatt) der Mutterknolle im November, hvk Hüllblatt (Deckschuppe) des Vegetationskegels der Mutterknolle, nb Niederblatt bzw. Deckschuppe der Tochterknolle, hh Rest der Hüllhaut der (diesjährigen) Tochterknolle, kn junge Hauptknospe der Tochterknolle.

Ein besonderer Fall ist die sympodiale Anordnung der Knollen bei den Erdorchideen (*Dactylorhiza, Ophrys, Orchis* u. a.). Die aus verdickten Wurzeln entstandenen Knollen (Abb. 3) sind entweder eiförmig-rundlich (*Orchis mascula, militaris* u. a.) oder flach und fingerförmig ausgezogen (*Dactylorhiza incarnata, D. maculata, Gymnadenia* u. a.). Zur Blütezeit findet man eine dunkle, den Blütensproß tragende Knolle vor und eine helle, die diesjährige Knolle. In der Achsel des untersten, schuppenförmigen Niederblattes des Sprosses hat sich eine sproßbürtige Nebenwurzel gebildet. Nachdem diese das Niederblatt durchbrochen hat, schwillt sie zur diesjährigen Sproßknolle an. Bei den handförmigen Sproßknollen entstehen diese durch gabelige Verzweigung der Wurzel. An der jungen Knolle ist bereits die Sproßknospe für das kommende Jahr vorhanden. Das sympodiale Sproßsystem wird dabei dadurch betont, daß einmal die Sproßknospe links, das anderemal rechts steht. Die Speicherung der Nahrungsreserven erfolgt in dem durch primäres Wachstum stark verdickten Rindenparenchym.

Im übrigen zeigen auch die wurzellosen, stark mykotrophen Rhizome saprophytisch lebender Orchideen wie *Corallorhiza* (Abb. 2) einen sympodialen Aufbau.

1.2.3 Bau des Blattes

Allgemein haben die Blätter den typischen Aufbau der Monokotylenblätter. Sie besitzen einen Blattgrund, der oft zu einer die Sproßachse bedeckenden Blattscheide wird, und eine Blattspreite, die jedoch bei Nieder- und Hochblättern fehlt. Zwischen Blattspreite und Blattgrund kann sich ein mehr oder weniger verengter bzw. zylindrisch-stielartig verdickter Abschnitt einschieben *(Maxillaria, Gongora, Stanhopea)*. Die Blattform variiert von rund bis riemenförmig und sogar zylindrisch (s. später), doch sind sehr breite (z.B. bei *Cypripedium japonicum*) oder rundliche Blätter selten. Die Spaltöffnungen (Stomata) befinden sich wie üblich auf der Unterseite, nur selten in geringer Zahl auch auf der Oberseite. Die Blattfarbe ist meistens hell- bis dunkelgrün, doch zeigen einige Arten auch Abwandlungen mit mehr oder weniger hellen bis dunklen Tönungen, die vor allem durch Zeichnungen, Marmorierung oder Netzaderung hervortreten, z.B. bei verschiedenen Paphiopedilen, Phalaenopsen und *Oncidium*-Arten. Sie werden verursacht durch das Auftreten größerer, mit Luft erfüllter Intercellularen, die eine Totalreflexion des auffallenden Lichtes verursachen. Solche Blätter haben oft auf der Unterseite eine Anthocyan-Einlagerung in besonderen Zellen, wodurch diese Seite rötlich erscheint *(Phalaenopsis schilleriana)*. Besonders auffallend sind die Farbzeichnungen bei *Anoectochilus, Haemaria, Macodes* u. a.

Von besonderer Bedeutung ist die xeromorphe Anpassung der Blätter mancher Arten, da durch sie der Modus der Photosynthese beeinflußt wird. Die Xeromorphie beginnt mit einer Verdickung der Blätter, die damit zu ausgesprochenen Wasserspeichern werden. Solche verdickten Blätter gibt es bereits bei *Phalaenopsis*-Arten. Bei weiterer Verringerung der Blattfläche entstehen mehr oder weniger zylindrische Blätter, so bei *Brassavola* und *Vanda teres*, bei denen

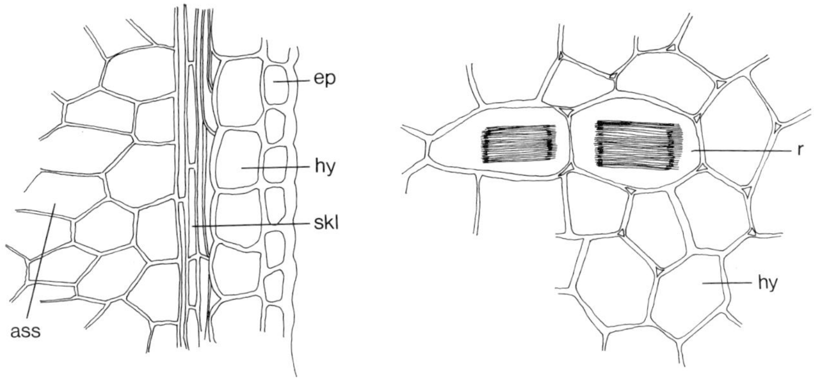

Abb. 4. Epidendrum ellipticum, links Längsschnitt durch das Blatt, rechts Flächenschnitt, jeweils als Ausschnitt. Nach einer Zeichnung von Gisela Brink.
ep Epidermis, hy Hypodermis, skl Sklerenchymfasern, ass Assimilationsparenchym, r Raphidenbündel.

die Oberseite auf eine schmale, rinnenförmige Vertiefung über dem Hauptnerv beschränkt ist, während die zylindrisch gewordene Unterseite mit ihren Spaltöffnungen erhalten bleibt. Eine Mittelform stellen die reitenden (equitanten) Blätter, z.B. von *Oberonia* und *Ornithocephalos* dar. Die Blattbasis ist bei diesen im Querschnitt V-förmig, und nach der Spitze zu tritt eine ständig zunehmende Verschmelzung der einander zugekehrten Blattoberseiten links und rechts vom Mittelnerv ein, ähnlich wie sie bei *Iris* zu beobachten ist. Im Extremfall entsteht so eine senkrecht stehende Blattspreite, deren beide Flächen nur noch aus der in der Mitte nach oben gefalteten Unterseite bestehen.

Bei den saprophytischen Arten sind die Blätter meistens auf kleine Schuppen reduziert, die nur selten etwas größer werden, wie bei *Galeola*-Arten und *Neottia.* Sofern Chlorophyll vorhanden ist, ist es nur Chlorophyll a. Die Gattung *Nervilia* ist anfangs bis zur Blüte rein saprophytisch, danach erscheint ein einziges, oft schön gefärbtes und meist leicht behaartes Laubblatt. Sonst sind Haare (Trichome) nur selten vorhanden und dann oft als Drüsenhaare (Withner 1974, S. 312).

Über die Anatomie der Blätter unterrichten die Abb. 4 und 28, aus denen man auch die Gestalt der Spaltöffnungen, Anordnung der Sklerenchymfaserbündel und Gefäßbündel ersehen kann. Diese und die Stärke der Cutinschicht auf den Epidermiszellen entscheiden weithin darüber, ob die Beschaffenheit der Blätter weich, lederartig oder hart ist. Dünne, weiche Blätter wie etwa bei *Calanthe, Catasetum, Lycaste* und den einheimischen Erdorchideen halten meist nur eine Vegetationsperiode durch, während die harten Blätter von *Cattleya, Laelia, Schomburgkia* u.a. mehrjährig sind. Abschließend noch die Bemerkung, daß bei den Orchideenblättern ein typisches und mit Chloroplasten dicht ausgefülltes Palisadenparenchym fehlt.

1.2.4 Wurzeln

Wie bei anderen höheren Pflanzen haben auch die Wurzeln der Orchideen für deren Gedeihen eine besondere, physiologisch bisher nicht völlig durchschaubare Bedeutung. Wenn das Wurzelwerk aus irgendeinem Grunde geschädigt ist, leidet darunter auch der Sproß. In der Regel fängt der Neutrieb mit der Ausbildung neuer Wurzeln an, und die Sproßentfaltung setzt später ein. Als Monokotylen haben auch die Orchideen nur spaltöffnungsfreie Adventivwurzeln ohne sekundäres Dickenwachstum.

Die Wurzeln können bei den epiphytisch wachsenden Arten z.T. nicht nur basal, sondern auch an höhergelegenen Nodien auftreten und sich verzweigen. Bei dieser Gruppe gibt es zudem auch das Vorhandensein eines besonderen Gewebes, des **Velamens,** das an Stelle der Rhizodermis aus dem Dermatogen durch wiederholte periklinäre, d.h. tangentiale Teilungen entsteht (Abb. 5). Es unterscheidet sich aber von der Rhizodermis dadurch, daß die Zellen bald absterben, zur osmotischen Wasseraufnahme unfähig werden, dieses jedoch noch kapillar aufnehmen können. Zur Aufrechterhaltung der Zellform werden zarte, aber verholzte Leistensysteme gebildet, welche die Wände aussteifen. Im trockenen Zustand bildet das Velamen eine silberige Hülle, die aber bei Wasserbenetzung dunkel und durchsichtig wird. Das aufgesogene Wasser tritt entweder durch präformierte Löcher in das Gewebe ein und verbreitet sich durch die Löcher über alle Zellen, oder es kommt zu folgendem Vorgang: Die trockene Membran saugt sich mit Wasser voll, an den Zellinnenwänden entstehen Wasserlamellen, die sich infolge ihrer Oberflächenspannung kontrahieren, wobei sie infolge der Kohäsion des Wassers solches von außen her nachziehen. Dadurch wird die Luft verdrängt, und alle Zellen füllen sich mit Wasser. Die Weiterbeförderung des Wassers nach innen übernehmen die Durchlaßzellen der stets vorhandenen Kurzzellen-Exodermen. Auch hier werden Saugkörper ent-

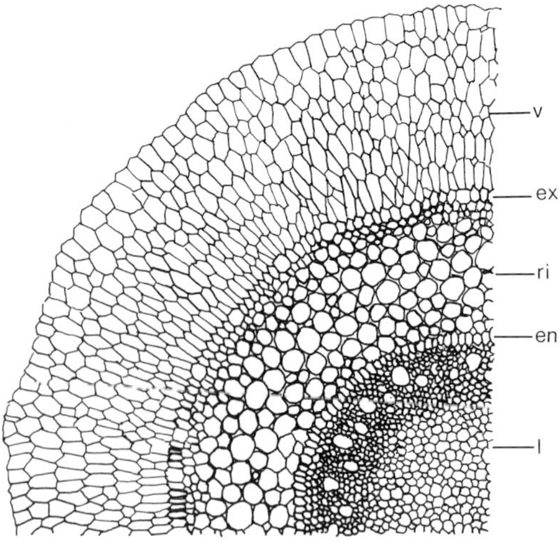

Abb. 5. Querschnitt durch eine Luftwurzel von Dendrobium nobile. Nach VON DENFFER in STRASBURGER 1978.
v Velamen radicum, ex Exodermis mit Durchlaßzellen, ri Rinde, en Endodermis mit Gruppen von Durchlaßzellen, l zentrales, radiales Leitbündel.

wickelt, jedoch nicht von den Kurzzellen selbst, sondern von den über diesen liegenden Velamenzellen mit Hilfe sog. Stabkörper, d.h. porösen Komplexen der Membranleisten, die ihrerseits das Wasser kapillar anziehen (v. GUTTENBERG 1963, S. 107, 356). Durch die Durchlaßzellen der **Endodermis** gelangt das Wasser schließlich zu den Gefäßbündeln der Wurzel. Solche Velamina gibt es übrigens nicht nur bei den Orchideen, sondern auch bei einigen Amaryllidaceae, Araceae und Liliaceae.

Die Ausbildung des bis zu über zehn Zellen dicken Velamens ist je nach der Umgebung der Wurzel keineswegs uniform. Bei den Erdwurzeln von *Paphiopedilum* wird es bald nach der Bildung zerstört, und es entwickelt sich mehr eine Rhizodermis mit Wurzelhaaren. Wenn sich Luftwurzeln an eine Unterlage anschmiegen, verlieren sie ihre runde Gestalt und werden platt, z.B. bei *Phalaenopsis*. Außerdem entstehen dann bis zu 1 mm lange Wurzelhaare, welche die Wurzeln mittels einer von ihnen ausgeschiedenen amorphen Kittsubstanz an der Unterlage befestigen (BARTHLOTT).

Da Luftwurzeln beim Wachstum keinen Bodenwiderstand zu überwinden haben, fehlt gewöhnlich eine Wurzelhaube, die aber bei Erdwurzeln wohl vorhanden sein kann. Die den radiären Gefäßbündelzylinder umgebende Endodermis hat – wie bei Monokotylen üblich – tertiäre Verdickungsleisten und charakteristische Durchlaßzellen (s. oben). Die starke Entwicklung des so entstandenen mechanischen Gewebes bedingt, daß die Wurzeln zwar sehr elastisch, aber dennoch schwer zu durchreißen sind. In der Wurzelrinde vorhandene Chloroplasten spielen bei einigen blattlosen Arten wie *Chilochista, Microcoelia, Polyrhiza, Sarcochilus* und *Taeniophyllum* mit bandförmigen Wurzeln eine wichtige Rolle, da sie allein für die Photosynthese zu sorgen haben. Demgemäß

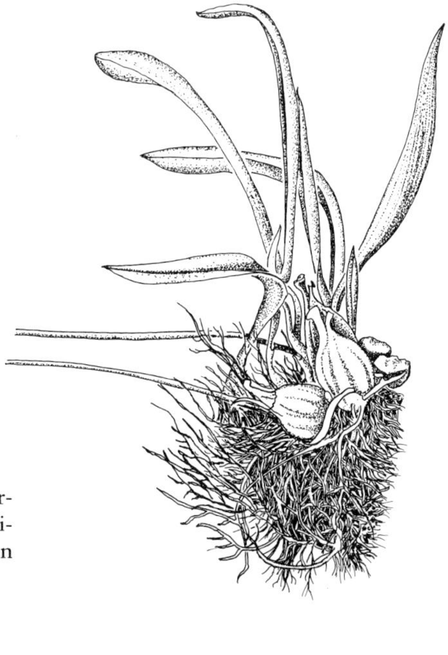

Abb. 6. Acriopsis javanica mit Haftwurzeln und abstehenden, positiv phototropischen, später ein Detritus-Nest bildenden Wurzeln. Nach WENT 1930.

ist das Wurzelsystem bei solchen Arten stärker entwickelt, der Sproß aber extrem kurz.

Eine junge Luftwurzel ist gewöhnlich an der Spitze gelblichgrün, denn hier befindet sich das Wurzelmeristem. Weiter dahinter wird sie grün, wenn sich die ursprünglichen Leukoplasten in Chloroplasten umzuwandeln beginnen. Schließlich wird die Luftwurzel weiß, weil die Velamenzellen ihren Inhalt verlieren und mit Luft gefüllt werden.

Am Standort der epiphytischen Orchideen sind häufig zweierlei Wurzeln zu erkennen (Heterorhizie). Bei *Oncidium* und *Vanda* z.B. hat man einerseits eng an die Baumrinde sich pressende Haftwurzeln und andererseits in die Luft abstehende positiv phototropische Wurzeln mit meist ziemlich dickem Velamen (Abb. 6). Bei anderen Arten sind die Haftwurzeln oft dünner und stärker verzweigt. Ihr Velamen ist schwach, die mechanischen Zellen der Endodermis und des Zentralzylinders aber stärker entwickelt. Oftmals verlieren die in die Luft abstehenden Seitenwurzeln der Haftwurzeln später ihr Rindenparenchym, so daß nur noch der Zentralzylinder bestehen bleibt. Solche Wurzelreste dienen dazu, besonders wenn sie in großer Zahl vorhanden sind, als „Nestwurzeln" Detritus, wie alte Blattreste usw., anzusammeln, aus dem junge Wurzeln später Nahrung ziehen können. Sie fallen besonders bei *Cymbidium* und *Grammatophyllum* auf.

Von ganz besonderem Interesse ist die physiologische Bedeutung der abstehenden Luftwurzeln. WENT (1930, Seite 6) schloß aus seinen mehrjährigen Beobachtungen auf Java, daß die Luftwurzeln zunächst das nach Regengüssen besonders nährsalzreiche Wasser aufnehmen, das von den Zweigen abfließt. Außerdem sind sie in der Lage, Wasser zu speichern, weil sich in den Vakuolen der Rindenzellen wasseranziehende Substanzen befinden, die ähnlich wie Salz und Zucker in feuchter Luft Wasser aufnehmen. Er beobachtete, daß an Kupferdrähten aufgehängte Pflanzen von *Bulbophyllum* und *Oberonia* mit Pseudobulben tagsüber an Gewicht verloren, während dieses in der Nacht stationär blieb. Dabei schrumpften die Bulben. *Saccolabium* und *Schoenorchis* ohne Pseudobulben verloren nur bis 12 Uhr mittags an Gewicht, dann wurden aber am Nachmittag und in der Nacht 50–80% des Gewichtsverlustes wieder eingeholt. Im Urwald konnte er Pflanzen von *Schoenorchis* unter einem Glasdach über ein Jahr lang am Leben erhalten, obwohl ihnen kein Tropfen flüssigen Wassers zur Verfügung stand. Später (1940, S. 90) bekräftigte er diese Ansicht und sieht die Bedeutung des Velamens darin, daß es zwar keinen Tau aufnimmt, den es wegen des Fehlens einer stärkeren Temperaturerniedrigung durch Strahlung im dichten Urwald nicht gibt, daß es sich aber, wie anfangs erwähnt, besonders mit dem zuerst mineralreichen Sickerwasser eines Regengusses füllt. Ohne Velamen wäre die Mineralstoffzufuhr, insbesondere von Nitraten, nur auf sehr kurze Perioden bei Regenbeginn beschränkt. WENT führt zur Stützung seiner Auffassung an, daß die velamenführenden Wurzeln oft an der Unterseite schräg stehender Äste wachsen und daher nie direkt Regentropfen (oder Tau) erhalten.

Nach den Versuchen von WALLACH gibt es zwar keine reine Wasserkondensation in den Wurzeln von *Vanda tricolor,* doch nehmen diese Wasser und in ihm gelöste Nitrate sowie weniger reichlich Phosphate auf, wobei eine Jahresperiodizität vorhanden ist. Im Dezember bis Februar war in München die Wasseraufnahme am größten, auch ist sie tagsüber größer als nachts.

DYCUS/KNUDSON (1957) beobachteten weder eine Wasserkondensation noch einen Übergang von dem durch das Velamen absorbierten Nitrat und Phosphat in die Wurzelrinde. Nach ihren Versuchen über Photosynthese und Respiration (Atmung) deckten die Chloroplasten in den Wurzeln von *Cattleya labiata, Vanda suavis, Phalaenopsis schilleriana* und *Epidendrum* mit ihrer Photosynthese kaum die Atmungsverluste und waren daher nicht autotroph. Nach ihrer Ansicht ist das Velamen nur ein mechanischer Schutz der Wurzel, der gleichzeitig deren Wasserverlust mildert oder verhindert. BARTHLOTT/CAPESIUS (1975) stellten zwei physiologisch und morphologisch verschiedene Typen von Luftwurzeln fest (vgl. WENT l.c.): Bei *Acampe pachyglossa, Epidendrum allemanoides, Microcoelia exilis* und *Rhynchostylis coelestis* wird Wasser über das Velamen der freien Luftwurzeln absorbiert und dem lebenden Gewebe zugeführt. Dagegen haben die dünnen, mehr oder weniger angeotropisch frei in die Luft wachsenden und kurzlebigen „Sammelwurzeln" von *Ansellia, Catasetum* und *Graphorchis* und ebenso die Luftwurzeln von *Vanilla planifolia* nichts mit der Funktion der Wasseraufnahme zu tun.

Zusammenfassend ergibt sich:

1. Die Luftwurzeln der einzelnen Arten verhalten sich unterschiedlich.
2. Eine eigentliche Wasserkondensation findet nicht statt, denn das, was WENT mit der Wasser-

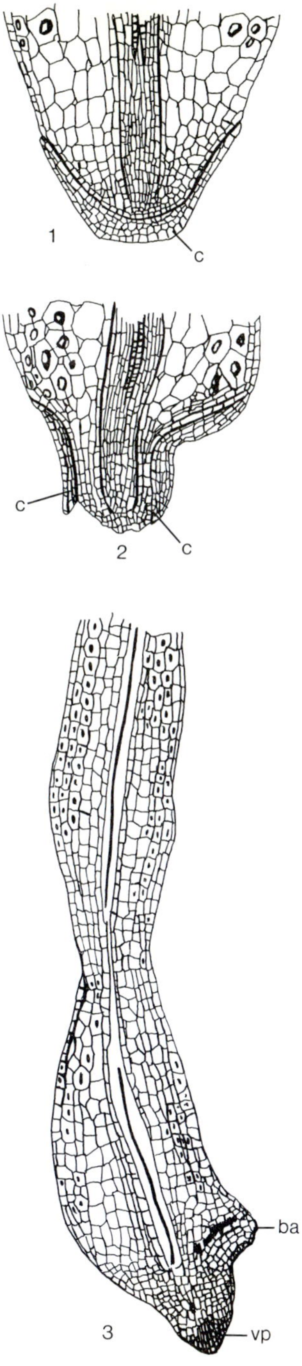

Abb. 7. Umwandlung der Wurzelspitze in einen Sproßvegetationspunkt bei Neottia nidus-avis. Nach FUCHS und ZIEGENSPECK 1926, zit. von BRIEGER in SCHLECHTER 1970.
1 Normale Wurzelspitze mit Wurzelhaube c, 2 der Vegetationspunkt durchbricht die Wurzelhaube (c), wodurch sich sein Durchmesser verringert; 3 Gesamtbild des Wurzelsprosses mit Wurzelanteil oben, der Einschnürung in der Mitte und dem Sproßteil unten mit Vegetationspunkt vp und Blattanlagen ba.

aufnahme durch osmotisch wirksame Vakuolenstoffe meint, erfolgt innerhalb der Exodermis.

3. Bei dicken Velamina ist wohl immer mit der Aufnahme von Wasser, Stickstoffverbindungen und evtl. Phosphaten zu rechnen. Dabei dürfte der Stickstoff nach SANFORD (S. 64) hauptsächlich in Form von Ammonium-Ionen, weniger von Nitraten absorbiert werden.
4. Ein jahreszeitlich bedingter Rhythmus ist wahrscheinlich.
5. Die Photosynthese von Wurzelchloroplasten ist, abgesehen von blattlosen Arten, unerheblich.
6. WENTS Ansichten dürften im wesentlichen zutreffend sein.

In der Natur findet man verschiedene Formen vegetativer Pflanzenvermehrung. Zu den ungeschlechtlichen Vermehrungsarten gehört auch die von BRIEGER (S. 17ff.) beschriebene Ausläufer(Stolonen)-Bildung bei einigen terrestrischen Arten, hauptsächlich aus der Gruppe der Neottioideae-Diurideae und der Orchidoideae. Zu letzterem gehört z.B. *Orchis mascula.* Bei *Neottia nidus-avis* verläuft der Prozeß ziemlich übersichtlich, indem sich eine Wurzelspitze zu einem Sproßvegetationspunkt umwandelt (Abb. 7). Bei anderen Arten, so *Corysanthes mucronata* und *Orchis,* entstehen aber die Stolonen aus den Achseln eines unterirdischen Niederblattes des Sprosses, stammen also nicht von einer Wurzel ab (Abb. 8). Dies gilt wahrscheinlich auch für die von NOTHDURFT (1955) beschriebene vegetative Vermehrung von *Serapias.* Man kann diese Stolonen mit den Ausläufern einer Kartoffelstaude vergleichen, die allerdings aus

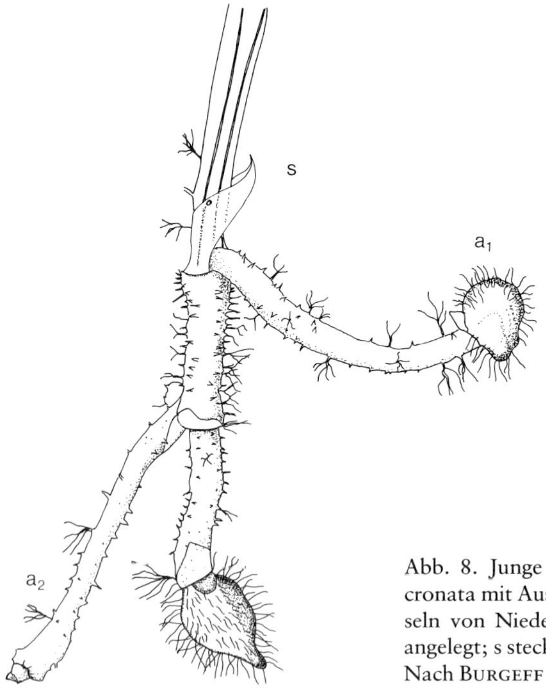

Abb. 8. Junge Pflanze von Corysanthes mucronata mit Ausläufern a_1 und a_2 aus den Achseln von Niederblättern; bei a_1 junge Knolle angelegt; s steckengebliebener Terminalsproß. Nach BURGEFF 1932.

mehr als einem Internodium bestehen. Wenn also direkt neben einer im Garten wachsenden *Orchis mascula* eine neue Pflanze austreibt, ist diese durch einen Ausläufer entstanden.

Einen interessanten ökologischen Aspekt liefert die von BRIEGER (S. 21) beschriebene Neubildung von Sproßvegetationspunkten an den Wurzeln des auf Palmen wachsenden *Catasetum fimbriatum*. Die Pflanzen sitzen meist am oberen Ende der glatten Stämme. Die Sproßvegetationspunkte, die an den nach oben wachsenden Wurzeln entstehen, entwickeln sich in wenigen Jahren zu kräftigen Pflanzen, die immer in der Nähe der ebenfalls wachsenden Palmspitze bleiben, während die alten Mutterpflanzen absterben und abfallen. Die Cataseten haben dadurch immer den hohen Lichtgenuß, der für die Ausbildung weiblicher Blüten erforderlich ist (s. Abb. 112, S. 312).

1.2.5 Infloreszenzen

Das Prinzip der Orchideen-Infloreszenz ist die Mehrblütigkeit, was man schon daraus erkennt, daß selbst dort, wo sich nur eine große Blüte entwickelt, etwa bei *Angraecum sesquipedale*, immer noch eine zweite Blütenanlage vorhanden ist. Der Grundtypus ist die unverzweigte Traube. Die Infloreszenzen entstehen in bezug auf den sie tragenden Sproß entweder terminal oder lateral. Sie sind an sich sympodial gebaut, d.h. die (theoretische) Endknospe ist verkümmert. Grundsätzlich sind sie entsprechend der Anordnung der Blätter distich. Infolge der Tendenz der Sproßachsen zum spiraligen Wachstum tritt das aber oft nicht so deutlich wie bei *Spiranthes* hervor. Der mehr oder weniger gestielte, oft mit Schuppenblättern versehene Basalteil aus ein oder mehreren Internodien besitzt oft eine Art Spatha, wie sie von den Araceae als großes, lebhaft gefärbtes Hochblatt bekannt ist. Bei *Cattleya* und *Laelia* ist das allerdings nur die sog. Scheide, in der bei der Blütenentwicklung die Knospe sichtbar wird.

Wenn die Internodien der Infloreszenz zwischen den einzelnen Blüten besonders kurz sind, entsteht eine Scheindolde, z.B. bei *Cirrhopetalum ornatissimum*. Sind sie etwas länger, so bekommen wir kurze, seitenständige Trauben, z.B. bei *Dendrobium nobile*. Auch die einblütigen Achsen von *Anguloa* oder *Lycaste* sind im Grunde nichts anderes als die Seitenzweige einer Rispe mit einer Reihe schuppenförmiger Hochblätter an der Basis. Sind die Stiele der einzelnen Blüten sehr verkürzt, ohne daß die Infloreszenzachse ihre Länge verringert, so bekommen wir Trauben wie bei *Orchis* oder *Rhynchostylis*. Oftmals können die Infloreszenzen sehr lang werden, wie vor allem bei *Oncidium*, oder sie sind hängend wie bei *Stanhopea* und anderen Gongorinae. Manche Infloreszenzachsen sind blattartig verbreitert und bilden so eine **Rhachis** (Spindel eines Fiederblattes, verbreiterte Achse einer Infloreszenz), z.B. bei verschiedenen Bulbophyllen oder *Phalaenopsis cornu-cervi*.

Die Aufblühfolge der Blüten einer Infloreszenz kann so sein, daß sich entweder alle Blüten nahezu gleichzeitig öffnen oder häufiger die basalen Blüten zuerst zur Anthese (Blütenentfaltung) kommen, wie etwa bei *Epidendrum-*, *Orchis-* und *Phalaenopsis*-Arten. Hier sind die Infloreszenzen bei Blühbeginn noch nicht voll entwickelt. Bei einigen Arten, so *Oncidium kramerianum* und

O. papilio oder *Polystachya tayloriana,* entwickeln sich die Blüten am Infloreszenzschaft langsam nacheinander, und es können so innerhalb eines Jahres immer wieder Blüten am Schaft entstehen. In gewissem Maße gilt dies auch für *Phalaenopsis.*

Nach der Blüte sterben im allgemeinen die Infloreszenzachsen bald ab, es sei denn, Blüten sind befruchtet worden und bilden Samenkapseln aus.

1.2.6 Bau der Blüte

Die Blüte ist der am meisten charakteristische Teil einer Orchidee. Um ihren Bau zu verstehen, gehen wir von einer mit unterständigem Fruchtknoten versehenen, radiär gebauten Blüte aus, wie sie z.B. bei der Amaryllidacee *Galanthus nivalis* (Schneeglöckchen) oder *Hypoxis* vorhanden ist. Wie der Querschnitt durch eine Blüte von *Hypoxis* (Abb. 9) zeigt, sind hier fünf dreizählige Kreise vorhanden: 1. der der Sepalen (außen), 2. der der Petalen (innen), 3. und 4. die beiden staminalen Kreise (Staubblätter) und 5. der Karpellkreis (Fruchtblätter). Durch eine solche Blüte lassen sich wegen ihres radiären Aufbaus mehr als zwei Symmetrieebenen legen. Im Gegensatz hierzu gibt es aber nach Abb. 9 bei der Orchideenblüte nur eine Symmetrieebene, d.h., die Blüte ist monosymmetrisch gebaut und außerdem noch dorsiventral bzw. zygomorph (mit verschiedener Vorder- und Rückseite; Abb. 9). Zwar sind die drei Sepalen noch ziemlich regelmäßig ausgebildet, doch findet oft eine Verbreiterung der beiden seitlichen zu zwei breiteren Blumenblättern statt. Das mittlere Sepalum kann fahnenförmig *(Paphiopedilum)* oder wie bei *Disa* mit einem Sporn versehen sein. Bei dem

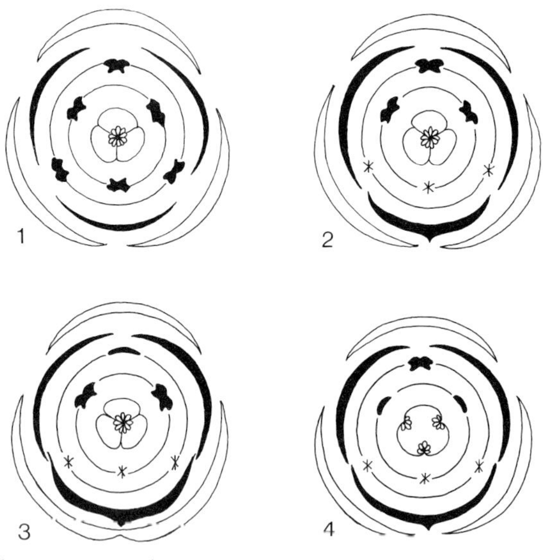

Abb. 9. Blütendiagramme. Nach GARAY aus Proceedings 1960.
1 Hypoxis, 2 Apostasiaceae (Neuwiedia, Apostasia), 3 Diandrae (Selenipedium), 4 Monandrae (Orchidoideae, Neottioideae, Epidendroideae, Vandoideae).

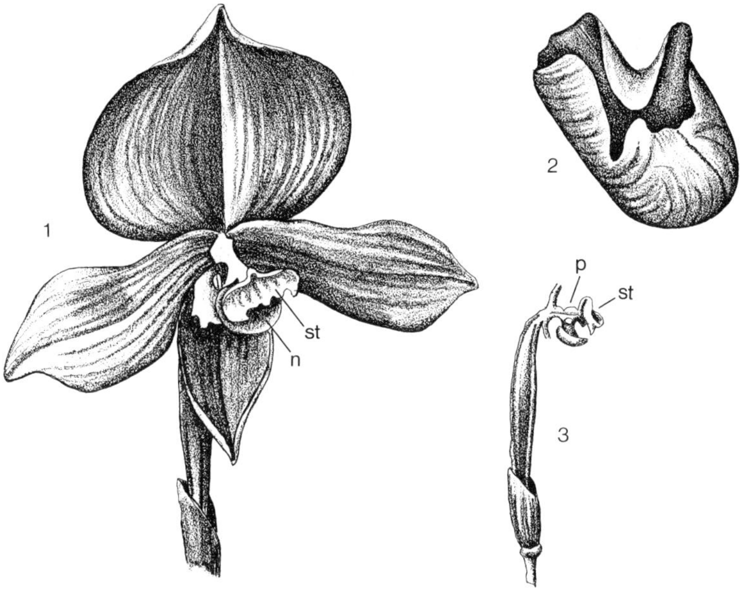

Abb. 10. Blüte von Paphiopedilum. Nach SCHLECHTER 1915.
1 Blüte mit abgetrenntem Schuh, 2 Schuh, 3 Fruchtknoten.
p Pollinien, n Narbe, st Staminodium (Schildchen).

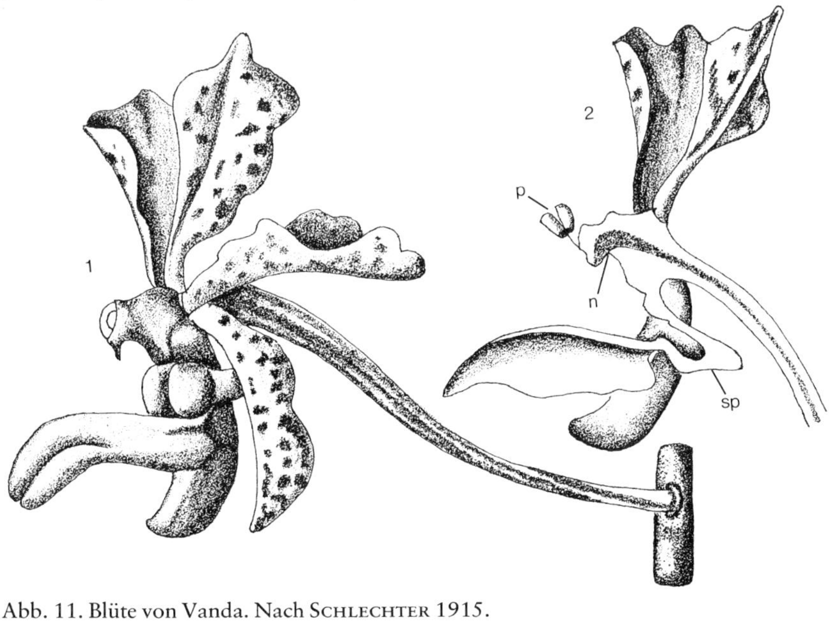

Abb. 11. Blüte von Vanda. Nach SCHLECHTER 1915.
1 Blüte, Anthere abgenommen, 2 Längsschnitt durch die Blüte. p Pollinien, n Narbe, sp Sporn.

inneren Blütenblattkreis, den Petalen, ist das mittlere, dem Deckblatt gegenüberstehende Petalum zum **Labellum** (Lippe) umgestaltet und weist von allen sechs Blütenblättern die größte Formenmannigfaltigkeit auf. In der Regel ist das Labellum bedeutend größer als die beiden anderen Petalen, die oft stark reduziert sind. Labellum, Petalen und seitliche Sepalen besitzen oft seitliche Anhängsel, was bei dem mittleren Sepalum nur selten der Fall ist. Abb. 10 bis 13 zeigen, wie das theoretische Blütendiagramm bei den Blüten von *Paphiopedilum, Vanda, Cochlioda* und *Cattleya* in der Natur verwirklicht ist.

Von den beiden Staubblattkreisen mit je drei Stamina (Staubblättern) sind bei der ersten Unterfamilie der **diandrischen** Cypripedioideae noch die zwei paarigen Stamina des inneren Kreises fertil. Bei den die Mehrzahl (ca. 90%) der Arten bildenden **monandrischen** Orchideen ist dagegen nur noch ein Staubblatt des äußeren Kreises, das in der Dorsiventralebene gegenüber der Tragachse liegt, fertil. Zwei daneben auf dem inneren Kreis liegende Stamina sind dabei häufig als größere oder kleinere, verschiedenartig ausgebildete **Staminodien** (steriles und reduziertes Staubblatt) nachweisbar. Z.B. entsprechen bei den Catasetinae nach BRIEGER (S. 71) die beiden reizbaren „Antennen" (S. 39, 42) den seitlichen Staminodien. Im übrigen sind alle sonstigen, nicht weiter umgewandelten Stamina entweder völlig abortiert oder nur noch als drüsenartige Staminodien ausgebildet.

Die in Südostasien terrestrisch lebende Gattung *Neuwiedia* hat in ihren fast radiären Blüten noch drei fertile Staubblätter, eines im äußeren und zwei im inneren Kreis. Bei der Gattung *Apostasia* ist das Stamen des äußeren Kreises zu einem Staminodium geworden, bei der Gattung *Adactylus* fehlt es ganz. Wegen dieser und weiterer Abweichungen sehen manche Botaniker in diesen drei Gattungen eine besondere Familie, die Apostasiaceae.

Fruchtknoten (Gynoeceum, Ovar)

Der unterständige und coenokarpe (zusammengewachsene), häufig gedrehte und dreiblätterige Fruchtknoten ist meist nur einfächerig (parakarp). Nur bei

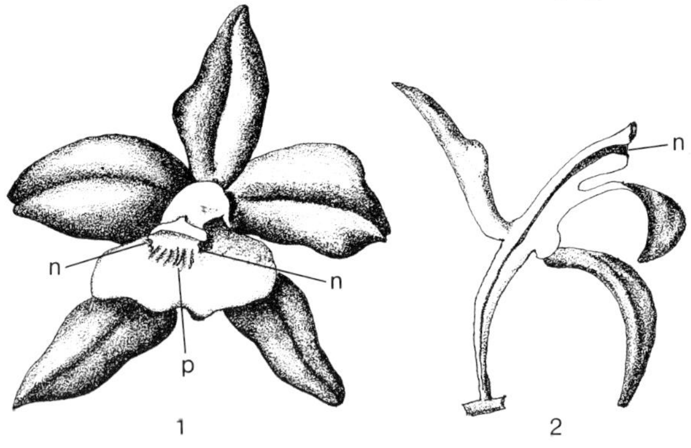

Abb. 12. Blüte von Cochlioda. Nach SCHLECHTER 1915.
1 Blüte mit zwei getrennten fertilen Narbenflächen, 2 Längsschnitt durch die Blüte.
n Narbe, p Pollinien.

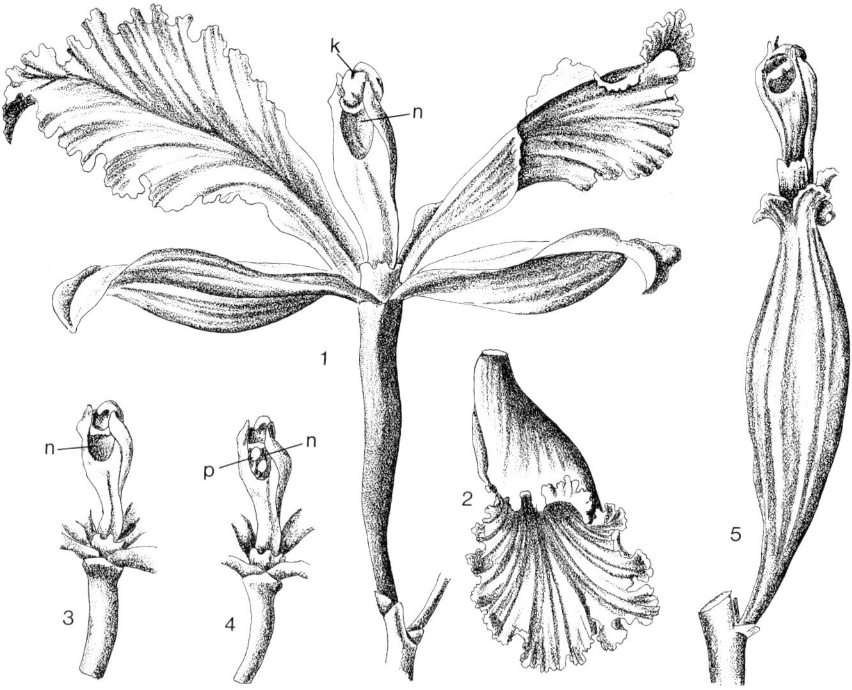

Abb. 13. Blüte von Cattleya. Nach SCHLECHTER 1915.
1 Blüte mit abgetrennter Lippe, 2 Lippe, 3 Säule mit abgetrennter Antherenkappe k und abgenommenen Pollinien p, die bei 4 auf die Narbe n gebracht sind, 5 Fruchtknoten, fünf Wochen nach der Befruchtung.

Selenipedium und *Phragmipedium* ist er dreifächerig, da die in der Mitte gerippten Fruchtblätter mit ihren Rändern zusammengewachsen sind (synkarp; Abb. 14). Die zur Blütezeit noch kaum entwickelten Samenanlagen an den parietalen Placenten sind daher im Normalfall randständig und nur bei *Selenipedium* und *Phragmipedium* zentralwinkelständig. Erst nach erfolgter Bestäubung wachsen die Samenanlagen heran, werden befruchtet und bilden in den Karpellfrüchten winzige Samen ohne Endosperm und mit kaum differenziertem Embryo. Ihre Anzahl kann bei kleineren Früchten mehrere Tausend, bei größeren bis zu 5 Mill. betragen. Das Aufplatzen der Kapseln erfolgt auf verschiedene Weise, z.B. mit einer oder mehreren Spalten bzw. Klappen, welche bald oben zusammenhängen, bald frei auseinanderspreizen. Die Samen werden durch im Innern oder am Rande der Karpelle sitzende Schleuderhaare gelockert und verteilt. Sie fallen dann einzeln heraus oder werden durch den Wind fast so leicht wie Sporen herausgeweht und verbreitet.

Die Verlängerung der drei Karpelle (Fruchtblätter), die bei anderen Angiospermen den Griffel (Stylus) mit den Narben (Stigma(ta) bildet, ist nun bei den Orchideen in eigenartiger Weise abgewandelt. Die freien Karpellenden sind nur bei den diandrischen Cypripediodeae zu einer zylindrischen Röhre verwachsen,

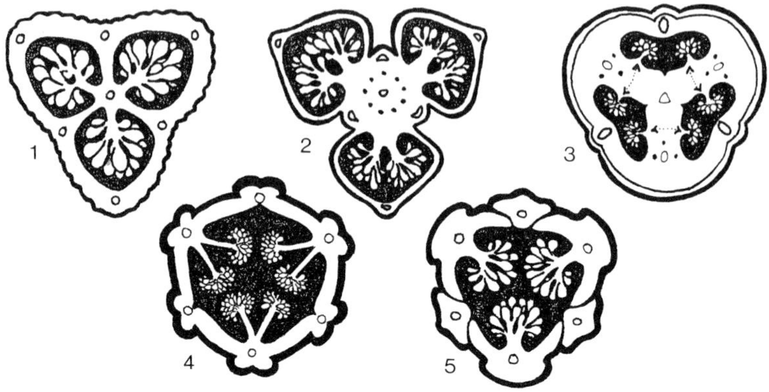

Abb. 14. Querschnitte durch die Fruchtknoten verschiedener Orchideengattungen. Nach Garay in Proceedings 1960.
1 Apostasia nuda, 2 Selenipedium chica, 3 Phragmipedium longifolium, 4 Limodorum abortivum, 5 Cephalanthera alba.

die in der Mitte fast rechtwinklig nach vorne umgebogen ist. Am Ende dieser Röhre stehen die drei Stigmata, die alle fertil sind und sich nur etwas in der Größe unterscheiden. Dabei ist der unpaare Narbenlappen etwas größer als die beiden seitlichen. Bei den Orchidoideae kommt es nur selten, z.B. bei *Satyrium,* zur Ausbildung einer Griffelsäule, da die Narben meistens dem Blütenboden direkt aufsitzen. Dabei ist bei dieser Gruppe und allen übrigen, d.h. allen monandrischen Orchideen der gegenüber dem Labellum stehende unpaare Narbenlappen zu einem besonderen Gebilde, dem Rostellum, umgewandelt (Abb. 15).

Rostellum

Das Rostellum ist entweder ungeteilt oder dreiteilig und bildet häufig am apikalen Ende ein oder zwei getrennte sog. **Viscidien** aus, d.h. Klebkörper, die sich oft in kleinen Beutelchen, den sog. **Bursiculae** (Täschlein) befinden. Das Rostellum ist keineswegs immer steril. Zuweilen ist es im basalen Teil auf seiner Unterseite noch fertil, wie sich ja auch aus seiner Herkunft als dem dritten Narbenlappen ergibt. Statt der Viscidien auf dem sterilen Rostellum bei den Orchidoideae steht bei den höheren Epidendroideae mit teilweise fertilem Rostellum eine sich verschleimende Gewebezone, die sich später in Brocken ablöst. Für die Vandoideae, die wiederum auf den Rostellumkanten ein bis zwei Viscidien bilden, kommt ein weiteres, mehr oder weniger bandförmiges Gewebestück hinzu, der **Stipes**. Dieser wird von den Gewebeschichten der Außenseite des Rostellums gebildet. Am oberen Ende hängt er dem Viscidium fest an.

Antheren und Staubblätter (Stamina)

Bei den Angiospermen besteht ein Staubblatt aus dem Staubfaden (**Filament**) und dem Staubbeutel (**Anthere**). Die Anthere ihrerseits besitzt zwei Pollensäcke (**Theken**). Diese Theken sind durch ein schmales Verbindungsstück, das **Kon-**

nektiv miteinander verbunden. In jeder der beiden Theken befinden sich parallel zwei länglich-eiförmige Fächer, die eigentlichen Pollensäcke (Mikrosporangien). In diesen wird der Pollen nach der Reduktionsteilung (Meiosis) aus den Pollenmutterzellen durch deren Tetradenteilung gebildet. Je vier, ursprünglich zusammengehörende Pollenkörner bilden also eine **Pollentetrade.**

Columna (Säule, Gynostemium)

Für die Orchideen besonders typisch ist nun die Verwachsung der Filamente der beiden oder des einen Staubblattes mit der Griffelröhre zu der sog. **Columna** oder Säule, so daß die Anthere direkt der Säule anliegt. Da somit die Säule sowohl männliche als auch weibliche Organe trägt, wird sie auch **Gynostemium** genannt. Columna und **Labellum** (Lippe) sind die hervorstechendsten Organe einer Orchideenblüte.

Die Columna ist bei den verschiedenen Unterfamilien und Gattungen unterschiedlich gestaltet. Bei den Cypripedioideae ist sie, wie oben erwähnt, nur kurz und knieförmig gebogen. Neben den beiden Antheren trägt sie hier auch noch das dem schuhförmigen Labellum gegenüberliegende dorsale Staminodium des äußeren Staubblattkreises auf einem kurzen Stiel als schildförmige Verbreiterung. Unter dieser befinden sich rechts und links am Stiel je eine fertile Anthere. Infolge des bei einer geöffneten Frauenschuhblüte deutlich sichtbaren Schildes können die die Blüte besuchenden Insekten nur hinten unterhalb des Schildes und an seinem Stiel vorbei in den Schuh hineinkriechen.

Bei den Monandrae mit nur einem fertilen Staubblatt kann die Columna sowohl stark verkürzt als auch erheblich verlängert sein. Besonders lang ist sie z. B. bei den Gattungen *Cycnoches* und *Polycycnis*.

Bei den Monandrae ist außerdem die Befestigung von Filament und Anthere an der Columna sehr unterschiedlich. So hängt die Anthere mit ihren unten abgerundeten Pollensäcken bei den Neottioideae von der Spitze des kurzen, oft nur rudimentären Filamentes mit freier Basis herab. Die Pollensäcke selber endigen in einer langen dünnen Spitze, den sog. Antherenkanälen. Man nennt diese Gruppe die **Acrotonae.** Bei den Orchidoideae ist dagegen das Filament häufig breit-bandförmig, und die Anthere ist an der Basis der Säule fest angewachsen, weshalb man hier von den **Basitonae** spricht. Bei dieser Gruppe ist das Konnektiv sehr breit, so daß die beiden Theken weit voneinander getrennt stehen. Außerdem hat auch hier jeder Pollensack eine mehr oder weniger lange, basale, röhrenförmige und in eine Spitze endigende Verlängerung.

Bei den höheren Epidendroideae und Vandoideae bildet das Konnektiv nicht nur eine einfache, bandförmige Verbindung der beiden Theken, sondern erfährt eine starke Verbreiterung und reicht daher seitlich links und rechts sowie apikal über die beiden Theken und bedeckt diese.

Die Anthere sitzt immer an der Spitze der Säule, die Narben darunter, wobei das Rostellum einen Schutz gegen Selbstbefruchtung (Autogamie) bilden kann.

Der Inhalt der vier Pollensäcke in den beiden Theken wird im wesentlichen von den Pollenkörnern gebildet, die bei der Mehrzahl der Orchideen zu größeren Massen verklebt sind, den **Pollinien.** An sich müßten vier Pollinien vorhanden sein, aber durch weitere Unterteilung der beiden Fächer jeder Theke können statt zwei Kästchen deren drei oder vier vorhanden sein. Es kann auch eine Verschmelzung eintreten, und daher ist die Zahl der Pollinien vermindert oder vermehrt. Z.B. unterscheiden sich die äußerlich ähnlichen Blüten von *Cattleya* und *Laelia* dadurch, daß erstere vier Pollinien, letztere aber acht Pollinien aufweist.

In einem Pollenfach werden außerdem oft nicht nur Pollenkörner gebildet, sondern auch noch andere Körper. So entwickelt sich z.B. bei der Unterfamilie der Orchidoideae (*Disa, Habenaria, Ophrys, Orchis, Platanthera, Serapias* u.a.) ein dünner, glasklarer, sehr elastischer Strang, der vom oberen Ende des Pollenfachs bis in die Spitzen der basalen Fortsätze reicht und **Freniculum** genannt wird (Abb. 15). Bei vielen Epidendroideae, wie *Epidendrum* oder *Cattleya* wird ein Teil des Pollenfachinhaltes zu einer klebrigen Substanz, aus der

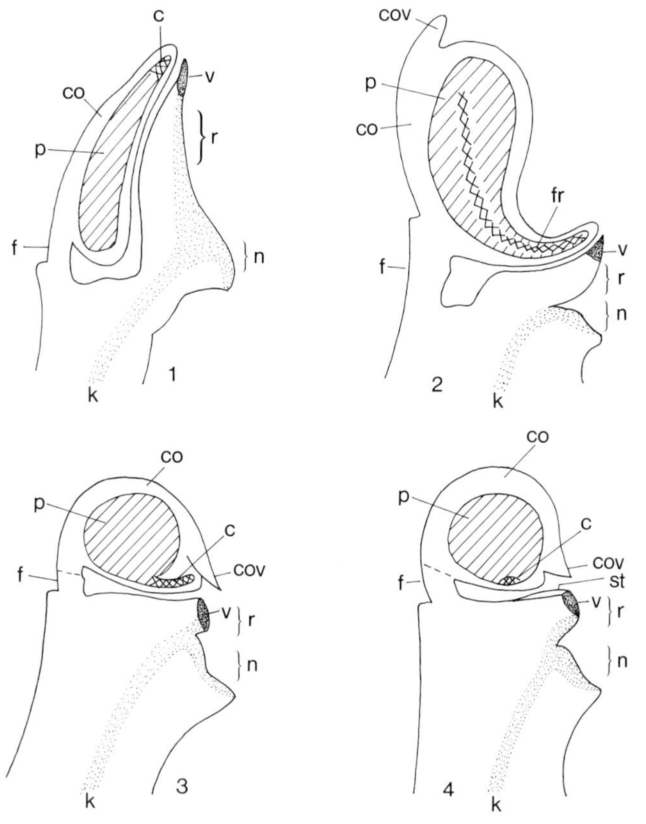

Abb. 15. Schematische Längsschnitte durch das Gynostemium. Zit. von Brieger in Schlechter 1970.
1 Neottioideae, 2 Orchidoideae, 3 Epidendroideae, 4 Vandoideae.
v Viscidium, r Rostellum, n verschleimte Narbenoberfläche, k Griffkanal, f Filament, co Konnektiv, p Pollensäcke, c Caudicula, fr Frenikulum, st Stipes, cov vorgezogenes Konnektivende bzw. Antherenspitze.

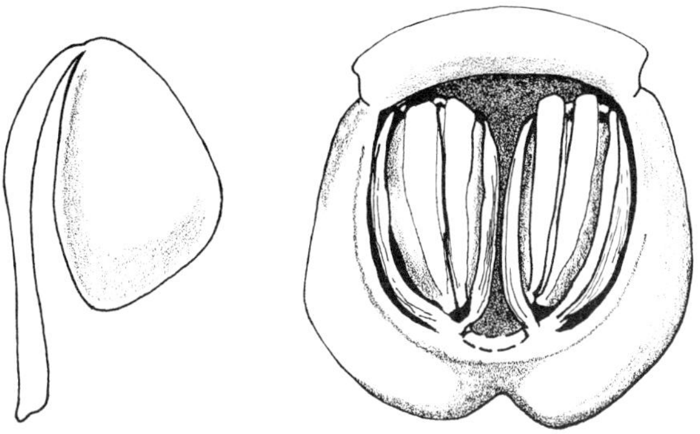

Abb. 16 Pollinium mit Caudicula (links) und Antherenkappe mit vier Pollinien (rechts, in Aufsicht) von Cattleya. Nach SHEEHAN aus Proceedings 1975.

die **Caudiculae** der Pollinien bestehen. Mit Hilfe der Caudiculae bleiben die Pollinien an den Viscidien des Rostellums oder seinem klebrigen Gewebe (S. 30) haften. Ein solches, aus Pollinium, Caudicula oder Freniculum und gegebenenfalls Viscidium bestehendes Gebilde wird **Pollinarium** genannt (Abb. 16).

Schließlich kommt bei den Vandoideae, zu denen die Cataseteae, Maxillarieae, Oncidieae und Vandeae gehören, noch der auf S. 30 genannte **Stipes** hinzu. Er hängt am oberen Ende des Viscidiums dem Rostellum fest an, während in der Mitte oder weiter unten das Pollinium mittels Caudicularsubstanz angeklebt ist. Die Pollinarien sind also hier, z. B. bei *Catasetum,* dreiteilig: Viscidium-Stipes-Pollinium.

Im übrigen brauchen die Pollinien nicht eine feste Form zu haben. Z. B. ist der Pollen der Cypripedioideae zu weichen, formlosen Pollinien verklebt, die beim Austrocknen mehr oder weniger zerfallen. Bei den Orchidoideae mit einem Freniculum ist der Inhalt der Pollensäcke in harte, mehr oder weniger prismatische **Massulae** umgewandelt, die fest am Freniculum sitzen, während dieses seinerseits am Viscidium anklebt. Solche Massulae gibt es auch bei einigen Triben der Epidendroideae, so den Arethuseae (z. B. *Bletilla* und *Calopogon*). Dort entstehen oft durch paarweises Verkleben nur zweikörnige Pollinien, die später in unregelmäßige Massulae zerfallen. Weiche, formlose Pollinien gibt es auch bei *Vanilla.* Die Beschreibung der Columna sei beendet mit der Erläuterung der Ausdrücke **Klinandrium** und **Mentum.**

Klinandrium

Als solches wird ein am Ende der Säule befindlicher Hohlraum bezeichnet, in den die Anthere hineinhängt. Seine Basis ist in der Regel das obere Ende der Columna und das waagerecht abstehende Rostellum, während die Wände hinten aus dem Filament des Stamens oder aus verbreiterten Filamentanhängseln und seitlich aus Staminodien oder Auswüchsen der Säule bestehen. Er kann mehr oder weniger groß und hoch sein und fehlt im übrigen ganz bei den Cypripedioideae und Orchidoideae.

Mentum

Als Mentum oder Säulenfuß bezeichnet man ein Gebilde, das durch stark horizontal gerichtetes Wachstum der Zone zwischen Columna und Labellum entstanden ist. An ihm beteiligen sich auch die Basalzonen der beiden seitlichen Sepalen und des Labellums.

Labellum

Im Gegensatz zu den häufig sehr kleinen, nur bei Vergrößerung erkennbaren Strukturen der Columna ist das Labellum meistens der auffallendste Teil einer Orchideenblüte, der außerdem eine sinnverwirrende Mannigfaltigkeit der Gestaltung aufweist. Prinzipiell ist aber diese leicht überschaubar. Ist das Labellum nur klein, so übernehmen gewöhnlich vergrößerte Sepalen – die Petalen sind weniger daran beteiligt – die Funktion des Labellums als Schauapparat, z.B. bei *Cirrhopetalum-*, *Disa-* und *Lycaste-*Arten. Umgekehrt haben die Oncidien oft besonders auffallende Labella.

Resupination

In seiner ursprünglichen Stellung ist das Labellum der Tragachse zugewandt, weil es dem inneren Kreis der Petalen angehört. Bei der Mehrzahl der Orchideen weist aber die Blüte im geöffneten Zustand die umgekehrte Stellung des Labellums auf, d.h., die Lippe ist der Tragachse abgewandt. Diese Lageveränderung, Resupination genannt, geschieht bei *Orchis* z.B. durch eine Torsion des ganzen Fruchtknotens. Bei anderen Arten und Gattungen erstreckt sie sich nur auf Teile von ihm oder auch auf ein kurzes Stück des Blütenstiels. Nach AMES (zit. in WITHNER 1974, S. 287) erzeugt die Drehung des letzteren sogar am häufigsten die Resupination.

In der Regel beträgt die Drehung 180°, es kommen aber auch Fälle vor, wo die Drehung 360° beträgt, z.B. bei *Angraecum superbum* und *Malaxis paludosa*. Immer verläuft sie aber so, daß das Labellum am Ende der Drehung wieder eine senkrechte Stellung aufweist. Charakteristisch ist ferner, daß sie immer erst erfolgt, wenn die Ausbildung der Knospe ein bestimmtes Stadium erreicht hat, d.h., bei jungen Knospen ist sie noch nicht vorhanden. GOEBEL hat der Resupination einen wichtigen Faktor bei der Knospenentfaltung im Rahmen der sog. Entfaltungsbewegungen zugeschrieben.

Für das Zustandekommen der Resupination sind zwei Faktoren von Bedeutung: 1. ist sie nur möglich bei dorsiventral gebauten Blüten. Dabei muß sich die Dorsiventralität nicht nur auf den eigentlichen Blütenteil mit seinen fünf Blütenkreisen (Abb. 9), sondern auch auf den Fruchtknoten bzw. die benachbarten Partien des Blütenstengels erstrecken. Daß schon die Blütenstengel dorsiventral gebaut sein können, ersieht man z.B. aus der schon erwähnten (S. 25) spiraligen Blütenanordnung der Infloreszenzen von *Spiranthes*. 2. geschieht die Resupination unter dem Einfluß des Geotropismus. Das zeigte GOEBEL durch Versuche, bei denen Pflanzen mit sich entwickelnden Blüten auf der horizontalen Achse des Klinostaten gedreht wurden. Dadurch wechselt die Richtung der Schwerkraft auf die Blütenstände ständig, und die Resupination unterblieb dann. Unter Umständen kann sie durch die Einwirkung von Phototropismus, d.h. durch einseitige Beleuchtung etwas beeinflußt werden, vor allem, wenn mehrere Blüten an einer Blütenachse nahe nebeneinander stehen. Im übrigen gibt es Gattungen, wo einzelne Arten resupinierte Blüten haben, andere aber nicht, z.B. *Epidendrum.* Auch bei hängenden Blüten macht sich die Resupination bemerkbar, so etwa bei *Gongora,* wo sich infolge einer Torsion das Labellum „oben" befindet (Abb. 59). Unterbleibt aber die Torsion, so liegt dann die Lippe in der üblichen Stellung jetzt „unten", z.B. bei *Stanhopea.*

Über die Ursachen der Resupination könnte vielleicht die Gattung *Catasetum* einen Hinweis geben. Bei manchen, durch ihren Blütendimorphismus ausgezeichneten Arten, z.B. *Catasetum fimbriatum* und *C. atratum* ist nur bei den mit Pollinien versehenen männlichen Blüten eine Resupination zu sehen, sofern der Blütenstand nicht herabhängt, dagegen nicht bei den mit einem helmförmigen Labellum versehenen weiblichen Blüten ohne Pollinien. Seit Fitting (1909, vgl. Söding, S. 37, Arditti 1971, S. 211) ist nun bekannt, daß reife Pollinien reichlich Wuchsstoff abgeben. Nach Arditti/Flick (1976) kann z.B. der synthetische Wuchsstoff Naphthylessigsäure physiologisch wie Pollen wirken. Der Wuchsstoff wandert basalwärts und regt den Fruchtknoten zur Wiederaufnahme des Wachstums an. Unter geotropischem Einfluß wird nun der Wuchsstoff in dem dorsiventral gebauten Karpell ungleich verteilt, und das verursacht die Torsion. Da nun befruchtete Samenanlagen ihrerseits aber auch Wuchsstoffproduzenten sind, ist es verständlich, daß die ursprüngliche Torsion des Karpells in diesem Stadium wieder zurückgeht, wie z.B. bei *Orchis morio.* Daß die Resupination etwas mit den Pollinien bzw. dem Gynostemium zu tun hat, ergibt sich auch aus den Versuchen von Goebel (S. 352) mit *Coelogyne massangeana.* Hier unterblieb die Resupination nach Entfernung des Gynostemiums. Im übrigen lehnt Goebel mit Recht die teleologische Deutung der Resupination ab. Daß eine resupinierte Blüte besser bestäubt wird als eine nicht resupinierte, weil sie das Anfliegen und Aufsetzen der Bestäuber erleichtere, ist experimentell nicht bewiesen worden und wurde nur anthropomorphistisch erschlossen.

Zu den Organen, mit denen die Entfaltungsbewegungen ermöglicht werden, rechnet Goebel auch die manchmal vorhandenen Gelenke, mit deren Hilfe bestimmte Labella beweglich werden. Besonders auffallend sind diese bei der Gattung *Bulbophyllum,* doch haben auch Arten von *Anguloa, Cirrhopetalum, Drakaea, Pterostylis,* ferner *Arachnanthe clarkei, Masdevallia* u.a. „schaukelnde" Lippen (vgl. S. 41). Zum Teil sind derartige Gelenke sogar „reizbar", wie etwa bei *Pterostylis longifolia,* wo das Labellum bei Berührung gegen den Helm, den das obere Sepalum darstellt, springt. Bei *Calopogon* (S. 41) biegt sich das von einem Insekt angeflogene Labellum umgekehrt nach unten zur Columna. Ob sich hier das Labellum später wie bei *Porroglossum echidnum* (syn. *Masdevallia echidna*) zurückbiegt, wird aber nicht erwähnt.

Bei *Bulbophyllum falcatum* macht die Lippe nach Entfaltung der Blüte spontan über 2 Tage lang alle 2–4 Minuten Auf- und Abwärtsbewegungen. Das erinnert fast an die ebenfalls 2 Minuten benötigenden kreisenden Bewegungen der Seitenblättchen der dreizähligen Blätter von *Desmodium gyrans,* einer Fabacee = Leguminose (GOEBEL, S. 492). Bei diesen spontanen periodischen Bewegungen ist weder ein Nutzen noch ein Schaden erkennbar, sie sind eben nach GOEBEL „zufällige" Begleiterscheinungen der Entfaltung. Wie weit das auch für die staminodialen „Antennen" der männlichen Catasetum-Blüten gilt, hat GOEBEL nicht untersucht.

Sporne

Viele Labella sind mit Auswüchsen versehen, die als Sporne äußerlich sichtbar sind. Einen besonders langen Sporn von bis zu 30 cm Länge hat *Angraecum sesquipedale,* das durch eine nur nachts fliegende Motte namens *Xanthopan morgani* f. *praedicta* mit einem ebenfalls ca. 30 cm langen Saugrüssel bestäubt wird. Sehr lang sind die Sporne auch bei den viel kleineren Blüten von *Rangaeris amaniensis.* Da sich in den Spornen gewöhnlich – es gibt auch nektarfreie Blüten – nektarhaltige Flüssigkeiten befinden, können diese nur von langrüsseligen Schmetterlingen, z. B. Sphingiden aufgesogen werden. Kürzere, dünne Sporne haben *Gymnadenia, Orchis* bzw. *Dactylorhiza,* während sie bei *Dendrobium* mehr die Form einer Tasche haben. Indessen sind die Sporne nicht auf die Labella beschränkt, denn auch das mittlere Sepalum des äußeren Blütenkreises kann einen Sporn ausbilden, z. B. bei *Disa.* Es gibt außerdem auch „innere" Sporne, die sich in die Höhlung des Fruchtknotens hinein erstrecken, z. B. bei *Brassavola* oder *Laelia perrinii.*

Auf die sehr unterschiedlichen Formen der Labella einzugehen, würde zu weit führen. Genannt seien nur die „Frauenschuhe" der Diandrae, die „Tüten"

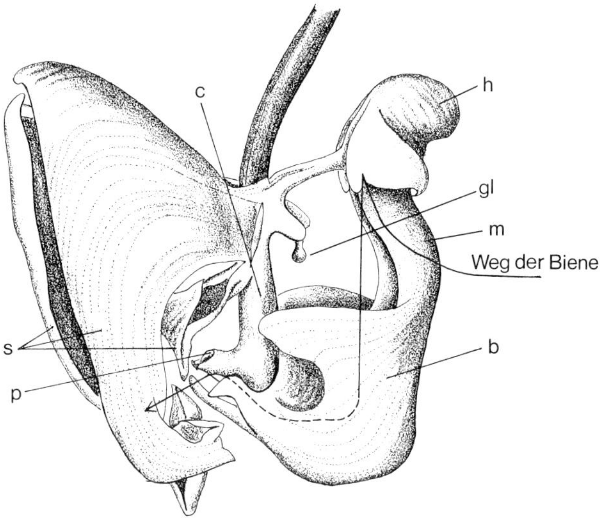

Abb. 17. Betäubung der Blüte von Coryanthes speciosa; Osmophoren des Hypochils nicht sichtbar. Nach ARDITTI 1969.
– - - – Weg der Biene, c Columna, s Sepalen, p Pollinien, b Wanne (Epichil), h Hypochil, gl Flüssigkeit sezernierende Drüsen, m Mesochil.

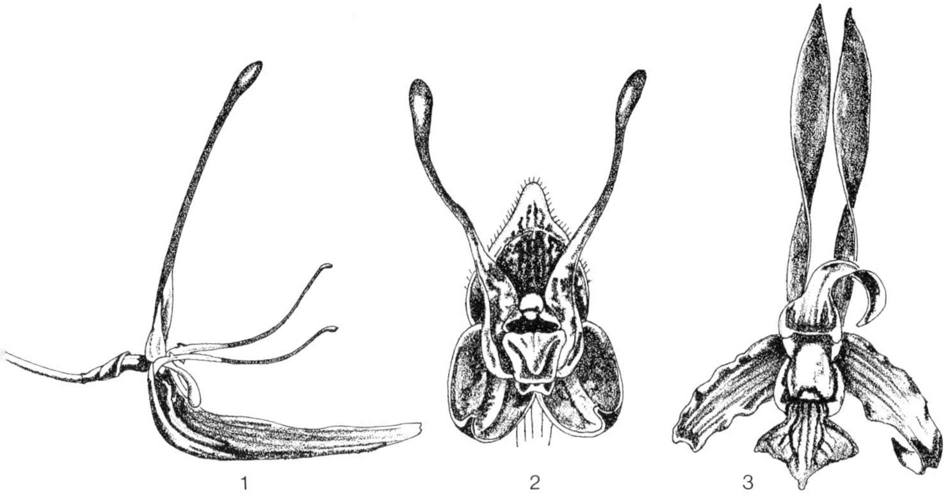

Abb. 18. Antennenartige Osmophoren.
1 am Ende des mittleren Sepalums von Restrepia antennifera, 2 an den seitlichen Petalen von Pleurothallis palpigera und 3 von Dendrobium minax. Nach VOGEL aus Proceedings 1966.

von *Cattleya* und *Laelia* und die Insekten vortäuschenden Haare und Zeichnungen der Lippen von *Ophrys*-Arten. Manche Labella haben so eigenartige Formen und Auswüchse, daß diese mit den Bezeichnungen **Hypochil, Mesochil** und **Epichil** (griechisch: Unter-, Mittel-, Oberlippe) belegt wurden, so bei *Coryanthes, Cycnoches, Gongora* und *Stanhopea* (Abb. 17).

Bei *Coryanthes* hat das fest mit der Säule verbundene Labellum zwei kurze lippenförmige Drüsen, sog. **Pleuridien,** die tropfenförmig eine berauschende, süß duftende Flüssigkeit absondern. Diese sammelt sich in dem eimerförmig ausgebildeten Epichil (Abb. 17). Die Blütenbesucher werden durch den Duft angezogen und sind in der Regel Männchen aus der neotropischen Bienenfamilie der Euglossinae mit langem Rüssel. Sie fallen berauscht in die Flüssigkeit, werden dort vorübergehend immobil und können nur durch eine enge Öffnung unterhalb des Sitzes der Pollinien herauskriechen. Dabei kleben die Pollinien an dem Insektenkörper fest und können zu der Narbe einer anderen Blüte transportiert werden.

Osmophoren (Duftgewebe)

Duft ist ein wichtiger Faktor für die Anlockung von Insekten. Die Bedingungen für die Duftproduktion hat besonders VOGEL (1966) studiert. Er fand auf den Blütenblättern, insbesondere den Labellen vieler Arten ein „Osmophoren" genanntes Gewebe als Ort für die Entstehung des Duftes. Die Zellen der Osmophoren besitzen große Protoplasten mit oft zerklüfteten Kernen, die sich leicht anfärben lassen, z.B. mit Toluen-Rot. Sie enthalten zahlreiche Mitochondrien. Daher haben die mit anderen Sekret-liefernden Organen, z.B. Nektarien vergleichbaren Zellen einen lebhaften Stoffwechsel, bei dem vielleicht mittels sog. Duftplastiden Kohlenhydrate oder fette Öle in Duftstoffe umgewandelt werden. Durch röhrenförmige Interzellularen oder über das Cytoplasma und Plasmodesmen erreichen die Duftstoffe schließlich die Oberfläche. Chemisch gehören diese Duftstoffe zu den Terpenen, die auch in den für die Riechstoff-Industrie wichtigen ätherischen Ölen vorkommen.

Besonders auffallende Osmophoren haben die Lippen der Catasetinae und Gongorinae, wo sie speziell auf den Hypochilen vorkommen, wie z.B. bei *Coryanthes* und *Stanhopea.* Auch viele Huntleyinae, Lycastinae, Zygopetalinae, *Disa, Herschelia* und *Platanthera* haben Osmophoren auf den Labellen. Bei anderen Gattungen sind sie mehr auf die Sepalen oder Petalen konzentriert, wie z.B. bei *Trigonidium obtusum,* wo eine Drüsenzone an den Enden der kleinen Petalen ein aromatisches Öl absondert (Abb. 18). In der Regel sind die Blüten mit Osmophoren nektarlos.

Haare

Unter den vielen Haarbildungen, die sich auf den Labella finden können, und von denen *Bulbophyllum barbigerum* ein typisches Beispiel liefert, seien hier vor allem die „Futterhaare", z.B. bei *Maxillaria rufescens* (Abb. 19) erwähnt. Mehlige Futterhaare gibt es ferner bei *Polystachya.* Meist werden diese Haare aber nicht von den Insekten abgeweidet, sondern fungieren ebenfalls als besonders ausgebildete Osmophoren.

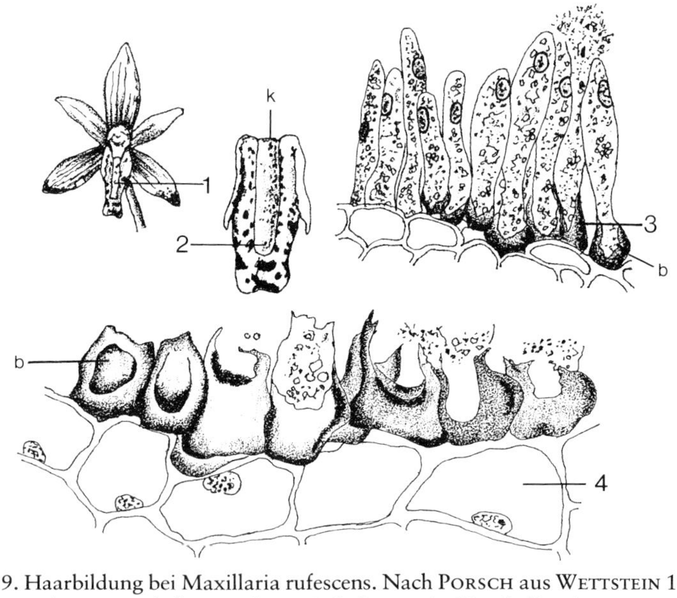

Abb. 19. Haarbildung bei Maxillaria rufescens. Nach PORSCH aus WETTSTEIN 1935.
1 Ganze Blüte, natürliche Größe, 2 Labellum mit Haarkallus k, etwa vergrößert, 3 eiweiß- und fettreiche Haare, 4 Haare abgerieben; 3 und 4 stark vergrößert.
k Kallus, b basale Membranverdickungen.

Petalen und Sepalen

Gegenüber dem Labellum ist die Variabilität der Sepalen und der beiden anderen Petalen zwar weniger groß, aber immerhin noch umfangreich genug. Dabei spielt die Größenabstimmung der drei Blütenorgane untereinander eine Rolle. Eine Art optischen Hintergrundes zu dem durch Form und Farbe abstechenden Labellum bilden z.B. die Sepalen und Petalen bei *Coelogyne mayeriana.* Bei den Cattleyen sind die Sepalen unscheinbar, die Petalen aber auffallend. Bei *Paphiopedilum* ist das dorsale Sepalum als „Fahne" optisch besonders wirksam. Bei *Oncidium varicosum* sind sowohl Sepalen und Petalen unauffällig, während bei *O. papilio* die seitlichen Sepalen gegenüber dem dorsalen Sepalum und den Petalen stärker betont sind. Verwachsungen kommen sowohl bei Sepalen als auch Petalen vor, doch ist eine Verwachsung oder Verklebung aller drei Sepalen, z.B. bei *Trigonidium,* selten. Andererseits können die Petalen manchmal sehr klein sein, so daß sie kaum auffallen, so etwa bei vielen Bulbophyllinae.

Als Träger von Drüsenhaaren fungieren die Enden der bis 50 cm langen Petalen von *Phragmipedium caudatum.* Bei mehreren Arten der *Dendrobium*-Sektion Ceratobium und bei *Pleurothallis palpigera* gibt es Duftorgane an den Petalen. Andererseits besitzt das mittlere Sepalum von *Restrepia antennifera* an seinem keulenförmigen Ende antennenähnliche Papillen als Duftorgan (Abb. 18). Ein solches befindet sich auch auf den drei Sepalen von *Masdevallia horrida* und ebenso auf den fleischigen Sepalschwänzen einiger anderer *Masdevallia*-Arten. Bei den seitlichen Sepalen von *Scaphosepalum ochthodes* erzeugen Osmophoren einen unangenehmen Geruch von Buttersäure. Schließlich sei noch *Cirrhopetalum ornatissimum* genannt, dessen seitliche Sepalen den Geruch von Walöl abgeben, während die Osmophoren der Lippe den Geruch frischen Herings haben.

Nektarien

Nektarien, also Nektar (Fructose, Glucose, Saccharose und sogar Raffinose nach Jeffrey/Arditti) erzeugende Zellen ähneln in ihrem Aufbau den Osmophoren (S. 37). Sie sitzen besonders in den Spornen, sind teilweise auch in Staminodien lokalisiert oder sonst am Blütengrunde, d.h. an der Spitze des Ovars zu finden. Außerdem werden oftmals an wachsenden Blütenknospen und Infloreszenzen zuckerhaltige Flüssigkeiten abgesondert, z.B. bei *Catasetum, Cymbidium, Laelia, Schomburgkia.* Diese locken häufig Ameisen an, regeln aber hauptsächlich wohl als „Saftventile" den Zuckergehalt während der Entwicklung. Bei starker Beleuchtung bzw. Photosynthese und niederen, den Kohlenhydrat-Transport behindernden Temperaturen ist der Vorgang häufiger zu beobachten. Im übrigen erzeugen die Nektarien nicht nur flüssigen Nektar, sondern können auch ein zuckerhaltiges Futtergewebe ausbilden, wie es im Innern der kurzen Blütensporne von *Orchis*-Arten vorhanden ist und dort von den Besuchern mit ihren Rüsseln bearbeitet und ausgebeutet wird.

Staminodien

Die nicht zur Ausbildung gekommenen Stamina sind unterschiedlich gestaltet. Das schildförmige Staminodium der Cypripedioideae ist bereits auf S. 31 erwähnt worden, ebenso die zu reizbaren Antennen entwickelten Staminodien von *Catasetum* auf S. 28. Die drei nächst dem Labellum stehenden Staubblätter – zwei dem äußeren, eines dem inneren Staubblattkreis angehörig – sind entweder vollständig unterdrückt oder höchstens als drüsenförmige Staminodien ausgebildet. Bei den Monandrae sind die beiden neben dem fertilen Staubblatt stehenden Stamina des inneren Kreises meist als kleine Schuppen entwikkelt. Bei den Neottioideae hängen die Staminoiden oft dem Gynostemium seitlich als apikale Anhängsel an. Bei *Oncidium papilio* und *O. kramerianum* sind sie zu besonderen, vielleicht als Osmophoren fungierenden Drüsen ausgebildet (Brieger, S. 54).

1.3 Fortpflanzung

1.3.1 Bestäubungsökologie

Entsprechend ihrem komplizierten Blütenbau weisen die Orchideen viele Anpassungserscheinungen an ihre tierischen Pollenüberträger auf. Im folgenden werden einige charakteristische Bestäubungsmechanismen nach Brieger (S. 71–83), Dodson und anderen Autoren beschrieben.
Folgende Gruppen von Bestäubern sind bekannt:

50% Hymenopteren (Wespen, soziale und nicht soziale Bienen, Holzbienen, Prachtbienen (Euglossinae),
18% Lepidopteren, davon zu 15% Nachtfalter,
12% Dipteren,
3% Kolibris,
15% verschiedene andere Tiere, darunter sicherlich häufig Ameisen,
2% Selbstbestäubung (Autogamie).

Unter den bestäubenden Dipteren ist die von Stoutamire (1969) beobachtete Bestäubung von nordamerikanischen *Habenaria*-Arten *(H. obtusa)* durch weibliche Moskitos *(Aedes)* besonders bemerkenswert. Sie trinken dort Nektar. Auch *Pterostylis*-Arten werden durch Moskitos bestäubt.

Für die Anlockung der Tiere sind vor allem Färbung und Geruch (Osmophoren, S. 37), in bestimmten Fällen wohl auch Form der Blüten maßgeblich. Ob gewisse Zeichnungen und Flecken, sog. Saftmale, beim Vorgang der Bestäubung eine Rolle spielen, ist fraglich, da ja die Insekten nicht das Assoziationsvermögen und den damit zusammenhängenden Raumsinn eines Menschen haben. Im übrigen dürfte das Labellum von Insekten zuerst angeflogen werden, weil es gewöhnlich am weitesten hervorragt und am größten sowie am auffallendsten von allen Blütenteilen gefärbt ist. Ob es resupiniert oder normal steht, dürfte nicht von Bedeutung sein.

Für die Blütenbindung, d.h. die Fixierung eines Insekts auf eine bestimmte Blütenart, die für den Erfolg der Bestäubung notwendig ist, steht von Nahrungsstoffen in erster Linie oft Nektar, vor allem in den Spornen zur Verfügung. Zuckerausscheidungen findet man häufig äußerlich, d.h. „extrafloral" an Blüten und Infloreszenzen, aber diese sind wohl hauptsächlich für Ameisen interessant. Auch Futtergewebe sowie Haarbüschel auf dem Labellum (*Maxillaria crassifolia*- und *Oncidium pulvinatum*-Gruppe; vgl. S. 38) dürften vielfach Insekten anlocken und binden. BRIEGER (S. 74) beobachtete, daß die Haarbüschel nur an sich gerade öffnenden Blüten noch intakt waren, später aber mehr oder weniger angefressen oder abgefressen waren. Zuweilen ist die Blütenbindung auch nur kurzfristig wie bei der selten vorkommenden Bestäubung von *Arethusa, Calopogon* und *Calypso* durch *Bombus*-Königinnen. Die Hummeln lernen bald, daß diese Blüten ihnen nichts bieten, aber schon eine einzige entwickelte Samenkapsel sorgt für genügend Nachkommenschaft.

Auffallend ist die sog. Pseudokopulation bei *Ophrys*-Arten. Deren im Aussehen Insekten nachahmende Lippen sondern einen Sesquiterpen-Alkohol, das Farnesol, ab, der männliche Solitärbienen anlockt (sog. Gamokinese). Die Bienen versuchen in der Annahme, ein Weibchen vor sich zu haben, mit den Blüten zu kopulieren und befruchten sie dabei. Man beobachtet die Pseudokopulation auch bei australischen Diurideen. Eine Pseudokopulation fand BRIEGER (S. 75) ferner bei *Trigonidium obtusum* (Vandoideae-Maxillariinae) durch Männchen von *Trigona*. Hier wie ferner nach DODSON bei *Trichoceros antennifera* (Vandoideae-Oncidieae) findet die Anlockung der Drohnen – bei *Trichoceros* sind es Euglossinae – durch eine aromatische ölige Substanz statt. Solch ein Anziehungsmittel für männliche Bienen haben auch die Blüten von *Catasetum-, Cycnoches-, Gongora-* und *Stanhopea*-Arten. Bei *Catasetum* und *Gongora* z. B. tritt die ölige Substanz aus den Epidermiszellen der Lippe, wenn die Bienen auf ihr mit ihren Vorderbeinen kratzen. Die Tiere nehmen den Stoff mit Haaren an ihren Beinen auf und speichern ihn in chitinösen Hohlräumen an den Hinterbeinen. Er wirkt betäubend auf die Bewegungen der Insekten.

Eine andere Art der Bestäubung, ebenfalls durch Drohnen der Gattung *Centris* ausgeführt, gibt es als „Revierverteidigung" bei *Oncidium hyphaematicum* und *O. planilabre*. Ihre sich leicht im Winde bewegenden Infloreszenzen werden von den Bienen für Feinde gehalten und durch Flug gegen die Blüten „angegriffen". Dabei treffen sie dic Columna der Blüten, auf der sie sich aber nicht niederlassen, wobei die Pollinarien auf ihnen festkleben bzw. mitgeführte Pollinien auf der Narbenoberfläche festhaften. Nach BRIEGER (1970) liegt in der Bestäubung durch Drohnen die Ausnutzung einer ökologischen Nische vor, denn weibliche Bienen haben nur für Nektar und Pollen Interesse.

Ein weiterer Bestäubungsmodus ist in den sog. **Fallenblüten** verwirklich, für die das schuhförmige Labellum der Cypripedioideae das bekannteste Beispiel ist. Hier sollen Bienen *(Andrena)* an den Haaren des Lippengrundes lecken und kauen. Sonst werden Fallenblüten hauptsächlich durch Dipteren bestäubt, wie übrigens auch das klassische Beispiel von *Arum* (Araceae) zeigt. Weitere Beispiele von Fallenblumen gibt es bei den Bulbophyllinae, Pleurothallidinae – hier *Geocalpa* für kleine Dipteren –, Vandeae und Physurinae. Prinzipiell funktionieren diese Fallenblüten so, daß die Insekten durch enge Öffnungen, z. B. am Labellum vorbei, in die Blüte hineinkriechen, um nur mit Schwierigkeiten wieder einen Weg nach außen zu finden, wobei auch glatte Innenwände oder durchsichtige Blütenteile – bei sog. Fensterblüten – eine Rolle spielen.

Als Fallenblumen gelten auch die mit Gelenken versehenen Labellen wie bei *Bulbophyllum* (vgl. S. 35), die so funktionieren, daß das Labellum, auf dem sich z. B. eine Fliege befindet, in verstärkte Schwingungen gerät und die Fliege gegen die Columna drückt. Manchmal stehen solche Labellen unter einem Spannungszustand, der bei *Plocoglottis lowii* (Phajinae) dadurch hervorgerufen wird, daß ein Sepalum das Labellum am Hochschleudern hindert. Ein Insekt, das sich auf die Lippe setzt, kann das Sepalum durch seine Bewegungen selber etwas abdrücken, so daß das Labellum entriegelt wird und hochschleudert. Derartige Spannungen, die aber allmählich in etwa einer halben Stunde wieder nachlassen, zeigt das Labellum von *Porroglossum (Masdevallia) echidnum.* Da hier Petalen, Columna und Lippe bei hochgestelltem Labellum einen Hohlraum bilden, sind die kleinen, bestäubenden Fliegen während dieser Zeit eingesperrt und führen durch ihre Bewegungen die Bestäubung aus (Abb. 20).

Besonders interessant ist der Bewegungsmechanismus bei den „Antennen" der männlichen Blüten vieler *Catasetum*-Arten. Diese Blüten werden nach DODSON auch durch Euglossinae, und zwar *Eulaema* und *Euglossa,* bestäubt. Teilweise sind die männlichen Blüten von *Catasetum* resupiniert, wie bei *C. atratum, C. fimbriatum* und *C. barbatum* oder auch unresupiniert wie bei *C. macroglossum* (Abb. 21). Die Antennen – wohl mit der Columna verwachsene lange Staminodien (S. 28, 39) – übertragen jede kleinste mechanische Berührung in Art eines Hebels auf den Schleudermechanismus der Pollinarien.

Wie schon auf S. 30, 33 erwähnt worden war, ist hier das Pollinarium dreiteilig: Viscidium-Stipes-Pollinium. Der Stipes (lat.: Stock, Keule) bildet einen sich allmählich ablösenden Teil der äußersten Zellschicht des Rostellums, in dem

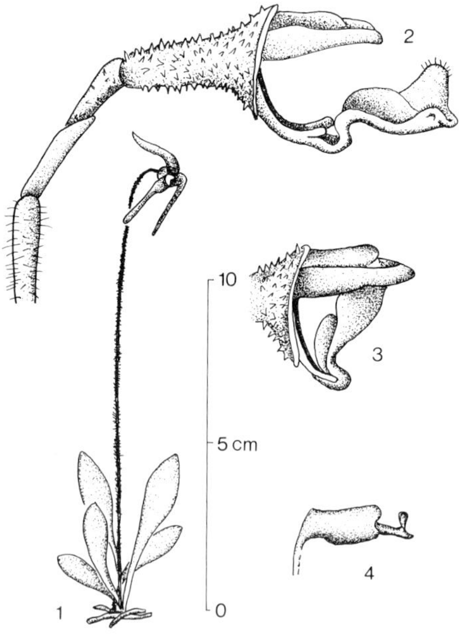

Abb. 20. Porroglossum (Masdevallia) echidnum. Nach GARAY und DUNSTERVILLE, zit. von BRIEGER in SCHLECHTER 1970.
1 Blühende Pflanze, 2 Columna mit den beiden Sepalen und Labellum in Ruhestellung, 3 Labellum gegen die Säule gelehnt, 4 Columna mit vorstehendem Rostellum, an dem die beiden Pollinien hängen.

vor der Abschleuderung eine starke Gewebespannung herrscht. Seine inneren derben Zellen sind querstrukturiert, d.h. einseitig mit verdickten Wänden versehen, und besitzen in ihrer Längsrichtung ein Ausdehnungsbestreben, das einmal durch Turgor, zum anderen durch Wachstum hervorgerufen wird. Dadurch wird die eigenartige, stark verdickte Epidermis elastisch gespannt. Die Berührung der Antennen führt im Trennungsgewebe des Rostellums mechanisch zu einer Turgorsenkung. Diese lockert den Verband so weit, daß er der Spannung im Stipes nicht weiter standzuhalten vermag. So wird dann das Pollinarium – das Viscidium voraus – abgeschleudert, wobei sich der Stipes unter Spannungsausgleich zurückkrümmt (von Guttenberg 1963, S. 644). Dieses mechanische System von Widerstandsschicht (Zellen mit verdickten Wänden) und blasebalgartiger und harmonikaartiger Schwellschicht ist z.B. auch bei der Samenausschleuderung des Springkrautes *Impatiens noli-tangere* wirksam. Über den Vorgang der Bestäubung unterrichtet Abb. 21.

Manche Cataseten, z.B. *C. russelianum,* haben keine Antennen. Hier wird zwar das Pollinarium nicht fortgeschleudert, aber doch löst sich der Stipes vom Rostellum ab und krümmt sich stark, so daß die klebrige Unterseite des Viscidiums einem eventuellen Besucher zugewendet ist. Bei anderen Cataseten, z.B. *C. macrocarpum,* ist eine der beiden Antennen, die zurückgebogen ist, gegen Berührung unempfindlich. Ähnliche Explosions-Ausschleuderungen von Pollinarien gibt es bei *Cycnoches* und *Mormodes* (von Guttenberg 1933 und die dort zitierte Literatur; Dodson).

Auf Bestäubung durch Vögel muß man bei violett bis scharlachrot gefärbten Blüten schließen. Brieger (S. 442) meint daher, daß *Masdevallia*-Arten und einige terrestrische Arten von *Laelia* auch durch Kolibris bestäubt werden. Allerdings gilt dieses nicht für die scharlachrote *Disa uniflora,* die nach Koopowitz (1966) von dem Schmetterling *Meneris tulbaghia* bestäubt wird. Möglicherweise hat hier das von der Blüte reflektierte Licht eine starke UV-Komponente, auf die Insekten besonders ansprechen.

Abschließend sei noch die „Normalbestäubung", etwa bei *Orchis morio,* erwähnt. Hier müssen die Bestäuber beim Eindringen in die Blüte, um das zuckerhaltige Sporngewebe anzubohren, mit den stark klebenden Viscidien der Pollinien in Berührung kommen. Sie ziehen dann beim Zurückweichen die Viscidien mit den Pollinien aus dem Bursiculum heraus. Anfangs bleiben die Frenicula der Pollinien noch steif, aber mit fortschreitendem Austrocknen biegen sie sich um.

Bei *Cattleya* erfolgt die Bestäubung so, daß das Insekt beim Verlassen der Blüte die Antherenkappe lüftet und mit seinem durch die Berührung mit dem Viscidium klebrig gemachten Rücken die Pollinien an den Caudiculae herauszieht (Sheehan 1975).

Schlapp werdende Frenicula oder Caudiculae, wie sie häufig gegen Ende der Lebenszeit einer Blüte vorkommen, können in gewissen Fällen auch zur **Autogamie** (Selbstbestäubung) führen. Allerdings muß dann das Rostellum nicht zu groß sein, weil die Pollinien sonst nicht die Narbenoberfläche erreichen würden. Selbstbestäubung gibt es häufig bei den Spirantheae (Brieger, S. 313, 335), obwohl dieses Tribus oft bunt gefärbte, aromatische Blüten mit Achsen-

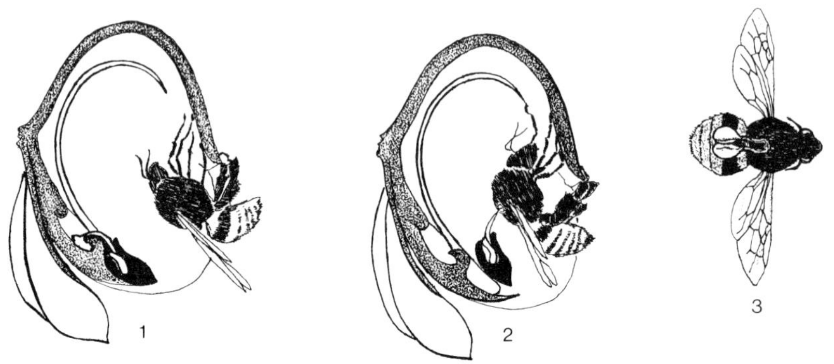

spornen besitzt. Richtige Pollinien sind hier nicht vorhanden, denn die Pollentetraden hängen nur lose durch dünne Viscinfäden zusammen und zerfallen daher leicht. Das gleiche gilt für die Dracaeinae.

1.3.2 Befruchtung und Entwicklung der Frucht

Zur Zeit des Blühbeginns ist das Ovar erst unvollkommen entwickelt, und es finden sich in ihm nur sechs Längswülste, die Plazenten. Sobald die Pollenschläuche nach Bestäubung bis in die Fruchtknotenhöhlung eingedrungen sind, erfährt ihr Weiterwachstum eine Ruhepause. Dagegen setzt nun die Entwicklung der eigentlichen Samenanlagen aus dünnen, manchmal verzweigten und mehrzelligen Fäden ein. Offensichtlich liegt hier eine Wuchsstoffwirkung vor, denn die von den Pollenschläuchen abgesonderten Substanzen sind nicht spezifisch, da Pollenschläuche von *Tulipa* oder die Eier und Larven von Gallwespen die gleiche Wirkung ausüben können.

Der von den Pollinien ausgehende Wuchsstoffeinfluß macht sich bereits früher dadurch bemerkbar, daß die Entfernung der Pollinien oft ein Welken der Blüte bewirkt, was z.B. bei *Catasetum* sehr auffallend ist. Hier stellen außerdem die Osmophoren (S. 37) alsbald ihre Duftproduktion ein. Auch das Aufbringen von Pollinien auf die Narbe führt zum Welken.

Sind die anatropen Samenanlagen ausgewachsen, so bewirkt offensichtlich deren eigene Wuchsstoffproduktion (vgl. Söding, S. 38 ff.), daß die Pollenschläuche wieder ihr Wachstum aufnehmen, chemotropisch zu den Mikropylen der Embryosäcke geleitet werden und dort mit ihren beiden generativen Kernen die Befruchtung vollziehen. Wegen der transitorischen Pause im Weiterwachstum der Pollenschläuche und der inzwischen erfolgenden Ausbildung der Samenanlagen vergeht zwischen Bestäubung und Befruchtung einige Zeit, die je nach Gattung 8 Tage bis 40 Wochen betragen kann (Brieger, S. 97). Die vollständige Entwicklung der Fruchtkapsel bis zum Aufplatzen kann bei *Coelogyne* sogar bis zu 2 Jahren dauern. Im übrigen ist die Entwicklung der Samenanlagen vor und nach der Befruchtung mit einer starken Vergrößerung des Fruchtknotens verbunden.

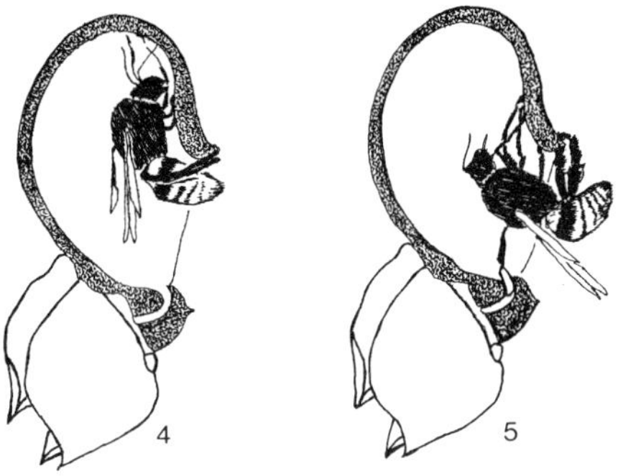

Abb. 21. Bestäubung von Catasetum macroglossum durch eine männliche Biene von Eulaema cigulata. Nach DODSON 1962.

1 Die Biene dringt in eine männliche Blüte ein. 2 Sie kratzt auf der Oberfläche der Lippe und berührt dabei die Antenne, so daß das Pollinarium mit dem Viscidium voraus auf ihren Thorax geschleudert wird. 3 Im Flug mit den Pollinarien, Antherenkappe abgefallen. 4 Die Biene besucht eine weibliche Blüte und kratzt wieder auf der inneren Oberfläche der Lippe. 5 Beim Verlassen der Blüte kommen die Pollinien in Berührung mit der klebrigen Narbentasche und bleiben zurück, wenn die Biene sich freigestrampelt hat.

1.3.3 Samen

Wie schon (S. 13) erwähnt wurde, besitzen die winzigen Samen (Abb. 22) kein Endosperm. Ihr Gewicht beträgt bei *Galeola* nur 0,0014 mg, bei *Schomburgkia undulata* sogar nur 0,0003 mg. Das Fehlen des Endosperms beruht darauf, daß bei der doppelten Befruchtung zwar der eine der beiden Spermakerne mit der Eizelle verschmilzt, der andere aber entweder bereits vor der Fusion mit dem sekundären Embryosackkern oder bald nach der Verschmelzung degeneriert, so daß nur noch wenige Teilungen eintreten. Nur selten, etwa bei *Galeola septemtrionalis* bildet sich ein Endosperm mit sechzehn Kernen aus, das aber vor dem Ende der Embryogenese bereits wieder völlig absorbiert wird. Ähnlich steht es mit einem eventuell vorhandenen Suspensor. Schon bei den Teilungen der befruchteten Eizelle (Zygote) sind Formen mit und ohne Ausbildung eines Suspensors vorhanden. Dieser ist aber bei Samenreife wieder degeneriert.

Bei den späteren Teilungen sind Embryonen mit und ohne Kotyledon (Keimblatt) zu unterscheiden. Die meisten Arten entwickeln Embryonen ohne Keimblatt. Arten mit Kotyledon sind z.B. *Bletilla, Epidendrum vitellinum, Polystachya* und *Sobralia* (Abb. 23).

Im Stadium der Samenreife bildet der Embryo mit etwa 30 Zellen (BRIEGER 1970) ein fast undifferenziertes längliches Gebilde, das von den abgestorbenen, inhaltslosen und undurchsichtigen Zellen der **Testa** (Samenschale) umhüllt wird. Die Oberflächen der Testa-Zellen haben vielfach eine komplizierte mikroskopische Strukturierung (BARTHLOTT 1975). In Verbindung mit der hydrophoben chemischen Natur der Zellwände wird dadurch die Benetzbarkeit der Samen durch Wasser sehr erschwert, weil in den wabenförmigen Vertiefungen der Oberfläche die Luft festgehalten wird. Dieser Umstand in Verbindung mit der Vergrößerung der Samenoberfläche durch die Testa sowie ihr geringes Gewicht bedingen die große Flugfähigkeit der Samen, die mit der von Pollen mancher Windblütler verglichen werden kann.

Meist stammen die Testa-Zellen von den Außenzellen des äußeren Integuments ab. Bei der Mehrzahl der Polychondreae (*Orchis, Pterostylis* u.a.) und

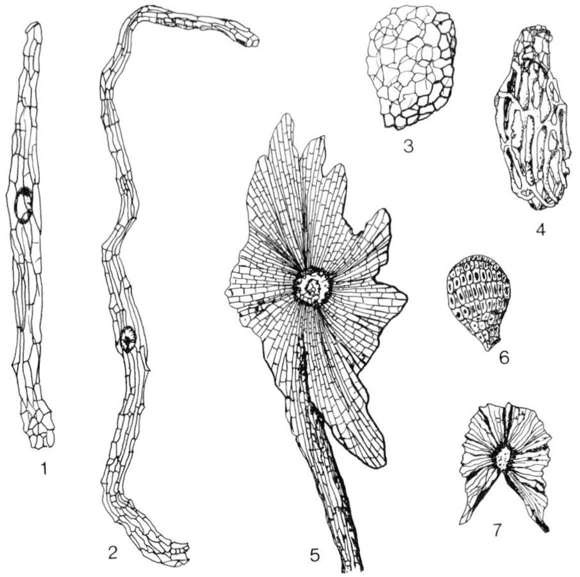

Abb. 22. Orchideensamen.
1 Haemaria discolor, 2 Acanthophippium sylhetense, 3 Epipogum nutans, 4 Vanda spec., 5 Galeola lindleyana, 6 Vanilla planifolia, 7 Galeola altissima.
Nr. 1–4 nach BURGEFF 1936, Nr. 5–7 nach BEER 1863, zit. von BRIEGER in SCHLECHTER 1970.

vielen Ophrydoideae bleibt aber die Cuticula der Epidermis des inneren Integuments erhalten (VEYRET 1974). Hierdurch und durch die eben erwähnten Eigenschaften der Testa-Zellen wird die Quellung bei der Keimung solcher Samen, insbesondere deren Keimung in vitro gehindert. Dabei müssen wohl auch noch Hemmstoffe durch das Wasser ausgelaugt werden. Damit wird die erschwerte Keimung der Samen von *Vanilla* erklärt und die Tatsache, daß die Samen unserer europäischen Erdorchideen manchmal erst nach 2–3 Monaten Wässerung oder ohne Wässerung nur auf geeigneten Nährböden keimen. Im übrigen wird bei *Dactylorhiza* die Keimung durch deren Mykorrhizapilz *Rhizoctonia solani* stimuliert.

1.3.4 Entwicklung der Keimpflanzen

Diese erfolgt bei den Orchideen ganz anders als bei den übrigen Angiospermen. Der Same ist ja noch weitgehend undifferenziert und hat keinen typischen Sproß- und Wurzelpol. Wegen des Fehlens des Endosperms ist der keimende Same sehr bald auf eine Nahrungshilfe von außen angewiesen, die in der Natur die Infektion mit einem **Mykorrhiza-Pilz** ist. Der Keimling kann nämlich im Gegensatz zu den Mykorrhiza-Pilzen keine unlöslichen Kohlenhydrate spalten. Anfangs findet in ihm nur die Umsetzung eines Teils des gespeicherten Öls in Stärke statt.

Bis zur Pilzinfektion verläuft die Entwicklung etwa folgendermaßen: Der an einem geeigneten Platz festgehaltene Same schwillt zunächst durch Wasseraufnahme an und quillt aus der Testa heraus. Es finden mehrere Teilungen statt, das anfangs entstandene, durchsichtige kleine Kügelchen wird wieder undurchsichtig und bekommt eine „Radieschen-" oder „Kreiselform" von grüner Farbe. Um die inzwischen entstandene Basis herum erscheinen kleine Anschwellungen mit Gruppen einzelliger Wurzelhaare (Rhizoiden), durch die sich der Keimling in die zweckmäßigste Lage bringt und darin festhält. Der „Protokorm" genannte Keimling kann unter Umständen bis zu 24 Monaten in diesem Stadium verharren. Er nimmt sein Wachstum erst wieder auf, nachdem eine Infektion mit den Hyphen eines geeigneten Mykorrhiza-Pilzes stattgefunden hat. Hierauf wird im folgenden Abschnitt näher eingegangen. Im übrigen ist die birnenförmige „Kreiselform" nur eine der möglichen Gestalten des Protokorms und gilt hauptsächlich für *Cattleya* und *Vanda.* Sehr unterschiedliche Protokorm-Formen hat VEYRET (1974) abgebildet.

Ist das Protokorm infiziert worden, so nimmt es unter Einfluß der von dem Pilzmyzel zugeführten Stoffe (Vitamine wie Niacin und Kohlenhydrate wie Trehalose) das Wachstum wieder auf und bildet ein breiteres, scheibenförmiges Protokorm. Dieses entwickelt bald ein kegelförmiges apikales Meristem, dessen Zellen sich schnell teilen. Aus ihm entsteht zunächst ein Blatt und später weitere Blätter. Das Erscheinen von Wurzeln vervollständigt schließlich die Bildung der kleinen Orchideenpflanze. Es fragt sich, warum das bereits chlorophyllhaltige Protokorm vor der Pilzinfektion nicht das Wachstum fortsetzen kann, obwohl Zucker und Vitamine später von den assimilierenden Chloroplasten älterer Zellen gebildet werden. Ich konnte aber auch bei anderen Pflanzen, z.B. *Kalanchoë,* feststellen, daß ganz junge Blätter trotz des Vorhandenseins von Chloro-

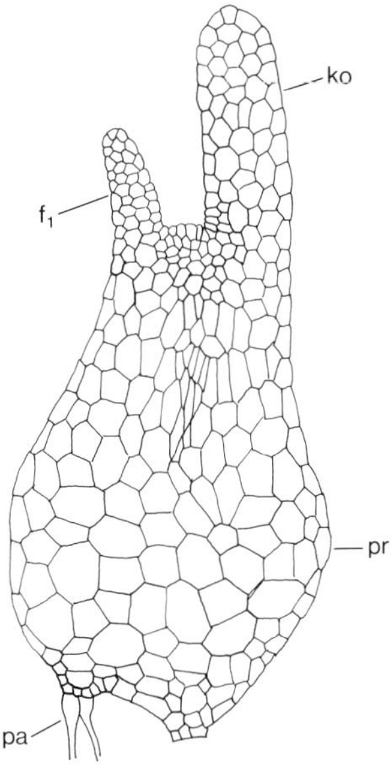

Abb. 23. Keimling von Bletilla hyacinthina mit Kotyledon. Nach BERNARD aus VEYRET 1974.
ko Kotyledon (Keimblatt), f_1 erstes Blatt, pr Protokorm, pa Rhizoid (absorbierendes Haar).

phyll noch keine Photosynthese ausführen, sondern erst ein gewisses Alter erreichen müssen. Offenbar ist im Frühstadium die Eiweißkomponente der Thylakoide (Doppelmembranen, in denen das Chlorophyll enthalten ist) bzw. deren Photosystem II, das die Wasserspaltung bewirkt (vgl. S. 56 und STRASBURGER 1978, S. 249, 351), noch nicht ausreichend entwickelt.

1.3.5 Mykorrhiza

Es gibt nur wenige Orchideen, bei denen eine Protokorm-Weiterentwicklung ohne Pilzinfektion stattfindet. Dazu gehören *Bletilla* und *Sobralia,* bei denen sich bereits die Kotyledone ausbildet (VEYRET 1974). Allerdings wachsen auch hier die Keimlinge schneller, wenn sie infiziert sind (HARLEY , S. 195).

Die bei der Mehrzahl der Orchideen zur Keimung erforderlichen Pilze sind im allgemeinen wenig artspezifisch und gehören meistens der Gattung *Rhizoctonia* an, z.B. *Rh.* (syn. *Corticium*) *solani, Rh. repens, versicolor, lanuginosa, mucoroides, gracilis, goodyera-repentis* u. a. Es sind meist Holobasidiomyceten mit Schnallenbildung, doch sind noch nicht überall die Fruchtkörper der betreffenden Hyphen gefunden oder in der Kultur beobachtet worden. Alle diese imperfekten Rhizoctonien sind wohl haploide Myzelien von *Corticium*-Arten. Andere Gattungen, die man ermittelt hat, sind ein *Fomes* bei *Galeola hydra, Ceratobasidium,* die Telephoracee *Hymenochaete crocieras* bei *Galeola altissima* und *Gastrodia elata, Thanatephorus orchidicola (Corticiaceae)* (HARLEY, S. 204), *Gymnopilus aculeatus* bei *Cattleya* spec., *Tulasnella, Sebacina* und vor allem *Armillariella mellea* (Hallimasch). Alle diese Pilze sind aerobisch und sauerstoffbedürftig. *Armillariella mellea* kann in seinen **Rhizomorphen** (verflochtene Hyphenstränge) sogar Sauerstoff leiten. Er ist der Endophyt der saprophytischen *Gastrodia* und *Galeola.* Dieser Pilz, *Hymenochaete* und *Fomes* können nicht nur wie die übrigen Pilze Cellulose und andere Kohlenhydrate abbauen, sondern auch Lignin als Kohlenstoffquelle ausnutzen und damit Holz zerstören. *Armillariella* ist auch in der Lage, Tannin zu oxidieren. Dagegen sind alle Pilze nicht imstande, Stickstoff zu fixieren; diesen erhalten sie von Ammoniumsalzen, Harnstoff, Aminosäuren, Peptonen, Proteinen und anderen organischen Verbindungen. Vitamine oder Wuchsstoffe begünstigen ihr Wachstum.

Mit Hilfe der Isotopentechnik ließ sich feststellen, daß die Orchideen-Endophyten Nährstoffe translozieren können, diese also in die befallenen Orchideenzellen befördern. Dazu gehören neben Trehalose, dem für Pilze typischen Kohlenhydrat, Fructose, Glucose, Sucrose (= Saccharose) und sogar Phosphate. Durch Kulturexperimente ergab sich ferner, daß die Orchideen neben diesen Nährstoffen auch Vitamine über die Pilzhyphen erhalten, vor allem Vitamine der B-Gruppe, besonders Niacin (Nicotinsäure), Nicotinamid, Pyridoxin und Riboflavin. Von allen Vitaminen ist Nicotinsäure bzw. Nicotinsäureamid der wichtigste Stoff. Keimlinge der Vandeengruppe haben ihn unbedingt nötig, dazu noch Thiamin (Vitamin B_1) und Biotin (Vitamin H). Cattleyen, Laelien sind weniger vitaminabhängig, und *Bletilla striata* (syn. *B. hyacinthina*) ist vitamin-unabhängig.

Daß Nicotinsäure/amid so wichtig ist, läßt sich daraus ersehen, daß die noch nicht assimilierenden Chloroplasten auch keine Proteinsynthese ausführen können, in deren Verlauf das Vitamin gebildet wird. Andererseits ist dieses der Baustein für das bei der Photosynthese erforderliche Redoxsystem (S. 55).

Vielfach stehen die Orchideenpilze mit der Ektomykorrhiza von Bäumen oder anderen Pflanzen in Verbindung, wodurch sich erklärt, daß viele Orchideenarten nur an bestimmten Standorten gefunden werden. Die Hyphen haben zu ihrer Entwicklung ja auch Nährstoffe nötig, und zersetzte Blatt- und Holzsubstanz als Nahrungsquelle ist nicht überall verfügbar. Harley (S. 225) erwähnt z. B., daß für *Vanilla*-Wurzeln *Pandanus utilis* und *Jatropha curcas* sehr gute Substratpflanzen waren, *Casuarina equisetifolia* dagegen schlechte. Ähnlich war der Neuseeländische Saprophyt *Gastrodia minor* mit Hilfe seines Wurzelpilzes ein **Epiparasit** auf der Myrtacee *Leptospermum scoparium*. Hier entwickelte der Orchideenpilz ein sog. Hartig-Netz von Hyphen um die Wurzeln von *Leptospermum* in dessen Rinde die Hyphen eindringen.

In der von Nuernbergk (1974) referierten Arbeit von Ruinen wird gezeigt, daß die Orchideenpilze in die Rinde und bis auf das Holz der Trägerpflanzen (**Phorophyt**)eindringen und hier beträchtliche Schäden anrichten. Harley (l. c.) bezeichnet die epiphytischen Orchideen in solchen Fällen als Epiparasiten, d. h. Parasiten auf Pilzen, die ihrerseits auf die Trägerpflanzen mit ihrer Mykorrhiza

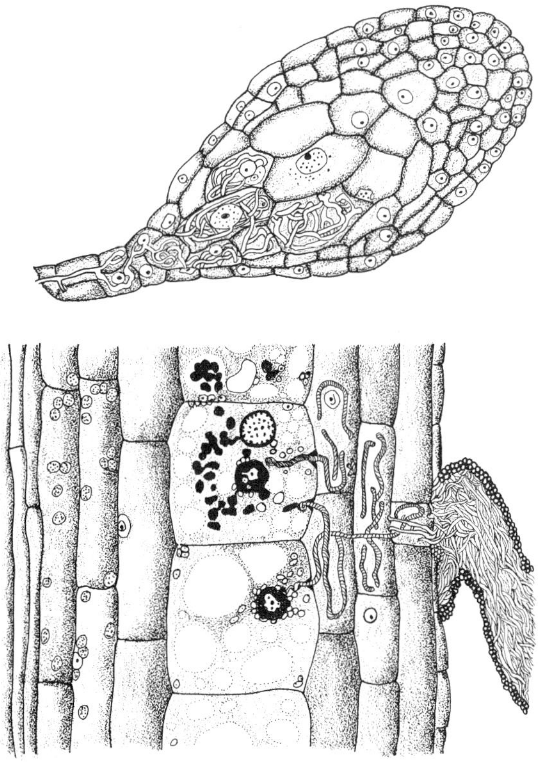

Abb. 24. Pilzinfektion von Orchideen. Oben Laeliocattleya, Längsschnitt durch frisch infizierten Keimling. Die Infektion fand durch die toten Suspensorzellen statt; Beginn der Verdauung; noch keine Zellteilungen im oberen Teil des Embryos. Nach Burgeff 1909.
Unten Eintritt von Pilzhyphen durch die Rhizodermis bzw. Exodermis einer Wurzel; Knäuelbildung in der Wirtszone, Eintritt von Hyphen in die Verdauungszone. Nach Arditti 1969.

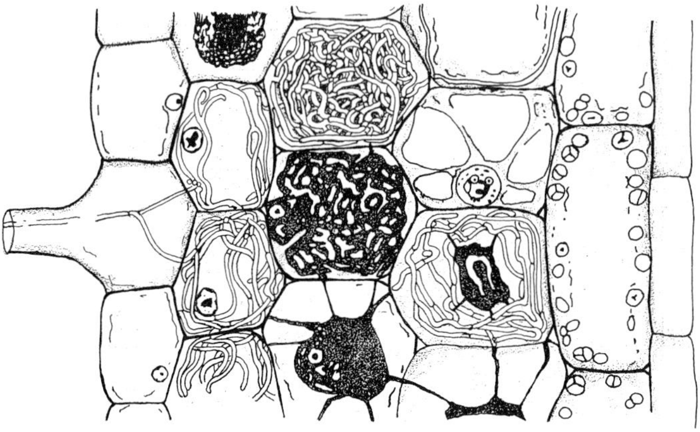

Abb. 25. Tolypophagie in einer Wurzel von Platanthera chlorantha. Eintritt der Pilzhyphen durch ein Wurzelhaar; in der Wirtszone Hyphenknäuel, in der Verdauungszone bilden die unverdaulichen Reste der Hyphen kleine Klumpen; unten Speicherzellen mit Reservestoffen (Stärke). Nach BURGEFF 1943.

parasitär einwirken. Allerdings werden nicht alle Bäume von den Pilzhyphen angegriffen, wie WENT gezeigt hat. Dazu gehört z.B. *Eucalyptus* (s. S. 69). Solche „axenischen“ Bäume besitzen Abwehrstoffe gegen die Pilze, sog. **Phytoalexine,** so daß die Hyphen nicht in ihre Rinde eindringen können. Daher findet man auf ihnen auch keine mit Pilzen symbiotisch lebenden Orchideen, denn diese hätten bei der Keimung keine Pilzhyphen zur Verfügung.

Das Eindringen der Hyphen, die durch Stoffe unbekannter Natur chemotropisch angezogen werden, in das Protokorm bzw. den Keimling findet entweder durch den abgestorbenen Suspensor oder durch Wurzelhaare (Rhizoiden) statt (Abb. 24), bei Epiphyten-Keimlingen im älteren Stadium auch durch Velamenzellen. Die Hyphen verbreiten sich in der Regel in einer Art vorprogrammierter Zone, wobei sie in den Wirtszellen oft größeren Durchmesser und dickere Wände als im Außenmyzel annehmen. Sie bilden dort Hyphenknäuel (Abb. 24), die viel Eiweiß enthalten. Das apikale Meristem wird nie infiziert, ebensowenig Zellen mit Chloroplasten in Blättern, Infloreszenzen und Sprossen, ausgenommen die unterirdischen Achsenorgane heterotropher Arten. Knollen werden nur ausnahmsweise infiziert. Bei den erwachsenen europäischen Arten ist eine periodische Reinfektion üblich, da die Pilzhyphen ein saisonbedingtes Aktivitätsmaximum haben bzw. ihre Verdauung einem jahreszeitlichen Zyklus unterliegt. So werden nach BURGES (HARLEY, S. 198) die jungen Wurzeln von *Orchis incarnata* im April infiziert, und das Verdauungsmaximum liegt im Mai. Nach VERMEULEN (HARLEY l.c.) hat *Dactylorhiza* zwei Verdauungsperioden. Einen permanenten Infektionszustand gibt es wohl nur bei solchen Arten, deren Photosynthesetätigkeit keine ausreichende Stoffproduktion ermöglicht, so daß sie „mixotrophisch“ sind. Dazu gehören neben blattlosen Spezies wie *Taenio-*

phyllum und *Polyrhiza,* wenn deren assimilierende Wurzeln nicht genügend Photosynthese-Produkte liefern, die Arten mit reduzierten oder chlorotischen Blättern wie *Epipactis microphylla,* weißblättrige *Epipactis* und *Zeuxine.* Man spricht hier von **Mixotrophie.** Diese ist oft auch bei in schattigem Habitat lebenden Orchideen vorhanden, z.B. im Urwald bei *Thrixspermum* und bestimmten *Dendrobium*-Arten. Im allgemeinen ist bei größeren assimilierenden Keimlingen die Mykorrhiza nicht mehr erforderlich, das gilt auch für *Cephalanthera, Listera, Epipactis, Cypripedium,* wenn sie gut beleuchtet sind.

Die Verdauung erfolgt nach BURGEFF (vgl. HARLEY, S. 223) auf zweierlei Weise: bei der **Tolypophagie** (Abb. 25) werden die Hyphenknäuel in den Zellen abgetötet und deren Inhalt bis auf zusammengeklumpte Körperchen als Überreste vom Plasma aufgenommen. Um diese Klumpen legt sich eine Scheide aus Membransubstanz. Nach Beendigung der Tolypophagie kann eine neue Besiedlung der Wirtszone eintreten. Bei der **Ptyophagie** (Abb. 26), wie sie die Ganzsaprophyten *Galeola* und *Gastrodia* besitzen, und die einer mehr kontinuierlichen Stoffübernahme entspricht, machen die Hyphenenden Protoplasmamassen frei oder drücken diese heraus, die dann aufgelöst werden.

Interessanterweise ist der Nährstofftransport nicht immer einseitig vom Pilz zur Orchidee gerichtet, denn aus Isotopenexperimenten ergab sich auch ein geringfügiger Kohlenhydrattransport von Orchidee zu Pilz. Nach HIJNER/ARDITTI wird sogar Thiamin (S. 48) von gekeimten *Epidendrum*-Aussaaten in das *Rhizoctonia*-Myzel transferiert. Im übrigen sorgt die Mykorrhiza mit Hilfe ihres großflächigen Hyphennetzes auch für eine Verbesserung der Wasserversorgung der Keimlinge ähnlich wie die Ektomykorrhiza bei Bäumen. Das wird dadurch begünstigt, daß aus den infizierten Orchideen-Wurzeln wieder „Emissionshyphen" heraustreten und sich im Substrat reichlich verzweigen.

Viele Samen, die irgendwohin geweht worden sind, finden keine geeignete Pilzassoziation und sterben ab. In anderen Fällen werden die Keimlinge bei dem sehr delikaten Gleichgewicht zwischen Pilz und Pflanze von zu aggressiven Pilzen abgetötet. Auch kommt es vor, daß ihre fungistatischen Stoffe den Pilz vorzeitig vernichten, so daß keine richtige Pilzinfektion erfolgt und damit der Keimling keine Ernährungsgrundlage erhält. Nur relativ selten tritt das eben genannte Gleichgewicht ein. Dabei zeigte sich in Keimungsexperimenten, daß nicht immer der natürliche Pilz-Associé die besten Wachstumsergebnisse ergibt, sondern andere Hyphenarten die Keimlinge mehr fördern.

Durch die hauptsächlich von GÄUMANN und Mitarbeitern (vgl. HARLEY, S. 199; NUERNBERGK 1974, S. 233) ausgeführten Versuche erwies sich, daß die Kontrolle der Keimlinge über die eingedrungenen Hyphen durch die Bildung fungistatischer Stoffe erfolgt. Diese entstehen, wie z.B. das **Orchinol** in Knollen von *Orchis militaris,* sofort nach der Infektion. Es handelt sich beim Orchinol um ein 2,4-Dimethoxy-6-hydroxy-10-dihydrophenanthren mit dem Molekulargewicht 258 ($C_{16}H_{16}O_3$). Das **Hircinol** ($C_{15}H_{14}O_3$) wurde bei *Loroglossum hircinum* gefunden. Andere Orchideen-Arten haben wiederum andere Abwehrstoffe, doch fanden GÄUMANN et al. immerhin 16 von 24 europäischen Orchideenarten, die in Gegenwart von *Rhizoctonia repens* Orchinol erzeugten. Manche Pilze, wie *Fusarium solani,* greifen das Knollengewebe der Orchidee so

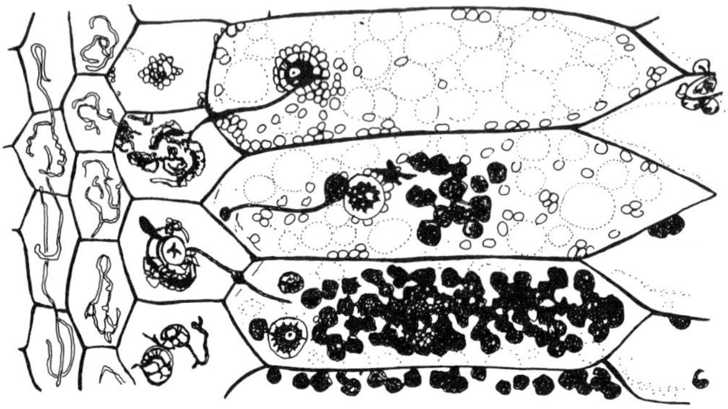

Abb. 26. Ptyophagie in einer Wurzel von Gastrodia elata, epidermale Zellagen weggelassen. Links Wirtszone, dann eine Zellschicht, wo sich Zelluloseklumpen auf den Pilzhyphen abgelagert haben. In den langen Zellen rechts Ptyophagie; die Reste der «Ptyosomen» (von dünner Membran durch die Zelle umkleidete, von den Pilzhyphen ausgestoßene Plasmaballen) werden abgebaut und schrumpfen zu kleinen unverdaulichen Klümpchen zusammen. Nach BURGEFF 1943.

stark an, daß ihr keine Zeit mehr für die Orchinolsynthese übrig bleibt. Diese hat zwar nur eine Induktionszeit von 36 Stunden, doch wird die gesamte Knolle einer Erdorchidee erst nach 8 Tagen ganz von dem Phytoalexin (S. 50) durchdrungen.

Je nach der Species der Orchidee und der Art des Pilzes kann die saprophytische Phase länger oder kürzer dauern. Manchmal, z. B. bei *Cypripedium calceolus,* kann das Rhizom sogar jahrelang saprophytisch leben. Andererseits ist *Goodyera repens* nur im ersten Jahr mixotroph.

1.3.6 Heterotrophe Orchideen

Die heterotrophen Orchideen sind hinsichtlich ihrer Ernährung ganz auf die Zufuhr organischer Substanz durch die Mykorrhiza angewiesen. Wie als Beispiel *Gastrodia* zeigt, sind hier gegenüber den autotrophen und mixotrophen Orchideen die pilzhaltigen und pilzfreien Gewebe noch strenger voneinander getrennt. Zu den saprophytischen, genauer heterotrophen Arten gehören in der mitteleuropäischen Flora: *Corallorhiza innata, Epipogium* (syn. *Epipogon*) *aphyllum, Limodorum abortivum* und *Neottia nidus-avis.* In den Tropen sind u. a. heterotroph: *Aphyllorchis, Cystorchis,* mehrere Arten von *Corallorhiza, Hexalectris, Epipogium nutans, Galeola, Lecanorchis* und *Stereosandra,* ferner die Gastrodiinae *(Auxopus, Didymoplexis, Didymoplexiella, Gastrodia, Neoclemensis* und *Uleiorchis).* Bei den Gastrodiinae haben die Rhizome dünne lange Wurzeln, an denen durch Infektion Wurzelknollen („Pilzgallen") entstehen. Bei *Epipogium* und *Neottia* fehlen die Wurzeln, dafür sind Papillen oder Warzen mit Haaren vorhanden. Die Blätter sind bei diesen Orchideen mehr oder weniger zu Schuppen reduziert und bis auf *Corallorhiza* und *Neottia* chlorophyllfrei. Bei *Corallorhiza* ist zwar in den Blütenständen und im Fruchtknoten Chlorophyll vorhanden, ebenso bei *Neottia,* aber sicherlich zu wenig, um den Bedarf an Kohlehydraten durch Photosynthese zu decken. MONTFORT konnte jedenfalls bei *Neottia* keinerlei Photosynthese nachweisen. *Corallorhiza* besitzt noch die beiden Chlorophylle a und b, während bei *Neottia* letzteres fehlt, auch ist die Carotinmenge stark reduziert.

In bezug auf Keimung und Art der Infektion gleichen die heterotrophen Orchideen den autotrophen. Abgesehen von *Galeola* und *Gastrodia,* die beide Ptyophagie aufweisen, ist Tolypophagie (S. 51) zu beobachten. Nur bei *Neottia* ist der Mykorrhizapilz eine *Rhizoctonia,* bei den anderen Gattungen sind es sonstige Hymenomyceten (SCHAEDE-MEYER, S. 197).

1.4 Inhaltsstoffe der Orchideen

Orchideen besitzen ebenso wie andere Pflanzen sog. sekundäre Inhaltsstoffe. Darunter versteht man solche Substanzen, die primär im Grundstoffwechsel keine essentielle Rolle spielen. Vielfach handelt es sich dabei um Ablagerungen ausgeschiedener Stoffwechselprodukte, die in den Gesamtstoffwechsel nicht mehr eingebaut werden können.

Hier sind zunächst die in Zellen vieler höherer Pflanzen auftretenden verschiedenen Formen des Calciumoxalats $(CO_2)_2Ca \cdot 1\,H_2O$ und $(CO_2)_2$-$Ca \cdot 2\,H_2O$ zu nennen. Da Oxalsäure von einer größeren Konzentration an toxisch ist, wird deren Überschuß an Ca-Ionen gebunden und in besonderen Zellen, den sog. Idioblasten, entweder in der Vakuole oder im Plasma als schwer lösliche Kristalle aus dem Stoffwechsel entfernt. Dabei gehören die tetragonalen Solitärkristalle in den Blattepidermiszellen von *Vanilla* und die stabförmigen Einzelkristalle zur Dihydratform des Calciumoxalats, die Kristallnadeln in Form von **Raphiden**-Bündeln zur Monohydratform. Raphidenbündel findet man bei vielen Orchideen, z.B. *Vanilla, Epidendrum* (Abb. 4, S. 19) und nach HAAS auch bei *Oncidium incurvum* und *Phalaenopsis.*

Eine besondere Art von Inhaltsstoffen gibt es in den Drüsenhaaren vor allem nordamerikanischer Cypripedien der *Cypripedium calceolus*-Gruppe, wie *C. parviflorum, C. pubescens* und *C. reginae* (syn. *C. spectabile*). Bei empfindlichen Menschen erzeugt die Berührung der Haare dieser *Cypripedium*-Arten Allergien, ähnlich wie man sie bei den Haaren von *Primula obconica* beobachtet. B.M. HAUSEN (pers. Mitt.) isolierte aus den Haaren von *C. calceolus* eine Verbindung, die aller Wahrscheinlichkeit nach ein Chinon ist und als Allergen in Frage kommt (vgl. dazu BEIERLEIN, NESTLER, WARBURG).

Viel medizinische Verwendung hat der Schleim der Salepknollen gefunden, der in den jungen Wurzelknollen vieler *Orchis*- bzw. *Dactylorhiza*-Arten, aber auch bei *Eulophia*- und *Habenaria*-Species u.a. vorkommt. Der Schleim findet sich vorzugsweise in großen, rundlichen, um die Gefäßbündel kranzförmig gelagerten Schleimzellen. Er stellt einen Reservestoff dar und entsteht aus Stärke. Der Schleim wird für ein Aphrodisiakum und Mucilaginosum angesehen.

Über die Verwendung von Orchideenteilen in der Volksmedizin berichtet ARDITTI (1966b, S. 88–90): „Gewöhnlich sind es Aufkochungen, Brühen, Gebräue von ganzen Pflanzen, Früchten, Blättern oder Pseudobulben, die als Heilmittel verwendet werden, ferner zerstoßene Blätter, ja sogar Blüten. Die hierfür benutzten Arten sind sehr verschieden, u. a. *Acriopsis, Bulbophyllum, Eria, Dendrobium, Eulophia, Grammatophyllum, Hippeophyllum, Nervilia, Oberonia, Plocoglottis, Thrixspermum, Tropidia* u. a. ..." Nach ARDITTI ist es möglich, daß die von diesen Orchideen erzeugten antibiotischen Stoffe die Grundlage für die Verwendung als Heilpflanzen bilden.

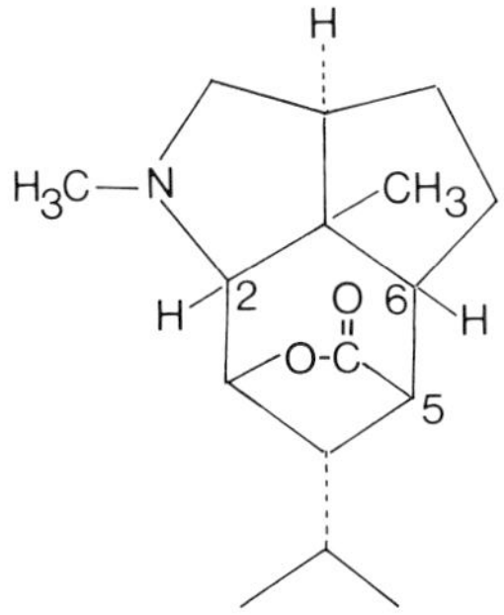

Abb. 27. Strukturformel von Dendrobin. Nach LÜNING 1974.

Orchideen gehören ferner zu den Pflanzenfamilien, in denen viele Arten Alkaloide haben, d. h. Naturstoffe des sekundären Stoffwechsels mit heterozyklisch gebundenem Stickstoff von mehr oder weniger basischem Charakter. Zahlreiche Alkaloide haben eine starke pharmakologische Wirkung, wie etwa die Opium-Alkaloide, Coffein, Nicotin u. a. So wurde, wie LÜNING (1974, S. 352) ausführt, in der in China schon seit langem als Tonikum und Antipyretikum angewendeten und aus getrockneten Stämmen von *Dendrobium nobile* bestehenden Droge „Chin Shih Hu" das Alkaloid Dendrobin (Abb. 27) gefunden (empirische Formel = $C_{16}H_{25}NO_2$). LÜNING speziell hat in den letzten Jahren bei einer großen Anzahl Orchideen das Vorkommen von Alkaloiden untersucht, wobei sich ergab, daß die Gattung *Dendrobium*, u. a. *D. pierardii*, besonders reich an Alkaloiden ist. Viele Alkaloide fand er auch in den Gattungen *Eria, Liparis, Malaxis* und *Phalaenopsis*. Bei manchen Gattungen wie *Catasetum* und *Mormodes*, erscheinen die Alkaloide hauptsächlich während des Wachstums. Im übrigen sind die Orchideen-Alkaloide nicht einheitlich, sondern gehören verschiedenen Strukturgruppen an. So findet sich in *Vanda lamellata* sogar eine kleine Menge Nicotin.

Abgesehen von der Möglichkeit, in Orchideen auch Alkaloide von pharmakologischem Wert zu finden, ist ihre Anwesenheit u. U. von chemotaxonomischer Bedeutung. Letzteres bezieht sich auch auf die verschiedenartigen, bevorzugt in Blüten vorkommenden Anthocyanine, d. h. glucosidische Farbstoffe (ARDITTI 1969).

Abschließend sei noch auf das Vanillin hingewiesen, den Monomethyläther des Protokatechualdehyds: $C_6H_3(OCH_3)(OH)CHO$ (3,4,1). Es ist bis zu 2% in den Früchten von *Vanilla planifolia* und anderen *Vanilla*-Arten enthalten. *V. planifolia* stammt ursprünglich aus Mexiko, wird aber jetzt überall in den Tropen angebaut. Da dort teilweise keine geeigneten Bestäuber vorkommen, müssen die Blüten künstlich bestäubt werden. Das Vanillin ist in der musartigen Umhüllung der Samen in den langen, schotenartigen Früchten enthalten. In frischem Zustand sind die Früchte geruchlos, da das Vanillin noch glucosidisch gebunden ist. Sie entwickeln das Aroma erst nach dem Trocknen und Fermentieren, wobei dann auf der Oberfläche kleine Vanillinkristalle ausgeschieden werden.

1.5 Photosynthese

Während die Photosynthese, d.h. die Bildung von Kohlenhydraten ($C_6H_{12}O_6$, Glucose bzw. Zucker, Stärke) im Licht bei den meisten höheren Pflanzenfamilien nach einheitlichem Schema abläuft, gibt es hierfür bei den Orchideen zwei Modalitäten. Sie haben ihren Grund in den verschiedenen Klimaten, in denen Orchideen leben, und dem damit verbundenen unterschiedlichen anatomischen Aufbau der Assimilationsorgane bzw. Blätter. So stehen den dünnen Blättern terrestrischer oder epiphytischer Arten, seien sie mehrjährig (z.B. *Coelogyne, Paphiopedilum*) oder laubabwerfend (z.B. *Catasetum, Lycaste*) die mehr oder weniger dicken, sukkulenten Blätter meist epiphytischer Species gegenüber, die sowohl in Gebieten mit jahreszeitlich bedingten Trockenperioden (z.B. *Cattleya, Laelia, Schomburgkia*) als auch in mehr oder weniger ständig feuchten Klimaten (z.B. *Phalaenopsis, Vanda*) leben.

Allerdings wird durch diese anatomischen Unterschiede nur die Art der Kohlendioxidfixierung während der sog. **Dunkelreaktion**, für die kein Licht benötigt wird, verändert, nicht aber die vorausgehende **Lichtreaktion**. In großen Zügen geht es dabei um folgendes:

An sich ist die Bildung von Glucose aus dem Kohlendioxid (CO_2) der Luft und Wasser in der Pflanze ein rein chemischer Vorgang, für den aber Energie benötigt wird, denn wenn Zucker zu CO_2 und Wasser verbrannt wird, wird auch wieder Energie in Form von Wärme frei. Die Energie gewinnt die Pflanze durch die Absorption von den das Licht bildenden Lichtquanten vorzugsweise in den vom grünen Chlorophyll absorbierten roten und grünen Spektralbezirken über die sog. **Lichtreaktion**, die bei allen höheren grünen Pflanzen gleichartig verläuft. Hierbei dienen zwei sog. **Photosysteme** dazu, mit Hilfe der Energiezufuhr durch die absorbierten Lichtquanten (= Photonen) zunächst chemische Verbindungen aufzubauen, die einen höheren Energie-Inhalt haben, der von diesen Verbindungen dann wieder an andere Verbindungen abgegeben werden kann, um letztere zur Aufnahme von CO_2 zu veranlassen. Die beiden wichtigsten, mit Hilfe der Lichtquanten aufgebauten „Redoxsysteme" sind das ATP (Adenosintriphosphat) und das $NADPH+H^+$ (Nicotinamid-adenin-dinucleotid-phosphat). Diese **Redoxsysteme** können leicht Energie aufnehmen und wieder abgeben. Sie arbeiten ähnlich wie ein Akkumulator, den man durch Aufnahme von Elektronen, also Energieaufnahme aus dem Leitungsnetz, aufladen kann (Reduktion) und der dann wieder durch Abgabe von Elektronen, d.h. elektrischem Strom, entladen werden kann (Oxidation, Energieabgabe).

Auch bei der Funktion von ATP und NADPH+H^+ handelt es sich um eine Übertragung von Elektronen als Energieträgern. So werden im Photosystem II die Moleküle des Wassers (H_2O) durch die sog. **Photolyse** nach Aufnahme von Lichtquanten durch das Chlorophyll in Wasserstoff und Sauerstoff gespalten. Letzterer wird ausgeschieden, während die beiden Wasserstoffatome ihre Elektronen verlieren und zu positiv geladenen Protonen(H^+) werden. Mit Hilfe dieser energiereichen Elektronen wird das zunächst vorhandene ADP (Adenosindiphosphat) durch Aufnahme von anorganischem Phosphor (P) zu ATP. Diese energiereiche Verbindung kann durch Rückwandlung in ADP seine Energie wieder an andere Verbindungen abgeben.

Im Photosystem I werden durch die Aufnahme von Lichtquanten von den Chlorophyllmolekülen ebenfalls Elektronen abgespalten, die hier aber dazu dienen, das vorher vorhandene NADP zu NADPH+H^+ zu reduzieren. Die bei der Wasserspaltung anfallenden Protonen (s. oben) decken dabei formal den Bedarf an H^+ bei der $NADP^+$-Reduktion.

Als Ergebnis der Lichtquanten-Absorption durch das Chlorophyll stehen also für die Bindung des CO_2 in den Blättern ATP als Energielieferant („Energieäquivalent") und NADPH+H^+ als Protonenlieferant (H^+, „Reduktionsäquivalent") zur Verfügung. Die eigentliche, letzthin zur Hexose, wie Glucose oder Fructose, führende CO_2-Bindung erfolgt nun ohne Lichteinfluß mit Hilfe der als „Acceptor" tätigen Verbindung **Ribulosebiphosphat** (RuBP). Dieses ist ein mit zwei Phosphorsäureresten versehener Zucker, der aber im Gegensatz zur Glucose mit sechs C-Atomen nur fünf C-Atome besitzt. Ein Molekül RuBP nimmt nun ein Molekül CO_2 aus der Luft auf, jedoch wird die dadurch entstandene Verbindung mit sechs C-Atomen unter Zufuhr von H_2O sofort in zwei Moleküle 3-Phosphoglycerinsäure (3-PGS) mit je drei C-Atomen gespalten. Diese Verbindung hat aber noch zwei CO_2-Gruppen (Carboxyle). Erst im nächsten Schritt, der zu zwei Molekülen **Phosphoglycerinaldehyd** führt, werden die beiden Carboxylgruppen CO_2 durch die Energiezufuhr mittels ATP und die Wasserstoffzufuhr mittels NADPH+H^+ in die energiereichen, „metastabilen" Aldehydgruppen CHO übergeführt, wobei das vorher aufgenommene Wasser wieder frei wird. Die Umwandlung der beiden CO_2-Gruppen in zwei CHO-Gruppen ist der wichtigste Teilschritt der gesamten Dunkelreaktion der Photosynthese, weil die so entstandenen zwei **„Triosen"** mit je drei C-Atomen energiereicher als die zwei 3-PGS-Moleküle sind. Weitere Teilreaktionen, bei denen durch sog. Dephosphorylierung die beiden Phosphatreste aus den zwei Triosen entfernt werden, führen schließlich zu einem Molekül Hexose (Glucose oder Fructose) mit sechs C-Atomen. Weil zunächst die 3-PGS, später das Triosephosphat bei allen diesen Reaktionen eine Schlüsselstellung einnimmt, nennt man diese Art der Kohlendioxidbindung die **C_3-Photosynthese.**

Wie wir eben gesehen haben, kann ein Glucosemolekül mit sechs C-Atomen nur dadurch erhalten werden, daß ein CO_2-Molekül an ein bereits fünf C-Atome enthaltendes RuBP-Molekül angelagert wird. Dieser Prozeß muß sechsmal wiederholt werden (36C). Das RuBP muß daher ständig mit Hilfe eines komplizierten Zyklus, der nach seinem Entdecker M. CALVIN als Calvin-Zyklus bezeichnet wird, erneuert werden. Ausgangspunkt dafür sind die zehn Triose-Moleküle (30 C), die übrigbleiben, nachdem zwei Triosen (2 × 3 C) ein Molekül Hexose (6 C) ergeben haben. Aus den zehn Triosen werden schließlich unter Mitwirkung von sechs ATP als Energiespender wieder sechs RuBP (30 C); (vgl. dazu HESS, KARLSON, RICHTER, STRASBURGER).

Oben wurde erwähnt, daß für die Bildung von 3-PGS (Phosphoglycerinsäure) neben CO_2 auch H_2O (Wasser) erforderlich ist. Zwar kommt dieses H_2O bei der Reduktion des 3-PGS zur Triose Phosphoglycerinaldehyds wieder frei, aber H_2O war ja auch nötig bei der Photolyse im Photosystem II. So erklärt es sich, daß man die Grundgleichung der Photosynthese schreibt:

$$6\,CO_2 + 12\,H_2O \xrightarrow[\text{Chlorophyll}]{\text{Licht (675 kcal)}} C_6H_{12}O_6 + 6\,O_2 + 6\,H_2O$$

675 kcal = 0,785 kWh = 2826 kJ Glucose ist dabei die Energiemenge, die das Licht für die Bildung der Glucose liefern muß. Sie entspricht formal dem Verbrennungswert des Traubenzuckers.

Mit dem beschriebenen Modus der C_3-Photosynthese werden letzthin bei allen grünen Orchideen die notwendigen Kohlenhydrate gebildet. Es gibt nun noch, wie schon anfangs angedeutet, eine zweite Modalität, nach der die dickblättrigen Orchideen die Photosynthese ausführen. Sie unterscheidet sich von der C_3-Photosynthese nur dadurch, daß der CO_2-Fixierung an RuBP eine transitorische CO_2-Fixierung an Phosphoenolpyruvat (PEP) vorgeschaltet ist.

1.5.1 C_4-Photosynthese und CAM-Stoffwechsel dickblättriger Orchideen

Das Phosphoenolpyruvat (PEP) nimmt eine Schlüsselstellung im Stoffwechsel, besonders dem der anaeroben Atmung (Glykolyse) ein. PEP ist ein Abkömmling der Brenztraubensäure mit 3 C-Atomen und einem Phosphorsäurerest. Durch Aufnahme eines Moleküls CO_2 und Abspaltung des Phosphorsäurerestes wird aus dem PEP Oxalessigsäure mit ihrerseits vier C-Atomen. Diese Oxalessigsäure wird dann durch Aufnahme des Wasserstoffs aus $NADPH+H^+$ zu Äpfelsäure reduziert. Da sowohl Oxalessigsäure als auch Äpfelsäure (Malat) vier C-Atome haben, heißt dieser Modus der Photosynthese über zwei organische Säuren mit je vier C-Atomen der **C_4-Dicarbonsäure-Zyklus.** Die Äpfelsäure kann wie bei den CAM-Pflanzen transitorisch im Zellsaft gespeichert werden, oder sie wird zu bestimmten Zellen, den sog. Bündel- oder Kranzzellen, die rings um die Leitbündel der Blätter liegen, vermutlich durch die Plasmodesmen zwischen den einzelnen Zellen transportiert. Dort wird sie zu CO_2 decarboxyliert (oxidiert) und dieses auf dem Wege der vorher besprochenen normalen C_3-Photosynthese zu Zucker umgewandelt. Bei manchen C_4-Pflanzenarten wird statt des Malats Aspartat bzw. Asparaginsäure gebildet und transportiert. Diese Aminosäure ist ebenfalls eine Dicarbonsäure mit vier C-Atomen. Die Reaktionen verlaufen hier ähnlich wie beim Malat.

Den beschriebenen Ablauf der Photosynthese über zwei verschiedene Reak-

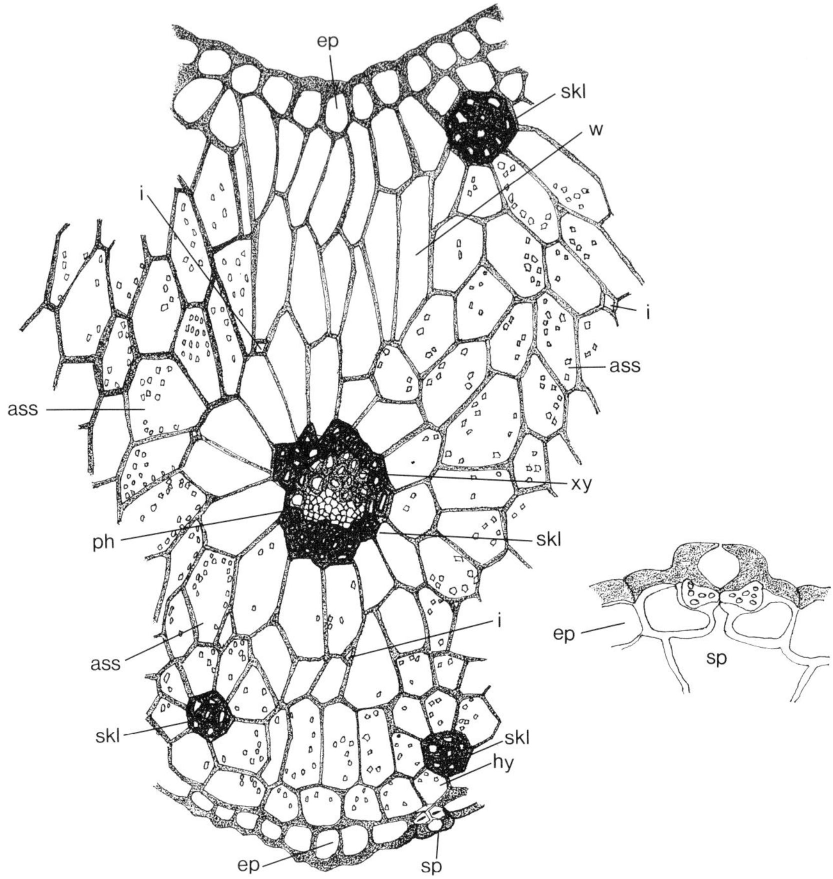

Abb. 28. Epidendrum ellipticum, Blattquerschnitt durch die Mittelrippe. Nach einer Zeichnung von Gisela Brink.
ep Epidermis, hy Hypodermis, i Interzellularen, xy Xylem, ph Phloëm, skl Sklerenchymfasern, ass Assimilationsparenchym, w Wasserspeicher-Parenchym, sp Spaltöffnung.

tionszentren beim C_4-Dicarbonsäure-Zyklus hat man namentlich bei verschiedenen, in starkem Licht bei hoher Temperatur (Tropen!) schnell wachsenden Pflanzen, wie Hirse, *(Sorghum),* Mais, Zuckerrohr, gefunden. In der geschilderten Form kommt er aber bei Orchideen nicht vor; denn weder bei den dünnblättrigen, starkes Licht liebenden Gattungen wie *Catasetum* noch bei Arten mit sukkulenten Blättern, z. B. *Cattleya, Epidendrum,* gibt es Bündelscheiden-Zellen mit zahlreichen großen Chloroplasten, die meistens keine Grana aufweisen. (Grana sind paketförmig aufgestapelte, das Chlorophyll enthaltende Doppelmembranen.) Diese Chloroplasten sind aber die Orte, wo die normale C_3-Photosynthese des aus dem herangebrachten Malat gebildeten CO_2 geschieht. Bei allen genannten Orchideen sind in den bis an die Gefäßbündel reichenden Mesophyllzellen nur relativ kleine Chloroplasten mit Grana in verhältnismäßig geringer Zahl vorhanden (vgl. Abb. 28). Obwohl also die C_4-Photosynthese in ihrer typischen Form mit zwei Reaktionszentren für die Orchideen nicht zutrifft, spielt doch das Prinzip ihres Ablaufs beim CAM der dickblättrigen Orchideen die maßgebende Rolle. Bei diesem findet nämlich die CO_2-Fixierung ebenfalls an PEP statt, wobei zuerst Oxalessigsäure und später Malat entsteht, das in den großen Vakuolen der sukkulenten Blätter gespeichert wird.

1.5.2 CAM-Stoffwechsel

Bereits 1886 beobachtete WARBURG bei dickblättrigen Orchideen in der Nacht eine Zellsaft-Ansäuerung, die am Tage wieder verschwand (vgl. NUERNBERGK 1961b, 1963, BORRISS 1967). Später zeigte sich, daß sich solche Orchideen wie viele Crassulaceen verhielten und einen CAM-Stoffwechsel besaßen (CAM = Crassulacean Acid Metabolism). Die CO_2-Aufnahme erfolgte nämlich größtenteils nur in der Nacht als sog. **de-Saussure-Effekt.** Die Ansäuerung des Zellsaftes geschieht wie beim C_4-Dicarbonsäurezyklus durch Bildung von Äpfelsäure. Diese wird zunächst in den Vakuolen der Mesophyllzellen der Blätter gespeichert und erst am darauffolgenden Tag zu CO_2 decarboxyliert und letzteres mittels Fixierung an RuBP zu Kohlenhydrat verarbeitet. Ob dabei das Malat direkt zu CO_2 gespalten wird oder zuvor noch durch das NAD^+-abhängige Enzym Malatdehydrogenase in Oxalacetat übergeführt wird, ist bei Orchideen nicht untersucht worden (vgl. STRASBURGER, S. 261). Beim CAM sind also die CO_2-Vorfixierung durch PEP und die endgültige CO_2-Fixierung an RuBP zeitlich getrennt, während diese beiden Vorgänge beim eigentlichen C_4-Dicarbonsäurezyklus räumlich voneinander getrennt sind.

Die Voraussetzung für den CAM sind, abgesehen von der oben angedeuteten Speicherungsmöglichkeit der gebildeten Äpfelsäure durch große Vakuolen, entweder ein Stomataverschluß über Tag und das Offensein der Spaltöffnungen während der Nacht oder nach KRISTEN eine die gleiche Wirkung habende verringerte Luftwegigkeit der Mesophyll-Intercellularen am Tage und eine vergrößerte Luftwegigkeit über Nacht. Sukkulenten, die tagsüber ihre Stomata offen halten, wie verschiedene Aizoaceae (z. B. *Glottiphyllum* u. a.) oder sukkulente Asteraceae (z. B. Blätter von *Kleinia*), haben daher keinen CAM.

Die CO_2-Fixierung an PEP mit Bildung von Oxalsäure und anschließend Apfelsäure beim CAM wird durch niedrige Nachttemperaturen stark begünstigt. Die bei Tagesanbruch einsetzende Decarboxylierung des Malats dürfte nach BRUINSMA (zit. bei NUERNBERGK 1963, S. 165) dadurch begünstigt sein, daß der Q_{10}-Wert der Säureveratmung höher als der der Säuresynthese ist und dadurch der Abbau bei erhöhter Temperatur schneller als die Synthese erfolgt. Nach KLUGE (1971, S. 419) kommt hinzu, daß die PEP-Carboxylase, d. h. das Enzym, das die Bildung der Oxalessigsäure aus dem PEP + CO_2 bedingt, im Licht durch Pyruvat und hohen Malatgehalt stark gehemmt wird, so daß die Reaktionsgleichung nur in Pfeilrichtung verläuft: Malat + NADP $\longrightarrow$ Pyruvat + CO_2 + $NADPH+H^+$. Daher kann die Rückreaktion nicht eintreten. Bei dem

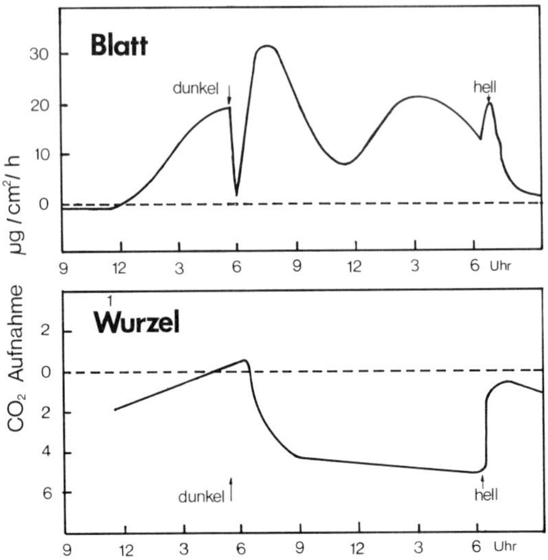

Abb. 29. CO_2-Stoffwechsel (CAM) – oben eines Blattes, unten einer Luftwurzel – von Aranda während 24 Stunden. Aus den Zahlen der Ordinate ersieht man, daß der CO_2-Stoffwechsel pro cm^2 nur gering ist gegenüber dem des Blattes. Das gilt allgemein für Luftwurzeln. Nach HEW 1975.

nach der Formel anfallenden Pyruvat ist es nach KLUGE möglich, daß es nicht nur in CO_2 zerlegt wird, sondern auch in PEP umgewandelt wird. Ferner wird auch das für die Äpfelsäurebildung (S. 57) notwendige $NADPH+H^+$ frei. Im übrigen herrscht bei geschlossenen Spaltöffnungen im Intercellulargewebe Sauerstoffmangel vor. Dieser begünstigt aber die CO_2-Fixierung an RuBP.

Um den CAM ausführen zu können, müssen die Pflanzen am Tage vor der Nacht, in der sie CO_2 fixieren, ausreichend beleuchtet sein. Von Dauer und Intensität dieser Beleuchtung hängt die Menge des nächtlich aufgenommenen CO_2 ab. Z.B. ist die Äpfelsäure- bzw. Malatbildung in der Nacht geringer, wenn tags zuvor trübes Wetter gewesen ist. Das für die Malatbildung aus der Oxalsäure notwendige $NADPH+H^+$ dürfte aus der bei stärkerer Beleuchtung erhöhten Kohlenhydrat- und der damit verbundenen vergrößerten PEP-Synthese stammen (KLUGE/TING, S. 95, 116).

Inwieweit hohe Tagestemperaturen bzw. große Differenzen zwischen Tag- und Nachttemperatur Malatbildung und Malatabbau beeinflussen, ist bei Orchideen noch nicht untersucht worden. Bei der Crassulacee *Bryophyllum daigremontianum* konnte ich feststellen (NUERNBERGK 1962), daß der CAM auch erheblich von der vielleicht die Plasmapermeabilität oder die Hydratur der Zellen beeinflussenden Temperatur abhängt. Man kann nämlich in konstantem Dauerlicht mit weißer, gelber oder blauer Lichtfarbe scheinbare „CAM-CO_2-Kurven“ mit wechselnder CO_2-Aufnahme oder -abgabe erhalten, je nachdem die Temperaturen niedrig oder hoch sind. Wie weit dabei die **Photorespiration** (s. später) eine Rolle spielt, sei dahingestellt. Jedenfalls können wechselnde Temperaturen die diurnalen Licht-Dunkel-Perioden ersetzen. Bei niedrigen Tag- und hohen Nachttemperaturen verläuft der CO_2-Stoffwechsel praktisch so, als ob die Bryophyllen nur eine C_3-Photosynthese hätten. Offensichtlich sind die ziemlich kleinen und nicht sehr zahlreichen Chloroplasten ihrer Mesophyllzellen je nach dem Zugang von CO_2 und den Lichtverhältnissen in der Lage, die CO_2-Fixierung entweder an PEP oder RuBP vorzunehmen. Dabei erfolgt die RuBP-Fixierung nur im Licht, das unter natürlichen Bedingungen mit einer Temperaturerhöhung verbunden ist.

Sicherlich gelten diese Befunde auch für den CAM der Orchideen. Bei diesen gibt es ebenfalls wie bei *Bryophyllum* einen endogenen diurnalen (circadian rhythm) Rhythmus der CO_2-Aufnahme und -abgabe, den man gut im Dauerlicht beobachten kann (NUERNBERGK 1963, S. 162 und Fig. 5). Wahrscheinlich hängt dieser Rhythmus mit dem diurnalen, periodischen Öffnen und Schließen der Spaltöffnungen bei Nacht und am Tage zusammen, wobei möglicherweise ein eigener endogener Rhythmus auch eine Rolle spielt.

Den Ablauf eines CAM bei *Aranda* gibt Abb. 29 wieder. Beim Blatt ist typischer CAM vorhanden, nicht aber bei der Wurzel. Diese atmet in der Nacht nur, weil ihr CO_2-Stoffwechsel nicht durch Stomata reguliert wird. Im übrigen wären die Sprünge in der CO_2-Kurve des Blattes beim Ein- und Ausschalten des Lichtes nicht vorhanden, wenn der Licht-Dunkel-Wechsel allmählich erfolgt, wie Abb. 30 zeigt. Dort ist die CO_2-Kurve einer *Cattleya* im Gewächshaus ohne Kunstlicht registriert worden. Offensichtlich wird durch einen plötzlichen Übergang von Licht zu Dunkel und umgekehrt die Permeabilität der Zellwände vorübergehend beeinflußt. Diese kann sich schnell verändern, wie Beispiele aus der Seismonastie, dem Phototropismus und der Reaktion der Stomata zeigen.

Abgesehen hiervon wird der Verschluß der Spaltöffnungen über Tag beim CAM durch den erhöhten Partialdruck des CO_2 in den Intercellularen infolge des Freisetzens von Kohlendioxid aus dem Malat stark begünstigt. Umgekehrt bewirkt die CO_2-Fixierung durch PEP in der Nacht eine CO_2-Verarmung der Luft in den Intercellularen und damit Stomata-Öffnung. Ist tagsüber der Vorrat an Äpfelsäure durch deren Decarboxylierung erschöpft, so tritt ebenfalls eine Stomata-Öffnung ein (KLUGE/TING 1978). Vielleicht spielt auch die durch die erhöhte Tagestemperatur verringerte Hydratur des Blattgewebes eine Rolle.

Mit der Wirksamkeit des CAMs von Orchideen im Vergleich zur Photosynthese-Leistung von Pflanzen ohne CAM hat sich BORRIS 1967 (S. 404) beschäftigt. Bei einer *Phalaenopsis*-Hybride betrug die maximale Dunkelfixierung pro 100 cm^2 Blattfläche 2,3–3,5 mg/h CO_2, bei *Cattleya bowringiana*1,5–2,0 mg/h. Entsprechende Werte der C_3-Photosynthese ergaben für die raschwüchsige *Passiflora quadrangularis* 5,2 mg/h, für die an geringe Beleuchtungsstärken angepaßte *Scindapsus aureus*(Araceae) aber nur 1,5–2,5 mg/h. Dieser letzte Wert liegt ungefähr auf der gleichen Höhe wie der CAM-Wert von langsam wachsenden Orchideen.

Indessen sind die eben gegebenen Vergleichswerte von BORRISS insofern nicht ganz schlüssig, weil die Temperatur beim CAM in ganz anderer Weise auf das stoffwechselphysiologische Geschehen einwirkt als bei der C_3-Photosynthese. Wenn z.B. am Tag vor der Nachtmessung der CO_2 gute Lichtverhältnisse geherrscht haben und die Nachttemperatur niedrig ist, liegt die nächtliche CO_2-Aufnahme höher. Bei der Tagesphotosynthese einer C_3-Pflanze ist die CO_2-Aufnahme einerseits von der Beleuchtungsstärke, andererseits aber von der jeweils herrschenden Tagestemperatur abhängig. Normalerweise wird während

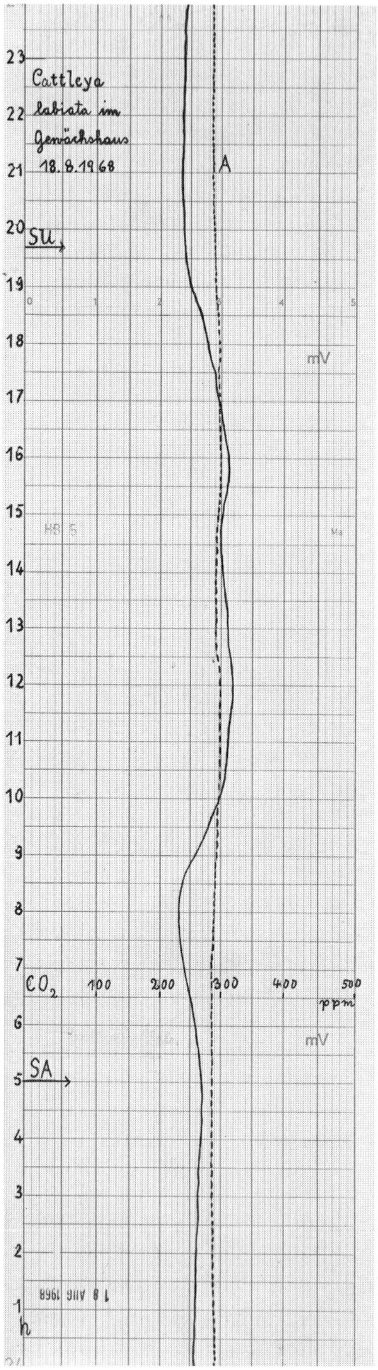

der C_3-Photosynthese stets ein Teil des resultierenden Photosyntheseprodukts wieder veratmet, also ein CO_2 umgesetzt. Man spricht daher auch von der gewöhnlich allein gemessenen **apparenten Photosynthese**, d.h. der CO_2-Aufnahme für RuBP-Fixierung minus der CO_2-Abgabe durch Atmung. Ist z.B. bei hoher Temperatur und niedriger Beleuchtungsstärke die Atmung besonders groß, so kann der Fall eintreten, daß genau so viel CO_2 durch Atmung entsteht wie CO_2 durch RuBP gebunden wird. Die Pflanze befindet sich dann im **Kompensationspunkt.**

Wie wichtig diese Verhältnisse nicht nur für den natürlichen Standort, z.B. im tropischen Wald bei niedrigen Beleuchtungsstärken, sondern auch für die Orchideenkultur sind, hat ESSER 1973 für die Kalthausorchidee *Odontioda* Lippstadt gezeigt. Bei dieser Hybride liegt z.B. der Kompensationspunkt bei 10 °C bei 200 lx. Erst bei mehr als 200 lx ist die Photosynthesebilanz positiv, d.h., es wird mehr organische Substanz erzeugt als durch Atmung verbraucht wird. ESSER fand optimale Photosynthese bei 10 °C schon bei 5000 lx. Mehr Licht ergab bei dieser Temperatur keine Steigerung der Photosynthese. Wurde nun die Temperatur erhöht, so nahm die Atmung derart zu, daß der Kompensationspunkt bei 25 °C bei 1200 lx, bei 30 °C aber bei 2100 lx lag. Bei 35 °C wurde der Kompensationspunkt überhaupt nicht mehr

Abb. 30. CO_2-Stoffwechsel (CAM) einer Pflanze von Cattleya labiata im Gewächshaus während 24 Stunden (nach eigenen Versuchen von E.L. NUERNBERGK, unveröff.).
A Außenluft, SA astronomischer Sonnenaufgang, SU astronomischer Sonnenuntergang.

erreicht, d.h., die Atmung war immer größer als die CO_2-Fixierung. Esser fand für alle Temperaturen einen Maximalwert der Photosynthese bei 10000 lx. Optimal war für *Odontioda* Lippstadt eine Temperatur von 15 °C und 5–10000 lx. Bei 30 °C war die Photosynthese-Produktion nicht einmal halb so groß wie bei 15 °C.

Für die CAM-Pflanzen gelten diese Überlegungen nicht. Wegen des Stomata-Verschlusses über Tag kann etwa durch Atmung gebildetes CO_2 nicht entweichen und wird reassimiliert. Außerdem ist die PEP-Fixierung der CO_2 viel wirksamer als die Fixierung an RuBP und findet noch bei sehr geringen CO_2-Konzentrationen statt. Auch Sauerstoff kann nicht in das Mesophyll eintreten, und daher ist die sog. **Photorespiration** oder Lichtatmung viel kleiner als bei C_3-Pflanzen. Sauerstoff behindert nämlich dadurch die Photosynthese, daß er bei der Fixierung des CO_2 am RuBP als dessen Konkurrent auftritt (Strasburger, S. 261). Andererseits ist die Photorespiration deshalb lichtabhängig, weil das von der CO_2-Fixierung verbrauchte RuBP wegen dessen ATP-Bedarfs nur im Licht vom Calvin-Zyklus nachgeliefert wird. Im übrigen dürfte die Photorespiration sowohl bei den C_3-Pflanzen als auch beim CAM durch einen besonderen Reaktionsablauf, den sog. Glykolatweg, zur Bildung von Aminosäuren wie Glycin, Serin (wichtig für die Eiweißsynthese) beitragen (vgl. Hess, S. 116f.).

Durch den Stomata-Verschluß über Tag wird die Transpiration nachdrücklich gehemmt. So kommen die CAM besitzenden Orchideengattungen dann auch vorzugsweise in den Teilen der Tropen vor, wo es kürzere oder längere Trockenzeiten gibt. Indessen findet man ihn auch in feuchtwarmen Klimaten, z.B. bei *Phalaenopsis*. In diesem Fall mag vielleicht die geringe Photorespiration einen ökologischen Vorteil bieten. Außerdem unterstreicht er die mögliche Bedeutung des endogenen Rhythmus für die Bewegung der Spaltöffnungen, die nicht nur hydronastisch durch den jeweiligen Turgor der Blätter gesteuert werden.

Bei allen Arten mit CAM sind die Blätter mehrjährig. Bei warmtropischen Arten mit einjährigen Blättern und Pseudobulben wie *Calanthe, Catasetum, Cycnoches* usw. aus Gebieten mit Trockenperioden scheint sich vielleicht wegen der Kurzlebigkeit der Blätter die Blattsukkulenz nicht entfalten zu können: sie bleiben C_3-Pflanzen. Es ist nur merkwürdig, daß sie dann trotz vielem Licht und Wärme ihren Kohlenhydratbedarf gut mit C_3-Photosynthese decken können, ähnlich wie es der Vergleich mit Mais (C_4-Pflanze) und Zuckerrübe (C_3-Pflanze) zeigt. Vielleicht spielt es eine Rolle, daß die Orchideen langsamwachsende Pflanzen sind.

1.6 Biologische Rhythmen

1.6.1 Allgemeines

Unter biologischen Rhythmen versteht man alle **periodischen** Erscheinungen des Wachstums, die unter Einfluß innerer und äußerer Faktoren zu beobachten sind. In der Regel sind diese Faktoren gegenseitig voneinander abhängig, d.h., die Änderung eines äußeren Faktors, wie etwa der Temperatur, beeinflußt einen inneren Faktor, z.B. die Bereitschaft zum Eintreten der Ruhezeit oder umgekehrt den Wachstumsbeginn nach einer Ruhezeit. Der Wechsel zwischen Aktivität und Inaktivität, also zwischen Wachstum und Ruhezeit, ist wie bei anderen Organismen auch bei den Orchideen genetisch einprogrammiert und kann prinzipiell nicht aufgehoben werden. Wie bereits (auf S. 14) erwähnt worden war, ergibt sich schon aus der Natur des sympodialen Wachstums mit seiner rhythmischen Abwechslung von meristematischen Zellteilungen und Zellstrekkungen, daß ein zeitlich völlig gleichmäßiges Wachstum nicht möglich ist. Andererseits wirken höhere Temperaturen fördernd, niedere aber hemmend auf das Wachstum ein, während für das Ruhestadium das Umgekehrte gilt. Hier führen ja höhere Temperaturen zur Beendigung, niedere zum Einsetzen bzw. zur Fortdauer des Ruhestadiums. Daraus ergibt sich die starke Abhängigkeit der Ruhe- und Wachstumsperiode vom Klima. Abgesehen von der Temperatur wirken auf die beiden Stadien der Lebenstätigkeit – denn die Ruhe bedeutet auch eine bestimmte Art innerer Aktivität – auch noch Feuchtigkeit und Trokkenheit ein. Sie können den Temperaturfaktor in ihrer Wirkung überragen, wie die mediterranen Erdorchideen zeigen. Diese haben daher ihr Wachstum in der kühleren, aber feuchteren Winterzeit und ruhen während des trockenen, wärmeren Sommers. Auch in äquatorialen Gebieten mit nur geringen Temperaturänderungen im Jahresverlauf sind gewisse Unterschiede in der jahreszeitlichen Verteilung der Niederschläge, also der Feuchtigkeit vorhanden (vgl. NUERNBERGK 1973/74). Das beruht auf dem wechselnden Sonnenstand. Die Sonne steht nur zur Zeit der Äquinoktien (21. März und 23. September) mittags im Zenith, weicht aber während der übrigen Zeit des Jahres mit ihrem Mittagsstand mehr oder weniger bis zu 23°27′ (Schiefe der Ekliptik) nördlich oder südlich davon ab. Ein völlig gleichmäßiges Klima in bezug auf Temperatur und Feuchtigkeit ist also mit wenigen, örtlich bedingten Ausnahmen nirgendwo vorhanden. Man kann daher auch für die in relativ gleichmäßigen Klimaten lebenden Orchideen des monopodialen Typs (*Phalaenopsis, Vanda* u.a.) annehmen, daß ihr theoretisch gleichmäßiger Wachstumsablauf praktisch doch geringe, für die periodische Blütenentwicklung aber wichtige Wachstumsunterbrechungen erleidet. Nach den von GOH in Singapure mit *Vanda* ausgeführten Versuchen hängt die Blütenbildung mit dem Auftreten von **Cytokininen** (z.B. 6-Benzylaminopurin) zusammen. Solche, die Zellteilung – vielleicht durch Umleitung von Assimilaten – fördernden Stoffe wirken der durch Auxine erzeugten Apikaldominanz entgegen, die umgekehrt mit einer Anhäufung von Nährstoffen im Apex verbunden ist. Dadurch tritt dann die Ausbildung von Infloreszenzen in den Seitenknospen ein (vgl. STRASBURGER, S. 385 ff.).

Ein typisches Beispiel für die Variation im zeitlichen Ablauf von Wachstums-, Ruhe- und Blühperiode findet man bei *Cattleya* (vgl. NUERNBERGK 1961 a, S. 251 ff.). Die Arten dieser Gattung können zu Beginn, Mitte, Ende der Wachstumsperiode und sogar während der Ruhezeit blühen. Dabei ist noch zu berücksichtigen, daß die eigentliche Blüte auch der Endpunkt einer zeitlich verlängerten, verkürzten oder unterbrochenen Knospenentwicklung ist. So kann z.B. der Beginn der **generativen** Meristemteilungen am Anfang des vegetativen

Wachstums, in der Mitte oder am Ende eintreten. Möglich sind solche Teilungen auch während der Ruheperiode, nur dürfte dann die Streckung der jungen Zellen erst nach Beendigung der Ruhezeit einsetzen. Alle diese Modalitäten sind genetisch fixiert. Ein verändernder Einfluß des Klimas auf die Reihenfolge dieser Vorgänge dürfte an den Heimatstandorten der Orchideen kaum vorhanden sein, weil sich hier die Pflanzen während langer Zeitperioden an das Klima angepaßt haben. Wohl aber können sich Klimaeinflüsse geltend machen, wenn Pflanzen aus ihrem „Original"-Klima in andere Klimate gebracht werden, z.B. Cattleyen nach Singapur mit relativ gleichmäßigem Klima oder in Gewächshäuser der gemäßigten Zonen mit ihren spezifischen lokalen Klimaten.

Unproblematische Verhältnisse liegen bei allen den Orchideen vor, die in kühler gemäßigten Zonen mit warmen Sommern und kühlen Wintern wachsen. Hier entwickeln sie im Frühjahr Blätter und Blüten, verlieren die Blätter kürzere oder längere Zeit nach der Blüte wieder und vegetieren dann nur noch mit ihren unterirdischen Organen weiter. Der biologische Jahresrhythmus ist hier ganz eindeutig.

In den Subtropen und Tropen gibt es ähnliche Jahresrhythmen, die hier aber weniger durch Temperatur als vielmehr durch den Wechsel zwischen feuchter und trockener Jahreszeit bedingt sind. An solche Wechsel sind die laubabwerfenden Orchideen der wärmeren Zonen angepaßt, wie *Calanthe, Catasetum, Cyrtopodium* u.a. Man kann diese Arten physiologisch mit den infolge von kühlerer Jahreszeit die Blätter abwerfenden Arten vergleichen. Was in beiden Gruppen den Blühtermin betrifft, so tritt dieser gewöhnlich während der eigentlichen Vegetationszeit ein, meistens einige Zeit nach Beginn des Wachstums, nachdem sich die Blätter schon entwickelt haben. In einigen Fällen ist jedoch die Blütenentwicklung – ähnlich wie bei *Cattleya* – mehr oder weniger in die Ruhezeit verlegt. Z.B. blühen die laubabwerfenden *Calanthe*-Arten erst nach dem Absterben der Blätter, also während der vegetativen Ruhezeit.

1.6.2 Photoperiodismus

Mehr Schwierigkeiten machen hinsichtlich des Blühtermins diejenigen Arten, die ihre Blätter während der gewöhnlich durch Trockenheit, weniger durch niedrigere Temperaturen bedingten Ruheperiode beibehalten, wie Cattleyen, Laelien, viele Dendrobien u.a. Diese Arten blühen in unseren Gewächshäusern zu verschiedenen Zeiten. Unwillkürlich ist man geneigt, die (künstlichen) klimatischen Bedingungen der Gewächshäuser mit denen an den Heimatstandorten gleichzusetzen. Da sich überdies unser Sommer durch einen langen, der Winter aber durch einen kurzen Tag auszeichnet, ist man häufig zu der Annahme gekommen, die Orchideen seien als Kurztagpflanzen photoperiodisch empfindlich. Schon die oben erwähnten Beispiele zeigen, daß dies nicht der Fall sein kann, denn unsere einheimischen Orchideen blühen ebenso wie die Cataseten im Sommer, obwohl es in den Habitats der Cataseten überhaupt keinen Langtag gibt. Außerdem wird bei solchen Betrachtungen nicht berücksichtigt, daß der Begriff „Kurztag", wie er seinerzeit bei bestimmten Pflanzen durch Experimente in Gewächshäusern und Laboratorien der gemäßigten Zone entwickelt worden ist, eine Abhängigkeit von der jeweils herrschenden Temperatur aufweist. Bei bestimmten Temperaturen gibt es entweder überhaupt keine Blüteninduktion, oder die Kurztagpflanze wird womöglich zu einer „Langtagpflanze".

Diese Tatsache wird stark durch Beobachtungen des Verhaltens typischer Kurztagpflanzen – so genannt bei Beobachtungen in der gemäßigten Zone – in äquatornahen Gebieten gestützt. Wenn man z. B. in Nairobi in Kenia und seiner höher gelegenen Umgebung solche „Kurztagpflanzen" betrachtet (vgl. NUERNBERGK 1973/74) so erhält man den Eindruck, daß hier die Tageslänge unwichtig ist, und daß das Verhalten der Pflanzen lediglich durch die Temperaturen bzw. die sie beeinflussenden Regen- und Trockenzeiten beeinflußt wird. Den früher von mir schon zitierten Beispielen (NUERNBERGK l. c.) kann ich noch *Zygocactus truncatus* hinzufügen, der in Langata bei Nairobi Ende August blüht, d. h. in der etwas kühleren Endperiode der Trockenzeit.

Einen guten Eindruck von der Unwichtigkeit der Unterscheidung von Kurz- und Langtagpflanzen bei deren Kultur in tropischen Gebieten erhält man aus Gartenbüchern, die sich mit der Gartenkultur in den Tropen befassen. Man ersieht z. B. aus dem Buch von JEX-BLAKE über Gartenkultur im äquatornahen Ostafrika, daß Temperatur, Regen- und Trockenzeit die maßgeblichen Faktoren für die erfolgreiche Kultur zahlreicher Gartenpflanzen sind, die in den gemäßigten Zonen sowohl als Freiland- wie auch als Gewächshauspflanze gezogen werden. Die Tageslänge, mehr oder weniger um 12 Stunden schwankend, ist praktisch ohne Bedeutung. Dagegen spielt die Temperatur in der Weise eine erhebliche Rolle, daß manche Pflanzen, so auch Orchideen, im tropischen Tiefland, andere aber in der durch Gebirge und Hochflächen gegebenen Höhe besser wachsen. In größeren Höhen kommt zu der durchschnittlichen Tagestemperatur noch deren **diurnale Schwankung** hinzu, die in Gebirgslagen mit der Seehöhe stark zunimmt. Ebenso ist diese Schwankung im trockenem Klima viel größer als im feuchten Klima.

Abgesehen von diesen Fakten sind auf S. 199 (JEX-BLAKE) noch einige Bemerkungen beachtenswert, die sich auf die Dauer der Ruhezeit beziehen. Diese ist bis auf Ausnahmen in Ostafrika kürzer als die lange Ruheperiode während des Winters im gemäßigten Klima. In den ostafrikanischen Wäldern machen die Orchideen ihr Hauptwachstum während der Regenzeit und blühen direkt danach. Dann kommt die Trockenzeit. Dem Reifeprozeß des Neutriebes wird dabei erheblich durch die teilweise Entblätterung der Tragbäume geholfen, da dann zu den Pflanzen mehr Licht kommt. Gerade wegen der kurzen Ruhezeit wirkt mehr Strahlung günstig auf Arten wie Cattleyen, *Dendrobium nobile, D. primulinum* und Oncidien (s. auch S. 67).

Aus allen diesen Angaben ergibt sich, daß die Orchideen tagneutrale Pflanzen sind, wie ich schon früher (NUERNBERGK 1961 a, S. 252 ff., 1973) postuliert habe. Das gilt jedenfalls für ihre natürlichen Habitats. Befinden sie sich dagegen in Kultur, so können die von dem natürlichen Klima abweichenden Bedingungen unter gewissen Umständen bei einzelnen Arten doch dazu führen, daß bis dahin unterdrückte Gene aktiviert werden und eine Art Photoperiodismus auftritt. Das ist besonders bei *Cattleya* der Fall. Z. B. kann eine vegetativ wachsende *Cattleya* durch tagverlängernde schwache Glühlampenbeleuchtung dazu veranlaßt werden, nicht in den Ruhezustand überzugehen, ähnlich wie Straßenbäume in der Nähe von Lampen im Herbst ihre Blätter erst verspätet abwerfen. Umgekehrt kann ein Kurztag dazu führen, daß die Vegetationsperiode vorzeitig beendet wird. Dies ist aber kein echter Photoperiodismus, d.h. eine Neubildung oder Nichtbildung generativer Meristeme, sondern nur eine zeitliche Verschiebung im Wechsel zwischen vegetativem und generativem Wachstum. Ob im übrigen dabei ein Phytochromsystem wirksam wird, kann mangels einschlägiger Untersuchungen nicht entschieden werden.

Im Anschluß an das eben Gesagte seien auch die Befunde erwähnt, die man mit Cattleyen gemacht hat, welche in tropischen Gebieten ohne spezifischen klimatischen Rhythmus oder in Klimakammern kultiviert wurden. Sie lassen ebenfalls keinen Zweifel an dem tagneutralen Verhalten aufkommen. Bei der Cattleyen-Kultur in Singapur mit seinem ziemlich gleichmäßigen feuchtwarmen Klima ohne Trockenzeit zeigte sich indessen, daß einige Arten bzw. Varietäten auch ohne Ruheperiode auskommen können. So läßt sich hier *Cattleya gaskelliana,* deren Blüte der Ausbildung der jungen Pseudobulbe ohne Zwischenschaltung einer Ruhezeit folgt, gut kultivieren, auch *C. skinneri.* Ebenfalls kann *C. trianae* „halbwegs erfolgreich" gezogen werden. Diese Art oder Varietät benutzte auch F.W. Went für seine Versuche in Klimakammern und kam dabei zu dem Schluß, daß eine Ruhepause nicht erforderlich ist. Bei anderen *Cattleya*-Arten hat man aber in Singapur wegen des Innehaltens der notwendigen Ruheperiode Schwierigkeiten. Man muß sich z.B. bemühen, die Cattleyen mit Hilfe von künstlichem Regenschutz trockener zu halten, weil die Pflanzen sonst dazu neigen, ständig weiterzuwachsen ohne zu blühen.

Bei anderen Gattungen ist es aber damit nicht getan, sondern es müssen noch spezifische Temperaturdifferenzen hinzukommen. Z.B. kann man *Dendrobium nobile* im Tiefland von Malaya nicht zur Blüte bekommen, weil hierfür während einiger Zeit eine Temperaturerniedrigung notwendig ist, die es in Singapur nicht gibt, und die nach Rotor (zit. bei Nuernbergk 1961a, S. 238) unter 18,5 °C liegen muß. Man bezeichnet diese Reaktion als Thermoperiodismus.

1.6.3 Thermoperiodismus

Der Thermoperiodismus ist bei den epiphytischen Orchideen ziemlich verbreitet, und zwar sowohl der annuelle als auch in bestimmten Fällen der diurnale. Obwohl hierüber weniger detaillierte Angaben vorhanden sind, ist doch von verschiedenen Arten bekannt, daß sie in der Ruhezeit mehr oder weniger lange bei herabgesetzter Temperatur zu leben haben, wenn sie blühen sollen. Außer *Dendrobium nobile* und verschiedenen australischen Dendrobien, wie *D. kingianum, D. superbum, D. delicatum, Odontoglossum citrosmum* sind es vor allem die Epidendren ohne Pseudobulben, die ohne eine Periode herabgesetzter Temperatur ständig weiterwachsen und keine terminalen Blütenstände bilden. Das Meristem muß hier unbedingt seine vegetativ programmierten Teilungen beenden, ehe es mit generativen Teilungen beginnen kann. Alle derartigen Arten stammen aus Gebieten, in denen stärkere jahreszeitliche Temperaturschwankungen vorkommen.

Mit diesen annuellen Temperaturschwankungen ist oft der diurnale Temperatur-Rhythmus verbunden, und so gibt es eine Anzahl Arten, die an diesen angepaßt sind. Am bekanntesten davon ist die Gattung *Cymbidium.* Bei *C. lowianum* stellte WENT fest, daß für die Blütenentwicklung eine Tagtemperatur von 20 °C und eine Nachttemperatur von 10–14 °C notwendig ist. In Verbindung hiermit ist es bemerkenswert, daß die *Cymbidium*-Kultur für Schnittzwecke im Freiland gerade dort erfolgreich betrieben wird, wo das relativ trokkene Klima solche Temperaturdifferenzen zwischen Tag und Nacht aufweist, z. B. in Kalifornien oder im südlichen Ostaustralien. Ein anderes Beispiel ist *Phalaenopsis schilleriana,* die an den Blütenstengeln nur dann Blüten erzeugt, wenn die Nachttemperatur während 2–3 Wochen nur etwa 19 °C bis höchstens 21 °C beträgt. Andernfalls werden Adventivpflanzen gebildet (vgl. NUERNBERGK 1973).

Eine auffallende Temperaturreaktion, die allerdings weniger einem Rhythmus entspricht, weil sie nur einmal eine Temperatur-Herabsetzung benötigt, findet man beim Aufblühen des in Südostasien häufigen *Dendrobium crumenatum.* Diese Art entwickelt ihre Blütenknospen bis kurz vor der Anthese normal, aber dann erfolgt ein Stillstand. Die eigentliche Öffnung der Blüten tritt erst 9 Tage nach einem plötzlichen Temperaturfall, gewöhnlich ausgelöst durch heftigen Regenfall ein (vgl. WENT 1948, S. 150). Nach eigenen Beobachtungen kann die Temperatur in Malaya beim Eintritt eines Gewitters vorübergehend von etwas 32 °C bis auf 21 °C sinken. Auch andere Orchideen scheinen sich ähnlich zu verhalten.

1.6.4 Diurnale Rhythmen

Regelmäßige Tagesrhythmen findet man bei der Dufterzeugung verschiedener Blüten. Ich beobachtete bei *Cattleya mossiae,* daß die Blüten nur am Vormittag duften. Auch andere Cattleyen, z. B. *C. luteola* tun das. Sie werden nach DODSON nur morgens zwischen 5.30 h und 5.45 h von ihren Bestäubern besucht. Dagegen duften die Blüten von *Angraecum sesquipedale* nur nachts. Andere diurnale Rhythmen zeigt der CO_2-Stoffwechsel verschiedener Orchideen (s. S. 61). Dagegen ist ein diurnales Öffnen und Schließen der Blüten, wie man es bei vielen anderen Pflanzenfamilien, z. B. bei Kakteen und Tulpen findet, für Orchideen bisher nicht beschrieben worden. Das setzt nämlich bestimmte Wachstumszonen an der Basis der Blütenblätter voraus, die es wegen der Dorsiventralität der Blüten nicht gibt. Auf den seltenen Fall, daß Gelenke an den Labellen kurze periodische Bewegungen ausführen, wurde auf S. 35 hingewiesen.

1.7 Ökologische Faktoren für die geographische Verbreitung

1.7.1 Unterschiede in den Habitats der Geophyten und Epiphyten

Geophytische Orchideen sind überall dort vorhanden, wo Orchideen überhaupt existieren können, d. h. sowohl in den kälteren als auch wärmeren Landstrichen der Erde. Anders steht es mit den epiphytischen Arten, die ihren

Schwerpunkt in den tropischen und subtropischen Gebieten haben und nur ausnahmsweise in die wärmeren gemäßigten Zonen vordringen. Mit den Ursachen hierfür setzt sich WENT (1930) auseinander. Bei den Epiphyten kann man zweierlei Standorte beobachten: einmal Epiphyten, die direkt an den Stämmen mit mehr oder weniger borkiger Rinde festhaften, dann aber auch Epiphyten, die sich in Astgabeln niedergelassen haben, wo sich Humusansammlungen, hervorgerufen durch abgestorbene und verfaulende Blätter usw., befinden. An solchen Stellen wachsen Pflanzen, die nicht unbedingt ein streng epiphytisches Dasein führen. Z.B. sah ich in der Umgebung Sydneys ein *Cymbidium* in der Astgabel eines *Eucalyptus*-Baumes wachsen, obwohl *Eucalyptus*-Rinde axenisch (griechisch: unfreundlich, unwirtlich) auf die Mykorrhiza wirkt, so daß sich Orchideen auf ihr nicht niederlassen (NUERNBERGK 1974, S. 283).

Orchideen wird man aber auf Bäumen im gemäßigten Klima vergebens suchen, obwohl eine wichtige Voraussetzung, nämlich ausreichende Luftfeuchtigkeit und genügende Niederschläge, in der Regel vorhanden ist und einen Epiphytismus begünstigen müßte.

Nach WENT ist es nun die winterliche Kälte, die ein Vorkommen von Epiphyten in den gemäßigten Landstrichen verhindert. Orchideen sind langsam wachsende Kräuter, denen ein Holzkörper fehlt. Das Vorhandensein eines sekundären Dickenwachstums ist aber eine Voraussetzung dafür, daß Kälteperioden überstanden werden können. Das sieht man daran, daß die jungen, noch nicht „ausgereiften" Triebe von Buchen und Eichen bei einem Junifrost Schaden erleiden, obwohl diese Triebe, wenn sie später verholzt sind, ohne Nachteil die normale Winterkälte vertragen. Die meisten Pflanzen der gemäßigten Zonen überdauern daher oberirdisch den Winter nur, nachdem sie einen Holzkörper ausgebildet haben. Pflanzen, die das nicht tun, haben unterirdische Rhizome, Knollen und Zwiebeln, wie ja auch alle in gemäßigten Breiten lebenden geophytischen Orchideen.

Trotzdem ist es merkwürdig, daß an Orten mit wärmerem, fast subtropischem Klima, wie im Westen des Mittelmeergebietes oder an der atlantischen Küste Spaniens und Portugals, keine epiphytischen Orchideen anzutreffen sind, obwohl die winterliche Temperatur hier das durchaus zulassen würde. Selbst die Niederschlagsmenge – auch unter Berücksichtigung einer längeren sommerlichen Trockenzeit – dürfte kein Hindernis für ihr eventuelles Vorkommen sein. So gibt es z.B. an der Küste der relativ feuchten Costa brava in Spanien allerhand Flechten an den Bäumen, nur eben keine Orchideen! Andererseits hat man Landschaften im südöstlichen China, Japan, Florida – noch nördlich von Florida lebt z.B. *Epidendrum conopseum* auf Magnolien und anderen Bäumen – oder auch im östlichen Australien, wo sich epiphytische Orchideen in Gebiete vorwagen, in denen die Wintertemperaturen nicht selten unter den Gefrierpunkt sinken. Ferner findet man in den Tropen genügend Standorte epiphytischer Orchideen, die durch mehrmonatige Trockenperioden bei hohen Lufttemperaturen charakterisiert sind.

Möglicherweise beruht das Fehlen epiphytischer Orchideen an den Küsten Spaniens und Portugals darauf, daß der riesige Trockengürtel der subtropischen nördlichen Hemisphäre, vor allem die Gebiete Arabiens und der Sahara, ein

Vordringen von Epiphyten aus den feuchteren tropischen Äquatorialzonen verhindert hat. Dort, wo die Epiphyten weiter nach Norden und Süden vordringen, sind solche Trockenzonen nicht vorhanden. Diese Ansicht vertrat übrigens im Anschluß an SCHIMPER auch schon CZAPEK, als er auf die nördlichen Standorte epiphytischer Orchideen in Japan hinwies, wo *Malaxis japonica* am weitesten nach Norden vordringt.

Bei näherer Betrachtung der Ökologie der Orchideenstandorte (vgl. dazu SANFORD 1974) ergeben sich folgende Faktoren als maßgeblich:

1. Die klimatischen Bedingungen, wobei mittlere Jahrestemperatur, Temperaturmaxima und -minima, annuelle Gesamtniederschläge und monatliche Niederschlagsverteilung die erste Rolle spielen. Der Wind scheint von geringerer Bedeutung zu sein.
2. Die von den klimatischen Bedingungen mehr oder weniger abhängigen edaphischen Bedingungen und zusätzlich die pH-Werte des Bodens und seine Struktur, so daß man feuchte und trockene, alkalische und saure Böden unterscheiden kann.

Alle diese Faktoren sind natürlich nicht nur für die Orchideen, sondern auch für alle übrigen Pflanzen ihres Habitats wichtig. Die gegenseitige Abhängigkeit eines Gliedes der Vegetation, nämlich der Orchideen von den übrigen Pflanzen,

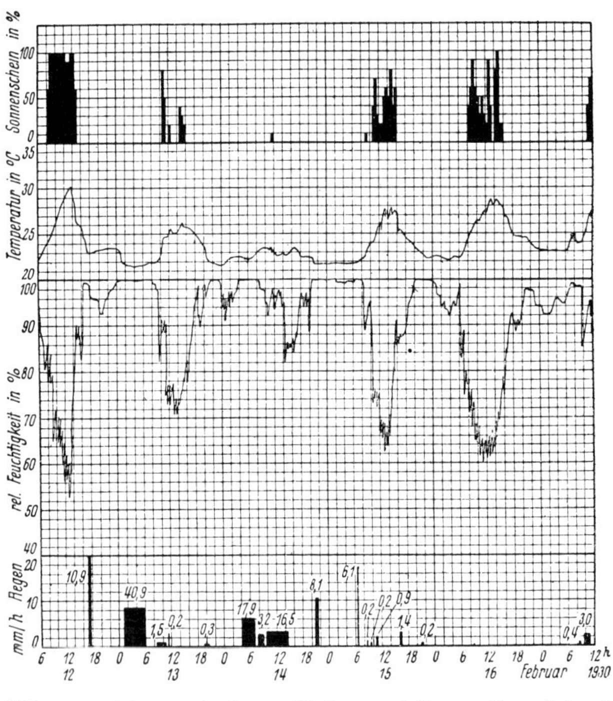

Abb. 31. Witterungsfaktoren in Bogor (Buitenzorg)/Java während der Regenzeit vom 12.2. (sonnig) über den 14.2. (regnerisch) bis zum 17.2.1930. Bei Regen absoluter Niederschlag in Millimeter. Aus STOCKER 1949.

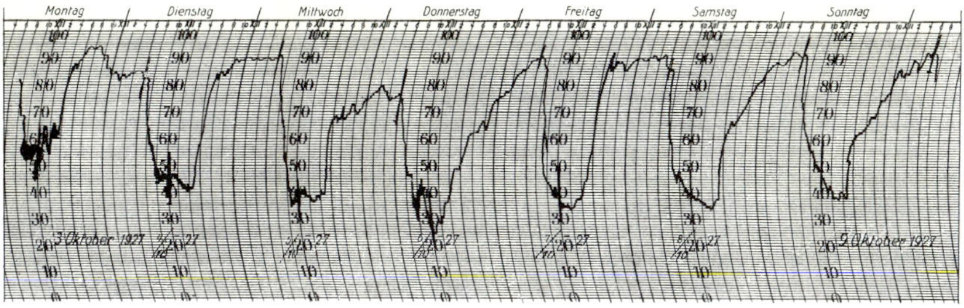

Abb. 32. Relative Luftfeuchtigkeit während der Trockenzeit in Bogor vom 3.–9. 10. 1927. Nach v. FABER aus SCHIMPER/v. FABER 1935.

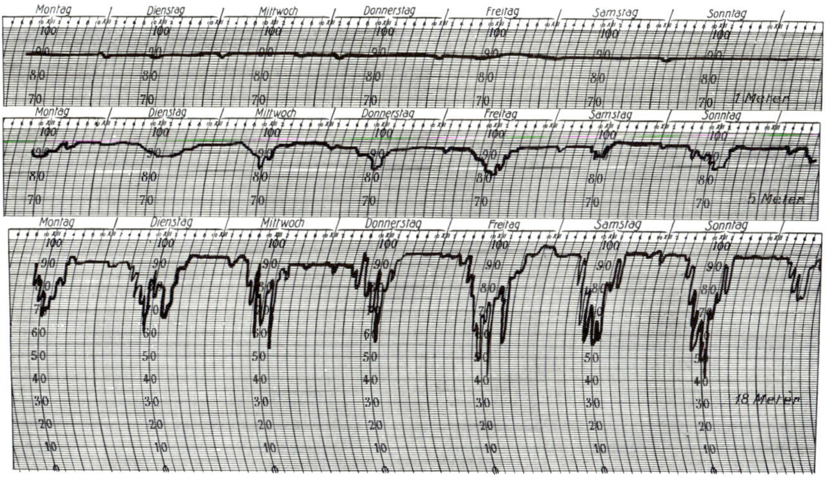

Abb. 33. Relative Luftfeuchtigkeit in 1 m, 5 m und 18 m Höhe über dem Boden im Höhen-Regenwald von Tjibodas (Java). Nach v. FABER aus SCHIMPER/v. FABER 1935.

wird ferner durch die Konkurrenzverhältnisse und die Mykorrhiza-Verbreitung bedingt. Für den Konkurrenzeinfluß und vielleicht auch eine günstige Einwirkung von Herbiziden gibt STOUTAMIRE (S. 119) ein treffendes Beispiel: Kolonien von *Platanthera blephariglottis,* die mit dem Herbizid 2-4-D bespritzt worden waren, entwickelten sich kräftiger. Von dem Vorhandensein vegetativer Abfallstoffe hängt schließlich die Mykorrhiza-Entwicklung ab, welche die Möglichkeit einer heterotrophen Orchideenvegetation gibt. Weniger wichtig ist wohl das Vorhandensein von Bestäubungsvektoren, da überall, wo Vegetation vorhanden ist, auch Insekten anwesend sind, sofern man von den subarktischen Gebieten absieht.

Der Lichtfaktor spielt bei den **geophytischen Arten** insofern eine geringere Rolle, als die größere Artenzahl der Erdorchideen in offenem Gelände lebt, wo Licht ausreichend vorhanden ist. Andererseits sind aber die an schattigen Stellen oder im Walde lebenden Species stärker von der jeweils vorhandenen Mykorrhiza abhängig.

Wesentlich komplizierter liegen die Vegetationsfaktoren bei den **epiphytischen Orchideen**, da hier noch eine dritte Dimension zu der für Geophyten nur maßgeblichen Flächendimension hinzukommt. Ihr Vorkommen hängt auch noch von der Beschaffenheit der Träger ab, auf denen sie wachsen.

Es wurde bereits auf S. 69 erwähnt, daß z. B. *Eucalyptus*-Bäume nicht von Orchideen besiedelt werden, wohl weil deren Rinde für die Mykorrhiza-Pilze infolge einiger Inhaltsstoffe, wie Polyphenole, Tannine (vgl. BLOMBERG 1971, S. 21) usw. axenisch ist. Konkurrenz oder ebenfalls die Absonderung axenischer Stoffe bedingt ferner, daß sich in den Neotropen Orchideen mit Bromeliaceen teilweise nicht vertragen, so daß auf Bäumen mit viel Bromelienbewuchs weniger Orchideen anzutreffen sind. Schließlich spielt hier der Lichtfaktor eine große Rolle, und die Orchideenbesiedlung hängt davon ab, ob die Baumträger immergrün oder laubabwerfend sind, in engem Verband oder weiter auseinandergezogen leben. Bei den epiphytischen Orchideen ist auch die Möglichkeit der Wasserversorgung ungleich wichtiger als bei den Geophyten. Der unterschiedliche Aufbau ihrer vegetativen Organe wird durch diesen Faktor stark beeinflußt. Infolge der stärkeren Sonneneinstrahlung in den Tropen und Subtropen sind die Extreme hier ausgeprägter, wozu bei Gebirgen noch die jeweilige Höhenlage hinzukommt. Man denke nur an die Wolkenwaldvegetation in höheren Lagen – der Ausdruck Nebelwald ist unzutreffend, denn es sind stets Wolken, die die Gebirgsgipfel bedecken – und im Gegensatz hierzu auch die lichterfüllten weiten Savannen mit mehrmonatiger Trockenzeit und starkem Taufall in der Nacht.

Wie die epiphytische Orchideenflora unter solch verschiedenartigen Bedingungen beschaffen ist, haben vor allem WENT (1930), VARESCHI (1975) und SANFORD (1974) beschrieben. WENT hat in dem zum Naturschutzgebiet erklärten Bergurwald von Tjibodas oberhalb von Bogor (früher Buitenzorg) auf Java die Beziehungen zwischen Epiphyten und ihren Trägern genauer untersucht. Da der Botanische Garten von Bogor stets viele Botaniker angezogen hatte, ist auch der in etwa 1500 m Höhe liegende tropische Regenwald von Tjibodas oft in ihre Untersuchungen einbezogen worden, so daß man z. B. über die Zusammensetzung der Baumflora gut unterrichtet ist. Es gibt wahrscheinlich über 200 Epiphytenarten im Walde, davon wenigstens zwanzig Orchideen-**Gattungen**. Bei ca. 35 Baum- und Straucharten verschiedener Größe wurde der Epiphytenbewuchs mit Hilfe von Feldstecher und Fernrohr möglichst genau bestimmt. Dabei ergab sich, daß einzelne Baumarten, wie der bis 55 m hohe „Rasamala" der Eingeborenen *(Altingia excelsa)*, sehr epiphytenarm sind, während andererseits *Castanea argentea* epiphytenreich ist. Wo epiphytische Farne oder auch Rhododendren vorhanden sind, findet man auch immer Orchideen. Bei einigen epiphytenfeindlichen Baumarten, so etwa *Cestrum*, gibt es wohl Epiphytenkeimlinge, aber deren weiteres Wachstum wird deutlich gehemmt. Je nach der Gestaltung des Astwerks überwiegen Humus- oder Rindenepiphyten. So hat der bis 60 m hohe *Ficus involucrata* kaum Humusepiphyten, wohl aber viele Rindenepiphyten, z. B. *Agrostophyllum, Bulbophyllum, Eria* und *Thrixspermum*.

In einigen Fällen konnte WENT an Hand der Epiphytenflora feststellen, um welchen Baum es sich handelte, so spezifisch sind manchmal die Beziehungen zwischen Träger und Epiphyt. Wenn z.B. auf einem Baum *Eria multiflora* und *Schoenorchis* (um nur die Orchideen zu nennen) fehlten, dagegen *Appendicula*-Arten, *Dendrochilum, Dendrobium mutabile* und *Pholidota* vorhanden waren, so handelte es sich sicherlich um *Glochidion,* eine kleinere Baumart. In verschiedenen Fällen fand WENT auch eine Sukzession der Epiphyten, d.h., junge Bäume tragen andere Gattungen als ältere. Z.T. steht das mit den Lichtverhältnissen in Zusammenhang, so findet man das lichtliebende *Saccolabium* mehr auf jüngeren Bäumen. Alte Bäume, vor allem wenn sie viele abgestorbene Äste aufweisen, haben besonders viele Epiphyten.

Die Spezifität ist bei den Rindenepiphyten viel größer als bei den Humusepiphyten. Wo z.B. Zweige verschiedener Baumarten eng zusammenkommen, wachsen bestimmte Gattungen nur auf den ihnen zusagenden Zweigen, z.B. *Liparis* und *Oberonia* nur auf *Schefflera,* nie auf *Saurauia.* Die Humusgesellschaften, bei denen sich das Substrat aus Blättern verschiedener Baumarten gebildet hat, sind artgemäß mehr von den Lichtverhältnissen abhängig. Hiermit hängt auch zusammen, inwieweit die Humusmassen als Wasserspeicher für die Epiphyten dienen. Während z.B. *Pholidota ventricosa* an exponierten Stellen nur in sehr großen Humusansammlungen wachsen kann, braucht diese Orchidee an schattigen Orten nur wenig Humus. Ferner macht sich die Höhenstufe bemerkbar, auf der ein Baum steht. Steigt man im Bergwald höher hinauf, so ist die Temperatur niedriger und die Zersetzung der Pflanzenreste erfolgt langsamer, so daß dadurch die Humusansammlungen lockerer und größer werden.

Offensichtlich hängt mit allen diesen Erscheinungen die Bedeutung der Mykorrhiza im Einzelfall zusammen, die zwar WENT noch nicht näher untersucht

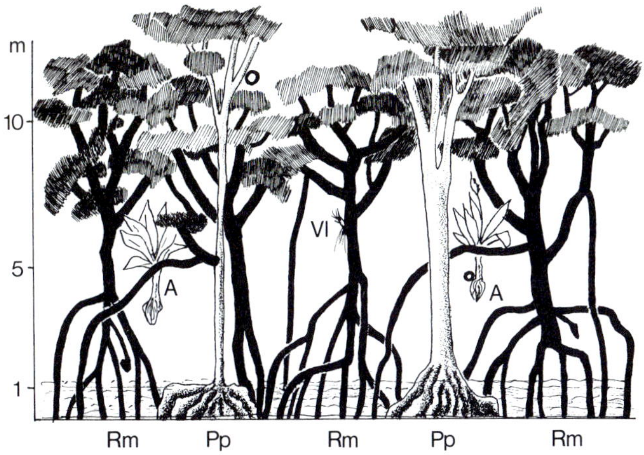

Abb. 34. Halbschematischer Bisekt einer Mangrovevegetation an der Orinoco-Mündung. Nach VARESCHI 1975.
Rm Rhizophora mangle (Mangrove), Pp Pterocarpus podocarpus, A Anthurium spec., Vl Vittaria lineata (Farn), O Standorte zweier Orchideen.

hat, auf die man aber im Anschluß an die Untersuchungen von RUINEN (vgl. NUERNBERGK 1974) über die sog. Epiphytose immer wieder stößt (vgl. S.49).

Von besonderem Gewicht ist natürlich die Mykorrhiza in allen Fällen von mixotropher (S. 51) Ernährung der Orchideen, wie sie im Urwald bei ungenügender Beleuchtung vorhanden ist. Diese beträgt, wie ich sowohl in Kenia als auch an den Creeks der Insel Tagula (Louisiade-Archipel) feststellte, in 1 m Bodenhöhe häufig nur etwa 300–1200 lx. Bei solchen niedrigen Beleuchtungsstärken wachsen aber alle möglichen Orchideen auf den Bäumen, so etwa *Aerangis frisiorum* (Kenia), *Bulbophyllum, Cirrhopetalum, Dendrobium, Sarcochilus, Vanda* u. a. (Tagula). Auch bei manchen *Taeniophyllum*-Arten ist die Beleuchtungsstärke oft niedrig. Ohne zusätzliche Mykorrhiza-Ernährung dürften die Orchideen an solchen Standorten ihren Kohlenhydrathaushalt nicht decken können, denn in der Regel sind etwa 2000 lx nötig, um ihn ausschließlich mit Photosynthese zu bestreiten.

Wie vielfältig die Beziehungen zwischen Habitat der Orchideen und ihren Tragebäumen oder **Phorophyten** sind, geht auch noch aus den von WENT zitierten Beobachtungen von SCHUITEMAKER aus dem Hinterlande von Pontianak in West-Borneo hervor. Danach wächst:

- *Aerides* spec. immer auf *Durio* spec., *Vitex* und *Lagerstroemia* spec.,
- *Phalaenopsis denevei* auf *Dipterocarpus,*
- *Dendrobium anosmum* auf *Lagerstroemia* spec.,
- *Dendrobium hallieri* auf *Cratoxylon* spec.

Nicht an bestimmte Bäume gebunden sind: *Dendrobium crumenatum, D. secundum, Cymbidium* spec. An Flußufern, wo mehr Licht vorhanden ist, wachsen: *Phalaenopsis violacea, Ph. sumatrana, Ph. cornu-cervi, Arachnis lowii, Dendrobium anosmum, Coelogyne asperata, Cymbidium* spec.

Im geschlossenen Wald wachsen: *Aerides odoratum, Phalaenopsis denevei, Ph. serpentilingua, Vanda dearei, Thrixspermum* spec. Im offenen Walde leben: *Dendrobium hallieri, Porphyroglottis* spec.

In Baumkronen findet man: *Phalaenopsis denevei, Ph. serpentilingua, Aerides odoratum, Vanda dearei, Grammatophyllum, Arachnis lowii, Dendrobium hallieri.* Unten an Baumstämmen gedeihen noch: *Phalaenopsis violacea, Ph. sumatrana, Ph. cornu-cervi, Coelogyne* spec.

Sowohl Epiphyt als auch Erdorchidee sind: *Coelogyne* spec., *Grammatophyllum, Cymbidium* spec. (auf Felsen), *Porphyroglottis,* diese mit beweglicher Lippe (s. S.35, 42).

Weitere Angaben über die Bevorzugung einzelner Phorophyten durch bestimmte Orchideen findet man bei SANFORD (S. 34ff.).

Orchideen an ihrem natürlichen Standort

1. Cattleya-Wurzeln am Stamm eines Baumes in Meeresnähe, östlich von La Guaira, Venezuela
2. Blühende Cattleya mit Wurzeln am Baum, Venezuela
3. Dendrochilum an einem Ficus-Stamm, Ecological Institute, Wau, Neuguinea
4. Coelogyne spec. im Naturschutzpark Mt. Kinabalu, Borneo

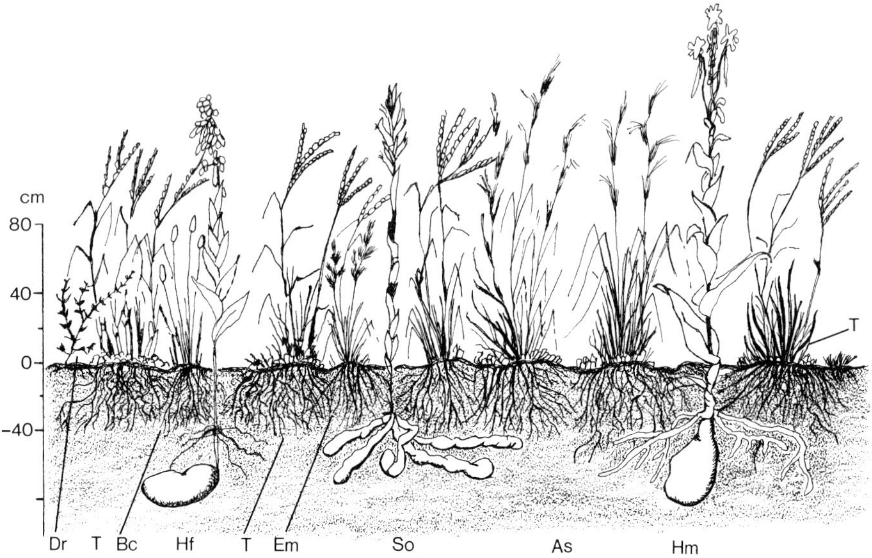

Abb. 35. Bisekt der Savannen der Llanos in Venezuela. Nach VARESCHI 1975.
Hf Habenaria floribunda, So Spiranthes orchioides, Hm Habenaria monorhiza, Dr Dioida rosmarinifolia, T Trachypogon spec., Em Eragrostis maypurensis, As Aristida Adsensionis, Bc Bulbostylis conifera.

Während sich die detaillierten Untersuchungen WENTS auf einen feuchten Bergurwald in Südostasien erstreckten, studierte VARESCHI mehr die vertikale Gliederung der Orchideenvegetation in Venezuela, wo Trockenzeiten häufiger und ausgeprägter als in Westjava sind. Indessen fehlen sie auch hier nicht, denn für Tjibodas gibt WENT eine mögliche Trockenzeit von 3 Wochen an. Mir wurde im September 1969 beim zweiten Besuch von Tjibodas gesagt, es habe 3 Monate (?) nicht geregnet, jedenfalls ließen viele Epiphyten die Blätter hängen. Dergleichen Beobachtungen unterstützen die These, daß in den Tropen der Wechsel zwischen Vegetations- und Ruhezeit in erster Linie von Feuchtigkeit und nicht von Photoperiodismus geprägt wird.

VARESCHI beschreibt elf Biotope, die von der orchideenfreien Meeresstrandwiese bis zum „Páramo" in 3800–4400 m Seehöhe reichen. Charakteristisch für die Zahl von Orchideenarten ist die Menge an sonstigen Pflanzenspecies, die er statistisch auf Grund unterschiedlicher Blattformen mittels des sog. Diversitätsindex C_d angibt. Eine strenge Gesetzmäßigkeit ist allerdings zwischen der Zahl von Orchideenarten und der Zahl von Blattformen nicht vorhanden, sondern nur ein ähnlicher Verlauf der statistischen Kurven. Hier seien nur einige ausgewählte Beobachtungen von VARESCHI kommentiert. Geht man davon aus, daß Orchideen bei der Keimung an die Mykorrhiza-Pilze gebunden sind, so ist es verständlich, daß der einförmige Mangrovenwald nur zwei Orchideenarten enthält (Abb. 34). Würde es hier nicht auf die Keimung ankommen, so wären es sicherlich mehr Arten. Auf einem Klubgelände an der Küste östlich von La Guaira wuchsen an aufgehängten Farnplatten, nur etwa 50 m vom Wasser entfernt, verschiedene Cattleyen und Oncidien ganz vorzüglich. Sie hatten lange Wurzeln von den Platten zum Baum, an dem letztere aufgehängt waren, getrieben. Die salzhaltige Seeluft schadet also diesen Orchideen überhaupt nicht. Dies gilt ebenfalls für zwei Orchideenarten auf unmittelbar am Strande der Insel Efate (Neue Hebriden) stehenden Bäumen, deren Mykorrhiza offensichtlich salzbeständig ist. Auch das Gießen von Orchideen eines Liebhabers in Caracas mit dem gechlorten Leitungswasser ließ bei Cattleyen keine Spuren zurück.

Die von VARESCHI angeführte Kakteensteppe mit drei Orchideenarten kann man mit Savannen bzw. Trockenwäldern in Tropisch-Ostafrika vergleichen, wo ich bei kurzem Besuch wenigstens zwei epiphytische Orchideen (*Angraecum* und *Bulbophyllum*) auf ziemlich mickerigen Bäumen (wohl *Commiphora* spec.) mit teilweise abschilfernder Rinde sah. Dabei ist zu berücksichtigen, daß es nach WENT/STARK auch in wüstenartigen Gebieten mit nur spärlicher Vegetation noch Boden-Mykorrhiza gibt. Die Savannen der Llanos besitzen nur Geophyten (Abb. 35). Epiphytische Orchideen sind hier nicht möglich, weil die oberirdische Vegetation in der Regel alljährlich abbrennt. Da die Feuerwirkung aber nicht tiefer als 10 cm in den Boden eindringt, können die dicken Reserveknollen von *Habenaria* und *Spiranthes* am Leben bleiben (Abb. 35). Auch in Afrika und Australien dürfte es diesen Vegetationstyp geben. So berichtet GEORGE (S. 33, vgl. BLOMBERG, S. 24) von der für die Blütenbildung unerläßlichen Feuereinwirkung bei der in Australien vorkommenden Gattung *Liperanthus*. Ohne ein Buschfeuer bildet sie nur ihr grundständiges Laubblatt aus. Entweder induziert der nach einem Feuer erhöhte Lichtgenuß oder die vorübergehend höhere Bodentemperatur oder die mit dem Feuer verbundene Pottaschedüngung (Kaliumcarbonat) die Blütenbildung. Völlig anders sind die Verhältnisse bei den geophytischen Orchideenarten in den hochandinen Quellmoo-

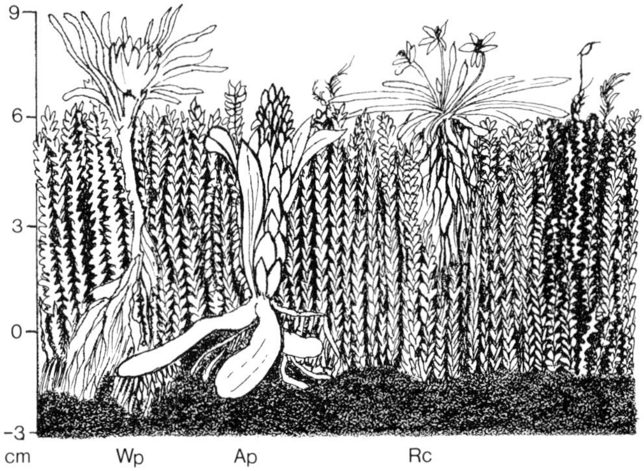

Abb. 36. Halbschematischer Bisekt eines hochandinen Quellmoores (4400 m). Nach VARESCHI 1975.
Moose: Bryaceen, Dicranaceen. Ap Altensteinia paludosa, Begleitpflanzen: Wp Wernera pygmaea, Rc Rhizocephalum candollei.

Abb. 37. Krüppelwald der ersten Geländestufe (1100 m) des Tafelberges Auyantepui (2500 m) in Venezolanisch-Guayana. Nach VARESCHI 1975.
1 Apocynaceae-Baum (Mandevilla) mit Tillandsia-Epiphyt (als Trägerpflanze für Orchideen nicht günstig); 2, 7 günstige Trägerpflanzen – Lauraceae, Araliaceae u.a.m –, bedeckt mit Orchideen und dünner Laubkrone; 3 Guttifera-Bäumchen (Clusia pusilla) mit dichter Laubkrone und Orchideen nur am Stamm; 4 Vriesia (Bromeliaceae), sonst epiphytisch, hier wie auch die Orchidee Cattleya lawrenciana auch terrestrisch; 5 in den Sand eingebettete Granitblöcke; 6 Humiria (Rosaceae), trotz dünner Ästchen und Strauchform mit Orchideen; ○ Orchideenstandorte.

ren der Páramos (3600–4400 m), die in einer immerfeuchten Moosumgebung leben (Abb. 36). Einen gewissen Vergleich dazu bieten die allerdings in geringerer Höhe (1800–3000 m) in Zentralafrika lebenden *Disa, Cynorchis, Roeperocharis, Satyrium* und *Habenaria.* Am auffallendsten ist der Orchideenreichtum in den sog. Tepui-Wäldern, d.h. den verschiedenen Stufen der bis 3000 m hohen Tafelberge von Guayana. Da der durch Verwitterung aus dem Sandsteinschild entstandene unfruchtbare, wasserdurchlässige und an Nährstoffionen arme Boden nur die Entstehung eines nicht über 5 m hohen Krüppelwaldes zuläßt, sind die Bedingungen für das Wachstum epiphytischer Orchideen sehr günstig: reichlicher Licht- und Luftzutritt, nährstoffarme, saure Unterlage, schwierige Wasser- und Nährstoffversorgung und dadurch geringe Konkurrenz mit anderen Pflanzenfamilien. Dazu kommt ein warmes tropisches Klima und häufige Wolkenansammlungen an den Steilhängen und Plateaus, die genügend Feuchtigkeit an die Epiphyten abgeben. Wohl kaum anderswo findet man so günstige Lebensbedingungen für epiphytische Orchideen (Abb. 37).

Literaturverzeichnis

ARDITTI, J.: Orchids. Scientific American, 214, 70–78, 1966a.

– The production of fungal growth regulating compounds by Orchids. Orch. Dig. Sci. Suppl. 30, 88–90, 1966b.

– Floral Anthocyanins in some Orchids. Bull. Amer. Orch. Soc. May 1969, 407–413, 1969.

– and FLICK, B.H.: Post-pollination phenomena in Orchid flowers. VI. Excised floral segments of Cymbidium. Amer. J. Bot. 63, 201–211, 1976.

AVADHANI, P.N.: Carbon dioxide Fixation in Orchids. Proc. 8th World Orchid Conf. Frankfurt/Main, 412–413, 1975.

BARTHLOTT, W.: Morphologie der Samen von Orchideen im Hinblick auf taxonomische und funktionelle Aspekte. Proc. 8th World Orch. Conf. Frankfurt/Main, 444–455, 1975.

BEIERLEIN, H.: Allergischer Hautausschlag, verursacht durch den amerikanischen Prachtfrauenschuh (Cypripedium reginae). Orchidee 8, 95, 1957.

BLOMBERG, A.M.: Aspects in the ecology of Australian native Orchids. Proc. 6th World Orch. Conf. Sydney, 13–24, 1969/1971.

BORRIS, H.: Kohlenstoff-Assimilation und diurnaler Säurerhythmus epiphytischer Orchideen. Orchidee 18, 396–406, 1967.

BRIEGER, F.G.: Botanische Grundlagen der Orchideenforschung. Taxonomischer Teil z.T. aus R. SCHLECHTER: Die Orchideen, 3. Aufl. Parey, Berlin–Hamburg ab 1970.

BURGEFF, H.: Die Wurzelpilze der Orchideen, ihre Kultur und ihr Leben in der Pflanze. Verlag Gustav Fischer, Jena 1909.

– Saprophytismus und Symbiose. Gustav Fischer, Jena 1932.

– Problematik der Mykorrhiza. Naturwissensch. 31, 358, 1943.

CZAPEK, F.: Beiträge zur Morphologie und Physiologie der epiphytischen Orchideen Indiens. Sitzgsber. Akad. Wiss. Wien, Math.-naturw. Kl. 118, 1555–1580, 1909.

DEANE, R.: Australian Bulbophyllum species. Proc. 6th World Orch. Conf. Sydney, 35–37, 1969/1971.

DODSON, C.H.: Pollination and variation in the subtribe Catasetinae (Orchidaceae). Ann. Missouri Gard., 49, 35–56, 1962.

DYCUS, A.M., and KNUDSON, L.: The role for the velamen of the aereal roots of Orchids. Bot. Gaz. 119, 78–87, 1957.

ESSER, G.: Photosynthesemessung mit dem Uras. Orchidee 24, 12–14, 1973.

GEORGE, A.S.: The Orchids of Australia – The Western Australian Region. Proc. 6th World. Orch. Conf. Sydney, 31–33, 1969/1971.

GOEBEL, K.: Die Entfaltungsbewegungen der Pflanzen und deren teleologische Deutung. 2. Aufl., G. Fischer, Jena 1924.

GOH, C.J.: Regulation of floral initiation and development in an orchid hybrid Aranda deborah. Ann. Bot. (London), 41, 763–769, 1977.

GUTTENBERG, H. VON: Die Reizbarkeit der Catasetiden-Blüten. Planta (Berl.), 21, 292–303, 1933.

– Lehrbuch der allgemeinen Botanik. 6. Aufl., Akademie-Verlag, Berlin 1963.

HAAS, N.F.: Raphiden in Infloreszenzstielen von Orchideen und deren energiedispersive Röntgenanalyse. Orchidee 26, 241–244, 1975.

HARLEY, J.L.: The Biology of Mycorrhiza. Leonard Hill, London 1972.

HESS, D.: Pflanzenphysiologie. 4. Aufl., Ulmer, Stuttgart 1976.

HEW, C.S.: Patterns of CO_2-fixation in tropical Orchid Species. Proc. 8th World Orchid Conf. Frankfurt/Main, 426–430, 1975.

HIJNER, J.A., and ARDITTI, J.: Orchid Mycorrhiza: Vitamin production and requirements by the symbionts. Amer. J. Bot. 60, 829–835, 1973.

JEFFREY, D., and ARDITTI, J.: The separation of sugars in Orchid nectars by thin layer chromatography. Bull. Amer. Orch. Soc. Oct. 1969, 866–868, 1969.

JEX-BLAKE, A. J. (Ed.): Gardening in East Africa. Longmans, Green & Co., London–New York–Toronto 1957.

KARLSON, F.: Kurzes Lehrbuch der Biochemie. 10. Aufl., Thieme-Verlag, Stuttgart 1977.

KERNER von MARILAUN, A.: Pflanzenleben, B. I. Bibliogr. Inst. Leipzig, 1888.

KLUGE, M.: Der CO_2-Austausch der Sukkulenten: Biochemische Grundlagen einer ökologischen Anpassung. Ber. dt. bot. Ges. 84, 417–424, 1971.

– and TING, J. P.: Crassulacean Acid Metabolism. Analysis of an Ecological Adaption. Springer, Berlin–Heidelberg, New York 1978.

KNAPP, R.: Die Vegetation von Afrika. G. Fischer, Stuttgart 1973.

KOOPOWITZ, H.: Pollination and floral morphology in four African Orchids. Proc. 5th World Orch. Conf., Long-Beach, Cal. U.S.A., 239–244, 1966.

KRISTEN, U.: Untersuchungen über den Zusammenhang zwischen dem CO_2-Gaswechsel und der Luftwegigkeit an den CAM-Sukkulenten Bryophyllum daigremontianum Berg. und Agave americana L. Flora, Abt. A, 160, 127–138, 1969.

LÜNING, B.: Alkaloids of the Orchidaceae; in: WITHNER, C. L. (Ed.) The Orchids, Sc. Stud. 349–382, 1974.

MONTFORT, C.: Beziehungen zwischen morphologischen und physiologischen Reduktionserscheinungen im Bereich der Licht-Ernährung bei saprophytischen Orchideen. Ber. dt. bot. Ges. 58, 41–48, 1940.

NESTLER, A.: Das Sekret der Drüsenhaare der Gattung Cypripedium mit besonderer Berücksichtigung seiner hautreizenden Wirkung. Ber. dt. bot. Ges. 25, 554–567, 1907.

NOTHDURFT, H.: Über eine ungewöhnliche Form von vegetativer Vermehrung bei Serapias. Ber. dt. bot. Ges. 68, 265–270, 1955.

NUERNBERGK, E. L.: Kunstlicht und Pflanzenkultur. BLV, München–Basel–Wien 1961 a.

– Endogener Rhythmus und CO_2-Stoffwechsel bei Pflanzen mit diurnalem Säurerhythmus. Planta (Berl.) 56, 28–70, 1961 b.

– Temperatur und Kohlendioxid-Stoffwechsel bei Bryophyllum daigremontianum (R. Hamet et Perrier) Berg. Portugaliae Acta Biologica A VI, 298–358, 1962.

– On the Carbon dioxide Metabolism of Orchids and its ecologica aspect. Proc. 4th World Orch. Conf. Singapore, 159–169, 1963.

– Der Temperaturfaktor bei der Blütenbildung von Phalaenopsis schilleriana Rchb. f. nach Versuchen von J. T. de Vries. Orchidee 24, 153–160 und 25, 188–190, 1973/74.

– Die Bedeutung der Epiphytose nach RUINEN und anderer Faktoren für die Biologie epiphytischer Orchideen. Orchidee 25, 231–236, 282–288, 1974.

PIERS, F.: Orchids of East Africa. J. Cramer, Lehre, 1968.

Proceedings of the 3rd World Orchid Conference, London 1960.

Proceedings of the 5th World Orchid Conference, Long Beach 1966.

Proceedings of the 8th World Orchid Conference, Frankfurt 1975.

RICHTER, G.: Stoffwechselphysiologie der Pflanzen. 3. Aufl., Thieme-Verlag, Stuttgart 1976.

RUINEN, J.: Epiphytosis, a second view on epiphytism. Ann. Bogorienses 1, 101–157, 1953.

SANFORD, W. W.: The Ecology of Orchids; in: WITHNER, C. L. (Ed.), The Orchids, Sc. Stud. 1–100, 1974.

SCHAEDE, R., und MEYER, F. H. (Bearb.): Die pflanzlichen Symbiosen. G. Fischer Verlag, Stuttgart 1962.

Schimper, A. F. W., und von Faber, F. C. (Bearb.): Pflanzengeographie auf physiologischer Grundlage. 1. Bd., 3. Aufl., Verlag Gustav Fischer, Jena 1935.
Schlechter, R.: Die Orchideen. Parey, Berlin 1915.
Schlechter, R.: Die Orchideen. 3. Aufl. Hrsg. von F. G. Brieger, R. Maatsch und K Senghas. Parey, Berlin–Hamburg–New York 1970 ff.
Sheehan, T. J.: The Orchid Flower: A detailed discussion of floral anatomy and morphology. Proc. 8th World Orch. Conf. Frankfurt/Main, 540–544, 1975.
Söding, H.: Die Wuchsstofflehre, Thieme-Verlag, Stuttgart 1952.
Stoutamire, W.: Terrestrial Orchid Seedlings; in: Withner, C. L. (Ed.), The Orchids, Sc. Stud. 101–128, 1974.
„Strasburger", Lehrbuch der Botanik. 31. Aufl., G. Fischer-Verlag, Stuttgart 1978.
Thomale, H.: Die Orchideen. Ulmer, Stuttgart 1954.
Vareschi, V.: Orchideen und ihre ökologischen Nischen in den Tropen. Proc. 8th World Orch. Conf., Frankfurt/Main, 516–527, 1975.
Veyret, Y.: Development of the embryo and the young seedling-stages of Orchids; in: Withner, C. L. (Ed.), The Orchids, Sc. Stud. 223–265, 1974.
Vogel, St.: Scent organs of Orchids flowers and their relation to insect pollination. Proc. 5th World Orch. Conf. Long Beach, Cal., 253–259, 1966.
Wallach, A.: Beiträge zur Kenntnis der Wasseraufnahme durch die Luftwurzeln tropischer Orchideen. Z. Bot. 33, 434–468, 1939.
Walther, H.: Die Vegetation der Erde I: Die tropischen und subtropischen Zonen. 3. Aufl., Gustav Fischer, Stuttgart 1973.
Warburg, O.: Die Pflanzenwelt III, 515. Bibliographisches Institut, Leipzig 1926.
Went, F. W.: Over de biologie van Epiphyten. De Tropische Natuur, No. 1, 1930.
– Soziologie der Epiphyten eines tropischen Urwaldes. Ann. Jard. Bot., Buitenzorg 50, 1–98, 1940.
– Thermoperiodicity; „Vernalization and Photoperiodism" (Ed. A. E. Murneek and R. O. Whyte) 145–157, Waltham, Mass., U.S.A. 1948.
– and Stark, N.: Mycorrhiza. Bioscience 18, 1035–1039, 1968.
Wettstein, R.: Handbuch der systematischen Botanik. 4. Aufl., (Hrsg. F. v. Wettstein), Franz Deuticke, Leipzig–Wien 1935.
Wiesner, J.: Die Rohstoffe des Pflanzenreiches. 2. Bd., Engelmann, Leipzig 1928.
Withner, C. L. (Ed.): The Orchids. Scientific Studies. J. Wiley and Sons, New York London–Sydney–Toronto 1974.

2 Allgemeine Kulturbedingungen

2.1 Überblick über die Wachstumsfaktoren

Wachstum bedeutet Zunahme an Substanz – ein Vorgang, der nicht umkehrbar ist, im Gegensatz etwa zur Quellung, die nur eine Vergrößerung durch Einlagerung von Wasser darstellt. Zum echten Wachstum sind nur lebende Organismen befähigt, die auf Grund komplizierter energetischer Vorgänge körperfremde Stoffe aufnehmen, umwandeln und den körpereigenen angleichen können. Unsere Kenntnisse über den Ablauf der Wachstumsprozesse sind z. T. heute schon ziemlich vollständig, wenn wir auch den Begriff „Leben" selbst nur beschreiben, aber nicht erklären können. Leben und Wachstum sind eng miteinander verknüpft. Organisches Wachstum schließt daher zielgerichtete Entwicklung ebenso wie Gebundenheit an ein ordnendes Prinzip bei gleichzeitig hoher Anpassungsfähigkeit mit ein. Grundvoraussetzung hierfür ist die Zuführung von Energie und Materie, ohne die eine Substanzvermehrung nicht möglich wäre.

Dank ihres Gehaltes an Blattgrün (Chlorophyll) ist die Pflanze als einziger Organismus der Erde imstande, Sonnenenergie unmittelbar aufzunehmen und zu verwerten. Die von der Sonne stammende Energie, von uns als Licht und Wärme empfunden, wandelt die Pflanze in chemische Energie um, mit deren Hilfe sie anorganische Stoffe aufnimmt und assimiliert. Die Sonne als billigster und wirksamster Energielieferant läßt sich natürlich ersetzen durch künstliches Licht und Heizungswärme, doch sind diese Energiequellen relativ unvollkommen und kostspielig. Trotzdem sind wir in unseren Breiten während der Wintermonate häufig darauf angewiesen, das unzureichende Sonnenlicht mit anderen Licht- und Wärmeerzeugern zu ergänzen. Durch Einwirkung dieser Energie entstehen in den Blättern aus Wasser und dem der Luft entnommenen Kohlendioxid Assimilate (energiereiche Kohlenhydrate), die als Grundbausteine der pflanzlichen Substanzbildung anzusehen sind. Weitere Materie wird den Wurzeln in Form von Wasser und darin gelösten Mineralstoffen zugeführt. Mit der Aufnahme und Weiterverarbeitung der Nährelemente ist ein dritter wichtiger Prozeß verknüpft: die Atmung. Diese kann nur unter Anwesenheit von Sauerstoff erfolgen. Die wichtigsten Wachstumsfaktoren sind demnach:

- Licht und Wärme
- Wasser und Nährstoffe
- Kohlendioxid und Sauerstoff

Aber nicht nur die Bildung organischer Substanz ist von diesen Faktoren abhängig, sondern, im Zusammenwirken mit den Erbanlagen, auch die Art der Ausformung und des allgemeinen Entwicklungsverlaufs.

Die klimatischen und bodeneigenen Faktoren, die auf die Pflanze einwirken, sind in den einzelnen Vegetationsgebieten der Erde außerordentlich unterschiedlich und oft keineswegs für das Wachstum optimal. Dennoch finden viele Pflanzen dank allmählich erworbener morphologischer und physiologischer Anpassungen selbst in ungünstigen Lebensräumen noch ihre Existenz. Im Hinblick auf die tropischen Orchideen müssen wir annehmen, daß der im Laufe ihrer Evolution stattgefundene Übergang von terrestrischer zu epiphytischer Lebensweise durch schrittweise Umwandlungen ermöglicht wurde. Diese erlaubten es den Pflanzen, ihren dunklen Standort im Waldesschatten mit jenem der lichteren Baumkronen zu vertauschen.

Unsere Kenntnisse der spezifischen Umweltverhältnisse von Orchideen an den verschiedenen Orten ihres Vorkommens sind leider sehr lückenhaft, da entsprechende Hinweise in der Literatur oft fehlen, schwer zu erhalten oder zu oberflächlich sind. Sofern einigermaßen genaue geographische Angaben vorliegen, lassen sich ökologische Informationen bis zu einem gewissen Grade aus klimatologischen und vegetationskundlichen Werken beziehen, wobei hier besonders auf die Arbeiten von WALTER (1970, 1973) verwiesen sei.

WALTER unterscheidet zehn Klimazonen, von denen hinsichtlich der tropischen und suptropischen Orchideen fünf besondere Bedeutung haben. Innerhalb dieser Klimazonen gibt es jedoch zahlreiche Abweichungen vom Typus, ebenso Übergänge, die eine strenge Klassifizierung oft unmöglich machen. Die betreffenden Klimazonen lassen sich etwa folgendermaßen charakterisieren:

I. Äquatoriale Klimazone zwischen dem nördlichen und südlichen 10. Breitengrad. Durchschnittstemperatur 25–27 °C. Geringe jahreszeitliche, etwas stärkere tageszeitliche Schwankungen. Regelmäßige und hohe Niederschläge, dazwischen stundenweise starke Sonneneinstrahlung, 12-Stunden-Tag. Geringe Höhe über NN. Vegetation: Je nach Bodenverhältnissen mehr oder weniger artenreicher immergrüner Regenwald mit unterschiedlicher Kronenhöhe, zahlreichen Lianen und Epiphyten. Im Waldesinneren Reduktion des Tageslichtes auf 0,1–1%. An Küsten und Flußmündungen Mangrove. Mit zunehmender Meereshöhe geht der immergrüne Regenwald in den Bergwald (montane Stufe) und schließlich in den Nebel- oder Wolkenwald über (meist zwischen 1000 und 2500 m, je nach Feuchtigkeitsgrad der Luft am Gebirgsfuß). Die Temperatur und Strahlungsintensität nimmt in der Nebelwaldzone deutlich ab, die Luftfeuchtigkeit ist auch bei fehlenden Niederschlägen ganztägig sehr hoch, Aufwinde bewirken eine starke Luftbewegung. Standort zahlreicher epiphytischer Farne, Moose, Bärlappe und Orchideen. Oberhalb der Waldgrenze (ab 3000–4000 m) beginnt die alpine Stufe, die zunehmend artenärmer wird (Páramos).

II. Tropische Klimazone mit Sommerregen zwischen 10. und 30. Breitengrad nördlich und südlich des Äquators. Ausgeprägtere jahreszeitliche Rhythmik in Temperatur und Niederschlag, zumeist starke Sommerregen (Monsunregen in Indien von Südost nach Nordwest abnehmend). Wintermonate trockener und kühler, aber kein Frost. Vegetation: überwiegend halbimmergrüne oder laubabwerfende Baumarten, in waldarmen Gebieten Savannen und Grasland, an Flußläufen Galeriewälder. In abflußlosen Niederungen ausgebreitete Sümpfe.

IV. Subtropische Zone mit Winterregen, vorwiegend um den 40. Breitengrad. Sommermonate warm und trocken, Winter feucht, regenreich, mit gelegentli-

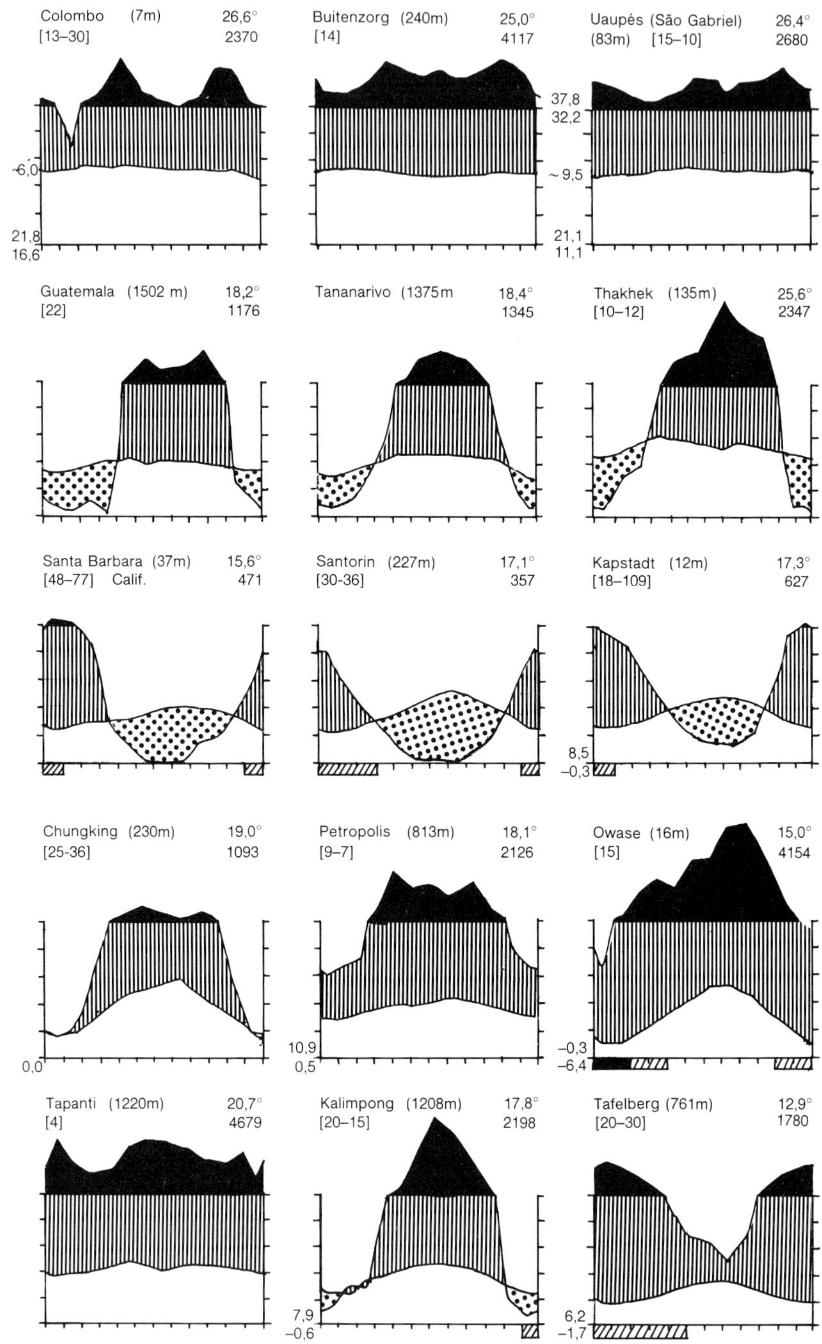
Colombo (7m) 26,6°
[13–30] 2370
-6,0
21,8
16,6
Buitenzorg (240m) 25,0°
[14] 4117
Uaupés (São Gabriel) 26,4°
(83m) [15–10] 2680
37,8
32,2
~9,5
21,1
11,1
Guatemala (1502 m) 18,2°
[22] 1176
Tananarivo (1375m 18,4°
1345
Thakhek (135m) 25,6°
[10–12] 2347
Santa Barbara (37m) 15,6°
[48–77] Calif. 471
Santorin (227m) 17,1°
[30-36] 357
Kapstadt (12m) 17,3°
[18–109] 627
8,5
–0,3
Chungking (230m) 19,0°
[25-36] 1093
0,0
Petropolis (813m) 18,1°
[9–7] 2126
10,9
0,5
Owase (16m) 15,0°
[15] 4154
–0,3
–6,4
Tapanti (1220m) 20,7°
[4] 4679
Kalimpong (1208m) 17,8°
[20–15] 2198
7,9
–0,6
Tafelberg (761m) 12,9°
[20–30] 1780
6,2
–1,7

chen Frosteinbrüchen. Vegetation: immergrüne Hartlaubgehölze, in waldarmen Gebieten Dornbüsche, Zwergsträucher, Stauden, zahlreiche Geophyten. Ruhezeit im Sommer.

V. Warmtemperierte, feuchte Zone ohne ausgesprochene Kälte- oder Trokkenzeit. Zumeist an den Ostküsten der Kontinente mit Monsun- oder Passatregen. Temperatur warm bis gemäßigt. Vegetation: immergrüne Wälder, u. a. mit *Sequoia, Eucalyptus,* Baumfarnen.

X. Gebirgszone. In Höhenlagen oberhalb der Baumgrenze, unabhängig vom Breitengrad. An der Luvseite der Gebirge in Wolkenhöhe sehr feucht, sonst zeitweise trocken und mit starker Sonneneinstrahlung. In Äquatornähe Temperaturunterschiede zwischen Tag und Nacht erheblich größer als die jahreszeitlichen Differenzen.

Zur näheren klimatologischen Kennzeichnung der genannten Zonen seien hier einige Beispiele aus dem Klimadiagramm-Weltatlas von WALTER und LIETH (1967) angeführt. Die Diagramme zeigen in übersichtlicher Weise den Jahresgang von Temperatur und Niederschlag auf; für die tropischen Gebiete sind auch die täglichen Temperaturdifferenzen angegeben (Abb. 38).

Abb. 38. Klimadiagramme nach WALTER und LIETH (1967).

Beobachtungsstationen
Zone I: Colombo (Sri Lanka), Buitenzorg/Bogor (Java), Uaupes (Brasilien)
Zone II: Guatemala (Mittelamerika), Tananarivo (Madagaskar), Thakhek (Hinterindien)
Zone IV: Santa Barbara (Kalifornien), Santorin (Griechenland), Kapstadt (Südafrika)
Zone V: Chungking (China), Petropolis (Brasilien), Owase (Japan)
Zone X: X (I) Tapanti (Mittelamerika), X (II) Kalimpong (Nordindien), X (IV) Tafelberg (Südafrika)

Erläuterung der Klimadiagramme
Angaben ganz oben, von links nach rechts: Beobachtungsstation, Höhe über NN, mittlere Jahrestemperatur in °C, mittlerer Jahresniederschlag in mm. In eckiger Klammer Zahl der Beobachtungsjahre für Temperatur und Niederschlag.
Ordinate: Ein Teilstrich = 10 °C bzw. 20 mm Niederschlag. – Zahlen an der linken Ordinate (sofern vorhanden): oben höchste gemessene Temperatur und mittleres tägliches Maximum des wärmsten Monats, Mitte mittlere tägliche Temperaturschwankung, unten mittleres tägliches Minimum des kältesten Monats und tiefste gemessene Temperatur.
Abszisse: Monatseinteilung. Nordhemisphäre Januar-Dezember, Südhemisphäre Juli-Juni. Schraffiertes Band unter der Abszisse: Monate mit abs. Minimum unter 0 °C. Schwarzes Band: Monate mit mittlerem Tagesminimum unter 0 °C.
Fläche über der Abszisse: zuunterst Kurve der mittleren Monatstemperatur. Punktierte Fläche: rel. Dürrezeit. Senkrecht schraffierte Fläche: rel. humide Jahreszeit. Schwarze Fläche: Jahreszeit mit mehr als 100 mm monatlichem Niederschlag (Maßstab auf 1/10 reduziert). Zuoberst: Kurve der mittleren monatlichen Niederschläge.
In trockenen Jahreszeiten liegt die Temperaturkurve über der Niederschlagskurve (z. B. in Santa Barbara von Anfang April bis Ende Oktober), in der feuchten dagegen darunter (in Santa Barbara von November bis März).

Neben den klimatischen Einflüssen bestimmen allerdings auch noch andere Faktoren den Charakter eines bestimmten Standortes: Wechsel der Luftfeuchtigkeit und des Lichteinfalles, Luftbewegung, Art des Trägerbaumes bei Epiphyten, Beschaffenheit der Rinde und der Humusnester, Konkurrenz mit anderen Pflanzen und noch vieles mehr. Hätte man für jede Orchideenspecies diese Angaben zur Hand (was sehr wünschenswert wäre), wüßte man damit allerdings noch nicht, ob all diese Faktoren wirklich optimal für die Pflanzen sind. Der Faktor Wasser beispielsweise gerät ganz offensichtlich in bestimmten Gebieten bei Epiphyten zeitweise ins Minimum, ebenso wahrscheinlich die Nährstoffversorgung und manchmal auch die Wärme. Gewiß, die Pflanzen haben sich angepaßt und ihren Lebensrhythmus auf die jeweiligen Umweltverhältnisse eingestellt. Wenn diese natürlichen Rhythmen auch in der Kultur eingehalten werden müssen, so läßt sich die Wuchs- und Blühleistung durch optimale Gestaltung aller Faktoren und Ausschaltung der Konkurrenz zuweilen doch beträchtlich erhöhen. Ganz besonders gilt dies natürlich für die künstlichen Hybriden, bei denen das erblich fixierte Verhalten bereits weitgehend aufgehoben ist. Die modernen Züchtungsprodukte sind zu Luxusgeschöpfen geworden, anspruchsvoll und ent-artet, in der freien Natur kaum mehr lebensfähig.

Kultiviert man tropische Orchideen – seien es nun reine Arten oder Hybriden – unter hiesigen Verhältnissen, so ist es relativ leicht, ihre Ansprüche an Wasser, Nahrung und Wärme zu befriedigen. Schwieriger ist das Erreichen einer optimalen Belichtung, beinahe unmöglich eine ausreichende Belüftung. Luftbewegung und Luftaustausch sind Faktoren, deren Einfluß noch kaum untersucht worden ist, deren Bedeutung bisher aber sicherlich oft unterschätzt wurde.

Alle diese Probleme sollten bedacht werden, will man Orchideen fern ihrer natürlichen Heimat die bestmöglichen Voraussetzungen zur Entfaltung geben. Unsere Bemühungen dürfen sich nicht darauf beschränken, ihnen die natürlichen Bedingungen zu ersetzen, sondern wir müssen sie nach Möglichkeit noch verbessern. Dies gelingt uns jedoch nur, wenn wir uns über die gefühls- oder erfahrungsgemäße Pflegekenntnis hinaus bemühen, Einsicht in die physiologischen Abläufe des Pflanzenwachstums zu bekommen.

2.2 Der Pflanzstoff

2.2.1 Beschaffenheit des Substrats am natürlichen Standort

Für Orchideenkultivateure ist die richtige Zusammensetzung des Pflanzstoffes eines der schwierigsten Kapitel. Einesteils möchte man den Verhältnissen in der Natur möglichst nahe kommen, andererseits stehen die in Kultur genommenen Pflanzen unter veränderten Bedingungen, die u.U. auch ein anders geartetes Substrat erfordern.

In welchem Material wachsen Orchideen am natürlichen Standort? Hier muß man zunächst die beiden Gruppen voneinander trennen: Epiphyten und Geophyten. Erstere leben auf Bäumen, letztere am Boden. Zwischen beiden gibt es allerdings Übergänge, d.h., einige epiphytische Arten können, wenn die Lichtverhältnisse es gestatten, auch an felsigem Gestein existieren, während einige Vertreter terrestrischer Gattungen zuweilen auch Baumstämme besiedeln.

Der Baum ist für die Orchideen in erster Linie tragendes Gerüst, kein direkter Nährstofflieferant wie bei den Parasiten. Daß bestimmte Bäume bevorzugt werden, hat wahrscheinlich Gründe vorwiegend mechanischer Art: Bäume mit glatten Rinden bieten einen schlechteren Halt, es sammelt sich weniger Humus an, auffliegende Samenkörner finden keine Vertiefungen für eine ungestörte, meistens sehr langsam verlaufende Jugendentwicklung. In welchem Ausmaß die Zersetzungsprodukte der Rinde eine Keimung fördern oder hemmen bzw. das Gedeihen des pilzlichen Partners beeinflussen, ist bisher noch wenig untersucht worden. Nach Angaben von Frey (1973) bewirken Zusätze der Rinde von *Ficus aurea, Fraxinus carolina* und *Annona glabra* eine Hemmung der Keimung von *Encyclia tampensis* auf Knudsons Nährboden. *Ficus* und *Fraxinus* werden in Florida nur spärlich von Orchideen besiedelt, *Annona* dagegen reichlich. Auch *Eucalyptus* scheint als Trägerbaum ungeeignet zu sein, während z.B. Vertreter der Casuarinen, Palmen, Papilionaceen, Myrtaceen, Bignoniaceen, Verbenaceen, Boraginaceen und vieler anderer Familien gewöhnlich dicht mit Epiphyten besetzt sind. Nach Sanford (1974) besteht wahrscheinlich nur in wenigen Fällen eine enge Beziehung zwischen der Baumart und ihrem Besiedler; nachgewiesen wurde sie vor allem für die beiden madegassischen *Cymbidiella* -Arten, *C. humblotii* (auf *Raffia ruffia*) und *C. rhodochila* (auf *Platycerium madagascariense*).

Die **epiphytisch** wachsenden Orchideen entziehen die für ihren Aufbau notwendigen Stoffe in erster Linie dem humosen Material, das sich in den Rissen der Borke, auf waagerechten Ästen oder in den Verzweigungen des Baumes ansammelt. Durch die ungeheuer rasche Zersetzung der organischen Substanz in den Tropen werden fortwährend gebundene Nährstoffe wieder freigesetzt, so daß der Pflanze – wenn auch in geringer Konzentration – ständig neue Baustoffe zufließen. Will man das Substrat, das ihr zur Verfügung steht, näher definieren, so muß vor allem die starke Durchsetzung mit Kleinlebewesen hervorgehoben werden, ferner die durchlässige Struktur und der Reichtum an organischen Verbindungen, die teilweise wuchsstoffähnlichen Charakter haben dürften. Bezüglich des Nährstoffgehaltes überwiegen sicherlich die stickstoffhaltigen Produkte aus dem Eiweißabbau. Die vielfältige und immer wieder wechselnde Zusammensetzung des Materials aus Staubteilchen, Blatt- und Rindenausscheidungen, Resten abgestorbener Flechten, Moose, Farne und anderer benachbarter Epiphyten erschweren eine genaue Analyse, so daß über den Nährstoffhaushalt der Orchideen am Naturstandort nur ungefähre Angaben zu machen sind.

Bei den **terrestrischen** Orchideen, die im Boden wurzeln, sind die Verhältnisse noch differenzierter. Die Skala der Standorte reicht hier vom humusreichen Waldboden über lehmhaltiges Grasland bis zum kargen Geröll. Für den Kultivateur sind dementsprechend Angaben über die Bodenbeschaffenheit unentbehrlich, wenn er die speziellen Ansprüche einzelner Wildarten an das Substrat befriedigen will. Humusreicher Waldboden, meist über durchlässigem Untergrund, ist der bevorzugte Platz vieler Paphiopedilen und Cypripedien; er ähnelt in seinen Eigenschaften weitgehend dem lockeren Zersetzungsmaterial im Wurzelbereich der Epiphyten. Säuregrad und Nährstoffgehalt werden von der umgebenden Vegetation, der Niederschlagshöhe und der mineralischen Zusammensetzung des Unterbodens bestimmt, der in der Regel basischer Natur ist. Ähnliches gilt für die Böden der Geophyten im offenen Grasland, doch ist hier der Lehmanteil im allgemeinen höher, die Struktur weniger locker, der Basengehalt verstärkt. Viele terrestrische Orchideen des südlichen Himalaja gedeihen auf derartigen Böden, ebenso zahlreiche Erdorchideen europäischer, afrikanischer und amerikanischer Wiesen und Matten. In niederschlagsreichen Gebieten mit weniger durchlässigem Untergrund gehen diese Wiesen in Moore und Sümpfe über, deren Humus noch weitgehend unzersetzt, arm an mineralischen Bestandteilen und sauer ist. Die meisten der nordamerikanischen *Cypripedium*-Arten bevorzugen gerade derartige Moore. Schließlich seien noch die humusarmen Rohböden in höheren Gebirgslagen genannt, auf denen nur wenige Orchideen noch ihr Fortkommen finden. Sie überstehen die extremen Temperatur- und Feuchtigkeitsschwankungen, denen sie ausgesetzt sind, nur dank ihres ausgesprochen xeromorphen Baues, wie wir ihn z.B. bei *Oncidium splendidum* vorfinden.

Überblickt man die verschiedenen Substrate, in denen Orchideen zu gedeihen vermögen, so läßt sich folgende Reihenfolge mit abnehmendem Humusgehalt aufstellen:

- Humusnester auf Bäumen
- Humoser Waldboden
- Feuchte Moore und Wiesen
- Trockene Steppen (Savannen) und Weinbergsböden
- Geröllböden und Fels

Bei Zubereitung der Kultursubstrate sollten die natürlichen Standortverhältnisse der in Pflege genommenen Arten bis zu einem gewissen Grade berücksichtigt werden.

2.2.2 Beschaffenheit des Kultursubstrats

Allerdings läßt sich die Vielfalt der in der Natur anzutreffenden Zersetzungs- und Verwitterungsprodukte niemals künstlich herstellen. Früher versuchte man, durch möglichst komplizierte Mischungen, die oft mit dem Schleier des Geheimnisses umgeben wurden, der belebten Natur einigermaßen nahe zu kommen – heute hingegen besteht eher die Tendenz, durch Verwendung einheitlicher steriler Materialien den Pflanzstoff zu standardisieren. Man hat erkannt, daß in erster Linie die physikalischen Eigenschaften ausschlaggebend für die Eignung eines Substrats sind, sekundär erst die chemischen und biologischen. Ganz allgemein sollten folgende Grundbedingungen erfüllt sein:

- Große Porenräume zur Gewährleistung einer ausreichenden Durchlüftung des Wurzelraumes
- Stabile Struktur durch geringe Zersetzbarkeit
- Gutes Haltevermögen für Wasser und Nährstoffe
- Freisein von schädlichen Stoffen und Krankheitserregern

Die heute gebräuchlichen, nachfolgend angeführten Grundstoffe zur Herstellung von Orchideensubstraten erfüllen diese Forderungen in der Regel nur zum

Teil, häufig fehlt ihnen die eine oder andere der gewünschten Eigenschaften (s. Abb. 39). Man kombiniert daher zumeist zwei oder drei Stoffe, die sich gegenseitig ergänzen. Ein ideales Einheitssubstrat wird es wohl nie geben, da die Ansprüche der einzelnen Orchideengruppen unterschiedlich sind, doch wird man immer mehr bestrebt sein, die Anzahl der Varianten stark einzuschränken. Jeder Pflanzstoff verlangt eine andere Art der Kulturführung, so daß der Kultivateur überlegen sollte, welches Material mit seinen räumlichen und technischen Einrichtungen am besten in Einklang zu bringen ist. Selbstverständlich spielen auch der Kaufpreis und die Lieferungsmöglichkeit bei der Wahl eine Rolle.

Im Laufe der letzten Jahre wurde eine große Zahl von natürlichen und synthetischen Stoffen auf ihre Eignung für Orchideen geprüft. Man suchte vor allem nach einem Ersatz für *Osmunda*-Wurzeln und *Sphagnum*, die früher als unentbehrliche Bestandteile des Substrats galten, nach allmählicher Ausrottung aber knapp und kostspielig geworden sind. In den Vordergrund traten dafür aufbereitete Nadelholzrinden, Torfprodukte und aufgeschäumtes Polystyrol. Durch unterschiedliche Körnung und variierte Mischungsverhältnisse lassen sich aus diesen oder anderen Grundstoffen gut angepaßte und relativ preiswerte Substrate herstellen, die jedoch teilweise noch immer zu wenig strukturstabil sind, so daß man in Zukunft wohl noch mehr zu reinen Kunststoffen übergehen wird. Die gebräuchlichsten Substanzen, die bei Orchideensubstraten Verwendung finden, sind in der folgenden Übersicht aufgeführt und charakterisiert.

Materialien zur Herstellung von Orchideensubstraten

Moose und Torfe

Bezeichnung:	Sumpfmoos *(Sphagnum)*
Abkunft:	Breitblättrige Arten *(S. squarrosum, S. cuspidatum)*
Merkmale:	Sauer (pH 3,5–4,5), hohe Wasserkapazität, bakterizid und fungizid wirkend, evtl. Abgabe von Wuchsstoffen.
Eignung:	In lebendem Zustand besonders zum Pikieren von Erdorchideen *(Disa!)*, zur Bewurzelung von Rückbulben, zur Kultur wenig wüchsiger Paphiopedilen. Frisch oder getrocknet auch als Zusatzstoff zu Materialien mit geringer Wasserhaltefähigkeit.
Zu beachten:	Empfindlich gegen hohe Temperaturen, stagnierende Luft, Mineraldüngung, kalkhaltiges Wasser. Rasche Zersetzung, so daß häufige Erneuerung notwendig. Wird gern von Moosfliegen (Trauermücken) aufgesucht, die Schäden an den Orchideenwurzeln verursachen.

Bezeichnung:	Waldmoos
Abkunft:	Arten von *Thuidium* und *Hypnum*
Merkmale:	Weniger sauer und geringere Wasseraufnahmefähigkeit als bei Sphagnum, sonst ähnliche Wirkung.
Eignung:	Wird bei Mangel an Sphagnum hin und wieder als Zusatzstoff verwendet.

Materialien zur Herstellung von Orchideensubstraten

Bezeichnung:	Floratorf
Abkunft:	Norddeutscher Weißtorf (Hochmoortorf)
Merkmale:	Stark sauer (pH 3,0–3,5), hohe Wasserkapazität und -haltekraft, nahezu keimfrei, nährstoffarm, relativ strukturstabil.
Eignung:	Mit Kalk und Mineraldüngern versehen, hervorragender Zusatzstoff zu Materialien mit geringerer Adsorptionsfähigkeit und Wasserhaltung. In grobbrockiger Form auch allein verwendbar.
Zu beachten:	In feinerem Torf ist bei Übernässung Sauerstoffmangel möglich. Nach Austrocknung schwere Benetzbarkeit. Es darf nicht zu fest getopft werden.

Bezeichnung:	TKS 1
Abkunft:	Mit Kalk und Volldünger aufbereiteter Floratorf.
Merkmale:	Wie bei Torf. pH-Wert um 5. Salzgehalt 1,5 g/Liter.
Eignung:	Für nährstoffbedürftige Kulturen, am besten in Verbindung mit Styromull (1 : 1).

Bezeichnung:	Orchideentorf
Abkunft:	Getrockneter Schwarztorf (Brenntorf)
Merkmale:	Stark sauer (pH 3,5), strukturstabil, in trockenem Zustand schwer benetzbar, gute Luftführung, aber geringe wasserhaltende Kraft.
Eignung:	Für epiphytische Orchideen, wenn Kalk, Nährstoffe und etwas Fasertorf oder *Sphagnum* zugefügt werden.
Zu beachten:	Um Salzanreicherungen an der Oberfläche der Granulate zu vermeiden, darf das Substrat nicht zu trocken gehalten werden. Der pH-Wert sinkt leicht ab (Nachkalkung erforderlich!).

Farne

Bezeichnung:	*Osmunda*
Abkunft:	Wurzeln des Königsfarnes *(Osmunda regalis)*
Merkmale:	Schwach sauer (pH um 5,0), nährstoffhaltig, ziemlich strukturstabil, gute Luftführung. Verfilzt leicht und läßt sich daher schwer verarbeiten.
Eignung:	Für alle Orchideen.

Bezeichnung:	*Polypodium*
Abkunft:	Wurzeln und getrocknete Wedel des Tüpfelfarnes und anderer Vertreter der Familie der Polypodiaceen.
Merkmale:	Gut wasserhaltend, aber Neigung zu Verdichtung. Geringe Haltbarkeit.
Eignung:	Nur in geringen Mengen als Zuschlagstoff für Epiphyten mit feineren Wurzeln.

Materialien zur Herstellung von Orchideensubstraten

Bezeichnung:	Mexifern
Abkunft:	Südamerikanischer Baumfarn
Merkmale:	Schwach sauer (pH 5,3), harte Struktur, in langfaseriger Form gut dränierend, leichter bearbeitbar als *Osmunda.*
Eignung:	In Plattenform für kleinwüchsige, polsterbildende Orchideen, sonst hauptsächlich als Zusatzstoff anstelle von *Osmunda.*

Bezeichnung:	Hapuu
Abkunft:	Baumfarnarten von Hawaii *(Cibotium)*
Merkmale:	Ähnlich wie Mexifern.
Eignung:	Ähnlich wie Mexifern.

Bezeichnung:	Xaxim
Abkunft:	Südamerikanischer Baumfarn *(Dicksonia)*
Merkmale:	Ähnlich wie Mexifern, aber Fasern heller und weicher.
Eignung:	Ähnlich wie Mexifern.

Rinden und Borken

Bezeichnung:	Kiefernborke
Abkunft:	Borke von *Pinus silvestris, P. maritima*
Merkmale:	Gute Luftführung, wenig adsorptionsfähig, nährstoffarm. In der Kultur rasche Zersetzung durch pilzliche Organismen.
Eignung:	Preiswerter Zuschlagstoff zu Torf oder Sphagnum. Empfehlenswert ist nur sortiertes, sauberes, entharztes Material.
Zu beachten:	Alle Borkensubstrate müssen häufiger gewässert und gedüngt werden. Besonders Stickstoff und Phosphorsäure werden teilweise von den holzzersetzenden Mikroorganismen verbraucht.

Bezeichnung:	Lignostrat O
Abkunft:	Verschiedene Nadelholzrinden, besonders *Pinus silvestris*
Merkmale:	Schwach sauer (pH 4,5). Durch Kompostierung bei 70 °C nahezu keimfrei, Nährstoffe z. T. verfügbar.
Eignung:	Noch wenig erprobt.

Bezeichnung:	Silva bark, Orchid bark
Abkunft:	Borke der Douglastanne *(Pseudotsuga douglasii, P. menziesii)*
Merkmale:	Ein durch Reinigung, Entharzung und Erhitzung sehr sauberes Material, sortiert nach Korngröße. Sauer (pH 3,7–4,0), geringer Nährstoffgehalt, optimale Luftführung, aber geringe Haftfähigkeit für Wasser und Nährstoffe. Leicht bearbeitbar, Zersetzung nach 2–3 Jahren.
Eignung:	Bewährter, aber relativ kostspieliger Pflanzstoff für alle epiphytischen Orchideen, besonders wenn 10–20% Faserstoff oder Torf zugesetzt werden.

Materialien zur Herstellung von Orchideensubstraten

Bezeichnung:	White fir bark, Vitabark
Abkunft:	Borke der Grautanne *(Abies concolor)*
Merkmale:	Verhältnismäßig strukturstabil, schwach sauer, wenig adsorptionsfähig.
Eignung:	Wie Silva bark.

Bezeichnung:	Red fir bark, Wonderbark
Abkunft:	Borke der Prachttanne *(Abies magnifica)*
Merkmale:	Wie Vitabark.
Eignung:	Wie Vitabark.

Bezeichnung:	Redwood fiber, Palcowool
Abkunft:	Holzfasern des Mammutbaumes *(Sequoia sempervirens)*
Merkmale:	Schwach sauer (pH um 5,5), gutes Wasserhaltevermögen, Neigung zu Dichtlagerung. Bei der Herstellung werden in der Regel 2% Harnstoff zugesetzt.
Eignung:	Als Zusatz (10–30%) zu grobkörnigen Borken.

Bezeichnung:	Orchid fiber
Abkunft:	Holzfasern der Douglastanne *(Pseudotsuga douglasii)*
Merkmale:	Ähnlich wie Redwood fiber, ebenfalls mit Stickstoff angereichert.
Eignung:	Ähnlich wie Redwood fiber. Als fertige Mischung mit Borke im Handel als „Orchid potting mix".

Bezeichnung:	Can Bium
Abkunft:	Präparierte Pappelrinde *(Populus* spec.)
Merkmale:	Gute Luftführung, aber geringe Sorptionskraft. In verschiedenen Körnungen erhältlich.
Eignung:	Für alle Epiphyten.

Gesteine und Mineralien

Bezeichnung:	Kies und Quarzsand
Abkunft:	Quarzgestein
Merkmale:	Unveränderliches (inertes) Material, in grober Körnung gut luftführend, aber kaum wasserhaltend, nährstoffarm, je nach Herkunft neutral bis leicht sauer, nach gründlicher Wässerung und Erhitzung keimfrei.
Eignung:	Grober Kies geeignet für Hydrokultur. Sand als Komponente zu Sämlingssubstraten.

Bezeichnung:	Ziegelsplitt
Abkunft:	Bruchstücke von gebranntem Ton
Merkmale:	Strukturstabil, porös, meist ± alkalisch (bis pH 8). Wasserhaltende Kraft etwas besser als bei Quarzkies. Anfänglich besteht

Materialien zur Herstellung von Orchideensubstraten

	die Gefahr der Festlegung von Nährstoffen (besonders P_2O_5), daher am besten vor Gebrauch mit verdünnter Phosphorsäure vorbehandeln.
Eignung:	Als Dränagematerial oder Zusatz zu dicht lagernden Humusstoffen. Ohne Begleitstoffe auch zur Hydrokultur.
Zu beachten:	Bei starker Verdunstung Bildung von Salzrückständen an der Substratoberfläche.

Bezeichnung:	Blähton (Lecaton, Claylit)
Abkunft:	Expandierte, poröse Tonkügelchen.
Merkmale:	Ähnlich wie Ziegelsplitt, aber bessere Wasserkapazität. Sehr gute Luftführung. Manche Herkünfte mit zu hohem Kalk- oder Fluorgehalt.
Eignung:	Für Hydrokultur und zur Dränage.

Bezeichnung:	Bimskies
Abkunft:	Vulkanisches Gestein
Merkmale:	Leicht, porös, strukturstabil, neutral bis alkalisch (pH 7–8), gute Wasseradsorption und Luftführung.
Eignung:	Allein oder in Verbindung mit Humusstoffen für epiphytische Orchideen.
Zu beachten:	Phosphorsäure und Spurenelemente werden anfänglich festgelegt, daher mit Düngerlösung (0,05%ig) vorbehandeln.

Bezeichnung:	Perlite (Purperl)
Abkunft:	Vulkanisches Gestein glasartiger Struktur, durch Erhitzen porosiert und expandiert.
Merkmale:	Strukturstabil, alkalisch (pH 7,5–8,0), relativ gutes Festhaltevermögen für Wasser und Nährstoffe. Lieferung in feiner und grober Körnung.
Eignung:	Als Zusatz zu sauren Materialien. Feinkörnige Form nur für Sämlingssubstrate. Regt die Wurzelbildung an.

Bezeichnung:	Vermikulit
Abkunft:	Magnesiumhaltige Glimmerart, durch Erhitzen expandiert.
Merkmale:	Porös, gute Wasserhaltekraft, Reaktion alkalisch.
Eignung:	Infolge der Feinkörnigkeit nur als feuchtigkeitshaltender Zuschlagstoff geeignet.

Bezeichnung:	Grodan
Abkunft:	Steinwolle aus Diabas, mit Kalkzugabe hergestellt.
Merkmale:	Nährstoffarm, Reaktion alkalisch. Kommt in geschnittenen Blöcken oder geflockt in den Handel. Blaue Flocken grobfaserig, wasserabstoßend. Grüne Flocken feinfaserig, wasseraufnehmend.

Materialien zur Herstellung von Orchideensubstraten

Eignung:	Findet teilweise Verwendung zur Anzucht von *Phalaenopsis* und Cymbidien. Nicht für Cattleyen.

Kunststoffe

Bezeichnung:	Styropor, Styromull (BASF)
Abkunft:	Aufgeschäumtes Polystyrol
Merkmale:	Keimfrei, beständig, sehr leicht, mit geschlossenen Poren, daher kein Wasserhaltevermögen. Im Handel als Platten, Flocken oder Kugeln.
Eignung:	Gute Ergänzung zu dichtlagernden, wasserhaltenden Substanzen, besonders zu Torf (50%).
Zu beachten:	Bei Verwendung von Styroporplatten müssen die Pflanzen häufig befeuchtet und gedüngt werden. Styroporflocken verwehen leicht und geben der Pflanze wenig Halt.

Bezeichnung:	Orchid chips
Abkunft:	Polystyrolspäne mit aufgerauhter Oberfläche
Merkmale:	Wie Styropor, mit geringfügig verbesserter Wasseraufnahme. Sehr gute Luftführung.
Eignung:	Mit oder ohne Humusbeigabe für alle Epiphyten. Bei alleiniger Verwendung muß mindestens bei jedem zweiten oder dritten Gießen eine schwache Düngerlösung (0,02–0,05%) verabreicht werden.

Bezeichnung:	Baystrat (BAYER)
Abkunft:	Aufgeschäumtes Polyurethan
Merkmale:	Keimfrei, stark wasseraufnehmend, nährstofffrei. Im Handel zumeist als Würfelverbundplatten.
Eignung:	Nur für Vermehrungszwecke (Stecken von Rückbulben)
Zu beachten:	Die Blöcke müssen in Schalen auf feuchten Sand gestellt werden. Tränken mit verdünnter Nährlösung, z. B. Bayfolan 0,05%ig.

Sonstige Zuschlagstoffe

Bezeichnung:	Holzkohle
Merkmale:	Strukturstabil, in grober Körnung gut lockernd, sanitäre Wirkung durch Adsorption toxischer Stoffe.
Eignung:	Als Zusatz (25–30%) zum Substrat für junge Sämlinge und Paphiopedilen.

Bezeichnung:	Buchenlaub
Merkmale:	Im Herbst gesammeltes Laub ist nährstoffreich, schwach sauer bis neutral, leicht zersetzbar.
Eignung:	Als Beigabe (20%) zum Substrat für terrestrische Orchideen.
Zu beachten:	Gefahr der Einschleppung von Krankheitserregern.

Bezeichnung:	Lehm und Löß
Merkmale:	Neutral bis schwach alkalisch, bindig, nährstoffhaltig, hohe Adsorptionskraft, verdichtend.
Eignung:	In geringen Mengen (10–15%) im Pflanzstoff für terrestrische Orchideen.

Unter den zahlreichen Rezepten zur Herstellung von Pflanzstoffgemischen haben sich einige besonders bewährt und Eingang in die gärtnerische Praxis gefunden. Im allgemeinen modifiziert jedoch ein Kultivateur diese Rezepte mehr oder weniger, um dadurch allmählich das für seine speziellen Verhältnisse günstigste Substrat herauszufinden.

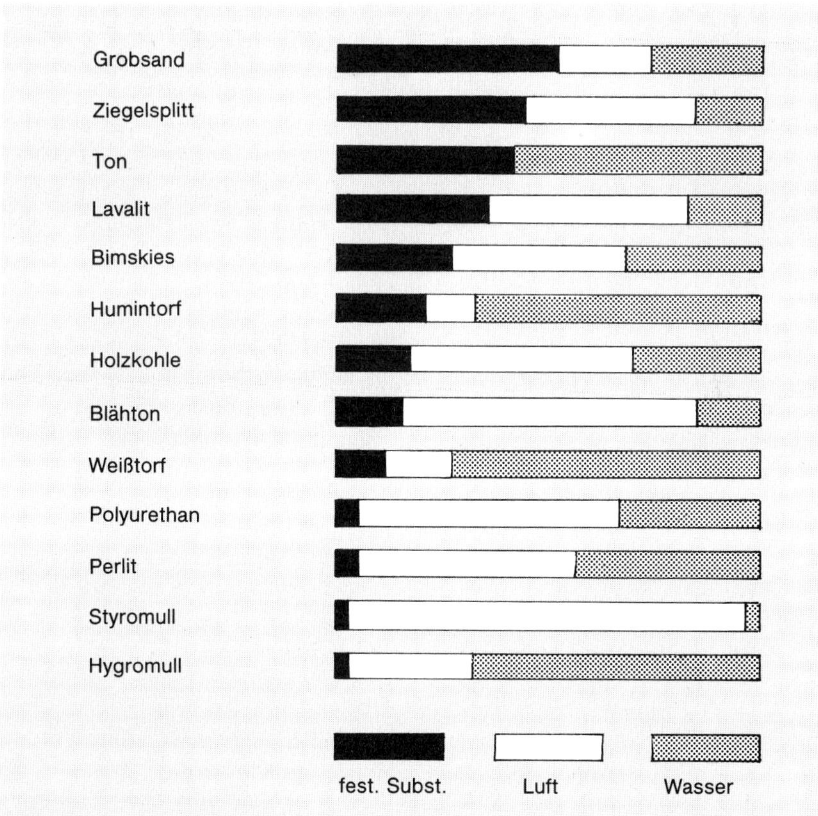

Abb. 39. Anteil an fester Substanz, Luft und Wasser in verschiedenen Materialien bei Wassersättigung. Nach PENNINGSFELD 1976.

Einige Beispiele für empfohlene Pflanzstoffkombinationen

1. Basis Osmunda

a) *Osmunda*+ *Sphagnum*+ Buchenlaub, Verh. 4 : 2 : 1
Keine Düngerbeigabe. Geeignet für Epiphyten.

b) *Osmunda* + *Sphagnum* + Buchenlaub + *Polypodium*, Verh. 2 : 2 : 1 : 1
Keine Düngerbeigabe. Geeignet für Geophyten.

2. Basis Torf

a) Floratorf + Styromull, Verh. 1 : 1 (Weihenstephaner Mischung)
Grunddüngung: je Liter Torf 3–6 g Calciumcarbonat
0,5–2 g Volldünger
1 ml Gabi Micro T
Geeignet für die meisten Orchideen.

b) Gemahlener Brenntorf + 20% Fasertorf
Grunddüngung: je Liter Substrat 2–3 g Calciumcarbonat
0,25–0,5 g Volldünger
0,5 ml Gabi Micro T
Bedingt geeignet für Epiphyten.

c) TKS 1 + Styromull, Verh. 1 : 1
Grunddüngung: keine
Geeignet für starkwüchsige Epiphyten.

3. Basis Nadelholzrinden

a) Douglastanne + brockiger Torf + Redwoodfiber + grobkörniges Perlite Verh. 7 : 1 : 1 : 1 (Rutgers Mix)
Grunddüngung: je Liter Substrat 3–5 g Calciumcarbonat
5 g Knochenmehl
0,8 g Volldünger
Geeignet für Cattleyen und andere Epiphyten.

b) Douglastanne (grobkörnig) + 10–20% Redwoodfiber oder Fasertorf (Mischung Münz)
Grunddüngung: je Liter Rinde 3–4 g Hornmehl
1–2 g Guano
2 g Dolomitkalk
Geeignet besonders für *Phalaenopsis*.

c) 85% Douglastanne (feinkörnig) + 15% Flußsand (U. C. Mix)
Grunddüngung: je Liter Substrat 2,5 g Calciumcarbonat
1,5 g Hornmehl
0,3 g Kaliumsulfat
Geeignet für *Paphiopedilum*.

d) Kiefernrinde (grob) + *Sphagnum* + Holzkohle, Verh. 16 : 1 : 1
(Mischung Ratcliffe)
Grunddüngung: wie bei c.
Geeignet für *Paphiopedilum*.

Außer den hier angeführten Rezepten gibt es natürlich noch viele andere Kombinationsmöglichkeiten, die u. U. den gleichen Erfolg bringen. Grundsätzlich sollte beachtet werden, daß Epiphyten mit dicken, fleischigen Wurzeln ein grobkörniges Substrat (∅ 0,5–2,0 cm) mit geringem Faseranteil (10–20%) bevorzugen. Solche mit feineren Wurzeln verlangen hingegen mittelgrobe Körnung (∅ 0,3–1,0 cm) und einen höheren Faserzuschlag (20–30%). Terrestrische Orchideen, vor allem die kalkliebenden Paphiopedilen, vertragen die Beigabe von etwas bindigerem Material (10–15% kalkhaltiger Lehm). Da sie teilweise salzempfindlicher sind, ersetzt man die Düngesalze gern durch fein zerriebenen getrockneten Kuhmist oder ähnliches. Europäische Geophyten verlangen je nach Herkunft spezielle Erdmischungen, die bei der Kulturbeschreibung angegeben sind.

Alle Grundstoffe zur **Herstellung von Orchideensubstraten** müssen sauber, kühl und trocken aufbewahrt werden. Ein Sterilisieren ist im allgemeinen überflüssig; man nimmt es höchstens dann vor, wenn besonders empfindliche Sämlinge pikiert werden sollen. Ehe die einzelnen Materialien gemischt werden, siebt man alle zu feinen Teilchen ab, Sand und Kies wäscht man unter fließendem Wasser aus. Torf muß gesondert aufgekalkt (3–6 g kohlensaurer Kalk/Liter) und dann angefeuchtet werden. Nadelholzrinden und poröse Gesteinsarten (z. B. Bimskies, Ziegelsplitt, Koks) sollte man vor Verwendung 24 Stunden in einer 0,05–0,1%igen Volldüngerlösung einweichen. Die vorgesehenen Düngermengen (Makro- und Mikronährstoffe) werden trocken oder – falls man lösliche Salze bevorzugt – in Wasser aufgelöst über das Substrat verteilt und gründlich mit diesem vermischt (bei größeren Mengen ist dabei mindestens ein fünf- bis sechsmaliges Umschaufeln notwendig, falls man keine Mischmaschine hat). Das fertige Substrat soll eine möglichst einheitliche, angenehm feuchte, jedoch nicht nasse Beschaffenheit aufweisen.

Will man Orchideen nicht in Töpfen oder ausgepflanzt kultivieren, sondern als „Aufsitzer“ an Epiphytenstämmen bzw. aufgehängten Platten, so benötigt man nur sehr wenig Substrat. Meistens genügt es, wenn man die basalen Teile mit etwas Moos oder Farnwurzeln umhüllt und das Ganze dann mit Nylonbändern (in Streifen geschnittene alte Strümpfe) an einem Ast oder Korkstück festbindet. Beliebt sind auch die im Handel erhältlichen Baumfarnbretter, an denen die Pflanzen mit Kupfer- oder Aluminiumhaken angeheftet werden. Diese Platten, die entweder mit senkrechtem oder waagerechtem Verlauf der Farnwurzeln aufgehängt werden, sind besonders für kleinwüchsige, polsterartig wachsende Arten zu empfehlen, da sie sich auf diesen Unterlagen ungehindert nach allen Seiten ausbreiten können und weniger unter Fäulnis leiden als in Töpfen. Diese Platten werden gelegentlich getaucht und halten die Feuchtigkeit mehrere Tage. Anders wird beim sog. Epiflor-Verfahren (Bomba 1975) (Abb. 40) kultiviert. Die Pflanzen werden hier ohne Wurzelumhüllung an senkrecht stehenden Styroporbrettern befestigt und jede Nacht automatisch zu vorgewählten Zeiten durch eine Sprühanlage befeuchtet. Am Tage sind Pflanzen und Bretter trocken. Von hier aus ist es dann nur noch ein Schritt zur „Aerokultur“ (von Stetten 1976), bei der die Pflanzen in freier Luft aufgehängt werden und Wasser wie Nährstoffe nur noch durch Sprühen erhalten. Das ist für Arten, die

Abb. 40. Das Epiflor-Verfahren nach BOMBA 1975.

auch in der Natur vorwiegend frei herabhängende Luftwurzeln ausbilden (z.B. einige *Vanda, Arachnis, Oncidium*) sicherlich keine schlechte Methode, erfordert aber bei der Pflege viel Sorgfalt bzw. technischen Aufwand. Das gleiche gilt mit Einschränkung auch für die „Hydrokultur", die vorwiegend für Orchideen ohne Ruhezeit geeignet ist. Das heutige System der Hydrokultur, bei dem die Pflanzen in Blähton stehen und die Höhe des Wasserspiegels mit Hilfe eines Wasserstandsanzeigers beliebig eingestellt werden kann, hat sich für manche Orchideen (z.B. *Phalaenopsis*) gut bewährt (TRESCH 1977). Durch Verwendung langfristig wirkender Düngerbatterien, z.B. Lewatit HD 5, ist es bei dieser Methode möglich, den Arbeitsaufwand erheblich einzuschränken. Die Temperatur der Nährlösung muß bei der Hydrokultur unbedingt konstant gehalten werden.

Welchem Material und welcher Kulturmethode man den Vorzug gibt, hängt weitgehend von der Einstellung und den finanziellen Möglichkeiten des Kultivateurs ab. Mit nahezu jedem Substrat kann man, sofern die Grundvoraussetzungen erfüllt sind, zum Erfolg kommen, doch erfordert die Anpassung der Pflegemaßnahmen an die speziellen Eigenschaften des Pflanzstoffes in jedem Falle Fingerspitzengefühl und gute Beobachtung.

2.3 Die Nährstoffe

2.3.1 Aufnahme der Nährelemente und ihre Funktion in der Pflanze

Für das Leben der Pflanze sind eine Reihe von Elementen unentbehrlich. Zu ihnen gehören der nichtmineralische Kohlenstoff (C), Sauerstoff (O) und Wasserstoff (H), die dem pflanzlichen Organismus größtenteils mit der Luft und dem Wasser zugeführt werden, und dreizehn mineralische Elemente, die aus dem Boden stammen. Der Zellsaft der Wurzeln übt durch die in ihm enthaltenen osmotisch wirksamen Stoffe eine gewisse Saugkraft auf die zumeist niedriger konzentrierte Bodenlösung aus, wodurch auf passivem Wege ein Teil der Nährstoffe in die Zellen eindringt. Orchideen haben jedoch, ähnlich wie die meisten anderen Epiphyten und Humusbewohner, eine relativ geringe Saugkraft, so daß bei zu hohen Düngesalzgaben sehr bald der umgekehrte Vorgang eintritt: Wasser wird aus der Pflanze herausgesogen, sie welkt und vertrocknet. Für die Ernährung bedeutungsvoller als das passive Einströmen von Nährelementen ist die aktive Aufnahme von Ionen im Austausch gegen die bei der Atmung frei werdenden Kationen (H^+) und Anionen (HCO_3^-), wobei die Pflanze in begrenztem Ausmaß ein Selektionsvermögen besitzt. Lebenswichtig sind für sie hauptsächlich die Nichtmetalle N, P, S, Cl, B sowie die Metalle K, Ca, Mg, Fe, Mn, Zn, Cu und Mo.

In erster Linie braucht die Pflanze **Stickstoff** (N), der ein wesentlicher Bestandteil des Zellplasmas, Zellkernes, Chlorophylls und vieler anderer Substanzen ist. Daneben hat das Element **Phosphor** (P) als Baustein der im Zellkern wirksamen Nukleinsäuren und als wichtigster Faktor bei den Atmungs- und Assimilationsvorgängen größte Bedeutung für das Wachstum. Auch **Schwefel** (S) ist an diesen Prozessen beteiligt, wenn auch in geringerem Umfang. **Kalium** (K) wird im Gegensatz zu Stickstoff und den meisten anderen Elementen nicht in pflanzeneigene Verbindungen eingebaut. Es bleibt nach der Aufnahme gelöst im Zellsaft erhalten und beeinflußt das Quellungsvermögen des Plasmas, den osmotischen Wert (und damit die Wasseraufnahme) sowie die Photosyntheseleistung. **Calcium** (Ca) gilt als Gegenspieler oder Antagonist zum Kalium. Dieses Erdalkalimetall wirkt einer übermäßigen Plasmaquellung und einem zu starken Wasserverbrauch entgegen; es festigt die Zellwände, unterstützt die Bildung eines leistungsfähigen Wurzelsystems und bindet innerhalb der Pflanzenzelle schädliche Säuren. Ebenfalls zu den Erdalkalimetallen gehört das **Magnesium** (Mg), das als zentrales Element im Chlorophyllmolekül enthalten ist und bei der Aktivierung bestimmter Enzyme eine Rolle spielt. Das Schwermetall **Eisen** (Fe) findet man hingegen nicht im Chlorophyll, obgleich es für dessen Synthese notwendig ist. Darüber hinaus fungiert Eisen auf Grund seines leichten Valenzwechsels als wichtiger Energieüberträger bei der Atmung und Photosynthese. Eine ähnliche Aufgabe erfüllen auch die anderen Schwermetalle **Mangan** (Mn), **Kupfer** (Cu) und **Zink** (Zn), die zwar nur in Spuren aufgenommen werden, aber als Bestandteil oder Anreger von Enzymen am Stoffwechselgeschehen beteiligt sind. Auch **Molybdän** (Mo) ist an Enzyme gekoppelt und mitverantwortlich für die Umwandlung des von der Pflanze aufgenommenen Nitratstickstoffs in seine reduzierte Form. **Chlor** (Cl) und **Bor** (B) haben vorwiegend eine regulative Wirkung auf den Quellungszustand des Plasmas, doch wird Bor auch organisch gebunden und beeinflußt den Wuchsstoffhaushalt und die Differenzierung der Zelle.

Außer den genannten anorganischen Stoffen werden von der Pflanze aber auch organische Verbindungen aufgenommen, die in der Rhizosphäre durch die Tätigkeit der Mikroorganismen entstehen. Von diesen in kleinsten Mengen wirksamen Substanzen haben wahrscheinlich bestimmte Vitamine, Enzyme, Phytohormone und Antibiotika einen beträchtlichen Einfluß auf die pflanzliche Entwicklung. Da Orchideen an ihrem natürlichen Standort in einem stark mit Kleinlebewesen durchsetzten Substrat wurzeln, ist anzunehmen, daß ihnen derartige Biosstoffe in reichem Ausmaß zur Verfügung stehen. Die in Kultur herangezogenen Pflanzen umgibt dagegen oft ein mehr oder weniger steriles Milieu, in dem sich eine Mikroflora nur sehr langsam entwickeln kann. Die höhere Pflanze ist zwar befähigt, diese Wirkstoffe auch selbst zu produzieren, doch wissen wir nicht, ob nicht gerade Orchideen in manchen Fällen auf eine Ergänzung von außen angewiesen sind.

2.3.2 Die stoffliche Zusammensetzung des Pflanzenkörpers

Einen gewissen Aufschluß über den speziellen Bedarf der Orchideen an Nährstoffen liefert uns die Pflanzenanalyse. Die frische Pflanzensubstanz enthält ca. 85–90% Wasser und 10–15% Trockenmasse. Letztere besteht aus den bei der Verbrennung flüchtigen Elementen C, O, H, N und den nicht verbrennbaren mineralischen Bestandteilen, die als Asche zurückbleiben. Die Trockensubstanz von Orchideen hat einen Gehalt von etwa 5–10% Asche, die sich aus zahlreichen Elementen zusammensetzt, von denen jedoch nur eine begrenzte Zahl als lebenswichtig anzusehen ist. Bei der Anführung von pflanzlichen Aschenanalysen finden gewöhnlich nur diese unentbehrlichen Stoffe Berücksichtigung. Ihre Menge und ihr Verhältnis zueinander ist teils artbedingt, teils abhängig vom Alter der Pflanze, vom Substrat, von Licht- und Klimaverhältnissen, nicht zuletzt aber auch von ihrer Ernährung. Zieht man Pflanzen der gleichen Art unter vergleichbaren Bedingungen heran und variiert nur den Faktor Düngung, so lassen sich aus den Analysenwerten der bestentwickelten Individuen einige Rückschlüsse auf den Nährstoffbedarf ziehen. Die in Tab. 1 aufgeführten Werte erhielt man von Orchideen, die in Weihenstephaner Düngungsversuchen unter annähernd gleichen Umweltverhältnissen kultiviert wurden. Als Substrat diente hier in allen Fällen reiner Hochmoortorf oder ein Torf-Styromull-Gemisch. Vergleicht man die Analysenbefunde von verschiedenen Gattungen, so fällt auf, daß besonders der Stickstoffgehalt sehr variabel ist, wobei *Phalaenopsis* erwartungsgemäß die höchsten Werte aufweist, *Dendrobium* die geringsten. Bei *Phalaenopsis* und *Cattleya* überraschen die relativ hohen Anteile von Calcium und Magnesium.

Bei der Beurteilung von Analysenergebnissen ist zu beachten, daß sich die mineralische Zusammensetzung einer Pflanze im Laufe ihrer Entwicklung ändert und daß die Verteilung der Nährstoffe in den einzelnen Organen unterschiedlich ist. POOLE und SHEEHAN (1973, 1974) untersuchten an *Cattleya* und *Phalaenopsis* Blätter verschiedener Altersstadien und fanden in den jüngeren mehr Stickstoff und Kali als in den älteren, bei denen dafür der Gehalt an Calcium und Magnesium angestiegen war. Wie aus Tab. 2 hervorgeht, besteht bei älteren Cattleyenblättern auch die Tendenz, in zunehmendem Maße Spurenelemente zu speichern. POOLE und SHEEHAN empfehlen auf Grund ihrer Ergebnisse, bei Blattanalysen, die der Nährstoffkontrolle dienen sollen, be-

Tab. 1. Analysenbefund bei verschiedenen Gattungen[1]

Gattung	Pflanzenteil	g in 100 g TS N	P_2O_5	K_2O	CaO	MgO
Cattleya-Hybr.	Blätter	0,77	0,26	1,50	2,85	0,51
Cymbidium-Hybr.	Blätter	1,19	0,29	1,15	1,37	0,43
Dendrobium phal.	Blätter + Bulben	0,45	0,83	1,16	1,31	0,27
Paphiopedilum call.	Sproß	0,82	0,28	1,45	1,96	0,21
Phalaenopsis-Hybr.	Sproß	2,05	0,88	3,02	5,53	0,59

[1] Kultur der Pflanzen in Torf/Styromull 1 : 1
NPK-Verhältnis bei der Düngung 1 : 0,8 : 1,5
Nach Untersuchungen des Instituts für Bodenkunde und Pflanzenernährung der FH Weihenstephan (Leiter: Prof. Dr. F. Penningsfeld)

Tab. 2. Analysenbefund bei verschiedenen Pflanzenteilen[1]

Gattung Pflanzenteil	g in 100 g TS N	P	K	Ca	Mg	mg in 1000 g TS Fe	Mn	Zn	Cu
Laeliocattleya Culminant									
Blatt, unreif	2,50	0,12	2,41	0,31	0,31	93	42	95	40
Blatt, einjährig	2,00	0,10	1,35	0,71	0,49	124	74	100	38
Blatt, dreijährig	2,00	0,11	1,00	1,86	0,77	120	359	143	42
Blatt, sechsjährig	1,60	0,29	0,54	2,55	0,59	190	450	155	68
Bulbe, unreif	2,10	0,09	1,80	0,43	0,35	90	44	100	40
Bulbe, einjährig	1,80	0,20	1,29	0,41	0,45	86	23	107	38
Bulbe, dreijährig	2,40	0,26	0,48	0,52	0,66	112	21	163	36
Bulbe, sechsjährig	3,80	0,38	0,29	0,16	0,40	88	50	175	64
Blütenscheide	1,50	0,05	1,45	0,69	0,45	127	73	100	38
Petalen u. Sepalen	2,80	0,13	2,54	0,30	0,28	117	55	103	41
Säule u. Fruchtkn.	3,30	0,14	2,09	0,39	0,46	62	48	98	43
Phalaenopsis Dos Pueblos									
jüngstes Blatt	3,20	0,28	5,27	1,53	0,74	130	253	78	30
drittes Blatt	2,23	0,14	4,50	2,52	0,74	160	370	58	25
fünftes Blatt	2,20	0,12	3,40	2,12	0,66	163	220	85	28
siebtes Blatt	2,60	0,08	3,80	1,70	0,90	170	135	110	20
Stamm	1,90	0,25	2,00	1,58	0,59	177	90	98	30
Blütenstiel	1,41	0,09	0,93	0,26	0,12	73	40	71	33
Blüte	2,02	0,21	5,12	0,53	0,41	94	112	82	23
Wurzel i. Substrat	2,93	0,31	1,73	0,53	0,71	383	40	162	40
Luftwurzel	3,30	0,54	2,93	0,40	0,57	160	50	105	25

[1] Kultur der Pflanzen in Nadelholzrinde/Perlite/Torf *(Cattleya)*, Nadelholzrinde/Baumfarnfasern *(Phalaenopsis)*
NPK-Verhältnis bei der Düngung: alternierend 30 : 10 : 10 und 18 : 18 : 18.
Nach Untersuchungen von Poole und Sheehan (1973, 1974).

Tab. 3. Analyse von *Cymbidium*-Hybriden bei variierter Nährstoffversorgung (Laub + Pseudobulben)[1]

Nährstoffverhältnis bei der Düngung			g in 100 g TS			mg in 100 g TS	
$N : P_2O_5 : K_2O : MgO$	N	P_2O_5	K_2O	CaO	MgO	Fe	Mn
1 : 0,8 : 1 : 0,2 (St.)	0,87	0,33	1,17	1,55	0,22	11,0	3,4
0 : 0,8 : 1 : 0,2	0,59	0,36	2,10	1,41	0,18	14,8	3,8
2 : 0,8 : 1 : 0,2	1,51	0,47	1,18	1,75	0,22	11,5	4,4
1 : 0 : 1 : 0,2	1,13	0,17	2,09	1,41	0,21	12,3	3,6
1 : 1,6 : 1 : 0,2	1,11	0,54	1,37	1,71	0,21	13,1	4,8
1 : 0,8 : 0 : 0,2	1,40	0,54	0,42	1,90	0,29	9,6	4,0
1 : 0,8 : 2 : 0,2	0,96	0,46	2,07	1,51	0,16	10,9	4,0
1 : 0,8 : 1 : 0	0,87	0,36	1,08	1,87	0,23	14,3	5,3
1 : 0,8 : 1 : 0,4	1,10	0,43	1,37	1,58	0,23	10,5	4,0
St. + 0 g/l $CaCO_3$	1,56	0,80	1,74	0,52	0,29	10,4	7,9
St. + 2 g/l $CaCO_3$	0,87	0,33	1,17	1,55	0,22	11,0	3,4
St. + 4 g/l $CaCO_3$	1,07	0,46	1,78	1,82	0,16	8,6	1,4

[1] Kultur der Pflanzen in Torf/Styromull 1 : 1
Nährstoffgabe in der Standardreihe (St.): 1 g Düngesalz je Liter Substrat.
Nach Untersuchungen des Instituts für Bodenkunde und Pflanzenernährung der FH Weihenstephan (Leiter: Prof. Dr. F. PENNINGSFELD)

stimmte Altersstufen zu bevorzugen. Als am besten geeignet erwiesen sich bei Cattleyen gut ausgereifte ein- bis zweijährige Blätter, bei Phalaenopsis das viert- bis fünftjüngste Blatt.

Wie stark die mineralische Zusammensetzung der Pflanze von der Art der Nährstoffversorgung beeinflußt wird, zeigt Tab. 3. Die Analysenwerte spiegeln deutlich die Staffelung im Angebot der einzelnen Nährelemente wieder, wobei auch bestimmte Korrelationen in Erscheinung treten. Diese bestehen offensichtlich zwischen N und K, Ca und Mg sowie zwischen Ca und den Schwermetallen Fe, Mn. Auch K und Mg beeinflussen sich gegenseitig, indem mit steigender Kaligabe der Magnesiumgehalt in der Trockensubstanz absinkt. Ein maximaler Gehalt an Mineralstoffen ist jedoch nicht unbedingt mit maximaler Blütenproduktion gekoppelt; in dem wiedergegebenen Düngungsversuch zu Cymbidien wurde der höchste Blütenertrag bei einem verabreichten Nährstoffverhältnis von 1 : 0,8 : 2 : 0,2 erzielt.

2.3.3 Grundlagen der Nährstoffversorgung

Um Hinweise für eine angemessene Nährstoffversorgung von Orchideen zu bekommen, sind für den Praktiker neben den Analysenbefunden vor allem die Ergebnisse exakter Düngungsversuche von größtem Wert. Sofern diese Versuche in einem nahezu inerten Substrat durchgeführt werden (z. B. in Sand, Torf,

Kunststoffen) und die Zahl der verwendeten möglichst einheitlichen Pflanzen groß genug ist, um eine statistische Auswertung zu erlauben, geben die Resultate eine recht gute Auskunft über den speziellen Bedarf einzelner Gattungen. Leider liegen bisher nur wenige derartige Untersuchungen vor. Die in Weihenstephan planmäßig angelegten Versuche in Torfkultur dienten zunächst der Feststellung der optimalen Düngungshöhe und des Kalkbedarfs bei den gärtnerisch wichtigsten Orchideenarten, weiter der Prüfung des Einflusses variierter Gaben von Makro- und Mikronährstoffen (PENNINGSFELD 1971, 1976).

Salzverträglichkeit und optimale Düngungshöhe

In früheren Jahren herrschte die Ansicht vor, daß Orchideen auf Grund ihrer epiphytischen Lebensweise keinerlei Düngung in Salzform vertrügen. Diese Meinung hat man jetzt weitgehend revidiert, besonders seit mehr und mehr Substrate in Aufnahme kamen, die keine eigenen Nährstoffe mehr freisetzen. Zudem hat man erkannt, daß die modernen Hybriden hinsichtlich ihrer Wüchsigkeit und ihres Blütenertrags weitaus leistungsfähiger sind, wenn ihnen genügend leicht aufnehmbare Nährstoffe zur Verfügung stehen. Allerdings gehören Orchideen nicht zu den stark zehrenden Gewächsen wie manche schnellwüchsigen Zierpflanzen, und ihre Nährstoffaufnahme unterliegt ebenso wie ihr Wachstum gewissen Rhythmen. Die zuträgliche Düngungshöhe liegt in der Regel zwischen 0,5 und 3 g Nährsalz je Liter Pflanzstoff bzw. je Liter Düngerlösung. Sie richtet sich einerseits nach der Art des verwendeten Pflanzstoffes, andererseits nach den Ansprüchen der Pflanzen. Substrate, die bereits einen

Tab. 4. Wuchsleistung und Blütenertrag von *Cymbidium*-Hybriden bei gestaffelter Düngungshöhe und Kalkung[1]

g je Liter Torf Mairol	$CaCO_3$	g Frischgew. je Pflanze	Pseudobulben je Pflanze	Blattzahl je Pflanze	Blütenstiele je Pflanze	Einzelblüten je Stiel	Blütenqualität
0	3	1408,0	5,7	36,7	1,7	6,1	4,3
1	3	6406,7	12,2	104,2	7,9	11,7	4,7
2	3	7554,7	17,4	141,4	5,6	10,3	4,7
3	3	6750,1	15,1	123,4	2,7	9,8	4,6
0	6	1047,2	5,5	27,7	1,1	5,5	4,0
1	6	4291,6	10,7	89,5	6,5	11,2	4,4
2	6	5997,4	13,7	119,4	7,2	12,3	4,4
3	6	6141,9	15,5	123,7	3,5	12,6	4,9

[1] Meriklone der Hybride Voodoo Bianchis × Balkis 'Del Mar'
Substrat: Floratorf
Versuchsdauer: 5 Jahre
Mittelwerte aus 21 Pflanzen je Düngungsreihe
Qualität: 5 = sehr gut, 1 = sehr schlecht
Versuchsansteller: Institut für Bodenkunde und Pflanzenernährung der FH Weihenstephan (Leiter: Prof. Dr. F. PENNINGSFELD)

Abb. 41. Auswirkung gestaffelter Düngungshöhe bei Cymbidium. Links ungedüngt, Mitte 1 g Volldünger, rechts 3 g Volldünger je Liter Substrat.

Abb. 42. Stickstoffüberdüngung bei Paphiopedilum callosum. Pflanze oben geschädigt durch zu hohe N-Gaben: Wurzeln abfaulend, gleichzeitig Bildung zahlreicher, teilweise verkrümmter Neutriebe. Pflanze unten durch ausgewogene Düngung normal entwickelt.

natürlichen Nährstoffvorrat besitzen, wie *Osmunda* oder Komposte mit Laub- und Rasenerdezusatz, benötigen anfänglich keine Zugabe von Düngesalzen. Dagegen sind Nadelholzrinden, Hochmoortorf, Kies, Perlite, Ziegelsplitt und alle Arten von Kunststoffen so nährstoffarm, daß die Beifügung organischer oder anorganischer Düngemittel unbedingt erforderlich ist. Bei empfindlichen Kulturen, beispielsweise *Paphiopedilum* spec. oder *Dendrobium phalaenopsis* sollte die Salzgabe allerdings 0,5 g je Liter nicht übersteigen, da die Pflanzen erst nach vollständiger Einwurzelung höhere Konzentrationen vertragen.

Mit Einsetzen der Flüssigdüngung (meistens 4–6 Wochen nach dem Umtopfen) muß die Konzentration auf die Sorptionskraft des Substrats und den jeweiligen Bedarf der Pflanze abgestimmt werden. Extrem durchlässige Pflanzstoffe verlangen eine häufige Nachdüngung (alternierend mit der Bewässerung) mit niedrig konzentrierten Lösungen (0,01–0,03%). In Pflanzstoffen mit hohem Faserstoff- oder Torfanteil genügt hingegen eine ein- bis zweimalige Flüssigdüngung im Monat, wobei die Salzkonzentration je nach Wüchsigkeit der Kultur zwischen 0,05 und 0,2% liegen darf (im Ausnahmefall bis 0,3%). Pflanzen, die in relativ kurzer Zeit große Blattmassen oder Bulben bilden, wie beispielsweise *Calanthe, Cymbidium, Phajus,* benötigen während dieser Phase naturgemäß mehr Dünger als kleinwüchsige und langsam sich entwickelnde Arten. Diesem zeitweilig erhöhten Bedarf muß man durch häufige (einmal wöchentlich) oder stärker konzentrierte (0,2%) Lösungen nachkommen. Um der Gefahr einer Versalzung oder einseitigen Nährstoffanreicherung zu begegnen, muß das Substrat in regelmäßigen Abständen mit reinem Wasser durchgespült werden. Auch vor jeder Düngung muß der Pflanzstoff gut durchfeuchtet sein. Zur Kontrolle des Salzgehaltes wird das Filtrat mit Hilfe elektrischer Leitfähigkeitsmeßgeräte überprüft.

Bei Überschreitung der verträglichen Düngungsgabe leiden zuerst die Wurzeln (Abb. 41, 42). Ihre Zahl und Länge nimmt ab; sie beginnen zu faulen, und die oberen Pflanzenteile welken infolge zu geringer Wasseraufnahme. Daneben können in Extremfällen typische Verbrennungserscheinungen an den Blättern auftreten, wobei meistens zuerst die Ränder absterben. In weniger krassen Fällen zeigt die Pflanze kräftigen, aber gestauchten Wuchs und verringerte Blühwilligkeit. Umgekehrt ist bei mangelhafter Nährstoffversorgung das Wurzelsystem reich an langen, dünnen, gesunden Aufnahmeorganen; der Sproß ist hingegen schwach, besetzt mit langen, schmalen, hellgrünen Blättern. Blüten werden kaum entwickelt oder sind schlecht in der Qualität. Tab. 4 gibt die Ergebnisse eines Düngungsversuches zu Cymbidien in Torf wieder, bei dem die Nährsalzgabe (Mairol) von 0 bis zu 3 g je Liter gesteigert und mit zwei Kalkungsstufen kombiniert wurde. Die Pflanzen entwickelten sich am kräftigsten bei einer Salzkonzentration von 0,2% und 3 g $CaCO_3$ je Liter Torf. Jedoch trat bereits bei dieser Düngungshöhe vereinzelt eine Schwarzspitzigkeit der Blätter auf, und der Blütenertrag ließ im Vergleich zu 0,1% erheblich nach. Auf der höheren Kalkungsstufe wurden 2 g Salz von den Pflanzen noch gut vertragen, und erst bei 3 g beobachtete man stärkere Schädigungen. Salzkonzentrationen, die über 0,2% hinausgehen, sind also höchstens kurzfristig zur Zeit der stärksten Triebentwicklung bei der Flüssigdüngung empfehlenswert.

Für Orchideen, die in einem Torf-Styromull-Gemisch kultiviert werden, können auf Grund der Weihenstephaner Versuchsergebnisse folgende Zugaben an Nährsalz je Liter Substrat empfohlen werden:

Paphiopedilum	0,5 g
Dendrobium phalaenopsis	0,5–1,0 g
Phalaenopsis	0,5–1,0 g
Cattleya	1,0 g
Cymbidium (großbl.)	1,0–1,5 g

Diese Werte gelten für gesunde, blühfähige Pflanzen mit gut ausgebildetem Wurzelsystem. Für einen geschwächten oder noch sehr jungen Bestand müssen die Gaben etwa um die Hälfte herabgesetzt werden.

Die Kalkversorgung

Wie der dargestellte Cymbidienversuch zeigt, ist die Salzempfindlichkeit der Pflanzen sehr von der Kalkversorgung abhängig. Bei Verwendung von saurem Hochmoortorf als Hauptbestandteil des Substrats sollte der pH-Wert durch Zugabe von 3–5 g kohlensaurem Kalk ($CaCO_3$) je Liter auf pH 5,0–5,5 angehoben werden; auch die meisten Nadelholzrinden müssen aufgekalkt werden.

Anstelle von kohlensaurem Kalk läßt sich auch feinstvermahlener Dolomitkalk verwenden, der neben $CaCO_3$ noch etwa 15% $MgCO_3$ enthält. Steht eine Kultur länger als ein Jahr im gleichen Substrat und wird kalkfreies Regen- oder Austauscherwasser benutzt, so tritt teils durch Auswaschung, teils durch Entzug häufig eine Verarmung an Kalk ein, und der pH-Wert sinkt entsprechend ab. Umgekehrt kann sehr hartes Wasser eine unerwünschte pH-Erhöhung bewirken. Auch bestimmte Düngesalze, bei denen entweder der Basen- oder der Säureanteil bevorzugt von der Pflanze aufgenommen wird, verändern u. U. die Reaktion. Eine Kontrolle über den Säuregrad im Pflanzstoff erhält man durch regelmäßige Messung mittels Indikatoren oder elektrometrischer Meßgeräte. Bei Benutzung von Indikatorpapier muß die größere Ungenauigkeit (Abweichungen vom richtigen Wert oft um mehr als 1,0 pH) berücksichtigt werden. Erweist sich das Substrat als zu sauer, so kann der pH-Wert durch oberflächliches Einarbeiten kleinerer Calciumcarbonatmengen oder durch gelegentliches Gießen mit Kalkhydratlösung (1 g $Ca(OH)_2$ in 1 l Wasser) allmählich wieder angehoben werden.

Der Kalkbedarf der meisten Orchideen ist zwar nicht sehr groß, doch gibt es einige Arten, besonders unter den Paphiopedilen, die ausgesprochen kalkliebend sind. Kalkmangel äußert sich zumeist in mangelhafter Wurzelbildung, aber auch schwarze Blattspitzen oder eine Weichfäule der oberen Blatteile können ihre Ursache in mangelhafter Kalkversorgung haben. Auf der anderen Seite bewirken zu hohe Kalkgaben leicht eine Festlegung von Spurenelementen bzw. ein Mißverhältnis zu anderen Nährstoffen, wodurch die allgemeine Wuchsfreudigkeit nachläßt und Blattvergilbungen (Chlorosen) in Erscheinung treten.

Menge und Verhältnis einzelner Nährstoffe

Die Wirkung einer Düngung ist nicht allein abhängig von der Gesamtmenge an Nährsalzen, sondern auch von der richtigen Dosierung der einzelnen Elemente. Ihr Verhältnis zueinander muß innerhalb einer bestimmten Größenordnung liegen, um einerseits dem speziellen Bedarf der Pflanze entgegenzukommen, andererseits ein physiologisches Gleichgewicht aufrechtzuerhalten. Disharmonische Nährstoffverhältnisse beeinträchtigen das Wachstum durch absoluten oder relativen Mangel bzw. durch die toxische Wirkung einzelner überdosierter Elemente.

Als grundlegend für den normalen Entwicklungsgang der Pflanze hat sich vor allem die Relation der drei **Kernnährstoffe** Stickstoff (N), Phosphorsäure (P_2O_5) und Kali (K_2O) erwiesen, was abgekürzt zumeist als NPK-Verhältnis bezeichnet wird. Welches Verhältnis man bei der Düngung wählt, richtet sich nach den Ansprüchen der Kultur und der Entwicklungsphase. Gewöhnlich wird während des rein vegetativen Wachstums mehr Stickstoff, bei der Umstellung auf die Blütenbildung mehr Phosphor und Kali benötigt. Für Orchideen wird in der Regel zur Ausbildung kräftiger Jahrestriebe während der Hauptwachstumszeit ein NPK-Verhältnis von 2 : 1 : 1 empfohlen, das im Spätsommer zur Initiierung von Blütenanlagen in 1 : 1 : 1 oder 1 : 1 : 2 abgewandelt wird. Auch bei der Winterdüngung vermeidet man eine zu starke Betonung der Stickstoffkomponente. Dieser an bestimmte Jahreszeiten und Entwicklungsstufen gebundene Wechsel des Nährstoffverhältnisses hat vor allem dort besondere Bedeutung, wo man die Pflanzen in Materialien kultiviert, die infolge ihrer geringen Haltefähigkeit keinerlei Nährstoffe speichern. Bei Verwendung von Rindensubstraten muß überdies der hohe N-Bedarf der holzzersetzenden Organismen berücksichtigt werden, weshalb man in diesem Falle für die vegetative Phase ein NPK-Verhältnis von 3 : 1 : 1 oder sogar 6 : 1 : 1 bevorzugt.

Substrate auf Torfbasis haben andere Eigenschaften, vor allem ist ihre Sorptionskraft wesentlich stärker. Vergleichende Versuche in Weihenstephan zeigten, daß hier eine Variierung des NPK-Verhältnisses nicht unbedingt notwendig ist, um die Blühwilligkeit zu unterstützen. Die meisten der geprüften Gattungen brachten bei einem ganzjährig eingehaltenen Verhältnis von 1 : 0,8 : 1–2 befriedigende Erträge (s. hierzu Tab. 5). Betonte N-Düngung bewirkt zwar u.U. einen noch üppigeren Wuchs (besonders bei *Cattleya* und *Phalaenopsis*), doch geht dies häufig auf Kosten eines gesunden Wurzelsystems und der allgemeinen Widerstandsfähigkeit. Das Verhältnis 2 : 0,8 : 1 ist eher für Jungpflanzen anzuraten, die unter optimal gestalteten Wachstumsbedingungen eine möglichst rasche Entwicklung durchlaufen sollen. Eine kalibetonte Düngung (1 : 0,8 : 2) begünstigt die Blütenbildung von Cymbidien und beugt dem Steckenbleiben von Cattleyenblüten während der Wintermonate vor.

Tab. 5. Wuchsleistung und Blütenertrag von *Paphiopedilum callosum* bei variiertem Nährstoffverhältnis[1]

NPK-Verh. bei der Düngung	g Frischgew. je Pflanze ohne Wurzel	Zahl der Triebe je Pflanze	Zahl der Blätter je Pflanze	Zahl der Blüten je Pflanze u. Jahr	Blütenqualität
0 : 0 : 0	28,3	2,7	9,3	1,0	4,4
1 : 0,8 : 1 (St.)	83,0	5,5	19,6	2,1	4,5
0 : 0,8 : 1	41,4	3,0	9,1	1,7	4,5
2 : 0,8 : 1	51,5	5,5	21,2	1,2	4,7
1 : 0 : 1	44,1	4,0	14,6	1,4	4,5
1 : 1,6 : 1	69,2	4,6	16,6	2,3	4,5
1 : 0,8 : 0	70,7	4,1	15,4	1,7	4,5
1 : 0,8 : 2	85,9	4,5	16,6	2,4	4,7
St. mit $CaCO_3$	83,0	5,5	19,6	2,1	4,5
(St.) ohne $CaCO_3$	29,8	3,5	13,3	0,6	4,3

[1] Standardverhältnis (St.) $N : P_2O_5 : K_2O : MgO = 1 : 0,8 : 1 : 0,2$
Nährstoffgabe in der Standardreihe je Liter Torf (= 2 Liter Substrat) 134 mg N, 106 mg P_2O_5, 134 mg K_2O, 27 mg MgO, 2243 mg CaO + Spurenelemente
Substrat: Torf/Styromull 1 : 1
Versuchsdauer: 4 Jahre
Mittelwerte aus 30 Pflanzen je Düngungsreihe
Blütenqualität: 5 = sehr gut, 1 = sehr schlecht
Versuchsansteller: Institut für Bodenkunde und Pflanzenernährung der FH Weihenstephan (Leiter: Prof. Dr. F. Penningsfeld)

Mit der Gesamtgabe von 1–2 g Volldünger je Liter Substrat verabreicht man der Pflanze eine bestimmte Menge an Reinnährstoffen, die von der Zusammensetzung des Düngemittels abhängig ist. Beispielsweise sind in 1 g Mairol 140 mg N, 120 mg P_2O_5 und 140 mg K_2O enthalten, was einer Relation von 1 : 0,85 : 1 entspricht. Nach Angaben von PENNINGSFELD (1976) liegen die optimalen Reinnährstoffgaben bei Verwendung von Torf-Styromull-Substraten in folgendem Bereich:

N	67–135 mg/l	Mn	1,0 mg/l
P_2O_5	53–106 mg/l	Cu	0,75 mg/l
K_2O	67–135 mg/l	Mo	0,4 mg/l
MgO	14– 28 mg/l	B	0,2–0,4 mg/l
Fe	2,5 mg/l	Zn	0,05–0,1 mg/l

Hierbei gelten die niedrigeren Werte im allgemeinen für die salzempfindlichen Kulturen, die höheren Werte für besonders starkwüchsige Gattungen, bei denen vorübergehend der Spiegel für N und K_2O sogar bis zu 300 mg/l gesteigert werden kann.

Die Bedeutung einer ausgewogenen **Spurenelementversorgung** geht aus Tab. 6 hervor. Da hier der optimale Bereich in relativ engen Grenzen liegt, wirken sich sowohl Unter- wie Überdosierung oft wesentlich eher und schwerwiegender aus als bei entsprechenden Schwankungen der Hauptnährstoffe. Bezüglich des Bedarfs an bestimmten Mikroelementen bestehen bei den einzelnen Orchideengat-

Tab. 6. Wuchsleistung und Blütenertrag von *Laeliocattleya* bei unterschiedlicher Spurenelementversorgung[1]

Spuren-element-gabe	g Frisch-gew. je Pflanze	Zahl der Blätter je Pflanze	Längstes Blatt in cm	Blütenzahl pro Jahr u. Pflanze	Mangel-symptome
Standard	115,6	7,1	20,8	1,9	keine
ohne Fe	111,8	6,7	20,6	1,3	Blatt hell
doppelt Fe	108,3	6,6	20,3	1,6	
ohne Cu	127,9	7,3	22,3	0,9	keine
doppelt Cu	119,9	6,8	23,4	1,5	
ohne B	62,6	6,3	15,7	0,1	Blattschäden
doppelt B	111,7	7,0	21,7	1,6	
ohne Mo	124,1	7,5	23,3	0,9	keine
doppelt Mo	105,2	7,4	20,9	0,9	

[1] Substrat: Torf/Styromull 1 : 1
Spurenelementzugabe in der Standardreihe (mg/l Torf): 5,0 Fe, 2,0 Mn, 1,5 Cu, 0,1 Zn, 0,8 Mo, O,4 B
Versuchsdauer: 7 Jahre
Mittelwerte aus 8 Pflanzen je Düngungsreihe
Versuchsansteller: Institut für Bodenkunde und Pflanzenernährung der FH Weihenstephan (Leiter: Prof. Dr. F. PENNINGSFELD)

tungen erhebliche Unterschiede, wie aus der Übersicht „Kennzeichen von Nährstoffmangel und -überdüngung“ (S. 110) hervorgeht. Cattleyen sind offensichtlich borbedürftig und empfindlich gegenüber zu hohen Kupfergaben. Inwieweit auch noch andere als die angegebenen Elemente Bedeutung für Orchideen haben, müßte durch weitere Untersuchungen festgestellt werden. Für die Herkünfte aus küstennahen Gebieten könnten u. U. auch die in Spuren verabreichten Halogene eine wachstumsfördernde Wirkung ausüben.

Abb. 43. Schwarze Blattspitzen bei Paphiopedilum (oben links), Cattleya (oben rechts), Cymbidium (rechts).
Die Ursache der nichtparasitären, von der Spitze zur Basis fortschreitenden Schwärzung der Blätter ist teils in Kalkmangel, teils in einem Zusammenwirken von Überdüngung mit ungünstigen Klimafaktoren zu suchen. Bei Cymbidien ist die Neigung zu Schwarzspitzigkeit sortenabhängig.

Kennzeichen von Nährstoffmangel und -überdüngung bei Orchideen

Nährstoff	Mangelsymptome	Überdüngungssymptome
Gesamte Nährstoffversorgung	Schwacher Wuchs. Blätter klein, hellgrün. Kaum Blüten. Pseudobulben schwach, aber nicht geschrumpft. Wurzeln gesund.	Kräftiger, gedrungener Wuchs. Neigung zu Blattnekrosen oder Deformationen. Verminderte Blühwilligkeit. Wurzeln kurz, häufig absterbend. Bei *Paphiopedilum* Bildung zahlreicher schwacher Neutriebe. Bei Cattleyen Absterben junger Triebe.
Stickstoff	Laub starr, hellgrün und schmal. Ältere Blätter vorzeitig vergilbend. Wenige und geringwertige Blüten. Lange, dünne Wurzeln.	Viele dunkelgrüne, etwas weiche Blätter. Anfällig gegen Krankheiten. Pseudobulben sehr dick. Blütenansatz gering. Ausgebildete Blüten qualitativ gut, aber oft verspätet und von geringer Haltbarkeit. Wurzeln oft geschädigt.
Phosphor	Starke Wuchsdepression. Pflanzen nur wenige, fahlgrüne Blätter bildend, zuweilen rot überlaufen. Kaum Blüten.	Selten. Nach POOLE and SHEEHAN (1973) manchmal Schwarzspitzigkeit von Cattleyenblättern durch Festlegung von Kalk.
Kalium	Laub dunkelgrün, teilweise mit Randnekrosen oder braunen Flecken, bei Cymbidien vorzeitig absterbend.	Selten. Blätter heller grün durch rel. N-Mangel.
Calcium	Relativ selten. An *Paphiopedilum callosum* faulen einzelne Blätter von der Spitze zur Basis fortschreitend ab. Bei Cattleyen in Verbindung mit hohen Temperaturen Schwarzspitzigkeit der Blätter.	Bei epiphytischen Gattungen z. T. verringerte Wüchsigkeit und Aufhellung der Blätter durch Festlegung von Spurenelementen.
Magnesium	Wenig ausgeprägt, aber teilweise geminderter Blütenertrag *(Phalaenopsis, Dendrobium phalaenopsis!).*	Selten. Kann u. U. Kalimangel induzieren.
Eisen	Aufhellung oder Vergilbung des Laubes (an den jüngsten Blättern beginnend), besonders auffallend bei *Huntleya, Paphiopedilum callosum, Dendrobium phalaenopsis.*	Keine besonderen Kennzeichen, aber manchmal verminderte Wüchsigkeit und abnehmender Blütenertrag, besonders bei *Phalaenopsis* und *Cattleya.*
Kupfer	Teilweise Wuchsminderung. Bei *Phalaenopsis* deutliche Ver-	Allgemeiner Rückgang der Wüchsigkeit. Empfindlich ge-

	schmälerung und Rotfärbung der Blätter. Später Eingehen der ganzen Pflanze.	gen Cu-Überdüngung sind vor allem *Paphiopedilum callosum-* und *Dendrobium phalaenopsis.*
Mangan	Noch nicht beobachtet.	Evtl. leichte Chlorose bei Mißverhältnis zur Eisengabe.
Zink	Selten. Bei *Dendrobium Phalaenopsis* und Cymbidien leichtes Nachlassen der Blühfreudigkeit.	Wachstumsstörungen, Chlorose, Blattflecken. Zinkvergiftung kann durch Tropfenfall von verzinkten Rohren hervorgerufen werden.
Molybdän	Noch nicht beobachtet.	Bei Cattleyen etwas geringeres Wachstum.
Bor	An Cattleyen Aufhellung und Fleckung der Blätter, geschwächter, sukkulenter Wuchs.	Wachstumsrückgang. Empfindlich sind besonders *Cymbidium* und *Dendrobium phalaenopsis.*

2.3.4 Die Düngemittel

Die benötigten Nährstoffe können der Pflanze in mannigfacher Form dargeboten werden. Am leichtesten aufnehmbar sind für sie die wasserlöslichen Salze, deren Ionen in das Pflanzeninnere wandern und dort verarbeitet werden. Organisch gebundene Nährstoffe brauchen erst eine Zeit der Umsetzung, ehe sie ihre Wirksamkeit voll entfalten. Der Wert eines Düngemittels wird weitgehend von seinem Gehalt an Reinnährstoffen bestimmt: je höher der Nährstoffgehalt, desto niedriger läßt sich die Salzkonzentration halten. Man düngt heute in der Regel nicht mehr mit einer selbsthergestellten Kombination von Einzelsalzen, sondern mit kompletten Volldüngern, die außer sämtlichen Makronährstoffen (mit Ausnahme von Calcium) meistens auch noch Spurenelemente in zuträglicher Dosierung enthalten. Häufig sind auch noch Vitamine, Wuchsstoffe, Biosstoffe oder derartiges hinzugefügt, doch sind die Angaben darüber schwer kontrollierbar und halten oft nicht das, was sie versprechen. Aus dem umfangreichen Angebot der Düngemittelindustrie, das hier im einzelnen nicht besprochen werden kann, seien nur einige Gruppen genannt und charakterisiert. Zu unterscheiden sind hauptsächlich die leicht aufnehmbaren anorganischen Nährsalze in fester oder aufgelöster Form, die langsam wirkenden Depotdünger und die teils rasch, teils langsam in Aktion tretenden organisch-mineralischen Mischdünger bzw. rein organischen Produkte. Welcher dieser Gruppen man den Vorzug gibt, ist eine Frage der persönlichen Neigung; richtig angewandt, lassen sich bei ausreichendem Nährstoffangebot mit diesen wie mit jenen gute Resultate erzielen.

Leicht aufnehmbare Nährsalze

Die meisten der heute im Zierpflanzenbau gebräuchlichen Volldünger setzen sich aus wasserlöslichen, keine oder nur wenig Rückstände hinterlassenden Salzen zusammen. Da sie leicht aufnehmbar sind, kann man sie termingerecht einsetzen. Bei Überdosierung verursachen diese Salze allerdings infolge ihres hohen osmotischen Wertes Verbrennungen an der Pflanze, was bei den langsam wirkenden organischen Düngemitteln weniger zu befürchten ist. Die meisten Düngemittelhersteller bieten Fabrikate mit unterschiedlichem Nährstoffverhältnis an, um damit dem Kultivateur die Anpassung der Düngung an den Bedarf der Pflanze zu erleichtern. Für die vegetative Phase werden häufig stickstoffbetonte Nährsalzkombinationen bevorzugt, beispielsweise mit dem Reinnährstoffgehalt 20-5-10 (NPK-Verhältnis 4:1:2), zur Blüteninduktion hingegen solche mit erhöhtem PK-Gehalt, z.B. 8-15-20 (= 1:1,8:2,5) oder 8-14-18 (= 1:1,7:2,2). Die Abwandlung eines gegebenen NPK-Verhältnisses läßt sich aber auch durch Zusatz von Einzelsalzen zu einem beliebigen Volldünger erreichen. Die Berechnung sei an einem Beispiel deutlich gemacht:

Volldünger X mit einem Reinnährstoffgehalt von 14-12-14 enthält in 1 Gramm 140 mg N, 120 mg P_2O_5 und 140 mg K_2O.

Das NPK-Verhältnis ist demnach 1:0,86:1.

Gewünscht wird das Verhältnis 2:0,86:1.

Um dies zu erreichen, ergänzt man den Volldünger mit einem Stickstoffsalz, z.B. Ammonnitrat (NH_4NO_3) mit 35,5% N. 1 g N = 2,82 g Ammonnitrat, 140 mg N = rund 400 mg NH_4NO_3.

1 g Volldünger X + 0,4 g NH_4NO_3 = 280 mg N, 120 mg P_2O_5, 140 mg K_2O.

$N:P_2O_5:K_2O = 2:0,86:1$.

Will man anstelle von 1,4 g Gesamtsalz nur 1 g geben (etwa zur Herstellung einer 0,1%igen Düngerlösung), so muß man durch 1,4 dividieren. In 1 g Salz sind dann enthalten:

0,71 g Volldünger X + 0,29 g Ammonnitrat = 202,4 mg N, 85,2 mg P_2O_5, 99,4 mg K_2O.

Möchte man statt des Stickstoffanteils den Kaligehalt erhöhen, so läßt sich das Düngesalz Kaliumsulfat (K_2SO_4) mit rund 50% K_2O zusetzen. Es sind dann:

1 g K_2O = 2,00 g K_2SO_4, 140 mg K_2O = 280 mg K_2SO_4.

1 g Volldünger X + 0,280 g K_2SO_4 = 140 mg N, 120 mg P_2O_5, 280 mg K_2O.

$N:P_2O_5:K_2O = 1:0,86:2$.

Durch Division mit 1,28 kann man auch hier die Gesamtsalzmenge auf 1 g umrechnen, was man allerdings in der Praxis kaum tun wird, da die Differenz zu gering ist.

Eine dritte und einfachere Möglichkeit, den Pflanzen zeitweise bestimmte Nährstoffe bevorzugt anzubieten, besteht darin, nicht ständig Volldünger zu verwenden, sondern bei speziellem Bedarf mit Zwei- oder Einsalzdüngern abzuwechseln.

Gestaffelte Nährstoffgaben

5. N zu Cattleya: links Mangel, Mitte ausreichend, rechts überhöht (Blüte welkt vorzeitig)
6. P zu Cymbidium: links Mangel (Wachstum sehr gehemmt), Mitte Standard, rechts verdoppelt

N
1
2
3

5
2
6

Obgleich die meisten mineralischen Volldünger neben den drei Kernnährstoffen Stickstoff, Phosphor, Kali auch noch Magnesium und Spurenelemente enthalten, kann u. U. trotzdem noch eine Ergänzung mit diesen Stoffen notwendig werden. Magnesium verabreicht man in der Regel als Magnesiumsulfat ($MgSO_4 \cdot 7\ H_2O$), die Schwermetalle als Sulfat oder in organischer Bindung als Chelat, Bor als Natriumborat oder Borsäure, Molybdän als Natrium- oder Ammoniummolybdat. Sofern bei den Mikronährstoffen kein deutlicher Mangel an einem bestimmten Element auftritt, nimmt man auch gern fertige Gemische, wie etwa Gabi Micro T oder den Metalldünger Radigen.

Die häufig angebotenen **Flüssigdünger** stellen Nährstoffkonzentrate dar, die in flüssiger Form gehandelt werden. Sie sind teilweise chelatisiert, um eine Ausfällung von Salzen zu verhindern. Flüssigdünger bieten den Vorteil, arbeitssparend und bequem in der Anwendung zu sein, so daß sie sich in der Praxis gut eingeführt haben. Sie sind allerdings teurer als die festen Salze und verleiten leicht zur Überdosierung.

Depot- oder Langzeitdünger sind im Gegensatz zu den sofort löslichen und daher auch eher auswaschbaren Düngesalzen eine langsam fließende Nährstoffquelle, die die Pflanze über einen längeren Zeitraum hin versorgt. Man erspart sich bei ihrem Gebrauch zum mindesten während der ersten 4–5 Monate nach dem Umtopfen die flüssige Nachdüngung und hat trotz der relativ hohen Aufwandmenge kaum Verbrennungen zu befürchten. Nachteilig ist höchstens die schlechte Steuerungsmöglichkeit des Nährstoffangebotes, d. h., die Freigabe der Nährstoffe erfolgt manchmal zum falschen Zeitpunkt, und das NPK-Verhältnis läßt sich weniger gut beeinflussen. Die Depotwirkung wird bei den einzelnen Fabrikaten auf verschiedenem Wege erreicht: entweder durch Verwendung von Verbindungen, die schwer löslich sind bzw. erst Umsetzungsprozesse durchmachen müssen, oder durch Anlagerung von Nährstoffen an Ionenaustauscher (Kunstharze) oder durch Umhüllung der Düngepartikel mit osmotisch durchlässigen Kunststoffhäuten. Diese Produkte sind z. Z. noch stark in der Entwicklung begriffen und bedürfen im Hinblick auf ihre Verwertbarkeit speziell zu Orchideen noch einer weiteren Überprüfung. Sie haben sich in der Praxis jedoch z. T. schon gut eingeführt und scheinen bei richtiger Anwendung durchaus empfehlenswert zu sein.

Auch bei den **Düngemitteln organischer** oder **organisch-mineralischer Herkunft** kann man von einer gewissen Langzeitwirkung sprechen. Sie rufen ebenfalls seltener Überdüngungsschäden hervor und sind teilweise reich an Begleitstoffen, die manchmal einen wachstumsanregenden Effekt haben. Rein organische Dünger enthalten meistens nur einen oder höchstens zwei Nährstoffe (z. B. Blutmehl ca. 10% N, Hornmehl 10–13% N, Knochenmehl 20–30% P_2O_5), so daß man sie vielfach mit Mineralsalzen ergänzt. Diese Gemische – z. B. Manna Spezial (6-10-9) oder Hornoska Spezial (8-7-10-1,5) – werden gerade Orchideensubstraten gern als Grunddüngung zugefügt, da sie wenig aggressiv sind und durch ihre allmähliche Umsetzung über eine verhältnismäßig lange Zeit immer wieder Nährstoffe freigeben. Voraussetzung ist allerdings die Verwendung eines mikrobiell belebten, humushaltigen Substrats, das die erforderlichen Umsetzungsvorgänge ermöglicht. Organische Düngemittel fördern im allgemeinen die Vermehrung der Mikroorganismen; dadurch wird allerdings auch der Pflanzstoff schneller abgebaut. Wenig aufbereitete Naturprodukte sind manchmal in hygienischer Hinsicht nicht ganz unbedenklich oder durch unangenehmen Geruch für Pflanzen in Wohnräumen nicht geeignet. In der Orchideenkultur gut bewährt haben sich vor allem die an Spuren- und Wirkstoffen reiche Fischemulsion (5-1-1) und der in fester oder flüssiger Form gehandelte Peruguano (6-12-2), besonders, wenn sie mit einer kalireicheren Mineraldüngung ergänzt werden.

2.3.5 Praktische Durchführung der Düngung

Die Düngemittel können der Pflanze auf verschiedene Weise zugeführt werden: entweder durch Anreicherung des Substrats mit Nährstoffen (Grunddüngung) oder durch regelmäßige Verabreichung von Nährlösungen (Folgedüngung). Meistens kombiniert man beides, d.h., dem Pflanzstoff werden in geringen Quantitäten Dünger beigefügt, die nach Verlust durch Auswaschung oder Entzug mittels flüssiger Nachdüngungen ersetzt werden.

Die Grunddüngung

Sofern keine Pflanzstoffe Verwendung finden, die von Natur aus Nährstoffe mitbringen (wie z.B. *Osmunda*) oder die bereits Düngemittel enthalten (wie TKS), muß man die benötigten Nährelemente zusetzen. Anzustreben ist dabei ein pH-Wert von 5,0–5,5 sowie ein Gehalt an löslichen Salzen von 0,05–0,1%. Welche Düngemittel man hierzu wählt, ist bis zu einem gewissen Grade abhängig von der Art des Substrats, aber natürlich auch von der Art der Kulturführung und der persönlichen Vorliebe für diese oder jene Nährstoff-Form. Nach Erfahrungen, die in Weihenstephan mit Torf-Styromull-Gemischen gewonnen wurden, bewährte sich folgende Methode: Man mißt zunächst die erforderliche Liter- oder Kubikmetermenge Torf ab und mischt 3–5 g bzw. kg kohlensauren Kalk unter. Am nächsten Tag werden die übrigen Nährstoffe hinzugefügt und gründlich eingearbeitet. Alle löslichen Salze werden dabei am besten vorher in Wasser aufgelöst und mit einer Brause über den ausgebreiteten Torf verteilt. Bei Verwendung von Mineraldüngern, die wenig oder gar keine Spurenelemente enthalten, vervollständigt man die Nährstoffgabe zweckmäßigerweise noch mit einer Spurenelementkombination, etwa mit Gabi Micro T (1 ml/l) oder Radigen (100 mg/l). Styromull, in der gleichen Raummenge wie Torf, wird erst zum Schluß dazugegeben, ohne vorherige Düngerbeigabe. Das fertige, gut durchfeuchtete, aber nicht nasse Substrat enthält dann annähernd je Liter 1,5–2,5 g Kalk und 0,5–1,0 g Salz, wenn der Torf mit 1–2 g Volldünger versehen wurde.

Torf ist ein Material mit verhältnismäßig guter Haltekraft, so daß auch die leicht löslichen Mineralsalze nicht sofort ausgewaschen werden. Anders liegen die Verhältnisse bei den wenig adsorptionsfähigen Rinden oder anorganischen Pflanzstoffen. Hier ist meistens neben der benötigten Aufkalkung die Anwendung organisch-mineralischer Düngemittel, wie auf S. 114 breits ausgeführt, empfehlenswerter. Reine Kunststoffe erhalten überhaupt keine Grunddüngung, sondern werden nur laufend mit Nährlösungen versehen.

Die Nachdüngung

Gewöhnlich erfolgt das Umtopfen der Pflanzen in ein neues, mit Nährstoffen angereichertes Substrat im Frühjahr zur Zeit des beginnenden Neuaustriebs. Da das Wurzelsystem zunächst geschwächt und der Nährstoffverbrauch entsprechend gering ist, braucht die Nachdüngung erst nach 1–2 Monaten, also etwa ab April einzusetzen. Je nach Haltevermögen des Substrats muß diese in längeren oder kürzeren Abständen erfolgen. Bei Torf-Styromull-Gemischen genügt normalerweise eine ein- bis zweimalige Flüssigdüngung im Monat, während bei stark durchlässigen Pflanzstoffen mit jedem zweiten oder dritten Wässern gleichzeitig Nährstoffe verabreicht werden müssen. Je höher man die Salzkonzentration wählt (maximal 0,3%) und je häufiger man düngt, desto notwendiger sind zwischengeschaltete gründliche Durchspülungen des Substrats mit reinem Wasser, um Salzanreicherungen und Überdüngung vorzubeugen. Unbedingt zu vermeiden ist auch eine Düngung auf trocken gewordenen Pflanzstoff oder Wurzelballen. Die Zubereitung und Ausbringung der Lösungen wird im Kleinbetrieb meistens mit Kannen vorgenommen, im Erwerbsbetrieb mit automatisch arbeitenden, regulierbaren Düngegeräten. Im allgemeinen benutzt man zur Nachdüngung die gleichen Salze bzw. Flüssigdünger wie bei der Grunddüngung, wenn auch u. U. mit abgeändertem NPK-Verhältnis. Die Düngesalze werden in möglichst kalkarmem Wasser aufgelöst und die konzentrierte Stammlösung dann so weit verdünnt, daß die Gießlösung nicht mehr als 1–2 g Dünger je Liter enthält. Die aufgelösten Düngemittel beeinflussen den pH-Wert der Lösung, und zwar meistens nach der sauren Seite hin, so daß es ratsam ist, gelegentlich den Säuregrad des Substrats zu überprüfen. Ein Aufstreuen fester Düngerpartikel auf die Substratoberfläche ist kaum üblich; in Ausnahmefällen lassen sich höchstens Kalk oder einige Depotdünger (z. B. Osmocote) ohne Schaden oberflächlich einarbeiten.

Mit Beginn der Ruhezeit wird die Flüssigdüngung eingeschränkt oder – bei strenger Ruhe – sogar vollständig eingestellt. Wenn die Ruhezeit weniger durch endogene als durch exogene Faktoren (hauptsächlich ungünstige Lichtverhältnisse) bedingt ist, kann durch Einhaltung optimaler Wachstumsbedingungen (u. a. Zusatzbelichtung) die Düngung u. U. das ganze Jahr über in gleicher Weise fortgesetzt werden. Vor allem bei Jungpflanzen, aber auch bei blühfähigen *Phalaenopsis* und vielen Paphiopedilen ist dies ohnehin üblich. Im übrigen muß die Häufigkeit der Nachdüngung, die Stärke der Salzkonzentration und die Länge der Düngungsperiode weitgehend auf die individuellen Bedürfnisse der Pflanze eingestellt werden, d. h. auf ihre Wüchsigkeit, ihren Gesundheitszustand und ihre Entwicklungsphase. Bei Orchideen liegen die Zeiten besonders

Mangelsymptome I

7. K-Mangel bei Cymbidium: geschwächtes Wachstum, Blätter und Bulben sterben vorzeitig ab
8. Fe-Mangel bei Huntleya: Blattvergilbung, an den jüngsten Blättern beginnend

oFe
Fe

hohen Bedarfs vorwiegend im Frühsommer, wenn der Jungtrieb bereits Wurzeln ausgebildet hat, und dann nochmals etwas später, wenn die Blüte in voller Entwicklung begriffen ist.

Die Laubdüngung

Als Laubdüngung bezeichnet man eine Düngung über das Blatt. Sie ist vorwiegend dann angebracht, wenn die Wurzeln nach dem Umtopfen oder durch schädigende Einflüsse stark vermindert sind und dadurch die Nährstoffaufnahme zu gering ist. In diesem Fall wird eine niedrig konzentrierte Nährlösung (0,1–0,3 g Nährsalz je Liter Wasser) jeden zweiten oder dritten Tag mit Hilfe einer feinen Brause oder eines Verneblers abends oder in den frühen Morgenstunden über das Laub versprüht. Die Nährstoffe dringen dann teils durch die Spaltöffnungen, teils auch durch die Kutikula in das Blatt ein und werden dort assimiliert. Zur besseren Haftung auf der oft sehr glatten Blattoberfläche kann man der Lösung einige Tropfen eines Netzmittels (z.B. Citowett) zufügen. Mit der Laubdüngung allein läßt sich bei größeren Pflanzen allerdings niemals der Bedarf an Makronährstoffen vollständig decken, sie stellt immer nur eine Übergangslösung dar. Größere Bedeutung hat die Laubdüngung jedoch für die Versorgung mit Mikronährelementen und Wirkstoffen, die schon in kleinsten Mengen einen Effekt ausüben. Hier kann sogar die Verabreichung über das Blatt nutzbringender sein als über das Substrat, da die Wurzeln diese Stoffe teilweise schlecht weiterleiten oder inaktivieren. Wenn auch bisher noch keine exakten Versuche hinsichtlich einer stimulierenden Wirkung von Wuchsstoffapplikationen bei Orchideen vorliegen (abgesehen von der In-vitro-Kultur), gibt es doch zahlreiche Mitteilungen und Beobachtungen, die auf einen günstigen Einfluß hindeuten. In Ostasien besprüht man das Laub von Jungpflanzen zeitweise mit Bier (Verdünnung mit Wasser 1:40), das reich an Enzymen und Vitaminen der B-Gruppe ist und dadurch das Wachstum anregen soll. Ferner wird über die positive Reaktion auf Laubspritzungen mit Lösungen von Fischemulsion (0,025%ig), pulverisierten Meeresalgen (10 g/l), Kokosnußwasser (20 ml/l) oder Indolylessigsäure (0,5 ppm) berichtet. Ohne Zweifel sind Jungpflanzen, die noch in der Entwicklung begriffen sind und deren Hormonhaushalt vielleicht noch nicht voll funktionsfähig ist, am empfänglichsten für eine Unterstützung des Wachstums durch stimulierende Substanzen.

2.4 Das Wasser

2.4.1 Beschaffenheit des Wassers

Da Orchideenpflanzen zu 75–90% aus Wasser bestehen, kommt diesem Wachstumsfaktor erhebliche Bedeutung zu. Dabei spielt neben der **Quantität,** die der Pflanze zur Verfügung gestellt wird, die **Qualität** eine entscheidende Rolle für den Kulturerfolg. Nicht jedes Wasser ist von vornherein brauchbar. Kriterien für die Eignung des Wassers zur Orchideenkultur sind in erster Linie dessen Sauberkeit, Härtegrad und pH-Wert sowie der Gehalt an organischen und anorganischen Bestandteilen. Vor der Verwendung eines betriebseigenen Grund- oder Oberflächenwassers empfiehlt sich daher auf alle Fälle die Anforderung einer Wasseranalyse.

Die **Sauberkeit** des Wassers ist im allgemeinen nur in städtischem Leitungswasser einwandfrei, da zur Trinkwasserversorgung Verunreinigungen durch Mikroorganismen oder organische Abfallstoffe gesetzlich auf ein Minimum reduziert sein müssen. Anders ist es bei Brunnen-, Teich- oder Regenwasser, die u.U. beträchtlich verschmutzt sein können, so daß eine gründliche Filterung über Kohle oder feinkörnigen Sand erforderlich ist.

Der **Härtegrad** ergibt sich aus dem Gehalt des Wassers an Calcium- und Magnesiumsalzen, wobei die temporäre (vorübergehende) Härte vor allem durch das im Wasser gelöste Calcium- und Magnesiumhydrogencarbonat bestimmt wird, die permanente oder bleibende Härte dagegen durch Sulfate, Nitrate oder Chloride von Ca und Mg. Carbonatreiches Wasser ist besonders in den kalksteinreichen Gebieten Süd- und Mitteldeutschlands weit verbreitet, während in Norddeutschland weiches Wasser überwiegt. Die Härte des Wassers wird in Graden gemessen, und zwar entsprechen 10 mg CaO bzw. 7,18 mg MgO je Liter einem Grad deutscher Härte (1° dH). Bei Vorhandensein von Magnesiumcarbonat wird MgO gewöhnlich in CaO umgerechnet, um die Härte mit nur einer Zahl wiedergeben zu können. Will man die Härtegrade in Milliäquivalent (mval) ausdrücken, so dividiert man sie mit dem Faktor 2,8. Ein Wasser mit 0–4°dH ist sehr weich, 4–8 weich, 8–12 mittelhart, 12–18 etwas hart, 18–30 hart, über 30 sehr hart. Für Orchideen eignet sich hartes Wasser nicht, aber auch sehr weiches (demineralisiertes) Wasser ist auf die Dauer unzuträglich. Je nach Art des Pflanzstoffes bevorzugt man weiches bis etwas hartes Wasser, letzteres nur bei Verwendung saurer Torfsubstrate.

Der **pH-Wert** als Ausdruck der im Wasser vorhandenen freien Wasserstoffionen ist weitgehend abhängig vom Härtegrad, d.h., je höher der Anteil an gelösten basischen Stoffen ist, desto mehr liegt auch der pH-Wert über dem Neutralpunkt (pH 7). Weihenstephaner Leitungswasser beispielsweise weist eine Gesamthärte von 22–26°dH und einen pH-Wert von 7,0–7,5 auf; es gilt also als hart, ist aber für Orchideen in Torfkultur noch tragbar. Für wenig gepufferte Substrate empfiehlt man im allgemeinen ein Gießwasser mit pH-Werten zwischen 5,0 und 5,5. Auf Anfrage teilen einem die regionalen Wasserwirtschaftsämter sowohl den Härtegrad wie den pH-Wert mit, andernfalls muß man ihn elektrometrisch oder mit Hilfe von Indikatorpapier messen. Liegt der pH-Wert zu hoch, so läßt sich eine teilweise oder vollständige Enthärtung des Wassers durch folgende Maßnahmen erreichen:

Abkochen: Dabei wird ein Teil der Bicarbonate als Carbonat (Kesselstein) ausgefällt.

Torffiltration: Ein Ballen Norddeutscher Weißtorf auf 1 m^3 Wasser enthärtet um 15–20°dH. Im Kleinbetrieb lassen sich Torfsäckchen über Nacht in einen Eimer mit Wasser hängen.

Zusatz von Oxalsäure: Man rechnet 22,5 g Oxalsäure je m^3 Wasser zur Herabsetzung um 1°dH. Dabei fällt Calciumoxalat aus und bildet einen Niederschlag, der beseitigt werden muß.

Zusatz von Fleur Wasserweich (Philips Duphar). Das flüssige Mittel ist auf Oxalsäurebasis hergestellt und wird nach Vorschrift angewendet.
Zusatz von konzentrierter Schwefelsäure: 10 cm^3 konzentrierte Schwefelsäure je m^3 Wasser vermindern die temporäre Härte um 1 °dH. Es bildet sich ein Niederschlag von Gips.
Teilentsalzung durch Kationenaustausch: Bindung von Basen an Kunstharze im Austausch gegen H-Ionen. Die Kunstharze müssen bei beginnendem Farbumschlag mit verdünnten Säuren regeneriert werden.

Der **Salzgehalt** des Wassers wird ebenso wie der Härtegrad von der wasserführenden Schicht des geologischen Untergrundes beeinflußt. Außer den schon erwähnten Erdalkalien sind es in Küstengebieten vor allem die an Schwefel oder Chlor gebundenen Elemente Natrium und Kalium sowie Eisen, die in größeren Mengen im Wasser vorhanden sein können. Der Gesamtsalzgehalt sollte für Orchideen nach Möglichkeit 150 mg je Liter nicht übersteigen. Die gerade noch verträgliche Menge an Kochsalz (NaCl) beträgt etwa 60 mg/l, an Eisen 0,5–1,0 mg/l, an Bor bis 0,3 mg/l. Erstes Anzeichen zu hoher Salzkonzentration (meistens hervorgerufen durch zusätzliche Verabreichung von Düngesalzen) sind sich bräunende, schlaffe Wurzeln, deren schwarze Spitzen wie verbrannt aussehen. Bei Verdacht auf Übersalzung läßt man eine Wasserprobe analysieren oder nimmt selbst mit Hilfe eines Leitfähigkeitsmeßgerätes die Überprüfung vor. Die auf einer Skala abgelesenen Werte in Mikrosiemens (µS) können durch Multiplikation mit dem Faktor 0,625 annähernd in mg Salz je Liter umgerechnet werden.

Eine Vollentsalzung des Wassers ist durch Destillation, Umkehrosmose oder Ionenaustauscheranlagen (für Kationen und Anionen) möglich. Eine Destillation schaltet im allgemeinen wegen der zu hohen Kosten aus, während die preiswerteren Austauscher mit Mischbett heute schon vielfach gebräuchlich sind. In der Regel wird das gereinigte Wasser nur zum Verdünnen genommen, da ein vollständig salzfreies (entionisiertes) Wasser nicht nur zu teuer, sondern auch zu arm an möglicherweise fördernden Begleitstoffen (Spurenelemente!) ist. Das vielgepriesene Regenwasser, das in früheren Jahren gern als Gießwasser verwendet wurde, hat bei uns in Mitteleuropa leider viel von seiner einstigen Qualität eingebüßt. In Industriegebieten oder in Stadtnähe geht die Verschmutzung durch Abgase und Staub oft so weit über das zuträgliche Maß hinaus, daß es für Orchideen nicht mehr benutzbar ist. Hat man jedoch einwandfreies Regenwasser zur Verfügung, so speichert man den Dachablauf am besten in Becken, die durch übergespannte Netze bzw. lichtundurchlässige Folie vor Verunreinigung und Veralgung geschützt sind. Keinesfalls darf das Ablaufwasser

Mangelsymptome II

9. Cu-Mangel bei Phalaenopsis: oben normale Pflanze, unten geschwächt durch Cu-Mangel
10. B-Mangel bei Cattleya: Wachstum gehemmt; Pflanze rechts normal versorgt und entwickelt

oB
B

der Pflanzen in diese Becken gelangen, da hierdurch infektiöse Erkrankungen die rascheste Ausbreitung finden würden. Frisches Regenwasser enthält zumeist einen hohen Anteil an Kohlensäure, wodurch es „aggressiv" wird, d.h. ausgefällte Carbonate wieder in lösliche Bicarbonate überführt, was im allgemeinen unerwünscht ist. Durch längeres Stehenlassen an der Luft und gelegentliches Umrühren vermindert sich mit der Zeit der Gehalt an freier Kohlensäure.

In kalkarmen Böden enthält das Grund- oder Quellwasser häufig **Eisen**, und es treten an der Luft braune Verfärbungen auf. Übersteigt der Eisengehalt 1 mg je Liter, ist eine Enteisenung durch Belüftung und anschließende Filtration des Wassers anzuraten. Das giftige, zweiwertige Eisenbicarbonat wird dadurrch als dreiwertiges Eisenhydroxid ausgefällt. Eisensulfate und -chloride lassen sich durch Zusatz von Phosphaten binden. Eisenhumate, die sich oft in Moorwässern bilden, beseitigt man durch Ätzkalk.

Gechlortes Leitungswasser, das sich durch unangenehmen Geschmack und Geruch „auszeichnet", ist für Pflanzen nur dann schädlich, wenn es in frischem Zustand verwendet wird. Das Chlorgas entweicht oder bildet weniger schädliche Chloride, wenn das Wasser der Luft und dem Licht ausgesetzt wird oder wenn man es über Aktivkohle leitet.

Die **Temperatur** des Wassers muß jener des Raumes angeglichen werden. Frisches Leitungs- und Brunnenwasser ist meistens zu kalt für die Pflanzen und verursacht dann Schädigungen. Bekannt geworden ist vor allem die Empfindlichkeit von *Phalaenopsis* gegen zu kaltes Gießwasser; die Pflanzen reagieren darauf mit narbenartigem Einsinken der Epidermis an der Unterseite der Blätter. Eine Erwärmung des Wassers auf 18–20 °C erreicht man durch Zugabe von heißem Wasser oder durch Stehenlassen in Vorratsbecken des Gewächshauses. Stehendes Wasser verarmt allerdings leicht an Sauerstoff, so daß vor dem Gebrauch ein gründliches Umrühren oder Einblasen von Luft anzuraten ist.

2.4.2 Wassermenge im Substrat

Die Quantität an Wasser, die man der Pflanze zuführt, richtet sich nach der Art des Substrats, dem Bedarf der Kultur und der Verdunstung. Da die einzelnen Pflanzstoffe hinsichtlich ihres Aufnahme-, Festhalte- und Abgabevermögens außerordentlich variieren, ist es schwer, genaue Angaben über die Zeitintervalle beim Gießen zu machen. Abb. 39 (S. 95) verdeutlicht, wie sich die drei Komponenten feste Substanz/Luft/Wasser in einigen Substraten bei Wassersättigung verhalten. Je geringer der Luftanteil ist, desto eher besteht die Gefahr einer Beeinträchtigung der Wurzelatmung und damit der Pflanzengesundheit. In Blähton oder Orchid Chips kultivierte Orchideen sind dieser Gefahr selbst bei täglichem Gießen kaum ausgesetzt, wohl aber solche, die in Gemischen aus Torf und Ton oder Torf und Sand stehen. Gut adsorbierendes oder poröses Material (z.B. Torf, Bimskies, Perlite) vermag das Wasser besser zu speichern als Substanzen mit relativ glatter Oberfläche und großem Porenvolumen (z.B. grober Kies, Styroporkugeln, größere Rindenstücke). In Töpfen ist oft der Kern noch feucht genug, die Oberfläche dagegen schon trocken. Zur Beurteilung, inwieweit die Feuchte für die Pflanze noch ausreichend ist, vergleicht man mit einem unbepflanzten Topf, dessen Gewicht man bei verschiedenen Feuchtigkeitsgraden festgestellt hat. Addiert man dazu das ungefähre Gewicht der Pflanze, so läßt sich daraus ein Anhaltspunkt für den richtigen Zeitpunkt des Gießens gewinnen. Nach einiger Übung wird diese Prozedur gar nicht mehr notwendig sein; man hat dann durch bloßes Anheben des bepflanzten Topfes schon ein Gefühl für dessen Feuchtigkeitsgrad. Bei umfangreicheren Kulturen, die automatisch bewässert werden, bedient man sich zur Messung der Bodenfeuchte häufig elektronischer Geräte, die mit Fühlern ausgestattet sind. Speziell für Kulturen in Orchid Chips entwickelte HAASE (1975) ein Modell, mit dem die Beregnung nach Bedarf selbsttätig gesteuert werden kann.

Der Bedarf der Pflanze wird vor allem durch ihren Transpirationsverlust, aber auch durch ihre Wachstumsaktivität bestimmt. In Zeiten der Ruhe oder des gerade beginnenden Neutriebs müssen die Wassergaben auf ein Minimum eingeschränkt werden, dagegen verstärkt man sie während der Hauptwachstumsperiode. In allen Fällen, auch bei Pflanzen, die keine eigentliche Ruhezeit kennen *(Phalaenopsis, Paphiopedilum)* schadet ein gelegentliches, kurzzeitiges Trockenwerden des Pflanzstoffes durchaus nicht, sondern regt eher die Bildung neuer Wurzeln an. Bei längerfristiger Austrocknung findet freilich eine vorzeitige Abkapselung der Wurzelspitzen und damit eine Wachstumsstockung statt. Die Geschwindigkeit des Trockenwerdens hängt zum Teil auch von der Art des Pflanzenbehälters ab. Am schnellsten trocknen Lattenkörbe oder Gittertöpfe aus, dann folgen Tontöpfe, und verhältnismäßig am längsten hält sich die Feuchtigkeit in Plastiktöpfen. In Gefäßen, die ständig nur leicht besprüht oder oberflächlich gegossen werden, reichern sich manchmal Düngesalze oder toxische Wurzelausscheidungen an, so daß man gut daran tut, sie wenigstens ein Mal im Monat gründlich durchzuspülen.

2.4.3 Feuchtigkeitsgehalt der Luft

Die meisten Orchideen lieben eine hohe Luftfeuchtigkeit, besonders jene des tropischen Regenwaldes, der Küsten und der kühlen Nebelwaldzone. Man strebt in der Kultur eine relative Feuchte von 50–80% an, was sich in Wohnräumen allerdings nicht immer einhalten läßt. Feuchte Luft erzeugt man durch Installation von Wasserzerstäubern oder -verneblern, durch Abspritzen von Wänden und Wegen, durch Aufstellung der Pflanzen über wassergefüllten Wannen, feuchten Kiesbetten oder wassergetränkten Kunststoffvliesen. Je nach Umfang der Kultur wird man diese oder jene Einrichtung bevorzugen. Wichtig ist nur, daß kein Waschküchenklima entsteht, sondern durch gleichzeitige Tätigkeit von Ventilatoren eine frische, bewegte Feuchtluft vorherrscht. Dies läßt sich meistens im Sommer eher erreichen als im Winter, wenn Frost die Frischluftzufuhr einschränkt. Ein Besprühen der Pflanzen ist nicht immer vorteilhaft, da hierdurch die Infektionsgefahr beträchtlich erhöht wird. In Zeiten geringer Wurzelaktivität kann jedoch das leichte Befeuchten der Blätter und Bulben durchaus angebracht sein, um ein zu starkes Schrumpfen zu verhindern. Stehendes Wasser in Blattachseln oder sich entfaltenden Sprossen muß besonders über Nacht auf alle Fälle vermieden werden, da die jungen Triebe sonst unweigerlich abfaulen. Auch die Blüten sollten nach Möglichkeit nicht bespritzt werden, um eine Fleckenbildung durch Befall mit *Botrytis* zu vermeiden. Ein Nachahmen der nächtlichen Taubildung, die in der Natur eine Benetzung des Laubes kurz vor Sonnenaufgang bewirkt, ist nur dort angebracht, wo Ventilatoren für rasche Abtrocknung sorgen und wo durch Verwendung steriler, wenig wasserhaltender Substrate weder Übernässung noch starke Vermehrung von phytopathogenen Organismen zu befürchten ist.

Zu geringe Luftfeuchtigkeit hat u. U. ein Verkleben der Blüten durch übermäßige Nektarproduktion zur Folge. Man beobachtet diesen Vorgang häufig bei *Phalaenopsis, Dendrobium* und *Laelia.* Auch die ziehharmonikaähnliche Faltung junger Laubblätter *(Oncidium, Huntleya!)* deutet manchmal auf trockene Luft hin. Umgekehrt behindert eine zu hohe Luftfeuchtigkeit die Transpiration und damit die Aufnahme von Wasser und Nährstoffen durch die Wurzel. Es gibt heute jedoch genügend Geräte auf dem Markt, die die relative Feuchte automatisch auf konstanten Werten halten. Nachts und im Winter soll die Luft etwas trockener sein als tagsüber und während der Vegetationsperiode.

2.5 Das Licht

Die Pflanze hat dank ihres Blattgrüns die Fähigkeit, elektromagnetische Energie (Lichtstrahlen) aufzunehmen, umzuwandeln und in organischen Stoffen chemisch zu binden. Licht ist neben Wasser und Kohlendioxid die Grundlage der pflanzlichen Stoffproduktion (Photosynthese) und damit des Wachstums. Darüber hinaus wirkt das Licht formend auf die Pflanze ein (Morphogenese) und beeinflußt mit seiner Periodizität Entwicklungsverlauf und Blütenbildung.

Unsere Kenntnisse über den speziellen Lichtbedarf der einzelnen Orchideenarten sind mangels ausreichender experimenteller Untersuchungen leider noch sehr lückenhaft, so daß die vorhandenen Angaben zum Teil recht widerspruchsvoll sind. Eine Zusammenfassung bisheriger Versuchsergebnisse brachten in den letzten Jahren vor allem NUERNBERGK (1961), SCHOSER (1966) und RÜNGER (1976).

Den Praktiker interessiert in erster Linie, ob, wann, wie lange und womit er seine Pflanzen belichten muß, um zu einem auch in ökonomischer Hinsicht befriedigenden Kulturerfolg zu kommen. Da das Licht in unseren Breiten für Orchideen während der Wintermonate als Mangelfaktor gelten muß, ist eine Zusatzbelichtung auf jeden Fall anzuraten, für eine Zimmer- oder Kellerkultur ist sie sogar unerläßlich. Die Effektivität des gegebenen Lichtes wird bestimmt von seiner Intensität (Beleuchtungsstärke), seiner Qualität (Wellenlänge) und der Dauer der Einwirkung (Photoperiode). Außerdem ist sie natürlich abhängig von den übrigen Wachstumsfaktoren, vor allem der Temperatur.

2.5.1 Die Beleuchtungsstärke

Die Helligkeit, die eine Pflanze empfängt, ergibt sich aus der Stärke des Lichtstromes (Lumen, lm), der von einer Lichtquelle auf sie ausgestrahlt wird. Wird

1 Quadratmeter gleichmäßig von 1 Lumen erleuchtet, dann beträgt die Beleuchtungsstärke 1 Lux (lx). In den USA benutzt man anstelle von Lux meistens die Einheit foot candle (fc); 1 fc = 10,76 lx. Zum Messen der Helligkeit einer bestrahlten Fläche dient ein im Handel erhältliches Luxmeter oder behelfsmäßig auch der Belichtungsmesser eines Fotoapparates. Nach STOLZE (1972) läßt sich die ungefähre Beleuchtungsstärke auf folgende Weise ermitteln: Einstellung der Filmempfindlichkeitsskala auf 18 °DIN, 1/30 Sekunde Belichtungszeit, dann entspricht die abgelesene

Blende	der Luxzahl
2	500
2,8	1 000
4	2 000
5,6–8	5 000
8–11	10 000
11–16	20 000
22	50 000

In Mitteleuropa beträgt die natürliche Beleuchtungsstärke im Freien während der hellsten Monate mittags etwa 100 000 lx (im Schatten 10 000 lx); im Frühjahr und Herbst geht sie auf 30 000–25 000 lx zurück, im Dezember bis auf 10 000 lx und darunter. Unter Glas liegen die Werte bedeutend niedriger, doch reichen sie gewöhnlich in Gewächshäusern auch während des Winters gerade noch aus, um den Pflanzen einen geringen Assimilationsüberschuß zu sichern. Anders ist es in Wohnräumen, wo selbst am Fenster infolge des ungünstigen Lichteinfalles häufig Beleuchtungsstärken gemessen werden, die weit unter dem Minimum liegen.

Genaue Angaben über die optimale Lichtintensität für Orchideen sind bisher kaum aufzufinden; man beschränkt sich zumeist auf die pauschale Einteilung in „lichtliebende" und „schattenliebende" Arten, wobei man annimmt – sofern auch der morphogenetische Effekt des Lichtes mitberücksichtigt wird –, daß die Ansprüche der ersteren etwa zwischen 20 000 und 50 000 lx liegen, die der letzteren zwischen 5000 und 15 000 lx. Messungen am natürlichen Standort sind leider außerordentlich schwierig, da nicht nur die quantitativen, sondern auch die qualitativen Schwankungen im Laufe des Jahres oft beträchtlich sind. In Waldgebieten „wandert" zudem das Licht, so daß die Belichtungsstärke keine konstante Größe ist. Unter Kulturbedingungen ist eine experimentelle Ermittlung der für die Substanzproduktion optimalen Beleuchtung durch Messung der Photosyntheseleistung unter variierter Lichtzufuhr möglich, wie ESSER (1973) bei *Odontioda* gezeigt hat. Er fand für diese Hybride bei einer Temperatur von 15 °C den günstigsten Lichtbereich zwischen 5000 und 10 000 lx.

Der Kompensationspunkt, d. h. jene Grenze, an der Stoffgewinn durch Assimilation und Stoffverbrauch durch Atmung sich gegenseitig aufheben, dürfte für die meisten Gattungen je nach Temperatur bei einer Beleuchtungsstärke zwischen 500 und 2000 lx liegen. Der Sättigungspunkt hingegen, über den hinaus keine weitere Steigerung der Assimilationsleistung mehr zu erwarten ist, wird je nach Lichtverträglichkeit der Art wahrscheinlich zwischen 15 000 und

20 000 lx erreicht. In der Kultur wird daher im allgemeinen für ausgesprochen lichtbedürftige Orchideen eine Beleuchtungsstärke von 10 000–20 000 lx empfohlen, für schattenliebende 5000–10 000 lx. Dies bedeutet, daß die Pflanzen im Sommer, sofern man sie nicht im Freien oder in Großraumhäusern aufstellen kann, zeitweise schattiert werden müssen, um den mit höherer Lichtintensität verbundenen starken Temperaturanstieg zu vermeiden. Im Winter dagegen muß Zusatzlicht gegeben werden, wenn die genannten Luxwerte erlangt werden sollen. Aus wirtschaftlichen Gründen kann man allerdings nicht immer die optimalen Beleuchtungsstärken einhalten.

Eine Förderung des Wachstums durch Zusatzbelichtung im Winterhalbjahr ist vor allem bei der **Anzucht** von Orchideen wichtig und auch rentabel, weil hier nur relativ kleine Flächen zu belichten sind. Da sich die Blätter der Jungpflanzen noch nicht so stark gegenseitig beschatten, genügt im allgemeinen eine Beleuchtungsstärke von 2000–4000 lx. Auch für *Paphiopedilum,* das ja hauptsächlich im Winter seine Neutriebe weiterentwickelt, ist an trüben Tagen zusätzliche Belichtung anzuraten.

2.5.2 Die Lichtqualität

Das unserem Auge weiß erscheinende Tageslicht setzt sich aus Strahlungen verschiedener Wellenlänge zusammen, die von festen Körpern in unterschiedlicher Stärke absorbiert werden. Die grünen und roten Pigmente des Blattes (Chlorophylle und Karotinoide) nehmen in besonders hohem Maße die Strah-

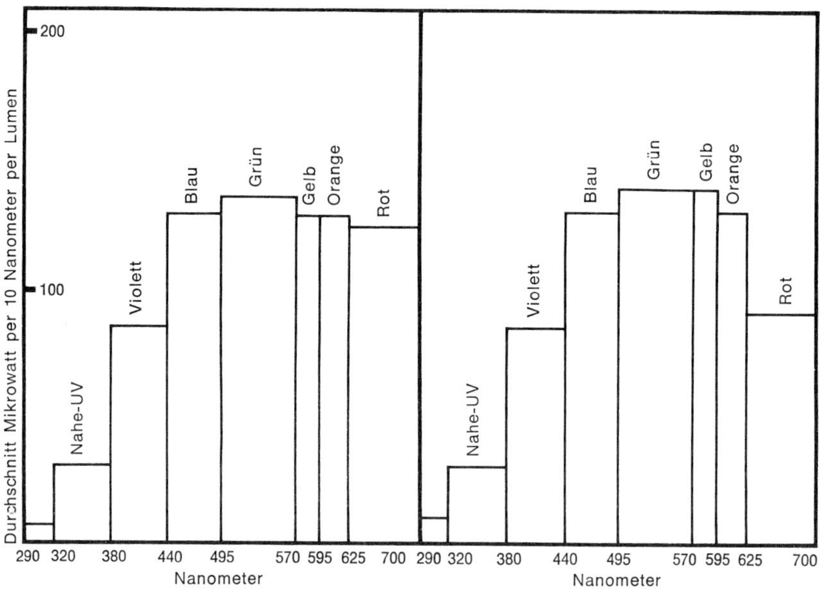

Abb. 44. Spektralanalyse von natürlichem Tageslicht und True-Lite-Leuchtstofflampen.

len des roten bzw. blauvioletten Spektralbereiches auf, d.h. die Wellenlängen 600–760 nm und 380–480 nm. Die Schwerpunkte liegen etwa bei 430 und 660 nm. Lichtquellen, die vorwiegend diese Wellenlängen ausstrahlen, sind daher für Pflanzen wertvoller als Licht, das einen hohen Gelb- oder Grünanteil hat. Der Menge der absorbierten Energie entspricht die photosynthetische Leistung; ihr Gipfel liegt in den gleichen Spektralbereichen. Künstliches Licht mit reichlicher Blau- und Rotstrahlung empfindet unser Auge, das überwiegend auf Grün und Gelb reagiert, als ziemlich dunkel. Auch die Selenphotozelle, deren Helligkeitswahrnehmung unserem Auge angepaßt ist, zeigt im Rot-Blau-Bereich geringere Lichtwerte an. Es ist daher notwendig, in diesem Falle zur Beurteilung der effektiven Beleuchtungsstärke die gemessenen Luxwerte mit einem bestimmten Faktor zu multiplizieren, z.B. bei Verwendung der Leuchtstofflampe Osram „Fluora" mit dem Faktor 6 (SCHOSER 1966). Nur so läßt sich die Wirkung des Tageslichtes (das für die Pflanze nicht voll nutzbar ist) mit dem scheinbar dunkleren, aber besser absorbierbaren Licht der Speziallampe vergleichen.

2.5.3 Die Belichtungsdauer

Die Effektivität des Lichtes ist nicht nur eine Frage der Intensität und Qualität, sondern auch der Zeit. Die natürliche Belichtungsdauer beträgt in äquatornahen Ländern nicht mehr als 12 Stunden; trotzdem ist die Summe des empfangenen Lichtes (lx · h) an besonnten Standorten relativ hoch. In der Kultur hat sich eine Belichtungszeit von 14–16 Stunden im allgemeinen am besten bewährt, bei Sämlings- oder Meristemkulturen kann sie u.U. bis auf 20 Stunden ausgedehnt werden. Die Abhängigkeit der Blütenbildung von der Tageslänge (Photoperiodismus) ist bei Orchideen kaum ausgeprägt, sie sind überwiegend tagneutral. Die während der Sommermonate angelegten Blüten von Cymbidien, vielen Dendrobien, Laelien, Miltonien und Odontoglossen sind mehr ein Resultat verstärkter Assimilationstätigkeit als einer bestimmten Hell-Dunkel-Periode. Vorwiegend im Kurztag (weniger als 12 Stunden Licht), unterstützt durch niedere Nachttemperaturen, entwickeln sich die Blüten von *Phalaenopsis, Dendrobium phalaenopsis* sowie vielen *Paphiopedilum- und Cattleya-Arten.*

2.5.4 Lampentypen für künstliche Belichtung

Das Angebot an Beleuchtungskörpern zur Pflanzenbelichtung hat sich während der letzten Jahre sehr vergrößert. Welche Wahl man unter der Vielzahl der Typen trifft, hängt weitgehend vom vorgesehenen Zweck wie von der Größe des Raumes und des Pflanzenbestandes ab. Pflanzen, die **ausschließlich** unter Kunstlicht kultiviert werden sollen, verlangen zur Ermöglichung einer ausreichenden Photosynthese besonders hohe Beleuchtungsstärken. Für Pflanzen hingegen, die Tageslicht empfangen, aber zu dessen Verstärkung bzw. deren zeitlichen Verlängerung **zusätzlich** Kunstlicht erhalten sollen, genügen etwas weniger leistungsstarke Lampen. Nachfolgend seien die gebräuchlichsten Lampentypen kurz charakterisiert:

Glühlampen: Sie geben ein verhältnismäßig schwaches Licht (50–100 lx), das durch seinen geringen Blau-Anteil und die starke Wärmeabstrahlung (Infrarot) qualitativ ungünstig ist. Glühlampen eignen sich höchstens als Ergänzung zu anderen Lampen oder zur Erzielung eines photoperiodischen Effektes (Tagesverlängerung).

Leuchtstofflampen: Diese Gasentladungslampen sind zwar bei der Installation kostspieliger als Glühlampen, dafür jedoch infolge ihrer höheren Lichtintensität pro Watt Stromverbrauch und ihrer längeren Lebensdauer (ca. 7500 Brennstunden) ökonomischer. Leuchtstoffröhren werden mit unterschiedlicher Lichtfarbe und Wattzahl, mit und ohne Reflektor angeboten. Am gebräuchlichsten sind Röhren mit 40 oder 65 W. Je nach gewünschter Beleuchtungsstärke und Größe der Fläche faßt man mehrere Lampen in einem Rahmen zu Aggregaten zusammen. Zur Orchideenkultur werden teilweise Leuchtstofflampen empfohlen, die überwiegend Licht des blauen und roten Spektralbereiches emittieren, wie beispielsweise Osram-L-„Fluora“, Sylvania Gro-Lux oder Sylvania Gro-Lux Wide Spectrum. Letztere haben einen etwas erweiterten Anteil an langwelligem Rot, was sich auf das Pflanzenwachstum günstig auswirken soll. Die genannten Lampen strahlen ein violettrotes Licht aus und sind deshalb für Pflanzenvitrinen in Wohnräumen nur bedingt geeignet, da sie für das Auge nicht sehr angenehm sind und zudem die Blütenfarben verfälschen. Man nimmt hier oft lieber Lampen mit der Lichtfarbe Weiß, z.B. „Tageslicht“ oder „Warmton de Luxe“ bzw. eine Kombination von beiden. Die Beleuchtungsstärke einer 40-W-„Fluora“-Lampe ohne Reflektor beträgt bei 30 cm Abstand von der Lampenmitte etwa 400 lx. Gleichmäßig ausgeleuchtet wird damit eine Fläche von 15 × 120 cm entsprechend der Röhrenlänge. Mit einer zweilampigen Leuchte und Reflektor erreicht man bereits eine Beleuchtungsstärke von 1100 lx, wobei die ausgeleuchtete Flächenbreite mehr als verdoppelt ist. Ein Nachteil derartiger, mit Reflektoren versehener Aggregate von zwei bis sechs Röhren, die 15–30 cm über den Pflanzen hängen, ist die damit verbundene Abschirmung des Tageslichtes, das auf diese Weise zu wenig ausgenutzt wird. In größeren Gewächshäusern bevorzugt man daher die leistungsstärkeren, in größerer Höhe hängenden Punktleuchten. Diese Hochdruck-Gasentladungslampen sind kostspieliger, haben aber eine bessere Lichtausbeute und längere Lebensdauer. Man hängt sie je nach Wattzahl 1–3 m, in Einzelfällen bis zu 60 cm über den Pflanzen auf.

Quecksilberdampf-Hochdruckleuchten: Diese Punktleuchten mit 250–400 W und einer Lebensdauer von ca. 9000 Stunden emittieren hauptsächlich Strahlen aus dem grünen, gelben und blauen Bereich, so daß sie zur Pflanzenbeleuchtung nur sehr beschränkt geeignet sind. Die meisten Lampen dieses Typs werden aber heute mit Leuchtstoff kombiniert und sind dann gut verwendbar.

Mischlichtlampen: Bei diesen wird der obigen Kombination noch Glühlampenlicht zugefügt, wodurch der Spektralbereich erweitert, aber auch die Wärmeentwicklung verstärkt wird. Die Lebensdauer beträgt etwa 5000 Brennstunden.

Halogen-Metalldampflampen: Die 400-W-Lampen haben einen recht günstigen Spektralbereich und eine Lebensdauer von ungefähr 6000 Brennstunden.

Die Beleuchtungsstärke erreicht bei einem Abstand von 2 m nahezu 2000 lx, doch hängt dies z. T. auch von der Art des Reflektors ab.

Natriumdampf-Hochdrucklampen: Das ausgestrahlte Licht ähnelt etwa dem des Tageslichtes; es hat einen relativ geringen Blau- und dafür hohen Gelbanteil. Bei Orchideen wurden gute Erfahrungen mit diesen Lampen gemacht, mit 75–100 lm/W besitzen sie eine besonders hohe Lichtausbeute. Die Lebensdauer liegt bei etwa 9000 Brennstunden.

Elektrische Leistung: Die benötigte elektrische Leistung, ausgedrückt in Watt je Quadratmeter (W/m^2), beträgt bei Kultur ausschließlich unter Kunstlicht 100–400 W/m^2. Für Jungpflanzen in Gewächshäusern, die während des Winters lediglich Zusatzlicht empfangen sollen, genügen in der Regel 50–100 W/m^2. Es ist allerdings zu beachten, daß der Lichtstrom (Lumen) und damit die Beleuchtungsstärke (lx) der einzelnen Lampentypen bei gleicher Stromzufuhr sehr unterschiedlich sein kann. Um auf einer Fläche von 10 m^2 Beleuchtungsstärken von 2500 lx zu erhalten, sind unter Berücksichtigung des Wirkungsgrades der einzelnen Lampentypen nach RUF (1966) folgende Anschlußwerte notwendig:

5000 W bei Glühlampen (500 W)	10 Stück
2500 W bei Mischlicht (250 W)	10 Stück
1400 W bei Quecksilber-Hochdruck-Lampen (250 W)	5 Stück
800 W bei Verwendung von Osram-„Fluora“-Lampen (40 W)	16 Stück

Die genannten Werte können allerdings nur Anhaltspunkte darstellen, da die Lampen ständig vervollkommnet werden und sich daraus dann auch neue Leistungszahlen ergeben. Wer sich über die Fortschritte auf diesem Gebiet näher unterrichten möchte, besonders hinsichtlich der technischen Belange und Kostenermittlung, sei auf die Veröffentlichungen der Arbeitsgemeinschaft für Elektrizitätsanwendung in der Landwirtschaft hingewiesen, bei denen auch gärtnerische Kulturen angeführt werden (AEL 1976).

Pflanzen, die nur im Winterhalbjahr (Oktober bis Februar) Zusatzlicht bekommen, müssen beim Beginn sehr allmählich daran gewöhnt werden. Vergilbungen oder Knospenfall treten meistens nur dann auf, wenn die Veränderung zu abrupt erfolgt, oder wenn durch Benutzung von Lampentypen mit starker Infrarotstrahlung eine zu große Erwärmung des Pflanzengewebes eintritt. Licht- bzw. Wärmeschäden (Clorophylldefekte, Verbrennungen) können auch durch übermäßige Sonneneinstrahlung bewirkt werden, besonders im Frühjahr, wenn die Lüftungseinrichtungen noch nicht ausreichend zu betätigen sind.

2.5.5 Die Schattierung

Gefährlich für die meisten Orchideen sind vor allem die nach der winterlichen Dunkelperiode plötzlich einsetzenden hohen Strahlungsintensitäten im Februar bis März. Pflanzen, die dicht am Glas stehen, verlangen in dieser Zeit unbedingt eine Abschirmung. Die von der Industrie angebotenen Schattiereinrichtungen sind sowohl hinsichtlich des Materials wie der technischen Handhabung außerordentlich mannigfaltig, so daß die Entscheidung, welches System vorzuziehen sei, oft schwerfällt. Am preiswertesten ist das Aufspritzen von Schattierfarbe auf das Glas oder das Auflegen von Lattenrosten. Kostspieliger, aber weniger arbeitsaufwendig und besser regulierbar sind die von Hand oder automatisch bedienten aufrollbaren Schattierungen, die inner- oder außerhalb des Gewächshauses angebracht sein können. Außenrollos mit vertikal gestellten Latten haben den großen Vorteil, daß sich im Haus kein Wärmestau bildet und das Licht, ähnlich wie im Urwald, „wandert". Länger haltbar und meistens auch einfacher zu bedienen sind jedoch Innenschattierungen aus Kunststoffbahnen, die in Längs- oder Querrichtung zusammengezogen werden können. Die Lichtminderung der ausgebreiteten Bahnen beträgt je nach Material und Dichte 30–50%. Zahlreiche Angaben über die Schattierungsmöglichkeiten von Kleingewächshäusern finden sich bei WALTER (1977).

2.6 Die Temperatur

Die Temperatur steht in ihrer Wirkung in engem Zusammenhang mit dem Licht. Wellenlängen von 800–6000 nm, die wir als Wärmestrahlung bezeichnen, versetzen die Molekeln von Körpern, die diese elektromagnetische Energie aufnehmen, in Schwingungen, wodurch sich die Materie erwärmt. Zum Ablauf der meisten Stoffwechselprozesse, wie sie sich im Inneren der Pflanze abspielen, wird Energie in Form von Wärme benötigt, sonst steht das Leben still. Jedoch werden die einzelnen Teilprozesse im Stoffwechselgeschehen nicht alle von der gleichen Temperatur zur höchsten Aktivität angeregt, oft wirken auch stärkere Schwankungen als Reiz, der notwendig ist, um eine neue Entwicklungsphase auszulösen.

Bei Orchideen tropischer Herkunft liegt das Temperaturoptimum für die vegetative Entwicklung je nach Höhenlage des natürlichen Standortes im allgemeinen zwischen 17 und 27 °C, das Minimum bei 8–10 °C, das Maximum bei 40–45 °C. Temperaturen über 40 °C können immer nur kurze Zeit ertragen werden, andernfalls zersetzt sich das eiweißhaltige Zellplasma, und die betroffenen Sproßteile sterben ab. Da das Blatt die Wärmestrahlen u.U. zu 100% absorbiert, liegt die Blattemperatur gewöhnlich am Tage über derjenigen des Luftraumes, was besonders bei Aufstellung der Pflanzen in Fensternähe zu beachten ist. Die Wärmeaufnahme des Blattes hängt aber auch ab von seiner Stellung zum Licht, seiner Dicke, Oberhautbeschaffenheit und Transpirationsrate. Orchideen, die aus Höhenlagen von über 1000 m stammen, sind meistens weitgehend dem oft beträchtlichen Temperaturgefälle zwischen Tag und Nacht angepaßt; einige von ihnen, wie bestimmte Arten von *Laelia, Epidendrum oder Dendrobium,* überstehen in der Natur sogar leichten Frost.

2.6.1 Temperatur des Kulturraumes

In der Praxis hat es sich eingebürgert, von kalten, temperierten und warmen Gewächshäusern zu sprechen und damit drei Klimazonen zu schaffen, die dem unterschiedlichen Wärmebedürfnis der einzelnen Orchideenarten einigermaßen entsprechen. Die Tagestemperatur des Kalthauses soll im Sommer etwa zwischen 16 und 20 °C liegen, im Winter zwischen 13 und 16 °C. Temperiertes Haus: So 18–24 °C, Wi 16–18 °C. Warmhaus: So 21–27 °C, Wi 21–24 °C. Die Nachttemperatur muß grundsätzlich 3–5 °C unter der des Tages gehalten werden, da während der Dunkelheit die Photosynthese aufhört, die Atmung (also der Verbrauch von Assimilaten) aber weitergeht und durch höhere Temperaturen noch gefördert wird. Selbst wärmebedürftige Arten sollten nachts nicht mehr als höchstens 20 °C erhalten. Ein vorübergehendes Absinken der Temperatur unter den optimalen Bereich wirkt sich meistens nur dann verhängnisvoll aus, wenn die Pflanzen zu feucht und auch tagsüber zu dunkel stehen. Da das Wurzelsystem gegen Kälte noch empfindlicher ist als der oberirdische Sproß, gibt man getopften Pflanzen gern einen „warmen Fuß", zumal dann auch während der Wintermonate eher einmal Frischluft von außen zugeführt werden kann. Orchideen, die eine strenge Ruhezeit verlangen, hält man im Winter nicht nur kühler, sondern auch trockener und heller.

2.6.2 Einfluß von Temperatur und Licht auf die Blütenentwicklung

Häufig ist die Ruhezeit, die in warmen Ländern zumeist durch eine Trockenperiode ausgelöst wird, mit der Anlage oder Entwicklung des Blütensprosses verknüpft. Wenn wir auch leider noch keinen näheren Einblick in die physiologischen Vorgänge haben, die bei dieser „Umstimmung" von der vegetativen in die generative Phase stattfinden, so haben experimentelle Untersuchungen doch gezeigt, daß die Blütezeit einiger Orchideen durch bestimmte Temperatur- und Lichteinflüsse bis zu einem gewissen Grade steuerbar ist.

Cattleya: Die Blüten entwickeln sich bei einigen Arten am wachsenden, bei anderen am bereits ausgereiften Trieb. Der Vorgang wird teils von der Tageslänge, teils von der Temperatur, teils von beidem beeinflußt. Kurztag (d. h. eine mehr als zwölfstündige tägliche Dunkelperiode) fördert nach ROTOR (1952), dessen Angaben jedoch teilweise in Frage gestellt werden, die Blütenbildung von *C. labiata, C. percivaliana* und *C. trianae;* Kurztag in Verbindung mit niederer Temperatur (ca. 13 °C) jene von *C. gaskelliana, C. warscewiczii* und *C. mossiae.* Eine Steuerung der Blütezeit ist durch entsprechende Einstellung der Kulturbedingungen 2–3 Monate vor dem erwünschten Blühtermin möglich. Zum Beispiel läßt sich bei *C. labiata* eine Weihnachtsblüte durch Kurztagsbehandlung ab Anfang Oktober erzielen. Bei Hybriden mit ihrem vielfältig zusammengesetzten Erbgut ist hingegen eine Terminisierung der Blüte wesentlich schwieriger, auch kann hier die Reaktion auf eine bestimmte Behandlung von Pflanze zu Pflanze und von Jahr zu Jahr sehr unterschiedlich sein.

Cymbidium: Die Blütenknospen der frühen und mittelfrühen Sorten werden bereits im Mai–Juni in den Blattachseln der Pseudobulben angelegt. Die Weiterentwicklung hängt von den Lichtverhältnissen des Sommers und den nächtlichen Temperaturen im August–September ab. Wirken 5–6 Wochen Nachttemperaturen von etwa 14 °C auf die Pflanzen ein, so öffnen sich die ersten Blüten nach 3–4 Monaten ab Beginn der Kühlperiode. Auch mäßiges Gießen und Einschränkung der Stickstoffgaben fördern das Erscheinen der Blütentriebe.

Nach holländischen Untersuchungen bewirken niedere Nachttemperaturen nicht nur eine Verfrühung, sondern auch eine qualitative Verbesserung der Blüte sowie die Ausbildung längerer Rispen. Während des Winters sollen im Gewächshaus tagsüber etwa 17 °C, nachts weiterhin 14 °C eingehalten werden. Mehr Wärme verursacht in Verbindung mit dem winterlichen Lichtmangel leicht Knospenfall, während zu geringe Wärmegrade das Wurzelsystem schädigen.

Dendrobium: Bei D. phalaenopsis fällt die Blütezeit normalerweise in den Kurztag, unabhängig von der Temperatur. Die Blüteninduktion kann aber auch im Langtag erfolgen, wenn die Nachttemperatur auf ungefähr 16 °C gesenkt wird. Langtag mit dauernd hoher Temperatur begünstigt die Aufsitzerbildung. *D. nobile* blüht im Frühjahr an ausgereiften Pseudobulben. Die Blüte wird induziert durch eine dreimonatige Kühlhaltung bei 10–12 °C. Nach erfolgter Induktion beschleunigen höhere Temperaturen, ebenso wie bei *D. phalaenopsis,* die Weiterentwicklung zur fertigen Blüte.

Paphiopedilum: *P. insigne* verhält sich tagneutral, doch wird auch hier die Blütenanlage durch Temperaturabsenkung initiiert. Zur Sicherung der Weihnachtsblüte gibt man im Mai–Juni eine vierwöchige Kühlbehandlung bei 10–12 °C. Für die wärmebedürftigeren Hybriden scheint neben gutem Kulturzustand auch der Empfang einer bestimmten Lichtsumme (ca. 100 000 lx) ausschlaggebend für die Blütenbildung zu sein.

Phalaenopsis: Die Gattung blüht am reichlichsten im Kurztag, doch kommt sie auch unabhängig von der Tageslänge zur Blüte, wenn die Nachttemperatur nicht über 19 °C ansteigt. Nach Davidson (1978) soll man die Nachttemperatur am besten auf 13–15 °C absenken. Die Blütezeit beginnt gewöhnlich 3–4 Monate nach Einleitung der 3–4wöchigen Kühlperiode; sie läßt sich verlängern, wenn ein Teil der mit Knospen besetzten Triebe auf ein bis zwei Augen zurückgeschnitten wird. Die neu durchtreibenden Seitenzweige sind dann nach 75–80 Tagen schnittreif.

Eine Herabsetzung zu hoher Tagestemperaturen ist während der Sommermonate nicht immer einfach. Bei Cymbidien verbietet der hohe Lichtbedarf eine intensive Schattierung, so daß eine Abkühlung nur durch Einsatz von Ventilatoren, Sprühnebel oder Berieselungsanlagen erreicht werden kann. Teilweise hat sich in der Praxis auch die Mattenkühlung eingeführt, wobei auf der einen Seite des Gewächshauses der von außen kommende Luftstrom über wasserberieselte Matten geführt und auf der entgegengesetzten Seite wieder abgesaugt wird.

Im Winter besteht dagegen das Problem, den Pflanzen die notwendige Wärme zu geben und dabei die übrigen Klimabedingungen optimal zu halten. Zur Heizkostenersparnis bespannt man heute während der kältesten Zeit meistens die Glashäuser innen mit Kunststoffolien, wenn dadurch auch der Lichteinfall verringert wird.

2.7 Die Luft

Unsere erdnahe Atmosphäre ist ein Gasgemisch, das sich aus rund 78 Vol.-% Stickstoff (N_2), 21% Sauerstoff (O_2), 0,03% Kohlendioxid (CO_2), 0,01% Wasserstoff (H_2) und knapp 1% Edelgasen zusammensetzt. Von diesen Gasen verwerten die höheren Pflanzen in der Regel nur den Sauerstoff und das Kohlendioxid, leider nicht den Stickstoff, der ihnen mit der Luft so reichlich angeboten wird. Die Bestandteile der Luft unterliegen allerdings je nach Tages- und Jahreszeit und den örtlichen Gegebenheiten mehr oder weniger großen Schwankungen. So ist der für die Assimilation so wichtige CO_2-Gehalt meistens dort etwas höher, wo lebhafte mikrobielle Umsetzungen stattfinden (Humusböden, Laubwälder) oder wo durch Verbrennungen CO_2 frei wird (Industrieanlagen, Wohngebiete).

2.7.1 Die Kohlendioxidversorgung

CO_2 wird von der Pflanze über das Blatt aufgenommen, durch Assimilation in organische Stoffe eingebaut und teilweise bei der Dissimilation (Atmung) wieder freigesetzt. Stehen viele Pflanzen in einem Raum, wie es in Gewächshäusern der Fall ist, so verringert sich am Tage zur Zeit der stärksten Photosynthese der CO_2-Gehalt der Luft manchmal auf ein Drittel des Normalwertes. Damit ist aber bereits das Minimum erreicht, bei dem die Substanzbildung erheblich nachläßt. Um das Niveau auf gleichbleibender Höhe zu halten, muß entweder genügend Frischluft von außen oder künstlich erzeugtes CO_2 zugeführt werden. Eine Verarmung an Kohlendioxid ist besonders während der Wintermonate zu befürchten, weil dann Frost den Austausch mit der Außenluft weitgehend verbietet.

Zwar ist infolge des Lichtmangels dann auch die Assimilation stark eingeschränkt, doch hat sich erwiesen, daß zusätzliche CO_2-Begasung gerade im Winter gut genutzt wird und die Blühwilligkeit bedeutend zu steigern vermag. Die besten Ergebnisse erreicht man im allgemeinen mit einer Erhöhung des CO_2-Spiegels auf 0,1 Vol.-%, also etwa einer Verdreifachung des normalen Gehaltes. Sehr positiv reagieren auch Jungpflanzen auf eine erhöhte CO_2-Konzentration, insbesondere, wenn auch die Belichtungs- und Ernährungsverhältnisse optimal gestaltet werden. Das Wachstum ist dann gedrungener und kräftiger als bei unbegasten Pflanzen, und die Entwicklung wird deutlich beschleunigt.

Eine Anreicherung der Luft mit Kohlendioxid läßt sich mit den verschiedensten Mitteln erreichen. In kleineren Liebhabergewächshäusern genügt häufig schon das Ausbreiten einer gedüngten feuchten Torfschicht unterhalb der Stellflächen oder das Aufstellen von Schälchen mit Marmorstücken, die mit Salzsäure übergossen werden. Ebenso läßt sich durch Verbrennen von Methanol oder Aceton CO_2 entwickeln, wenn man nicht Trockeneis bzw. gasförmiges CO_2 aus der Flasche benutzen will. Im Erwerbsgartenbau verbrennt man zumeist in Spezialbrennern Propangas, wobei die richtige Dosierung mit Meßgeräten kontrolliert werden muß. Nach GUT (1966) sind zur Erzeugung von

3000 ml gasförmigem CO_2 notwendig: 5 ml Methanol, 3 ml Aceton, 5,5 g Trockeneis oder 1000 ml Propangas. Je nach Größe des Raumes rechnet man bei Nutzung einer ergiebigen CO_2-Quelle im allgemeinen mit einer viertel- bis halbstündigen Begasung vormittags gegen 9 und nachmittags gegen 13 Uhr. Die Verteilung des Gases, das anderthalbmal schwerer als die Luft ist, muß durch Ventilatoren unterstützt werden. In manchen Betrieben benutzt man auch perforierte Kunststoffschläuche, die entweder oberhalb des Bestandes aufgehängt oder zwischen den Pflanzen ausgelegt werden. Letzteres hat den Vorteil, daß das Gas unmittelbar an die Blattunterseiten herangebracht wird, wo die Aufnahme durch die Spaltöffnungen erfolgt. Voraussetzung für eine gute Ausnutzung ist allerdings eine einwandfreie Abdichtung der Häuser. Niedrige Stellflächen oder die Anbringung von Ventilatoren unterhalb der Tische bewirken ebenfalls eine verbesserte Ausbeute. Die Toxizitätsgrenze für CO_2 liegt bei 2–3 Vol-%, doch können schon unterhalb dieser Grenze Schäden auftreten, wenn sich die Pflanzen in einer empfindlichen Phase befinden. Mit Eintritt der Blütezeit sollte man die Begasung vorsichtshalber einstellen.

2.7.2 Die Sauerstoffversorgung

Sauerstoff braucht die Pflanze zur Atmung, die ununterbrochen, Tag und Nacht, vor sich geht. Die Pflanze atmet mit allen Teilen, einschließlich der Wurzeln, so daß auch die Bodenluft reich an Sauerstoff sein muß. Bei der Atmung wird Kohlendioxid ausgeschieden, das aber von den Wurzeln, im Gegensatz zum Sproß, assimilatorisch nicht wieder genutzt werden kann. Infolgedessen reichert sich – meistens unter Mitwirkung ebenfalls atmender Mikroorganismen – Kohlendioxid auf Kosten des Sauerstoffs im Wurzelbereich an und führt zu Vergiftungen.

Da Orchideenwurzeln ausgesprochen atmungsaktiv sind, ist eine ständige Lufterneuerung innerhalb des Substrats die wichtigste Voraussetzung für das Gedeihen der Pflanzen. Der notwendige Luftaustausch wird erleichtert durch brockige, strukturstabile Pflanzstoffe, gute Dränage, genügend große Abzugslöcher im Topf, nicht zu festes Einpflanzen, luftigen Stand auf Drahtgitterunterlagen oder Lattenrosten sowie einen Wechsel von Feucht- und leichter Trockenhaltung bei der Kultur. Eine künstliche Aerifizierung des Substrats durch Einblasen von Sauerstoff wurde bisher noch nicht erprobt, doch könnte sie, besonders bei Beetbepflanzung, u. U. erfolgreich sein. Der Einbau von Ventilatoren im Gewächshaus begünstigt zwar den Austausch zwischen der CO_2-reicheren Luft der bodennahen Schicht und der sauerstoffreicheren Atmosphäre im First, doch hat dies kaum einen Einfluß auf die Luftverhältnisse in der Rhizosphäre. Eine Ableitung von Sauerstoff innerhalb der Pflanze vom Sproß hinab zur Wurzel findet nicht statt. Das Problem einer ausreichenden O_2-Versorgung besteht vor allem bei größeren Hydrokulturanlagen, da in Nährlösungen mit einer Temperatur um 20 °C nur noch wenig Sauerstoff gelöst ist. Durch Verwendung von porösem Blähton als luftführendes Substrat und durch regelmäßige Belüftung der Lösung mittels Pumpen läßt sich diese Schwierigkeit jedoch beheben.

2.7.3 Die Wirkung anderer Gase

Wenn auch der elementare Stickstoff der Luft von der Pflanze nicht verwertet werden kann, so gilt dies nicht für die N-haltigen gasförmigen Verbindungen. Das Gas NH_3 (Ammoniak) wirkt zwar in höheren Konzentrationen toxisch, in Spuren hat es aber einen günstigen Effekt, wenn es in Verbindung mit dem Bodenwasser der Pflanze als NH_4-Ion zugeführt wird. Man machte sich das früher gern zunutze, indem man abends verdünnte Jauche oder aufgelösten Kuhdung auf die Wege des Gewächshauses versprühte, wodurch sich Ammoniak bildete. Zweifellos spielt auch in den gewitterreichen Tropen die Umwandlung des Luftstickstoffs in eine pflanzenaufnehmbare Form eine nicht zu unterschätzende Rolle.

Ausgesprochen schädigende Wirkung haben hingegen eine Reihe von Abgasen, vor allem Schwefeldioxid und Äthylen. Die Gefahr der Luftverunreinigung besteht besonders an stark befahrenen Straßen, in der Nähe von Industrieanlagen und innerhalb dichtbesiedelter Wohngebiete. Aber auch im Gewächshaus selbst können durch undichte oder unsachgemäß installierte Heizungen derartige Gase erzeugt werden. Manchmal scheiden auch größere Bestände blühender Pflanzen oder lagerndes Obst Äthylengas aus und verursachen damit ein vorzeitiges Welken und Abstoßen gerade sich öffnender Blumen. Besonders *Phalaenopsis, Cattleya* und *Dendrobium phalaenopsis* reagieren darauf sehr empfindlich. Auch andere Pflanzen, wie beispielsweise Farne, Gesneriaceen und Begonien, beginnen in solchen Fällen, die Blätter abzuwerfen, so daß sie im Zweifelsfall gute Testpflanzen zur Bestätigung der vermuteten Ursache darstellen. Liegt das Gewächshaus an einer sehr befahrenen Straße, so muß die Lüftung eingeschränkt und die Luftfeuchtigkeit herabgesetzt werden. Auch nasses Substrat und reichliche Stickstoffdüngung erhöhen die Schadwirkung des Äthylengases. Vielfach rät man dazu, pulverisierte Holzkohle (Aktivkohle) in Schalen oder durchlässigen Säckchen oberhalb der Pflanzen anzubringen und damit die Gase zu absorbieren. Das Kohlepulver muß dabei von Zeit zu Zeit durch mehrstündiges Erhitzen bei 250 °C reaktiviert werden.

2.7.4 Die Luftzirkulation

Am natürlichen Standort der Epiphyten findet in der Regel eine sehr lebhafte Luftbewegung und damit ein dauernder Luftaustausch statt. In der Kultur stehen dagegen die Pflanzen häufig in einer mehr oder weniger stagnierenden Atmosphäre, vor allem während der Wintermonate. Das kann ungünstige Folgen haben: Abgesehen von der zeitweiligen Verarmung an CO_2 im Sproßbereich oder an O_2 im Wurzelraum besteht die Gefahr einer übermäßigen Erhitzung bei intensiver Sonneneinstrahlung oder – in zu feuchter, stickiger Luft – rasch sich ausbreitender Infektionen. Blühende Cymbidienbestände können auf diese Art durch *Botrytis*-Befall über Nacht wertlos werden. Ein „Waschküchenklima" mindert nicht nur die Widerstandskraft der Pflanzen und die Haltbarkeit der Blüten, sondern schränkt auch die Transpiration und damit die Nährstoffaufnahme erheblich ein. Aus diesem Grunde sollte man schon vor dem Bau eines Gewächshauses genügend Lüftungsmöglichkeiten (auch unterhalb der Tische) mit einplanen. Die Anbringung eines einzigen Ventilators am First oder an einer der Giebelseiten ist schon bei mittelgroßen Gewächshäusern kaum ausreichend. Im Erwerbsgartenbau sieht man hin und wieder die Methode, durch Einblasen von Luft in aufgehängte, perforierte Plastikschläuche die Zirkulation zu unterstützen. Ist die Luft zu trocken, so wird damit allerdings die Ausbreitung von Spinnmilben noch gefördert.

2.8 Die gegenseitige Beeinflussung der Wachstumsfaktoren

Maßgeblicher für das Gedeihen der Pflanzen als die optimale Gestaltung eines einzelnen Umweltfaktors ist das harmonische Aufeinanderabstimmen aller das Wachstum lenkenden Bedingungen. Dabei müssen in der Regel jene Außeneinflüsse am meisten berücksichtigt werden, die dem Idealzustand am wenigsten entsprechen. **Lichtmangel,** dieser bei uns im Winter überwiegend begrenzende Faktor, verlangt eine Herabsetzung der Nährstoffgabe, der Bewässerungshöhe und auch der Temperatur. Andernfalls kommt es infolge der geringen Assimilationstätigkeit zu Salzakkumulationen und Wurzelschäden, die ein Schrumpfen der Pseudobulben, schwarze Blattspitzen und geminderte Blühwilligkeit zur Folge haben. Ein gewisser Ausgleich für das fehlende Licht läßt sich durch kalibetonte Düngung und CO_2-Begasung erreichen. **Suboptimale Temperaturen,** ein ebenfalls häufiger Mangelfaktor (oft sogar eher im Sommer als im Winter), bedingen desgleichen eine gebremste Nährstoffversorgung und Bewässerung. Umgekehrt muß bei hohen Wärmegraden der verstärkten Transpiration der Pflanzen durch öfteres Gießen und Spritzen Rechnung getragen werden, wodurch gleichzeitig – zumindest während der Hauptwachstumszeit – auch die Nährstoffe vermehrt angeboten werden müssen. Daneben spielt natürlich der Gesundheitszustand der Pflanzen selbst ebenfalls eine Rolle: Alle kränkelnden oder in Ruhe befindlichen Exemplare sollten weder gedüngt noch zu naß gehalten werden; allenfalls steigert man die Luftfeuchtigkeit etwas.

Auf Grund der individuellen Ansprüche der Pflanzen lassen sich nur schwer allgemeine Regeln für das Zusammenspiel der einzelnen Wachstumsfaktoren geben. Nur durch ständige Beobachtung und Fingerspitzengefühl lernt man es allmählich, die Kulturführung den jeweiligen Gegebenheiten am besten anzupassen.

2.9 Begleitpflanzen

Für den Liebhabergärtner, der sein Gewächshaus oder Blumenfenster nicht ausschließlich mit Orchideen ausstatten will, sondern durch eine entsprechende Begleitflora ein möglichst „natürliches“ Vegetationsbild erreichen möchte, bietet sich eine Reihe von Warmhauspflanzen an, die durch ihre Wuchsform und ihre Lebensansprüche recht gut mit den Orchideen harmonieren. ENCKE (1968) beschreibt eine Fülle kulturwürdiger tropischer und subtropischer Zierpflanzen, aus der sich sowohl nach ökologischen wie nach ästhetischen Gesichtspunkten eine Auswahl treffen läßt. Zur Anregung seien einige Beispiele hier genannt.

a) Niedrige, schattenverträgliche Bodendecker

Calathea makoyana (Marantaceae)
Coleus pumilus (Labiatae)
Cryptanthus zonatus (Bromeliaceae)
Episcia cupreata (Gesneriaceae)
Fittonia verschaffeltii 'Argyroneura' (Acanthaceae)
Soleirolia (Helxine) soleirolii (Urticaceae)
Impatiens walleriana (Balsaminaceae)
Maranta bicolor (Marantaceae)
Pellionia pulchra (Urticaceae)
Peperomia caperata, P.velutina (Piperaceae)
Pilea cadierei (Urticaceae)
Saintpaulia ionantha (Gesneriaceae)
Selaginella martensii (Selaginellaceae)
Tradescantia fluminensis (Commelinaceae)
Zebrina (Tradescantia) pendula (Commelinaceae)

b) Höhere, großblättrige Warmhauspflanzen

Adiantum raddianum (Polypodiaceae)
Anthurium andreanum, A. crystallinum (Araceae)
Begonia-Rex-Hybriden (Begoniaceae)
Caladium bicolor (Araceae)
Codiaeum variegatum var. *pictum* (Euphorbiaceae)
Coleus-Blumei-Hybriden (Labiatae)
Dieffenbachia maculata (Araceae)
Heliconia bicolor (Musaceae)
Hibiscus rosa-sinensis (Malvaceae)
Microcoelum (Cocos) weddelianum (Palmae)
Monstera deliciosa (Araceae)
Nephrolepis exaltata (Polypodiaceae)
Pteris cretica (Polypodiaceae)
Streptocarpus-Hybr. (Gesneriaceae)

c) Kletternde (↑) und hängende (↓) Gewächse

Allamanda cathartica (Apocynaceae) ↑
Anthurium scandens (Araceae) ↑
Asparagus plumosus, A. scandens (Liliaceae) ↑
Begonia foliosa (Begoniaceae) ↓
Bougainvillea glabra (Nyctaginaceae) ↑
Ceropegia woodii (Asclepiadaceae) ↓
Cissus discolor (Vitaceae) ↑
Chlorophytum comosum (Liliaceae) ↓

Columnea microphylla (Gesneriaceae) ↓
Ficus pumila (F.repens) (Moraceae) ↑
Gloriosa rothschildiana (Liliaceae) ↑
Passiflora racemosa, P.raddiana (Passifloraceae) ↑
Raphidophora (Scindapsus) aurea (Araceae) ↑
Saxifraga stolonifera (Saxifragaceae) ↓

d) Epiphyten

Bromeliaceae (Arten von *Aechmea, Guzmania, Neoregelia, Nidularium, Tillandsia, Vriesea* u. a.)
Cactaceae (Arten von *Epiphyllum, Rhipsalis, Rhipsalidopsis, Schlumbergera* u. a.)
Polypodiaceae (Arten von *Davallia, Drymoglossum, Platycerium, Polypodium* u. a.)

e) Pflanzen mit biologisch interessanten Eigenarten

Insektenfangende Blätter:
Dionaea muscipula (Droseraceae)
Drosera indica (Droseraceae)
Drosophyllum lusitanicum (Droseraceae)
Nepenthes-Hybr. (Nepenthaceae)
Pinguicula caudata (Lentibulariaceae)
Sarracenia purpurea (Sarraceniaceae)

Reizbare, bewegliche Blätter:
Biophytum sensitivum (Oxalidaceae)
Desmodium gyrans (Leguminosae)
Mimosa pudica (Leguminosae)

Brutblätter:
Asplenium bulbiferum, A.daucifolium (Polypodiaceae)
Begonia phyllomaniaca (Begoniaceae)
Kalanchoë (Bryophyllum) daigremontiana, K.tubiflora (Crassulaceae)
Tolmiea menziesii (Saxifragaceae)

Literaturverzeichnis

AEL (Anon.): Pflanzenbeleuchtung. Schriftenreihe der Arbeitsgemeinschaft für Elektrizitätsanwendung in der Landwirtschaft. Heft 3, 1–96. Essen 1976.
Bomba, G.: Das Epiflor-Verfahren, ein neuer Weg in der Anzucht epiphytisch wachsender Orchideen. Der Palmengarten, 39, 24–29, 1975.
Davidson, O. W.: Question Box. Amer. Orch. Soc. Bull. 47, 998, 1978.
Encke, F.: Die schönsten Kalt- und Warmhauspflanzen. Verlag Eugen Ulmer, Stuttgart 1968.
Esser, G.: Photosynthesemessung mit dem URAS. Die Orchidee 24, 12–14, 1973.
Finck, A.: Pflanzenernährung in Stichworten. Verlag Ferdinand Hirt, Kiel 1969.
Frey, J. K.: Effect of Bark Substrate on Germination and Early Growth of Encyclia tampensis Seeds. Amer. Orch. Soc. Bull. 42, 701–708, 1973.

GUT, J.: Anmerkungen zur Verwendung von Kohlendioxid in Kleingewächshäusern. Die Orchidee 17, 33–35, 1966.
HAASE, P.: Ein weiterer Schritt zur vollautomatischen Orchideenkultur. Die Orchidee 26, 181–183, 1975.
NUERNBERGK, E.L.: Kunstlicht und Pflanzenkultur. Bayerischer Landwirtschaftsverlag, München, Bonn, Wien 1961.
PENNINGSFELD, F.: Die Ernährung der Orchideen. Die Orchidee 22, 443–452, 1971.
– Orchideensubstrate und Orchideenernährung. Tagungsber. 8. Welt-Orchideenkonf. Frankfurt 1976.
POOLE, H.A., and SHEEHAN, T.J.: Chemical Composition of Plant Parts of Cattleya Orchids. Amer. Orch. Soc. Bull. 42, 889–895, 1973.
– Leaf-tip Die-back of Cattleya – What's the Real Cause? Amer. Orch. Soc. Bull. 42, 227–230, 1973.
– Chemical Composition of Plant Parts of Phalaenopsis Orchids. Amer. Orch. Soc. Bull. 43, 242–246, 1974.
ROTOR, G.B.: Daylenght and Temperature in Relation to Growth and Flowering of Orchids. Cornell Univ. Exp. Stat. Bull. 885, 1952.
RUF, J.: Pflanzenbestrahlung. Gartenwelt 66, 369–371, 425–427, 446–447, 1966.
RÜNGER, W.: Licht und Temperatur im Zierpflanzenbau. 3. Aufl. Verlag Paul Parey, Berlin u. Hamburg 1976.
SANFORD, W.W.: The Ecology of Orchids. In: WITHNER, C., The Orchids. Scientific Studies. Verlag John Wiley & Sons, New York, 1–100, 1974.
SCHOSER, G.: Pflanzenkultur mit dem Pflanzenstrahler OSRAM-L-„Fluora“. OSRAM-Selbstverlag, München–Berlin 1966.
VON STETTEN, O.: Aerokultur von Orchideen. Die Orchidee 27, 125, 1976.
STOLZE, L.R., und ESSER, G.: Orchideen für Ihre Fensterbank. Lemförde 1972.
TRESCH, W.: Orchideen in Hydrokultur. Zierpflanzenbau und Gartenbautechnik (zb) 17, 662–663, 1977.
VOTTELER, W.: Hydrokultur in Blähton. Arbeitshefte für die Gartenpraxis Nr. 12. Obst- und Gartenbauverlag, München 1974.
WALTER, H.: Vegetationszonen und Klima. UTB 14. Verlag Eugen Ulmer, Stuttgart 1970.
– Die Vegetation der Erde. Bd. I, Die tropischen und subtropischen Zonen. 3. Aufl. Verlag Gustav Fischer, Stuttgart 1973.
– und LIETH, H.: Klimadiagramm-Weltatlas. VEB Verlag Gustav Fischer, Jena 1967.
WALTER, M.: Das Kleingewächshausbuch. Verlag Eugen Ulmer, Stuttgart 1977.

3 Praktische Kulturtechnik für den Orchideenliebhaber

Auf den folgenden Seiten sollen die heutigen technischen Möglichkeiten und Hilfsmittel aufgezeigt werden, die es dem Liebhaber ermöglichen, Orchideen erfolgreich und dauerhaft zu kultivieren und zur Blüte zu bringen. Wo Anregungen gegeben werden, beschränken sie sich bewußt auf praxisnahe Vorschläge, die sich über Jahre bewährt haben. Übertechnisierte Lösungen, die letztlich den Menschen überflüssig werden lassen, sollen ebensowenig empfohlen werden wie Geräte, die im Handel nicht erhältlich oder zu unsicher sind.

Der angehende Orchideengärtner aus Leidenschaft sollte unbedingt gute Fachliteratur studieren und den persönlichen Kontakt mit erfahrenen Orchideenliebhabern pflegen. Diese haben sich mit Gärtnern und Wissenschaftlern in der Deutschen Orchideengesellschaft e. V. zusammengeschlossen, die regelmäßige Zusammenkünfte und Besichtigungen veranstaltet und eine vorzügliche Zeitschrift herausgibt. Die Mitgliedschaft in der Deutschen Orchideengesellschaft (DOG) bietet die beste Möglichkeit, sich laufend über Neuheiten zu informieren und Erfahrungen auszutauschen.

Der Umfang dieses Buches erlaubt leider nicht die Erörterung **aller** theoretischen Grundlagen der Klimatisierung von Orchideenkulturen. Hierzu sei nachdrücklich auf „Das Kleingewächshausbuch" von Prof. MANFRED WALTER verwiesen, das eine ausgezeichnete Informationsmöglichkeit bietet.

3.1 Orchideenkultur auf der offenen Fensterbank

Allgemeines

Die meisten Anfänger beginnen mit der Fensterbankkultur, und viele haben hier die einzige Möglichkeit, eine mehr oder weniger große Orchideensammlung zu pflegen. Dabei bietet sich die offene Fensterbank, fast immer über dem Heizkörper angeordnet, auf den ersten Blick als der ungünstigste Platz für die Orchideenkultur an. Die aufsteigende Heizungsluft von ca. 40 °C und die dadurch bedingt niedrige relative Feuchte von 10% oder weniger erscheint eher für die Kultur von Wüstenbewohnern, wie Kakteen und Sukkulenten, geeignet als für die Kultur von Orchideen aus feuchtwarmen tropischen Gebieten.

Glücklicherweise bedarf es aber nur eines geringen Aufwandes, um auf der Fensterbank viele Orchideen dauerhaft zu kultivieren und regelmäßig zur Blüte zu bringen. Gewählt wird möglichst ein Fenster in heller, aber nicht vollsonniger Lage. Die Tiefe der Fensterbank sollte möglichst auf 30–40 cm vergrößert werden. Dadurch wird mehr Kulturfläche geschaffen und die Heizungsluft teilweise zum Raum hin abgeleitet.

Befeuchtung

Die aufsteigende trockene Heizungsluft schadet nicht nur den Orchideen. Sie ist auch unserer eigenen Gesundheit nicht besonders zuträglich. Deshalb sollte die Raumfeuchte zunächst auf einen für Mensch und Pflanze angenehmen Wert von 50–60% relativer Feuchte erhöht werden.

Dazu bieten Industrie und Handel eine große Zahl von Luftbefeuchtern an, die nach dem Verdunstungs- oder Zerstäuberprinzip arbeiten. Es gibt einfache Verdunstungsgefäße, die direkt an den Heizkörpern angebracht werden, außerdem Elektroluftbefeuchter, die je nach Ausführung die Luft nicht nur befeuchten, sondern auch noch von Staub, Gerüchen und Krankheitskeimen befreien. Bei den Verdunstungsgeräten wird Luft durch sog. Befeuchtermatten geblasen, die die Luft dann gleichzeitig filtern. Die Verdunstungsleistung ist von der Raumfeuchte und der Raumtemperatur abhängig. Zerstäubergeräte erzeugen durch Zentrifugalschleuderung einen feinen Wasserstaub, der sofort, ohne zu netzen, in reine Luftfeuchtigkeit übergeht. Alle Geräte haben einen Vorratsbehälter mit Wasserstandsanzeiger, der in Abständen von einigen Tagen nachgefüllt wird. Die stündliche Zerstäuberleistung liegt je nach Gerättyp zwischen 0,4 und 0,8 Liter/Stunde. Die gelegentlich angebotenen Luftbefeuchter nach dem Verdampfungsprinzip sind, nicht zuletzt wegen ihres hohen Stromverbrauches, nicht geeignet. Der Grad der Befeuchtung wird mit einem guten Feuchtemesser (Hygrometer) kontrolliert. Die automatische Feuchteregelung erfolgt über einen Feuchteregler (Hygrostaten).

Das Kleinklima über der Fensterbank wird weiter verbessert, indem man dort flache, mit feuchtem Blähton oder Bimskies gefüllte Schalen aufstellt, auf denen dann die Orchideen stehen.

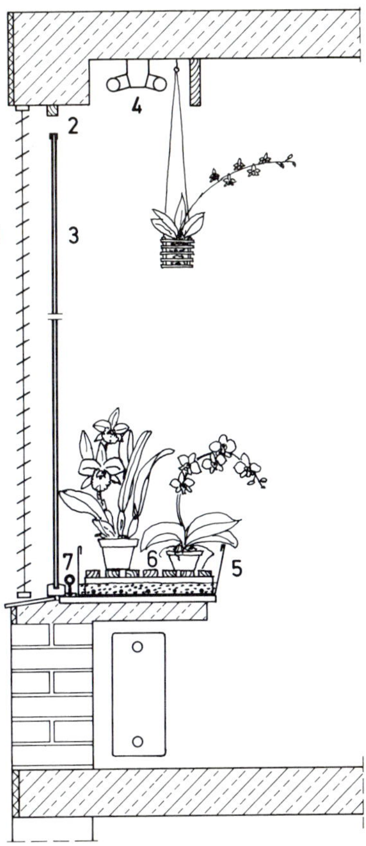

Abb. 45. Orchideen auf der offenen Fensterbank.
1 Außenschattierung
2 Entlüftung
3 Außenscheibe (möglichst Isolierglas)
4 Zusatzbelichtung
5 Pflanzwanne mit Elektro-Bodenheizkabel
6 Lattenrost
7 Elektroheizkörper

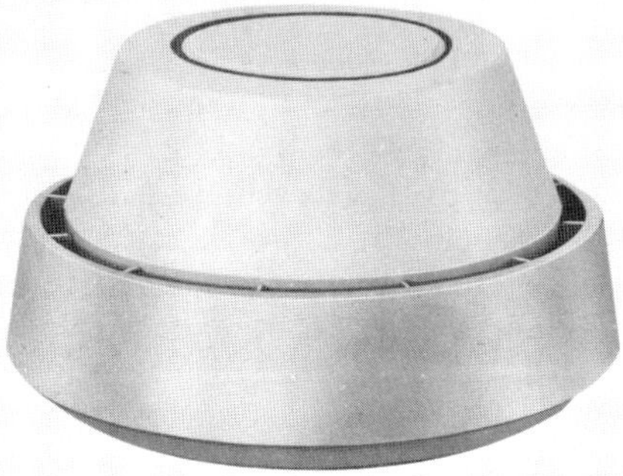

Abb. 46. Elektro-Luftbefeuchter LB 310 (Zerstäubergerät).
Abb. 47. Elektro-Luftbefeuchter LB (Verdunstungsgerät) geöffnet.

Heizung

Eine wünschenswerte milde Unterwärme und eine Erhöhung der Verdunstung läßt sich leicht durch ein eingelegtes Bodenheizkabel schaffen, sofern nicht bereits die Wärme des Heizkörpers ausreicht. Für das Heizkabel genügt eine Leistung von 100 Watt/m^2 Schalenfläche. Ein Bodentemperaturregler ist normalerweise nicht erforderlich.

Wegen der hohen Energieersparnis und Beschlagfreiheit sind Isolierverglasungen unbedingt empfehlenswert. Bei einer Einfachverglasung muß im Winter die von außen eindringende Kälte abgefangen werden. Gut eignen sich Elektro-Rohrheizkörper, aufgestellt zwischen Pflanzen und Außenscheibe. Der Temperaturregler (Thermostat) wird in Kopfhöhe und Fensternähe so montiert, daß ihn keine direkte Sonnenbestrahlung erreicht.

Orchideen werden oft besprüht, und deshalb sollte man aus Sicherheitsgründen nur Regelgeräte in wassergeschützter Ausführung wählen.

Für die Fensterbankkultur bieten sich in erster Linie Orchideen aus dem temperiert-warmen Bereich an. Die Einstellung des Raumthermostaten muß deshalb bei 14–16 °C liegen. Das ist die Temperatur, die nachts nicht unterschritten werden soll.

Pro Quadratmeter Außenfläche sind ca. 220 Watt erforderlich, um bei −15 °C Außentemperatur +15 °C im Blumenfenster zu halten. Bei Isolierverglasungen wird dieser Wert um 40% reduziert.

Schattierung und Lüftung

In voller Südlage, die aber möglichst vermieden werden sollte, ist gegen zu starke Sonneneinstrahlung und die dadurch bedingte Gefahr von Überhitzung und Verbrennungen ein Lamellenstore als Außenschattierung anzubringen.

Eine gute Lüftung verringert ebenfalls eine Überhitzung des Fensters und entspricht außerdem dem großen Frischluftbedürfnis der Orchideen. Fensterflügel und Oberlichter sollten deshalb bis +12 °C Außentemperatur so oft wie möglich geöffnet werden.

Belichtung

Orchideen wünschen und vertragen fast alle viel mehr Licht, als oft angenommen wird. Hinter der Fensterscheibe stehen aber nur ca. 25% oder weniger des einfallenden Tageslichtes zur Verfügung. Eine zusätzliche Belichtung, besonders für die lichtarmen Wintermonate, ist also unbedingt notwendig.

Mit bestem Erfolg werden hier die besonders wirtschaftlichen Leuchtstoffröhren eingesetzt, deren Lichtausbeute bei gleichem Stromverbrauch etwa das vierfache normaler Glühlampen beträgt. Von den angebotenen Lichtfarben sollte man die auswählen, die die Pflanzen im natürlichen Licht erscheinen lassen und außerdem eine wachstumsfördernde Wirkung haben. Gut eignen sich z.B. die Lichtfarben „19 Daylight 5000 de Luxe“, „15 Tageslicht de Luxe“ sowie „11 Lumilux Tageslicht“. Sehr gute Erfahrungen liegen auch mit True-Lite-Leuchtstoffröhren vor, die ein dem natürlichen Sonnenlicht angepaßtes Spektrum haben und zusätzlich einen gewissen Anteil UV-Strahlung abgeben.

Zur dekorativen Ausleuchtung und Zusatzbelichtung genügen bei normaler Fenstertiefe Doppelschienenleuchten, die in Normlängen von 66, 126 und 156 cm handelsüblich sind. Sie enthalten bereits die erforderlichen Vorschaltgeräte und Starter. Durch einen zusätzlichen Reflektor läßt sich die nutzbare Beleuchtungsstärke vergrößern.

Die Befestigung an der Decke wird möglichst so vorgenommen, daß mit Hilfe von Ketten oder Kunststoffpendeln der Abstand zwischen Leuchten und Pflanzen bis auf 50 cm verringert werden kann.

Die Dauer der Belichtung im Winter beträgt ca. 12 Stunden.

Hydrokultur

Die Hydrokultur von Zierpflanzen hat in den letzten Jahren einen außerordentlichen Aufschwung genommen. Das Angebot an Kulturgefäßen und geeigneten Nährsalzen ist im Fachhandel entsprechend umfangreich. Als neueste Entwicklung ist die Nährstoffversorgung nach dem Ionenaustauscherprinzip (Lewatit HD 5 der Firma Bayer) zu nennen, die sich besonders gut auch für die Hydrokultur von Orchideen eignet. Eine Nährstoffbatterie mit Ionenaustauscherharz Lewatit HD 500 reicht aus, um die Nährstoffversorgung unabhängig von der Wasserqualität für etwa 6 Monate zu sichern.

Zur Umstellung auf Hydrokultur werden Orchideen von allem Pflanzstoff befreit und mit Blähton, der als Füllsubstrat verwendet wird, in einen dränierten Einsatztopf aus Kunststoff gepflanzt. Dieser wiederum wird in ein Mantelgefäß mit Nährlösung und Wasserstandsanzeiger eingesetzt.

Sicher bietet die Hydrokultur Möglichkeiten, um geeignete Orchideen in Zukunft mit geringem Pflegeaufwand zu kultivieren. Dabei ist es nach den bisherigen Erfahrungen wichtig, das Wasser auf 22–24 °C zu temperieren. Dies kann bei größeren Gefäßen mit Kleinheizkabeln geschehen, die in die Nährlösung eingelegt werden. Mehrere Einzelgefäße lassen sich aber auch in flache Wannen stellen, die mit einem thermostatisch geregelten Heizkabel ausgerüstet sind. Wer sich ernsthaft für die Hydrokultur von Orchideen interessiert, dem sei das Buch von MARGOT SCHUBERT „Mehr Blumenfreude durch Hydrokultur" empfohlen. Von ihr stammt auch die nachfolgende Empfehlung von Orchideen, die sich für die Hydrokultur besonders gut eignen.

Für Hydrokultur geeignete Orchideen (natürliche Blütezeiten in Klammern):

Brassia caudata (II–III)
B. verrucosa (IV–VI)
Cattleya skinneri und Hybriden (III–V)
Coelogyne cristata (I–II)
Cymbidium lowianum-Hybride (II–VI); braucht tiefes Gefäß
Dendrobium chrysotoxum (III–IV)
D. nobile (III–VI)
D. thyrsiflorum (III–VI)
Epidendrum alatum/neuer botanischer Name *Encyclia alata* (V–X)
E. cochleatum (XI–II)
E. radicans (XII–V)
Lycaste aromatica (IV–VI)
L. skinneri (jetzt *L. virginalis*) (IX–III)
Odontoglossum bictoniense (IX–X)
O. grande (IX–III)
Paphiopedilum callosum (II–III)
P. sukhakulii (IX–V)
P. villosum (XII–IV)
Phalaenopsis-Hybriden (I–XII)

3.2 Das ausgebaute, geschlossene Orchideenfenster

Wesentlich bessere Kulturmöglichkeiten als die offene Fensterbank bietet ein geschlossenes Orchideenfenster, das durch Glasschiebetüren vom Wohnraum abgetrennt ist. Bei richtigem Gebrauch der heute zur Verfügung stehenden technischen Hilfsmittel läßt sich hier ein Kleinklima schaffen, das den Ansprüchen vieler Orchideen gerecht wird. Wichtigste Voraussetzung ist eine Pflanzwanne von 40–80 cm Breite und 20–30 cm Tiefe. Diese steht erhöht auf dem Boden (s. Skizze S. 145) und hat zur Außenwand hin einen Abstand von etwa 10–15 cm. So wird ein Schacht gebildet, in dem sich unauffällig die Heizung unterbringen läßt. Die Pflanzwanne kann an Ort und Stelle betoniert oder gemauert werden, wobei innen eine gute Isolierung gegen Feuchtigkeit zu schaffen ist. Möglich sind auch Einsätze aus Kunststoff, Eternit oder Metall. Aus kochfestem Sperrholz läßt sich leicht eine Holzwanne herstellen. Sie wird innen mit stabiler Kunststoffolie ausgekleidet.

Wie beim offenen Blumenfenster ist Isolierverglasung und eine außenliegende Schattierung empfehlenswert. Die Schiebetüren sollten aus Spiegelglas sein, um Verzerrungen beim Durchblick zu vermeiden. Eine Blendwirkung der erforderlichen intensiven Beleuchtungsanlage kann vermieden werden, indem man zum Wohnraum hin eine Schürze herunterzieht und dort einen Raster aus Kunststoff oder Metall auflegt. Die in der Zeichnung angedeuteten Lüftungsöffnungen sichern die unerläßliche Luftzirkulation bei Sommer- und Winterbetrieb.

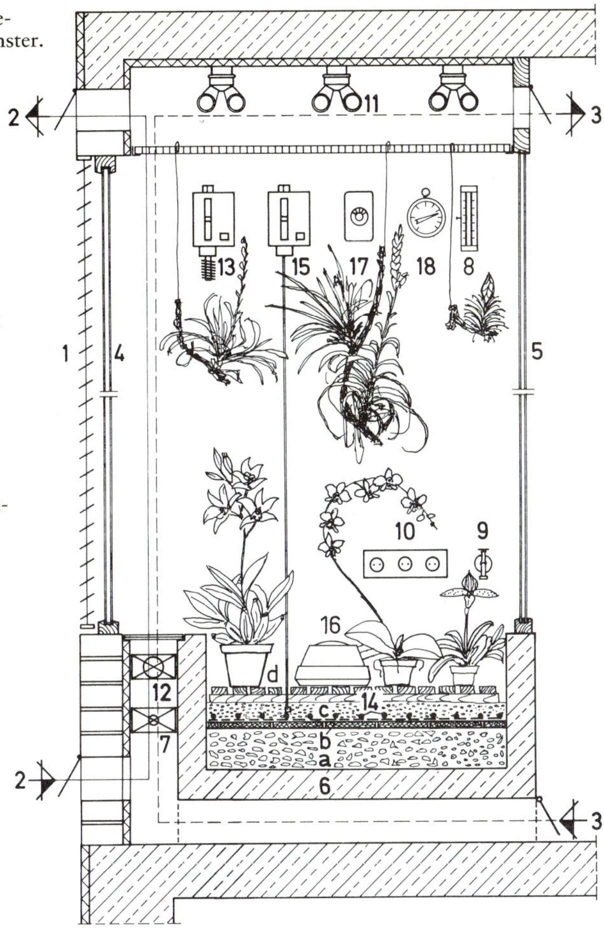

Abb. 48. Ausgebautes, geschlossenes Orchideenfenster.

1 Außenschattierung
2 Be- und Entlüftung für Sommerbetrieb
3 Be- und Entlüftung für Winterbetrieb
4 Isolierglasscheibe
5 Schiebefenster
6 Pflanzwanne
 a Kiesdränage
 b Styrodur-Isolierung gelocht
 c Sandabdeckung des Heizkabels, 5 cm stark
 d Lattenrost
7 Heizungskonvektor
8 Maximum-Minimum-Thermometer
9 Wasserhahn
10 Steckdosen, wassergeschützt
11 Zusatzbelichtung
12 Elektro-Zusatzheizung
13 Raumthermostat
14 Bodenheizkabel
15 Bodenthermostat
16 Elektro-Luftbefeuchter
17 Feuchteregler (Hygrostat)
18 Hygrometer

Für die Bepflanzung bieten sich zwei Möglichkeiten an. Die dekorativste ist, die Wanne zunächst mit Bodenbedeckern zu bepflanzen, die in eine Torfschicht oder in Blähton eingesenkt werden. Dazwischen stehen auf kleinen Steinplatten die Orchideen. Weitere können an einem Epiphytenstamm untergebracht werden oder von der Decke und den Seitenwänden herabhängen. Wesentlich mehr Orchideen lassen sich unterbringen, wenn man auf eine Grundbepflanzung der Wanne verzichtet. In diesem Falle wird über der bodenbeheizten Sandschicht im unteren Bereich der Pflanzwanne ein Lattenrost eingelegt. Hierauf lassen sich eine Menge Pflanzen aufstellen, die dann sehr luftig stehen und gleichzeitig eine erwünschte milde Unterwärme erhalten.

Orchideen an Epiphytenstämmen, zusammen mit Begleitpflanzen, sehen immer sehr hübsch aus. Ein dauerhafter Epiphytenstamm läßt sich leicht aus einem stabilen Rohrgerüst herstellen, das außen mit Korkeichenrinde verkleidet wird. Ein betongefüllter Eimer dient als standfester Fuß. Ein Korkeichenstamm

Abb. 49. Epiphytenstamm.
1 Rohrgerüst
2 Korkeiche
3 Kunststoffeimer
4 Beton

hat für Orchideen den großen Vorteil, daß man abgeblühte Pflanzen leicht auswechseln oder zur Pflege herausnehmen kann. Für die direkte Bepflanzung eignen sich besonders gut bizarr geformte Äste von Eichen und Robinien. Die Pflege dieser Epiphytenstämme ist jedoch schwieriger als oft angenommen wird. Sie müssen regelmäßig, möglichst mit einer Sprühdüse, befeuchtet werden, da ausgetrocknete Wurzelballen nur schwer Wasser annehmen. Für Kleinstorchideen und Tillandsien eignen sich besonders gut alte Weinknorren, an denen die Pflanzen in der Regel mit wenig Pflanzstoff befestigt werden.

Für das Anbinden haben sich dünne elastische Bänder aus Perlonstrümpfen bestens bewährt, die lange halten und farblich kaum auffallen. Von einem alten Perlonstrumpf werden einfach etwa 3 cm breite Ringe abgeschnitten, gestreckt, durchgeschnitten und fertig ist das elastische Befestigungsband. Die so geschaffenen Mini-Epiphytenstämme sehen sehr hübsch aus. Sie werden an Haken in der Decke des Blumenfensters möglichst hell aufgehängt und lassen sich durch Ansprühen oder Tauchen leicht pflegen.

Heizung

Bei der Beheizung eines Orchideenfensters muß unterschieden werden zwischen der Raumbeheizung, d.h. der Beheizung des Luftraumes, und einer evtl. Unterheizung. Die Raumheizung sollte möglichst an die Warmwasser-Zentralheizung des Wohnraumes angeschlossen werden. Der Konvektor liegt dann nicht sichtbar im Schacht zwischen Pflanzwanne und Außenmauer. Die Temperaturregelung erfolgt über ein Thermostatventil mit Temperaturfernfühler. Wird die Wohnhaustemperatur über Nacht stark abgesenkt, dann muß zusätzlich ein thermostatisch geregelter Elektroheizkörper montiert werden. Der Raumtemperaturregler befindet sich normalerweise in Kopfhöhe in der Nähe der Außenscheibe. Die Befestigung erfolgt so, daß er nicht von der Sonneneinstrahlung getroffen wird. Das gilt auch für den Feuchteregler, das Hygrometer und das Maximum-Minimum-Thermometer. Moderne, elektronische Universal-Temperaturregler lassen sich auch außerhalb des Blumenfensters unterbringen. Bei diesen Reglern wird dann nur eine kaum sichtbare Fühlerleitung ins Blumenfenster verlegt. Unbedingt empfehlenswert ist eine automatische Nachtabsenkung, deren Bedeutung noch bei der Heizungsregelung des Kleingewächshauses besprochen wird. Hierzu sind zwei Thermostate mit der jeweiligen Einstellung auf die gewünschten Tag- und Nachttemperaturen erforderlich. Eine zusätzliche Schaltuhr schaltet am Abend den Thermostaten ein, der auf den niedrigen Nachtwert eingestellt ist. Am Morgen erfolgt die Umschaltung auf den Thermostaten mit der höheren Einstellung für die Tagtemperaturen.

Als modernste Lösung stehen jetzt auch elektronische Temperaturregler mit eingebauter Photozelle zur Verfügung. Diese reduzieren automatisch bei Dunkelheit, d.h. bei Wegfall von Tageslicht oder Zusatzbeleuchtung, die vorherige Temperatur um einen einstellbaren Wert von 0–8 °C.

Die Einstellung der Raumtemperaturregler kann wie folgt vorgenommen werden:

Kühles Fenster:	Tagtemperatur 15–20 °C	Nachttemperatur 10 °C
Temperiertes Fenster:	Tagtemperatur 20 °C	Nachttemperatur 15 °C
Warmes Fenster:	Tagtemperatur 23 °C	Nachttemperatur 18 °C

Für die Unterheizung werden Bodenheizkabel eingebracht und mit 5 cm Sand abgedeckt. Pro Quadratmeter Bodenfläche ist eine Leistung von ca. 100 Watt notwendig. Zur Regelung dient ein Bodenthermostat, dessen Fühler in die Sandabdeckung eingelegt wird. Die Einstellung des Thermostaten liegt je nach Kultur bei 20–25 °C.

Die erforderliche Heizleistung (in Watt) für ein Blumenfenster läßt sich leicht errechnen, indem man die Außenglasfläche (in m^2) mit der Temperaturdifferenz zwischen der Blumenfenstertemperatur und der niedrigsten zu erwartenden Außentemperatur (in °C) und dem Faktor $k = 7{,}6$ multipliziert. Für ein Blumenfenster von $2\,m^2$ Glasfläche mit einer Nachttemperatur von +15 °C bei einer minimalen Außentemperatur von −15 °C ergibt sich danach folgende Rechnung: $2 \cdot 30 \cdot 7{,}6 = 456$ Watt. Es wird also eine Elektroheizung von mindestens 500 Watt gewählt bzw. der Konvektor der Warmwasserheizung entsprechend ausgelegt.

Befeuchtung

Ein geschlossenes Orchideenfenster hat den Vorteil, daß die dort vorhandene Luftfeuchtigkeit nicht in den Wohnraum abfließen kann. Die oft gewünschte

Abb. 50. Geschlossenes Orchideenfenster mit dekorativer Grundbepflanzung.

automatische Luftbefeuchtung läßt sich leicht mit den bereits erwähnten, hygrostatisch gesteuerten Elektroluftbefeuchtern erreichen, die nach dem Zerstäuberprinzip arbeiten. Sehr praktisch sind Befeuchter mit automatischen Schwimmerventilen, die das zerstäubte Wasser automatisch ergänzen. Für diese Geräte, die besonders in der Urlaubszeit von großem Nutzen sind, ist ein Druckwasseranschluß erforderlich. Wie später bei der Gewächshausbefeuchtung geschildert, lassen sich auch die kleinen Elektroluftbefeuchter zur Vernebelung eines Orchideenfensters verwenden. Die Einstellung des Feuchtereglers erfolgt auf 60–70%. Die Dauer der Vernebelung liegt zwischen 15 und 30 Minuten. Sie wird je nach Fenstergröße durch einige Versuche genau ermittelt.

Belichtung

Die Beleuchtungsanlage eines Blumenfensters hat zwei Aufgaben zu erfüllen. Sie soll einmal dafür sorgen, daß auch am Abend die Pflanzen in hellem und natürlichen Licht betrachtet werden können. Darüber hinaus müssen die Bestrahlungsstärken so hoch liegen, daß eine wirkungsvolle Wachstumsförderung erfolgt. Auch in geschlossenen Orchideenfenstern sind Leuchtstoffröhren die beste und wirtschaftlichste Lösung. Aus Sicherheitsgründen müssen unbedingt feuchtigkeitsgeschützte Schienenleuchten, möglichst mit Reflektor, verwendet werden. Wegen der großen Abstände zwischen Leuchten und Pflanzen empfiehlt sich eine Anschlußleistung von etwa 300 Watt/m^2 Grundfläche. Bei Anschluß in Serienschaltung besteht die Möglichkeit, einen Teil der Leuchten dann abzuschalten, wenn die große Helligkeit einmal stören sollte.

Als zusätzliche Effektbeleuchtung mit Tageslichtcharakter sind Halogen-Metalldampflampen in Reflektorausführung sehr gut geeignet.

Schattierung

Die Gefahr einer Überhitzung bei Südlage ist in einem geschlossenen Orchideenfenster sehr groß. Eine Schattierung vor der Außenscheibe sollte deshalb immer dann vorgesehen werden, wenn mit einer starken Sonneneinstrahlung zu rechnen ist. Der einschlägige Fachhandel liefert auch vollautomatisch arbeitende Schattieranlagen.

Lüftung

Das große Frischluftbedürfnis der Orchideen ist bereits erwähnt worden. Auch ein geschlossenes Orchideenfenster muß deshalb mit ausreichenden Vorrichtungen für die Entlüftung und die Zufuhr von Frischluft ausgestattet werden. Bei der skizzierten Lösung auf S. 145 kann Zuluft von außen her oder vom Wohnraum in das Fenster einströmen. In der Übergangszeit wird die Außenluft innerhalb des Heizungsschachtes erwärmt, während die Entlüftung zum Raum hin oder nach außen erfolgt. In kalten Wintermonaten steht Zuluft nur vom Wohnraum her zur Verfügung. Es ist erforderlich, dann dort gut zu lüften, um indirekt Frischluft in das Fenster zu bringen. Bei gut gelüfteten Wohnräumen können evtl. die Glasschiebetüren zum Wohnraum auch weggelassen werden. Das Fenster eignet sich dann mehr für die Kultur von Orchideen, die nicht zu hohe Ansprüche an die Luftfeuchtigkeit stellen.

3.3 Pflanzenvitrinen

Die Kultur von Orchideen in Vitrinen wird in der Regel aus dekorativen Gründen angestrebt oder dann, wenn die Einrichtung eines Blumenfensters oder eines Gewächshauses nicht möglich ist. Vor allem in Mietwohnungen bieten mobile Zimmergewächshäuser oft die einzige Möglichkeit, eine kleine Orchideensammlung zu pflegen. Von der Industrie werden nur wenige Modelle angeboten, die für eine erfolgreiche und dauerhafte Kultur wirklich geeignet sind. Es muß daher kritisch ausgewählt werden. Entscheidend sind eine leistungsstarke und betriebssichere Beleuchtung, gute Lüftungsmöglichkeiten und absolute Feuchtigkeitsbeständigkeit der Konstruktion. Die Beleuchtungsstärke im Bereich der Pflanzwanne sollte mindestens bei 2500 lx liegen; dazu sind pro Quadratmeter ca. 400 Watt Anschlußleistung, bezogen auf Leuchtstoffröhren, erforderlich.

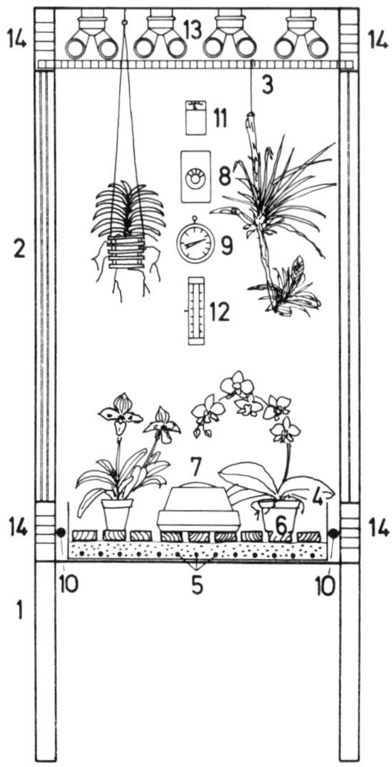

Abb. 51. Orchideen-Zimmervitrine.
1 Vitrine, 2 Schiebefenster, 3 Kunststoffraster, 4 Pflanzwanne, 5 Bodenheizkabel, 6 Holzrost o. ä., 7 Elektro-Luftbefeuchter, 8 Feuchteregler (Hygrostat), 9 Hygrometer, 10 Elektro-Raumheizung, 11 Raumthermostat, 12 Maximum-Minimum-Thermometer, 13 Schienenleuchten, wassergeschützt, 14 Schieberlüftungen.

Für die Klimatisierung gelten im wesentlichen die gleichen Voraussetzungen wie für das ausgebaute geschlossene Blumenfenster. Die Belichtung sollte aber grundsätzlich über eine Schaltuhr gesteuert werden, wobei die Belichtungsdauer von 12 Stunden im Winter bis auf 16 Stunden im Sommer gesteigert wird. Beim Selbstbau einer Vitrine ist darauf zu achten, daß die vorgesehene Länge den Maßen der handelsüblichen Normleuchten angepaßt wird. Diese liegen bei ca. 66, 126 und 156 cm. Es ist auch möglich, im Deckenbereich nur wassergeschützte Fassungen zu montieren und die Drossel unter der Bodenplatte anzubringen. Ihre Wärmeentwicklung läßt sich dann für die Bodenbeheizung der Pflanzwanne ausnutzen. Im allgemeinen ist eine Bodenbeheizung durch Heizkabel empfehlenswert, während die zusätzliche Raumheizung in beheizten Räumen entfallen kann.

Es soll nicht verschwiegen werden, daß die Orchideenkultur in Pflanzenvitrinen, besonders wenn diese in schlecht belüfteten Räumen stehen, schwieriger ist als im Blumenfenster oder Kleingewächshaus. Auch die Pflanzenauswahl wird sich überwiegend auf den temperiert-warmen Bereich beschränken müssen bei Verzicht auf extrem lichthungrige Orchideen. Generell wird man Pflanzen aussuchen, deren Ansprüche im Bereich von *Phalaenopsis* und *Paphiopedilum* liegen. Zusätzlich lassen sich aber viele Kleinorchideen und Tillandsien mit großem Lichtbedürfnis dicht unter den Leuchten kultivieren.

3.4 Kunstlichtkultur im Keller

Die neuen Halogen-Metalldampflampen erweitern die Möglichkeiten einer reinen Kunstlichtkultur in Kellerräumen, die bisher schon erfolgreich mit Leuchtstoffröhren praktiziert wurden. Es eignen sich alle für den Bereich Blumenfenster und Kleingewächshaus genannten Beleuchtungseinrichtungen. Es sollten aber unbedingt Beleuchtungsstärken von 5000–10000 lx angestrebt werden. Zur Kontrolle dient ein gutes Luxmeter, z. B. „PANLUX elektronic" der Firma Gossen. Metalldampflampen montiert man wegen der größeren Wärmeabstrahlung an der Decke, Leuchtstoffröhren dagegen etwa 30 cm über den Pflanzen. Dabei ist zu beachten, daß die Orchideen, vor allen Dingen Jungpflanzen, erst langsam an die gesteigerten Beleuchtungsstärken gewöhnt werden. Dieses geschieht, indem man die Abstände zwischen Leuchten und Pflanzen allmählich verringert.

Geeignet sind Kellerräume, die möglichst kühl sein sollten und sich gut belüften lassen. Eine gute Luftumwälzung ist genauso wichtig wie eine Senkung der Nachttemperaturen um mindestens 5 °C. Diese Absenkung läßt sich in vielen Fällen erreichen, indem man nachts durch einen Ventilator frische Außenluft in den Keller einbläst. Am Tage wird dann entsprechend höher aufgeheizt, wobei sich die Wahl der geeigneten Heizung nach den jeweiligen Gegebenheiten richten wird. Die Orchideen können, wie im Kleingewächshaus, auf Tischen kultiviert werden, bei Belichtung mit Leuchtstoffröhren sogar in mehreren Etagen. Die Klimatisierung wird wie im Kleingewächshaus vorgenommen, doch liegt hier noch ein weites und interessantes Feld für eigene Experimente. Wenn eben möglich, sollte man die Orchideen des kühlen und temperierten Bereiches während der Sommermonate halbschattig im Freien, d.h. auf dem Balkon oder im Garten, halten.

3.5 Orchideen im Kleingewächshaus

3.5.1 Bau, Konstruktion, Einrichtung

Die besten Möglichkeiten hat der Orchideenliebhaber in einem guten Kleingewächshaus mit zweckmäßiger Inneneinrichtung und Klimatisierung, abgestimmt auf die vorgesehenen Orchideenkulturen. Bei der Auswahl ist die Qualität und Stabilität des verwendeten Konstruktionsmaterials ebenso zu beachten, wie die durch die Konstruktion selbst gegebenen Nutzungsmöglichkeiten. Das Gewächshaus muß darüber hinaus absolut dicht sein und sollte im Hinblick auf unsere hohen Energiepreise mit einer Isolierverglasung ausgestattet werden können.

Aufgabe einer richtigen automatischen Klimatisierung ist es, auch während der Abwesenheit des Liebhabers andauernd gute Wachstumsbedingungen zu sichern. Wenn die wichtigsten Klimafaktoren – Wärme, Licht, Luft und Feuchtigkeit – optimal geschaffen und aufeinander abgestimmt werden, dann fällt es auch dem Anfänger nicht schwer, gute Kulturerfolge zu erzielen.

Die nachfolgenden Ausführungen sollen besonders dem Anfänger eine Entscheidungshilfe bieten. Darüber hinaus wird der Rat von erfahrenen Orchideenliebhabern und sachkundigen Kleingewächshauslieferanten bestimmt eine Unterstützung sein.

Lage

Wenn eben möglich, sollte der sonnigste Platz für das Orchideengewächshaus gewählt werden. Die Sonnenstrahlung ist unsere billigste Energiequelle, die unbedingt genutzt werden muß. Es ist nicht schwierig, im Sommer ein Kleingewächshaus mit guter Lüftung, zweckmäßiger Isolierverglasung und Außenschattierung vor zu großer Hitze zu schützen. Im Winter hilft aber jeder verfügbare Sonnenstrahl, die Heizkosten zu senken und auch in dieser Jahreszeit das optimal mögliche Wachstum zu sichern. Deshalb wird man möglichst den Schatten von Nadelbäumen meiden und daran denken, daß im Winter auch niedrige Gebäude lange Schatten werfen. Laubbäume dagegen können im Sommer eine wünschenswerte Schattierung schaffen. Falls kein sonniger Platz zur Verfügung steht, bietet ein Anlehngewächshaus an der Nordseite immer noch bessere Kulturmöglichkeiten für *Paphiopedilum* und *Phalaenopsis* als ein dunkles Blumenfenster oder eine Vitrine. Das Gewächshaus sollte nicht zu weit vom Wohnraum entfernt stehen. Im Winter und im Alter weiß man kurze Wege zu schätzen, und kurze Versorgungsleitungen kosten weniger Geld.

Die Aufstellung eines Kleingewächshauses in Nord-Süd-Lage sichert eine weitgehende gleichmäßige Belichtung des gesamten Gewächshauses über den ganzen Tag hinweg. Diese Lösung kann dann interessant sein, wenn überwiegend Orchideen mit gleichen Lichtansprüchen kultiviert werden. In der Praxis sieht es jedoch so aus, daß sehr viele Orchideen bei gleichen Temperaturen unterschiedliche Ansprüche an das Licht stellen. Eine Aufstellung in West-Ost-Richtung ist deshalb in den meisten Fällen die bessere Lösung, da die sonnige Südseite und die dunklere Nordseite dann Vorteile bieten.

Bauformen

Kleingewächshäuser werden in den verschiedensten Bauformen angeboten. Wegen ihrer besonderen Vorteile können das Anlehngewächshaus mit Pultdach und das freistehende Satteldachhaus aber besonders empfohlen werden.

Wenn man mit seinen Orchideen leben möchte und sie auch noch direkt vom Wohnraum aus sehen und erreichen will, dann ist das Anlehngewächshaus das richtige. Es wird ohne Rückwand geliefert und normalerweise an eine 2,5–2,7 m hohe feste Hauswand angebaut. Falls nicht genügend Höhe zum Anbau zur Verfügung steht, kann man das Gewächshaus auch in der Höhe entsprechend niedriger halten und dafür den Gewächshausboden absenken. So wird trotzdem eine ausreichende Innenhöhe erreicht. Auch Garagenwände bieten oft die Möglichkeit, ein Anlehngewächshaus zu errichten. Die Dachneigung sollte möglichst nicht unter 18° liegen, da flache Dächer wenig stabil sind und außerdem zu Tropfwasserbildung neigen. Infolge der geringen Glasfläche und der dahinter liegenden beheizten Räume ist ein Anlehnhaus sehr wirtschaftlich zu beheizen, und alle Versorgungsleitungen lassen sich leicht kostensparend heranführen.

Als ideale Lösung bietet ein frei und sonnig aufgestelltes Satteldachhaus optimale Kulturmöglichkeiten bei bester Raumausnutzung. Voraussetzung ist jedoch, daß das Gewächshaus ausreichend hohe, gerade und bis unten verglaste Stehwände hat. Ein solches Kleingewächshaus ist praktisch in vier Ebenenen nutzbar: einmal auf den Kulturtischen, die eine Höhe von 70–80 cm haben sollten, außerdem auf Hängekulturtischen, die im Traufenbereich angebracht werden und so leicht eingesehen werden können; weitere Orchideen und Be-

Abb. 52. Freistehendes Satteldachhaus, Dachneigung 26°, mit Außenschattierung auf Führungskonstruktion.

gleitpflanzen lassen sich an Spanndrähten oder Aluminiumrohren im Dachbereich aufhängen.

Zusätzlich läßt sich auch noch der Bodenbereich, z.B. für Masdevallien, nutzen. Bei Aufzählung dieser Möglichkeiten wird klar, daß nicht die Grundfläche eines Gewächshauses für die optimale Nutzung entscheidend ist, sondern der darüber befindliche Luftraum. Es kann jedoch auch Situationen geben, in denen ein hohes Gewächshaus seinen Besitzer oder den Nachbarn stören würde. In diesen Fällen wählt man eine Konstruktion mit 1m Stehwandhöhe und senkt den Gewächshausboden um 60–80 cm ab. Bei dieser Lösung entfällt zwar die Nutzungsmöglichkeit unter den Tischen, dafür sind aber die Kosten für die Beheizung geringer.

Fundament und Sockel

Das normalerweise frosttief betonierte Gewächshausfundament liegt im Boden und hat die Aufgabe, auch bei Sturm, Frost und schlechten Bodenverhältnissen einen sicheren Stand zu schaffen. Es verhindert in isolierter Ausführung das Eindringen von Kälte (besonders bei Bodenheizung wichtig) und hält Schädlinge, wie Mäuse, fern. Beim Bau eines Gewächshauses sollte man daher auf ein dauerhaftes Fundament in der Regel nicht verzichten. Lediglich für kleinste Gewächshäuser bei Übergangslösungen oder auf Pachtgrundstücken können Leichtbaufundamente aus Betondielen, Stahlprofilen oder imprägnierten Balkenrahmen verwendet werden. Der gemauerte oder betonierte Gewächshaussockel bietet die Möglichkeit, Geländeunterschiede auszugleichen und den nutzbaren Raum des Gewächshauses in der Höhe weiter zu vergrößern.

Die Herstellung von Fundament und Sockel ist zwangsläufig mit Erdbewegungen und Schmutz verbunden, und sie ist schwierig, wenn das Gelände schwer zugänglich ist. Es ist deshalb zweckmäßig und kostensparend, wenn diese Arbeiten bei einem Neubau sofort ausgeführt werden, auch wenn der Bau des Gewächshauses selbst erst später erfolgt. Für evtl. Erweiterungen kann das Fundament gleich mit erstellt werden und zunächst als Blumenbeet dienen.

In der Hauswand sollte der Durchbruch für Heizung, Strom und Wasser sowie ein 80 cm tiefer Graben für die Versorgungsleitungen zwischen Hauswand und Gewächshaus gleich vorgesehen werden.

Größe und Material

Es ist ein immer wiederkehrender Fehler, vor allem von unerfahrenen Anfängern, daß Gewächshäuser zu klein gekauft werden. Tatsache ist jedoch, daß die Pflege von Orchideen in einem zu kleinen und deshalb eng bepflanztem Haus viel schwieriger ist, da die Übersicht fehlt. Schädlinge breiten sich dann unbemerkt und schnell aus. Auch die Klimatisierung zu kleiner Kulturräume bereitet Schwierigkeiten und erfordert relativ hohe Kosten. Die Beheizung wird außerdem unwirtschaftlicher, da das Verhältnis von wärmeabstrahlender Glasfläche zum Nutzraum mit zunehmender Verkleinerung immer ungünstiger wird.

Die ideale Größe eines Orchideengewächshauses, das man in seiner Freizeit auch noch gut betreuen kann, liegt bei 2,5–3,2 m Breite und 4–10 m Länge. Bei diesen Abmessungen hat man die Möglichkeit, auch zwei oder drei unterschiedlich klimatisierte Kulturräume zu schaffen. Praktisch ist ein separater Arbeitsraum, der evtl. auch den Heizkessel und den Pflanztisch aufnimmt. Ein elektrisch beheiztes Kleingewächshaus, eine gute Isolierverglasung vorausgesetzt, sollte nicht länger als 5 m sein, da sonst die Anschlußwerte und die Heizkosten zu hoch werden.

Für den Bau von Kleingewächshäusern werden wegen der Wartungsfreiheit überwiegend Profile aus Aluminiumlegierungen und verzinktem Stahl verwendet. Holzkonstruktionen sind wegen der Pflegebedürftigkeit kaum noch üblich; bei unverzinkten Stahlkonstruktionen muß mit immer wiederkehrenden Pflegearbeiten gerechnet werden.

Der Eigenbau von Kleingewächshäusern lohnt im allgemeinen nicht mehr, da heute sehr viele vorgefertigte Konstruktionen preiswert auf dem Markt angeboten werden.

Praktische Kulturtechnik

11. Kühlmatten-klimatisiertes Orchideenhaus
12. Kleingewächshaus mit Zusatzbelichtung
13. Phalaenopsis-Kultur auf Etagentischen
14. Freikultur im lichten Baumschatten

Verglasung

Von den für Kleingewächshäuser zur Verfügung stehenden Bedeckungsmaterialien ist Silicat-Glas auf Grund seiner vielen Vorzüge immer noch am besten geeignet. Es hat eine hohe Lichtdurchlässigkeit von rund 92%, und die glatten Oberflächen lassen sich leicht und schnell reinigen. Um Verschmutzungen und Wärmeverluste zu vermeiden, sollte die Verlegung immer in durchgehenden Scheiben erfolgen. Die bei Leichtbaukonstruktionen oft vorhandene Schindelverglasung aus vielen überlappenden Einzelscheiben ist nicht günstig.

Silicat-Glas für Kleingewächshäuser ist handelsüblich in den Ausführungen „Gartenblankglas", in einer Dicke von 3,8 mm (DD), das voll durchsichtig ist und eine gute optische Verbindung von Kleingewächshausbepflanzung und Garten ermöglicht, sowie „Gartenklarglas genörpelt", in 4 mm Stärke, das durch seine Nörpelung eine Streuung der durchgehenden Strahlung bewirkt, staubunempfindlich ist (besonders interessant im Dachbereich) und keine freie Durchsicht erlaubt. Die vorstehenden Glassorten werden auch in Stärken von 3 mm angeboten. Diese sind aber wegen der höheren Bruchempfindlichkeit (Hagelschlag) nur bedingt empfehlenswert.

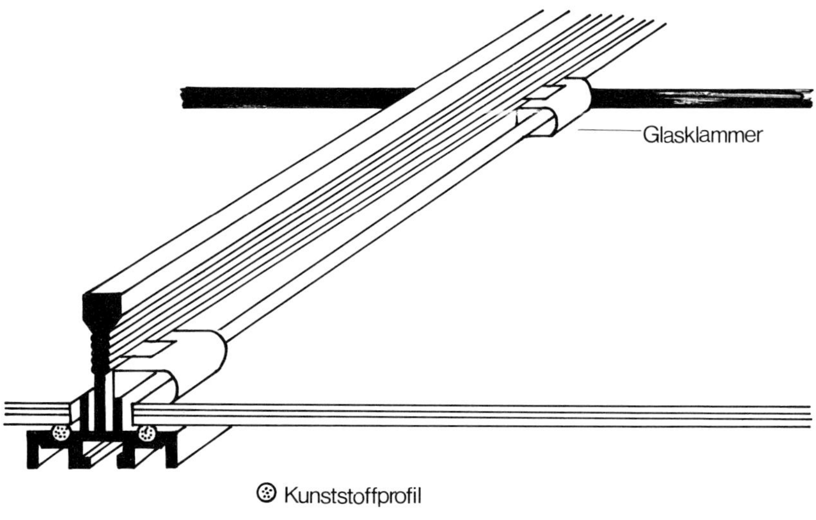

Abb. 53. Kittlose Verglasung eines modernen Aluminium-Gewächshauses.

Isolierverglasung mit Stegdoppelplatten

Mit der Stegdoppelplatte aus Plexiglas XT 16 mm steht heute eine ideale Isolierverglasung für Orchideengewächshäuser zur Verfügung. Dieses Material hat eine hohe Bruchfestigkeit und eine bei Kunststoffen unübertroffene Alterungs- und Lichtbeständigkeit, auf die 10 Jahre Werksgarantie gewährt wird. Die konstruktionsbedingten Luftkammern zwischen den Stegen ermöglichen eine Heizkostenersparnis von ca. 45%. Das einfallende Licht wird sehr gut gestreut und die Gefahr von Verbrennungen dadurch erheblich vermindert. Die Lichtdurchlässigkeit beträgt 83%.

Nach den bisher vorliegenden Erfahrungen lassen sich Orchideen unter Stegdoppelplatten mit mehr Licht, Luft, Wärme und Düngung als unter Glas kultivieren, und die Kulturergebnisse sind dementsprechend gut.

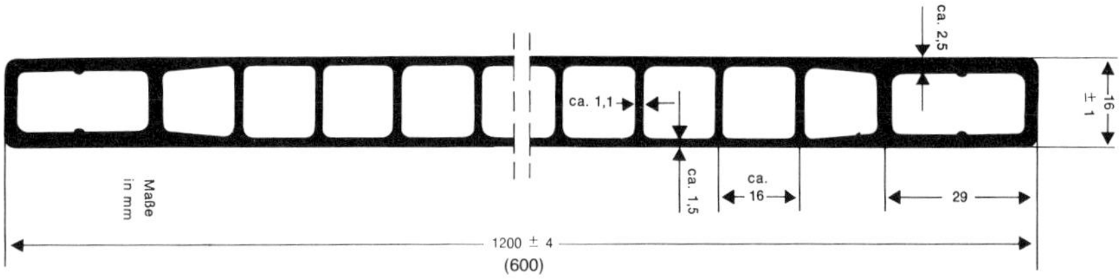

Abb. 54. Querschnitt der Stegdoppelplatte mit verstärkten Randzellen 16 mm. Zeichnung: Firma Röhm GmbH, Chemische Fabrik, Darmstadt.

Möglichkeiten der Heizkosteneinsparung

Erhöhte Heizkosten bei Kleingewächshäusern entstehen vorwiegend durch folgende Faktoren:

1. Undichtigkeiten im Bereich von Fenstern, Türen und Verglasung.
   Diese Kosten lassen sich durch Auswahl eines guten Gewächshauses mit dichter Verglasung vermeiden.
2. Ungenaue Heizungsregelung.
   1 °C zuviel an Heiztemperatur erhöht bereits die Heizkosten um 5–7%! Eine zuverlässige und genaue Heizungsregelung hilft bis zu 30% an Heizkosten sparen. Die beste Kontrollmöglichkeit bietet ein Thermo-Hygrograph (Temperatur- und Feuchteschreiber).
3. Wärmeverluste bei Einfachverglasung.
   Diese lassen sich reduzieren durch folgende Isoliermaßnahmen:
   a) Zusätzliche Bespannung mit Folie und Luftzwischenraum (innen oder außen). Kurzlebige Lösung, Ersparnis ca. 30%.
   b) Zusätzliche Bespannung mit Noppenfolie.
   Kurzlebige Lösung, Ersparnis ca. 34% (mit Luftzwischenraum ca. 39%).
   c) Doppelverglasung mit zwei Glasscheiben und Dichtungsstreifen (nur bei speziellen Konstruktionen im Bereich der senkrechten Steh- und Giebelwände möglich). Gute Dauerlösung, Ersparnis ca. 40%.
   d) Isolierverglasung mit zwei verschweißten Glasscheiben aus industrieller Fertigung. Überwiegend im Großgewächshausbau üblich. Für Kleingewächshäuser bestehen Schwierigkeiten bei der Beschaffung, der Ersatzbeschaffung und beim Versand infolge Bruchgefahr und großer Unterschiede in den Abmessungen. Ersparnis ca. 43%.
   e) Isolierverglasung mit der „Stegdoppelplatte Plexiglas 16 mm“. Beste und wirtschaftlichste Lösung für Kleingewächshäuser, deren Konstruktion für die Verlegung geeignet ist und die für eine Scheibennormbreite von 60 cm entwickelt wurden. Ersparnis ca. 45%.

Abb. 55. Zusätzliche Wärmedämmung mit Hilfe von Styroporplatten.

f) Zusätzliche Wärmedämmung mit Styroporplatten.
Auf 100 cm Höhe im Bereich der Steh- und Giebelwände bei einfach- und doppelverglasten Gewächshäusern. Einsparung ca. 60% bei 1 cm starkem Styropor, bezogen auf die isolierte Fläche! (S. Tab. 7.)

Inneneinrichtung

Ein Orchideengewächshaus bietet bestimmt dann den schönsten Anblick, wenn es als tropischer Wintergarten eingerichtet wird. In großen Pflanzgefäßen mit Blähton, die noch die unschönen Heizkörper verdecken, wächst üppig eine dekorative Grundbepflanzung aus Maranten, Fittonien, Farnen, Bromelien und vielen anderen Begleitpflanzen. Sie verdecken die nicht immer schönen Blätter und Bulben der Orchideen, und nur die Blüten leuchten aus dem Grün hervor. In die Nischen des Epiphytenstammes werden Töpfe mit blühenden Phalaenopsis, Dendrobien und Oncidien eingesetzt. An den Dachsprossen hängen hunderte von Kleinorchideen und Tillandsien. Und inmitten all dieser Herrlichkeit wird morgens das Frühstück eingenommen und abends eine gute Flasche Wein getrunken. Ein Traum, zu schön, um wahr zu sein?

Bestimmt nicht, wenn man sich in der Auswahl der Orchideen einige Beschränkungen auferlegt und auch berücksichtigt, daß viele Orchideen außerhalb der Blütezeit nicht besonders dekorativ sind und während der Ruhezeit eine andere Behandlung erfordern. Ideal wäre eine anschließende zweite Gewächshausabteilung, ganz auf optimale Kulturbedingungen und beste Raumausnutzung ausgerichtet.

Zwischen diesen beiden Polen gibt es eine Fülle von Gestaltungs- und Einrichtungsmöglichkeiten.

Tab. 7. Jährliche Heizkosten für ein Orchideengewächshaus sowie Einsparungen durch Isolierverglasung mit Stegdoppelplatten 16 mm und durch zusätzliche Wärmedämmung[1]

	Innentemperatur °C	**Elektroheizung** DM 0,08/kWh Wärmeverbr. einschalig kWh	Heizkosten einschalig DM	Heizkosten SDP DM	Einsparungen SDP 40% DM	Heizkosten SDP + zusätzl. Wärmedämmg. DM	Einsparungen SDP + zusätzl. Wärmedämmg. 60% DM	**Ölheizung** DM 0,30/l Öl-verbr. einschalig l	Heizkosten einschalig DM	Heizkosten SDP DM	Einsparungen SDP 40% DM	Heizkosten SDP + zusätzl. Wärmedämmg. DM	Einsparungen SDP + zusätzl. Wärmedämmg. 60% DM
Gewächshaus 1	5	1440	115,–	69,–	46,–	46,–	69,–	200	60,–	36,–	24,–	24,–	36,–
Breite 207 cm	10	4130	330,–	198,–	132,–	132,–	198,–	574	172,–	103,–	69,–	69,–	103,–
Länge 255 cm	15	8050	644,–	386,–	258,–	258,–	386,–	1118	335,–	201,–	134,–	134,–	201,–
Glasfläche	20	12970	1038,–	623,–	415,–	415,–	623,–	1802	541,–	325,–	216,–	216,–	325,–
ca. 21 m²	25	18310	1465,–	879,–	586,–	586,–	879,–	2543	763,–	458,–	305,–	305,–	458,–
Gewächshaus 2	5	3928	315,–	189,–	126,–	126,–	189,–	546	164,–	98,–	66,–	66,–	98,–
Breite 320 cm	10	11244	900,–	540,–	360,–	360,–	540,–	1562	469,–	281,–	187,–	187,–	281,–
Länge 623 cm	15	21921	1753,–	1052,–	701,–	701,–	1052,–	3045	913,–	548,–	365,–	365,–	548,–
Glasfläche	20	35325	2826,–	1696,–	1130,–	1130,–	1696,–	4906	1472,–	883,–	589,–	589,–	883,–
ca. 57 m²	25	49868	3989,–	3394,–	1595,–	1595,–	2394,–	6926	2078,–	1247,–	831,–	831,–	1247,–

[1] Nach Berechnung von Herrn Dr. Kolbe, Röhm GmbH, Chemische Fabrik, Darmstadt.
Die Angaben über den Wärmeverbrauch wurden nach Vickermann (1969) umgerechnet, wobei der Wärmeverbrauchskoeffizient und das Verhältnis Oberfläche zu Grundfläche berücksichtigt wurden. Der Wärmeverbrauch gilt für ein mittleres Klima von Kassel, umgerechnet auf Meereshöhe. Bei der Ölheizung wurde ein unterer Heizungswert von 10 kWh/l, ein Kesselwirkungsgrad von 80% und 10% Netzverluste berücksichtigt. Der Wirkungsgrad der Elektroheizung wurde mit 100% angenommen.

Abb. 56a. Einrichtung und Klimatisierung im freistehenden Gewächshaus mit Satteldach. Einzelheiten s. Erläuterung zu Abb. 56a + b.

Erläuterung zu Abb. 56a + b: Einrichtung und Klimatisierung von Orchideen-Gewächshäusern.

1 Dachfenster (Entlüftung), 2 Seitenfenster (Frischluftzufuhr), 3 Heizungsvorlauf, 3a Heizungsrohre, 3b Heizungskonvektor, 3c Unterheizung, 3d Bodenheizung, 4 und 5 wassergeschützte Schienenleuchten, 4 als Allgemeinbeleuchtung, 5 mit Reflektor als wachstumsfördernde Zusatzbeleuchtung, 6a, 6b Gewächshaus-Luftbefeuchter, 7 Aluminiumrohr zum Aufhängen von Pflanzen, 8 Hängekulturtische, 9 Kulturtisch mit Wellgitterbelag, 10 Plattenweg, 75 cm breit, 11 Düsenanlagen, 12 automatischer Fensteröffner, 13 Außenschattierung, 14 Gießwasserbecken mit Deckel, 15 Luftumwälzer, 16 automatische Zwangsentlüftung.

Der Pflanzenbestand eines engagierten Orchideenliebhabers wächst immer schneller als erwartet, und man wird deshalb vorwiegend auf eine gute Raumausnutzung Wert legen müssen.

Als Stellflächen bieten sich zunächst Kulturtische an, die eine Höhe von 70–80 cm haben sollten. Bei Festlegung der Tiefe muß an die Heizkörper gedacht werden, die normalerweise im Bereich der Außenscheiben montiert werden (s. Zeichnungen hierzu). Zu nahes Heranrücken der Kulturtische an die Heizkörper führt zu einem Austrocknen der Pflanzen im hinteren Bereich.

Starke Profile aus gut verzinktem Stahl oder wartungsfreiem Aluminium sind das beste Material für Gewächshaustische, die möglichst lange halten sollen. Als Tischbelag haben sich Wellgitter aus den gleichen Materialien bewährt. Sie entsprechen dem Luftbedürfnis der Orchideen und sichern der Untertischbepflanzung noch zusätzlich etwas Kopflicht. Etagentische bieten eine gute Übersicht auch bei engem Stand der Pflanzen (s. Farbbild S. 155).

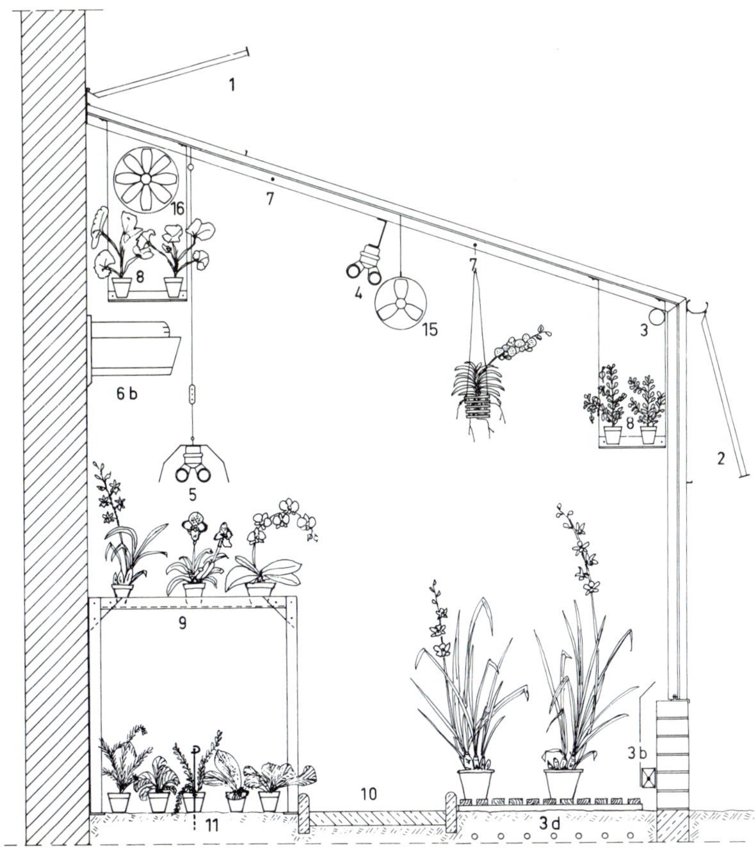

Abb. 56b. Einrichtung und Klimatisierung im Anbaugewächshaus mit Pultdach. Einzelheiten s. Erläuterung zu Abb. 56a + b.

Aus Kostengründen müssen manchmal für die ersten Jahre Kulturtische aus Holz gebaut werden, die einen Schutzanstrich erfordern. Bitte dann unbedingt auf die Pflanzenunschädlichkeit der Imprägnierung und die Einhaltung der Karenzzeit für die Ausdünstung achten! Ein bewährtes Imprägnierungsmittel ist z.B. „Holzfluid“ der Firma Schacht.

Zur Ausweitung der Stellflächen bieten sich Hängekulturtische an, die im Bereich der Traufe befestigt werden. Die Anbringung muß ca. 160 cm über dem Wegeniveau erfolgen, damit die Töpfe beobachtet werden können. Bei einer Tiefe von 35–40 cm lassen sich auch gut handelsübliche Pikierschalen und Pflanzkästen aufsetzen. Als Belag sind ebenfalls Wellgitter geeignet. Bei nässeempfindlichen Kulturen auf den darunterliegenden Stellflächen ist dagegen Glasbelag empfehlenswert.

Der Dachbereich läßt sich durch Spanndrähte und Aluminiumrohre nutzen, die von Giebelwand zu Giebelwand gespannt werden. Um ein Durchbiegen zu vermeiden, erfolgt zu jeder Sprosse hin eine zusätzliche Befestigung mit kunststoffüberzogenem Draht. Mit diesen einfachen Vorrichtungen lassen sich viele weitere Orchideen, besonders kleinwachsende und lichtliebende Arten, unterbringen.

Auch für die Untertischkultur bieten sich eine ganze Reihe von geeigneten Orchideen mit geringen Lichtansprüchen an, z.B. Masdevallien. Sie werden zweckmäßigerweise in Pikierkästen mit gelochtem Boden aufgestellt und lassen sich so zur näheren Inspektion schnell einmal hochheben. Ganz geschickte Bastler schaffen sich unter ihren Kulturtischen in 20–30 cm Höhe eine zweite Stellfläche. Diese wird schubladenähnlich in den Wegebereich hineingezogen und bietet Aufstellmöglichkeiten für viele weitere Pflanzen. Eine solche Lösung zur äußersten Raumausnutzung wird man dann wählen, wenn der Bau eines größeren Gewächshauses nicht möglich ist. Auch ein Pflanztisch mit festem Belag und Zwischenablage sollte in keinem Orchideengewächshaus fehlen.

3.5.2 Regulierung des Gewächshausklimas

Wärmebedarf

Orchideengewächshäuser müssen in unserem rauhen Klima beheizt werden. Vor Festlegung der Heizungsanlage ist zunächst der stündliche Wärmebedarf Q (in Watt) zu ermitteln. Dieser ist abhängig vom Wärmedurchgangskoeffizienten k (für normal verglaste Gewächshäuser ist k = 7,6 bei Berücksichtigung der zusätzlichen Wärmeverluste an Sockel, Sprossen, Türen und Fenstern), der Größe der Außenglasfläche in m^2 sowie der Temperaturdifferenz zwischen der geforderten Gewächshaustemperatur und der niedrigsten Außentemperatur (in normalen Lagen −15 °C). Der Wärmebedarf (in Watt) wird nach einem vereinfachten Verfahren errechnet, indem man die Außenglasfläche (in m^2) mit der Temperaturdifferenz (in °C) und dem Faktor k = 7,6 multipliziert (wie bereits im Rechenbeispiel S. 147). Für ein Orchideengewächshaus von 3,2 m Breite, 4,4 m Länge und 45 m^2 Glasfläche mit einer Nachttemperatur von +15 °C bei minimaler Außentemperatur von −15 °C ergibt sich danach folgende Rechnung: $45 \cdot 30 \cdot 7{,}6 = 10\,260$ Watt oder 10,26 kW.

Die Umrechnung auf die früher übliche Wärmebedarfsangabe in kcal/h erfolgt, indem man das Ergebnis von 10260 Watt mit dem Umrechnungsfaktor 0,86 multipliziert. Bei unserem Beispiel also 10260 · 0,86 = 8823,6 kcal/h. Alte Angaben in kcal/h multipliziert man mit dem Faktor 1,163, um den stündlichen Wärmebedarf in Watt zu erhalten. Also 8823,6 · 1,163 = 10260 Watt. Für Gewächshäuser aus Wellkunststoff wird bei obiger Berechnung die vergrößerte Glasfläche um ca. 30% höher angesetzt. Bei Isolierverglasungen ist der Wärmebedarf um ca. 40% zu reduzieren, bei zusätzlicher Wärmedämmung entsprechend höher.

Ölheizungs-Anschluß an die Hausheizung

Wie wird nun ein Orchideengewächshaus zweckmäßig beheizt? Die wirtschaftlichste Lösung, der Anschluß an die ölbefeuerte Warmwasserzentralheizung des Wohnhauses über einen eigenen Regelkreis, ist in Abb. 57 mit einer Alternative dargestellt.

Nach Lösung A wird möglichst schon beim Neubau am Heizkessel ein zweites Mischventil montiert, das unabhängig vom Wohnhauskreislauf ist. Von diesem führt eine separate Vor- und Rücklaufleitung über die zweite Umwälzpumpe gut isoliert zum Gewächshaus. Ein im Gewächshaus installierter wassergeschützter Raumthermostat steuert die Umwälzpumpe P 2 und somit die Gewächshaustemperatur. Am Mischer wird je nach Jahreszeit die entsprechende Vorlauftemperatur von Hand vorgewählt. Bei dieser Lösung haben die Gewächshausheizkörper in der Übergangszeit eine mildere Wärmeabgabe als bei extrem niedrigen Außentemperaturen.

Die nicht sehr aufwendige Lösung A kann nachträglich leicht zu einer vollelektronischen Raumtemperaturregelung nach Lösung B ausgebaut werden. Die Pumpe P 2 läuft dabei ständig. Das elektronisch arbeitende Zentra-Regelgerät ZG ermittelt über den Gewächshausfühler GF und den Vorlauffühler VF genau die richtige Vorlauftemperatur des Heizungswassers, die der Stellmotor dann automatisch am Mischventil einstellt. Die im Regelgerät eingebaute Schaltuhr ermöglicht zusätzlich eine beliebig einstellbare automatische Nachtabsenkung. Weitere Gewächshausabteilungen lassen sich leicht über Zonenventile und Raumthermostate mit Nachtabsenkung getrennt regeln. Der Gewächshausfühler des Zentra-Regelgerätes wird dabei immer in der wärmsten Gewächshausabteilung montiert. Eine Gewächshausregelung nach Lösung B mit ihrer hohen Genauigkeit ist trotz höherer Anschaffungskosten auf Dauer die wirtschaftlichste Lösung und spart bis zu 30% Heizungskosten.

Immer sollte beachtet werden: Nur 1 °C zuviel an Heiztemperatur erhöht bereits die Heizungskosten um 5–7%.

Nur wenn kein direkter Anschluß an den Heizkessel möglich ist, dann sollte der Anschluß nach Lösung C vorgenommen werden. Er erfolgt dann in der Regel an einem der nahegelegenen Heizkörper des Wohnhauses oder der Garage. Die Temperaturregelung übernimmt ein am Gewächshausheizkörper befindliches Thermostatventil mit Fernfühler. Bei dieser Lösung kann es erforderlich sein, die für die Wohnraumheizung bemessene Umwälzpumpe gegen ein leistungsstärkeres Modell auszutauschen. Der nächtliche Wärmebedarf des

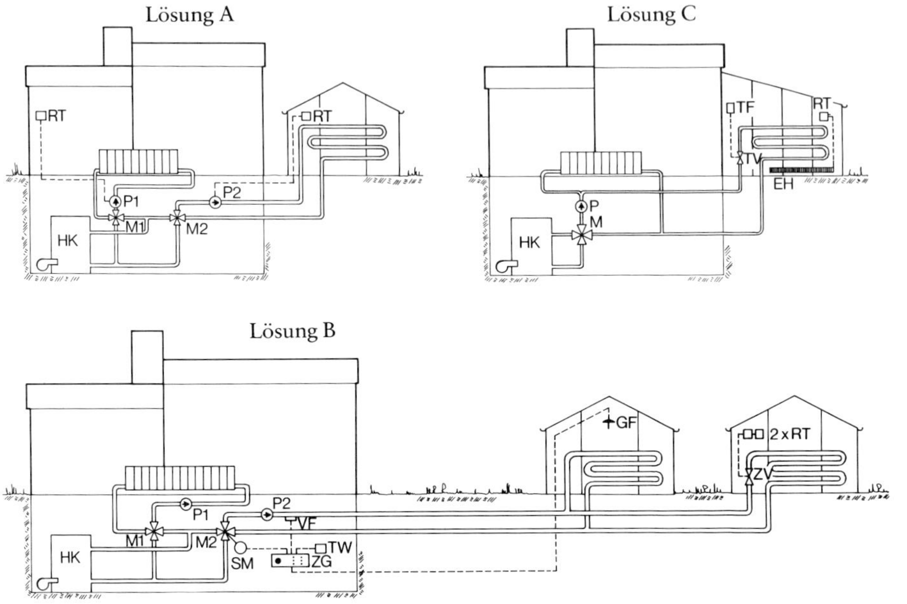

Abb. 57. Anschluß an die Hausheizung.
P Umwälzpumpe, HK Heizkessel, M Mischer, SM Stellmotor, ZG Zentra-Regelgerät mit Nachtabsenkung, VF Vorlauffühler, GF Gewächshausfühler, EH Elektro-Zusatzheizung, ZV Zonenventil, RT Raumtemperaturregler, TV Thermostatventil, TF Temperaturfernfühler zum Thermostatventil, TW Temperaturwähler.

Wohnhauses ist in der Regel geringer als der des Gewächshauses. Die Heizungstemperaturen werden deshalb, nicht zuletzt aus wirtschaftlichen Gründen, in der Nacht abgesenkt. Unter Berücksichtigung dieser Situation empfiehlt sich für das Gewächshaus eine großzügige Auslegung der Heizflächen sowie eine zusätzliche, thermostatisch geregelte Elektroheizung, die als Sicherheitsheizung dient.

Nachtabsenkung

Von den Standorten vieler Orchideen wissen wir, daß dort die Tag- und Nachttemperaturen teilweise große Unterschiede aufweisen. Auch die Erfahrungen in der gärtnerischen Kultur zeigen, daß abgesenkte Nachttemperaturen für ein gutes Wachstum und oft auch für die Blütenbildung und Haltbarkeit der Blüten sehr wichtig sind. Hinzu kommt der Vorteil einer erheblichen Heizkostenersparnis. In der Regel sollten daher die Nachttemperaturen um etwa 5 °C abgesenkt werden. *Odontoglossum crispum*-und *Odontioda*-Hybriden z.B. sowie viele Oncidien vertragen und wünschen sogar nach hohen Tagestemperaturen um ca. 30 °C Absenkungen bis zu 20 °C. Bei elektronisch gesteuerter Vorlaufregelung ist die Möglichkeit einer variablen Nachtabsenkung bereits im Zentra-Regelgerät vorgesehen und an einer Schaltuhr einstellbar.

Bei thermostatischer Regelung sind zwei Thermostate und eine Schaltuhr zur Umschaltung der Regler erforderlich. Ein Thermostat wird dabei auf die Nachttemperatur eingestellt, die nicht unterschritten werden darf (bei *Phalaenopsis* z.B. 18 °C), der zweite Thermostat auf die Temperatur, bis zu der am Tage geheizt werden soll (bei unserem Beispiel 23 °C).

Durch Sonneneinstrahlung wird darüber hinaus ein weiterer wünschenswerter Anstieg der Temperatur erreicht, der keine Heizenergie mehr erfordert.

Die Begrenzung nach oben (auf 28–30 °C) erfolgt durch manuelle Lüftung oder durch eine automatische Entlüftung.

In stark besonnten Gewächshäusern kann daher unter Umständen der Tag-Thermostat entfallen, da eine Temperaturerhöhung mit wachsender Sonneneinstrahlung zwangsläufig erfolgt und somit auch der gesteigerten Assimilation entspricht. Demgemäß läßt sich auch eine helligkeitsabhängige Temperatursteuerung mit Hilfe eines Dämmerungsschalters vornehmen. Bei dieser besonders wirtschaftlichen Regelung gibt die Heizung dann keine Wärme mehr ab, wenn sie von den Orchideen mangels ausreichenden Lichtes nicht mehr genutzt werden kann. Es gibt auch elektronische Temperaturregler mit eingebauter

Abb. 58. Warmwasserheizkessel mit Ölbrenner, Ausdehnungsgefäß und Umwälzpumpe.

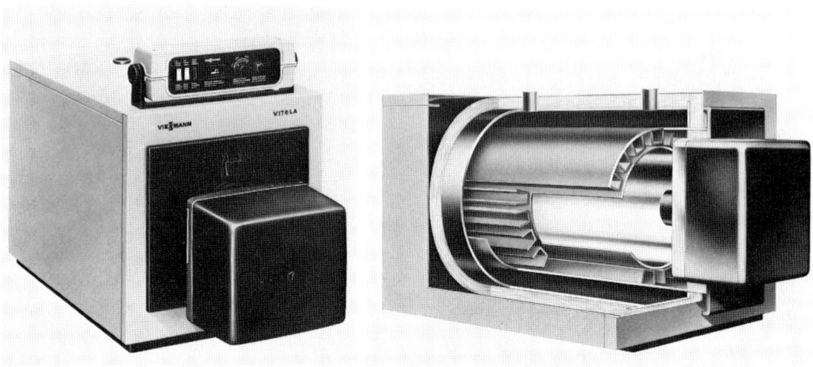

Abb. 59. Öl/Gas-Spezialkessel „Vitola" der Firma Viessmann. – Lieferbare Nennleistungsbereiche 11,6–36 kW. Aufnahme: Viessmann-Werke KG, Altendorf/Eder.

Photozelle, die bei Dunkelheit die Temperatur automatisch um 1–8 °C niedriger schalten.

Kultur- und Heizbereiche

Von den Temperaturansprüchen her gesehen, können wir ein Orchideengewächshaus nach den vier wichtigsten Leit-Kulturen unterteilen:

1. Das *Odontoglossum*-Haus mit Nachttemperaturen von 5–10 °C und Tagtemperaturen bis zu 25 °C bei optimaler Lüftung.
2. Das *Paphiopedilum*-Haus mit Nachttemperaturen von 15–18 °C und Tagtemperaturen von 25–28 °C.
3. Das *Phalaenopsis*-Haus mit Nachttemperaturen von 18–20 °C und Tagtemperaturen von 25–28 °C.
4. Das Vermehrungs- und Anzuchthaus mit Nachttemperaturen von 23–25 °C und Tagtemperaturen von 25–28 °C.

In jedem Haus bilden sich dabei je nach Höhe und Lage der Kulturflächen Bereiche mit unterschiedlicher Temperatur und Helligkeit. So lassen sich leicht Orchideen mit verschiedenen Ansprüchen innerhalb eines Leit-Klimas in der jeweiligen Gewächshausabteilung kultivieren (z. B. Cattleyen im hellsten Bereich des *Paphiopedilum*-Hauses und Vandeen im hellsten Bereich des *Phalaenopsis*-Hauses). Die alten Begriffe Kalthaus, temperiertes Haus und Warmhaus beziehen sich in erster Linie auf die minimalen Nacht- und Heizungstemperaturen. Die optimalen Temperaturwerte können in Anpassung an die Ansprüche einzelner Orchideengruppen unter Berücksichtigung von Lichteinfall, Luftfeuchte sowie Lüftung und Luftumwälzung eingeengt oder ausgedehnt werden. Dieses geschieht durch entsprechende Einstellung der Regelorgane und die Wahl der richtigen Stellfläche innerhalb des Gewächshauses.

Für beste Kulturführung und wirtschaftlichste Beheizung ist es notwendig, einen Überblick über die jeweiligen Tag- und Nachttemperaturen zu haben. Als zuverlässiges und einfaches Kontrollinstrument zeigt ein Maximum-Minimum-

Thermometer die momentane Temperatur an sowie die äußersten Tag- und Nachtwerte.

Den besten Überblick über den Temperatur- und Luftfeuchteverlauf von 24 Stunden oder 7 Tagen mit all den sich daraus ergebenden Korrekturmöglichkeiten bietet ein Temperatur-Feuchte-Schreiber (Thermo-Hygrograph, der u. a. von der Firma Lufft hergestellt wird).

Heizkörper

Die für die Kleingewächshausbeheizung geeigneten Heizkörper und ihre Lage sind auf S. 164 skizziert.

Registerheizkörper aus Stahl- oder Kupferrohren lassen sich leicht entlang der Außenwände montieren und fangen sozusagen die Kälte dort ab, wo sie

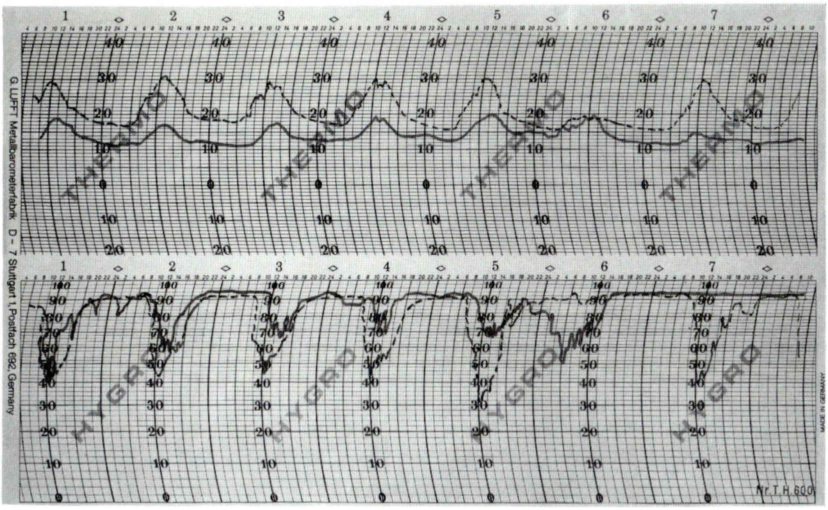

Abb. 60. Temperatur- und Feuchteverlauf im Monat August 1977: im temperierten Orchideengewächshaus des Verfassers (gestrichelt) und auf dem Berg Sã João im Orgelgebirge, Brasilien (ausgezogene Linie), aufgezeichnet in 1500 m (Gipfel 1850 m), 3 m über Grund, 30 cm unter einem Oncidium gardneri.
Gelände: 20° steiler SO-Hang (beste Orchideenlage, da Hauptwindseite), lichter Wald, 15 m hoch. Unterwuchs Sumpfpflanzen, bis 2 m hoch.
Typische Orchideen im Umkreis von 100 m: Oncidium forbesii, O. gardneri, O. raniferum, O. sphegiferum, Scuticaria strictifolia, Sophronitis coccinea, Grobya amherstiae, Gomesa recurva, Maxillaria picta und andere, Epidendrum vespa und sonstige Arten, Stenocorryna racemosa sowie diverse Pleurothallis und Stelis. Laelia crispa und andere Arten sowie Oncidium crispum wachsen noch recht häufig etwa bei 1300 m oder 2 °C wärmer.
Das Thermo-Hygrogramm entspricht sehr gut dem durchschnittlichen Winterwetter. Vom 24. 8. bis 27. 8. herrschte dort Nebel und Regen. Durchschnittliche Minimum-Maximum-Temperatur bzw. rel. Feuchte:

		Winter (August)	Sommer (Februar)
Orgelgebirge	1500 m NN	11–19 °C, 60–95%	15–25 °C, 95–60%
Rio de Janeiro	0 m NN	15–30 °C, 50–95%	22–40 °C, 95%

Abb. 61. Isolierverglastes Kleingewächshaus mit Rohr-Registerheizkörper, isolierter Zuleitung, Absperrschiebern, Entlüftungstöpfen und Zonenventil.

eindringt. Als milde Unterheizung montiert, fördern sie besonders die schnelle Bewurzelung von frisch getopften Pflanzen. Stehwand- und Unterheizung sollten getrennt absperrbar sein.

Eine wünschenswerte, besonders milde Wärmeabgabe läßt sich durch eine Überdimensionierung der Heizungsrohre erreichen, indem man z.B. trotz Isolierverglasung ihre Länge nicht um ca. 40% reduziert. Dies setzt aber unbedingt eine automatische Regelung der Vorlauftemperatur voraus (s. Lösung B auf S. 164).

Konvektoren in feuerverzinkter Ausführung benötigen im Gegensatz zu Stahlrohren keinen zusätzlichen Anstrich. Sie haben infolge ihrer durch Lamellen stark vergrößerten Oberfläche pro Meter Länge eine große Wärmeabgabe. Gegenüber Heizungsrohren treten keine Wärmeverluste durch Strahlung auf, und die Heizkosten liegen, dadurch bedingt, ca. 5% niedriger. Um ihre Leistung

Tab. 8. Wärmeabgaben von GEA-Konvektoren K 66 in Watt bei einer mittleren Wassertemperatur von 80 °C

Konvektor Länge (in mm)	Bautiefe (Breite) 100 mm						Bautiefe (Breite) 150 mm					
	Verkleidungshöhe (in mm)						Verkleidungshöhe (in mm)					
	300			600			300			600		
	Haustemperatur			Haustemperatur			Haustemperatur			Haustemperatur		
	15 °C	10 °C	5 °C	15 °C	10 °C	5 °C	15 °C	10 °C	5 °C	15 °C	10 °C	5 °C
1000	1017	1134	1233	1308	1459	1593	1564	1744	1895	1953	2180	2372
1500	1576	1762	1913	2105	2349	2558	2430	2709	2948	3041	3395	3692
2000	1919	2401	2610	2860	3192	3471	3302	3686	4012	4128	4610	5012
2500	2709	3023	3291	3605	4029	4378	4167	4651	5058	5215	5820	6331
	Wärmeleistung pro Meter berippter Länge											
	1134	1267	1372	1506	1680	1826	1733	1936	2105	2174	2430	2640

Tab. 9. Wärmeabgaben von Heizungsrohren in Watt pro Meter Rohr bei einer mittleren Wassertemperatur von 80 °C (nach TANTAU 1975)

Rohr-Außendurchmesser mm	Innentemperatur (°C) 6	8	10	12	14	16	18	20	22
	Einfach verglastes Gewächshaus:								
38	125	123	120	117	115	112	109	107	104
42,4	138	135	132	129	126	124	121	118	115
44,5	144	141	138	135	132	129	126	123	120
48,3	155	152	148	145	142	139	135	132	129
51	163	159	156	152	149	146	142	139	135
57	179	176	172	168	165	161	157	153	150
60,3	189	185	181	177	173	169	165	161	157
	Doppelt verglastes Gewächshaus:								
38	123	121	118	115	112	109	106	103	100
42,4	136	133	130	126	123	120	117	114	110
44,5	142	139	135	132	129	125	122	119	115
48,3	152	149	145	142	138	135	131	128	124
51	160	156	153	149	145	141	138	134	130
57	177	172	168	164	160	156	152	148	144
60,3	186	181	177	173	168	164	160	155	151

voll auszunutzen, müssen sie in einem Schacht montiert werden. Dieser wird bei einigen Fabrikaten, z. B. GEA, gleich in rostfreier Aluminiumausführung mitgeliefert.

Die aus dem Konvektorschacht und an den Heizrohren aufsteigende Warmluft ist relativ trocken. Um diesen Nachteil auszugleichen, ist es empfehlenswert, den Gewächshausboden mit Hilfe von Sprühdüsen feucht zu halten.

Die Vorlaufrohre zu den Heizkörpern sollten, wie skizziert, entlang der Traufe verlegt werden. Die an den Dachflächen hochsteigende Warmluft verhindert das Auftreten von Tropfwasser und fördert das Abtauen bei starkem Schneefall. Nach Festlegung des Wärmebedarfes können die erforderlichen Rohrlängen bzw. Konvektortypen leicht den Tabellen 8 und 9 entnommen werden.

Die vorstehend beschriebenen Warmwasser-Heizsysteme lassen sich auch an speziell für das Gewächshaus installierte Kleinheizkessel anschließen. Dabei spielt es, von den Heizkosten einmal abgesehen, keine Rolle, ob diese Kessel mit Öl, Flüssiggas oder Stadtgas befeuert werden. Zu beachten ist aber, daß Gewächshäuser mit eigener, offener Feuerstelle in der Regel baugenehmigungspflichtig werden.

Bodenheizung

Eine Bodenheizung ist da von Vorteil, wo Orchideen auf oder dicht über dem Gewächshausboden kultiviert werden. Durch bodenbeheizte Untertischkulturen von Grünpflanzen mit entsprechender Bewässerung und Düngung läßt sich infolge der erhöhten Verdunstung und CO^2-Produktion das Gewächshausklima erheblich verbessern.

Verlegt werden ³/₄″-Kunststoffrohre in ca. 30 cm Tiefe und mit 30 cm Abstand. Die maximale Wassertemperatur in den Rohren darf 40 °C nicht überschreiten. Es ist deshalb eine Temperaturbegrenzung und Regelung vorzusehen, bestehend aus Handmischer, Thermometer, Umwälzpumpe und Bodenthermostat. Diese aufwendige Lösung ist für größere Gewächshäuser interessant.

Für kleinere Flächen eignen sich besser schutzgeerdete Bodenheizkabel mit thermostatischer Regelung, wobei der Anschlußwert pro Quadratmeter Fläche ca. 150–200 Watt beträgt.

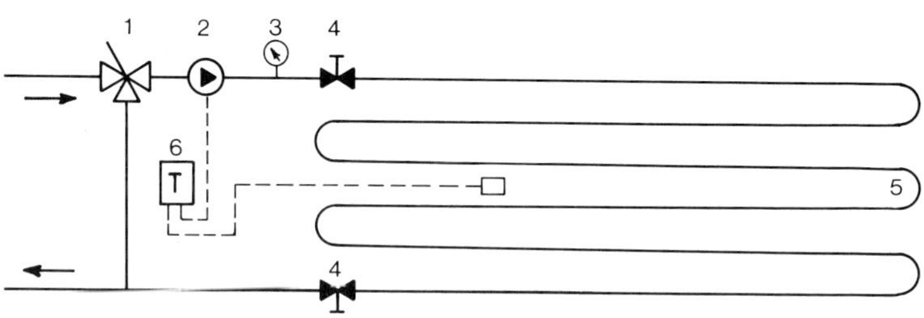

Abb. 62. Kunststoffrohr-Bodenheizung.
1 Dreiwegemischer, 2 Umwälzpumpe, 3 Thermometer, 4 Absperrventile, 5 Kunststoffrohr, 6 Thermostat mit Bodenfühler.

Eine gute Isolierung der Fundament-Innenseiten mit 2 cm starken Styrodurplatten ist zur Heizkostenersparnis empfehlenswert.

Gießwasser-Temperierung

Erfahrene Gärtner gießen ihre Orchideen mit temperiertem Wasser von 20–25 °C. Erwärmt wird das Gießwasser durch eine im Becken verlegte Kupferschlange, die über Absperrventile an Vor- und Rücklauf der Warmwasserheizung angeschlossen ist. Die Temperaturregelung erfolgt über ein thermostatisches Heizkörperventil mit Temperatur-Fernfühler. Die Beheizung mit einem Elektro-Heizkabel ist ebenfalls möglich.

In den Boden eingelassene Becken sollten unbedingt gut isoliert und abgedeckt werden, um Wärmeverluste zu vermeiden.

Gasheizung

Die Beheizung mit Stadt- oder Erdgas erfordert zwar keine Aufwendungen für die Brennstofflagerung, die Energiepreise (0,18 DM/m^3) liegen aber gegenüber leichtem Heizöl (0,30 DM/l) ungefähr 70% höher.

Die Kosten für Propangas (0,66 DM/kg) sind bei Tanklagerung noch einmal etwa 30% höher; hinzu kommt die entsprechende Tankmiete. Flaschengas in 33-kg-Flaschen kostet sogar DM 1,32/kg. Es dürfte deshalb nur als Notlösung in Frage kommen, da eine Elektroheizung bei einem 0,08-DM-Tarif pro kW/h noch billiger und sicherer ist. (Preisstand 1978.)

Grundsätzlich kann die Auswahl nur nach wirtschaftlichen Überlegungen und in Übereinstimmung mit den örtlich gegebenen Möglichkeiten getroffen werden. Ein Heizungsfachmann ist hier der beste Gesprächspartner.

Gasbefeuerte Heizkessel werden vom örtlichen Fachhandel in Ausführungen mit Kaminanschluß geliefert. Außerdem gibt es Gas-Durchlauferhitzer für Wandmontage. Bei diesen Anlagen sind für Abgase und Frischluftzuführungen nur Wandgitter erforderlich. Diese Geräte nehmen im Gewächshaus wenig Platz in Anspruch. Die Montage muß unter Berücksichtigung der Hauptwindrichtung so erfolgen, daß die Abgase vom Gewächshaus weggeweht werden.

Übergangsheizungen

Für den Betrieb mit Öl oder Gas gibt es Einzelöfen, die hinsichtlich der Abgasführung nicht immer ganz problemlos sind. Die meist konzentriert abgegebene Wärme muß mit Hilfe eines Ventilators im Gewächshaus verteilt werden. Kleinheizgeräte für Flaschengas oder Petroleum können infolge der hohen Heizkosten nur als Übergangslösung oder stromlos arbeitende Notheizung in Erwägung gezogen werden. Bei kaminlosen Geräten wurden trotz gegenteiliger Behauptungen der Hersteller abgasbedingte Schäden in Orchideenkulturen beobachtet. Die bei diesen Geräten erforderliche Frischluftversorgung macht wärmedämmende Maßnahmen illusorisch. Die als Vorteil genannte CO^2-Düngung erscheint zweifelhaft, da die Beheizung und die damit verbundene CO^2-Abgabe vorwiegend in den licht- und vegetationsarmen Wintermonaten erfolgt.

Eine richtige Planung und Ausführung ist entscheidend für die Wirtschaft-

Abb. 63. Gas-Durchlauferhitzer mit Ausdehnungsgefäß, links daneben Elektroschaltschrank für Klimasteuerung.

lichkeit und Betriebssicherheit der Heizungsanlage. Aus diesem Grunde sollte immer, das gilt ebenso für die Elektroinstallation, ein Fachmann zu Rate gezogen werden, der später bei evtl. Störungen auch den Kundendienst übernimmt.

Elektroheizung

Wirkungsvolle Isolierverglasungen und zusätzliche Wärmedämmung ermöglichen heute auch eine wirtschaftliche Elektrobeheizung von Orchideengewächshäusern, sofern sie nicht zu groß sind. Die reinen Heizkosten sind zwar lt. Tabelle auf Seite 159 fast doppelt so hoch wie bei einer Ölheizung. Die Kosten für eine Elektroheizung und den erforderlichen Anschluß nebst Regelung liegen aber in der Regel erheblich niedriger als bei einer Ölheizung. Neue Erkenntnisse zeigen außerdem, daß viele Orchideen bei geringeren Temperaturen und somit auch niedrigeren Heizungskosten genauso gut und oft sogar besser kultiviert werden können.

Für die Elektrobeheizung werden als zuverlässigste Lösung vorwiegend verzinkte Rippenrohrheizkörper in Feuchtraumausführung eingesetzt. Sie sind in Längen bis zu 3 m handelsüblich bei Leistungen von 1000 oder 2000 Watt pro m Länge. Ausführungen mit einer Leistung von 2000 Watt pro m Länge haben sehr hohe Oberflächentemperaturen und eine dadurch bedingt starke Wärmestrahlung. Um Verbrennungen zu vermeiden, ist ein entsprechend großer Abstand zu den Pflanzen erforderlich. Bei einer Leistung von nur 1000 Watt pro m Länge ist dieser Nachteil nicht gegeben, und in Kleingewächshäusern sollte man daher diese Ausführung vorziehen.

Die Anbringung erfolgt im Bereich der Außenwände. Für die Temperaturregelung ist ein wassergeschützter Raum- oder Universal-Thermostat, möglichst mit Nachtabsenkung erforderlich. Der Temperaturfühler wird in Kopfhöhe über den Pflanzen montiert.

Anschlußwerte über 2000 Watt erfordern ein zusätzliches Leistungsschütz, da Thermostate normalerweise nur bis 2000 Watt direkt schalten.

Auch Heizlüfter können eingesetzt werden, sofern sie sicherheitstechnisch für den Betrieb in feuchten Gewächshäusern geeignet und zugelassen sind.

Nachtspeicheröfen sind trotz günstiger Sondertarife für die Gewächshausbeheizung ungeeignet. Es wird z. Z. kein Fabrikat angeboten, das für den Betrieb in Feuchträumen geeignet ist.

Elektrischer Strom in feuchten Gewächshäusern ist besonders gefährlich! Bei Auswahl und Anschluß von Elektrogeräten sollte deshalb immer ein Fachmann befragt werden.

Elektroheizkabel lassen sich bei Jungpflanzenkulturen gut als Untertisch- oder Bodenheizung einsetzen.

Für die Kultur von Sämlingen in Flaschen und Gemeinschaftstöpfen sowie das Antreiben von Rückbulben und Importen bieten Vermehrungsbeete mit thermostatisch geregelter Bodenheizung die besten Möglichkeiten.

In Vermehrungsbeeten mit Bodenheizung und Abdeckhaube läßt sich selbst in einem Kalthaus auf wirtschaftliche Weise jede gewünschte Vermehrungstemperatur erreichen.

Befeuchtung

Die einfachste Art der Luftbefeuchtung ist das Besprühen der Tisch- und Bodenfläche von Hand. Es gibt heute eine Vielzahl von Spritzen sowie Gieß- und Sprühgeräten, auf die feinzerstäubende Düsen aufgesetzt werden können. Mit Düsenanlagen, die eine Druckwasserversorgung benötigen, läßt sich die Bodenfläche auch vollautomatisch besprühen und somit eine Anhebung der Luftfeuchte im Gewächshaus erreichen. Erforderlich sind geeignete Düsen, z. B. von der Firma Tegtmeier, die an Rohren oder Lanzen ca. 40 cm über dem Boden montiert werden. Die automatische Steuerung erfolgt über ein Magnetventil, das von einem Benetzungsregler angesteuert wird. Es ist auch eine zeitabhängige Steuerung durch Schaltuhr möglich, oder die Regelung über einen Feuchteregler (Hygrostat). Die verwendeten Wasserschläuche müssen lichtundurchlässig sein, damit eine Algenbildung und die dadurch entstehende Verstopfungsgefahr für die Düsen vermieden wird.

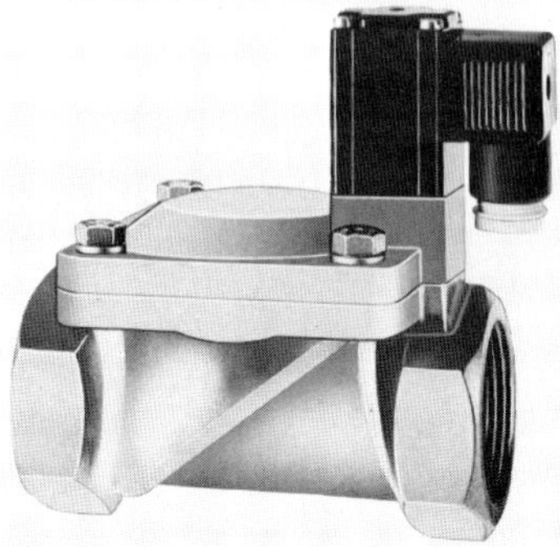

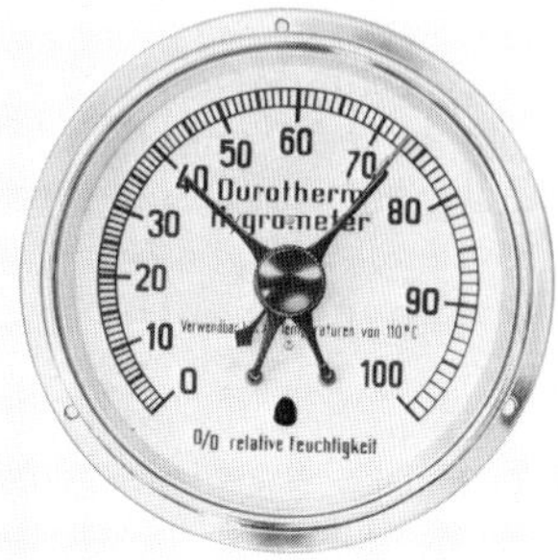

Abb. 64. Magnetventil für die Steuerung von Düsenanlagen.
Abb. 65. Automatischer Feuchteregler H 100 (= Kontakthygrometer für 24 Volt Niederspannung); dazugehöriges Kontaktschutzrelais nicht abgebildet.

Eine Untertischbefeuchtung hat den Nachteil, daß sehr viel Wasser verbraucht und eine genaue Feuchteregelung selten erreicht wird. Sie eignet sich jedoch gut zur Erhöhung der Grundfeuchte, besonders bei Gewächshäusern mit großem Luftraum.

Elektroluftbefeuchter mit hoher Zerstäuberleistung sind für die wirkungsvolle Befeuchtung von Orchideengewächshäusern am besten geeignet. Bei geringem Stromverbrauch erzeugen diese Geräte durch Zentrifugalschleuderung einen feinen Wasserstaub, der sofort ohne zu netzen in reine Luftfeuchtigkeit übergeht. Dabei sorgt der automatische Feuchteregler (Hygrostat oder Kontakthygrometer) dafür, daß die gewünschte relative Luftfeuchte von normalerweise 60–80% nicht unterschritten wird. Ein eingebauter automatischer Wasserzufluß durch Schwimmerventil sichert eine wartungslose Frischwasserversorgung entweder aus dem Leitungsnetz (nur bis zu einer maximalen Härte von 10 °DH) oder über einen Gießwasser-Pumpautomaten. Als sicherste Feuchteregelung kann ein Kontakthygrometer empfohlen werden, das mit einer gefahrlosen Niederspannung von 24 Volt arbeitet. Dieses Instrument zeigt die momentane relative Luftfeuchte an und schließt einen Kontakt, wenn die an einem zweiten Zeiger eingestellte Luftfeuchte unterschritten wird. Der Kontakt wiederum betätigt ein Verzögerungsrelais, durch das der Luftbefeuchter eingeschaltet wird.

In Nachahmung der Verhältnisse am natürlichen Standort kann den Orchideen durch einen einfachen Schaltungstrick eine morgendliche Vernebelung geboten werden. Dazu werden die Kontakte des Hygrostaten für die Dauer von 15–60 Minuten (je nach Gewächshausgröße) überbrückt. Der Luftbefeuchter läuft dann ungeachtet der vorhandenen Feuchte im Dauerbetrieb. Schon nach kurzer Zeit wird eine Sättigung der Gewächshausluft und eine dadurch bedingte Taubildung an den Pflanzen erreicht. Diese Vernebelung und die damit

Tab. 10. Technische Daten von Gewächshaus-Hochleistungs-Luftbefeuchtern

Typ	Maximale Zerstäuber-leistung (l/h)	Luft-umwäl-zung (m^3/h)	Raumgröße (m^3) von Gewächshäusern bei 20fachem Luftwechsel und Temperaturen von 14 °C	20 °C	30 °C	Strom-auf-nahme (W)	Abmessungen Breite/Tiefe bzw. ∅/Höhe (mm)
GL 4000	4	300	55	38	22	60	460/475/300
GL 6000	6	300	83	57	33	130	∅ 560/300
GL 10000	10	1300	183	95	55	130	∅ 640/330

verbundene Verdunstungskühlung ist besonders für Orchideen des kühlen Nebelwaldes empfehlenswert.

Über die notwendige Zerstäuberleistung von Gewächshaus-Luftbefeuchtern bestehen oft falsche Vorstellungen: Bei Festlegung der erforderlichen Zerstäuberleistung ist zu berücksichtigen, daß gegenüber geschlossenen Räumen in einem Gewächshaus ein zehn- bis zwanzigfacher Luftwechsel stattfindet und somit sehr viel Luftfeuchtigkeit verlorengeht.

Welche Zerstäuberleistungen erforderlich sind, um eine ausreichende Luftfeuchtigkeit zu schaffen, soll daher folgendes Beispiel zeigen: Bei 20 °C und 30% relativer Feuchte enthält 1 m^3 Luft 5 g Wasser; bei 20 °C und 60% relativer Feuchte muß die Luft bereits 10,5 g Wasser aufnehmen. Es fehlen also pro m^3 5,5 g Wasser.

Abb. 66. Gewächshaus-Hochleistungsluftbefeuchter GL 4000. Zerstäuberleistung maximal 4 Liter pro Stunde.

Abb. 67. Gewächshaus-Hochleistungsluftbefeuchter GL 6000. Zerstäuberleistung maximal 6 Liter pro Stunde.

Für 100 m^3 müssen pro Stunde demnach 0,55 l Wasser zugeführt werden, da in normalen Räumen stündlich ein einfacher Luftwechsel stattfindet. In einem Gewächshaus mit zehnfachem Luftwechsel sind bereits 5,5 l pro Stunde, in einem Gewächshaus mit zwanzigfachem Luftwechsel 11 l pro Stunde für 100 m^3 erforderlich. Dieses Beispiel und Tab. 10 zeigen, daß für Kleingewächshäuser nur Elektroluftbefeuchter mit entsprechend hoher Zerstäuberleistung eingesetzt werden können.

Wasserversorgung

Zum Betrieb von Luftbefeuchtern und Düsenanlagen sowie zum Gießen und Düngen ist Wasser von einwandfreier Beschaffenheit und in ausreichender Menge unerläßlich. In einem Orchideengewächshaus darf deshalb ein großzügig bemessenes Gießwasserbecken nicht fehlen. Noch besser sind zwei Becken, wobei das nicht immer saubere Regenwasser im ersten Becken vorgeklärt wird und dann ins zweite Becken überläuft. Schmutzablagerungen vom Gewächshausdach geraten nicht ins Becken, wenn man nach längerer Trockenheit das erste Wasser mit Hilfe einer Umlenkklappe zunächst ableitet. Ein Bodenablauf mit Standrohr dient als Sicherheitsüberlauf und erleichtert die Reinigung der Becken. Auf die wichtige Temperierung des Gießwassers wurde bereits hingewiesen.

Gießwasserbecken sollten unbedingt abgedeckt werden, um den Rückfluß von mit Pilzsporen infiziertem Gießwasser sowie Algenbildung zu vermeiden. Zum Gießen geeignetes Leitungswasser oder durch Teil- oder Vollentsalzung

Abb. 68. Druckwasserautomat zur vollautomatischen Wasserversorgung von Gießgeräten und Luftbefeuchtern.

aufbereitetes Gießwasser wird nicht direkt aus der Wasserleitung verwendet, sondern zuerst ins Gießwasserbecken eingesprüht und dort temperiert. Dabei entweichen dann auch gleich die Chloranteile des Leitungswassers. Die Möglichkeiten der Aufbereitung von Gießwasser werden von WALTER (1977) ausführlich beschrieben.

Orchideengewächshäuser, die in mehreren Ebenen genutzt werden, lassen sich nur schwer oder gar nicht mit der Gießkanne gießen. Es sind deshalb Gießgeräte mit langem Rohr und auswechselbaren Brausen und Sprühdüsen erforderlich. Wichtig sind auch geeignete Pumpen für die Gießwasserversorgung. Normalerweise werden diese Einrichtungen ebenfalls für die Düngung und Schädlingsbekämpfung eingesetzt. Am besten geeignet sind selbstansaugende Kreiselpumpen, die von der Industrie in verschiedenen bewährten Ausführungen angeboten werden. Die Motorleistungen liegen je nach Modell bei 500 oder 900 Watt. Die in der Praxis erreichbaren Druckerhöhungen betragen je nach Fördermenge 1–3,5 bar. Diese Pumpen müssen von Hand ein- und ausgeschaltet werden.

Zur vollautomatischen Wasserversorgung von Luftbefeuchtern und Düsenanlagen gibt es sog. Druckwasserautomaten, die mit einem Klein-Druckkessel und zusätzlichem Druckwächter ausgestattet sind. Sie schalten sich automatisch dann ein, wenn an ihrer Ausgangsseite Wasser entnommen wird und der Druck dadurch abfällt. Beim Schließen des Handventils am Gießgerät steigt der Ausgangsdruck wieder an und bewirkt eine automatische Abschaltung der Pumpe. Dies funktioniert auch bei der Versorgung von Schwimmerventilen in

Luftbefeuchtern und Magnetventilen in Düsenanlagen. Um Verstopfungen durch Pflanzstoffreste und dergleichen zu vermeiden, ist ein Saugkorb mit feinem Sieb erforderlich. Bei Düsenanlagen empfiehlt sich in der Ausgangsleitung zusätzlich ein Feinfilter, der regelmäßig gereinigt wird.

Lösungen für die Düngung und Schädlingsbekämpfung werden nach Vorschrift des Herstellers in entsprechend großen Behältern angesetzt. Das Ausbringen mit der vorhandenen Pumpanlage ist möglich, indem man den Saugkorb in den Düngebehälter umlegt.

Wesentlich einfacher und zeitsparender zu handhaben ist ein Düngemischer, dessen Anschaffung bei größeren Gewächshäusern unbedingt in Erwägung gezogen werden sollte. Am zweckmäßigsten ist der „GEWA-Düngemischer LF 25“, der in großer Zahl im Erwerbsgartenbau verwendet wird. Dieses Gerät, das einfach in die Druckwasserleitung eingekoppelt wird, arbeitet nach dem Verdrängungsprinzip. In den Druckbehälter ist ein flexibler Kunststoffsack (Membrane) eingehängt, der die konzentrierte Düngerlösung (Stammlösung) aufnimmt. Das beim Betrieb zwischen Behälterwand und Kunststoffsack einströmende Wasser drückt die Lösung aus der Membrane zum Mischventil, wo sie dem durchfließenden Frischwasser zudosiert wird. Auf einfachste Weise läßt sich an der Skala des Mischventils die gewünschte Düngerkonzentration (bei Gießdüngung normalerweise 0,5‰, bei Blattdüngung 2‰) einstellen oder abschalten. Das Gerät verursacht kaum Druckverluste und bleibt immer in die Leitung eingeschaltet.

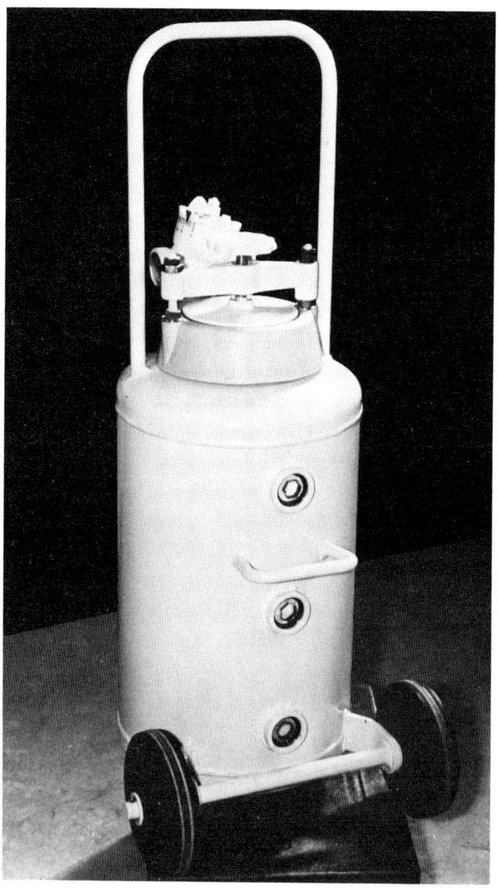

Abb. 69.
Düngemischer Gewa LF 25.
Aufnahme:
Firma Georg Wagner, Augsburg.

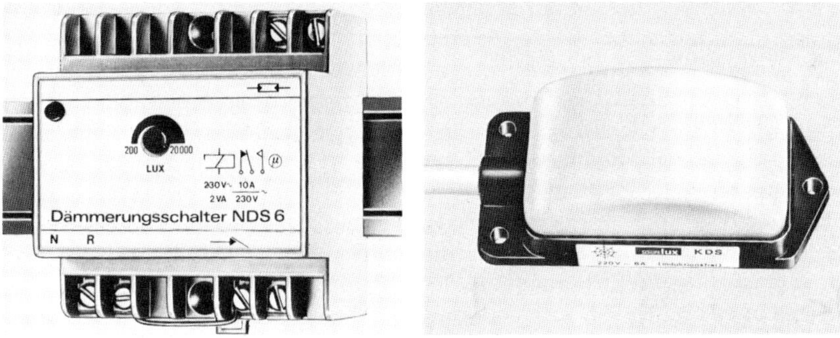

Abb. 70 a + b. Automatischer Dämmerungsschalter mit separatem Lichtfänger. Regelbereich 200–20 000 lx.

Beleuchtung

Bei der Beleuchtung von Orchideengewächshäusern wird unterschieden zwischen der allgemeinen Beleuchtung und einer wachstumsfördernden Zusatzbeleuchtung. Dabei hat die Allgemeinbeleuchtung die Aufgabe, dem Orchideengärtner auch während der dunklen Tageszeiten ein Arbeiten im Gewächshaus und ein Betrachten der Pflanzen bei möglichst naturgetreuem Licht zu ermöglichen. Dazu werden, wie auch auf der Abb. 56 ersichtlich, Leuchtstoffröhren in wassergeschützten, möglichst hoch montierten Schienenleuchten eingesetzt. Um eine naturgetreue Farbwiedergabe zu erreichen, wählt man z. B. von Osram die Lichtfarben „25 Universal weiß", „19 Day Lite 5000 de Luxe" oder „11 Lumilux-Tageslicht". Mit einer Farbtemperatur von ca. 5500 Kelvin bieten auch die bereits erwähnten True-Lite-Röhren ein weitgehend naturgetreues Licht und ermöglichen gute Farbaufnahmen auf Tageslicht-Diapositiv-Filmen.

Die wachstumsfördernde Beleuchtung, vornehmlich in den Wintermonaten eingesetzt, soll bei wirtschaftlichen Betriebskosten das Tageslicht ergänzen und verlängern. Für eine wirksame Wachstumssteigerung sind Bestrahlungsstärken von 2000–5000 lx und eine Bestrahlungsdauer von 12 Stunden erforderlich. Voraussetzung für den Erfolg ist, daß auch die übrigen das Wachstum bestimmenden Faktoren, wie Wärme, Luft, Feuchtigkeit und Nährstoffe, ausreichend und im richtigen Verhältnis vorhanden sind.

Als wirtschaftlichste Lösung bieten sich auch hier feuchtigkeitsgeschützte Doppelleuchten mit Leuchtstoffröhren an. Die Anschlußleistung pro Quadratmeter Tischfläche liegt bei 100–200 Watt. Durch zusätzliche Reflektoren läßt sich die nutzbare Beleuchtungsstärke fast verdoppeln. Die Leuchten werden an Ketten oder verstellbaren Kunststoffpendeln so aufgehängt, daß sich der Abstand zu den Pflanzen zwischen 30 cm und 60 cm variieren läßt. So kann man die Beleuchtungsstärke den jeweiligen Kulturen leicht anpassen.

Zur automatischen Steuerung der Belichtungsdauer dient eine Schaltuhr, normalerweise eingestellt auf 12 Stunden. Ein zusätzlicher Dämmerungsschalter unterbricht die Beleuchtung immer dann, wenn ausreichend Tageslicht zur Verfügung steht. So wird ein besonders wirtschaftlicher Betrieb erreicht.

Die vorstehend genannten Leuchtstoffröhren werden auch für die wachstumsfördernde Zusatzbeleuchtung eingesetzt.

Spezielle Pflanzenstrahler stehen in Form der „Fluora-Lampen" zur Verfügung, die auch kombiniert mit anderen Leuchtstoffröhren eingesetzt werden können. Sie haben bei geringer Wärmestrahlung eine für das Pflanzenwachstum besonders günstige und intensive Abstrahlung im Bereich Blau-Rot.

Als neueste Entwicklung sind Halogen-Metalldampf-Lampen zu nennen, die nach ersten Versuchen eine große Bedeutung für die Pflanzenbestrahlung erlangen werden. Bei hoher Wirtschaftlichkeit bieten sie eine naturgetreue Farbwiedergabe mit Tageslichtcharakter. Für den Kleingewächshausbereich kommen in erster Linie Lampen von 250 Watt und 400 Watt in Frage. Die Montage erfolgt in speziellen Leuchten, die in der Regel auch die erforderlichen Drosseln und Zündgeräte enthalten. Es ist ein großer Vorteil, daß diese Leuchten weniger Schatten werfen als Schienenleuchten mit Leuchtstoffröhren. Die Mindestabstände zu den Pflanzen liegen je nach Ausstrahlungswinkel und Lampenleistung zwischen 80 cm und 150 cm. Auch bei Halogen-Metalldampf-Lampen sollte eine variable Aufhängung erfolgen, um stufenweise eine Steigerung der Beleuchtungsstärken zu ermöglichen. Durch richtigen Einsatz einer geeigneten Zusatzbeleuchtung ist es möglich, das Wachstum von Orchideen auch in der lichtarmen Zeit erheblich zu verbessern. Besonders wirtschaftlich ist die Intensivbeleuchtung von Jungpflanzen, die in großer Zahl auf kleinen Flächen kultiviert werden. Intensiv belichtete Orchideen beginnen vorzeitig mit dem Neutrieb und lassen sich dadurch problemlos auch in den Wintermonaten verpflanzen.

Abb. 71. Orchideen-Jungpflanzenanzucht mit Zusatzbelichtung durch Metalldampflampen im Betrieb Schoone/Niederlande.

Abb. 72. Jungpflanzenanzucht in Vermehrungsbeeten mit vollautomatisch geregelter Bodenheizung und Zusatzbelichtung.

Schattierung

Um Verbrennungen zu vermeiden, müssen die meisten Orchideen bei den heute üblichen Kulturbedingungen ab Ende Februar schattiert werden. Für ein Kleingewächshaus ist nur eine Außenschattieranlage geeignet. Die Montage sollte mit genügendem Abstand über der Glasfläche erfolgen, damit ein isolierender Luftzwischenraum entsteht und sich die Dachfenster voll öffnen lassen. Eine Innenschattierung ist ungeeignet, da sie nicht die Aufheizung der Glasflächen und die dadurch bedingte Überhitzung des Gewächshauses verhindert. Sie stört außerdem, wenn viele Pflanzen im Dachbereich aufgehängt werden. Für eine wirkungsvolle Außenschattierung werden heute Matten aus Kunststoffröhrchen in verschiedenen Ausführungen angeboten. Sie rollen normalerweise auf einer Führungskonstruktion oder auf dem Dach durch ihr Eigengewicht herunter und lassen sich durch ein Seil mit Umlenkrolle leicht hochziehen. Stark verbreitet sind auch Schattiergewebe aus haltbaren Kunststoffmaterialien. Sie werden in der Regel an Tragdrähten befestigt, die im Abstand von ca. 30 cm parallel oder senkrecht zur Firstrichtung verlaufen. Mit Hilfe von Zugseilen kann das Gewebe dann gerafft oder auseinandergezogen werden.

Automatische Schattieranlagen konnten sich bisher im Kleingewächshausbereich kaum durchsetzen, da ihre Kosten zu hoch und ihre Störanfälligkeit zu groß ist. Die Verwendung von Schattierfarbe kann nur als Not- oder Übergangslösung angesehen werden. Sie sollte im Bereich der Steh- und Giebelwände nur da erfolgen, wo später eine leichte Entfernung von Hand möglich ist.

Für schattenliebende Orchideen, z. B. *Phalaenopsis* und *Paphiopedilum*, werden in der Regel Schattierwerte um 70% gewählt. Für lichtliebende Orchideen (z. B. *Cattleya*) genügt ein Schattierwert von ca. 50%. Dieser kann bei guter Lüftung und Verglasung mit Stegdoppelplatten evtl. bis auf 30% reduziert werden. Bei der Kultur unter Stegdoppelplatten läßt sich die Schattierung generell um mindestens 20% vermindern.

Luftumwälzung

In einem geschlossenen Gewächshaus bilden sich bei stehender Luft Zonen unterschiedlicher Wärme und Feuchte. In Bodennähe lagert außerdem das für die Assimilation wichtige CO_2, während die Orchideen meist erhöht auf Kulturtischen stehen. Es ist deshalb erforderlich, durch eine ausreichende Luftumwälzung diese Unterschiede auszugleichen und so die Wachstumsbedingungen zu verbessern. Luftumwälzung reduziert oder verhindert außerdem Pilzbefall und Fäulnisschäden sowie unerwünschte Tropfwasser- und Taubildung.

In Orchideen-Kleingewächshäusern mit starker Luftumwälzung können die Nachttemperaturen ohne Fäulnisgefahr für Pflanzen und Jungtriebe um 2–3 °C

Tab. 11. Technische Daten der im Kleingewächshaus einsetzbaren Maico-Ventilatoren für Luftumwälzung (Wechselstrom 220 V, 50 Hz)

Typ	Flügelrad-durchmesser mm	Drehzahl U/min	Fördervolumen m^3/h	Verbrauch W	max. Strom bei Drehzahlsteuerung A	Schallpegel L_A dB (A)	Masse kg	Elektronischer Drehzahlsteller[1] für stufenlose Drehzahlsteuerung
EFG 20	200	1400	540	35	0,30	42	3,9	ST 2,5
EFG 25	250	1350	840	40	0,30	48	4,2	ST 2,5
EFG 30	300	1200	1080	45	0,35	53	4,5	ST 2,5
EFG 35	350	1100	1680	75	0,50	55	6,4	ST 2,5
EFG 40	400	1000	1980	80	0,55	57	6,6	ST 2,5
EZG 30/4	305	1425	1855	90	0,85	56	10,2	ST 2,5
EZG 35/4	355	1425	2925	140	1,10	60	11,0	ST 2,5
EZG 40/4	405	1425	4345	230	1,60	64	11,8	ST 2,5

[1] Typ ST 2,5 hat Schutzart JP 54

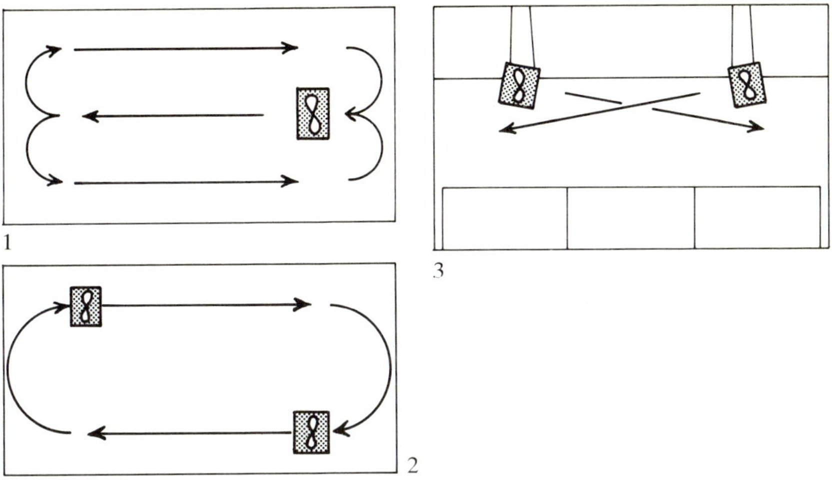

Abb. 73. Luftumwälzung im Orchideengewächshaus (1); Anordnung der Umwälzer in einem größeren Haus (2 und 3).

niedriger gewählt werden. Den niedrigen Stromkosten für die Ventilatoren stehen auf der anderen Seite interessante Einsparungen bei den Heizkosten gegenüber.

Bisher wurde eine 20–30fache Umwälzung der Gewächshausluft bei den meisten Kulturen für ausreichend gehalten. Neue Erfahrungen zeigen jedoch, daß eine bis zu 60fache Luftumwälzung noch weitere Vorteile bringt. Das gilt besonders für dicht bestandene und sehr kühl gehaltene Gewächshäuser. Pflanzen und Blüten sollen sich in der Umluft sichtbar bewegen, wie es in der Regel ja auch in der freien Natur der Fall ist.

Gewächshaus-Luftumwälzer sind in verschiedenen Größen handelsüblich. Die notwendige Förderleistung in m^3/h und damit der richtige Ventilatortyp läßt sich leicht errechnen, indem man den Luftraum des Gewächshauses mit einem Faktor von 30–60 multipliziert. Für ein Kleingewächshaus von 33 m^3 Luftraum mit einer angestrebten 60fachen Luftbewegung ergibt sich demnach die erforderliche Leistung von $33 \cdot 60 = 1980$ m^3/h. Bei nur 30facher Umwälzung genügt ein Ventilator mit einem Fördervolumen von 900 m^3/h.

Luftumwälzer werden normalerweise kurz über Kopfhöhe und ca. 60 cm von der Giebelwand mit Neigung nach unten aufgehängt. Die Neigung ist wichtig, damit der Luftstrom auch den Bodenbereich gut erfaßt. Ab 3 m Gewächshausbreite sind oft zwei Ventilatoren mit halber Leistung günstiger und geräuschärmer. Einer wird dann z.B. ca. 60–80 cm über den Pflanzen vorn rechts montiert und der zweite mit entgegengesetzter Blasrichtung hinten links. So ergibt sich ein geschlossener Kreislauf (s. Abb. 73). Bei Gewächshausanlagen bis ca. 6 m Länge ist es auch möglich, beide Ventilatoren von einer Giebelwand gegen die andere blasen zu lassen. Der Rückfluß der Luft erfolgt dann in der mittleren Gewächshauszone.

Luftumwälzer sollen möglichst immer in Betrieb sein. Wenn Geräusch und Luftbewegung beim Aufenthalt im Gewächshaus stören, läßt sich die Motordrehzahl mit einem elektronischen Drehzahlsteller reduzieren.

Lüftung

In gut belüfteten und somit ausreichend mit Frischluft und CO_2 versorgten Gewächshäusern wachsen Orchideen wesentlich besser als in feuchtwarmen geschlossenen Kulturräumen. Orchideengewächshäuser müssen deshalb mit großzügig bemessenen Vorrichtungen für die Be- und Entlüftung ausgestattet sein. In der Regel genügen große Lüftungsklappen im Bereich des Firstes und der Stehwände. Pro Kubikmeter Gewächshausraum sollten möglichst 0,3 m^2 Lüftungsfläche vorhanden sein, bei *Odontoglossum*-Häusern das doppelte oder mehr. Die Lüftungsfenster werden in der Regel von Hand betätigt und können in mehreren Stellungen eingerastet werden.

Für ein selbsttätiges, temperaturabhängiges Öffnen und Schließen der Fenster gibt es auch stromlos arbeitende, vollautomatische Fensteröffner. Sie erfüllen ihre Funktion zuverlässig in Abhängigkeit von der Sonneneinstrahlung und der dadurch bedingten Erwärmung. Zu hohe und schädliche Temperaturen werden

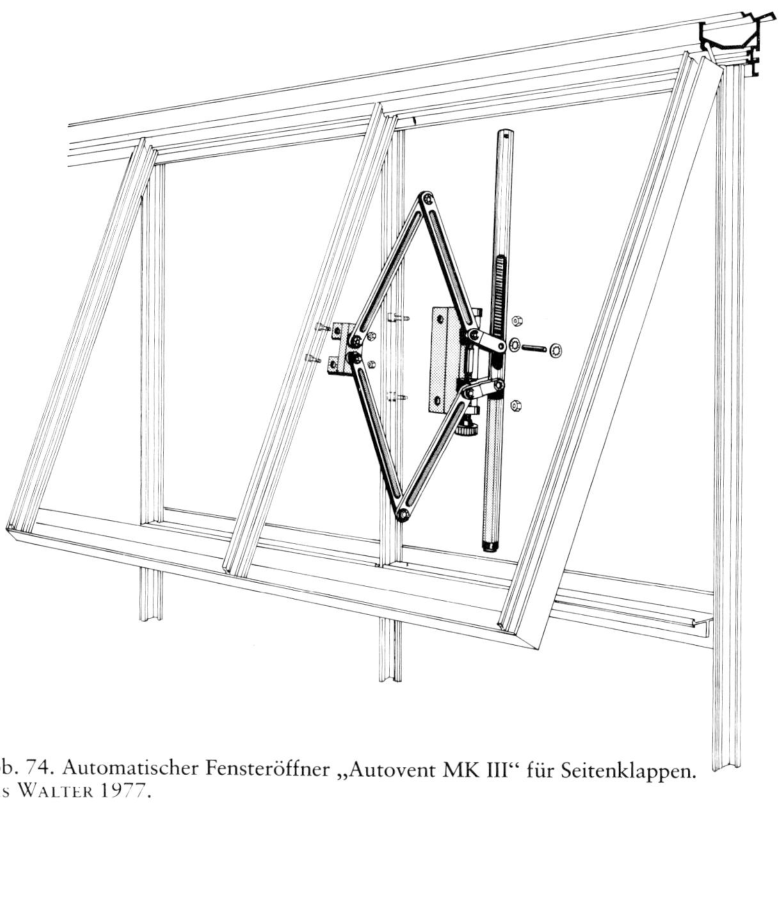

Abb. 74. Automatischer Fensteröffner „Autovent MK III“ für Seitenklappen. Aus Walter 1977.

Abb. 75. Automatischer Fensteröffner „Autovent MK III" für Dachklappen. Aus WALTER 1977.

ebenso sicher vermieden wie eine Auskühlung des Hauses, die die Heizkosten unnötig in die Höhe treiben würde. Als Antrieb dient ein Druckzylinder, der mit einem Spezialwachs gefüllt ist. Die bei Erwärmung auftretende starke Ausdehnung überträgt sich auf ein Gestänge, das das Fenster bei ansteigenden Temperaturen öffnet. Bei Auskühlung bewirkt eine Rückholfeder ein sicheres Schließen auch bei Seitenfenstern. Der Beginn des Lüftens kann stufenlos an einer Stellschraube oder einem Gestänge eingestellt werden.

Eine ideale automatische Entlüftung läßt sich mit thermostatisch gesteuerten achtflügeligen Hochleistungsventilatoren erreichen. Bei diesem System, auch Zwangsentlüftung genannt, saugt der in der Giebelwand montierte Ventilator die Warmluft des Gewächshauses immer dann ab, wenn der am Thermostaten eingestellte Wert überschritten wird. Ein selbsttätiger Lamellenverschluß verhindert das unerwünschte Eindringen von Außenluft. Je nach Orchideenkultur wird der Thermostat auf 25–30 °C eingestellt, also auf die Temperatur, die im Gewächshaus nicht überschritten werden soll. Im Gegensatz zu einem Heizungsthermostaten schließt also der Lüftungsthermostat seine Kontakte bei steigenden Temperaturen! Die Einstellung der Seitenfenster erfolgt im Bereich von ca. 15–20 °C.

Die automatische Entlüftung eines *Phalaenopsis*-Hauses kann z. B. folgendermaßen ablaufen: Durch die Heizung findet eine Erwärmung auf 20 °C statt, die, bedingt durch ein Ansteigen der Tagestemperaturen oder durch Sonneneinstrahlung, bei geschlossenen Fenstern auf 25 °C ansteigt. Bei diesen Temperaturen beginnen die Seitenfenster sich zu öffnen und bewirken einen gewissen Luftaustausch, der sich bis zu einer Innentemperatur von 30 °C noch steigert. Ab 30 °C wird der Hochleistungsventilator im First automatisch eingeschaltet, die Warmluft ausgeblasen und somit ein Ansteigen der Innentemperatur vermieden.

Tab. 12. Technische Daten der im Kleingewächshaus einsetzbaren Maico-Hochleistungs-Ventilatoren für Zwangslüftung (Typ EZQ bedeutet, daß die Geräte mit einer quadratischen Düsenwandplatte versehen sind)

Typ	Flügelraddurchmesser mm	Drehzahl U/min	Fördervolumen[1] m^3/h	Verbrauch W	Max. Strom bei Drehzahlsteuerung A	Schallpegel L_A dB (A)	Masse kg	Typ des erforderlichen Stellwiderstandes oder des stufenlosen elektronischen Drehzahlstellers	
EZQ 20/4	205	1425	565	40	0,35	45	3,3	R 2	ST 2,5
EZQ 20/2	205	2850	1130	120	0,5	59	5,3		ST 2,5
EZQ 25/4	255	1425	1085	70	0,55	51	5,1	R 1	ST 2,5
EZQ 25/2	255	2850	2170	190	1,6	64	7,5	R 4	ST 2,5
EZQ 30/6	305	930	1205	60	0,4	49	8,5	R 3	ST 2,5
EZQ 30/4	305	1425	1855	90	0,85	56	8,5	R 3	ST 2,5
EZQ 35/6	355	930	1910	70	0,45	51	10,1	R 3	ST 2,5
EZQ 35/4	355	1425	2925	140	1,10	60	10,1	R 1	ST 2,5
EZQ 40/6	405	930	2825	110	0,65	55	12,1	R 2	ST 2,5
EZQ 40/4	405	1425	4345	230	1,60	64	12,3	R 4	ST 2,5

[1] Das Fördervolumen wurde bei einer Druckdifferenz von pst = O zwischen Ein- und Auslauf gemessen. Es vermindert sich in Abhängigkeit von Strömungswiderstand.

Tab. 13. Vorwahltabelle: Fördervolumen in Abhängigkeit vom statischen Druck für Maico-Hochleistungsventilatoren

Typ	Flügelraddurchmesser mm	Drehzahl U/min	Verfügbare statische Druckdifferenz (mm WS) bezogen auf eine Luftdichte von $\varrho_{Luft} = 1{,}2$ kg/m^3 0	1	2	3	4	6	8
EZQ 20/4	205	1425	565	480	250	200	140	–	
EZQ 20/2	205	2850	1130	1070	1050	1000	980	880	500
EZQ 25/4	255	1425	1085	990	890	500	450	300	130
EZQ 25/2	255	2850	2170	2135	2100	2050	1900	1820	1780
EZQ 30/6	305	930	1205	1040	490	440			
EZQ 30/4	305	1425	1855	1750	1650	1520	890	730	525
EZQ 35/6	355	930	1910	1750	1400	800	650	300	
EZQ 35/4	355	1425	2925	2800	2740	2600	2350	1350	1200
EZQ 40/6	405	930	2825	2630	2350	1350	1180	830	490
EZQ 40/4	405	1425	4345	4250	4080	3920	3750	3350	2000

Fördervolumen (m^3/h)

Abb. 76. Luftumwälzung und Zwangsentlüftung in einem Orchideengewächshaus.

Bei der Zwangsentlüftung ist ein Fördervolumen erforderlich, das einem 30fachen Austausch der Luft des Gewächshauses pro Stunde entspricht. Die entsprechende Leistung wird aus den Herstellertabellen entnommen unter Berücksichtigung einer statischen Druckdifferenz von 2 mm Wassersäule. Diese ist dann gegeben, wenn der freie Querschnitt der Frischluftöffnungen mindestens viermal so groß ist wie der Ventilatorquerschnitt. Für die Zwangsentlüftung sind in der Regel nur Hochleistungsventilatoren mit achtflügeligen Lüfterrädern geeignet. Die Drehzahl sollte bei ca. 1400 Umdrehungen pro Minute liegen. Für ein Gewächshaus mit einem Innenraum von 30 m^3 und einem angestrebten 30fachen Luftwechsel ist ein Hochleistungsventilator erforderlich, der ein Fördervolumen von 900 m^3/h hat. Unter Berücksichtigung der Strömungswiderstände in der Verschlußklappe und in den Zuluftöffnungen wird die endgültige Leistung um 20–30% höher angesetzt. Dieses entspricht in der Praxis

Abb. 77. Automatische Zwangslüftung in der Giebelwand eines Anlehngewächshauses.

einem Ventilator mit einer Förderleistung von ca. 1200 m^3/h, bezogen auf drucklosen Betrieb.

Neben der sicheren Betriebsweise bietet eine automatische Zwangsentlüftung auch noch den Vorteil einer gewissen Heizkosteneinsparung. Es erfolgt nämlich eine stärkere Aufheizung durch die Sonne, da das Gewächshaus bis zum Erreichen der gewünschten Temperaturen weitgehend geschlossen ist.

Kühlmatten-Klimatisierung

Der Einsatz besonders leistungsstarker Entlüftungs-Ventilatoren in Verbindung mit einer Kühlung und Befeuchtung der zuströmenden Frischluft ist die Voraussetzung für ein ausgesprochen erfolgreiches Kulturverfahren, das bei Orchideen bisher kaum angewandt wurde. Diese sog. Kühlmatten-Klimatisierung ermöglicht u.a. die Kultur von als schattenliebend geltenden *Odontoglossum crispum*- und *Odontioda*-Hybriden in voller Sonne und ohne die geringste Schattierung. Vegetativer Zuwachs und Blühwilligkeit sind dabei wesentlich besser als in einem konventionellen Kalthaus.

Abb. 78. Orchideengewächshaus mit Kühlmattenklimatisierung.
1 Zwangsentlüftung mit Hochleistungsventilator, 2 Kühlmatten, 3 Pumpe, 4 Wasserbekken, 5 Schwimmerventil, 6 Rieselrohr, 7 Rücklauf, 8 Raumthermostat, 9 Hygrometer, 10 Maximum-Minimum-Thermometer, 11 Luftumwälzer für Winterbetrieb, 12 Beleuchtung, 13 Kulturtische, 14 Hängekulturtisch.

Abb. 79. Kühlmattenklimatisiertes Gewächshaus. Blick auf die hintere Giebelwand mit Kühlmatten, Luftumwälzer, Wasserbecken und Thermo-Hygrograph.

Das Kühlmatten-Orchideengewächshaus bietet die Möglichkeit, in Zukunft viele Orchideenarten naturgemäßer und besser zu kultivieren, d.h. mit mehr Wärme, Licht, Luft, Feuchtigkeit und Nährstoffen. Dieses ist erreichbar mit geringerem Pflegeaufwand und niedrigeren Heizungskosten.

Die Einrichtung eines solchen Gewächshauses, vom Verfasser seit 4 Jahren genutzt, soll deshalb als Anregung für eigene Versuche und Beobachtungen hier beschrieben werden:

Das Gewächshaus ist 3,2 m breit, 5 m lang; es hat einen Luftraum von 33 m^3 und eine Glasfläche von 49 m^2.

Um Verbrennungen an den Pflanzen zu vermeiden und um eine Elektro-Beheizung zu ermöglichen, wurde für die Bedeckung eine Isolierverglasung aus Stegdoppelplatten 16 mm gewählt. Zur zusätzlichen Wärmedämmung sind im Winter Steh- und Giebelwände bis auf 1 m Höhe mit 2 cm starken Styroporplatten verkleidet. Die nördliche Stehwand wird voll mit Styropor isoliert.

Eine Schattierung des Hauses erfolgte trotz vollsonnigem Stand zu keinem Zeitpunkt! Der in der Giebelwand über der Tür eingebaute Hochleistungsventi-

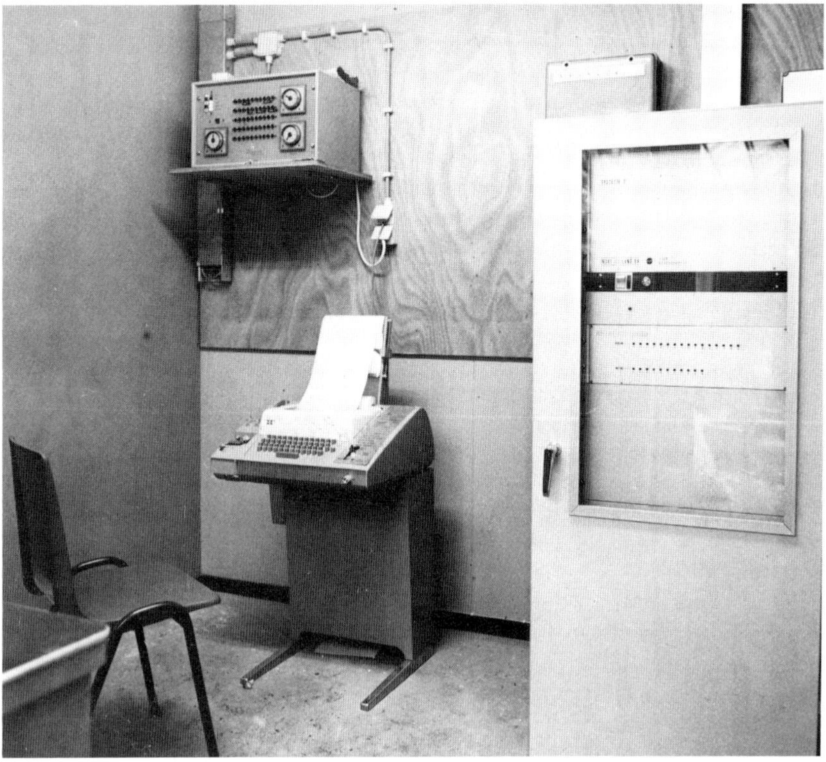

Abb. 80. Der Orchideengärtner der Zukunft? Computergesteuerte Kulturführung im Orchideenbetrieb Schoone/Niederlande.

lator von 35 cm Flügeldurchmesser hat bei 1,425 Umdrehungen pro Minute freiblasend eine Leistung von 2900 m^3/h. Unter Berücksichtigung einer Druckdifferenz von 4–5 mm WS ergibt sich eine tatsächliche Fördermenge von ca. 2000 m^3/h. Diese ermöglicht den angestrebten 60fachen Luftwechsel pro Stunde.

In die gegenüberliegende Giebelwand sind in Höhe der Kulturtische 2 Kühlmatten von jeweils 100 cm Breite und 70 cm Höhe eingebaut. Diese Matten bestehen aus zwei Aluminium-Wellgittern mit einer lockeren, 5 cm starken Füllung aus Holzwolle.

Über den Matten ist ein Kunststoff-Rieselrohr angebracht. Die Matten selbst stehen in einer waagerechten Ablaufrinne mit Rückflußrohr zum Wasserbekken. Das abgedeckte Wasserbecken mit einem Fassungsvermögen von 550 l befindet sich unter einem Kulturtisch, könnte aber auch in den Boden eingelassen werden. Die durch Verdunstung entstehenden Wasserverluste werden automatisch durch ein Schwimmerventil ausgeglichen. Der Deckel verhindert ein Veralgen und Verschmutzen des Beckens.

Eine auf dem Beckengrund stehende Unterwasserpumpe ist durch einen Schlauch mit dem Rieselrohr verbunden und elektrisch dem Ventilator parallel geschaltet. Wie bei einer normalen Zwangsentlüftung wird nach Anstieg der Gewächshaustemperatur auf 25–30 °C der Ventilator durch den Thermostaten automatisch in Betrieb gesetzt. Die gleichzeitig arbeitende Pumpe berieselt die Matten und kühlt und befeuchtet dadurch die einströmende Außenluft.

Der Ventilator hat keine Verschlußklappe. Es findet deshalb ständig ein schwacher Luftaustausch statt. Bei Frostbeginn wird die Ventilatoröffnung fest verschlossen. Je nach Außentemperatur und Feuchte sinkt die Gewächshaustemperatur hinter den Matten um ca. 8 °C ab und steigt dann in Richtung Ventilator wieder an. Es war deshalb naheliegend, im Bereich des Frischlufteintritts vorwiegend Odontoglossen, Masdevallien und Oncidien aufzustellen. Im wieder wärmeren Bereich dagegen Cattleyen, Dendrobien, Vandeen und u. a. auch *Paphiopedilum bellatulum* und *P. philippinense*! Grundsätzlich kann gesagt werden, daß sich fast alle lichtliebenden Orchideen unter diesen Bedingungen, d. h. mit mehr Licht, Luft, Wärme und entsprechend stärkerer Düngung, besser kultivieren lassen, als in einem konventionellen Kleingewächshaus. Die Pflanzen hatten durchweg einen bedeutend stärkeren Zuwachs. Sie blühten reichlicher und die Haltbarkeit der Blüten war länger als normal.

Da die Elektroheizung nur für Nachttemperaturen von 8–10 °C vorgesehen war, wurden auf Dauer gesehen überwiegend Odontoglossen und *Odontioda*-Hybriden nebst diversen Naturformen kultiviert. Trotz fehlender Schattierung und Beleuchtungsstärken um 70 000 lx traten an abgehärteten Pflanzen niemals Verbrennungen auf, da die starke Luftbewegung die Blattemperaturen unter der kritischen Grenze hielt. Bei gedrungenem Wuchs waren die Bulben dick und prall und die Blätter violettrot gefärbt. Selbst Jungpflanzen blühten vielfach an zwei Rispen und brachten gleichzeitig noch einen Neutrieb.

In den Sommermonaten wurde bei warmer und heller Witterung einmal wöchentlich mit 0,5 ‰ eines stickstoffbetonten Düngers gegossen und zwei- bis dreimal wöchentlich mit 2 ‰ eine Blattdüngung vorgenommen. Der starke Substanzzuwachs im Sommer machte es möglich, die Pflanzen im Winter mit nur 7 bis 8 °C Heiztemperatur zu kultivieren. In dieser Zeit erfolgte im Gewächshaus eine 60fache Luftumwälzung mit Hilfe von zwei Ventilatoren. Dabei ruhte das Wachstum kaum und die Triebentwicklung begann früher als gewohnt. Man kann hier also auch von einer gewissen Energieeinsparung sprechen. Die im Sommer angesammelte Substanz ermöglicht ein geringes Heizen im Winter bei gleichzeitig besserem Wachstum. Die Kühlmatten-Klimatisierung läßt sich sicher mit Erfolg bei vielen Orchideen anwenden. Es ist jedoch darauf zu achten, daß die nächtlichen Heiztemperaturen in den einzelnen Abteilungen den kultivierten Pflanzen angepaßt werden. Ein automatisches Gießen der Pflanzen mit Sprühanlagen wird möglich sein, wenn man Pflanzstoffe mit größerer Durchlässigkeit verwendet. Es hat sich außerdem gezeigt, daß hohe Luftfeuchtigkeit bei Nacht und niedrige Temperaturen um 5 °C dann gut vertragen werden, wenn durch Luftumwälzer die Gewächshausluft ca. 60mal pro Stunde umgewälzt wird.

3.6 Kultur im Freien

Sehr gute Kulturerfolge lassen sich bei den vorstehend genannten Orchideen auch bei einer Kultur im Freiland erzielen. Dabei werden die Pflanzen ab Ende Mai herausgebracht. Die Aufstellung erfolgt unter 30%igem Schattiergewebe oder in leichtem Baumschatten. Morgen- und Abendsonne sollten voll einstrahlen können. Ab Ende August erhalten die Pflanzen einen vollsonnigen Stand, der das Ausreifen der Bulben und die Blütenbildung fördert.

Wie bei der Kühlmattenkultur kann auch hier wesentlich mehr gegossen und gedüngt werden. Das Einräumen der Pflanzen erfolgt kurz vor den ersten Nachtfrösten. Es hat sich gezeigt, daß Temperaturen knapp über 0 °C ohne Schäden überstanden wurden, wenn die Pflanzen nicht zu naß waren.

Literaturverzeichnis

Bohn, R.: Die Technik im Gartenbau. Teil 1 und Teil 2. Verlag Eugen Ulmer, Stuttgart 1971 und 1973.

Hanisch, K. H.: Sonntagsgärtner unter Glas. Droemersche Verlagsanstalt Th. Knaur Nachf., München 1971.

Kleingewächshäuser mit Stegdoppelplatten aus Plexiglas sdp. Röhm GmbH., Darmstadt 1977.

Mackroth, K.: Ventilatoren im Kleingewächshausbau. Gartenpraxis 6, 1977.

Schubert, M.: Mehr Blumenfreude durch Hydrokultur. BLV-Verlagsges., München 1976.

Tantau, H.-J.: Doppelbedachung. Wärmeverbrauch, Klima, Lichtdurchlässigkeit. Institut f. Technik in Gartenbau und Landwirtschaft. TU Hannover 1976.

Tantau, H.-J.: Heizungssysteme im Gewächshaus. Berechnung, Auslegung, Konstruktion. Institut f. Technik in Gartenbau und Landwirtschaft. TU Hannover 1975.

Vickermann, E.: Die Kalkulation der Heizmaterialkosten für Gewächshäuser unter Einbeziehung der Globalstrahlung für die Betriebsnachkontrolle und Betriebsplanung im Gartenbau. Inst. f. gärtnerische Betriebslehre u. Marktforschung d. TH Hannover, Forsch.-Ber. 4, 1969.

Walter, M.: Das Kleingewächshausbuch. Verlag Eugen Ulmer, Stuttgart 1977.

4 Orchideen im Erwerbsgartenbau

4.1 Stand und Aussichten des gärtnerischen Orchideenanbaues

Als nach dem Zweiten Weltkrieg der Wiederaufbau des deutschen Zierpflanzenanbaues begann, wurde auch die Kultur von Orchideen neu in Angriff genommen. Bis dahin hatten sich nur verhältnismäßig wenige deutsche Betriebe damit beschäftigt, wobei als Pioniere vor allem Ansorge (Hamburg), Hennis (Hildesheim), Münz (Waiblingen), Nikolai (Coswig), Richter (Crimmitschau) und Wichmann (Celle) genannt seien. Nach der Stunde X waren anfänglich die wenigsten imstande, das neueste und damals sehr teure Zuchtmaterial aus England, Belgien oder den Vereinigten Staaten zu erwerben, um damit gezielt weiterzuzüchten. Häufig hielt auch Unkenntnis der modernen Anbaumethoden den Erwerbsgärtner davon ab, die Orchideenkultur aufzunehmen.

Einen großen Fortschritt bedeuteten damals die von Prof. Dr. PENNINGSFELD (Weihenstephan) veröffentlichten ersten Versuchsberichte über die Möglichkeit, bei entsprechender Düngung Orchideen auch in Torf zu kultivieren. Damit war sowohl eine Vereinfachung der Kulturführung wie eine Herabsetzung der Betriebskosten erreicht. Eine weitere bahnbrechende Neuerung war die von Prof. MOREL (Versailles) eingeführte Methode, Orchideen vegetativ durch Gewebestücke (Meristeme) zu vermehren und dadurch Neuzüchtungen in kürzester Zeit in den Handel bringen zu können.

Damit waren allerdings noch längst nicht alle Probleme gelöst; vor allem war noch keine Käuferschaft vorhanden, die gewillt war, Orchideen als Schnittblumen abzunehmen. So war sehr viel Werbung notwendig, z. B. durch Ausstellungen oder floristische Demonstrationen, um die Orchideen populär zu machen. Unterstützt wurde die Neuaufnahme dieser Kultur durch die Blumengroßmärkte und Versteigerungen, ferner durch allmählich erworbene bessere Erfahrungen bei den Anbaumethoden, die ein wirtschaftlicheres Arbeiten ermöglichten. Im Gegensatz zu anderen Wirtschaftsgütern wurden die Orchideen auf diese Weise immer preiswerter. Der Bezug von Jungpflanzen konnte nach einigen Anlaufschwierigkeiten wieder im eigenen Lande getätigt werden, so daß heute die deutsche Blumenproduktion derartig angestiegen ist, daß ganzjährig genügend Ware zur Verfügung steht.

Zur deutschen bzw. europäischen Anzucht kamen Importe, vor allem aus den südostasiatischen Ländern. Auch hier hatte man im Blick auf den europäischen Markt mit dem Anbau von Orchideen auf großen Flächen begonnen. Anfängliche Transport- und Verpackungsschwierigkeiten waren bald behoben, so daß diese relativ preiswerten Orchideen, die heute aus dem Handel nicht mehr wegzudenken sind, ebenfalls mitgeholfen haben, die Orchidee als Schnittblume bekannt werden zu lassen. Auch die Deutsche Orchideengesellschaft

(DOG) hat an der Weckung des Interesses für diese edle Pflanze großen Anteil gehabt.

Einige Zahlen über die heutigen Anbauflächen in westeuropäischen Ländern sollen die Bedeutung der Orchideen für den Erwerbsgartenbau verdeutlichen.

Land	Produktion in ha (Stand 1977)
Bundesrepublik Deutschland	30–40
Belgien	4–5
Dänemark	8
Frankreich	6
Italien	14
Niederlande	60

Hinzu kommt in steigendem Maße die Produktion der osteuropäischen Länder, die stark exportorientiert ist.

Die Masse der Erzeugerware konzentriert sich jedoch auf nur wenige Gattungen, deren Marktanteil sich ungefähr wie folgt verteilt:

Cymbidium 50%
Phalaenopsis 40%
Paphiopedilum 7%
Cattleya 3%

Die Paphiopedilen sind inzwischen stark in Zunahme begriffen, vor allem großblumige Hybriden amerikanischer Herkunft, so daß sich der bisherige Anteil bald erhöhen dürfte.

Die Hauptproduktion fällt in die Wintermonate mit einer Lieferspitze zu Weihnachten.

Von den Importen aus Südostasien betrug der Einfuhrwert 1976 36,8 Mill. DM (1974 26,7 Mill. DM), die Einfuhrmenge etwa 900 t Schnittblumen.

Einfuhren aus anderen Ländern, wie Brasilien, Kolumbien, Australien u. a., lassen sich zahlenmäßig nicht ermitteln, da keine Einfuhrstatistik vorliegt. Sie sind insgesamt jedoch wesentlich geringer, wenn auch in letzter Zeit ansteigend. Aus den südostasiatischen Ländern, deren Hauptabnehmer die Bundesrepublik ist, werden hauptsächlich *Dendrobium* 'Madame Pompadour' geliefert (deren Kultur bei uns infolgedessen nicht mehr lohnt), ferner *Arachnis, Aranda, Ascocenda* und *Vanda*.

Die Preise für Schnittorchideen gehen allgemein langsam, aber stetig zurück. Bisher konnte diese Einbuße bei den inländischen Erzeugnissen durch den Anbau ertragreicherer Sorten und Verbesserungen der Kulturtechnik aufgefangen werden. Wie dieses Problem aber künftig, vor allem im Hinblick auf die steigenden Lohn- und Energiekosten, bewältigt werden soll, ist noch völlig offen. Immerhin läßt sich sagen, daß ein Betrieb, der nach neuzeitlichen Methoden einwandfrei geführt wird, heute noch rentabel ist. Voraussetzung ist allerdings eine Produktion in hervorragender Qualität!

Abb. 81. Bestand von Cymbidium Lillian Stewart ‚Lady Rose'. Einfache Halterung der Blütentriebe mit Schnüren. Oben links der im Cymbidienhaus unentbehrliche Ventilator.

4.2 Technische Ausrüstung und Rationalisierungsmaßnahmen

Eine Orchideengärtnerei stellt grundsätzlich keine anderen Anforderungen an die Technik als andere Zierpflanzenbetriebe. Bezüglich des Gewächshaustyps gibt man auch hier dem Großraumhaus den Vorzug, d.h., man beginnt zumeist mit dem 6-m-Haus und geht dann auf die 9- bis 16-m-Typen über. Auch die preiswerte holländische Bauweise (Venlotypen mit 3 m Spannweiten) ist zur Kultur geeignet, soweit sie über genügend Stehwandhöhe und ausreichende Lüftung verfügt. Als Baumaterialien werden in zunehmendem Maße verzinktem Eisen und Aluminium (letzteres in der Dachhaut) der Vorzug gegenüber der Holzbauweise gegeben. Bei der Verglasung ist auf Grund der steigenden Heizkostenpreise zu überlegen, ob Doppelverglasung oder Doppelkunststoffeindekkung gewählt werden sollte. Erstere, die bis zu 40% Heizkosten erspart, kommt vor allem für die sehr wärmebedürftigen Kulturen, wie *Phalaenopsis, Paphiopedilum*-Hybriden und einige *Cattleya*-Hybriden in Frage. Für *Cymbidium* zur

Abb. 82. Phalaenopsishaus mit Schattieranlage. Die Pflanzen bringen nach dem ersten Schnitt einen zweiten und dritten Flor am gleichen Blütenstiel, wenn man die basalen Augen stehen und austreiben läßt.

Schnittblumengewinnung ist das helle, luftige Großraumhaus wegen der besseren Klima- und Lichtverhältnisse unbedingt zu bevorzugen.

Die Heizung der Orchideenhäuser erfolgt generell mit flüssigen (Leicht- und Schwerölen) oder gasförmigen Brennstoffen. Die Steuerung der Anlagen und die automatische Nachtabsenkung der Temperatur geschieht mittels Wärmefühlern und Elektronik. Schattiert wird am zweckmäßigsten von außen, um zu hohe Wärmestauungen in der heißen Jahreszeit zu vermeiden. Außenschattieranlagen sind jedoch kostspielig, windempfindlich und verlangen viel Wartung, so daß u. U. der Gebrauch von Schattierfarbe oder Kunststoffnetzen nutzbringender ist. Dem hohen Sauerstoffbedürfnis der Orchideen muß durch ausreichende Lüftungseinrichtungen Rechnung getragen werden, was insbesondere bei der Cymbidienkultur Beachtung finden muß.

Zunehmende Bedeutung gewinnt heute im Erwerbsbetrieb der Faktor Gießwasser, speziell bei Orchideen. Da Leitungs-, Brunnen- oder Oberflächenwasser häufig ungeeignet sind, verwendet man meistens Regenwasser, das in Betonbecken oder mit Folie ausgelegten Gruben gesammelt wird. Will man eine

Algenbildung verhindern, so deckt man die Becken mit schwarzer Folie ab oder setzt einige Goldorfen ein, die das Wasser sauber halten. Vergiftungserscheinungen durch Zink (Ausspülungen bei feuerverzinkten Gewächskonstruktionen) lassen sich durch Überstreichen der Sprossen mit pflanzenunschädlicher schwarzer Teerfarbe, wie sie auch bei der Isolierung von Futtermittelsilos verwendet wird, vermeiden. Ein Vorwärmen des Gießwassers mittels entsprechender Batterien ist vor allem für die wärmebedürftigen Orchideen unbedingt anzuraten. Bewässerung und Düngung der Kulturen werden nach den im Zierpflanzenbau allgemein üblichen Methoden vorgenommen. Die vollautomatische Tröpfchenbewässerung ist nur bei vollkommen gleichmäßigen, meristemvermehrten Beständen anwendbar.

Ein Wort noch zur CO_2-Begasung von Orchideen. In zunehmendem Maße wird besonders in den Niederlanden und in Dänemark damit gearbeitet, wobei man das CO_2 den mit Erdgas gespeisten Feuerungsanlagen im oberen Kaminteil entnimmt und in die Kulturräume leitet. In der Bundesrepublik Deutschland ist dieses Verfahren, das vieles für sich hat, noch nicht zugelassen. Inwieweit eine Erhöhung des Kohlendioxidspiegels für den Kulturerfolg von Bedeutung ist, müssen erst noch weitere Versuche der Praxis erweisen.

Wesentlich für die Rentabilität eines Orchideenbetriebes sind alle Maßnahmen, die eine Vereinfachung und Beschleunigung des Arbeitsablaufes gestatten. Vergleichende Untersuchungen in dieser Hinsicht werden vor allem vom „Verband Deutscher Orchideenbetriebe“ angestellt, der seine Mitglieder über die Resultate seiner Erhebungen ständig informiert. (Anschrift: Verband Deutscher Orchideenbetriebe, 46 Dortmund, Stockumerstr. 46.) Bezüglich der Substrate wurde bereits eine weitgehende Vereinheitlichung erreicht, indem in den meisten Fällen als Grundsubstanz Torf (Weiß- oder Schwarztorf) genommen wird, dem je nach Anspruch der Kultur bestimmte Zuschläge (Rinde, Bimskies, Styromull, Lecaton u.a.) beigefügt werden, außerdem natürlich nach Bedarf Kalk und Düngemittel. Ein weiterer wesentlicher Punkt, der nur durch Erfahrungsaustausch vollständig zu klären ist, ist die Steuerung der Blütezeit. Diese spielt vor allem bei Cymbidien eine große Rolle, um termingerecht, also etwa zu Weihnachten oder zum Muttertag, auf den Markt kommen zu können. Teils erreicht man dies durch die Wahl bestimmter Sorten, teils durch Absenkung der Nachttemperatur während der Sommermonate. Bei *Phalaenopsis* bewirkt die nächtliche Temperaturerniedrigung auf etwa 15 °C Ende Juni/Anfang Juli die Ausbildung eines reichen Weihnachtsflors. Man kann bei dieser Kultur mit 100–500 Blüten je Jahr pro Quadratmeter rechnen; bei einer Erntemenge unter 200 Blüten ist sie schon nicht mehr rentabel. Auch bei vielen *Paphiopedilum*-Hybriden läßt sich durch eine Temperaturabsenkung im Mai die Blütezeit in die Weihnachtstage verlegen.

4.3 Betriebsformen und Sortenwahl

Die meisten heutigen Orchideenbetriebe sind aus allgemeinen Zierpflanzenbetrieben hervorgegangen und haben sich erst mit der Zeit ganz auf die Orchideenkultur spezialisiert. Ausschlaggebend für die Aufnahme anderer Kulturen ist vor allem der sehr hohe Kapitalaufwand, den die Errichtung einer Orchideengärtnerei anfänglich erfordert. Grundsätzlich zu unterscheiden sind vor allem zwei Betriebsformen: der Jungpflanzenbetrieb, der in der Regel auch züchterisch arbeitet, und der Schnittblumenbetrieb, der teilweise auch Topfpflanzen vertreibt.

Über die optimale Größe eines Orchideenbetriebes lassen sich nur schwer verbindliche Angaben machen, da die Voraussetzungen je nach Marktlage und Wahl der Kulturen zu unterschiedlich sind. Für einen Schnittblumenbetrieb, der ganzjährig ein bestimmtes Liefersoll erfüllen muß, ist eine Anbaufläche von 6000 m^2 aber wohl das mindeste. Bezüglich des Personalbedarfs je Flächeneinheit sind ebenfalls je nach Art der Kultur und der Betriebsausstattung große Schwankungen möglich. Bei reinen Schnittblumenkulturen ist etwa eine gelernte Arbeitskraft auf 2000–2500 m^2 vertretbar; dazu kommen kurzfristige Aushilfen bei Arbeitsspitzen, z.B. während der Haupterntezeit oder beim Verpflanzen.

Der Jungpflanzenbetrieb

Der Züchter und Erzeuger von Jungpflanzen muß in erster Linie über ein entsprechendes Maß an Kenntnissen und über hervorragendes Ausgangsmaterial verfügen. Außerdem ist er gezwungen, einen Teil seiner Neuzüchtungen bis zur Blüte weiterzukultivieren, um auf Grund der beobachteten Eigenschaften seiner Pflanzen selektionieren zu können. Deshalb ist es notwendig, daß etwa die Hälfte der benötigten Fläche für Fertigpflanzen reserviert bleibt. Die hierbei anfallenden Schnittblumen, die nicht der Samenproduktion dienen, müssen vermarktet werden, was entweder über ein dem Betrieb angeschlossenes Blumengeschäft, einen in der Nähe liegenden Markt oder eine Versteigerung abgewikkelt werden kann. Auch die aussortierten, nicht zur Weiterzucht benutzten Topfpflanzen sind auf diese Weise abzusetzen, um damit die Wirtschaftlichkeit des Betriebes zu heben. Mit einzukalkulieren ist die sehr lange Zeitspanne, die bei der Orchideenzüchtung benötigt wird. Eine relativ schnell wachsende *Phalaenopsis* braucht im Minimum 4 Jahre, bis man das Ergebnis einer Kreuzung zum ersten Mal erkennen kann. Um auch den Ertrag beurteilen zu können, müssen nochmals 4 Jahre vergehen. Bei *Cymbidium, Paphiopedilum* und *Cattleya* dauert es meist doppelt so lange, und diese Zeit muß finanziert werden. Trotz dieser Schwierigkeiten gelang es deutschen Gärtnern, eine nicht unerhebliche Anzahl hochwertiger neuer Sorten herauszubringen, die internationale Anerkennung fanden.

Der Schnittblumenbetrieb

Die Auswahl der Kulturen für den Schnitt wird hauptsächlich von den Wünschen der Käuferschaft bestimmt, die diese Ware abnimmt. Gute Absatzmöglichkeiten sind auch der Grund für eine gewisse Zentralisierung im deutschen Orchideenanbau. Ein Beispiel hierfür ist das niederrheinische Anbaugebiet, das erst in den letzten 10 Jahren entstanden ist und heute auf 50000 m^2 Orchideen stehen hat. Die Versteigerung in Straelen übernimmt hier die Aufgabe des Verteilers, der die Produkte überwiegend in das dichtbesiedelte rheinische Industriezentrum bringt. Wie bereits erwähnt, liegt hierbei das Schwergewicht auf den Gattungen *Cymbidium, Phalaenopsis, Paphiopedilum* und *Cattleya.* Es ist jedoch denkbar, daß in Zukunft auf Grund geringerer Wärmeansprüche auch die Neuzüchtungen von *Oncidium, Odontoglossum, Odontioda, Wilsonara und Vuylstekeara* eine größere Bedeutung bekommen.

Sorten von Cymbidium

Das Sortenangebot ist bei dieser Gattung außerordentlich groß, doch kann man eine verläßliche Auswahl nur nach jahrelanger Beobachtung der Bestände treffen. Entscheidend für den Wert einer Sorte ist die Qualität und die Höhe des Ertrags. Außerdem muß natürlich die Blütezeit beachtet werden, die man in drei Phasen unterteilt:

1. Frühe Sorten: Blüte von Oktober bis einschließlich Weihnachten.
2. Mittelfrühe Sorten: Blüte von Anfang Januar bis Ende März.
3. Späte Sorten: Blüte von März bis Mitte Mai (Muttertag).

Wichtig ist, daß in diesen drei Angebotszeiten alle Farben vertreten sind, da auch beim Kauf nur weniger Stiele Verschiedenfarbigkeit gewünscht wird. Empfehlenswerte Sorten sind u. a.:

Zu 1: Frühblühend

Angelica 'Advent': Goldgelb, drahtige Stiele.
Angelica 'December Gold': Helles Grüngelb, großblumig.
Christmas Beauty 'St. Francis': Rosa mit roter Lippe, ertragreich.
Isle 'Glendora': Lindgrün. Aufrechter, starker Stiel, ertragreich.
Kurun, verschiedene Varietäten: Blüte rot bis hellrosa.
Lucense, verschiedene Varietäten: Blüte grün, sehr lange Rispen.
Peach Bloom 'Cypress Point': Mittelgrün mit Goldton, ertragreich.
Peetie 'Extra': Grüngelb, schöne Lippe.
Peetie 'Steadfast': Klares, reines Grün, Lippe rot getupft.
Sirius 'Leo Giles': Apfelgrün, Blüte mittelgroß, guter Ertrag.
Vanguard 'Christmas Beauty': Hellgrün mit farbiger Lippe, ertragreich.
Vanguard × Tapestry: Rosa, früh, großblumig.
Via Real 'Gail': Gelbgrün, schön gezeichnete Lippe, ertragreich.

Zu 2: Mittelfrüh
a) Grün

Eileen Hinkson 'Helen': Warmes Grün, schöne Lippe, straffer Stiel.
Fanfare 'Los Tres Amigos': Apfelgrün, gute Form, ertragreich.
Fort William 'Hamsey': Grün mit schöner Lippe, drahtiger Stiel.
Miretta 'Mem. A. A. McBean', 'Cherub', 'Sidney': Bekannte, gute Sorten.
Seabird 'Round Oak': Leuchtend grün, rote Lippe, hervorragend.
Sea Gem 'Lews': Grün mit schöner Lippe, drahtiger Stiel.

b) Gelb

Cariga 'Canary': Gelbgrün mit dunkler Lippe, viele kleine Rispen.
Clauboda 'Goliath': Goldgelb, sehr großblütig, muß gestützt werden.
Clauboda 'Sidney Rothwell': Ähnlich wie obige, aber kupfergelb.
Dorama 'Charm': Lichtes Grüngelb, schöne Lippe, sehr gute Sorte.
Hawtescens: Goldgelb, lichtresistent, darf nicht zu N-reich gedüngt werden.
Jan Stewart 'A. Sutter': Gelb mit roter Lippe, mittel bis spät.
Lump O'Gold 'Glitter': Grüngelb, ertragreich.
York 'Glendessary': Goldgelb, empfehlenswerte Sorte.

c) Weiß

Jungfrau 'Dos Pueblos': Weiß mit rosa Hauch, ertragreich, auch spät.
Lagoon 'Braemar': Grünliches Weiß, sehr ertragreich, mittel bis spät.
Lillian Stewart, Varietäten: Sehr großblütig, fester Stiel, guter Ertrag.
Lionello 'Vivian Mors': Weiß mit tiefroter Lippe, sehr gute Sorte.
Pearl Balkis 'Chailey': Weiß bis zartrosa, hervorragend zum Schnitt, sehr großblumig.

d) Rosa

Astronaut 'Rajah': Aprikosenfarbig bis orange, besonders schöne Sorte.
Buddha 'Shemara': Dunkelrosa, ertragreich, XII–I.
Burgundian 'Sidney': Silbriges Rosa, dunkle Lippe, sehr schön.
Etta Barlow 'Opalescens': Hellrosa, sehr großblumig, mittel bis spät.
Lillian Stewart, verschiedene Varietäten: Bewährte, gute Sorte in hauptsächlich rosa Farbtönen.
Tinsel 'Blush': Rosa, ausdrucksvolle Blüten, ertragreich, XII–I.
Tinsel 'Gabriel': Ähnlich obiger.
Vieux Rose 'Del Park': Eine der besten rosa Sorten, großblütig.

e) Rot

Ardingly, verschiedene Varietäten: Rot bis braunrot, gute Sorte, XII–II.
Burgundian 'Chateau': Kupferrot, aparte Farbe, ertragreich.
Khyber Pass 'Rotunda Red': Gute rote Sorte, ertragreich.
Magna Charta 'Saxon': Braunrot mit Grün, sehr empfehlenswert.

Zu 3: Spätblühend

Arabian Nights 'Cooksbridge': Weiß mit rosa Lippe, ertragreich.
Babylon 'Castle Hill': Bekannte rosa Sorte, ertragreich, mittel bis spät.
Eliot Rogers 'Red Beauty': Rot, großblumig, etwas verblassend.
Joan of Arc 'Norvale': Gute weiße Massenschnittsorte.
Lady Moxham 'Mary': Silbrigrosa mit dunkler Lippe, großblütig.
Madrid 'Forest King': Grün-rote Lippe, sehr ertragreich.
Rievaulx 'Cooksbridge': Rot, großblumig, mittelfrüh bis spät.
San Francisco 'Meadow Mist': Grünlichweiß, sehr gute Schnittsorte.
Sayonara 'Green Willow': Grün mit roter Lippe, blüht periodisch.
Sayonara 'Raritan': Goldgelb, großblütig, blüht periodisch.
Tapestry 'Red Glory': Dunkelrot, farbfest, starke Stiele, ertragreich.

Miniaturcymbidien

Die kleinblumigeren Miniaturcymbidien, die entweder als Schnitt oder im Topf verkauft werden, haben während der letzten Jahre einen großen Aufschwung genommen, und die Sortenzahl hat sich stark vermehrt. Einige bewährte, überwiegend früh blühende Sorten sind:

Delight: Reinrot, verhältnismäßig großblütig.
Leodogran 'Cradlemont': Rosarot, ziemlich großblütig, I–III.
Ivy Fung 'Sultan': Dunkelrot, sehr guter Ertrag, I–IV.
Mary Pinchess 'Del Rey': Gelb, sehr ertragreich, XII–I.
King Arthur 'Camelford': Grün, mit aufrechten Stielen, XII.
Oriental Legend 'Cinnamon': Kupferfarben, lange Rispen, XII–II.
Showgirl 'Malibu': Sehr reichblühend, kleinwüchsig, sehr früh, besonders als Topfpflanze geeignet.
Weitere gute Showgirl-Varietäten in Rosa bis Sandfarben: 'Lily Langtry', 'Kate Hepburn', 'Micheline', 'Rosl Greer'.
Sylvia Miller, verschiedene Varietäten: Gelb, frühblühend.

Sorten von Phalaenopsis

Angebaut werden in erster Linie **weiße** Sorten, die man beliebig einfärben kann und die in ihrem Ertrag und in ihrer Wuchsleistung etwas über den lilarosa Sorten liegen. Ausgangsmaterial für die heutigen hochgezüchteten Hybriden waren besonders die Kreuzungen von SHAFFER, dessen 'Grace Palm' den entscheidenden Fortschritt brachte. Die heute bei uns angebotenen weißen Sorten, die vor allem aus Kreuzungen mit *Phalaenopsis* Vallehigh oder Alice Gloria hervorgegangen sind, sind in ihrer Form, Größe und Gleichmäßigkeit kaum mehr zu überbieten; sie bringen hervorragende Schnittblumen auf drahtigen Stielen. Empfehlenswerte Sorten sind u.a. Schneewittchen, Sensation, Schöne von Unna, Schöne von Celle.

Die Ausgangsform der **violetten** Hybriden war hauptsächlich *Phalaenopsis* Zada. Sorten wie Lipperose, Lippezauber, Comtesse Bettina, Zauberrose sind einige wichtige Vertreter dieser Gruppe, bei denen gute Form, Farbintensität und Ausgeglichenheit gewährleistet ist.

Neben den weißen und violetten Sorten werden heute in steigendem Maße auch die rotlippigen und mehrfarbigen Hybriden angeboten. Gute **rotlippige** Kreuzungen sind beispielsweise Ann Hatter, Mad Hatter, Cher Ann, Red Fan und Romantic, bei denen zwar noch Aufspaltungen vorkommen, die aber bereits ein vorzügliches Ausgangsmaterial für weitere Vervollkommnungen bilden. Gerade bei der *Phalaenopsis*-Züchtung konnte Deutschland während der letzten zehn Jahre beachtliche Erfolge verbuchen.

Sorten von Paphiopedilum

Auch die Züchtung langstieliger, großblumiger Paphiopedilen ist noch sehr in der Entwicklung begriffen. Gute Ausgangsformen sind hier beispielsweise die Sorten Winston Churchill, Sandra Mary, Milmoore, Farnmoore, Mildred Hunter, Golden Acres, Bit O'Sunshine, Matcheck Mars und Amanda. Zu diesen modernen Hybriden kommt eine Vielzahl älterer, ertragreicher Sorten mit mittelgroßer Blüte, die auch heute noch in Kultur sind. Zu diesen gehören, um einige zu nennen: *Paphiopedilum* King Arthur, Maudiae, Bingleyense, Capablanca. Durch ständige Teilung der Pflanzen sind die Bestände häufig sehr umfangreich, gleichmäßig und durch Steuerung der Kulturbedingungen termingerecht zur Blüte zu bringen.

Sorten von Cattleya und verwandter Gattungen

Zu empfehlen sind hier vor allem die von deutschen Züchtern herausgebrachten Hybriden, da sie unserem Klima und unseren Lichtverhältnissen am besten angepaßt sind. Der Käufer verlangt bei uns vorwiegend dunkelviolette Cattleyen, allenfalls noch weiße mit violetter Lippe, dagegen kaum rein weiße Sorten, die in den USA sehr beliebt sind. Das Angebot sollte gut über das ganze Jahr verteilt werden, was sich durch die entsprechende Sortenwahl leicht ermöglichen läßt. Hybriden mit Blut von *C. labiata* oder *C. trianae* blühen zumeist im Winter, während *C. mossiae* die späte Frühjahrsblüte (Muttertag) vererbt.

a) Weihnachtsblüher

C. labiata 'Goliath': Lilarosa, haltbar, sicherer Blüher.
Blc. Herons Ghyll: Tief dunkellila, sehr große Blüten.
Lc. Bonanza: Mittel- bis dunkellila.
Blc. Franz Wichmann: Kreuzung aus Bonanza.
Blc. Mem. Crispin Rosales: Dunkellila, großblumig, guter Ertrag.

b) Frühjahrsblüher

Lc. Celler Ruhm
Lc. Wintermärchen
Blc. Wacholderpark
Blc. Niedersachsen
} Lilarosa, gute Form, großblütig, ertragreich
C. Sonja Altenburg: Weiß mit violetter Lippe, ertragreich.
Lc. Moneymaker: Rosalila, reichblühend, kommt zum Muttertag.
Blc. Allergarten: Lila, großblumig, ertragreich, zum Muttertag.

c) Sommerblüher

Blc. Stilles Gedenken
C. Comet
Lc. Amoret
Blc. Osterberg
} Lila, großblütig, reichblühend.
Lc. Alma Wichmann: Goldgelb, mit lila Lippe.

d) Herbst und Frühwinter

Blc. Sterntaler: Dunkellila, großblütig, reichblühend.
Blc. Franz Wichmann: Lilarosa, feste Blüte, gelber Schlund.
Blc. Norman's Bay: Dunkelviolett, wuchs- und blühfreudig.

Der Schnitt von Cattleyenblüten sollte am besten 4–5 Tage nach dem Aufblühen erfolgen, wenn die Blüte voll ausgereift und fest ist. Das gleiche gilt für Paphiopedilen. Die Rispen von Cymbidien und Phalaenopsen sollen nach Möglichkeit voll erblüht sein, doch schadet es auch nichts, wenn die oberste Blüte noch knospig ist. Bei Odontoglossen, Odontioden und ähnlichen Hybriden, deren Haltbarkeit z. T. sehr begrenzt ist, muß die oberste Blüte bereits 5 Tage geöffnet sein.

Die Haltbarkeit der Schnittblumen ist zudem stark abhängig von der Ernährung der Pflanze, dem Gewächshausklima, der Belichtung und noch manchen anderen Faktoren. Ein Übermaß an Stickstoffdüngung und zu viel Wärme bringen erfahrungsgemäß Blüten mit zu weichen Stielen und schlechter Haltbarkeit.

4.4 Ertrag, Vermarktung und Vertrieb

Bei Cymbidien kann man je nach Sorte und Kulturführung mit einem Ertrag von 80–200 Blüten je Nettoquadratmeter rechnen. Die Höchstzahl läßt sich nur bei sehr produktiven Sorten und unter besten Wachstumsbedingungen erreichen; der Durchschnitt liegt im allgemeinen bei 100–120 Blüten/m^2. Die Ertragszahlen von *Phalaenopsis* schwanken noch stärker; sie liegen bei guten Sorten zwischen 200 und 500 Blüten je Nettoquadratmeter, im Durchschnitt bei 250. Bei *Paphiopedilum* ist zwischen den ertragreicheren alten Sorten mit mittlerer Blumengröße und den ertragsärmeren, aber besser bezahlten großblumigen Sorten anglo-amerikanischer Herkunft zu unterscheiden. Die besonders in Dänemark noch häufig angebauten *P.* Leeanum, Latamianum und St. Albans bringen bis zu 100 Stück je Quadratmeter und Jahr, während man von *P.* Capablanca, King Arthur und ähnlichen Sorten höchstens 60–80 Blüten erwarten darf. Noch niedriger sind die Erträge mit 20–40 Stück/m^2 bei den großblütigen amerikanischen Hybriden, wobei die grünen Sorten mehr Blumen liefern als die roten. Die Spitzenerträge für Cattleyen liegen bei etwa 80 Blüten/m^2, meistens werden bei uns jedoch nur 50 Stück/m^2 erreicht.

Der bei Versteigerungen erzielte Erlös je Blüte lag nach den Informationsberichten von Neuß (NBV), Straelen (UGA) und Wesel 1977 im Mittel auf folgender Höhe:

Cymbidium, großblumig	0,80 DM	*Paphiopedilum*	2,00 DM
Cymbidium, Miniatur	0,45 DM	*Cattleya*	2,50 DM
Phalaenopsis	0,50 DM		

Es handelt sich hierbei jedoch um Mindestpreise. Betriebe, die auf Grund bester Kulturkenntnisse imstande sind, den Blühtermin so zu steuern, daß der Hauptertrag in die Zeiten größten Bedarfs fällt, können auch mit höheren Preisen rechnen. Auch wenn der Absatz nicht über Versteigerungen, sondern über Großmärkte getätigt wird, steigen die Erlöse. Der Durchschnittspreis für die Einzelblüte von *Cymbidium* (großblütig) beträgt hier etwa 1,50 DM, für *Phalaenopsis* 1,00 DM, *Paphiopedilum* je nach Blütengröße 5,00–8,00 DM und für *Cattleya* 4,00 DM.

Bei Rentabilitätsberechnungen muß davon ausgegangen werden, daß die Einnahmen je Bruttoquadratmeter grundsätzlich nicht unter 100 DM liegen dürfen, da infolge der hohen Kapitalinvestitionen sonst keine Kostendeckung mehr gewährleistet ist.

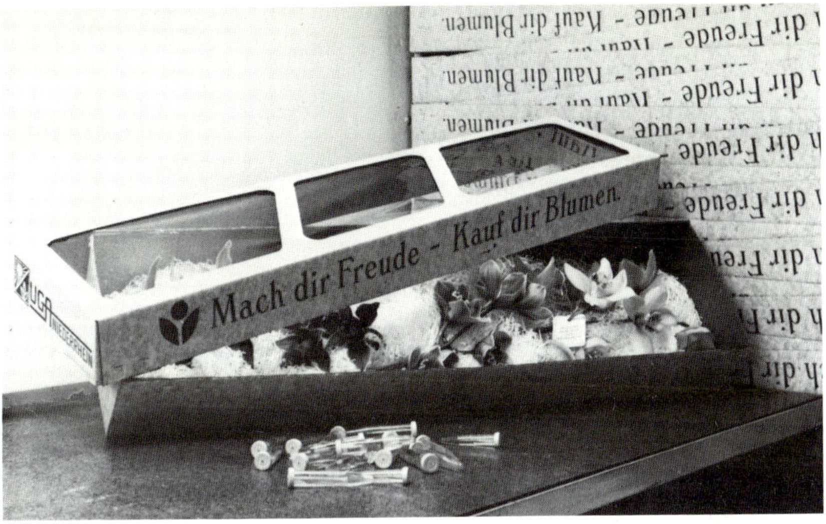

Abb. 83. Vorbereitung zur Versteigerung. Zwei bis drei Blütentriebe verschiedener Sorten werden mit den Stielenden in wassergefüllte Kunststoffröhrchen gesteckt und in Klarsichtkartons verpackt.

Die Vermarktung von Orchideen ist normalerweise die gleiche wie bei anderen Schnittblumen. Es gibt in Deutschland drei Vermarktungsarten, die hier kurz dargestellt werden sollen.

Absatz über eine Versteigerung

Im nordwestdeutschen Raum finden Blumenversteigerungen statt in Straelen (UGA, Niederrheinische Blumenversteigerung), Neuß/Bottrop (NBV) und Wesel. Hier wird die Ware entweder abgeholt, oder sie wird vom Erzeuger in Kartons verpackt angeliefert. Die Kartons erhält man bei der betreffenden Absatzorganisation, die sie dem Käufer in Rechnung stellt. Vorgeschrieben sind Kartons mit Klarsichtfolie, damit die Blumen gesehen und beurteilt werden können. Die Vermarktungskosten betragen bei der Versteigerung 5–8%. Kunden sind in erster Linie der Schnittblumengroßhandel, der die Verteilung der Ware übernimmt, aber auch Blumengeschäfte, also der Fachhandel. Im allgemeinen kennt der potentielle Käufer die Lieferanten der verschiedenen Anlieferernummern und ist daher über die Qualität des Produktes bereits im Bilde. Erzeuger, deren Ware stets von gleich guter Beschaffenheit ist, erzielen daher auch die Spitzenpreise.

Absatz über einen Blumengroßmarkt

Die Orchideen werden vom Erzeuger angeliefert und auf einem eigenen Stand durch ihn selbst oder einen firmeneigenen Verkäufer vertrieben. Die Ware wird entweder vorverpackt, ähnlich wie bei der Versteigerung, oder aber frei aus der Vase verkauft. Der Kunde hat hier die Möglichkeit, auch Vorbestellungen zu machen oder individuelle Wünsche zu äußern (z.B. bestimmte Blumen für Brautsträuße und dergleichen). Die Vermarktungskosten belaufen sich bei dieser Absatzweise auf etwa 20%, doch kann auch der Verkaufserlös u.U. wesentlich höher sein als bei der Versteigerung. Zwischen dem Produzenten und dem Kunden (Blumengeschäft) besteht, anders als bei der Versteigerung, eine persönliche Verbindung, was beide Teile oft als angenehm empfinden.

Absatz durch Verkaufsfahrer

Hier bekommt der Kunde die Ware direkt ins Haus geliefert, wofür er natürlich auch etwas höhere Preise zahlen muß. Da der Käufer bei diesem Verfahren die wenigsten Vergleichsmöglichkeiten hat, muß von vornherein ein gewisses Vertrauensverhältnis bestehen. Die Kosten dieses Verkaufs liegen bei mindestens 25%, doch wird dies auch hier weitgehend von höherem Erlös wettgemacht.

Im allgemeinen haben sich bei uns die Erwerbsbetriebe, die Orchideen kultivieren, recht gut auf die für sie vorteilhafteste Vermarktungsart eingestellt. Für den Verbraucher wird dadurch ein Optimum an Frische und Haltbarkeit der Blüten gewährleistet, was neben der besseren Qualität ein großer Vorteil gegenüber den meist billigeren Importen ist. In Zukunft sollte es jedoch gelingen, durch gezielte Werbung die Orchidee auch als Topfpflanze noch stärker bekannt zu machen und damit die Absatzbasis zu verbreitern.

5 Vermehrung und Anzucht

5.1 Die generative Vermehrung

Die meisten Orchideen, besonders die epiphytisch wachsenden, haben eine lange Lebensdauer. Der jährliche Zuwachs an der sympodialen oder monopodialen Sproßachse bedeutet für die Pflanze eine immerwährende Erneuerung, durch die ihre Vitalität über Jahrzehnte hinweg erhalten bleibt. Neben diesem perennierenden Charakter weisen Orchideen aber auch eine außerordentlich hohe Samenproduktion auf, um damit die Erhaltung und Verbreitung der Art zu sichern. Eine Cattleyenkapsel enthält bis zu mehreren Millionen Samen, die Frucht von *Cypripedium acaule* etwa 54000. Diese Menge würde genügen, um unter optimalen Keimbedingungen und bei fehlender Konkurrenz mit anderen Pflanzen ganze Landschaftsareale allein mit Orchideen zu bedecken. Doch in der Natur ist die Keimung des staubfeinen Samens an die Ammendienste eines Pilzes gebunden, und nur unter günstigsten Umweltverhältnissen kommt es nach Vollzug der Partnerschaft zur ungestörten Entwicklung der Sämlinge. So ist trotz des Überflusses an potentieller Nachkommenschaft die Vermehrungsrate nur beschränkt, und das Gleichgewicht innerhalb der jeweiligen Pflanzengesellschaft bleibt erhalten.

Dem Kultivateur, der seine Orchideen durch Aussaat vermehren will, kommt die hohe Samenproduktion allerdings zugute. Voll ausgebildeter Samen von Eltern, die in ihrem Erbgut harmonieren, keimt auf geeigneten Nährböden oft nahezu hundertprozentig, so daß die Anzahl an Sämlingen den Bedarf meist weit übersteigt. Da wir es in der Kultur jedoch seltener mit reinen Arten als mit genetisch uneinheitlichen Hybriden zu tun haben, verlaufen Befruchtung, Ausbildung und Weiterentwicklung des Embryos oft gestört, und die Anzahl lebensfähiger Nachkommen ist entsprechend geringer.

5.1.1 Bestäubung und Befruchtung

Jeder Samengewinnung gehen Bestäubung und Befruchtung voraus. Das heißt also, daß die Pollinien einer Blüte herausgelöst und auf die Narbe übertragen werden müssen. Der Anfänger wird sich dabei zunächst mit dem Blütenbau der einzelnen Orchideenarten vertraut machen müssen. Mit Hilfe einer Pinzette oder eines zugespitzten Stäbchens entnimmt man die Pollenpakete den Fächern im oberen Teil der Blüte und heftet sie mit leichtem Druck auf den meist nach unten weisenden Narbenlappen in der Narbenhöhle (Abb. 84). Die kolben- oder scheibenförmigen Pollinien haben zumeist eine feste, wachsartige Konsistenz, nur bei *Paphiopedilum* ist der Inhalt der beiden seitlich der Narbe sitzenden Antheren mehr klebrig-breiig. Die Blüte sollte bei der Bestäubung voll entwickelt und bereits einige Tage geöffnet sein; am besten geeignet zur Übertragung des Pollens sind die späten Vormittagsstunden. Einige Arten lassen sich

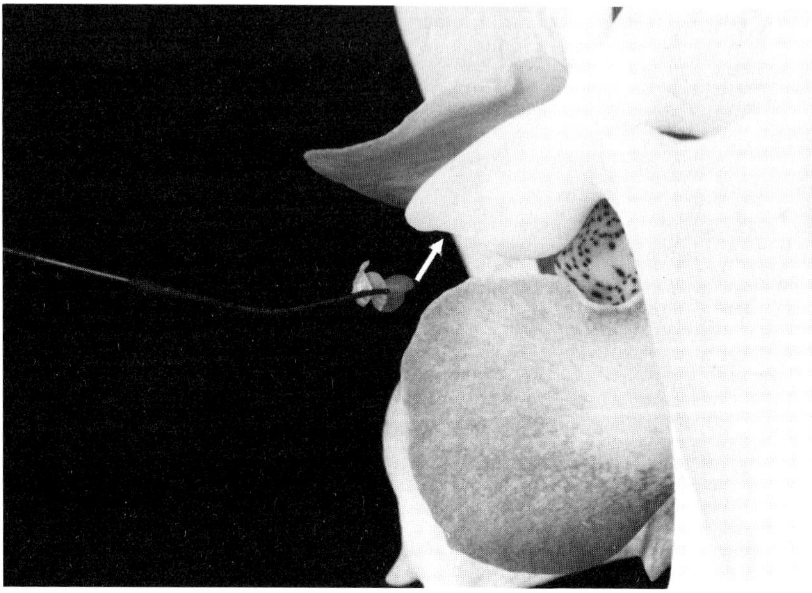

Abb. 84. Bestäubung einer Phalaenopsisblüte.

gut selbsten (z.B. *Oncidium papilio, Laelia cinnabarina, Cattleya aurantiaca,* manche *Dendrobium* spec.), andere setzen besser nach Geschwisterkreuzung (verschiedene Blüten der gleichen Rispe) oder Fremdbestäubung an. Um die Eigenschaften verschiedener Individuen zu vereinigen, wird man überwiegend die Fremdbestäubung wählen, die auch in der Natur vorherrscht. Will man nicht nur Angehörige der gleichen Art, sondern auch verschiedene Arten oder gar verschiedene Gattungen kreuzen, so sollte man sich vorher über die genetischen Verhältnisse informieren, da man sonst mit Mißerfolgen rechnen muß. Je weiter entfernt der Verwandtschaftsgrad beider Partner liegt und je größer die morphologischen und genetischen Differenzen sind, desto geringer sind naturgemäß die Aussichten auf eine Befruchtung.

An längeren Rispen sind meistens die unteren, zuerst entwickelten Blüten besser zur Bestäubung geeignet als die oberen; gewöhnlich nimmt man die zweite oder dritte, die sich öffnet. Um die Mutterpflanze nicht zu sehr zu schwächen, lasse man nie mehr als eine Frucht an ihr reifen. Wünscht man eine Kreuzung von Arten, die zu verschiedenen Zeiten blühen, so läßt sich der Pollen durch kühle und dunkle Aufbewahrung in verschließbaren Behältern über Calciumchlorid mehrere Monate konservieren. Vor Verwendung derart gelagerten Pollens ist eine Keimprobe in 1–5%iger Zuckerlösung empfehlenswert, wozu man allerdings ein Mikroskop braucht, um die Pollenschläuche erkennen zu können. Verläuft die Probe negativ, so ist damit aber noch nicht mit Sicherheit gesagt, ob nicht auf dem spezifisch zusammengesetzten natürlichen Narbensekret trotzdem eine Pollenkeimung möglich wäre.

Abb. 85. Samenkapseln von Orchideen.
Links Paphiopedilum hybridum, Mitte Cymbidium tracyanum, rechts Vanda tricolor.

Nach erfolgter Übertragung des hormonhaltigen Blütenstaubes auf die Narbe beginnt sehr bald der Ablauf komplizierter Stoffwechselprozesse (ARDITTI et al. 1971), die oft schon nach Stunden zu einem Farbwechsel oder Welken der Blüte führen. Nach einigen Tagen oder Wochen beobachtet man ein Anschwellen des Fruchtknotens, wobei die Blütenblätter entweder abgeworfen werden oder im vergrünten Zustand bis zur Fruchtreife persistieren. Während die Pollenschläuche im Inneren der Säule zum Fruchtknoten herunterwachsen, differenzieren sich dort die an den Leisten befindlichen Samenanlagen mit den weiblichen Eizellen. Bis es zur Verschmelzung der männlichen und weiblichen Zellkerne – also der eigentlichen Befruchtung – kommt, vergehen bei den epiphytischen Orchideen mehrere Monate. Bleibt trotz anfänglichen Pollenwachstums und anschwellender Fruchtknoten die Befruchtung aus bzw. sind die befruchteten Eizellen nicht lebensfähig, so schrumpft und vergilbt die Kapsel entweder vorzeitig, oder sie entwickelt sich scheinbar normal, bildet aber im Inneren keine Samen aus.

5.1.2 Frucht und Samen

Befruchtete Samenanlagen benötigen bis zur fertigen Entwicklung nochmals einige Wochen oder Monate, wie aus den Angaben im speziellen Teil zu ersehen ist. Verhältnismäßig rasch reifen die Samen unserer einheimischen Orchideen (bei *Cypripedium* in etwa 3 Monaten), besonders viel Zeit brauchen sie hingegen bei den meisten tropischen Gattungen (z.B. *Vanda* und *Paphiopedilum* bis zu 15 Monaten. Abb. 85). Der Kultivateur, der das Warten auf das Ergebnis seiner Kreuzung gern abkürzen möchte, wird in der Regel nicht ausharren, bis die Frucht ihren vollständigen Reifegrad erreicht hat und aufplatzt, sondern er wird den Samen von einem bestimmten Stadium an der noch grünen und geschlossenen Kapsel entnehmen. Er spart damit sowohl Zeit als auch die Notwendigkeit, den Samen zu desinfizieren; außerdem liegt die Keimrate bei nicht vollständig ausgereiftem Saatgut teilweise sogar höher als bei reifem. Der optimale Zeitpunkt zur Entnahme des Samens ist je nach Art unterschiedlich, pauschal gerechnet etwa nach Ablauf von 4/5 der normalen Reifezeit.

5.1.3 Embryokultur

In manchen Fällen können die jungen Embryonen auch schon in einem noch früheren Stadium der unreifen Kapsel entnommen und auf speziellen Nährböden zur Weiterentwicklung gebracht werden, doch ist dann die Aufzucht mit vermehrtem Risiko verbunden. Angaben über den frühestmöglichen Termin zur Isolierung der Embryonen machen Sagawa und Valmayor (1966), von denen einige hier wiedergegeben seien:

Gattung und Art	Anzahl der Tage von der Bestäubung bis z. Befruchtung	z. frühesten Kulturtermin
Brassavola nodosa	65–70	70–75
Cattleya bowringiana	60–65	75–80
Dendrobium nobile	75–80	80–85
Doritis pulcherrima	55–60	65–70
Epidendrum atropurpureum	120–130	150–160
Oncidium ampliatum	45–50	55–60
Phalaenopsis Doris	70–75	75–80
Vanda Burgeffii	65–70	70–75

Bei *Dendrobium* gelingt manchmal auch die Weiterkultur ganzer Fruchtknoten, die einige Wochen nach der Bestäubung abgeschnitten, desinfiziert und mit dem Narbenende in das Nährmedium gesteckt werden. Durch Zusatz von 50–100 ppm Pepton, 20% Kokosnußsaft und 10–20 ppm Naphthylessigsäure zum Nährboden erhält man auf diese Weise Keimlinge, ohne die Mutterpflanze geschwächt zu haben.

5.1.4 Gewinnung und Desinfektion reifer Samen

Will man die Kapsel ausreifen lassen, so muß die unterschiedliche Entwicklung der Samen innerhalb des Fruchtknotens berücksichtigt werden. Gewöhnlich sind die Körnchen am Narbenende der Frucht früher und besser ausgebildet als jene am Stielende. Die ungleiche Reifedauer ist bei manchen Orchideen, z. B. bei *Bulbophyllum* (Vöth 1969) besonders ausgeprägt. Das Aufplatzen der Kapsel,

Abb. 86. Samendesinfektion. Rechts Gefäß mit Samen in Desinfektionslösung, links mit Glastrichter und Rundfilter zum Abgießen des desinfizierten Samens.

das sich meistens durch vorherige Verfärbung ins Gelbliche oder Bräunliche, auch durch zunehmende Verhärtung ankündigt, hat zur Folge, daß der Inhalt mit der Luft in Berührung kommt und nun nicht mehr steril ist. Schon der kleinste, kaum sichtbare Riß der Kapsel bewirkt eine Infektion des Samens mit den in der Luft enthaltenen Sporen. Wird die Kapsel nicht rechtzeitig abgenommen oder mit Papiertüten umhüllt, so fällt der Samen in trockener Luft bald heraus und verstreut sich infolge seiner Leichtigkeit in alle Richtungen. Eine zufallsbedingte Keimung in unmittelbarer Nähe der Mutterpflanze ist im Gewächshaus nur selten zu beobachten, obgleich Wurzeln und Substrat die Anwesenheit von Mykorrhizapilzen zeigen. In den meisten Fällen werden wohl die jungen Protokorme, falls es zur Keimung kommt, ein Opfer der zahlreich vorhandenen pathogenen Angreifer.

Orchideensamen bleibt nur eine sehr begrenzte Zeit keimfähig. Bereits nach einigen Wochen verringert sich gewöhnlich die Keimrate, nach einem halben bis einem Jahr ist sie bei den meisten Gattungen beträchtlich abgesunken. Durch trockene und kühle Aufbewahrung (5–8 °C) läßt sich, ähnlich wie beim Blütenstaub, die Keimfähigkeit etwas länger erhalten.

Zur Keimfreimachung des Samens behandelt man ihn mit einem Desinfektionsmittel. Am gebräuchlichsten ist die von Wilson (1915) empfohlene Chlorkalklösung (10 g Calciumchlorid auf 140 ml Wasser), doch ist hierbei zu beachten, daß nur wirklich frischer, luftdicht verschlossener Chlorkalk Verwendung findet. Bei der Zubereitung der Lösung füllt man das abgewogene

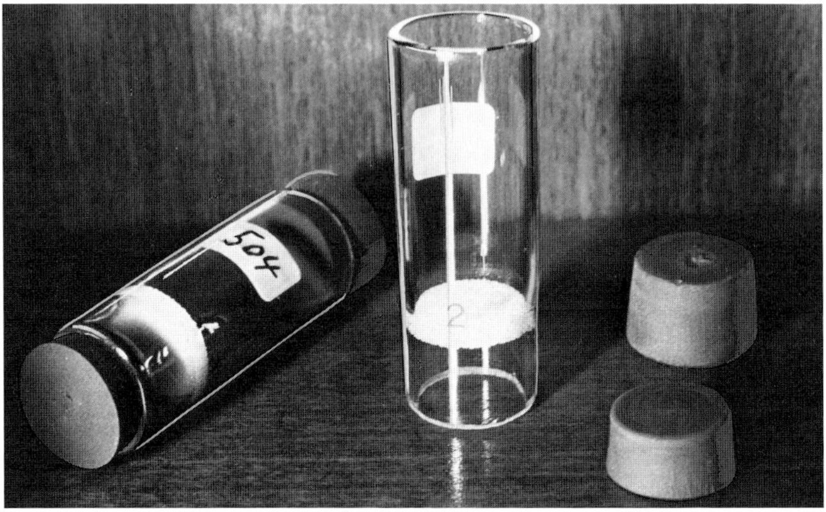

Abb. 87. Desinfektionsröhrchen mit Glasfritte nach LUCKE.

Pulver in eine Flasche, gibt die erforderliche Menge Wasser zu und verschließt mit Gummistopfen. Dann schüttelt man ein paarmal kräftig durch, läßt absitzen und filtriert nach einigen Stunden die überstehende Lösung durch ein Faltenfilter ab. Die Flasche mit der filtrierten Lösung muß sofort wieder verschlossen, dunkel gestellt und möglichst am gleichen Tage verbraucht werden. Auf der keimtötenden Wirkung des sich entwickelnden Chlorgases beruht auch die Eignung von Bleichlauge (Natriumhypochloritlösung). Die käufliche hochkonzentrierte Bleichlauge (mit 150 g aktivem Chlor je Liter), die sich bei Kühlschrankaufbewahrung ziemlich lange hält, wird kurz vor Gebrauch auf etwa 3% verdünnt (3 ml Lauge in 97 ml Wasser). Das in amerikanischen Arbeiten häufig angegebene Desinfektionsmittel „Clorox“ ist eine Bleichlauge mit nur 5,25% aktivem Chlor; die Verdünnung muß entsprechend geringer sein.

Außer diesen chlorhaltigen Mitteln läßt sich auch Wasserstoffperoxid (H_2O_2) zur Keimabtötung verwenden, doch ist die Wirkung meist etwas schwächer. Die in Apotheken erhältliche Lösung ist 30%ig, man verdünnt sie auf 3–6%. Wasserstoffperoxid hinterläßt keine Rückstände und ist deshalb für besonders empfindliche, wenig verunreinigte Samen geeignet. UV-Licht als Desinfiziens ist im allgemeinen weniger tauglich, da die Samenoberfläche meistens nicht von allen Seiten gleichmäßig getroffen wird. Manche Samen halten die Luft in den Vertiefungen ihrer unebenen Oberfläche fest und sind daher schwer benetzbar. Die Wirksamkeit der Desinfektionslösung wird in diesem Falle erhöht, wenn man einige Tropfen Alkohol oder Haushaltsnetzmittel (z.B. Pril) zusetzt. Um Schädigungen zu vermeiden, darf die Beigabe von Detergentien jedoch 100 ppm nicht überschreiten.

Ehe der Samen desinfiziert wird, sollte man ihn durch leichtes Schütteln auf einem weißen Blatt Papier von Nebenbestandteilen befreien. Mit der Pinzette entfernt man evtl. vorhandene Reste der Samenkapsel, Stengelstücke usw. und gibt dann einen Teil der Samenmenge in ein Gläschen. Macht das gesamte Saatgut den Eindruck mangelnder Fertilität, so sollte unter dem Mikroskop geprüft werden, wie hoch der Anteil an Samen mit normal ausgebildetem Embryo ist, um später die Saatdichte entsprechend zu regulieren.

Zu dem im Glas befindlichen Samen setzt man so viel Desinfektionslösung zu, daß er in mindestens 10facher Höhe von Flüssigkeit bedeckt ist. Am besten eignen sich kleine, 25 ml fassende Erlenmeyerkölbchen, die mit einem Gummistopfen verschlossen werden. Die Gläschen sollen vor Gebrauch sauber ausgewaschen sein, müssen aber nicht unbedingt steril gemacht werden. Der Samen wird in der Lösung 10–15 Minuten belassen, wobei man ihn etwa alle 3 Minuten kräftig durchschüttelt. Meistens tritt nach einer gewissen Zeit eine Bleichung ein, besonders bei Verwendung von NaOCl-Lösung. Nach Ablauf der Einwirkungszeit schüttet man die Desinfektionslösung ab, indem man den gesamten Inhalt des Gläschens unter leichtem Schwenken auf einen mit sterilem Filterpapier ausgekleideten Trichter gießt (Abb. 86). Sofort nach dem Durchlaufen der Lösung kann man mit sterilem reinen Wasser nachspülen, was aber nicht immer unbedingt erforderlich ist. Sehr häufig ist der Orchideensamen, auch der gut ausgebildete, leichter als die Lösung und schwimmt obenauf. Das Gewicht allein ist also kein Kennzeichen für fehlende oder vorhandene Fertilität.

Die geschilderte Handhabung der Samendesinfektion kann natürlich vielfach abgewandelt werden. Manche Liebhaber benutzen gern medizinische Injektionsspritzen, andere bevorzugen das von Lucke (1975) entwickelte Verfahren, bei dem ein Glasröhrchen mit eingeschmolzenem Fritteboden ein Abfließen der Desinfektionslösung ohne Umgießen und Luftzutritt erlaubt (Abb. 87).

Die Regel, daß man möglichst nicht den gesamten zur Verfügung stehenden Samen bei der ersten Aussaat verbrauchen sollte, dient vor allem der Sicherheit. Besonders bei offen gelagertem, stark infiziertem Saatgut aus tropischen Ländern kann es vorkommen, daß die einmalige Desinfektion nicht ausreicht und die Keimlinge verpilzen. Man muß in solchen Fällen die Aussaat wiederholen und dann die Hypochloritlösung etwas länger einwirken lassen. Man kann auch den Samen über Nacht in Wasser mit ein wenig Honig vorquellen und ihn danach erst mit Chlorkalk behandeln. Die anhaftenden Pilzsporen werden dadurch in einer empfindlicheren Phase getroffen und gehen leichter zugrunde.

Eine Desinfektion erübrigt sich, wenn der Samen der geschlossenen Kapsel entnommen wird. Hier genügt es, wenn man die gesamte Frucht, an der vertrocknete Narben- und Blütenblattreste sorgfältig entfernt wurden, kurz in Alkohol taucht, für Sekunden durch eine Flamme zieht und im Aussaatkasten auf ein mit Chlorkalklösung getränktes steriles Filtrierpapier legt, wo sie mit einem sterilen Skalpell geöffnet wird.

5.1.5 **Orchideenanzucht mit Pilz** (symbiotische Methode)

Bei Beginn der Orchideenanzucht gegen Mitte des vorigen Jahrhunderts waren die Aussaaterfolge zunächst gering. Etwas später fand man auf empirischem

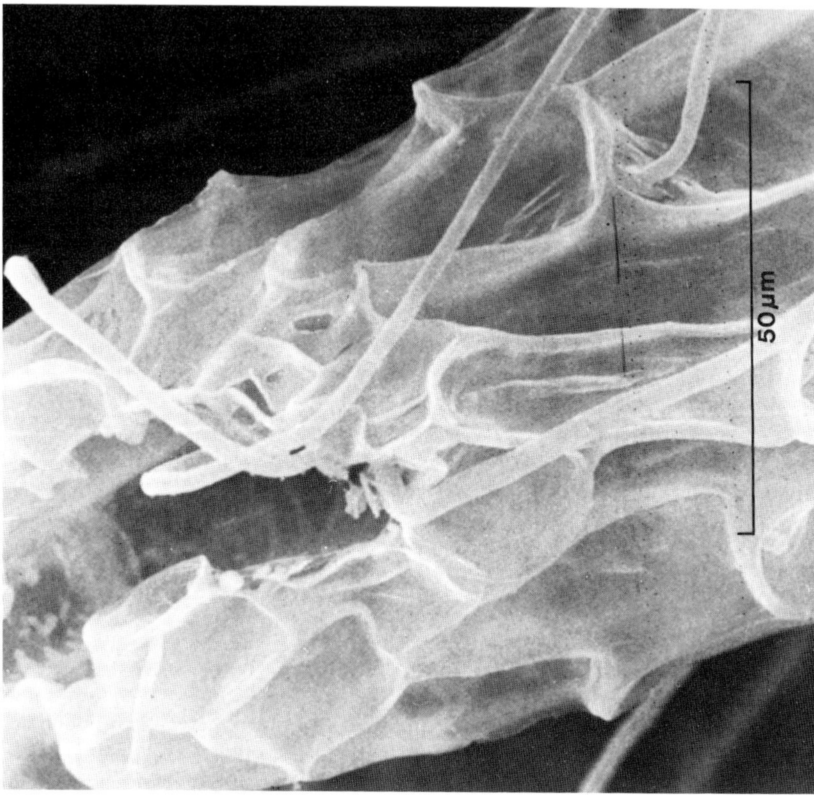

Abb. 88. Symbiotische Anzucht. Samen von Spiranthes spiralis zehn Tage nach der Aussaat. Pilzfäden dringen durch die geöffnete Testa und zwischen den Testazellen in das Sameninnere ein. Pilzreinkultur aus Dactylorhiza majalis.

Wege, daß sich das Ergebnis verbessern ließ, wenn der Samen in unmittelbarer Nähe der Mutterpflanze ausgestreut wurde und die Kulturen in alten, schon jahrelang von Orchideen genutzten Glashäusern standen. Diese einfache Methode wendet man heute bei tropischen Orchideen im allgemeinen nicht mehr an, da die Anzahl der aufwachsenden Keimlinge zu gering ist. Eine gewisse Bedeutung hat sie allenfalls noch für die Aufzucht von Erdorchideen der nördlichen Klimazone, da hier die aseptische Aussaat nicht immer befriedigende Ergebnisse bringt.

Wirkungsvoller als das Ausstreuen des Saatgutes auf natürliches Substrat ist das von BURGEFF (1936) ausführlich geschilderte Verfahren einer Kombination von Pilz und Orchideensamen auf aseptischem Wege. Hier setzt man einem sterilen Keimsubstrat Reinkulturen eines Orchideenpilzes zu, der das Auflaufen und die Weiterentwicklung der Sämlinge anregt. Nachteilig bei dieser Methode ist der verhältnismäßig hohe Arbeitsaufwand und die Schwierigkeit, den richtigen Stamm und optimalen Aktivitätsgrad des Pilzes aufzufinden. Für tropische

Orchideen kommt die symbiotische Anzucht heute kaum mehr in Frage, doch hat sie für die schwer vermehrbaren europäischen Erdorchideen nach wie vor eine gewisse Bedeutung, wie SEITZ (1976) mit seinen Untersuchungen gezeigt hat (Abb. 88). Nicht jeder aus Orchideenwurzeln isolierte Pilz erweist sich als keimfördernd; oft versagt gerade jener Stamm bei der Aussaat, den die samenliefernde Mutterpflanze beherbergt. Man wird also nicht umhin können, sich eine Sammlung verschiedener Reinkulturen anzulegen, deren Wirksamkeit von Fall zu Fall erprobt werden muß.

Reinkulturen gewinnt man auf folgende Weise: Von jungen, noch wachsenden Orchideenwurzeln schneidet man kurz hinter der Spitze 8–10 mm lange Stücke ab, reinigt sie unter fließendem Wasser, desinfiziert 10 Minuten in 7%iger Chlorkalklösung und spült mit sterilem Aqua destillata nach. Im Aussaatkasten überführt man sodann die Wurzelstücke in eine sterile Petrischale, entfernt mittels abgeflammtem Skalpell die Epidermis, zerschneidet das Wurzelstück längs in nicht zu dünne Blättchen und legt diese auf den vorbereiteten Nährboden dicht unter die Oberfläche. Nach einigen Tagen beginnen die zarten, hellen Fäden des Pilzes sich auszubreiten und ziemlich schnell die Oberfläche zu bedecken. Gefäße, die Fremdinfektionen aufweisen (Bakterien, Hefen, Schimmelpilze), müssen ausgemerzt werden. Nach 1–2 Wochen kann man von den angegangenen Kulturen Pilzfäden in neue Gläser umimpfen; diese sollen dann dunkel, nicht zu warm (ca. 15 °C) und in nicht zu trockener Luft aufgestellt werden. Neue Übertragungen sind ungefähr alle 4 Wochen notwendig.

Zur Aussaat werden die Reinkulturen dann wiederum auf einen etwas anders zusammengesetzten Agarnährboden oder auf sterilisierte *Polypodium*-Wurzeln umgelegt. Die Farnwurzeln wäscht und kocht man vorher aus, legt sie in schräger Schichtung etwa 3 cm hoch über einer dünnen Sandschicht in größere Erlenmeyerkolben und tränkt sie mit Nährlösung (die überschüssige Lösung muß wieder abpipettiert werden). Nach der Sterilisation im Autoklaven (eine halbe Stunde bei 121 °C) werden dann im Impfkasten entweder Pilzmyzel und keimfrei gemachter Samen gleichzeitig aufgebracht, oder man wartet mit der Samenbeschickung, bis die Pilzfäden sich auszubreiten beginnen. Man stellt dann die Kulturen dunkel, bis die Orchideenprotokorme sichtbar werden. In vielen Fällen hat es sich allerdings als günstiger erwiesen, wenn man die Aussaat asymbiotisch, d. h. ohne Begleitpilz vornimmt, und der Symbiont erst während der Differenzierungsphase oder kurz vor dem Umbetten der Sämlinge vom sterilen auf unsteriles Substrat zugesetzt wird. Dieses Verfahren scheint besonders für die Anzucht europäischer Orchideen eine gewisse Bedeutung zu haben, da wir hier bis jetzt noch am wenigsten Kenntnis von den Voraussetzungen zur Weiterentwicklung der jungen Keimlinge haben.

5.1.6 Orchideenanzucht ohne Pilz (asymbiotische Methode)

Bei der Anzucht tropischer Orchideen wird man hingegen auf jegliches Zwischenschalten eines Mykorrhiza-Stadiums verzichten und allein die asymbiotische Methode anwenden, die am einfachsten und rationellsten ist. Einer der ersten, der auf wissenschaftlicher Grundlage eine geeignete Nährstoffkombination für Orchideenaussaaten ohne Pilz entwickelte, war der amerikanische Botaniker Knudson (1922). Auf seinen Angaben beruhen auch heute noch – allerdings vielfach variiert und vervollständigt – die gebräuchlichsten Rezepte. Bahnbrechend war vor allem die Erkenntnis, daß neben bestimmten Mineralstoffen die Anwesenheit von Zucker zur Keimesentwicklung notwendig ist. In der Natur vermittelt der Pilz dem Embryo, der zunächst zu eigener Stoffsynthese nicht befähigt ist, lösliche Kohlenhydrate und wahrscheinlich auch noch andere organische Verbindungen, bis sich dann später ein gegenseitiger Stoffaustausch zwischen der Orchidee und ihrem Symbionten herausbildet.

5.1.7 Die Nährmedien

Das Keimsubstrat setzt sich bei der asymbiotischen Kultur aus einer Reihe lebenswichtiger anorganischer und organischer Aufbaustoffe zusammen. An Nährelementen werden vor allem benötigt: Stickstoff, Phosphor, Kalium, Calcium, Magnesium und Eisen. **Stickstoff** kann von den Keimlingen sowohl als Nitrat- wie als Ammoniumion aufgenommen werden, doch hat sich erwiesen, daß einige Gattungen (z.B. *Cattleya*) den Nitrat-Stickstoff erst nach Erreichen einer bestimmten Größe auszunutzen vermögen, da den jungen Sämlingen anfangs das zur Nitratreduktion erforderliche Enzym fehlt. Auch die Dunkelkeimer (europäische Erdorchideen) sowie einige Paphiopedilen keimen besser auf Nährböden, die vorwiegend Ammonium-N enthalten. **Phosphor** wird zumeist in Form des leicht löslichen Monokaliumphosphats angeboten, aber auch als Natrium- oder Tricalciumphosphat. Zur **Kalium**-Versorgung finden neben Kaliumnitrat und Kaliumphosphat auch Kaliumsulfat und Kaliumchlorid Verwendung. Ebenso kann **Calcium** an Salpeter-, Phosphor- oder Salzsäure gebunden sein. **Magnesium** gibt man hauptsächlich als Sulfat, seltener als Nitrat. **Eisen** wird heute kaum mehr in rein anorganischer Form beigefügt, sondern in organischer Bindung, die eine vorzeitige Ausfällung verhindert. Gebräuchlich sind vor allem Chelate, d.h. komplexe Verbindungen von Eisensulfat und Äthylendiamintetraessigsäure (EDTA), wie Fetrilon. Eisenchelate haben zudem einen wuchsstoffähnlichen Effekt, der ihren Wert noch erhöht. Sie müssen jedoch gut geschützt vor Licht- und Luftzutritt gelagert werden, um ein Unwirksamwerden zu verhindern. **Spurenelemente,** soweit sie für die Ernährung der Keimlinge Bedeutung haben, sind gewöhnlich bereits im Agar ausreichend vorhanden, andernfalls gibt man von einer kompletten „Stammlösung“ (z.B. nach Heller 1953 oder nach Nitsch 1951) wenige Milliliter dem Nährmedium zu.

Eine Nährstoffkombination, wie sie in „Knudson C“ vorliegt, bringt in den meisten Fällen ein befriedigendes Keimergebnis, wenn man von den spezifischen Ansprüchen einiger Erdorchideen absieht. Der Salzgehalt beträgt in dieser Lösung ca. 2 g/l, das Verhältnis von $N : P_2O_5 : K_2O : CaO : MgO$ liegt bei 1 : 0,58 : 0,39 : 1,06 : 0,18. Die angegebene Salzmenge erscheint relativ hoch, wenn man an die Empfindlichkeit der Orchideenwurzeln gegenüber zu stark konzentrierten Düngerlösungen denkt. Die Verhältnisse sind im feuchtigkeitsgesättigten Aussaatkolben jedoch grundlegend anders als bei der späteren Kultur im offenen Raum. Eine Herabsetzung der Salzkonzentration auf etwa $^1/_{10}$ ist nur bei *Vanilla,* einigen Paphiopedilen und unseren heimischen Orchideen anzuraten.

Von den organischen Zusätzen zum Keimmedium hat **Zucker** die größte Bedeutung. Orchideen können sowohl Di- wie Monosaccharide verwerten, von letzteren aber nur die rechtsdrehenden. Im allgemeinen nimmt man entweder Rohrzucker (Saccharose, Sucrose), der beim Autoklavieren teilweise in die beiden Monosaccharide Glucose und Fructose zerfällt, oder man bevorzugt eine Mischung aus Traubenzucker (Dextrose, Glucose) und Fruchtzucker (Laevulose, Fructose). Die Höhe der Zugabe je Liter Nährboden schwankt zwischen 10 und 30 g. Anstelle von Zucker benutzen manche Kultivateure auch Honig (30 g/l). Entbehrlicher als der Zucker, aber in einigen Fällen keimfördernd sind die Beigaben von **Eiweißstoffen** oder deren Bausteinen. Zu nennen wären hier beispielsweise **Pepton, Trypton** und **Edamin**, die zahlreiche **Aminosäuren** enthalten und gewöhnlich in einer Menge von 1–2 g/l dem Nährboden zugefügt werden. Aminosäuren sind häufig die Vorstufen zu bestimmten **Vitaminen, Enzymen** oder **Wuchshormonen**, die ebenfalls einzeln oder in bestimmten Kombinationen die Keimesentwicklung u.U. unterstützen können. Wirksam sind insbesondere die Vitamine der B-Gruppe, nach Untersuchungen von ARDITTI (1967) in erster Linie die Nicotinsäure (Niacin). Reich an B-Vitaminen ist frische Bierhefe, von der man 5–10 g/l beigibt. Wachstumsregulierende Phytohormone, zu denen die Auxine, Kinine und Gibberelline zählen, fördern dagegen weniger den Keimvorgang als die spätere Entwicklung der Protokorme, so daß man sie besser erst beim Transplantieren der Sämlinge hinzufügt. Derartige Wuchsstoffe, zumeist in hitzestabiler Form, sind im Saft unreifer Kokosnüsse, in Bananen, Ananas, Äpfeln und Tomaten enthalten, doch ist ihre Wirkung stark von der Sorte, dem Alter und der Vorbehandlung der Früchte abhängig. Bei Banane und Kokosnuß scheinen die wachstumsanregenden Stoffe mit zunehmender Reife abgebaut zu werden, so daß man möglichst grüne Früchte verwendet (50–100 g/l).

Agar-Agar sind aufbereitete und getrocknete ostasiatische Meeresalgen, die in fädiger oder pulverisierter Beschaffenheit in den Handel kommen. Durch ihren hohen Gehalt an gelierenden Substanzen, die sich beim Erhitzen in Wasser lösen und beim Erkalten wieder erstarren, ist Agar ein ideales Mittel zur Herstellung halbfester Nährmedien. Der Erstarrungspunkt liegt bei etwa 40 °C, die Zusatzmenge beträgt 8–10 g/l. Da Agar-Agar ein pflanzliches Produkt ist, besitzt er eine Reihe von organischen und anorganischen Verbindungen, die Einfluß auf die Zusammensetzung des Nährmediums haben. Bei einer Analyse von ungereinigten Agarfäden fand man in 100 g Trockensubstanz: 0,86 g SiO_2, 0,10 g N, 0,02 g P_2O_5, 0,08 g K_2O, 0,05 g Na_2O, 1,04 g CaO, 0,04 g MgO. Außerdem die Spurenelemente in mg je 1000 g TS: 103,6 Fe, 19,7 Mn, 230,0 Cl, 106,0 B, 0,92 Cu, 0,06 Mo.

Der **Säuregrad** (pH-Wert) des Nährmediums wird von der Konzentration der freien Wasserstoffionen bestimmt. Wie für die Kultur erwachsener Pflanzen ist auch bei der Aussaat ein saures Substrat (pH 4,8–5,5) am günstigsten. Die meisten Nährböden haben nach der Zubereitung einen pH-Wert, der annähernd im optimalen Bereich liegt, doch kann sich dieser durch Zugabe organischer Stoffe oder während des Erhitzens erheblich ändern, so daß eine anschließende Kontrolle notwendig ist. Auch im Verlauf der Keimesentwicklung verschiebt sich durch Aufnahme bestimmter Nährionen die Reaktion, und zwar zumeist nach der sauren Seite. Die untere Verträglichkeitsgrenze der Sämlinge liegt je nach Art zwischen pH 3 und 4, die obere gewöhnlich bei pH-Werten über 6,5. Abweichungen vom optimalen Bereich werden am wenigsten während der Keimphase vertragen. Die Lösung „Knudson C" ist relativ wenig gepuffert, besser ist dies bei den von BURGEFF (1936) und VACIN und WENT (1949) empfohlenen Zusammensetzungen der Fall. Auch die Zugabe von Holzkohlepulver (1–2 g/l) stabilisiert den pH-Wert etwas.

S. 220–223 sind einige Rezepte zur Herstellung von Nährmedien angeführt (alle Angaben in Gramm je Liter destilliertes Wasser, wenn nicht anders vermerkt). Für die Anzucht von Orchideen tropischer Herkunft sind im allgemeinen die Nährböden „Knudson C" oder „Vacin und Went" am gebräuchlichsten, wobei man die Stickstoffmenge und Eisenform manchmal modifiziert und hinsichtlich der Spurenelemente und organischen Wirkstoffe noch Ergänzungen vornimmt. Mehr und mehr geht man auch dazu über, bei der Aussaat und beim Transplantieren unterschiedliche Wirkstoffe zuzusetzen, um dadurch den wechselnden Ansprüchen der sich entwickelnden Keimlinge Rechnung zu tragen. Eine besondere Rolle spielt diese Anpassung an den jeweiligen Bedarf bei der „green pod"-Kultur, da man hier die Ammendienste der Fruchtblätter ersetzen muß. Nach Angaben von VALMAYOR (1974) wird die Keimung der Embryonen aus vorzeitig geernteten *Phalaenopsis-*, *Dendrobium-* und *Vanda-*Früchten durch eine Zugabe von 20% Kokosnußsaft, 5% Tomatensaft und 0,3% Pepton gefördert. Die Protokormdifferenzierung verläuft hingegen besser, wenn der Knudson-Nährboden mit 5–15% Bananenpulpe angereichert wird.

Spezielle Ansprüche an das Keimmedium stellen vor allem die Paphiopedilen und die Erdorchideen des gemäßigten Klimas. Für erstere haben sich teilweise die Nährböden „GD" und „N 3f" gut bewährt. Man vervollständigt sie meistens noch mit Spurenelementen, Vitaminen des B-Komplexes, Pepton oder Trypton, Kokosnußsaft oder Indolylbuttersäure. Nach LUCKE (1969) wirkt vor allem Biotin fördernd auf das Ergrünen und die Weiterentwicklung der Protokorme ein. Die europäischen Erdorchideen sind bei der Keimung wesentlich salzempfindlicher als die tropischen Orchideen, auch scheinen sie stärker abhängig von der Gegenwart teilweise noch unbekannter organischer Wirkstoffe zu sein. Nach Beobachtungen von BORRISS und ALBRECHT (1969) und VÖTH (1975, 1976) keimen einige Gattungen auf Nährböden, die nur organische Verbindungen (Agar, Zucker, Hefe, Pepton, Kokosnußsaft), aber keinerlei Salze enthalten. Selbst bei guter Keimung der Erdorchideen gerät die Weiterentwicklung der Protokorme aber häufig ins Stocken, und der Agar verfärbt sich, so daß man relativ häufig umlegen muß. Hier fehlen uns offensichtlich noch einige Kenntnisse bezüglich der besonderen Ansprüche während der ersten mykotrophen Phase.

Die Herstellung steriler Keimsubstrate ist mit Zeit- und Materialaufwand verbunden, so daß mancher Kultivateur es vorzieht, mit Fertignährböden zu arbeiten. Diese werden von bestimmten Firmen nach bewährten Rezepten dem Verwendungszweck entsprechend zubereitet und als „Instant-Produkt“ in den Handel gebracht. An der guten Qualität bestehen kaum Zweifel, doch bieten natürlich die selbstzusammengestellten Substrate mehr Möglichkeiten, durch Variation der einzelnen Komponenten u.U. zu noch besseren Ergebnissen zu kommen.

Die benötigten Zutaten werden am besten bei einer der bekannten Chemikalienfirmen bezogen (s. Bezugsquellennachweis). Für Amateure ist es jedoch oft ärgerlich, daß die verschiedenen Substanzen nur in größeren Mengen lieferbar sind, die voraussichtlich niemals aufgebraucht werden. Hier hilft nur ein Zusammenschluß mehrerer Interessenten, falls nicht Apotheken oder staatliche Institute zur Abgabe kleinerer Mengen bereit sind. Ein anderer Punkt, der bedacht werden muß, ist die Schwierigkeit, ohne analytische Waage kleinste Quantitäten abzuwiegen. Falls man nur eine gute Briefwaage zur Verfügung hat, kann man sich durch die Herstellung konzentrierter „Stammlösungen“ helfen, von denen man bei Bedarf die benötigten Mengen abpipettiert. Spurenelement-Stammlösungen sind bei dunkler und kühler Aufbewahrung auch lange haltbar, während Lösungen, die Makronährelemente oder organische Bestandteile enthalten, schneller der Zersetzung anheimfallen. Auch fertige Nährböden kann man sich natürlich auf Vorrat herstellen, doch müssen diese vor dem Umfüllen in das Aussaatgefäß durch Erwärmen erst verflüssigt und dann nochmals sterilisiert werden, was manchmal die Gelierfähigkeit des Agars beeinträchtigt.

Bei der Zubereitung eines Nährmediums sollten die Salze stets einzeln in destilliertem Wasser aufgelöst und danach in einem Literbecher vereinigt werden. Calciumsalze gibt man am besten zuletzt hinzu, die Fäden von Agar-Agar zerschneidet man in etwa 1 cm lange Stücke. Bei Verwendung von Banane oder anderen Fruchtpulpen werden die Früchte geschält, und das Innere homogenisiert man mit einem Teil der Nährlösung im Mixer. Sind alle Zutaten vereinigt, muß vor dem Aufkochen zunächst der pH-Wert überprüft werden; am genauesten erfolgt dies elektrometrisch mit einem pH-Meßgerät. Preiswerter, aber auch wesentlich ungenauer sind Indikatorpapiere (z.B. Merck Universalindikator mit speziellen Bereichen). Falls der Nährboden zu sauer ist, alkalisiert man die Lösung durch tropfenweise Zugabe von Natronlauge; liegt der pH-Wert zu hoch, so gibt man Citronensäure oder verdünnte Schwefelsäure hinzu.

Das Aufkochen des Nährbodens wird am besten in einem gewöhnlichen Emailkochtopf mit Ausgießschneppe vorgenommen. Während des Erhitzens muß hin und wieder mit einem Glasstab, an dem vorn ein Gummispachtel befestigt ist, umgerührt werden, um ein Ansetzen des Agars zu verhindern. Die eigentliche Kochzeit ist so kurz wie möglich zu bemessen, doch müssen die Agarfäden vollständig aufgelöst sein. Der heiße Nährboden wird sodann mit einem Trichter in die Kulturgefäße gefüllt, und zwar so, daß die Wandung des Glases nicht benetzt wird. Die Menge richtet sich nach Form und Größe des Gefäßes; beim Schräglegen nach dem Autoklavieren darf das Nährmedium den oberen Rand und Verschluß nicht berühren. Für einen 100-ml-Erlenmeyerkolben rechnet man etwa 30 ml Nährmedium.

Rezepte zur Herstellung von Nährmedien
(alle Angaben in Gramm je Liter destilliertes Wasser, wenn nicht anders vermerkt)

a) Nährmedien für symbiotische Anzucht

„MN + N" (BURGEFF 1936)
Geeignet zur Gewinnung von Pilz-Reinkulturen

Ammoniumsulfat	$(NH_4)_2SO_4$	0,500
Dikaliumphosphat	K_2HPO_4	0,300
Monokaliumphosphat	KH_2PO_4	0,700
Calciumchlorid	$CaCl_2$	0,100
Natriumchlorid	NaCl	0,100
Magnesiumsulfat	$MgSO_4 \cdot 7H_2O$	0,300
Eisensulfat	$FeSO_4 \cdot 7H_2O$	0,010
Agar		15,000
Kartoffelstärke		3,000

(Die Stärke in etwas kaltem Wasser aufschwemmen, dann in den fertigen heißen Nährboden einrühren und aufkochen lassen)

„Of" (BURGEFF 1936)
Geeignet zur Erhaltung der Pilz-Stammkulturen

Dikaliumphosphat	K_2HPO_4	0,350
Monokaliumphosphat	$K\,H_2PO_4$	0,150
Magnesiumsulfat	$MgSO_4 \cdot 7H_2O$	0,250
Calciumchlorid	$CaCl_2$	0,100
Eisensulfat	$FeSO_4 \cdot 7H_2O$	0,020
Agar		10,000
Kartoffelstärke		10,000

Nährlösung für *Polypodium*-Substrat (BURGEFF 1936)
Geeignet zur Kultur von Pilz und Orchideensamen

Dikaliumphosphat	K_2HPO_4	0,250
Magnesiumsulfat	$MgSO_4 \cdot 7H_2O$	0,100
Eisenphosphat	$Fe_3(PO_4)_2$	0,050

b) Nährmedien für asymbiotische Anzucht

„Knudson C" (KNUDSON 1946)

Calciumnitrat	$Ca(NO_3)_2 \cdot 4H_2O$	1,000
Ammoniumsulfat	$(NH_4)_2SO_4$	0,500
Monokaliumphosphat	$K\,H_2PO_4$	0,250
Magnesiumsulfat	$MgSO_4 \cdot 7H_2O$	0,250
Eisensulfat	$FeSO_4 \cdot 7H_2O$	0,025
Mangansulfat	$MnSO_4 \cdot 4H_2O$	0,0075
Agar		15,0
Saccharose		20,0

„Eg 1“ (BURGEFF 1936)

a)	Calciumnitrat	$Ca(NO_3)_2 \cdot 4H_2O$	1,000
	Ammoniumsulfat	$(NH_4)_2SO_4$	0,250
	Magnesiumsulfat	$MgSO_4 \cdot 7H_2O$	0,250
	Eisensulfat	$FeSO_4 \cdot 7H_2O$	0,020
b)	Dikaliumphosphat	K_2HPO_4	0,250
	Monokaliumphosphat	KH_2PO_4	0,250
	Agar		10,0
	Glucose		10,0
	Fructose		10,0

Lösung a und b in je 500 ml Aqua destillata auflösen, zusammenschütten, dann Zucker und Agar zugeben.

„Vacin und Went“ (VACIN und WENT 1949)

Kaliumnitrat	KNO_3	0,525
Ammoniumsulfat	$(NH_4)_2SO_4$	0,500
Monokaliumphosphat	KH_2PO_4	0,250
Magnesiumsulfat	$MgSO_4 \cdot 7H_2O$	0,250
Tricalciumphosphat[1]	$Ca_3(PO_4)_2$	0,200
Eisentartrat	$Fe_2(C_4H_4O_6)_3 \cdot H_2O$	0,028
Mangansulfat	$MnSO_4 \cdot 4H_2O$	0,0075
Agar		8,0
Saccharose		20,0

„N 3f“ (BURGEFF 1936)
Besonders geeignet für *Paphiopedilum*

a)	Calciumnitrat	$Ca(NO_3)_2 \cdot 4H_20$	1,000
	Ammoniumsulfat	$(NH_4)_2SO_4$	0,250
	Kaliumchlorid	KCl	0,250
	Magnesiumsulfat	$MgSO_4 \cdot 7H_2O$	0,250
	Eisensulfat	$FeSO_4 \cdot 7H_2O$	0,020
b)	Dikaliumphosphat	K_2HPO_4	0,250
	Citronensäure		0,090
	Agar		12,0
	Glucose		10,0
	Fructose		10,0

Lösung a und b in je 500 ml Aqua destillata getrennt auflösen, dann zusammenschütten, Zucker und Agar zugeben.

[1] Tricalciumphosphat in etwas verdünnter Salzsäure auflösen.

„GD“ (Thomale 1954)
Besonders geeignet für *Paphiopedilum*

Kaliumnitrat	KNO_3	0,400
Ammoniumsulfat	$(NH_4)_2SO_4$	0,060
Ammoniumnitrat	NH_4NO_3	0,370
Monokaliumphosphat	KH_2PO_4	0,300
Magnesiumnitrat	$Mg(NO_3)_2 \cdot 6H_2O$	0,110
Eisensulfat	$FeSO_4 \cdot 7H_2O$	0,020
Agar		16,0
Glucose		5,0
Fructose		15,0
Wuchsstoff „66 f“		0,1 ml

c) Nährmedien zur Anzucht europäischer Orchideen

„Chang modifiz.“ (Harbeck 1963)

1½ Teelöffel Fischemulsion	(ca. 6 ml)
9 gestrichene Teelöffel Agar	(ca. 12 g)
1 gestrichener Teelöffel Pepton	(ca. 2 g)
5½ Teelöffel Rohrzucker	(ca. 20 g)

„ZAK“ (Borriss und Albrecht 1969)

Kokosnußmilch	20 ml
Agar	15 g
Saccharose	10 g

„Fa“ (Fast 1974)[1]

Calciumnitrat	$Ca(NO_3)_2 \cdot 4H_20$	0,100
Ammoniumnitrat	NH_4NO_3	0,200
Kaliumchlorid	KCl	0,200
Monokaliumphosphat	$K\,H_2PO_4$	0,100
Magnesiumsulfat	$MgSO_4 \cdot 7H_2O$	0,100
Eisenchelat „Fetrilon“		0,020
Spurenelementlösung a nach Nitsch (1951)		1 ml
Agar		10,0
Saccharose		14,0
Fructose		6,0
Pepton		2,0
frische Bierhefe		10,0
Nicotinsäure		0,12 mg
Biotin		0,012 mg

[1] Das Nährmedium „Fa“ wird mit 1200 ml Aqua destillata hergestellt.

d) Stammlösungen zur Spurenelementversorgung (g je Liter)

„Heller" (HELLER 1953)

a) Zinksulfat	$ZnSO_4 \cdot 7H_2O$	1,000
Borsäure	H_3BO_3	1,000
Mangansulfat	$MnSO_4 \cdot 4H_2O$	0,100
Kupfersulfat	$CuSO_4 \cdot 5H_2O$	0,030
Aluminiumchlorid	$AlCl_3$	0,030
Nickelchlorid	$NiCl_2 \cdot 6H_2O$	0,030
Kaliumjodid	KJ	0,010
b) Eisenchlorid	$FeCl_3 \cdot 6H_2O$	1,000

„Nitsch" (NITSCH 1951)

a) Mangansulfat	$MnSO_4 \cdot 4H_2O$	3,000
Zinksulfat	$ZnSO_4 \cdot 7H_2O$	0,500
Borsäure	H_3BO_3	0,500
Kupfersulfat	$CuSO_4 \cdot 5H_2O$	0,025
Natriummolybdat	$Na_2MoO_4 \cdot 2H_2O$	0,025
b) Eisencitrat	$FeC_6H_5O_7 \cdot 3H_2O$	10,000

Die Stammlösungen a und b werden getrennt in je 1 Liter Aqua destillata aufgelöst. Von beiden Stammlösungen nimmt man je 1 ml auf 1000 ml Nährmedium. Die Lösungen a sind bei kühler und dunkler Aufbewahrung nahezu unbegrenzt haltbar, Eisenlösungen dürfen dagegen erst kurz vor Gebrauch angesetzt werden. Anstelle von Eisenchlorid oder -citrat nimmt man heute gewöhnlich ein Chelat (20–25 mg je Liter Nährmedium), da es besser vor Ausfällung geschützt ist.

5.1.8 Die Kulturgefäße

Die Wahl des Aussaatgefäßes hängt weitgehend vom Umfang der beabsichtigten Anzuchten und von den zur Verfügung stehenden finanziellen Mitteln ab. Hauptserfordernis sind Durchsichtigkeit und Kochfestigkeit; Form und Größe sind weniger wichtig. Bei zu kleinen Gefäßen besteht die Gefahr, daß sich die Nährböden zu schnell erschöpfen oder austrocknen, bei zu großen, daß bei evtl. auftretenden Infektionen die Verluste gleich beträchtlich sind. Am handlichsten zur Aussaat sind 100-ml-Erlenmeyer-Weithalskolben, aber es eignen sich auch Reagenzgläser, medizinische Durchstichflaschen, Milchflaschen, Konservengläser und noch vieles andere. Zum Umlegen bereits aufgelaufener Sämlinge nimmt man gern etwas größere Flaschen als zur Aussaat. Man verschließt sie entweder mit gerollten Wattepfropfen, die mit Aluminiumfolie gegen eindringende Feuchtigkeit geschützt werden, oder man benutzt Gummistopfen, die durchbohrt und mit einem gebogenen Glasrohr versehen sind. Konservengläser lassen sich auch mit dem zugehörigen Schraubdeckel abdichten, wenn man hier ebenfalls durch ein eingeführtes kleines Glasrohr für den notwendigen Luftaustausch sorgt. Für die Reinigung der Aussaatkolben und Stopfen genügt im allgemeinen heißes Wasser mit etwas Prilzusatz, zum Nachspülen nimmt man abgekochtes kalkfreies oder destilliertes Wasser. Man wische die Gläser nicht mit Tüchern aus, sondern lasse sie umgestülpt auf einem Ablaufrost austrocknen. Eine gründliche Desinfektion der leeren Kulturgefäße unter Heißluft (60 Minuten bei 150 °C) ist nur dann notwendig, wenn man das Keimsubstrat unter sterilen Bedingungen einfüllen und nicht mehr autoklavieren will.

5.1.9 Sterilisation des Nährmediums

Es gibt verschiedene Möglichkeiten zur Keimfreimachung des Nährmilieus; am gebräuchlichsten und einfachsten ist die Hitzebehandlung. Hat man einen Dampfdrucktopf (Autoklaven) zur Verfügung, so genügt ein einmaliges Erhitzen auf 120 °C für 15–20 Minuten. In gewöhnlichen Dampftöpfen (Einmachkesseln) müssen die Flaschen dagegen an 3 aufeinanderfolgenden Tagen 20–25 Minuten unter strömendem Dampf (100 °C) gehalten werden, da bei dieser Temperatur immer nur die auskeimenden Sporen vernichtet werden. Unmittelbar nach Beendigung des Sterilisationsvorganges werden die noch heißen Kulturgefäße herausgenommen und mit dem Hals auf Latten gelegt, so daß der Nährboden in leicht schräger Lage erstarrt. Es ist darauf zu achten, daß zwischen der Flüssigkeit und dem unteren Stopfenrand mindestens 1 cm frei bleibt.

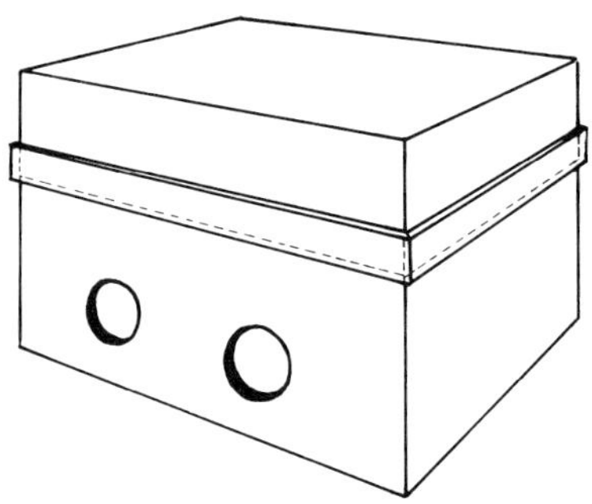

Abb. 89. Impfkasten nach SAULEDA (1970): zwei Kunststoffkästen, von denen der obere mit seiner Basis in einer mit Desinfektionslösung gefüllten Rinne steht, die dem Rand der unteren Einheit aufgeschweißt ist.

Hohe Temperaturen, wie sie bei der Hitzesterilisation notwendig sind, inaktivieren bestimmte organische Komponenten des Nährmediums, besonders einige Aminosäuren und Vitamine. Möchte man deren Wirksamkeit erhalten, so muß man sie in gelöstem Zustand mittels Kaltsterilisation dem Nährboden in den Kulturgefäßen kurz vor der Erstarrung des Agars zufügen. Man benutzt hierzu bakterienundurchlässige Filter (z. B. Millex Sterilfilter) mit einer Porenweite von 0,22 µm, die dem unteren Ende einer Kunststoffspritze aufgesetzt werden. Durch kurzes Anheben des Stopfens führt man dann die Kanüle in den Aussaatkolben ein und gibt die benötigte Lösungsmenge hinzu. Dieses Verfahren geht nach einiger Übung sehr schnell, doch gibt es auch noch eine andere Möglichkeit. Hier filtert man ²/₃ der Nährlösung mit dem Sterilfilter vor dem Einfüllen in die Gefäße, kocht den Agar gesondert in ¹/₃ der vorgesehenen Wassermenge auf und vermischt ihn dann mit der sterilen Nährlösung. Das

Einfüllen in die vorher keimfrei gemachten Gläser muß dann selbstverständlich unter aseptischen Bedingungen vor sich gehen.

5.1.10 Der Arbeitsraum

Der Raum, in dem man die Aussaaten vornimmt, sollte möglichst sauber, nicht zu groß und mit wenig Mobiliar ausgestattet sein. Falls man nicht die Möglichkeit hat, sich ein kleines Labor einzurichten, eignen sich zur Not auch Badezimmer, Waschhäuser oder Küchen, die man zeitweise „unter Dampf“ setzen kann. Durch die feinen Wassertröpfchen, die sich bei ausströmendem Dampf niederschlagen, wird bereits ein Teil der in der Luft enthaltenen Keime mitgerissen und dadurch eliminiert. In dieser vorgereinigten Luft führt man die Aussaat entweder direkt über einem Topf mit sprudelndem Wasser aus (Lucke 1974), oder man benutzt einen sog. Impfkasten, den man sich aus Latten und durchsichtiger Folie leicht selbst bauen kann (Abb. 90). Die Luft in diesem dicht verschließbaren Impfkasten wird ebenfalls durch halbstündiges Einströmenlassen von Wasserdampf keimarm gemacht. Auch halbstündiges Bestrahlen der trockenen Luft mit einer in dem Kasten (Glaswände!) angebrachten UV-Licht-Röhre vermindert die Infektionsgefahr. Während des Arbeitens kann man die UV-Lampe brennen lassen, wenn man für einen Sichtschutz sorgt (schwarze

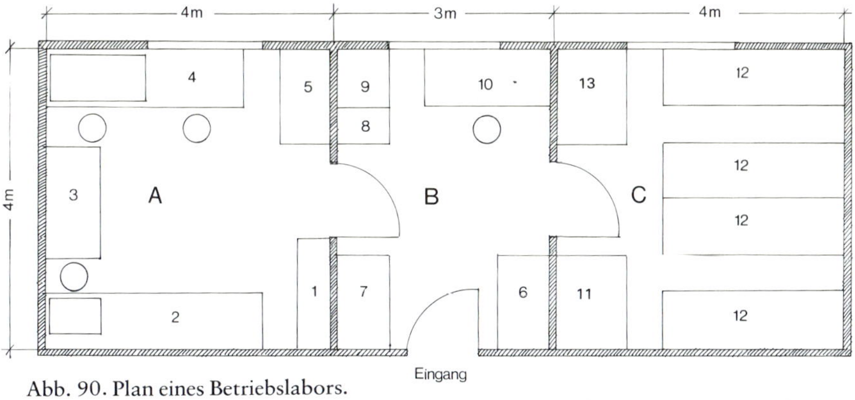

Abb. 90. Plan eines Betriebslabors.
Grundkonzeption: Arbeitstrakt mit drei Räumen, Gesamtlänge etwa 11 m, Breite 4 m. Fenster nur an der Nordseite, Eingang nur zum mittleren Raum, dem Vorbereitungsraum.
A Arbeitsraum: 1 Bücherschrank, 2 halbhohe Schränke mit Resopalplatte. Analysenwaage. 3 Chemikalienschrank, 4 Arbeitstisch. Impfkasten bzw. Reine Werkbank. 5 Autoklav und Spülbecken.
B Vorbereitungsraum: 6 Kühlschrank, 7 Trockenschrank, 8 Wasseraufbereitung, 9 Spültisch mit Durchlauferhitzer, 10 Abstelltisch.
C Kulturraum: 11 Rotationsapparat, 12 Gestelle mit Etageren zur Lagerung der Kulturgefäße. Zusätzliche Belichtungseinrichtungen. 13 Abstelltisch, im unteren Teil als Dunkelschrank. Zusatzlicht.
In allen Räumen Anschlüsse für Gas, Wasser und elektrischen Strom. Säurefeste Spülbecken.

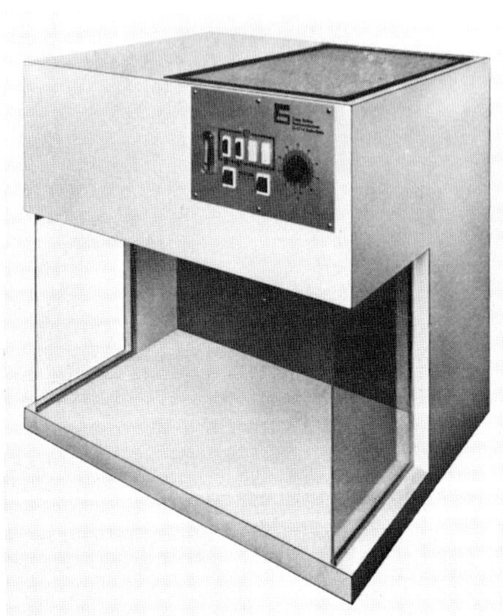

Abb. 91. Sterilluft-Werkbank (Laminar-Airflow-System). Gefilterte Luft strömt horizontal von hinten nach vorn über die Arbeitsfläche und verhindert die Kontamination mit Fremdorganismen. Aufstellfläche 804 × 685 mm, Höhe 860 mm. (LF Reine Werkbank, Typ C 220 H der Firma Ceag-Schirp Reinraumtechnik.) Aufnahme: Firma Ceag-Schirp GmbH, Selm-Bork.

Folie) und mit Handschuhen arbeitet. In der Bakteriologie benutzt man die an den vorderen Öffnungen des Kastens eingepaßten Gummihandschuhe, um die Luft im Inneren steril zu halten. Bei Serienaussaaten oder beim Transplantieren ist dies weniger praktisch, da man nur eine begrenzte Menge von Kulturgefäßen im Impfkasten unterbringen kann. Wer vorsichtig und rasch arbeitet, wird auch ohne Gebrauch von Gummihandschuhen nicht allzuviele Infektionen befürchten müssen. Für größere Betriebe, die neben regelmäßigen Aussaaten auch die Klonvermehrung durch Triebspitzenkultur in größerem Umfang durchführen, sind sterile Impfräume oder Werkbänke, die von gefilterter Luft durchströmt werden (Laminar-flow-box), am idealsten, freilich auch am kostspieligsten in der Anschaffung und Unterhaltung (Abb. 91).

5.1.11 Einrichtung und Gerätschaften

Wünschenswert für den Arbeitsraum sind Gas-, Wasser- und Stromanschluß. Neben dem bereits erwähnten Dampftopf und Impfkasten vervollständigen ein langer Tisch mit abwaschbarer Platte, verschließbare Schränke und Borde sowie ein Spülbecken die Einrichtung (Abb. 92). Der Raum sollte hell beleuchtbar, aber nicht der direkten Sonneneinstrahlung ausgesetzt sein. An Gerätschaften sind erforderlich: eine Feinwaage, Bunsenbrenner mit Dreifuß oder Spiritusbrenner, Mikroskop oder starke Lupe, verschiedene Skalpelle, Spachtel, Nadeln und Pinzetten, eine platinisierte Impföse mit Halter, Meßzylinder, Glastrichter, Petrischalen, Flaschen verschiedener Größe, Kochtopf, Rührer, Filtrierpapier, Rundfilter, saubere Leinentücher, Abfallschalen, Fettstifte, wasserfeste Edding-Filzschreiber, Tabletts und Holzlatten zum Schräglegen der Kulturgefäße. Destilliertes oder entionisiertes Wasser kann man fertig beziehen, wenn man es

Abb. 92. Einfache Ausstattung eines Anzuchtlabors. Von links nach rechts: Dampftopf mit Einsätzen, Exsikkator zur Samenaufbewahrung, Binokular, Impfkasten, Bunsenbrenner mit Dreifuß, Glaskolben, aus dem das verdampfende Wasser mit einem Gummischlauch in den Impfkasten geleitet wird; daneben Emailkochtopf, Chemikalien, Meßzylinder, Latte mit schräggelegten Aussaatkolben.

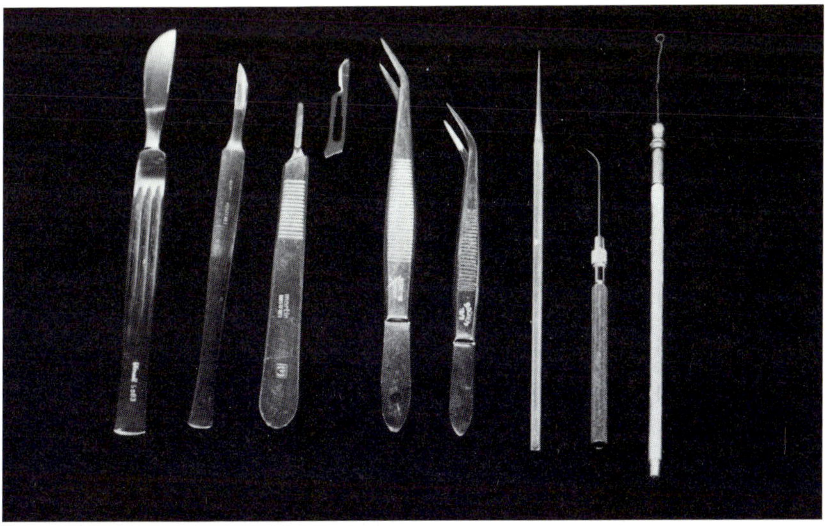

Abb. 93. Werkzeuge: Skalpelle, Pinzetten, Nadeln, Impföse.

sich nicht selbst herstellen will. Alle verderblichen Chemikalien sollten im Kühlschrank aufbewahrt werden.

5.1.12 Die Aussaattechnik

Für die Ausbringung des Samens auf den Nährboden gibt es zahlreiche Methoden, die bei einiger Übung alle zum Erfolg führen. Wichtig ist vor allem, daß der Vorgang nicht zu viel Zeit in Anspruch nimmt und Infektionsmöglichkeiten ausgeschaltet werden. Hat man einen Impfkasten zur Verfügung, so führt man nach gründlicher Reinigung von Händen und Armen am besten alle Handhabungen in dessen Inneren aus. Rechts außerhalb des Kastens stehen Bunsenbrenner und die Flaschen mit dem Nährboden, links ein Gefäß mit vergälltem Alkohol, im Kasten selbst ein kleines Gestell mit Impföse, Skalpell und Pinzette. Ist die Desinfektion des Samens beendet, so schüttet man ihn innerhalb des Kastens unter leichtem Schwenken auf einen mit sterilem Rundfilter ausgekleideten Glastrichter, so daß die Flüssigkeit ablaufen kann. Sodann taucht man die Impföse mitsamt dem unteren Ende des Halters in den vergällten Alkohol, zieht sie kurz durch die Flamme des Bunsenbrenners und legt sie im Kasten auf das Gestell. In die linke Hand nimmt man nun in waagerechter Lage das Aussaatgefäß, wobei Daumen und Zeigefinger den oberen Teil des Glases von unten her umgreifen (Abb. 94). Mit der rechten Hand zieht man den Stopfen ab, legt diesen entweder in eine mit sterilem Filterpapier ausgekleidete Petrischale oder hält ihn am oberen Ende zwischen Mittel- und Ringfinger der linken Hand fest. Die rechte Hand führt die Impfnadel, entnimmt mit der Öse eine Portion Samen und verstreicht diese auf der Oberfläche des Agarnährbodens, wobei das meist vorhandene Kondenswasser die Verteilung erleichtert. Je nach Größe der Flä-

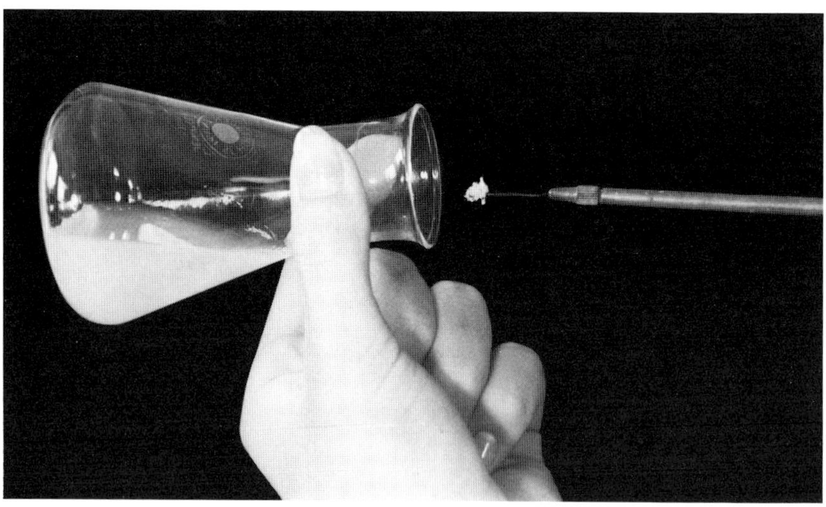

Abb. 94. Haltung des Erlenmeyerkolbens bei der Aussaat.

che genügen im allgemeinen zwei bis drei Ösen voller Samen je Gefäß. Enthält das Saatgut viele taube Körner oder ist aus anderen Gründen mit geringerer Keimbereitschaft zu rechnen, so sollte man sehr dicht säen, im Normalfall aber eher zu dünn als zu dicht.

Nach Aufbringung des Samens wird das Gefäß sofort wieder geschlossen und schräg auf Latten gelegt. Hat man Saatgut von verschiedenen Arten oder Hybriden, so ist es ratsam, die Gläser nach Abschluß einer Serie sofort zu beschriften, um Verwechslungen zu vermeiden. Man kennzeichnet sie entweder durch fortlaufende Numerierung (sowohl für den Nährboden wie für die Samenart), die im Tagebuch näher erläutert wird, oder man gibt in abgekürzter Form die wichtigsten Daten auch auf den Aussaatkolben an. Letzteres erfordert bei der späteren Reinigung der Gläser etwas mehr Zeit, hat jedoch den Vorteil, daß man bei der Beobachtung des Keimverlaufs schneller im Bilde ist. Tagebucheintragungen, auch über die Herkunft und Beschaffenheit des Samens, sind in jedem Falle unerläßlich, um die Kontrolle über die verschiedenen Anzuchten zu behalten und bei Erfolgen wie Mißerfolgen die ursächlichen Zusammenhänge rekonstruieren zu können.

Muß man sich ohne Impfkasten behelfen, so sät man über dem strömenden Dampf eines Topfes mit kochendem Wasser aus. In diesem Falle ist es zweckmäßiger, den desinfizierten Samen nicht auf einen offenstehenden Trichter zu schütten, sondern entweder die Frittengläser nach LUCKE (1975) zu benutzen oder den Samen mit Hilfe ausgekochter medizinischer Spritzen auf den Nährboden zu bringen.

Am wenigsten Risiko bietet die Aussaat aus geschlossenen Kapseln, da der Samen dann mit Sicherheit keimfrei ist. Bevor man den noch nicht ganz reifen Samen oder die gerade befruchteten Samenanlagen der Frucht entnimmt, muß diese äußerlich gesäubert, in vergällten Alkohol getaucht und kurz durch die Flamme gezogen werden. Die brennende Kapsel legt man innerhalb des Impfkastens in eine Schale auf ein mit Desinfektionslösung angefeuchtetes steriles Filtrierpapier. Man öffnet sie mit einem abgeflammten Skalpell durch zwei parallele Längsschnitte, wobei man die Frucht am Stielende mit einer Pinzette festhält. Nach Abheben des Deckels dreht man die Frucht etwas zur Seite, so daß keine Sporen von oben hineinfallen können, und entnimmt mit der Spitze des Skalpells oder der Impföse portionsweise den Samen. Sehr junge Samenanlagen kann man auch mitsamt den Leisten, an denen sie befestigt sind, ablösen und auf den Nährboden übertragen.

Ist die Aussaat beendet, so sollte nicht versäumt werden, sofort sämtliche Gerätschaften und auch den Impfkasten gründlichst mit Alkohol zu säubern und aufzuräumen, denn nur peinlichste Ordnung und Sauberkeit können vor unliebsamen Überraschungen schützen.

5.1.13 Aufstellung der Aussaaten

Der Aufstellungsraum muß möglichst sauber und staubfrei sein. Gut geeignet sind Glasschränke (Abb. 95), die in einem Nordzimmer Aufstellung finden, oder die abgetrennte Abteilung eines Gewächshauses. Die optimale Temperatur

Abb. 95. Glasschrank zur Aufstellung der Aussaatgefäße.

liegt in der Regel zwischen 20 und 24 °C. Die meisten Orchideen, vor allem die Epiphyten, keimen am besten unter Lichteinwirkung, wenn auch direkte Sonneneinstrahlung zu vermeiden ist. In Räumen, die genügend Tageslicht empfangen, kann zumindest im Sommerhalbjahr auf Zusatzbeleuchtung verzichtet werden; nur bei zu dunklem Standort und während der Wintermonate muß mit Hilfe von Leuchtstoffröhren (Gro Lux oder Osram Fluora + Cool White) die Belichtungsstärke auf etwa 1000–2000 lx angehoben werden.

Einige Paphiopedilen und besonders eine größere Anzahl von Erdorchideen des gemäßigten Klimas keimen hingegen besser im Dunkeln. Man muß sie also zunächst in lichtgeschützten Räumen oder Schränken (letztere mit Belüftungsmöglichkeit) lagern. Zu den obligaten Dunkelkeimern zählen nach STOUTAMIRE (1974) beispielsweise: alle *Cypripedium*-Arten, ***Barlia longibracteata, Coeloglossum viride, Dactylorhiza papilionacea, Gymnadenia conopsea, Orchis militaris*** und ***Platanthera hyperborea.*** Nach Erfahrungen von VÖTH (1976) und FAST (1976) keimen aber auch viele andere Wildorchideen im Dunkeln besser. Zum Ergrünen der Protokorme ist jedoch Tageslicht und in manchen Fällen auch eine Temperatursenkung auf 10 °C erforderlich (HADLEY 1970).

5.1.14 Keimung und Sämlingsentwicklung

Der Keimvorgang unterteilt sich in verschiedene Phasen. Mikroskopische Untersuchungen zeigen, daß der junge Embryo, im Gegensatz zu anderen Blütenpflanzen, bei den Orchideen zur Zeit der Samenreife noch kaum entwickelt ist und die eigentliche Differenzierung erst nach Durchlaufen eines Vorsproß- oder Protokormstadiums beginnt. Die meist kreiselförmigen Protokorme erscheinen bei den epiphytischen Orchideen gewöhnlich 2–4 Wochen nach der Aussaat. Sie sind zunächst farblos und kaum stecknadelkopfgroß, schwellen dann aber ziemlich rasch an und ergrünen. Ist der Saataufgang sehr dicht und wird nicht rechtzeitig umgelegt, so behindern sich die Protokorme gegenseitig und stellen allmählich ihr Wachstum ein. Bei normaler Entwicklung bilden sie jedoch nach Erreichen einer gewissen Größe in ihrem unteren Drittel haarige Gebilde (Papillen, Rhizoiden) aus, die wurzelähnliche Funktion haben, während sich am oberen Scheitel allmählich der Sproß formt. Erst nach Ausbildung des ersten Blättchens erscheint meistens auch die erste seitenständige echte Wurzel. Von nun an verläuft die Weiterentwicklung rascher, besonders, wenn die Pflänzchen in ein wuchsstoffhaltiges Medium übertragen werden. Dabei geht dann das zunächst monopodiale Wachstum bei den meisten Gattungen in ein sympodiales über, d.h., die Länge des Sprosses wird mehr und mehr von seitenständigen Trieben fortgesetzt.

Manche Sämlinge, besonders von terrestrischen Orchideen, neigen dazu, bestimmte Stoffe auszuscheiden, die eine allmähliche Bräunung des Nährbodens bewirken und das Wachstum beeinträchtigen. In derartigen Fällen hilft nur häufiges Umlegen, manchmal auch die Zugabe reduzierender oder absorbierender Substanzen (z.B. Ananassaft, Aktivkohle) zum Nährmedium. Eine andere unliebsame Erscheinung ist das gelegentliche Ausbleichen von Protokormen oder bereits beblätterter junger Pflanzen. Die Ursache ist oft nicht klar. Sie kann in einem zu starken Absinken des pH-Wertes liegen, im Fehlen eines lebenswichtigen Wirkstoffes, in unzulänglichen Belüftungsverhältnissen, zu hohen Temperaturen oder noch anderen Faktoren. Die Übertragung auf ein neues, evtl. etwas abgeändertes Nährsubstrat läßt die Pflanzen meistens wieder gesunden, sofern der Chlorophyllverlust noch nicht zu weit fortgeschritten ist. Auch die sog. Stärkestauung, von Burgeff (1936) bei *Odontoglossum* beobachtet, ist eine nicht selten auftretende Anomalität. Die Protokorme vergrößern sich hierbei übermäßig, bilden aber kaum Chlorophyll und differenzieren sich nur mangelhaft. Die Ursache liegt wahrscheinlich in einem für die betreffende Art zu reichen Nährstoffangebot, insbesondere an Kohlenhydraten. Auf Überernährung oder zu hohen Auxingaben soll auch die Fasziation, d.h. die Bildung gebündelter Achsen, bei Protokormen beruhen. Dies kann wünschenswert sein, wenn man nur wenige Keimlinge hat, die sich dann durch Teilung weitervermehren lassen. *Paphiopedilum*-Sämlinge, die zuerst gesund und wüchsig aussehen, stellen den Kultivateur von einem bestimmten Zeitpunkt an häufig vor Probleme, wenn einzelne Blättchen oder später ganze Pflanzen plötzlich ohne erkennbare Ursache braun werden und absterben. Man vermutet, daß die Sämlinge dann evtl. einen etwas höheren pH-Wert beanspruchen oder einen vermehrten Bedarf an Vitaminen der B-Gruppe haben.

5.1.15 Das Transplantieren

Durch mehrmaliges Umlegen der jungen Keimlinge auf einen neuen Nährboden wird ihre Entwicklungsgeschwindigkeit wesentlich gefördert. Bestimmte wuchsstoffhaltige Zusätze, die oft bei der Keimung eher einen hemmenden

Abb. 96. Sämlingsentwicklung von Paphiopedilum × Maudiae auf verschiedenen Nährböden, links auf „Knudson C“ ohne Zusatz, rechts mit Zusatz von 10% Bananenpulpe.

Einfluß ausüben, vermögen in späteren Stadien das Wachstum zuweilen in erstaunlicher Weise zu stimulieren. Bekanntgeworden ist vor allem die günstige Wirkung von Bananenbrei, 100 g/l (Abb. 96). Die Übertragung der Protokorme oder jungen Pflänzchen nimmt man am besten ebenso wie die Aussaat in einem Impfkasten vor, unter Beachtung der angegebenen Kautelen. Den Aussaatkolben legt man dabei etwas erhöht in eine sterile Petrischale; in die linke Hand nimmt man das Gefäß mit dem neuen Substrat, mit der rechten holt man mittels Impfnadel oder Pinzette die Keimlinge heraus und legt sie auf das frische Medium. In der Regel wird man zweimal pikieren: das erste Mal möglichst bald nach dem Auflaufen der Saat, das zweite Mal bei beginnender Wurzelbildung. Auch hier muß wieder an die sorgfältige Kennzeichnung der Gläser gedacht werden.

Zum Schluß des Kapitels „Aussaat“ noch ein Wort zum Sinn und Zweck dieser Vermehrungsmethode. Die während der letzten Jahre sehr in Aufnahme gekommene Klonvermehrung durch die sog. Meristemkultur legt die Frage nahe, inwieweit eine Anzucht aus Samen überhaupt noch notwendig ist. Sie wird überall dort ihre Bedeutung behalten, wo man züchterisch arbeitet, d.h. durch Kreuzung verschiedener Arten oder Gattungen zu morphologisch und physiologisch neuen Formen gelangen will. Ferner strebt man an, durch die Anlage von Samenbanken in aller Welt die vom Aussterben bedrohten Wildarten zu erhalten. Nachdem die Bundesrepublik Deutschland 1975 durch Gesetz der „Washingtoner Konvention zum Schutz gefährdeter Pflanzen- und Tierarten“ zugestimmt hat, ist der Import dieser Wildorchideen offiziell verboten oder unterliegt zumindest sehr strengen Bestimmungen, so daß künftig nur noch in

Anzuchtbetrieben herangezogene Pflanzen in den Handel kommen dürfen (KÜNKELE 1976). Um den Austausch von Saatgut zu erleichtern, unterhält die Deutsche Orchideengesellschaft seit einigen Jahren eine Samen-, Pollen- und Meristemtauschzentrale, die z. Z. von Herrn Peter HAASE, Melsungen, geführt wird.

5.2 Die vegetative Vermehrung durch Explantate

Explantate sind Teile, die man einer Pflanze entnommen hat, um sie in einem geeigneten Medium zur Regeneration zu veranlassen. Diese Teile können ganze Organe, Gewebe oder auch einzelne Zellen sein, aus denen je nach Wiederherstellungsvermögen der Pflanze neue Individuen entstehen, die in ihrem Aussehen und ihren Eigenschaften völlig mit dem Ausgangsobjekt übereinstimmen. Infolge dieser genetischen Einheitlichkeit spricht man daher von „Klonen".

Von der Fähigkeit der Pflanze, an abgetrennten Sprossen neue Wurzeln zu bilden, macht man im Gartenbau bei der Stecklingsvermehrung schon seit langem Gebrauch, doch ist hierbei die Anzahl der Nachkommen innerhalb eines kürzeren Zeitraumes sehr begrenzt. Wesentlich bessere Aussichten für eine rasche Klonvermehrung bietet die In-vitro-Methode, bei der man von relativ kleinen Organ- oder Gewebestücken ausgeht, die zunächst auf sterilen Nährböden vorkultiviert werden müssen.

Gewebekultur bei Pflanzen wurde früher nur zu rein wissenschaftlichen Zwecken betrieben. Verhältnismäßig neu und in erster Linie den grundlegenden Arbeiten von MOREL (1960) zu verdanken ist die Einführung dieser Methode in die Praxis, speziell in die Anzuchtbetriebe von Orchideen. Daß sich gerade bei dieser Pflanzengruppe die „Meristemkultur" so schnell durchsetzen konnte, hängt z. T. mit der Besonderheit ihres Entwicklungsverlaufs zusammen. Sowohl bei der Samenkeimung wie bei der Regeneration aus Gewebestücken bilden sich als erstes die mehr oder weniger undifferenzierten rundlichen Körperchen, die unter bestimmten Bedingungen zu fortwährender Sprossung (Proliferation) befähigt sind. Die aus teilungsfähigen Zellen hervorgegangenen protokormähnlichen Knöllchen der Explantate können abgetrennt, geteilt und so zu immer wieder neuer Sprossung veranlaßt werden.

Die Vorzüge dieser Art von Klonvermehrung liegen auf der Hand: Neuzüchtungen, deren Erbgut meist sehr heterogen ist, würden bei der Anzucht aus Samen durch Aufspaltung viele minderwertige Nachkommen liefern; bei der Anzucht aus Körpergewebe kann dagegen keine Aufspaltung stattfinden, alle Tochterpflanzen stimmen – wenn nicht Mutationen eintreten – mit der Mutterpflanze überein. Für Züchter ist dies Vor- und Nachteil zugleich. Vorteilhaft ist die rasche Vermehrbarkeit gelungener Kreuzungen, nachteilig das damit verbundene Absinken der Preise für Neuheiten und der oft fehlende Schutz gegen unberechtigte Vermehrung durch andere Kultivateure. Trotz dieser Gefahr, die sich nur durch gesetzlichen Züchterschutz eindämmen läßt, bedeutet, im ganzen gesehen, die Klonvermehrung für die Orchideenkultur einen erheblichen Fortschritt.

Der eigentliche Anlaß für MORELS Versuche war der Gedanke, durch Herausoperieren gesunden, meristematischen Gewebes aus den jüngsten Teilen virusinfizierter Pflanzen wieder einen unverseuchten Bestand aufbauen zu können. Diese Hoffnung erfüllte sich bei Orchideen allerdings nur zum Teil, da es nicht nur schwierig ist, die infizierten von noch nicht infizierten Zellen zu trennen, sondern weil auch die Anwachsrate der winzigen Gewebestückchen, die wirklich nur Bildungsgewebe (Meristem) enthalten, äußerst gering ist. Die Bezeichnung „Meristemkultur“ trifft, strenggenommen, nur dann zu, wenn man sich auf die wenigen noch undifferenzierten Zellen eines Vegetationspunktes beschränkt, das Explantat also im Umfang nur den Bruchteil eines Millimeters mißt. Im allgemeinen entnimmt man aber größere Teile, oft ganze Knospen, da in diesem Falle eine Weiterentwicklung sehr viel leichter zu erreichen ist. Man sollte daher korrekterweise lieber von Triebspitzen- oder Knospenkultur sprechen, sofern das Ausgangsmaterial nicht ein anderer Pflanzenteil ist.

Dem Anfänger, der sich mit dieser Methode vertraut machen möchte, sei zur Einführung das Buch von KOBLITZ (1972), „Zell- und Gewebezüchtung bei Pflanzen“, empfohlen.

Die Durchführung der Triebspitzenvermehrung verlangt ähnliche technische Einrichtungen wie die asymbiotische Aussaat. Will man die Kulturen in flüssigem Nährmedium halten, benötigt man zusätzlich einen Rotations- oder Schüttelapparat.

Die Entwicklung vom einzelnen Explantat zu einer Vielzahl daraus hervorgehender Klonpflanzen verläuft in mehreren Etappen, die eine unterschiedliche Behandlung erfordern:

1. Die Zellen des isolierten Gewebestückes oder pflanzlichen Organs müssen erneut teilungsfähig werden.
2. Durch fortgesetzte Verwundungen (Schnitte) proliferieren die Neubildungen.
3. Die Gewebe differenzieren sich, wenn nicht weiter geteilt und auf einen anders zusammengesetzten Nährboden übertragen wird.

Am leichtesten läßt sich die Triebspitzenkultur bei *Cymbidium* durchführen, die daher auch als Beispiel bei der Schilderung des Ablaufs der einzelnen Handhabungen gewählt wird.

5.2.1 Gewinnung der Explantate

Der günstigste Zeitpunkt zur Knospenisolierung ist dann gegeben, wenn die jungen Triebe eine Länge von 10–15 cm erreicht haben und die obersten Blätter gerade zu spreizen beginnen (Abb. 97a). Man schneidet den Trieb einer ausgewählten, gesunden Mutterpflanze mit einem scharfen Messer unmittelbar am Ort seiner Entstehung so ab, daß die Sproßbasis möglichst wenig verletzt wird (Abb. 97b). Im Arbeitsraum wird der Trieb zunächst von allen anhaftenden Erdteilchen, Wurzelansätzen und abgestorbenen Blattschuppen befreit, dann unter fließendem Wasser mit dem unteren Ende nach oben gründlich abgewaschen, mit sauberem Filtrierpapier abgetrocknet und in eine Petrischale gelegt. Die dann folgende Entnahme der Achselknospen kann außerhalb des Impfkastens vorgenommen werden, wenn der Arbeitsplatz entsprechend hergerichtet wurde. Hierzu hat man den Tisch mit einer Glasplatte bedeckt, die mit vergälltem Alkohol abgerieben wird. Rechts stellt man einen Bunsen- oder Spiritusbrenner auf, links eine Flasche mit Alkohol, in der Mitte eine größere Serie zugestöpselter Fläschchen, die steriles destilliertes Wasser und Natriumhypochloritlösung in unterschiedlichen Verdünnungen (3,0-1,5-0,5 ml konzentrierte Bleichlauge je 100 ml Wasser) enthalten. In Griffnähe befinden sich weiter Filtrierpapier, saubere Leinentücher, Petrischalen sowie auf einem kleinen Gestell die benötigten Nadeln, Skalpelle und Pinzetten. Im allgemeinen kommt man mit drei Skalpellen verschiedener Größe aus, das kleinste davon sollte ziemlich spitz, etwas nach innen gebogen und sehr scharf sein. Notfalls läßt sich auch mit Stücken von Rasierklingen arbeiten, die an einem Halter befestigt werden. Sämtliche Instrumente müssen während des Gebrauchs ständig in Alkohol getaucht und abgeflammt werden, auch wenn die Schärfe etwas darunter leidet.

Ehe man mit der Arbeit beginnt, müssen auch die Hände unter fließendem Wasser mit einer desinfizierenden Seife gründlich gewaschen und gebürstet, danach mit einem in Sagrotan oder Alkohol getauchten Tuch abgerieben werden. Von den bereitliegenden Pflanzentrieben schneidet man sodann das obere Drittel ab (Abb. 97c), taucht das verbliebene Stück kurz in Alkohol, zieht durch die Flamme und löscht mit 5%iger Bleichlauge. Danach beginnt das Freilegen und Herausschneiden der Knospen. Von unten nach oben fortschreitend löst man die Blätter, in deren Achsel die Knospen sitzen, vorsichtig von der Basis ab, wobei man die Spreite am besten vorher von oben nach unten spaltet (Abb. 97d, e). Die ersten Seitenknospen, die sichtbar werden, sind bleich, aber ziemlich groß und von einer harten Außenschuppe umhüllt. Höher am Trieb werden die Knospen immer zarter und kleiner, bis sie mit bloßem Auge kaum mehr erkennbar sind. Gewöhnlich entnimmt man nur die untersten drei Knospen und evtl. noch die Endknospe, die besonders sorgsam von den umgebenden Laubblättern befreit werden muß. Beim Herauslösen der Knospen zieht man das Skalpell zuerst hinter der Knospe durch, führt dann zwei kurze Schnitte rechts und links der Ansatzstelle aus, zuletzt 1–2 mm unterhalb der Basis (Abb. 97f). Mit diesem letzten waagerechten Schnitt wird das mit einem kleinen Sockel versehene Auge abgetrennt (Abb. 97g) und sofort in ein Gläschen mit Desinfektionslösung geworfen, wobei man für die unteren, kräftigen Knospen die 3%ige Lösung nimmt, für die oberen, zarten die 1,5%ige. Man beläßt die Explantate etwa 10 Minuten in der Lösung, nimmt sie dann wieder heraus und verkleinert die größeren von ihnen. Dies geschieht auf einem sterilen kleinen Glasplättchen (Objektträger), auf das man die Knospe mit der Außenseite nach unten legt. Mit einer Nadel hält man sie am Sockel fest, während man mit dem feinsten Skalpell je ein Viertel rechts und links abschneidet und den verbliebenen Rest aus der harten Außenschale heraushebt. Zum Schluß wird vom Sockel noch so viel weggeschnitten, daß davon nur noch etwa ½ mm verbleibt. Das ganze Stück hat dann nur noch eine Größe von 3–4 mm. Die jüngeren, kleineren Knospen kann man ziemlich unversehrt lassen; man nimmt höchstens die Spitze und einen Teil des Sockels weg. Sofort nach dem Zuschnitt kommen die ferti-

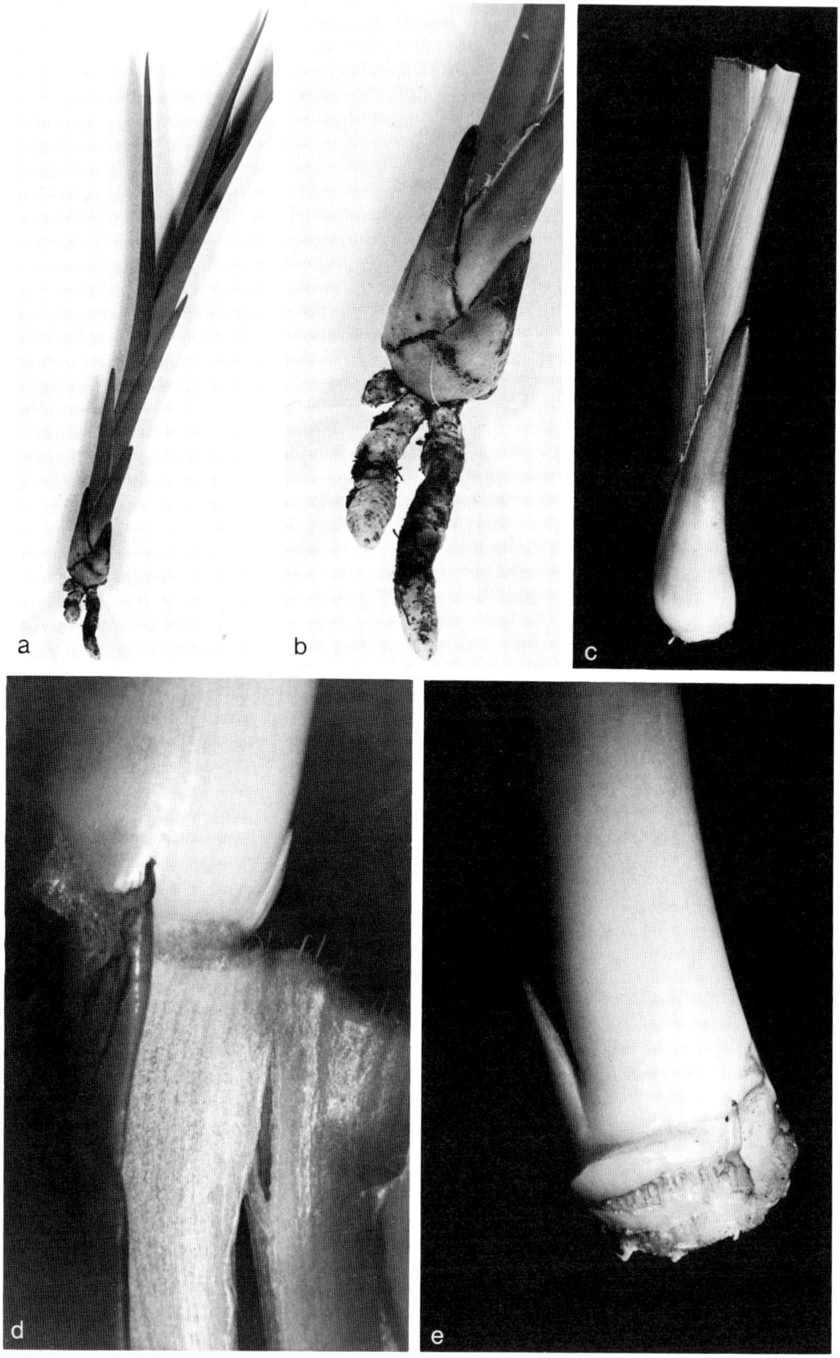
a
b
c
d
e

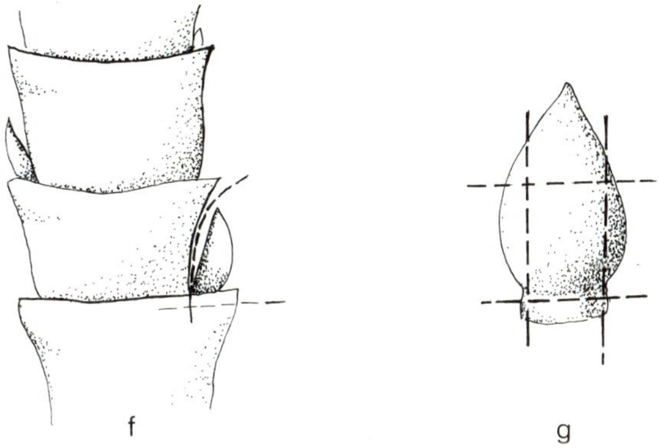

Abb. 97 a–g. Sproßspitzenvermehrung bei Cymbidien.
a Von der Mutterpflanze abgetrennter Neutrieb, b basaler Teil des Neutriebes mit Wurzeln und Niederblättern, c zur Knospenisolierung vorbereiteter Trieb, d, e Trieb mit freigelegter Achselknospe, f Schnittführung beim Herausschneiden der Achselknospe, g abgetrennte Knospe und ihre Verkleinerung zum fertigen Explantat.

gen Augen nochmals für einige Minuten in die 0,5%ige Desinfektionslösung, danach in ein Fläschchen mit sterilem destilliertem Wasser, wo sie so lange verbleiben können, bis man eine Serie fertig hat. Die Übertragung der fertigen Explantate in das Nährmedium geschieht dann im Impfkasten. Hier nimmt man die einzelnen Stücke mit einer abgeflammten Pinzette aus der Flasche heraus und legt sie mit dem Sockel nach unten auf die Oberfläche des Agarnährbodens, sofern man nicht von Anfang an flüssiges Substrat in Reagenzgläsern benutzt. Um das Infektionsrisiko zu verringern, wird jedes Gefäß nur mit einer Knospe beschickt.

5.2.2 Protokormbildung und -teilung

Die explantierten Knospen brauchen in der Regel 4–8 Wochen, ehe man deutliche Veränderungen an ihnen wahrnimmt. Zumeist haben die epidermalen Zellen zwischen den Blattprimordien oder an der Basis junger Blattanlagen ihre Teilungstätigkeit aufgenommen und neues, noch undifferenziertes Gewebe (Kallus) oder bereits die Anlagen zu kleinen Adventivknospen (protokormähnliche Körper) gebildet. Diese rundlichen Körperchen, die anfangs bleich, später grün gefärbt sind und in Ein- oder Mehrzahl erscheinen, müssen nun abgetrennt, geteilt und in ein neues Medium übertragen werden. Durch die Ablösung von der Mutterknospe wird die Ausdifferenzierung gehemmt; es entstehen wiederum Wundflächen, aus denen weitere Adventivknospen hervorgehen. Bei Wiederholung der Prozedur im Abstand von 3–4 Wochen können aus einem einzigen Cymbidienexplantat innerhalb eines Jahres mehrere Millionen erbgleicher Nachkommen erzeugt werden.

Abb. 98. Rotationsapparat zur Bewegung der Flüssigkultur.

Arbeitstechnisch geht man bei den Teilungen folgendermaßen vor: Die Gläser mit den proliferierten Knospen werden in den Impfkasten gebracht, dort unter den üblichen Vorsichtsmaßnahmen geöffnet und der Inhalt mit einer sterilen Pinzette in neue Reagenzröhren übertragen. Dabei legt man das Explantat mit den Protokormen zunächst in den oberen Teil des nun mit flüssigem Nährmedium gefüllten Glases, schneidet die Neubildungen ab, teilt sie je nach Größe ein- bis zweimal der Länge nach, entfernt das übriggebliebene alte Gewebestück, verschließt das Reagenzglas wieder und befördert die Teilstücke unter leichtem Schwenken der Flüssigkeit nach unten. Die Weiterkultur erfolgt auf dem Rotationsapparat (Abb. 98), wo durch die langsame Drehung des Rades die Nährlösung mit Sauerstoff versorgt wird und die Differenzierung der Protokorme sich verlangsamt. Zunächst geht die Proliferation der Protokorme nur zögernd vor sich, nach der dritten bis vierten Teilung dann immer schneller. Bei Cymbidien bilden sich dabei mehr oder weniger große Klumpen von blumenkohlähnlichem Aussehen, die man bei den monatlich durchgeführten Teilungen willkürlich, d.h. nach allen Richtungen, zerschneidet. Hat man große Mengen zu bearbeiten, so nimmt man das Zerkleinern am besten in sterilen Petrischalen oder Glastrichtern vor, die mit einem Rundfilter ausgekleidet werden. In jedes Kulturröhrchen überträgt man dann drei bis zehn Teilstücke. Um Infektionen beim Ausschütten der Gläser vorzubeugen, spritzt man deren oberen Rand vor dem Öffnen mit Desinfektionslösung ab, sofern man ihn nicht durch Überstülpen einer Kappe aus Aluminiumfolie vor Verschmutzung geschützt hatte. Trotzdem wird es vorkommen, daß in einzelne Gläser Fremdorganismen eindringen, doch lassen sich die Protokorme meistens retten, wenn man sie wiederholt mit 3%iger Bleichlauge behandelt.

Man setzt die Teilungen so lange fort, bis man die gewünschte Menge an Nachkommen erhalten hat. Sodann beginnt die dritte Phase, in der man wieder zu einem mit Agar verfestigten Nährmedium zurückkehrt.

5.2.3 Differenzierung der Protokorme

Teilweise beginnt die Weiterentwicklung der Protokorme zu beblätterten Pflänzchen (Abb. 99) bereits während der Flüssigkultur im Reagenzglas, doch geht sie auf festen Nährböden wesentlich schneller vonstatten. Vor der Übertragung in das neue Milieu zerschneidet man die Protokormklumpen nochmals in kleinere Stücke, die man dann wie beim Pikieren von Sämlingen mit der Impföse gleichmäßig auf der Oberfläche verteilt. Um ein späteres nochmaliges Umlegen zu sparen, nimmt man gern größere Erlenmeyerkolben (300–500 ml Inhalt), in denen die Protokorme nicht zu dicht liegen sollten. Schon bald nach der Überführung entstehen an den alten und neuen Adventivsprossen in großer Zahl haarige Gebilde, die eine ähnliche Funktion wie Wurzelhaare ausüben. An

Abb. 99. Beginnende Differenzierung von Protokormen.

Abb. 100. Nodienvermehrung von Phalaenopsis. Links ausgewachsener, bewurzelter Sproß, rechts Adventivknospenbildung, nach frühzeitigem Dekapitieren der Sproßspitze.

der sich streckenden Sproßspitze entfalten sich allmählich Blättchen, und bald darauf bemerkt man auch das Hervorbrechen der ersten Wurzel. Sobald diese eine Länge von 2–3 cm hat, kann man die Pflänzchen in der gleichen Art wie Sämlinge in unsteriles Substrat umpikieren.

Die hier dargestellte Arbeitsmethode zur Klonvermehrung von Cymbidien läßt sich in ähnlicher Weise auch bei den meisten anderen sympodialen Gattungen anwenden, wenn die Entwicklung auch teilweise etwas langsamer verläuft. Bei *Cattleya* und den nahestehenden Genera nimmt man vorwiegend ebenfalls junge Triebe als Ausgangsmaterial, doch haben hier die mittleren Knospen den besten Anwachserfolg. Die oft störende rasche Bräunung der Gewebe läßt sich vermindern, wenn man das Verkleinern der Knospen in einer mit sterilem Wasser oder verdünntem Kokosnußwasser gefüllten Petrischale vornimmt. Auch legt man hier das frische Explantat sofort in ein flüssiges Medium, nicht erst auf einen Agarnährboden. Sowohl bei *Cattleya* wie bei *Epidendrum* bilden auch junge Blattspitzen auf geeigneten Substraten Kallus bzw. Protokorme. Ähnlich wie die vorgenannten Gattungen werden *Dendrobium phalaenopsis, Miltonia, Odontioda, Vuylstekeara* u. a. vermehrt.

Bei *Oncidium papilio* eignen sich zur Organentnahme sehr junge Blütenknospen, die man der Spitze des Infloreszenztriebes entnimmt, desinfiziert und zunächst auf einen Agarnährboden legt (FAST 1973). Das gleiche gilt für *Phragmipedium* (FAST 1979). Auch bei einigen monopodial wachsenden Orchideen kann man aus noch unentwickelten apikalen Blütenknospen Protokormbildung erreichen. *Phalaenopsis* macht zuweilen noch Schwierigkeiten, weil nicht alle Hybriden leicht regenerierbare Sproß- oder Blütenknospen besitzen. Benutzt man zur vegetativen Vermehrung die basalen, ruhenden Augen blühender Infloreszenzen, so treiben diese auf festen Nährböden meist willig aus und bilden bei Einhaltung hoher Anfangstemperaturen (26–28 °C) eine neue Pflanze (Abb. 100). Um die Protokormentwicklung anzuregen, muß man das Auge verletzen und dem Nährmedium bestimmte Phytohormone zugeben. ZIMMER und PIEPER (1977a) zerbrechen die ausgetriebenen, ca. 2 cm großen Pflänzchen in kleine Teile und kultivieren sie auf einem modifizierten „Knudson-C"-Medium, dem 10 Vol.-% Birkenblutungssaft, 0,3 ppm Kalium-Naphthylacetat und 2,0 ppm 6-Benzylaminopurin (BAP) beigefügt sind. Die Kultur wird zunächst 2 Wochen dunkel bei 25–26 °C gehalten, danach hell bei 22 °C. An den Bruchstellen bilden sich Protokorme, die sich auf dem gleichen Medium, aber ohne BAP, nach 8–10 Wochen zu Pflänzchen entwickeln, die wiederum zerbrochen und auf die geschilderte Art weitervermehrt werden können. TANAKA und SAKANISHI (1977) zerbrechen nicht die Pflänzchen, sondern entnehmen den jungen Blättchen 8 × 8 mm große Segmente, die auf einem Nährboden nach Murashige/Skoog mit Zusatz von 10 ppm Benzyladenin, 1 ppm Naphthylessigsäure und 10 ppm Adenin weiterkultiviert werden.

Bei *Vanda* sind die Seitenknospen in den Blattachseln verwendbar, doch sind diese nur wenig vorgebildet und müssen durch einen Kegelschnitt herausgelöst werden. Auch hier setzt die Protokormbildung verstärkt ein, wenn nach einem Monat Kulturdauer die Knospenspitze und die Blattprimordien entfernt werden.

In der Unterfamilie der Cypripedioideae gibt es bisher noch die größten Probleme. Zwar ist die Triebspitzenvermehrung sowohl bei *Paphiopedilum* wie bei *Phragmipedium* in einzelnen Fällen schon gelungen, doch ist sie mit vielen Risiken behaftet und daher jetzt noch unwirtschaftlich. Ohne Zweifel werden aber auch bei diesen Gattungen in absehbarer Zeit durch neuartige Methoden bessere Ergebnisse zu erzielen sein. Die *Cypripedium*-Arten des Freilandes, bei denen eine Klonvermehrung in größerem Maßstab ebenfalls interessant wäre, sind im Keimlingsstadium unbegrenzt teilbar (FAST 1974), während die Gewebe erwachsener Pflanzen nicht so leicht in vitro zu ziehen sind. CHAMPAGNAT und MOREL (1972) gelang die Gewebekultur bei *Ophrys*-Arten, wenn als Ausgangsmaterial das Parenchym einjähriger Knollen verwendet wurde. STOKES (1974) berichtet über die Bildung von Protokormen bei *Dactylorchis fuchsii* aus ruhenden Blütentrieben.

Alle bisher gewonnenen Ergebnisse bei der Gewebekultur von Orchideen wurden von ARDITTI (1977) zusammenfassend dargestellt.

5.2.4 Nährmedien

Die Zusammensetzung der Nährlösung ist bei der Triebspitzenkultur ähnlich wie für Aussaaten, nur wird der Agar je nach Methode und Entwicklungsphase teils zugegeben, teils fortgelassen. Den pH-Wert stellt man auf 5,0–5,5 ein. Auch hier hat sich „Knudson C" in vielen Fällen gut bewährt, doch gibt es eine große Zahl weiterer Rezepte, von denen die gebräuchlichsten genannt seien.

Zusammenstellung von Nährmedien für Gewebekultur (alle Angaben in Gramm je Liter destilliertes Wasser, wenn nicht anders vermerkt)

„Morel und Muller" (Morel et Muller 1964)

Calciumnitrat	$Ca(NO_3)_2 \cdot 4H_2O$	0,500
Ammoniumsulfat	$(NH_4)_2SO_4$	1,000
Kaliumchlorid	KCl	1,000
Monokaliumphosphat	KH_2PO_4	0,125
Magnesiumsulfat	$MgSO_4 \cdot 7H_2O$	0,125
Spurenelementlösung nach Heller (1953)		1 ml
Agar		6,0
Saccharose		20,0

„Morel und Muller mod." (Morel 1974)

Calciumnitrat	$Ca(NO_3)_2 \cdot 4H_2O$	0,500
Ammoniumsulfat	$(NH_4)_2SO_4$	1,000
Kaliumchlorid	KCl	1,000
Monokaliumphosphat	KH_2PO_4	0,125
Magnesiumsulfat	$MgSO_4 \cdot 7H_2O$	0,125
Harnstoff		0,500
Spurenelementlösung nach Heller (1953)		1 ml
Saccharose		20,0
Citronensäure		0,125
Naphthylessigsäure		0,001
Kokosnußwasser		100 ml

„Heller" (Heller 1953)

Natriumnitrat	$NaNO_3$	0,600
Kaliumchlorid	KCl	0,750
Mononatriumphosphat	$NaH_2PO_4 \cdot H_2O$	0,125
Magnesiumsulfat	$MgSO_4 \cdot 7H_2O$	0,250
Calciumchlorid	$CaCl_2 \cdot 2H_2O$	0,075
Eisenchlorid	$FeCl_3 \cdot 6H_20$	0,001
Borsäure	H_3BO_3	0,001
Zinksulfat	$ZnSO_4 \cdot 7H_2O$	0,001
Mangansulfat	$MnSO_4 \cdot 4H_2O$	0,0001
Kupfersulfat	$CuSO_4 \cdot 5H_2O$	0,00003
Aluminiumchlorid	$AlCl_3$	0,00003
Nickelchlorid	$NiCl_2 \cdot 6H_2O$	0,00003
Kaliumjodid	KJ	0,00001
Agar		7,0
Saccharose		20,0

„Wimber“ (WIMBER nach TSUCHIYA 1963)

Kaliumnitrat	KNO_3	0,525
Ammoniumsulfat	$(NH_4)_2SO_4$	0,500
Monokaliumphosphat	KH_2PO_4	0,250
Dicalciumphosphat	$CaHPO_4$	0,200
Magnesiumsulfat	$MgSO_4 \cdot 7H_2O$	0,250
Eisentartrat	$Fe_2\,(C_4H_4O_6)_3 \cdot H_2O$	0,030
Agar		12,0
Saccharose		20,0
Trypton		2,0

„Reinert und Mohr“ (REINERT and MOHR 1967)

Calciumnitrat	$Ca(NO_3)_2 \cdot 4H_2O$	1,000
Ammoniumsulfat	$(NH_4)_2SO_4$	0,400
Kaliumchlorid	KCl	0,500
Monokaliumphosphat	KH_2PO_4	0,250
Magnesiumsulfat	$MgSO_4 \cdot 7H_2O$	0,400
Ferrosulfat[1]	$Fe_2(SO_4)_3$	0,01067
Mangansulfat	$MnSO_4 \cdot H_2O$	0,00750
Zinksulfat	$ZnSO_4 \cdot 7H_2O$	0,00003
Borsäure	H_3BO_3	0,00003
Kupfersulfat	$CuSO_4 \cdot 5H_2O$	0,000001
Saccharose[2]		20,0
Citronensäure		0,150
Glycin		2,0 mg
Nicotinsäure		0,5 mg
Pyridoxin-HCl		0,5 mg
Thiamin-HCl		0,1 mg
Indolylbuttersäure (IBS)		1,75 mg
Naphthylessigsäure (NES)		1,75 mg

[1] Gebunden als Chelat (22,4 mg/l EDTA)
[2] In der Originalarbeit nicht angegeben

„Vajrabhaya“ (VAJRABHAYA and VAJRABHAYA 1970)

Calciumnitrat	$Ca(NO_3)_2 \cdot 4H_2O$	0,500
Ammoniumsulfat	$(NH_4)_2SO_4$	0,500
Kaliumchlorid	KCl	0,250
Monokaliumphosphat	KH_2PO_4	0,250
Magnesiumsulfat	$MgSO_4 \cdot 7H_2O$	0,250
Eisenchelat	Fe-EDTA	0,050
Manganchlorid	$MnCl_2 \cdot 4H_2O$	0,002
Borsäure	H_3BO_3	0,001

Zinksulfat	$ZnSO_4 \cdot 7H_2O$	0,0001
Natriummolybdat	$Na_2MoO_4 \cdot 2H_2O$	0,00002
Kobaltchlorid	$CoCl_2 \cdot 6H_2O$	0,00002
Kupferchlorid	$CuCl_2 \cdot 2H_2O$	0,00001
Agar		6,0
Saccharose		20,0
Nicotinsäure		1,25 mg
Calciumpantothenat		0,25 mg
Pyridoxin-HCl		0,25 mg
Thiamin-HCl		0,25 mg
Glycin		7,50 mg
Trypton		500,0 mg
Kokosnußwasser		100,0 ml
Naphthylessigsäure (NES)		0,1 mg

„Murashige-Skoog" (MURASHIGE and SKOOG 1962)

Kaliumnitrat	KNO_3	1,900
Ammoniumnitrat	NH_4NO_3	1,650
Calciumchlorid	$CaCl_2 \cdot 2H_2O$	0,440
Monokaliumphosphat	KH_2PO_4	0,170
Magnesiumsulfat	$MgSO_4 \cdot 7H_2O$	0,370
Eisensulfat[1]	$FeSO_4 \cdot 7H_2O$	0,0278
Mangansulfat	$MnSO_4 \cdot 4H_2O$	0,0223
Zinksulfat	$ZnSO_4 \cdot 7H_2O$	0,0086
Borsäure	H_3BO_3	0,0062
Kaliumjodid	KJ	0,00083
Natriummolybdat	$Na_2MoO_4 \cdot 2H_2O$	0,00025
Kupfersulfat	$CuSO_4 \cdot 5H_2O$	0,000025
Kobaltchlorid	$CoCl_2 \cdot 6H_2O$	0,000025
Agar		10,0
Saccharose		30,0
Edamin		1,0
myo-Inositol		0,100
Glycin		2,0 mg
Nicotinsäure		0,5 mg
Pyridoxin-HCl		0,5 mg
Thiamin-HCl		0,1 mg
Indolylessigsäure (IES)		1–30 mg
Kinetin (Kin)		0,04–10 mg

[1] Gebunden als Chelat. Stammlösung: auf 1000 ml Aq.dest. 5,57 g $FeSO_4 \cdot 7H_2O$ + 7,45 g Na_2EDTA, davon 5 ml je Liter Nährmedium

5.2.5 Eignung der Nährmedien für die einzelnen Gattungen

Nach Angaben verschiedener Versuchsansteller wirkten sich die nachfolgenden Kombinationen besonders günstig auf die Vermehrungsrate bestimmter Gattungen aus. Sofern das Medium während der Entwicklungsphasen variiert wurde, bedeutet:
- A. Nährmedium für explantierte Knospen
- B. zur Protokormvermehrung
- C. zur Sproß- und Wurzelbildung

Cattleya und nahestehende Gattungen oder Hybriden

SCULLY (1967): „Vacin und Went“ + 25% Kokosnußwasser
A. flüssig, B./C. mit 8 g/l Agar

REINERT und MOHR (1967): „Reinert und Mohr“
A. flüssig, B./C. mit 6 g/l Agar und 10% Kokosnußwasser oder 100 mg Inositol + 1 mg Kinetin

LINDEMANN et al. (1970): „Morel und Muller“
A. flüssig, je Liter 0,5 g Saccharose, 0,1 mg NES, 0,2 mg Kinetin, 150 ml Kokosnußsaft
B. flüssig, je Liter 20 g Saccharose, 0,186 mg NES, 0,215 mg Kinetin, 0,346 mg GA_3, 150 ml Kokosnußsaft (oder 100 mg Caseinhydrolysat), 0,476 mg Ca-Pantothenat, 0,205 mg Pyridoxin-HCl, 18,016 mg m-Inositol, 4,414 mg Folinsäure, 0,338 mg Thiamin-HCl, 0,024 mg Biotin, 1,231 mg Nicotinsäure, 14,70 mg Glutaminsäure, 13,20 mg Asparagin, 181,60 mg Guanylinsäure, 161,60 mg Cytidilinsäure
C. wie B. aber mit 6 g Agar je Liter, 30 g Saccharose, 0,186 mg NES, 0,020 mg Kinetin, 0,173 mg GA_3. Kein Kokosnußsaft

MOREL (1974): „Morel und Muller“, modifiziert
A. flüssig
B. mit 8 g/l Agar
C. wie B, aber anstelle Kokosnußwasser 40 g grüne Banane, 200 ml ungesüßten Ananassaft, 0,5 g Fischemulsion je Liter

Cymbidium

MOREL (1974): A. „Knudson C“
B. „Morel und Muller“
C. wie B., mit zusätzlich 40 g/l grüne Banane

Dendrobium

MOREL (1974): wie *Cattleya*

SAGAWA and SHOJI (1967): „Knudson C“ mit zusätzlich 25% Kokosnußsaft oder 1 mg/l NES (für A, B, C)

INTUWONG and SAGAWA (1975): „Vacin und Went“
A. ohne Agar, mit 15% Kokosnußwasser
B. wie A, aber ohne Zucker
C. wie A, aber mit 50 g/l Banane, 9 g/l Agar

Miltonia
MOREL (1974): wie *Cymbidium*

Odontoglossum
MOREL (1974): wie *Cymbidium*

Oncidium
FAST (1973): *O. papilio,* apikale Blütenknospen
A. „Knudson C"
B. „Murashige und Skoog", modifiziert (ohne Agar, Salze in halber Konzentration, je Liter 20 g Saccharose, 1 g Pepton, 1 mg Nicotinsäure, 0,5 mg Thiamin-HCl, 0,5 mg Pyridoxin-HCl, 0,5 mg NES, 0,05 mg Kinetin
C. „Murashige und Skoog", modifiziert (mit 10 g/l Agar, Salze in halber Konzentration, je Liter 20 g Saccharose, ohne Pepton, Vitamine und Wuchsstoffe, aber mit 10% Banane

Paphiopedilum
MOREL (1974): „GD Thomale"
A./B. mit Zusatz von 1 mg/l 2,4-D
C. ohne 2,4-D
HOLDGATE (1977): „Murashige und Skoog", modifiziert, mit Zusatz von 0,5 mg BAP und 1 mg NES je Liter

Phalaenopsis
TIN YAU TSE et al. (1971): Basale Blütenstielknospen auf „Murashige und Skoog" mit 10 g Agar und 2 mg NES je Liter (A, B, C)
KOCH (1974): Basale Blütenstielknospen auf „Knudson C" mod.
A. mit 30 g/l Zucker (15 g Saccharose + 15 g Glucose) 1 g Agar, 2 mg BAP, 1 mg KNA
B. mit 24 g/l Zucker (12 g Saccharose + 12 g Glukose), 0,5 mg Pantothensäure, 0,2 mg Nicotinsäure, 0,2 mg Pyridoxin-HCl, 5 mg Glycin, 1 g Agar
INTUWONG and SAGAWA (1974): Sproßknospen auf „Vacin und Went"
A. ohne Agar, mit 15% Kokosnußwasser
B./C. mit 9 g/l Agar, ohne Zucker, mit 15% Kokosnußwasser

Rhynchostylis
VAJRABHAYA (1970): „Vajrabhaya" (A, B, C)

Sarcanthinae *(Ascofinetia, Neostylis, Vascostylis)*
INTUWONG and SAGAWA (1973): junge Blütenknospen auf „Vacin und Went"
A. ohne Agar, aber mit 15% Kokosnußsaft
B. wie A, aber ohne Zucker
C. wie B, aber mit 9 g/l Agar, 100 g Banane, Extrakt aus 100 g geschälter Kartoffeln, die 5 Minuten in 200 ml Wasser gekocht sind

Vanda

MOREL (1974): wie *Cattleya*

KUNISAKI et al. (1972): „Vacin und Went"
- A. mit 8 g/l Agar und 15% Kokosnußsaft
- B. wie A, aber ohne Agar und Zucker
- C. wie A

TEO et al. (1973): „Vacin und Went"
- A. ohne Agar, mit 15% Kokosnußwasser
- B. ohne Agar und Zucker, mit 15% Kokosnußwasser
- C. mit Agar und 10–20 g/l Zucker, ohne Kokosnußwasser

Überblickt man die angegebenen Rezepte, so wird deutlich, daß die Wirkstoffzusätze zum Nährmedium während der ersten beiden Entwicklungsphasen hauptsächlich auf eine Anregung der Zellteilung abgestimmt sind. Dies läßt sich durch verschiedene Kombinationen von Auxinen, Cytokininen, Inositol und Adenin erreichen oder durch die Beigabe von Naturstoffen, die derartige Substanzen enthalten, wie z.B. der im März aufgefangene Blutungssaft der Weißbirke (ZIMMER und PIEPER 1976) oder der Saft unreifer Kokosnüsse. Das Proliferieren und Ergrünen der Protokorme wird außerdem unterstützt durch Vitamine und Aminosäuren, teilweise auch durch Reduzieren der Zuckergabe. Für die Weiterentwicklung der Protokorme zu fertigen Pflänzchen muß dagegen die Zufügung cytokininhaltiger Stoffe unterbleiben oder zumindest stark eingeschränkt werden, da sie die Wurzelbildung hemmen. Fördernd auf die Bewurzelung wirken hingegen Naphthylessigsäure und nach WERCKMEISTER (1970) auch die Zugabe von Tierkohle (2 g/l). Allgemein bewährt für die rasche Entwicklung von Sproß und Wurzeln hat sich vor allem pürierte Banane.

5.2.6 Kulturgefäße

Die Art der Behälter, in die man das Nährmedium einfüllt, richtet sich nach der Kulturmethode. Für feste Substrate eignen sich auch hier Erlenmeyer-Weithalskolben am besten. Bei Verwendung von flüssigen Medien müssen die Gefäße dem vorhandenen Rotations- oder Schüttelapparat angepaßt werden. Reagenzgläser füllt man zu etwa 1/5 mit Nährlösung und verschließt sie entweder nach der konventionellen Methode mit gedrehten Wattebäuschen bzw. durchbohrten Gummistopfen oder – einfacher – mit Alufolie, Parafilm, Nescofilm, lichtdurchlässigen Kunststoffkappen u.a. Die Verschlüsse müssen in erster Linie hitzebeständig, möglichst unzerreißbar, leicht zu handhaben und preiswert sein; außerdem sollen sie tunlichst den oberen Glasrand vor Verschmutzung schützen. Die Sterilisation der Gläser erfolgt in der üblichen Weise. Ein neuartiges Verfahren wurde am Institut für Zierpflanzenbau der TU in Hannover entwickelt (KOCH 1974, ZIMMER und PIEPER 1977b). Hier benutzt man größere Glaszylinder oder Rundkolben, in denen die Lösung nicht durch Bewegen der Gefäße, sondern durch Einleiten von Druckluft mit Sauerstoff versorgt wird. Das größere Fassungsvermögen dieser Behälter (400 bzw. 1500 ml) erspart die häufigen Passagen des sich rasch vermehrenden Gewebes.

5.2.7 Umweltbedingungen

Die Räume, in denen die Kulturen Aufstellung finden, sollten möglichst staubfrei, warm bis temperiert (22–27 °C) und ohne direkte Sonneneinstrahlung sein. Die Lichtverhältnisse lassen sich am besten in Klimakammern oder Kellerräumen steuern, doch sind auch Räume mit normalem Tageslicht brauchbar. Die Empfehlungen für die zuträglichste Beleuchtungsstärke bewegen sich zwischen 1000 und 20 000 lx. Am gebräuchlichsten sind 2000 lx, wobei als Lichtquelle neben dem Tageslicht vor allem Leuchtstoffröhren dienen (Sylvania Gro Lux, Osram Fluora, Philips TL 40/33 + 40/54 und andere). Als Belichtungsdauer halten viele Versuchsansteller 16 Stunden für optimal, andere geben auch 12 oder 24 Stunden an, doch fehlen hierfür noch exakte Vergleichsversuche. Ebenso differieren die Aussagen über die Umdrehungsgeschwindigkeit der Rotationsapparate. Im allgemeinen bevorzugt man bei uns ein langsames Rotieren (1–5mal je Minute), in Übersee arbeitet man aber auch teilweise mit 160–200 U/min. Für Schüttelapparate werden 60–130 Oszillationen je Minute genannt. Die stärkere Belüftung bei schneller Bewegung der Kulturen scheint allerdings bei phenolreichen Geweben (z. B. von Cattleyen) deren Bräunung zu fördern, so daß hier zumindest anfänglich langsame Umdrehungen zu bevorzugen sind. Die Gewebebräunung läßt sich nach MOREL (1970, mdl. Mitt.) auch durch Zusatz von Polyvinylpyrrolidon (1–5 g/l) zur Nährlösung vermindern.

Ein Temperaturgefälle zwischen Tag und Nacht ist nach den bisherigen Beobachtungen nicht notwendig. Zu viel Wärme (über 30 °C) hemmt das Wachstum und die Chlorophyllbildung; die Protokorme bleichen dann leicht aus. Die Vergilbung kann allerdings auch andere Ursachen haben, beispielsweise zu stark abgesunkenen pH-Wert, zu hohe Konzentration an Salzen oder Zucker, auch Überdosierung an Wuchsstoffen. Die Chlorose läßt sich durch Wechsel der Außenbedingungen und Übertragung in ein anderes Medium meistens wieder rückgängig machen.

5.2.8 Auftreten von erblichen und nichterblichen Abweichungen

Ein anderes Problem bei der Anzucht von Meriklonen ist das gelegentliche Auftreten von Anomalien. Obgleich theoretisch alle aus somatischem Gewebe erzeugten Nachkommen der Mutterpflanze sich völlig gleichen müßten, beobachtet man doch hin und wieder Abweichungen, die teils auf Mutation, teils auf Entmischungsvorgänge genetisch verschiedener Gewebeschichten zurückzuführen sind. Die Ursachen wurden experimentell noch wenig untersucht, doch vermutet man sie vor allem in der langfristigen Einwirkung von Wuchsstoffen (hauptsächlich Cytokininen) und in zu lange ausgedehnten Teilungen, wodurch das physiologische Gleichgewicht gestört wird.

Sofern man bewußt erbliche Veränderungen anstrebt, d. h. durch eine Vermehrung des Chromosomensatzes (Polyploidie) großblütigere Sorten erhalten möchte, kann man die Protokorme mit Colchicinlösungen oder radioaktiver Strahlung behandeln. SANGUTHAJ et al. (1973) erzielten durch 5tägige Einwirkung einer 0,10%igen Colchicinlösung auf die Protokorme von *Dendrobium-*

Hybriden teilweise eine Verdoppelung des Chromosomensatzes. WIMBER und VAN COTT (1966) erhielten etwa 40% tetraploide Cymbidienprotokorme, nachdem man sie 10–21 Tage in flüssigem Medium kultiviert hatte, dem auf 50 ml 1 ml einer sterilen 2,5%igen Colchicinlösung beigegeben worden war. LUCKE (1977) berichtet über Versuche mit Zusatzmengen von 50–150 ppm Colchicin zum Nährboden. CHANGYAWL (1970) empfiehlt zur Bestrahlung gut entwickelter Cymbidienprotokorme eine Dosis von 30–40 J/kg.

5.3 Die Weiterkultur der Jungpflanzen

Wenn die Sämlinge oder Klonpflanzen eine ausreichende Größe erlangt haben, d.h. zwei bis drei Blätter und einige gut entwickelte Wurzeln aufweisen, müssen sie aus den Flaschen herausgenommen und in unsteriles Substrat übertragen werden. Dies ist für die jungen Pflänzchen eine kritische Zeit, denn ehe sie sich in der neuen Umgebung voll eingewöhnt haben, ist ihre natürliche Widerstandskraft sehr gering. Durch hygienische Maßnahmen lassen sich jedoch Angriffe von außen weitgehend einschränken, besonders wenn man eine abgeschlossene Anzuchtabteilung im Gewächshaus hat, die mit den anderen Kulturräumen nicht in unmittelbarer Verbindung steht.

5.3.1 Behälter

Man zieht die den Flaschen entnommenen Pflänzchen zunächst am besten in Gemeinschaftstöpfen weiter (Abb. 101, wo sie sich schneller entwickeln als im Einzelstand. Geeignet sind schalenartige flache Gefäße aus Ton oder Kunst-

Abb. 101. Auspikierte Sämlinge von Dendrobium phalaenopsis im Gemeinschaftstopf.

stoffmaterial, nicht zu groß, mit Abzugslöchern versehen. Vor Gebrauch wäscht man sie sauber aus und desinfiziert mit Chinosollösung oder kochendem Wasser. Luftdurchlässige Hauben aus Kunststoffolie oder Gazestoff schützen vor zu starker Verdunstung und Trauermückeninvasion, doch darf kein Tropfenfall entstehen, und die Sämlinge müssen genug Licht erhalten.

5.3.2 Substrat

Der Pflanzstoff kann sich aus den verschiedensten Materialien zusammensetzen, er soll jedoch möglichst keimarm, strukturstabil, humos und frei von schädlichen Stoffen sein. Diese Anforderungen werden am leichtesten von Torf erfüllt, dem man zur Verbesserung der Durchlüftung 50% Styroporflocken zusetzt, nachdem man den Torf mit 3–5 g kohlensaurem Kalk und 0,25–0,50 g Volldünger je Liter angereichert hat. Fast alle Jungpflanzen entwickeln sich sehr gut in diesem Substrat, nur sind die Styroporflocken beim Hineinsetzen der kleinen Orchideen etwas hinderlich. Manche Kultivateure bevorzugen ein Gemisch aus Torf oder zerkleinertem Sphagnum mit Sand und Holzkohle im Verhältnis 2 : 1 : 1. Holzkohle macht das Substrat nicht nur luftdurchlässiger, sondern infolge ihrer adsorbierenden Eigenschaften auch fäulnisresistenter. Zur Verbesserung des Wasserabzugs legt man auf den Boden des Gefäßes eine Dränageschicht aus groben Styroporflocken oder Scherben. Alle Materialien müssen von Staubteilchen befreit und sauber sein.

5.3.3 Das Pikieren

Nach dem Öffnen der Glaskolben nimmt man die Pflänzchen mit Hilfe einer Pinzette oder eines Stöckchens vorsichtig heraus und legt sie in eine Schale mit lauwarmem Wasser, um sie von Agarresten zu befreien. Nach dem Abspülen badet man sie 10–15 Minuten in einer 0,05%igen Chinosol- oder Albisallösung, überführt sie danach in einen mit feuchtem Filtrierpapier ausgekleideten Behälter und beginnt dann mit dem Pikieren. Hierzu bedient man sich am besten eines zugespitzten Holzstäbchens, mit dem man ein kleines Loch in das Substrat bohrt, in das die Wurzeln ohne Umknicken versenkt werden. Die Sämlinge dürfen keinesfalls zu tief stehen, das Herz muß auf jeden Fall frei bleiben. Je nach Größe der Pflanzen und der Schale pikiert man 30–50 Stück in ein Gemeinschaftsgefäß, die Abstände von Pflanze zu Pflanze betragen etwa 1,5–2,0 cm. Hat man es mit außergewöhnlich kräftig entwickelten Pflanzen zu tun, so kann man sie auch gleich in kleine Töpfe oder Multiplatten setzen. Nach dem Pikieren überbraust man die Schalen nochmals kurz mit einer 0,05%igen Albisallösung und stellt sie dann bei 22–25 °C an einem sonnengeschützten Platz über Latten oder Drahtgitter auf, so daß die Luft von allen Seiten Zutritt hat.

5.3.4 Die weitere Pflege

Die Überwachung beschränkt sich in der Hauptsache auf Erhaltung der Feuchtigkeit im Substrat, gelegentliche schwache Nachdüngung und das Fernhalten von Schädlingen. Von einem zu häufigen Überbrausen der Schalen ist unbedingt abzuraten, da damit die Gefahr einer Infektion mit Fäulniserregern erhöht wird. Besser, wenn auch etwas mühsamer, ist das regelmäßige Einstellen der Schalen in flache, wassergefüllte Wannen, so daß die Feuchtigkeit von unten her aufsteigen kann. Wann und wie oft man die Schalen taucht, richtet sich nach der Höhe des Wasserverlustes, den man am besten durch Prüfung des Schalengewichtes feststellen kann. Auf keinen Fall darf das Tauchen erfolgen, wenn das Substrat vielleicht an der Oberfläche trocken erscheint, im Wurzelbereich aber noch naß genug ist. Zum Befeuchten sollte man – zum mindesten in den ersten Wochen nach dem Pikieren – abgekochtes Leitungs- oder Regenwasser nehmen. Je nach Wüchsigkeit der Jungpflanzen gibt man im Abstand von 8–14 Tagen auch schwache Düngerlösungen (0,25–0,50 g Volldünger je Liter Wasser), um damit Nährstoffverluste im Substrat zu ergänzen. Auf die u.U. wirksamen Zusätze organischer Herkunft wurde bereits im Kapitel „Pflanzenernährung" hingewiesen. Sehr entscheidend für eine flotte Weiterentwicklung ist vor allem eine optimale Belichtung, d.h. eine Tageslänge von etwa 16 Stunden und eine Beleuchtungsstärke von 6000–8000 lx für die lichtbedürftigen, von 1000–2000 lx für die schattenliebenden Arten. Durch zusätzliche CO_2-Begasung (bis zu 0,1 Vol.-%) kann der Belichtungseffekt noch erhöht werden. Während der ersten 1 oder 2 Jahre setzt man die Pflänzchen möglichst oft (jeden 3. bis 4. Monat) um, da das Wachstum dann wesentlich schneller vonstatten geht. Beobachtet man einen auffallenden Wachstumsstillstand, krankhafte Veränderungen oder gar ein Absterben der Sämlinge, so muß sofort das Substrat gewechselt und dem Zustand der Wurzeln besondere Beachtung geschenkt werden.

5.3.5 Krankheiten und Schädlinge

Das gefürchtete Sämlingssterben, hervorgerufen durch verschiedene pilzliche Erreger, ist meistens eine Folge geschwächter Vitalität. Durch strenge Hygiene und gute Pflege lassen sich die Infektionen zwar einschränken, trotzdem wird man ohne vorbeugenden Pflanzenschutz mit systemisch wirkenden Fungiziden nicht auskommen. Gefährlich für die jungen Pflänzchen sind auch die Larven der Trauermücken und andere im Boden lebende Kleininsekten, die mit Vorliebe die zarten Wurzeln zerstören. Einen gewissen Schutz dagegen bietet die konsequent durchgeführte Anwendung von Vernebelungspräparaten auf Phosphorsäureesterbasis (Alphos, Dedevap) oder die Beifügung von larvenabtötenden Mitteln zum Substrat (z.B. Birlane). Störend kann auch die oberflächliche Veralgung oder Vermoosung in den Schalen sein, die sich besonders bei regelmäßiger Düngung mit der Zeit einstellt. Hier hilft nur wiederholtes Auflockern der Oberfläche oder das Umpflanzen in neues Substrat.

5.3.6 Das Topfen

Sobald das Wurzelsystem der mehrfach umpikierten Pflanzen genügend erstarkt ist, beginnt man mit dem Eintopfen. Die Töpfe dürfen jedoch auf keinen

Fall zu groß bemessen werden, da alle Orchideen, mit Ausnahme vielleicht der schnellwüchsigen Cymbidien, empfindlich gegen zu große Gefäße sind. Die Zusammensetzung des Substrats kann man allmählich jenem der erwachsenen Pflanzen anpassen, auch die Nährstoffgabe wird nach und nach erhöht. Bei Einhaltung optimaler Umweltbedingungen wachsen die meisten Jungpflanzen das ganze Jahr über weiter und können dementsprechend bei Bedarf auch jederzeit umgetopft werden. Um möglichst bald blühfähige Pflanzen zu bekommen, lohnt sich in vielen Fällen, auch weiterhin während der Wintermonate Zusatzlicht zu geben und den CO_2-Spiegel zu erhöhen. Die Blühreife tritt unter diesen Voraussetzungen bei *Disa* nach 1½–2 Jahren ein, bei *Phalaenopsis* nach 2–3, *Paphiopedilum* und *Dendrobium* 3–5, *Cattleya* 5–6, *Cymbidium* 6–7 Jahren. Sofern die erste Blüte an einer noch relativ kleinen Pflanze erscheint, schwächt sie diese allerdings und ist auch qualitativ meist nicht befriedigend.

5.4 Die Vermehrung durch Teilung und Ableger

Liebhabern, die nicht an einer Massenanzucht von Orchideen interessiert sind, aber dennoch diese oder jene Pflanze ihres Bestandes gern vermehren möchten, bietet sich die traditionelle Methode der Teilung an, die früher auch in Gärtnereien allgemein üblich war. Durch das „fortschreitende" Wachstum der sympodialen Gattungen bilden sich an einer Pflanze im Laufe der Zeit eine Reihe von hintereinanderstehenden Trieben, von denen meistens nur die jüngsten Blüten hervorbringen. Da sich am Grunde jedes Sprosses neben dem austreibenden noch schlafende Augen befinden, ist es möglich, auch ältere Teile, die ihre Entwicklung schon abgeschlossen haben, nach einer Abtrennung erneut zur Hervorbringung eines Seitensprosses anzuregen.

Bei *Cattleya* und ähnlich gestalteten Pflanzen bereitet man die Abtrennung der Rückbulben am besten ½ Jahr vor dem Umtopfen vor, indem man am waagerechten Rhizom hinter der dritten oder vierten Vorderbulbe einen leichten Einschnitt anbringt, wodurch das Austreiben der ruhenden Ersatzknospe gefördert wird. Im Frühjahr, zur Verpflanzzeit, nimmt man dann die älteren Teile ab, befreit sie von abgestorbenen Wurzeln, pudert die Schnittstellen mit Holzkohlenstaub ein und steckt sie mit dem unteren Ende in frisches *Sphagnum*-Moos, Torf oder auch Oasis-Blumensteckmaterial. Als Behälter dienen Töpfe, Handkisten oder mit Löchern versehene Plastikbeutel. Man hält die Rückbulben zunächst in „gespannter" Luft, d.h. warm-feucht und schattig, aber nicht zu naß.

Ältere, zu groß gewordene *Cymbidium*-Pflanzen lassen sich in ähnlicher Weise verjüngen. Man steckt die abgetrennten blattlosen Pseudobulben zu ⅓ in feuchten Sand oder Torf. Bei den laubabwerfenden *Calanthe* nimmt man nach der winterlichen Ruhezeit die Bulben auseinander und pflanzt sie einzeln in Töpfe, wonach jede Bulbe eine neue Pflanze bildet. Die mehrgliedrigen langen Stammstücke von *Thunia, Dendrobium nobile* und einigen *Epidendrum* spec. können ebenfalls, in Teilstücke zerlegt und mit Drahthaken in horizontaler

Abb. 102 (oben links). Keiki bei Dendrobium phalaenopsis.

Abb. 103 (oben rechts). Abmoosen bei Vanda tricolor.

Abb. 104 (rechts). Ausläuferbildung bei Dactylorhiza iberica.

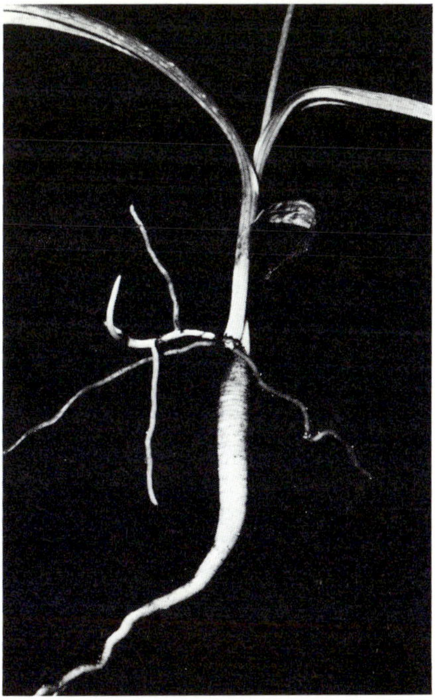

Lage auf Sand gesteckt, zum Austreiben gebracht werden. Manche Arten von *Phalaenopsis, Pleione, Epidendrum* und *Dendrobium phalaenopsis* bilden am Bulbenende oder am Blütenstiel auch spontan bewurzelte Adventivpflänzchen (Keikis) aus (Abb. 102), die eingetopft verhältnismäßig schnell zur Blüte kommen. Orchideen, die zum rosetten- oder polsterartigen Wuchs neigen, lassen sich beim Umtopfen sehr bequem in mehrere Stücke zerlegen (z. B. viele *Pleurothallis, Masdevallia, Paphiopedilum* usw.), doch ist zu beachten, daß eine zu starke Teilung die Pflanzen schwächt und die Blütenzahl erheblich vermindert.

Monopodiale Gattungen, die normalerweise nur einen Haupttrieb haben, können manchmal durch Einkürzen dieses Triebes zur Ausbildung von Seitensprossen gezwungen werden. Bei *Vanda* umwickelt man den oberen Teil des Stammes vorher mit Moos und trennt ihn ab, wenn einige Luftwurzeln hineingewachsen sind (Abb. 103). Am verbliebenen basalen Stammstück treiben dann ein oder zwei ruhende Achselsprosse aus. Ähnlich lassen sich *Renanthera, Angraecum* und *Aerides* vermehren. Bei *Ascocenda* ermöglicht auch das Besprühen der ganzen Pflanze mit einer cytokininhaltigen Lösung (1 ppm BAP) den Durchbruch basaler Nebentriebe ohne vorherige Einkürzung des Hauptstammes (Kunisaki 1975).

Die Neigung, aus den unteren Augen des Blütenstieles Adventivpflanzen zu bilden, nutzt man vor allem bei *Phajus* und *Phalaenopsis*. Bei *Phajus* treiben die Stengelstücke, die man zwischen den Knoten zerschneidet, meistens befriedigend aus, wenn man sie auf Moos legt und einige Zeit in gespannter Luft hält. *Phalaenopsis*-Klone bekommt man dagegen sicherer, wenn man die einzelnen Nodien aseptisch auf Agarnährböden kultiviert. Man geht dabei folgendermaßen vor: Von gerade voll erblühten Infloreszenzen schneidet man den unteren Teil des Stieles ab, säubert ihn unter fließendem Wasser und zerschneidet ihn zwischen den Knoten. Die einzelnen Abschnitte werden dann so zugeschnitten, daß unter dem Auge ein etwas längeres Stielende verbleibt (1,0–1,5 cm) als darüber (0,5 cm). Die harte Deckschuppe löst man mit einem feinen Skalpell vorsichtig ab. Sodann ergreift man die Teilstücke (gewöhnlich sind es drei bis vier) mit einer Pinzette, taucht sie kurz in Alkohol, zieht sie durch die Flamme und wirft sie brennend in eine bereitstehende Flasche mit 5%iger Chlorkalklösung. Nach 10 Minuten Einwirkungszeit nimmt man das Stengelstück heraus und steckt es, ohne nochmaliges Abspülen oder Zurückschneiden, innerhalb des Impfkastens mit dem unteren, langen Ende schräg in den Agarnährboden („Knudson C“), und zwar so tief, daß das nach oben stehende Auge gerade noch frei bleibt. Dieses wird im Erfolgsfalle nach einigen Wochen oder Monaten austreiben und zunächst Blätter, später auch Wurzeln entwickeln, so daß man die neue Pflanze in unsteriles Substrat überführen kann. Diese Fähigkeit, aus ruhenden basalen Blütenstielknospen Adventivpflanzen zu bilden, ist allerdings nicht bei allen *Phalaenopsis*-Arten gleich gut ausgeprägt, auch manche Hybriden versagen bei dieser Methode. Nach Arditti (1976) wird das Austreiben der Knospen durch Zusatz von 1,48 mg trans-Zimtsäure, 13,2 mg Isoleucin, 0,4 mg Thiamin-HCl, 2,0 mg Benzylaminopurin und 100 mg Inositol je Liter Nährmedium gefördert. Haas (1977) entwickelte ein Gel (Orchid Keiki Fix), das man bei Belassung der Blütenstiele an der Pflanze auf die von den

Hüllschuppen befreiten Augen aufträgt. Wird die Prozedur mindestens jeden zweiten Tag wiederholt, so treiben die Knospen nach einigen Wochen aus und bilden Keikis.

Unsere heimischen Erdorchideen besitzen häufig ein unterirdisch verlaufendes System von Rhizomen, Ausläufern (Abb. 104) oder Knollen, die nach Abtrennung des gegen Vegetationsende fertig vorgebildeten Erneuerungssprosses ebenfalls aus ruhenden Knospen austreiben. MUIK (1977) beschreibt ein Verfahren, mit dessen Hilfe es möglich ist, Cypripedien entweder durch Aussaat in verpilzte, unsterile Nadellauberde oder durch Teilung der mit Triebknospen versehenen Rhizome zu vermehren. Auch ohne menschliches Zutun besteht bei Cypripedien die Tendenz, größere Horste zu bilden und dadurch die Art zu verbreiten.

5.5 Chemikalien für Nährmedien

Übersicht über die gebräuchlichsten anorganischen und organischen Bestandteile von Nährmedien

a) Makronährstoffe

Bezeichnung	chem. Formel	Reinnährstoffgehalt (%)[1]
Ammoniumnitrat[2]	NH_4NO_3	35 N
Ammoniumsulfat	$(NH_4)_2SO_4$	21 N
Calciumcarbonat[3]	$CaCO_3$	56 CaO
Calciumchlorid[2]	$CaCl_2 \cdot 2H_2O$	38 CaO
Calciumhydroxid	$Ca(OH)_2$	75 CaO
Calciumnitrat[2]	$Ca(NO_3)_2 \cdot 4H_2O$	24 CaO, 12 N
Calciumphosphat (prim.)	$Ca(H_2PO_4)_2 \cdot H_2O$	22 CaO, 56 P_2O_5
Calciumphosphat (tert.)[3]	$Ca_3(PO_4)_2$	54 CaO, 46 P_2O_5
Harnstoff	$CO(NH_2)_2$	46 N
Kaliumchlorid[2]	KCl	60 K_2O
Kaliumnitrat[2]	KNO_3	46 K_2O, 14 N
Kaliumphosphat (prim.)	KH_2PO_4	34 K_2O, 52 P_2O_5
Kaliumphosphat (sek.)	K_2HPO_4	54 K_2O, 41 P_2O_5
Kaliumsulfat	K_2SO_4	54 K_2O
Magnesiumnitrat[2]	$Mg(NO_3)_2 \cdot 6H_2O$	16 MgO, 11 N
Magnesiumsulfat	$MgSO_4 \cdot 7H_2O$	16 MgO
Natriumphosphat (prim.)	$NaH_2PO_4 \cdot 2H_2O$	35 Na_2O, 45 P_2O_5

[1] Abgerundete Werte. Werden Salze mit anderem Kristallwassergehalt verwendet, so muß der Reinnährstoffgehalt aus dem Molekulargewicht errechnet werden.

[2] Stark hygroskopisch. Salz trocken und kühl aufbewahren!

[3] In reinem Wasser unlöslich.

[4] Komplexe Verbindung mit Dinatrium-äthylendiamintetraessigsäure.

® Reg. Warenzeichen BASF.

b) Mikronährstoffe

Bezeichnung	chem. Formel	Reinnährstoff-gehalt (%)[1]
Borax	$Na_2B_4O_7 \cdot 10\,H_2O$	11,3 B
Borsäure	H_3BO_3	17,5 B
Eisenchelat (Fetrilon®)[4]	Fe-EDTA	5,0 Fe
Eisenchlorid	$FeCl_3 \cdot 6H_2O$	20,7 Fe
Eisenphosphat	$Fe_3(PO_4)_2$	46,8 Fe
Eisensulfat	$FeSO_4 \cdot 7H_2O$	20,1 Fe
Eisencitrat	$FeC_6H_5O_7 \cdot 3H_2O$	18,7 Fe
Kupfersulfat	$CuSO_4 \cdot 5H_2O$	25,4 Cu
Manganchlorid	$MnCl_2 \cdot 4H_2O$	27,7 Mn
Mangansulfat	$MnSO_4 \cdot 4H_2O$	24,6 Mn
Natriummolybdat	$Na_2MoO_4 \cdot 2H_2O$	39,6 Mo
Zinksulfat	$ZnSO_4 \cdot 7H_2O$	22,7 Zn

c) Aminosäuren und andere N-haltige organische Verbindungen

Bezeichnung	chem. Formel
Adenin	$C_5H_5N_5$
Arginin	$C_6H_{14}N_4O_2$
Asparagin	$C_4H_8N_2O_3 \cdot H_2O$
Glutamin	$C_5H_{10}N_2O_3$
Glycin	H_2NCH_2COOH
Caseinhydrolysat (Edamin)	
Hefeextrakt	
Natriumnucleinat	
Pepton	
Trypton	

d) Vitamine und Biostoffe

Bezeichnung	chem. Formel
D(+)Biotin (Bios II, Vitamin H)	$C_{10}H_{16}N_2O_3S$
Calcium-D(+)pantothenat	$C_{18}H_{32}CaN_2O_{10}$
meso-Inosit (myo-Inositol, Bios I)	$C_6H_{12}O_6$
Nicotinsäure (Niacin)	$C_6H_5NO_2$
Pyridoxin-Hydrochlorid (Vitamin B 6)	$C_8H_{12}Cl\,NO_3$
Thiamin-Hydrochlorid (Vitamin B 1)	$C_{12}H_{18}Cl_2N_4OS \cdot xH_2O$

e) Phytohormone und Wachstumsregulatoren

Bezeichnung	chem. Formel
Auxine:	
2,4-Dichlorphenoxyessigsäure (2,4-D)	$C_8H_6Cl_2O_3$

3-Indolessigsäure (IES, IAA)	$C_{10}H_9NO_2$
3-Indolbuttersäure (IBS, IBA)	$C_{12}H_{13}NO_2$
Naphthyl-(1)-essigsäure (NES, NAA)	$C_{12}H_{10}O_2$
Cytokinine:	
6-Benzylaminopurin (6-Benzyladenin, BAP)	$C_{12}H_{11}N_5$
6-Furfurylaminopurin (Kinetin)	$C_{10}H_9N_5O$
Zeatin	$C_{10}H_{13}N_5O$
Gibberelline:	
Gibberellinsäure (GA_3)	$C_{19}H_{22}O_6$

f) Kohlenhydrate

Bezeichnung	chem. Formel
Fructose	$C_6H_{12}O_6$
Glucose	$C_6H_{12}O_6$
Sucrose (Saccharose)	$C_{12}H_{22}O_{11}$
Stärke	$C_6H_{10}O_5$

Anmerkung: Einige Aminosäuren verursachen in Verbindung mit Monosacchariden beim Erhitzen einer Bräunung des Nährmediums. Außerdem sind sie teilweise, ebenso wie die Vitamine, nicht hitzestabil, so daß man sie besser kalt sterilisiert (mittels Ultrafilter) zusetzt. Von den Wachstumsregulatoren scheint vor allem GA_3 empfindlich gegen hohe Temperaturen zu sein, weniger die Auxine und Kinine. Einige Stoffe lösen sich nicht in Wasser, dafür in einigen Tropfen abs. Alkohol (IES, NES, 2,4-D, Biotin) oder Natronlauge (Kinetin, BAP).

5.6 Anschriften und Bezugsquellen

Die nachfolgend angegebenen Bezugsquellen stellen nur eine kleine, rein zufällig getroffene Auswahl dar, um damit vor allem dem Anfänger einige Hinweise zu geben. Selbstverständlich liefern auch andere als die genannten Firmen bestimmte Bedarfsartikel; ihre Anschriften sind am besten dem Branchenverzeichnis der Fernsprechbücher zu entnehmen.

Bodenuntersuchung
Privates Bodenuntersuchungsinstitut Koldingen, 3011 Pattensen 1
Staatliche Landwirtschaftliche Untersuchungs- und Forschungsanstalten (LUFA), z. B. LUFA Augustenberg, Neßlerstr. 23, 75 Karlsruhe-Durlach

Chemikalien
E. Merck, Postfach 4119, 61 Darmstadt
Serva, Postfach 105260, 69 Heidelberg 1

Fachbücher
Buchhandlung Ziegan, Potsdamer Straße 180, 1 Berlin 30
Brücke-Verlag Kurt Schmersow, Postfach 347, 32 Hildesheim
Buchverleih der DOG, Siesmayerstr. 61, 6 Frankfurt

Fertignährböden und Aussaatzubehör
„Floricultura", Postfach 1560, Haarlem/Holland
Gibco (Biocult-Chemie), Postfach 210167, 75 Karlsruhe 21
Manfred Meyer, Postfach 2109, 6368 Bad Vilbel-Heilsberg

Stanniolfolien-Rundschnitte
Fa. Süsse u. Schmidt, Dornierstraße 5, 8034 Germering

Kulturbedarf (Substrate, Düngemittel, Gefäße, Geräte usw.)
Ernst Bormann, Neudorfer Straße 199, 41 Duisburg 1
Manfred Meyer, Postfach 2109, 6368 Bad Vilbel-Heilsberg

Laborbedarf
a) Analysenwaagen
Mettler-Waagen, Postfach 2840, 63 Gießen 2
Sartorius-Waagen, Postfach 19, 34 Göttingen
b) Ausstattung (Mobiliar, Autoklaven, Glaswaren, Geräte)
Bender & Hobein, Lindwurmstr. 71, 8 München 2
c) Sterilluft-Werkbänke
Ceag-Schirp – Reinraumtechnik, 4711 Bork/Westf.
Stora Kopparberg, Sterilbänke, Postfach 501404, 2 Hamburg 50
Laflow – Reine Arbeitsplätze, Ingenieurbüro für Labortechnik Friedrich & Hofmann, Irmenfriedstr. 25 a, 8032 Gräfelfing

Pflanzen
a) Bestimmung
Orchid Identification Center at the Marie Selby Bot. Gardens, 8 South Palm Avenue, Sarasota, Florida 33577 USA
b) Bewertung
DOG Gerd Röllke, v.-Möller-Straße 25, 48 Bielefeld 14
c) Bezug
Anzuchtbetriebe und Orchideenbörsen (s. Inserate in „Die Orchidee")
Anschriftenverzeichnis der im „Verband deutscher Orchideengärtner" zusammengeschlossenen Betriebe in der Erinnerungsbroschüre der 8. Welt-Orchideenkonferenz, Frankfurt 1975
d) Registrierung
Royal Horticultural Society (RHS), Vincent Square, London SW 1 P 2PE, England
DOG Evelyn Röllke, v.-Möller-Str. 25, 48 Bielefeld 14

Orchideen-Gesellschaften (deutschsprachig)
Deutsche Orchideengesellschaft (DOG), Geschäftsstelle, L. Thielmann, Arndtstraße 8, 2134 Sottrum

Österreichische Orchideengesellschaft, (Ing. W. Schwarz), Magdalenenstr. 21/19, A-1060 Wien

Schweizerische Orchideengesellschaft, (P.H. Stettler), CH-3065 Bolligen/Be. Gerenstr. 2

Orchideen-Zeitschriften

Die Orchidee, DOG, Siesmayerstr. 61, 6 Frankfurt/M.

The Orchid Review, 62 Chaldon Common Road, Caterham/Surrey, CR3 5DD, England

American Orchid Society Bulletin, 84 Sherman Street, Cambridge/Mass., 02140, USA.

The Orchid Digest, P. O. Box 916, Carmichael, California 95608/USA.

Literaturverzeichnis

ARDITTI, J.: Factors Affecting the Germination of Orchid Seeds. Bot. Rev. 33, 1–97, 1967.

– Klonale Vermehrung von Phalaenopsis durch Kultivierung von Blütenstammodien. Orchidee 27, 212–216, 1976.

– Clonal Propagation of Orchids by Means of Tissue Culture; in: Orchid Biology – Reviews and Perspectives I. Cornell University Press, Ithaca-London, 209–293, 1977.

– FLICK, B., and JEFFREY, D.: Post Pollination Phenomena in Orchid Flowers. New Phytology 70, 333–341, 1125–1141, 1971.

BORRIS, H., und ALBRECHT, L.: Rationelle Samenvermehrung und Anzucht europäischer Erdorchideen. Gartenwelt 69, 511–513, 1969.

BURGEFF, H.: Samenkeimung der Orchideen. Verlag Gustav Fischer, Jena 1936.

– Samenkeimung und Kultur europäischer Erdorchideen. Verlag Gustav Fischer, Stuttgart 1954.

CHAMPAGNAT, M., et MOREL, G.: La culture in vitro des tissus de tubercules d'Ophrys. Compt. Rend. Acad. Sci. Paris 274, 3379–3380, 1972.

CHANGYAWL, H.: Radiosensitivity of Cymbidium Protocorms. Am. Orch. Soc. Bull. 39, 499–505, 1970.

FAST, G.: Die Vermehrung von Oncidium papilio durch Triebspitzen-Kultur und Besprechung einiger Nährmedien. Orchidee 24, 239–246, 1973.

– Über eine Methode der kombinierten generativen-vegetativen Vermehrung von Cypripedium calceolus L. Orchidee 25, 125–129, 1974.

– Möglichkeiten zur Massenvermehrung von Cypripedium calceolus und anderen europäischen Wildorchideen. Tagungsber. der 8. Welt-Orch.-Konf., 359–363, 1976.

FAST, G.: Klonvermehrung von Phragmipedium Sedenii und Phalaenopsis hybr. aus Blütenknospen. Orchidee 30, 241–244, 1979.

HAAS, N.F.: Orchid Keiki Fix – eine neue Methode zur Erzeugung von Kindel an Blütenstielen von Phalaenopsis. Orchidee 28, 109–111, 1977.

HARBECK, M.: Einige Beobachtungen bei der Aussaat verschiedener europäischer Erdorchideen auf sterilem Nährboden. Orchidee 14, 58–65, 1963.

HADLEY, G.: The Interaction of Kinetin, Auxin and Other Factors in the Development of North Temperate Orchids. New Phyt. 69, 549–555, 1970.

HELLER, R.: Recherches sur la nutrition minérale des tissus végétaux cultivés in vitro. Ann. Sci. Nat., Bot. Biol. Vég. 14, 1–223, 1953.

HOLDGATE, D.P.: Propagation of Ornamentals by Tissue Culture, in: REINERT, J., and BAIAI, G.P.S.: Applied and Fundamental Aspects of Plant Cell, Tissue, and Organ Culture. Verlag Springer, Berlin–Heidelberg–New York 1977.

INTUWONG, O., and SAGAWA, Y.: Clonal Propagation of Sarcanthine Orchids by Aseptic Culture of Inflorescences. Am. Orch. Soc. Bull. 42, 209–215, 1973.

– – Clonal Propagation of Phalaenopsis by Shoot Tip Culture. Am. Orch. Soc. Bull. 43, 893–895, 1974.

– – Clonal Propagation of Dendrobium Golden Wave and other Nobile Types. Amer. Orch. Soc. Bull. 44, 319–322, 1975.

KOBLITZ, H.: Zell- und Gewebezüchtung bei Pflanzen. VEB Gustav Fischer, Jena 1972.

KOCH, L.: Vergleich zweier Verfahren zur Vermehrung von Cymbidium-Protocormen. Gartenbauwiss. 38, 419–426, 1973.

– Untersuchungen zur vegetativen Vermehrung bei Phalaenopsis in vitro. Diss. TU Hannover, Fak. f. Gartenbau u. Landeskultur, 1–169, 1974.

KNUDSON, L.: Non-Symbiotic Germination of Orchid Seeds. Bot. Gaz. 73, 1–25, 1922.

– A New Nutrient Solution for Germination of Orchid Seed. Am. Orch. Soc. Bull. 15, 214–217, 1946.

KUNISAKI, J.F., and SAGAWA, Y.: Shoot-Tip Culture of Vanda. Am. Orch. Soc. Bull. 41, 435–439, 1972.

– Induction of Keikis on Ascocendas by Cytokinin. Am. Orch. Soc. Bull. 44, 1066–1067, 1975.

KÜNKELE, S.: Die Washingtoner Artenschutz-Konvention und ihre Konsequenzen. Dt. Gartenbau 16, 563–565, 1976.

LINDEMANN, E.G.P., GUNCKEL, J.E., and DAVIDSON, O.W.: Meristem Culture of Cattleya. Am. Orch. Soc. Bull. 39, 1002–1004, 1970.

LUCKE, E.: Biotin als Wirkstoff bei der Samenkeimung von Paphiopedilum. Orchidee 20, 270–271, 1969.

– Orchideenaussaaten – leicht gemacht. Orchidee 25, 76–83, 1974.

– Die Desinfektionsfritte für Orchideensamen. Orchidee 26, 280–282, 1975.

– Colchicin-Behandlung von Orchideen. Orchidee 28, 38, 1977.

MOREL, G.: Producing Virus-Free Cymbidiums. Am. Orch. Soc. Bull. 29, 495–497, 1960.

– Eine neue Methode erbgleicher Vermehrung: Die Kultur von Triebspitzen-Meristemen. Orchidee 16, 165–176, 1965.

– Clonal Multiplication of Orchids. In WITHNER, C.L.: The Orchids – Scientific Studies. 169–222. Verlag John Wiley & Sons, New York 1974.

– et MULLER, J.F.: La culture in vitro du méristème apical de la pomme de terre. Compt. Rend. Acad. Sci. Paris 258, 5250–5252, 1964.

MUIK, F.: Zur Vermehrung von Cypripedium aus Samen. Orchidee 28, 116–118, 1977.

MURASHIGE, T., and SKOOG, F.: A Revised Medium for Rapid Growth and Bio-Assays with Tobacco Tissue Cultures. Physiol. Plant. 15, 473–497, 1962.

NITSCH, J.P. (1951), zit. in STREET, H.E.: Plant Tissue and Cell Culture. Blackwell Scient. Publ. Oxford, London, Edinburgh, Melbourne 1973.

REINERT, R.A., and MOHR, H.C.: Propagation of Cattleya by Tissue Culture of Lateral Bud Meristems. Proc. Am. Soc. Hort. Sci. 91, 664–671, 1967.

SAGAWA, Y., and VALMAYOR, H.L.: Embryo Culture of Orchids. Proc. 5th World Orch. Conf., 99–101, 1966.

– and SHOJI, T.: Clonal Propagation of Dendrobiums through Shoot Meristem Culture. Am. Orch. Soc. Bull. 36, 856–859, 1967.

SANGUTHAI, O., SANGUTHAI, S., and KAMEMOTO, H.: Chromosome Doubling of a Dendrobium Hybrid with Colchicine in Meristem Culture. J. Ser. Nr. 1594 of the Hawaii Agric. Exp. Stat., 12–16, 1973.

SAULEDA, R.P.: An Aseptic Transfer Case Based on a Liquid Seal. Am. Orch. Soc. Bull. 39, 515–516, 1970.

Scully, R.M.: Aspects of Meristem Culture in the Cattleya Alliance. Am. Orch. Soc. Bull. 36, 103–108, 1967.

Seitz, H.M.: Symbiotische Samenkeimung bei europäischen Orchideen. Tagungsber. d. 8. Welt-Orch.-Konf., 343–350, 1976.

Stokes, M.J.: The in-vitro Propagation of Dactylorchis fuchsii (Druce) Vermeul. The Orch. Rev. 82, 62–65, 1974.

Stoutamire, W.: Terrestrial Orchid Seedlings. In: Withner, C.: The Orchids. -Scientific Studies. 101–128. Verlag John Wiley and Sons, New York 1974.

Tanaka, M., and Sakanishi, Y.: Clonal Propagation of Phalaenopsis by Leaf Tissue Culture. Amer. Orch. Soc. Bull. 46, 733–737, 1977.

Teo, Ch.K.H., Kunisaki, J.T., and Sagawa, Y.: Clonal Propagation of Strap-Leafed Vanda by Shoot-Tip Culture. Am. Orch. Soc. Bull. 42, 402–405, 1973.

Thomale, H.: Die Orchideen. Verlag Eugen Ulmer, Stuttgart 1954.

Tin-Yau Tse, A., Smith, R.J., and Hackett, W.P.: Adventitious Shoot Formation on Phalaenopsis Nodes. Am. Orch. Soc. Bull. 40, 807–810, 1971.

Vacin, E.F., and Went, F.W.: Some pH-Changes in Nutrient Solutions. Bot. Gaz. 110, 605–613, 1949.

Vajrabhaya, M., and Vajrabhaya, T.: Tissue Culture of Rhynchostylis gigantea, a Monopodial Orchid. Am. Orch. Soc. Bull. 39, 907–910, 1970.

Valmayor, H.: Further Investigations into Nutrient Media. Proc. 7th World Orch. Conf., 211–221, 1974.

Vöth, W.: Über Aussaat und Sämlinge einiger Bulbophyllum- und Cirrhopetalum-Arten. Orchidee 20, 272–277, 1969.

– Asymbiotische Aussaat und Jungpflanzenentwicklung von Orchis sancta, O.coriophora ssp. fragrans und O. × kallithea. Gärtn.-Bot. Brief Nr. 45 d. Arbeitsgem. Techn. Leiter Bot. Gärten, 1492–1499, 1975.

– Aussaat und Kultur von Serapias parviflora und S.orientalis. Tagungsber. d. 8. Welt-Orch.-Konf., 351–358, 1976.

Werckmeister, P.: Die Steuerung von Vermehrung (Proliferation) und Wachstum in der Meristemkultur von Cymbidium und die Verwendung eines Kohle-Nährmediums. Orchidee 21, 126–131, 1970.

Wilson, G.: Calcium Hypochlorite as a Seed Sterilizer. The Orch. Rev. 14, 154–155, 1915.

Wimber, D.E.: Clonal Multiplication of Cymbidiums through Tissue Culture of the Shoot Meristem. Am. Orch. Soc. Bull. 32, 105–107, 1963.

– and van Cott, A.: Artificially Induced Polyploidy in Cymbidiums. Proc. 5th World Orch. Conf., 27–32, 1966.

Withner, C.L.: The Orchids. A Scientific Survey. The Ronald Press Co., New York 1959.

– The Orchids. Scientific Studies. John Wiley and Sons. New York 1974.

Zimmer, K., und Pieper, W.: Zur Wirkung von Blutungssaft der Weißbirke auf das Wachstum von Geweben in vitro. Orchidee 27, 267–271, 1976.

– – Zur vegetativen Vermehrung von Phalaenopsis in vitro. Orchidee 28, 118–122, 1977a.

– – Über einige Probleme bei der Gewebekultur. Die Orchidee 28, 191–194, 1977b.

6 Züchtung und Vererbung[1]

6.1 Cytologie und Genetik

6.1.1 Die Zahl der Chromosomen

Die Eigenschaften einer Pflanze werden weitgehend von ihrem mütterlichen und väterlichen Erbgut bestimmt, das in den Chromosomen der Zellkerne lokalisiert ist. Jedes Chromosom trägt eine Vielzahl von Erbanlagen (Genen), die in stärkerem oder schwächerem Maße das Erscheinungsbild des Individuums prägen. Für den Taxonomen und Züchter ist die Kenntnis der Chromosomenzahl u.U. von größter Wichtigkeit, um Aufschluß über die verwandtschaftlichen Beziehungen innerhalb einer bestimmten Gruppe zu bekommen und Möglichkeiten der Hybridisation zu erkennen.

Die Anzahl der Chromosomen wird zumeist mit n oder 2n angegeben. n findet sich in den haploiden Geschlechtszellen (Gameten), nachdem sich die homologen Chromosomen (s. S. 265) während der Reduktionsteilung (Meiose) getrennt haben. Man spricht in diesem Falle daher auch von meiotischen Chromosomen. 2n weisen dagegen die diploiden Körperzellen (Soma) der Pflanze auf, da während der normalen Zellteilung (Mitose) die Chromosomenpaare vereint weitergegeben werden. Man bezeichnet sie als somatische oder mitotische Chromosomen.

Die Frage nach der Chromosomenzahl einer bestimmten Orchideenart kann häufig beantwortet werden, wenn man die Verzeichnisse von TANAKA und KAMEMOTO in WITHNER (1974) zu Rate zieht, in denen von etwa 1000 Arten n oder 2n angeführt sind. In einer früheren Ausgabe von WITHNER (1959) nennt DUNCAN die Zahl der Chromosomen von mehr als 300 Arten und Hybriden. In den Tabellen von TANAKA und KAMEMOTO erscheinen die Gattungen in alphabetischer Reihenfolge; DUNCAN ordnet sie nach dem SCHLECHTERschen System. Das Verfahren DUNCANS, bei dem man mit dem taxonomischen System vertraut sein muß, bietet den Vorteil, daß man rasch einen Eindruck von den Chromosomenverhältnissen einer bestimmten taxonomischen Gruppe gewinnt. Als Beispiel einer derartigen Gruppe wird hier die Subtribus Sarcanthinae gewählt, von der in Abb. 105 die Anzahl der aufgefundenen somatischen Chromosomen bei den einzelnen Gattungen wiedergegeben ist. Abgesehen davon, daß bei den Sarcanthinae noch nicht alle Arten untersucht worden sind, kommt es vor, daß einzelne Sippen niedrigeren Ranges eine abweichende Chromosomenzahl aufweisen. Die Hinzufügung von „(i.s.)" in Abb. 105 kennzeichnet eine intraspezifische Sippe, wobei außer Betracht gelassen wird, welche Rangordnung ihr gegeben werden könnte.

---

[1] Die Übersetzung aus dem Holländischen besorgte freundlicherweise Herr H. TUINMAN, Veghel/Niederlande.

Betrachten wir die Anzahl der Chromosomen, so fällt sogleich auf, daß die Mehrzahl der Arten der aufgeführten Gattungen 2n = 38 Chromosomen aufweist. In einigen Fällen sind davon abweichende Zahlen wahrgenommen worden, wie 2n = 40, 2n = 76 und 2n = 116. Bezüglich der Zahl 2n = 40 kann angenommen werden, daß hier die Zahl der Chromosomen an einem Individuum (Pflanze) bestimmt worden ist, das einige Chromosomen mehr hat als für die Art typisch ist. In solchen Fällen spricht man von „Aneuploidie" im Gegensatz zu „Euploidie", wenn die Zahl der Chromosomen eine genaue Vielfalt der sog. Basiszahl (oder Grundzahl) ist.

Aneuploide Zahlen sind z.B. 2n = 36, 37, 39 und 40. Eine andere Erklärung für die Angabe 2n = 40 kann gegeben werden, wenn man annimmt, daß es sich

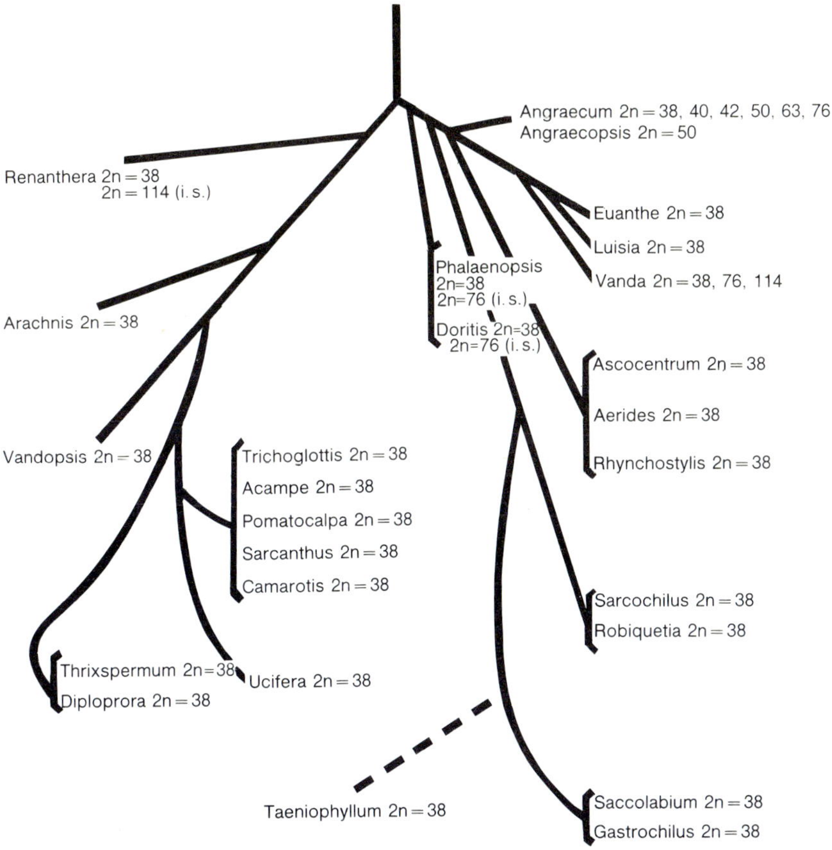

Abb. 105. Somatische Chromosomenzahlen in natürlichen Sippen der Sarcanthinae. Die Beifügung „(i. s.)" deutet auf eine Zahl, die bei intraspezifischen Sippen (Unterart, Varietät) gefunden wurde; die weiteren Zahlen sind an Arten bestimmt. Einordnung der Gattungen nach R.E. HOLTTUM 1959.

um eine Fehlinterpretation der untersuchten Zellen handelt. Kommen wir nochmals auf die Basis- oder Grundzahl zurück: sie stellt die niedrigste haploide Zahl dar, die in einer Gruppe wahrgenommen worden ist; im Falle der Sarcanthinae ist die Grundzahl (x) also 19.

Die bei den Gattungen *Phalaenopsis, Doritis, Renanthera* und *Vanda* festgestellten Zahlen 2n = 76 und 2n = 114 sind höhere Vielfache von x = 19; die daraus sich ergebenden Zahlen 4x = 76 und 6x = 114 bilden mit 2x = 38 eine polyploide Reihe. Das Phänomen der Polyploidie wird eigens erörtert werden (S. 265).

Aus der Abbildung geht aber auch hervor, daß unsere Folgerung, die Grundzahl für die Sarcanthinae sei x = 19, nicht genau zutrifft für die angraecoiden Orchideen, die rechts oben als *Angraecum* und *Angraecopsis* aufgenommen sind. Diese angraecoiden Orchideen kommen auf dem afrikanischen Festland und auf Madagaskar vor, während die Mehrzahl der Sippen der Sarcanthinae in Südostasien und im Indomalaiischen Archipel gefunden wird. Die Tatsache, daß es innerhalb der angraecoiden Orchideen auch Arten gibt mit einer Anzahl von z.B. 2n = 50, weist darauf hin, daß diese Gruppe als eine besondere evolutionäre Linie innerhalb der Sarcanthinae betrachtet werden muß.

Abschließend sei vermerkt, daß auch die afrikanische, den Sarcanthinae zugeteilte Gattung *Aerangis* eine Grundzahl von x = 25 zu haben scheint, da für die verschiedenen analysierten Arten 2n = 50 und in einem Fall auch 2n = 200 gefunden worden ist.

6.1.2 Der Karyotyp

Während für eine größere Anzahl Arten die Zahl der Chromosomen bekannt ist, kann ein weitergehendes Studium insbesonder der somatischen Chromosomen zu einer sog. Karyotyp-Analyse führen.

Wir haben schon gesehen, daß innerhalb der Gruppe der Sarcanthinae die Zahl der Chromosomen für die meisten untersuchten Arten 2n = 38 ist. Der Karyotyp einer Art aus dieser Gruppe ist deshalb an erster Stelle durch die Zahl 38 charakterisiert. Jedes Chromosom ist aber wieder durch seine Länge und die Stelle der primären Einschnürung (oder Centromer) gekennzeichnet, einige Chromosomen überdies durch eine sekundäre Einschnürung, wodurch sie einen Satelliten tragen. Innerhalb gegebener Karyotypen unterscheiden die Chromosomen sich oft untereinander durch ihre Länge. Die beobachteten Chromosomen können fotografisch oder durch Zeichnungen dargestellt werden. In diesem Fall werden sie oft nach abnehmender Länge geordnet. Aus einer karyotypischen Analyse kann man mittels Messungen und Berechnungen Folgerungen für die taxonomische Stellung der analysierten Sippen ziehen.

Abb. 106, die SHINDO und KAMEMOTO (1963) entnommen ist, zeigt vier verschiedene Karyotypen von *Phalaenopsis*. Die Karyotypen der zwei ersten Arten, *P. amabilis* und *P. schilleriana*, ähneln sich; im Vergleich mit den Karyotypen der anderen beiden Arten sind die Chromosomen aber verhältnismäßig klein. Die Chromosomen von *P. mannii* sind die längsten, die von *P. lueddemanniana* ein wenig kürzer, aber länger als die von *P. amabilis*. Mit Ausnahme

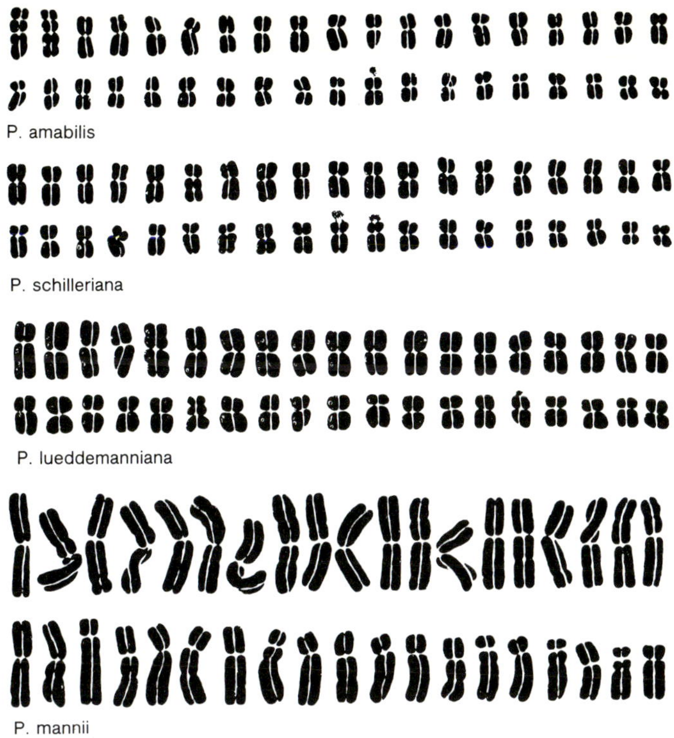

Abb. 106. Karyotypen von vier Arten der Gattung Phalaenopsis (2n = 38), 2000x. Nach SHINDO und KAMEMOTO 1963.

der beiden ersten Karyotypen sind die hier dargestellten Karyotypen in bezug auf die Morphologie der Chromosomen voneinander verschieden. Dies besagt aber nicht, daß die Karyotypen von *P. amabilis* und *P. schilleriana* einander ganz gleich wären; wahrscheinlich bestehen sog. strukturelle Abweichungen. Auch zeigt Abb. 106 deutlich, daß die Chromosomen meistens paarweise unterschieden und geordnet werden können. Die beiden Chromosomen eines Paares nennt man Homologe; die Gesamtheit der Erbträger einer Keimzelle (n) bilden ein Genom. Bei den hier angeführten Arten mit 2n = 38 sind deshalb zwei Genome, die beide aus 19 Chromosomen bestehen. In einer interspezifischen Hybride kombinieren sich wieder zwei Genome; die Unterschiede zwischen den beiden Eltergenomen bleiben oft gut erkennbar (s. Abb. 108 a).

6.1.3 Polyploidie

Am Kapitelanfang stellten wir schon fest, daß bei einer Basiszahl x = 19 verschiedene Sippen innerhalb der Sarcanthinae polyploid sind, das heißt 2n = 76 oder sogar 2n = 114 Chromosomen haben. Bei der Gattung *Doritis* kennt man die Art *D. pulcherrima*, die ihr Verbreitungsgebiet in Südostasien hat. Gewöhnlich ist *D. pulcherrima* diploid (2n = 38), doch innerhalb eines bestimmten Teils des Areals (Ubol, nahe dem Mekong-Fluß in Nordostthailand) kommt eine Sippe vor, die tetraploid (2n = 76) ist. Diese Sippe, die als *D. pulcherrima* var. *buyssoniana* bezeichnet wird, hat sog. Gigas-Kennzeichen, wobei z. B. die Blüten größer sind als die des diploiden Cytotyps.

In den Abb. 108d und 108e wird Polyploidie dargestellt an den Chromosomenzahlen während der sog. Pollenmitose (n = 19 bzw. n = 38). Wir haben es hier mit intraspezifischer Polyploidie zu tun. SAGAWA (1962) zeigte auf, daß bei vielen Sippen, die man am besten als Kulturvarietäten von *Phalaenopsis amabilis* bestimmen könnte, ein deutlicher Zusammenhang zwischen Blumengröße und Polyploidie besteht. Etwas anders ist die Situation bei *Vanda*, wo zwei als Arten beschriebene Sippen polyploid sind. *V. tricuspidata* hat nach STOREY (1952) 2n = 76 und *V. spathulata* nach STOREY et al. (1963) 2n = 114 Chromosomen. Man darf annehmen, daß es sich im Fall *Doritis pulcherrima* var. *buyssoniana* um Autopolyploidie und in den zwei vorhin erwähnten Fällen von *Vanda* um (segmental)-Allopolyploidie handelt. Um den Unterschied zwischen Auto- und Allopolyploidie und das Entstehen von Polyploidie zu erklären, müssen wir jetzt dem nächsten Absatz ein wenig vorgreifen, wo wir genauer auf die Reduktionsteilung eingehen werden.

Stellt man sich vor, daß die normale diploide *Doritis pulcherrima* zwei Genome hat, die wir kurzweg mit D^p angeben, so ist die Genomformel für diese Art D^pD^p. Betrachten wir nun im Schema Abb. 107 den Verlauf I, so ist das Ergebnis der Reduktionsteilung, daß ♂ Gameten entstehen mit einem Genom D^p. Nehmen wir an, daß auch Eizellen (♀ Gameten) entstehen mit der Genomformel D^p, so ist das Ergebnis der Befruchtung (Verschmelzung der ♀ und ♂ Kerne), daß wieder ein (diploides) Individuum mit der Genomformel D^pD^p entsteht. Gehen wir nochmals von derselben Art mit D^pD^p aus, folgen aber nun Verlauf II A, so ist dessen Ergebnis, daß eine ♂ Gamete mit der Genomverbindung D^pD^p (2n) gebildet wird. Werden an ♀ Seite gleichfalls D^pD^p Gameten gebildet, so wird nach der Verbindung derartiger diploider Gameten ein Individuum (Pflanze) entstehen mit der Genomverbindung $D^pD^pD^pD^p$, ein Autotetraploid mit $4 \cdot 19 = 76$ Chromosomen.

Stellen wir jetzt den Fall *Vanda tricuspidata* (2n = 76) zur Diskussion, so setzen wir voraus, daß wir von zwei hypothetischen Arten x und y ausgehen. Die Art x hat die Genomformel V^xV^x; die Art y V^yV^y. Nehmen wir an, daß wir die Arten x und y kreuzen, so bekommen wir im normalen Fall Nachkommen mit der Genomformel V^xV^y (diploid, $2 \cdot 19 = 38$ Chromosomen). Wird diese F_1 z. B. selbstbestäubt und folgt die Reduktionsteilung an sowohl männlicher wie weiblicher Seite dem Verlauf II A (Abb. 107), so entstehen ♀ und ♂ Gameten mit der Genomverbindung V^xV^y (also mit $2 \cdot 19 = 38$ Chromosomen); verschmelzen diese Gameten, so entsteht ein Nachkomme mit $V^xV^xV^yV^y$, ein Allotetraploid oder Amphidiploid mit $4 \cdot 19 = 76$ Chromosomen. Der Unterschied zwischen Auto- und Allotetraploidie kann also durch die Annahme angegeben werden, daß die Autotetraploiden durch Genomverdoppelung einer Art ($D^pD^p \rightarrow D^pD^pD^pD^p$; $V^xV^x \rightarrow V^xV^xV^xV^x$; $V^yV^y \rightarrow V^yV^yV^yV^y$) entstehen, die Allo-

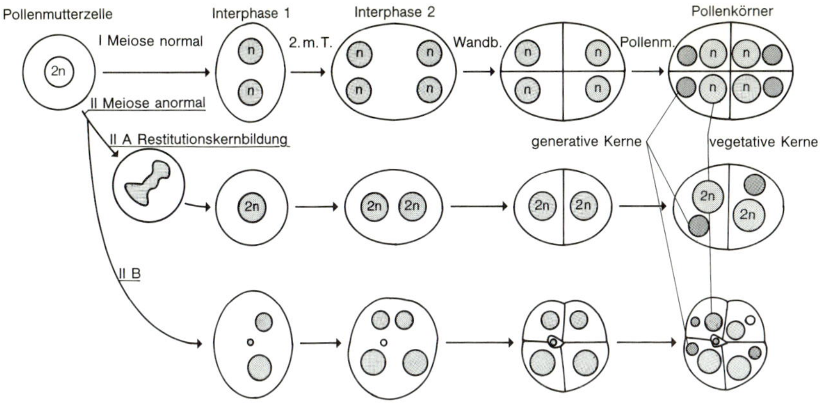

Abb. 107. Schematische Darstellung des Verlaufes der Meiose, die zur Bildung der Pollenkörner führt.
Entwicklungsgang I: Bildung von vier haploiden (n) Pollenkörnern in einer Tetrade; Entwicklungsgang II A: Bildung von zwei diploiden (2n) Pollenkörnern in einer Dyade als Folge einer Restitutionskernbildung; Entwicklungsgang II B: Bildung von unbalanzierten Pollenkörnern als Folge einer anomalen Verteilung der Chromosomen während der Anaphase der ersten meiotischen Teilung.
Abkürzungen: 2.m.T. = zweite meiotische Teilung, Wandb. = Wandbildung, Pollenm. = Pollenmitose.

tetraploiden durch Genomverdoppelung einer Hybride ($V^xV^y \rightarrow V^xV^xV^yV^y$). Eine weitere Anführung der verschiedenen Formen von Polyploidie entnehme man Löve and Löve (1975).

Aus Abb. 105 läßt sich folgern, daß spontane Polyploidie in einer Gruppe wie die der Sarcanthinae, wenigstens was die Wildarten betrifft, eine relativ seltene Erscheinung ist, obwohl die Gruppe insgesamt als polyploid betrachtet werden kann. Ähnliche Folgerungen lassen sich ziehen, wenn man andere Gruppen betrachtet, ausgenommen Gattungen, die zu intensiver Hybridisation neigen, z.B. *Dactylorhiza*. Polyploidie spielt aber eine wichtige Rolle bei der Züchtung von Orchideen im Zierpflanzenbau.

6.1.4 Die Reduktionsteilung

Die Bildung weiblicher und männlicher Gameten ist das Ergebnis einer Reihe von Kern -/Zellteilungen in der diploiden Embryosackmutterzelle (EMZ) bzw. der Pollenmutterzelle (PMZ). Die Entwicklung der ♀ und ♂ Gameten verläuft nach demselben Prinzip, ist jedoch auf der weiblichen Seite etwas komplizierter und überdies weniger einfach zu beobachten. Wir werden uns deshalb auf eine Besprechung der Bildung der Pollenkörner beschränken.

Ausgehend von der PMZ (Abb. 107) mit 2n Chromosomen, wird eine normal verlaufende Meiose zur Bildung von vier Pollenkörnern mit je zwei haploiden

Kernen, einem generativen und einem vegetativen, führen. Die vier Pollenkörner bleiben während ihrer weiteren Existenz bei den Orchidaceae in einer Tetrade zusammen. Die Pollentetrade ist schematisch abgebildet in Abb. 107 am Ende der Entwicklungsreihe I und in Abb. 108h, aufgezeigt an *Doritaenopsis* Clara Schubert. Von einer normal verlaufenden Meiose kann man reden, wenn während der ersten Phasen der Reduktionsteilung die homologen Chromosomen sich normal paaren, sodaß während der sog. Metaphasen-I n Bivalente (in Abb. 108b und 108c) wahrnehmbar sind. (Ein Bivalent ist eine Konfiguration, die aus zwei Chromosomen besteht.) Danach weichen die homologen Chromosomen wieder so auseinander, daß in der Interphase-I zwei Kerne mit je n Chromosomen gebildet werden. Eine zweite (mitotische) Teilung sorgt dafür, daß in der Zelle vier haploide Kerne gebildet werden (s. Interphase-II); diese vier Kerne werden schließlich durch Zellenwandbildung von einander getrennt, wodurch vier haploide, in einer Tetrade zusammenhängende Zellen antstehen. Als Ergebnis der dann auftretenden Pollenmitose (s. auch Abb. 108d und 108e) werden am Ende in jeder der vier Zellen die generativen und die vegetativen Kerne gebildet. Den eben skizzierten Prozeß kann man bei reinen Arten und mehr oder weniger fertilen Hybriden erwarten. Wenn aber während der ersten Phasen der Reduktionsteilung die Paarung der Chromosomen gestört worden ist oder das Auseinanderweichen der Chromosomen nicht regelmäßig verläuft, können Pollenkörner mit abweichender Anzahl von Chromosomen entstehen. Zwei Möglichkeiten sind, von der Entwicklungsreihe II ausgehend, wiedergegeben.

Entwicklungsreihe II A gibt an, welche Wirkung die sog. Restitutionskernbildung auf den Kerninhalt der dadurch entstehenden Pollenkörner hat. Restitutionskernbildung tritt auf, wenn während der ersten Phasen der Meiose alles

---

Abb. 108 a–h. Chromosomen di- und polyploider Pflanzen.
a 38 somatische Chromosomen in einer Wurzelspitzenzelle der interspezifischen Hybride Phalaenopsis equestris × Phalaenopsis manii; die 19 kürzeren sind von der ersten, die 19 längeren von der zweiten Elternpflanze ererbt worden
b + c erste meiotische Metaphase in PMZ von Doritis pulcherrima, im diploiden Cytotyp 19, im tetraploiden Cytotyp 38 Bivalente
d + e Pollenmitose in einer Tetrade von Doritis pulcherrima (2x = 38) bzw. Doritis pulcherrima var. buyssoniana (4x = 76), im diploiden Cytotyp n = 19 Chromosomen, im tetraploiden Cytotyp n = 38 Chromosomen
f anomale Pollenbildung in der interspezifischen Hybride Phalaenopsis lueddemanniana × Phalaenopsis equestris (2n = 38); der Pfeil deutet auf eine Dyade mit diploiden Kernen, entstanden als Folge einer früheren Restitutionskernbildung
g somatische Chromosomen (2n = 76) in der allotetraploiden Doritaenopsis Clara Schubert; die 38 längeren sind von tetraploiden (4x = 76) Doritis pulcherrima var. buyssoniana, die 38 kürzeren von tetraploiden (4x = 76) Phalaenopsis Zada ererbt worden
h Pollentetrade von Doritaenopsis Clara Schubert; die haploiden Kerne enthalten je 38 Chromosomen. Die kleineren generativen Kerne sind dunkel, die größeren vegetativen Kerne leicht angefärbt
Vergrößerung 1500–2000x (108 a und 108 f aus Arends 1970).

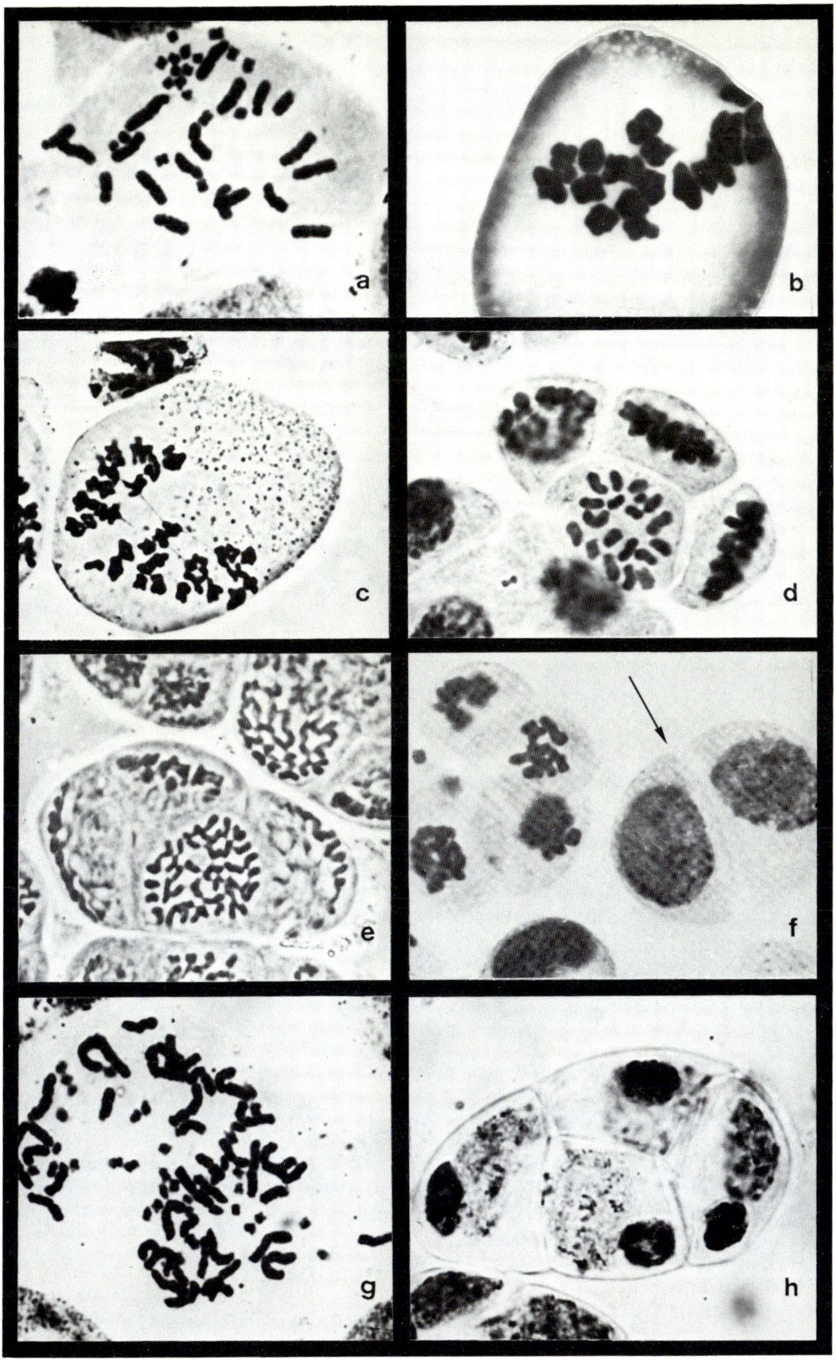
a
b
c
d
e
f
g
h

vorhandene Kernmaterial durch Verschmelzung wieder in einen Kern (den Interphase-I-Kern) zusammengebracht wird. Da dieser Kern diploid (2n) ist und die folgenden Teilungen normal verlaufen, entstehen schließlich zwei Pollenkörner (die zusammen eine Dyade bilden), die beide diploide vegetative und generative Kerne enthalten. Diese Erscheinung kann in seltenen Fällen bei reinen Arten auftreten, größtenteils aber bei sterilen Hybriden (s. Abb. 108f).

Reihe II B zeigt die Bildung von Pollenkörnern mit Kernen, deren Chromosomenzahl von n abweicht. Die Abweichungen sind die Folge einer mehr oder weniger intensiven Störung in den ersten Phasen der Reduktionsteilung, wodurch unausgeglichene Gameten entstehen können, die während des Befruchtungsprozesses nicht mehr funktionieren oder nach Verschmelzung mit dem weiblichen Kern eine Zygote ergeben, die auf einer früheren oder späteren Entwicklungsstufe nicht oder kaum lebensfähig ist. Das gegebene Beispiel ist eine der sehr vielen Möglichkeiten, die beobachtet werden können, wenn der Pollen einer mehr oder weniger sterilen Hybride analysiert wird (s. auch Abb. 108f).

6.2 Mikrotechnik

6.2.1 Mikroskop und Utensilien

Das Mikroskop muß eine gute bis sehr gute Optik haben, u.a. ein Ölimmersionsobjekt (63, 90 oder 100x) mit einer möglichst hohen numerischen Apertur (1,2 à 1,4); besonders wenn kleinere meiotische oder mitotische Chromosomen analysiert werden müssen. Pollenkörner können mit einfacheren Objektiven studiert werden. Eine ausgezeichnete Einführung in den Gebrauch eines Mikroskops bietet, neben weiteren Broschüren der Firma Carl Zeiss, das Büchlein von F.K. Möllring: „Mikroskopieren – von Anfang an".

An Utensilien werden gebraucht: Objektivgläser 26 × 76 mm, 0,8–1,0 mm dick; Deckgläser rechteckig, maximal 22 × 26 mm, Dicke Nr. 1, ±0,17mm; festes Paraffin und Messinghaken, Nagellack oder Deckglaslack zum Abschließen; Glasstäbchen mit flach geschliffenem Kopf, ∅4 mm; Pinzette (10 cm); Rasierklinge; speerförmige Nadel; Petrischale ∅15 cm, auf deren Boden ein mit 45%iger Essigsäure befeuchtetes Filtrierpapier gelegt wird; Reagenzgläser mit flachem Boden, 50 mm hoch, 15 mm ∅, mit zugehörigem Korkstöpsel; Spiritus- oder Bunsenbrenner mit kleiner Flamme; Wasserbad (Becherglas oder anderes Gefäß); Immersionsöl; Tropfenzähler.

Reagenzien: (Bereitung s. unten) 0,5–2%ige Orceinessigsäure; 0,5–2%ige Karminessigsäure; leukobasisches Fuchsin; 45%- und 100%ige Essigsäure; 96%iges Äthanol; 0,002 M 8-Hydroxychinolin; 1 N HCl.

Bereitung der Reagenzien: 2%-Orceinessigsäure: Man löse 2 g Orcein in 45%-Essigsäure durch mäßige Erwärmung der Flüssigkeit mit dem Farbstoff, rühre oder bewege mitunter, während die Erlenmeyerflasche mit einem Wattepropfen abgeschlossen ist – Bereitungsdauer etwa 2–4 Stunden – und filtriere ab. Die Herstellung der 2%-Karminessigsäurelösung ist analog. Die geringere Konzentration erhält man durch Verdünnung mit 45%-Essigsäure.

Leukobasisches Fuchsin: Man bringe 200 ml destilliertes Wasser zum Kochen, löse 2 g basisches Fuchsin darin auf, kühle bis 50 °C ab, füge 30 ml 1 N HCl hinzu, kühle ab bis ±20 °C, füge 2 g pulverisiertes Kaliumdisulfit zu, schließe ab und lasse das ganze an einem dunklen Ort stehen. Nach 24 Stunden muß die Flüssigkeit beinahe farblos sein. Dann füge man 1 g Aktivkohle hinzu, schüttle und filtriere nach einigen Minuten. Im Kühlschrank (dunkel!) aufbewahren.

0,002 M 8-Hydroxychinolin: Man löse 0,29 g 8-Hydroxychinolin in 1 Liter destilliertem Wasser auf, schüttle einige Male während 48 Stunden.

Anmerkung: Die Farbstoffe können variable Erfolge ergeben; empfohlen wird Orcein (7091) von Merck (Darmstadt) oder synthetisches Orcein (5A 238) von Chroma (Schmidt & Co., 7 Stuttgart 60), basisches Fuchsin von Chroma (1A 308); statt basischem Fuchsin kann man auch Pararosanilin gebrauchen (Merck 7601, Chroma 1B 533), Karmin (Merck 2233), Kaliumdisulfit (Merck 5057), 8-Hydroxychinolin (Merck 7098).

6.2.2 Arbeitsweise

Will man die Chromosomenzahl feststellen, so erreicht man auch ohne eine reichhaltige Laborausstattung ziemlich schnell gute Resultate mit der sog. Quetsch-Technik. Hierbei wird weiches Gewebe (evtl. mittels Mazeration weich gemacht) zu einer Zellschicht Dicke unter einem Deckglas ausgebreitet. Um die Chromosomen und Kerne sehen zu können, müssen sie gefärbt werden. Chromosomen und Karyotypen analysiert man gewöhnlich an Wurzelspitzenmaterial, obwohl es auch möglich ist, die Anzahl (als n) während der Pollenmitose zu bestimmen (s. Abb. 107, 108d und 108e), wenn durch eine mitotische Teilung generative und vegetative Kerne in den Pollenkörnern entstehen.

Somatische Chromosomen: das Sammeln von Wurzelspitzen

Terrestrische Orchideen: Man klopft die Pflanzen aus dem Topf, kontrolliert sie auf das Wachstum der Wurzeln, begießt sie leicht und erntet am folgenden Tag Wurzelspitzen von ±1 cm Länge. Epiphytische Orchideen: Man erntet Wurzelspitzen (±1 cm lang) von Wurzeln, die vom Rhizom oder Stengelteil ab 2–10 cm lang sind. Dicke Wurzeln werden an der Spitze mit einer Rasierklinge 2–5 mm tief ein- oder zweimal (kreuzweise) eingeschnitten. Man stellt die Wurzelspitzen in Röhren mit der 8-Hydroxychinolinlösung und bewahrt sie darin während 4–5 Stunden bei 18–20 °C (diese Temperatur kann man halten, wenn man die abgeschlossenen Röhren in eine Thermosflasche mit Wasser von 18 °C bringt). Durch diese Vorbehandlung bleiben die Chromosomen im Metaphasezustand liegen, und sie weichen später beim Quetschen oft besser auseinander. Man fixiert die Spitzen in einer Lösung von 3 Teilen 96%-Äthanol und 1 Teil 100%-Essigsäure (kurz vor Fixierung neu zubereiten!); die weitere Behandlung kann nach 30–60 Minuten folgen. Wenn das Material später gebraucht wird, stellt man die Röhren am besten (etikettiert) in einen Kühlschrank bei einer Temperatur von ±7 °C. Unmittelbar vor dem Ernten dürfen die Pflanzen keinesfalls gegossen werden; bisweilen zeigen Wurzeln in Hinsicht auf ihre Teilungsaktivitäten eine gewisse Periodizität; meistens trifft man gerade sich teilende Kerne in Spitzen an, die gegen 10 Uhr während des Vormittags geerntet worden sind.

Das Färben der Chromosomen und Kerne in Wurzelmaterial

Unabhängig von den Reagenzien – Orceinessigsäure bzw. Karminessigsäure (Verfahren a) oder leukobasisches Fuchsin (Verfahren b) – sind einzelne Schritte des Vorgehens gleich. Es wird deshalb stufenweise beschrieben. So können gleichzeitig Wiederholungen vermieden und die Verfahren mit größtmöglicher Klarheit dargestellt werden.

a) Mit Orcein- oder Karminessigsäure

1: Eine halbe, eine ganze oder zwei Wurzelspitzen pro Präparat aus der Fixationsflüssigkeit nehmen.
2: Mazerieren, indem man sie in eine Reagenzröhre mit 1 N HCl gibt und das ganze während 2–5 Minuten im Wasserbad auf eine Temperatur von 60 °C bringt.
3: Die Wurzelspitzen aus der Reagenzröhre herausnehmen und gegebenenfalls die schleimig gewordene Wurzelhaube entfernen.
4: Die äußerste Wurzelspitze (2–3 mm), die das meristematische Gewebe enthält, abschneiden.
5: Die Spitzen in ein Reagenzglas mit etwas 2%iger Farbstofflösung überführen und sie 1–2 Stunden lang darin lassen. (S. auch Anmerkung.)
6: Die Spitzen auf ein Objektglas legen und mit Nadeln in kleine Stückchen teilen. (Schnell arbeiten, nicht austrocknen lassen!)
7: Das Gewebe in einen Tropfen 0,5%-, 1%- oder 2%iger Farbstofflösung bringen und durch leichten Druck mit der flachen Seite des Glasstäbchens weiter fraktionieren. (S. auch Anmerkung.)
8: Ein Deckglas auf den Tropfen legen und das Präparat 1–2 Stunden lang in der Petrischale ruhen lassen.
9: Das Präparat über einer Flamme erwärmen. Die Flüssigkeit darf nicht kochen – mit dem Handrücken den Grad der Erwärmung prüfen.
10: Abkühlen lassen.
11: Das Deckglas festhalten; dazu bedeckt man es teilweise mit Filtrierpapier, drückt mit einem Finger auf die bedeckte Stelle und klopft mit einem umgekehrten Zündholz leicht auf den unbedeckten Teil. (S. auch Anmerkung.)
12: Ein Stückchen Filtrierpapier über das ganze Präparat legen und auf diese Stelle des Deckglases senkrecht (!) mit dem Daumen drücken. Das Ergebnis mikroskopisch kontrollieren; wenn nötig, den Vorgang wiederholen.
13: Ränder des Deckglases abschließen, entweder mit geschmolzenem Paraffin und erwärmtem Haken oder mit Lack.
14: Etikettieren.

Anmerkung: Stufe 5 kann bei Chromosomen, die sich schnell und gut färben, evtl. entfallen. – Bei Stufe 7 ist experimentell zu ermitteln, welche Farbstoffkonzentration man gebrauchen muß. – Stufe 11 kann in vielen Fällen wegfallen, weil auch auf Stufe 12 die Zellen auseinandergebreitet und plattgedrückt werden.

b) Mit leukobasischem Fuchsin

1: Wie Verfahren a).
2: Mazerieren und hydrolisieren bei 60 °C in 1 N HCl für die Dauer von 6–10 Minuten.
Die Wurzeln 1–3 Stunden in eine Röhre mit leukobasischem Fuchsin legen; 3–5 Minuten in Wasser spülen.
3: Wie Verfahren a).
4: Wie Verfahren a).
5: Entfällt.
6: Wie Verfahren a).
7: Das Gewebe in einen Tropfen 45%iger Essigsäure bringen; mit dem Glasstäbchen drücken wie bei Verfahren a). (S. auch Anmerkung.)
8: Deckglas auflegen, sofort übergehen zu Stufe **11** des Verfahrens a), wie dort vorgehen (s. auch Anmerkung) und weitermachen mit Stufe **12, 13** und **14**.

Anmerkung: Stufe 11 kann auch bei diesem Verfahren u. U. ausfallen.
Diese Färbungsmethode ergibt oft sehr schön gefärbte Kerne und Chromosomen, während das Plasma völlig farblos bleibt. Wenn das Ergebnis nicht ganz befriedigt, kann man auf Stufe 7 die 45%-Essigsäure durch 0,5%- oder 1%ige Karminessigsäure ersetzen. Häufig nimmt die Intensität der Färbung im Laufe von einigen Stunden bis einigen Tagen ab; die Präparate müssen vorzugsweise im Dunkeln (Präparatdosen) und kühl aufbewahrt werden. Die Intensität der Färbung mit Orceinessigsäure nimmt hingegen im Laufe der Zeit gewöhnlich etwas zu.

Meiotische Chromosomen in Pollinien

Meiotische Chromosomen studiert man an den sich entwickelnden Antheren in den noch geschlossenen Blumenknospen. Eine Pollenanalyse kann an Pollen aus schon geöffneten Blumen gemacht werden. Die Länge der Blumenknospen wird vor dem Öffnen mit einer Schublehre gemessen; oft besteht eine Wechselbeziehung zwischen der Knospengröße und dem Teilungsstadium in den Antheren.

Nach der Messung werden die Knospen geöffnet, das Antherenkäppchen mit den sich entwickelnden Pollinia herausgenommen und das ganze in einer Mischung von 3 Teilen 96%-Äthanol und 1 Teil 100%-Essigsäure während mindestens 30 Minuten fixiert. Das fixierte Material kann je nach Art oder Hybride kürzere oder längere Zeit im Kühlschrank aufbewahrt werden.

Vorgehen beim Färben

1: Die Pollinien mit dem Käppchen in einem Tropfen 1%- oder 2%igem Orcein- oder Karminessig auf ein Objektglas legen.
2: Mit der flachen Seite des Glasstäbchens das ganze behutsam auseinanderdrücken.

3: Mit einer Nadel das festere Gewebe vom Antherenkäppchen entfernen.
4: Ein Deckglas auf den Tropfen geben und das Präparat 30–60 Minuten in der Petrischale ruhen lassen.
5: Über kleiner Flamme erwärmen.
6: Abkühlen lassen.
7: Filtrierpapier über das Präparat legen, Deckglas senkrecht andrücken.
8: Mit Paraffin oder einem anderen Mittel abdichten.
9: Etikettieren.

Die genannten Methoden führen im allgemeinen zu befriedigenden Resultaten; trotzdem sind viele kleinere oder größere Modifikationen bezüglich der Vorbehandlung, Fixierung und Färbung bekannt. S. dazu DARLINGTON und LA COUR (1976), GERLACH (1969) und LÖVE and LÖVE (1975).

6.3 Hybridisation

6.3.1 Natürliche Hybridisation

Kennern der Orchideen Europas, d.h. seiner gemäßigten Zonen, ist seit langem bekannt, daß unter natürlichen Umständen oft Hybriden entstehen. Ein gutes Bild vom Vorgang der Hybridisation vermitteln die Arbeiten von REINHARD (1967) und PEITZ (1972); Hybridisation innerhalb der Gattung *Ophrys* wird von DANESCH und DANESCH (1972) beschrieben. Von *Ophrys lyrata*, der Hybride von *O. atrata* und *O. bertolonii*, wurde eine große Population in der Nähe von Hyères (südfranzösische Mittelmeerküste) gefunden. Innerhalb dieser Population aber wurden wieder Formen angetroffen, die darauf hinweisen, daß weitergehende Hybridisation und Rückkreuzung stattgefunden hatten. Alle diese Pflanzen verraten ihren hybridogenen Charakter durch Kombinationen von Merkmalen, die von den verschiedenen Elternarten ererbt worden sind. Es erfordert große Kenntnis der Arten, um anhand der verschiedenen Merkmale einer vermeintlichen Hybride anzugeben, welche Elternarten an der Wiege der Hybride gestanden haben. Die genannten Beispiele natürlicher Hybridisation beziehen sich auf Arten ein und derselben Gattung (= intragenerische Hybridisation); man hat aber auch konstatiert, daß in der Natur intergenerische Hybridisation auftritt, d.h., daß Vertreter von zwei oder mehreren Gattungen hybridisieren. POTUČEK (1968) gibt eine Übersicht über intergenerische Hybridisation von *Dactylorhiza*-Arten mit Vertretern von *Serapias, Anacamptis* und vielen anderen Gattungen. SUMMERHAYES (1951) macht darauf aufmerksam, daß derartige Hybriden oft merkwürdige Merkmalkombinationen aufweisen und demzufolge leichter als intragenerische Hybriden zu unterscheiden sind.

Man kann die Frage stellen, ob in der Natur Umstände vorkommen, die die Hybridisation fördern oder sie beschränken. Eine der fördernden Bedingungen ist die Störung des „Habitats“, wodurch eine Barriere gegen Hybridisation beseitigt wird. Solche Barrieren werden Isolationsmechanismen genannt. Bei Pflanzen mit einem komplexen Blütenbau, wie bei den Orchideen, wird Hybridisation oder Genaustausch zwischen verwandten Arten vor allem durch mechanische oder ethologische Isolation verhindert. Im ersten Fall verhindert der Blütenbau einer Art, daß durch den Bestäuber Pollen einer anderen Art auf die richtige Stelle, d.h. auf die Narbe, gelangt. Der zweite Fall – ethologische Isolation – ist mit der Entwicklung von artspezifischen Bestäubern verbunden: Man hat wiederholt festgestellt, daß eine bestimmte Orchideenart hinsichtlich der Bestäubung von einer bestimmten Tierart, meistens von einem Insekt, abhängig ist. Schöne Beispiele dafür sind in dem Buch von VAN DER PIJL et DODSON (1966) zu finden.

Wo dennoch Hybridisation aufgetreten ist, besteht die Möglichkeit, daß die Hybride steril und außerstande ist, normalen Blütenstaub oder Samen zu bilden. Eine derartige Form hybridischer Sterilität beschrieb REINHARD (1972) für × *Anacamptorchis laniecae*, die intergenerische Hybride von *Anacamptis pyramidalis* und *Orchis morio*, deren Pollenkörner anormal und deren Fruchtknoten stark reduziert waren. Auch bei den tropischen Orchideen sind natürliche Hybriden nachzuweisen, obwohl in geringerem Maße als bei den terestrischen europäischen. Eines der bekanntesten Beispiele ist *Phalaenopsis* × *intermedia*, die Hybride von *Phalaenopsis aphrodite* und *P. equestris*, die schon 1852 aus den Philippinen importiert wurde. Schließlich sei in diesem Zusammenhang noch vermerkt, daß die von einigen Autoren angenommene vielfache natürliche Hybridisation zwischen taxonomischen Einheiten, die auch als Arten gedeutet werden, von anderen Wissenschaftlern wiederum bezweifelt wird (SANFORD in WITHNER 1974, S.26; SUNDERMANN 1972).

6.3.2 Künstliche Hybridisation

Aus dem Vorhergehenden wird ersichtlich: die wichtigste Kreuzungsbarriere, die den Genaustausch zwischen verwandten und sympatrischen Orchideenarten verhindert, ist ethologischer Natur. Es überrascht daher nicht, daß nach künstlicher Bestäubung mit der Hand in vielen Fällen Samenbildung stattfindet. Dies wird am besten illustriert, wenn man die Listen neu registrierter Orchideenhybriden studiert, wie sie monatlich in „The Orchid Review" und „American Orchid Society Bulletin" aufgenommen werden. Außer in einigen früheren Werken sind Hybriden auch registriert im „Orchid Stud-Book" (R.A. Rolfe & C.C. Hurst, 1909) und „Sanders Complete List of Orchid Hybrids" (Volume I bis 1946, Volume II 1946–1960, Addendum 1961–1970). Die Einschreibung von neuen Hybriden erfolgt bei „The Registrar of Orchid Hybrids", Royal Horticultural Society, Vincent Square, London SW 1P 2PE, England. Dort kann für jede Hybride ein spezielles Formblatt (Application for Registration of an Orchid Hybrid) erbeten werden (s. auch GREATWOOD 1973, 1975).

Selbstverständlich ist es bei der Anmeldung der neuen Hybride von höchster Wichtigkeit, daß die Elternpflanzen genau verzeichnet werden (Etikettierung!). Falls eine oder mehrere „wilde" oder „botanische" Arten bei der Hybridisation mit einbezogen sind, ist die richtige Identifikation des betreffenden Materials ein Haupterfordernis. Dies wird oft nicht einfach sein, und man muß einen erfahrenen Systematiker zu Rate ziehen, der sich auf die Systematik der Orchidaceae spezialisiert hat. Seit 1975 ist es möglich, sich gegen geringes Entgelt an ein „Orchid Identification Center“ der „American Orchid Society“ zu wenden (Marie Selby Botanical Gardens, 800 S. Palm Avenue Saragosa, Fl. 33577. USA). Das Zentrum beschränkt sich lediglich auf die Determination von Arten; für Einzelheiten s. DODSON 1975.

Im vorhergehenden Kapitel haben wir erwähnt, daß in der Natur nicht nur Arten einer Gattung, sondern auch Arten aus verschiedenen Gattungen hybridisieren können. Bei künstlicher Hybridisation zum Zwecke der Züchtung ist es möglich, daß sogar mehr als zwei Gattungen mit einbezogen werden. Die daraus entstehenden „Hybridengenera“ erhalten nach feststehenden Regeln einen Namen. Eines der bekanntesten Hybridengenera ist Laeliocattleya, entstanden durch Kreuzung von *Cattleya* und *Laelia.* Ein interessanter Fall ist die F_1-Hybride *Vanda* Rothschildiana, die durch Kreuzung von *Vanda coerulea* und *Vanda sanderiana* entstand (1931). Später (1950) wurde die Art *Ascocentrum curvifolium* mit *Vanda* Rothschildiana gekreuzt. Die daraus entstandene Hybride wurde als Ascocenda Meda Arnold registriert. Früher wurde aber die genannte Art *Vanda sanderiana* von SCHLECHTER (1914) als eine von ihm benannte monotypische Gattung *Euanthe* eingetragen. Akzeptiert man SCHLECHTERS Vorschlag, so muß die erste Hybride als Vandanthe Rothschildiana, die zweite Hybride als Schlechterara Meda Arnold beschrieben werden. Die Hybridengattung Schlechterara entsteht also durch die Kreuzung *Ascocentrum* × *Vanda* × *Euanthe.* Für eine Übersicht der Hybridengenera und eine Erörterung der bei der Namengebung anzuwendenden Regeln s. GARAY und SWEET in WITHNER (1974).

6.4 Züchtung von Kulturformen

Die Züchtung von Orchideen hat den Zweck, mit Hilfe verschiedener Techniken neue, für die Kultur wertvolle Typen zu entwickeln. Diese entstehen in erster Linie durch Kreuzung (Hybridisation), wobei man entweder verschiedene Arten, Arten und Hybriden oder Hybriden untereinander bastardiert. Auch besteht die Möglichkeit, Kreuzungen zwischen einzelnen Individuen einer Art auszuführen – genaugenommen keine Hybridisation –, was weniger häufig angewendet wird (RAPELLA 1962). Die Hybridisation bezweckt die Kombination erwünschter Merkmale. Ein anderer Weg ist die Züchtung auf Polyploidie, die als Ergebnis bestimmter Kreuzungsprogramme oder durch Mutation erreicht werden kann. Derartige Mutationen lassen sich durch Behandlung mit Colchicin hervorrufen.

Die Anwendung des sehr giftigen Colchicins[1] bei den aus diploiden Embryonen oder Triebspitzengewebe entstandenen Protokormen hat bei *Cymbidium* zur Bildung von „Neo-tetraploiden“ oder „Colchicine converted Tetraploids“ geführt, die die so erwünschten „Gigas“-Merkmale aufweisen (WIMBER et

---

[1] Colchicin (Merck 24534)

WIMBER 1968). Die Protokorme wurden 10 Tage in einem flüssigen, 0,05% Colchicin enthaltenden Medium gehalten, ehe man sie wieder auf einen colchicinfreien Agarnährboden übertrug.

Für *Dendrobium* geben VAJRABHAYA und CHAICHAREON (1974) an, daß ein dreitägiges Tauchen von Kallusgewebe in 50-ml-Erlenmeyerflaschen mit 10 ml 0,2%-Colchicinlösung unter dauerndem Schütteln bei 25–29 °C und schwacher Beleuchtung erfolgreich war. Die Colchicinlösung wurde in einem Autoklaven bei 1 kg/cm^2 Druck während 15 Minuten sterilisiert. Nach der Colchicinbehandlung wurden die Gewebestücke sogleich auf festen Nährboden übertragen:

Ein ähnliches Verfahren wandte man bei protokormähnlichen Körpern von *Vanda* an (5 Tage in einer Nährlösung mit 0,1% Colchicin) und erhielt 25% Polyploide. Man darf erwarten, daß diese Technik bei anderen Gattungen ebenfalls gute Ergebnisse bringt, doch ist schwer vorauszusagen, mit welcher Colchicinkonzentration die (Pseudo-)Protokorme während einer bestimmten Entwicklungsstufe behandelt werden müssen (pers. Mitt. Dr. Y. SAGAWA, Univ. of Hawaii, Honolulu). Durch Röntgenbestrahlung (40 J/kg, früher 4 krd) von Protokormen und Jungpflanzen lassen sich auch Gen-Mutationen induzieren, die u.U. das Auftreten neuer, interessanter Merkmale begünstigen (pers. Mitt. Dr. C. BROERTJES, ITAL, Wageningen).

Bei fortgesetzter Hybridisation (Kreuzung zweier hybridogener Pflanzen) kann es nützlich sein, anhand des Verzeichnisses von Orchideenhybriden (s. Kapitel 8.4) einen Stammbaum aufzustellen. In der Literatur kann man mehrere Beispiele dafür finden; zwei aus der „Cattleya-Gruppe“ sollen hier angeführt werden: Brassolaeliocattleya Mem. Crispin Rosales ist das Ergebnis der Hybridisation von einer *Brassavola*-Art, elf Arten *Cattleya* und einer *Laelia*-Art (DINSMORE 1967). Dieser Autor gibt zugleich an, wie durch eine Berechnung ermittelt werden konnte, daß die Arten *Cattleya dowiana* und *C. labiata* am meisten zur Entwicklung der Hybride beigetragen haben. Es ist jedoch sehr gut möglich, daß durch die fortwährende Selektion hinsichtlich der von *Brassavola digbyana* gelieferten Merkmale, z.B. der fransigen Lippe, diese in der Hybride relativ mehr erscheinen als Merkmale, die von den *Cattleya-* und *Laelia*-Arten herrühren. Das zweite Beispiel betrifft Potinara Bunty, an deren Stammbaum verschiedene Arten *Cattleya, Laelia, Sophronitis* und *Brassavola* auf komplizierte Weise beteiligt sind (BLACK 1976).

Bei der Hybridisation ist es äußerst wichtig zu wissen, wie bestimmte Merkmale sich weitervererben, mit andern Worten: wie diese in der Nachkommenschaft in Erscheinung treten. Es ist eine bekannte Tatsache, daß die Kreuzung von zwei weißblütigen Cattleyen in manchen Kombinationen eine Nachkommenschaft erzeugt, die ausnahmslos rosa Blüten hat. Auf Grund der Analyse jahrelanger Beobachtungen werden die weißblütigen Cattleyen in zwei Gruppen eingeteilt; die erste Gruppe hat den Genotyp RRcc, die zweite den Genotyp rrCC. Es handelt hier um zwei unabhängige komplementäre Gene, jedes mit einem dominanten (R bzw. C) und einem rezessiven Allel (r bzw. c). Eine Pflanze, die die dominanten Allele R und C besitzt, wird farbige Blüten ergeben. Also sind die Genotypen rrcc, rrCc, rrCC, Rrcc und RRcc phänotypisch weiß, während die Genotypen RRCC, RRCc, RrCC und RrCc phänotypisch rosa sind. Eine Pflanze mit RR heißt homozygot-dominant, rr homozygot-rezessiv und Rr heterozygot für dieses Gen. Dasselbe gilt für das andere C-c-Allelepaar. Die vier letztgenannten Genotypen, in allgemeiner Formel R.C., bestimmen, daß die Blüten farbig sind. Die Intensität der Farbe kann wieder von sehr Dunkel bis zu fast Weiß variieren. Postuliert wird nun, für diese Variation sei ein anderes Allelepaar (D–d) verantwortlich. Hinsichtlich dieses Paares sind wieder drei Kombinationen möglich: DD, Dd und dd. Dies besagt: insgesamt gibt es zwölf (4 · 3) Genotypen, jeder mit seinem zugehörigen Phänotyp; RRCCDD, der Genotyp mit dem dunkelsten, RrCcdd mit dem hellsten Phänotyp (LENZ und WIMBER in WITHNER 1959; WOODWARD 1965). Ein viertes, hier noch zu nennendes Gen mit den Allelen P und p bestimmt seinerseits wieder, ob das Perianth farbig sein wird oder nicht. In homozygot-rezessivem Zustand (pp) wird die Färbung des Perianths völlig unterdrückt, wodurch weiße Blüten mit farbiger Lippe (der sog. Semi-alba-Typ) entstehen (STOREY und KAMEMOTO 1960).

Aus der letztgenannten Schrift geht hervor, daß die vollständige Analyse der Vererbung des P-Gens erst 10 Jahre nach der Selbstbestäubung des Samenträgers vollendet werden konnte. Die lange Dauer des Generationenwechsels und der meist komplexe Hintergrund der hybridogenen Elternpflanzen, mit denen in vielen Fällen gekreuzt wird, sind dafür verantwortlich, daß in Veröffentlichungen über die Vererbung von Merkmalen bei Orchideen gewöhnlich nur in allgemeinen Worten berichtet wird. Im Falle von Polyploidie, wobei die verschiedenen Allele nicht nur in Ein- oder Zweizahl, sondern in Mehrzahl anwesend sein können, wird eine Analyse noch viel verwickelter (MEHLQUIST in WITHNER 1974).

Oft ist es nützlich, bei der Hybridisation Bestäubung in zwei Richtungen auszuführen (reziproke Kreuzung), da z.B. die Schläuche des Pollens des einen Partners zu kurz sein können, um die Samenanlagen des andern zu erreichen. Will man eine bestimmte Eigenschaft einer Elternpflanze in eine Hybridennachkommenschaft bringen, so erreicht man dies durch Rückkreuzung der Tochtergeneration mit der eigenschaftliefernden Elternpflanze. Aus dieser Rückkreuzungsgeneration wählt man Pflanzen, die gute Eigenschaften besitzen und zugleich das erwünschte Elternmerkmal aufweisen. Diese Selektionen werden ihrerseits wieder selbstbefruchtet; die Linien, die hieraus hervorkommen, sind für die betreffende Eigenschaft oft homozygot. Inzuchtlinien zeigen aber in vielen Fällen Degeneration, z.B. verminderte Wuchsfähigkeit. Dann kreuzt man wieder Selektionen aus den Inzuchtlinien: es entstehen sog. luxurierende Hybriden, die eine große Triebkraft zeigen (Heterosiseffekt). Für einige Hinweise zur Hybridisation s. BENNET 1965.

Erwähnt sei noch, daß ein erfahrener Züchter innerhalb gewisser Grenzen meistens angeben kann, wie das Ergebnis einer Kreuzung aussehen wird, besonders wenn die betreffenden Elternpflanzen schon früher als Eltern gebraucht wurden. Bisweilen zeigen junge Sämlinge Signalmerkmale, nach denen man auf einer frühen Entwicklungsstufe – vorsichtig – selektieren kann (zu *Cattleya* s. JESSEL 1967).

Viele hybridogene Orchideen sind polyploid; d. h., sie haben eine Anzahl von 3x bis einschließlich 6x Chromosomen. Bei *Cymbidium* und *Cattleya* hat man festgestellt, daß die tetraploiden Pflanzen im Vergleich mit den diploiden oft langsamer wachsen. Triploide Nachkommen, die aus der Kreuzung tetraploider (gewöhnlich als ♀) und diploider Pflanzen entstanden sind, wachsen dagegen meistens stark. Die Triploiden sind aber steril, weil sich während der Meiose Trivalente statt Bivalente bilden (s. S. 268 f.), wodurch nichtfunktionelle Gameten entstehen. In einem seltenen Fall kann eine Triploide durch Restitutionskernbildung einen unreduzierten (also triploiden) ♀ Gameten bilden; bei Verschmelzung mit einem haploiden Gameten entsteht wieder ein tetraploider Nachkomme (Zuck 1967). Einige Aspekte der Züchtung auf Polyploidie werden an Beispielen von *Cymbidium* und *Phalaenopsis* kurz angeführt.

Schon auf einer frühen Stufe (1911) der Züchtung von *Cymbidium* entstanden zufällugerweise die tetraploiden Pflanzen C. Alexanderi 'Westonbirt', eine englische, und C. Pauwelsii 'Compte d'Hemptinne', eine belgische Hybride, beide mit 2n = 80 = 4x Chromosomen. Diese Pflanzen sind von Anfang an, ohne daß bekannt war, daß sie tetraploid waren, für eine Hybridisation mit diploiden (2n = 40 = 2x) Pflanzen gebraucht worden. Ein Beispiel der daraus entstehenden Nachkommenschaft (2n = 60 = 3x) ist C. Rosanna, entstanden 1927 durch Kreuzung von C. Alexanderi 'Westonbirt' (2n = 80) und C. Kittiwake (2n = 40). Unter den Sämlingen von der vielleicht reziproken Kreuzung, also C. Kittiwake als Mutterpflanze (s. Mehlquist in Withner 1974, S. 401), wurde aber eine tetraploide Pflanze, C. Rosanna 'Pinkie', gefunden. Man muß annehmen, daß C. Kittiwake in diesem Fall einen unreduzierten Gameten (mit 40 statt 20 Chromosomen) geliefert hat. C. Rosanna 'Pinkie' wurde nachher (1934) wieder mit C. Alexanderi 'Westonbirt' gekreuzt und brachte so die tetraploide Hybride C. Balkis hervor.

Aus der Hybridengeneration wurden einige später berühmt gewordenen Elternpflanzen selektiert, wie C. Balkis 'Silver Orb', die wiederum durch Kreuzung mit Diploiden viele, auch jetzt noch geschätzte, triploide Kultivare hervorgebracht hat.

Die meisten jetzt bekannten tetraploiden Cymbidien liefern weiße bis hellfarbige Blüten. Beabsichtigt man, eine triploide Hybride zu züchten, die betonte Blütenfarben zeigt, so wird man eine diploide Pflanze selektieren, von der man weiß, daß diese ein guter Genitor, z. B. einer roten Blütenfarbe, ist. Einmal mit der nicht oder kaum farbblütigen Tetraploiden gekreuzt, werden in der triploiden Generation nur Blüten hervorgebracht werden, die in der Farbe von Hell- bis Dunkelrosa variieren, weil das von der tetraploiden Elternpflanze gelieferte genetische Material in der triploiden Generation überwiegt. Es ist darum wichtig, eine Tetraploide mit deutlich hervortretender Blütenfarbe zu entwickeln. Der Weg hierzu liegt offen, dank der von Wimber und Wimber (1968) angegebenen Methode der Chromosomenzahlverdopplung mit Hilfe von Colchicin (s. S. 276). Es ist zwecklos, andere als die allerbesten diploiden Kultivare hierfür zu benutzen.

Bei *Phalaenopsis* sind die vielen modernen weißen und rosa Typen meistens polyploid (3x, 4x, 5x). Die Polyploiden aus der *P. amabilis*-Gruppe sind auf die

Hybriden *P.* Doris und *P.* Cast Iron Monarch (1945) zurückzuführen. Eine Entwicklung jüngeren Datums ist die Entstehung von sog. Doritaenopsis-Hybriden *(Doritis × Phalaenopsis)*. Beabsichtigt man, *D. pulcherrima* und *P. amabilis* zu kreuzen, so kann man die Genomformeln dieser Diploiden mit D^pD^p, bzw. P^aP^a angeben. Die interspezifische Hybride D^pP^a ist steril. Von dieser Hybride kann man Pflanzen selbstbestäuben oder untereinander kreuzen: wenn auf ♀ und ♂ Seite unreduzierte Gameten entstehen (s. S. 279), können einige $D^pD^pP^aP^a$ amphidiploide, wiederum fertile Individuen auftreten. Auch kann man versuchen, durch eine somatische Verdopplung der Chromosomenzahl (s. S. 266) der diploiden Pflanze D^pP^a einen Amphidiploid mit der Genomverbindung $D^pD^pP^aP^a$ hervorzubringen. Eine dritte Möglichkeit, die man aller Wahrscheinlichkeit nach in der Praxis angewendet hat, ergibt sich durch die Wahl von *Doritis pulcherrima* var. *buyssoniana* (4x), $D^pD^pD^pD^p$, und einer tetraploiden (4x) *Phalaenopsis* (PPPP). Der amphidiploide Nachkomme hat die Genomformel D^pD^pPP (4x = 76) und ist fertil; Doritaenopsis Clara Schubert, deren somatische (38 kurze, von *Phalaenopsis* Zada stammende, und 38 lange, von *Doritis pulcherrima* var. *buyssoniana* stammende) Chromosomen in Abb. 108g dargestellt sind, ist eine derartige Hybride. Zugleich hat man in den letzten Jahren an der Entwicklung neuer *Phalaenopsis*-Hybriden gearbeitet, indem man die großblütigen Hybriden, die durch Hybridisation innerhalb der *Phalaenopsis*-Sektion (*P. amabilis, P. sanderiana* u. a.) entstanden sind, mit Arten wie *P. lueddemanniana* und *P. mannii* gekreuzt hat. Man darf erwarten, daß die daraus entstehenden Hybriden in hohem Maße steril sind, weil die großblütigen Elternpflanzen gewöhnlich polyploid und die reinen Arten diploid sind. Außerdem sind die Chromosomen der *P. amabilis*-Hybriden klein und strukturell verschieden von den relativ größeren Chromosomen der Arten (s. Abb. 106). Die Paarung während der Meiose wird deshalb weitgehend gestört sein, was zur Bildung unbalanzierter, nicht funktionierender Gameten führt. Möglicherweise entstehen aber durch Restitutionskernbildung doch einige funktionierende Gameten. Nur hartnäckiges Bestäuben kann demzufolge nach vielen mißlungenen Versuchen das gewünschte Ergebnis haben.

Das vorliegende Kapitel kann nur eine kurze Einführung in die Praxis der Orchideenzüchtung sein. Für diejenigen, die sich näher mit diesem fesselnden Gebiet beschäftigen wollen, wird nachfolgend eine Auswahl von Referenzen geboten, die dabei behilflich sein können.

Literaturverzeichnis

a) Referenzen zur Pflanzenzüchtung

Allgemein

Die Orchidee **1**: 168–172, **2**: 236–242, **21**: 453–458. The Orchid Journal **1**: 20–22; 150–151, **3**: 122–124; 184–187; 243. American Orchid Society Bulletin **25**: 679–687, **27**: 336–346, **32**: 451–456, **34**: 100–105. C.L. Withner; the Orchids, Ch. 6, 7, 1959, C.L. Withner; the Orchids, Ch. 9, 1971.

Cymbidium

Die Orchidee **22**: 192–194; 228–231; 231–234, **23**: 96–98. The Orchid Journal **1**: 100–103; 109–113; 125–129; 134–135, **3**: 15–18; 77–78. Missouri Botanical Garden Bulletin **34**: 1–26. Australian Orchid Review **20**: 17–19, **21**: 10–13; 28–30; 50–52, **22**: 73–74, **25**: 172–174, **28**: 128–131, **31**: 137–144; 145–147, **35**: 28–31; 125–126, **36**: 26–27; 182–184, **37**: 74–76, **38**: 190–191, **39**: 22–25; 67–69; 129; 133–135; 177–178, **40**: 29–31; 81–83. American Orchid Society Bulletin **22**: 797–799; 864–869; 882–886, **27**: 771–777, **28**: 87–91; 797–808, **29**: 809–814; 825–830, **30**: 269–273, **31**: 358–359; 881–883; 893–896; 904–915, **32**: 286–292; 1005–1008, **33**: 4–6; 286–288, **34**: 414–415; 608–614, **35**: 271–278; 711–716, **36**: 582–585; 1060–1067, **37**: 123–125; 313–317; 475–479; 572–576; 701–702, **38**: 873–875; 964, **39**: 100–105; 320–322, **41**: 608–616. The Orchid Review **68**: 178–179, **69**: 136–138, **70**: 4–8, **71**: 149–152, **72**: 73–75; 188; 301–303, **73**: 112–114; 313–314, **74**: 327; 385; 411, **75**: 117–118; 273–276, **77**: 252–256, **78**: 204–205, **80**: 118; 119; 120, **81**: 239; 295–296, **83**: 80–83, **84**: 280–284; 304–307; 321–324; 383–384. Cymbidium Society News **13** (3): 15–16, **14** (1): 12–14, **14** (6): 12–15, **16** (5): 2–4, **20** (2): 7–9, **20** (3): 13–15, **21** (1): 3–5, **21**: 71–74, **22**: 112–115; 229–233, **23**: 257–263, **24**: 56–61, **25**: 4–8, 28–32.

Cattleya, Laelia, Sophronitis, Schomburgkia, Epidendrum usw.

Die Orchidee **5**: 101–106, **18**: 183–192; 193–195, **24**: 9–11; 64–65. The Orchid Journal **1**: 376–377; 405, **3**: 214–216; 224. American Orchid Society Bulletin **19**: 366–373, **22**: 509–514; 754–758; 873–876, **26**: 477–478, **27**: 24–25; 157–162; 240–247; 479, **28**: 418–420, **29**: 10–13; 14–15; 434–435, **30**: 133–138; 209, **31**: 283–286; 350–353; 623–624, **32**: 437–440; 789–791; 993–996, **33**: 23–24; 544–546; 569–571; 749–752; 840–843, **34**: 22–25, **35**: 188–190; 487–488; 630–632; 815–817; 915–916; 979, **36**: 23–24; 99–100; 298–300; 688, **37**: 123–125; 591–595; 689, **38**: 405, **39**: 138; 496–498, **41**: 198–203; 812–818; 964–976, **42**: 1060–1062, **44**: 780–781, **45**: 43–47, **46**: 39–42. The Orchid Review **69**: 248–249, **70**: 70–71; 301–304, **75**: 88–90, **76**: 109–111, **82**: 292; 311–313; 364–365, **83**: 191–194; 269–272, **84**: 26–28; 161–162; 285–288. The Orchid Digest **35**: 36–39, **40**: 125–129.

Phalaenopsis, Doritis

The Orchid Journal **1**: 363–365; 367–368; 372; 378–379. The Australian Orchid Review **30**: 75–77, **36**: 131–132. American Orchid Society Bulletin **20**: 672, **27**: 93–97; 515, **28**: 237–238; 725–727, **29**: 493–494, **31**: 353–357; 624–625; 792–799; 810–815, **34**: 217–219; 240–243, **35**: 745–758; 886–891, **37**: 709–717, **38**: 882–884, **39**: 401, **42**: 4–12; 13–14; 231–237, **43**: 866–870, **44**: 40–43; 103–108, **45**: 117–120; 521–523; 1008–1015. The Orchid Review **75**: 62–64; 105; 112; 134–135; 177–179; 217–218; 248–250; 286–287; 324; 357–358; 385; 422–423, **79**: 158–160, **82**: 326–327, **83**: 70–71; 167, **84**: 304–307. The Orchid Digest **37**: 5–10, **40**: 205–211.

Vanda, Ascocentrum

The Orchid Review **71**: 364–368, **84**: 344. The American Orchid Society Bulletin **24**: 647–657, **29**: 667–675, **32**: 693–696, **37**: 233–236, **38**: 863–864, **40**: 427–430, **44**: 40–43. The Orchid Digest **35**: 100–102.

Odontoglossum, Miltonia, Oncidium, Cochlioda, Brassia usw.

The Orchid Review **73**: 174–177, **75**: 231–236, **77**: 246–249, **78**: 184–188, **81**: 173–175, **82**: 125–128; 156–161; 190–192; 192–198; 306–308; 337–340, **83**: 208–211, **84**: 23–25; 80–82; 171–174; 293–294; 346–347; 368–369. The Orchid

Journal **1**: 283. American Orchid Society Bulletin **28**: 431–433; 881–883, **29**: 253–260, **30**: 478–482; 788–791, **31**: 357–358, **32**: 973–975, **35**: 109–110, **36**: 664–667; 895–896; 1002–1005, **37**: 417–418, **45**: 393–396, **46**: 4–12.

Paphiopedilum

Die Orchidee **5**: 45–46, **8**: 97–99, **9**: 1–3, **18**: 133–136, **23**: 133–140, **24**: 8–9. American Orchid Society Bulletin **29**: 187–192, **32**: 170–173; 997–1001, **33**: 25–29, **34**: 513–517, **36**: 92–94, **38**: 45–48, **41**: 1068–1073, **42**: 964–968, **44**: 960–966, **45**: 576–585, **46**: 146–149. The Orchid Review **71**: 5–8, **77**: 4–7, **79**: 265–267, **83**: 53–58, **84**: 291, **85**: 59–61. The Orchid Digest **35**: 289–292, **40**: 233–237.

Dendrobium

Die Orchidee **3**: 45–46. The Orchid Journal **1**: 157–162; 170–171. Australian Orchid Review **21**: 53–58, **23**: 80–86, **30**: 133–134. The Orchid Review **82**: 238. The American Orchid Society Bulletin **31**: 965–972.

Anguloa, Lycaste

The Orchid Review **68**: 133–134, **77**: 73–74, **80**: 43, **81**: 85, 91; 100; 107; 352–357. American Orchid Society Bulletin **29**: 413–417, **33**: 272–275, **45**: 772–778.

Phajus, Calanthe

American Orchid Society Bulletin **35**: 556–557. The Orchid Journal **1**: 235.

b) Benutzte und weiterführende Literatur

Arends, J.C.: Cytological observations on genome homology in eight interspecific hybrids of Phalaenopsis. Genetica 41, 88–100, 1970.

Bennet, P.N.: Orchids and genetics. Amer. Orch. Soc. Bull. 34, 100–105, 1965.

Black, P.M.: The first one hundred years, a story of Cattleya hybrids. Orch. Rev. 84, 285–288, 1976.

Danesch, O., und Danesch, E.: Orchideen Europas. Ophrys Hybriden. Hallwag, Bern und Stuttgart 1972.

Darlington, C.D., und la Cour, L.F.: The handling of chromosomes. 6th ed., Allen & Unwin, London 1976.

Dinsmore, S.: A quick method to determine the ratio of species parents in a hybrid. Amer. Orch. Soc. Bull. 36, 781–785, 1967.

Dodson, C.H.: The American Orchid Society Orchid identification center. Amer. Orch. Soc. Bull. 44, 601–603, 1975.

Gerlach, D.: Botanische Mikrotechnik. G. Thieme, Stuttgart 1969.

Greatwood, J.: Hinweise für Antragsteller vom Registrator für Orchideen-Hybriden. Die Orchidee 24, 6–8, 1973.

– Anmeldungen von Orchideen-Hybriden und die Genehmigung durch den Züchter (Originator). Die Orchidee 26, 62–64, 1975.

Holttum, R.E.: Evolutionary trends in the Sarcanthine orchids. Amer. Orch. Soc. Bull. 28, 747–754, 1959.

Jessel, W.H.: Tips on selecting and roguing Cattleya seedlings. Amer. Orch. Soc. Bull. 36, 394–396, 1967.

Löve, A., und Löve, D.: Plant Chromosomes. J. Cramer, Vaduz 1975.

Möllring, F.K.: Mikroskopieren – von Anfang an. C. Zeiss, Oberkochen.

PEITZ, E.: Zusammenstellung aller bisher bekannten Bastarde der in Deutschland verbreiteten Orchideen. Sonderheft Die Orchidee „Probleme der Orchideengattung Orchis", 167–200, 1972.

VAN DER PIJL, L., und DODSON, C.H.: Orchid flowers, their pollination and evolution. Univ. Miami Press, Coral Gables 1966.

POTUČEK, O.: Intergenerische Hybriden der Gattung Dactylorhiza. Sonderheft 21/22 Die Orchidee 102–106, 1968.

RAPELLA, H.J.: Breeding Cattleya mossiae by selection. Amer. Orch. Soc. Bull. 31, 283–286, 1962.

REINHARD, H.R.: Übersicht über die Bastarde Schweizerischer Orchideen mit Berücksichtigung der möglichen Kombinationen. Ber. Schweiz. Bot. Ges. 77, 103–126, 1967.

– × Anacamptorchis laniecae. Sonderheft Die Orchidee „Probleme der Orchideengattung Orchis", 122–129, 1972.

SAGAWA, Y.: Cytological studies of the genus Phalaenopsis. Amer. Orch. Soc. Bull. 31, 459–465, 1962.

SCHLECHTER, R.: Die Orchideen. Paul Parey, Berlin 1914.

SHINDO, K., und KAMEMOTO, H.: Karyotype analysis of some species of Phalaenopsis. Cytologia 28, 390–398, 1963.

STOREY, W.B.: Chromosome numbers of some Vanda species and hybrids. Amer. Orch. Soc. Bull. 21, 801–806, 1952.

STOREY, W.B., und KAMEMOTO, H.: Inheritance of semi-alba in a Cattleya pedigree. Amer. Orch. Soc. Bull. 29, 24–29, 1960.

STOREY, W.B., KAMEMOTO, H., und SHINDO, K.: Chromosomes of Vanda spathulata and its hybrids. Amer. Orch. Soc. Bull. 32, 703–709, 1963.

SUMMERHAYES, V.S.: Wild orchids of Britain. Collins, London 1951.

SUNDERMANN, H.: Artenproduktion und Konsumbedürfnis. Die Orchidee 23, 166–168, 1972.

VAJRABHAYA, T., und CHAICHAREON, K.: Induction of polyploidy in Dendrobium orchids. Third Intern. Congr. of Pl. Tissue und Cell Cult. Leicester 1974.

WIMBER, D.E., und WIMBER, D.R.: Floral characteristics of diploid and neo-tetraploid Cymbidiums. Amer. Orch. Soc. Bull. 37, 572–576, 1968.

WITHNER, C.L.: The Orchids; A scientific survey. Ronald Press, New York 1959.

– The Orchids; Scientific studies. Wiley & Sons, New York 1974.

WOODWARD, G.P.: A review of the genetics and inheritance characteristics of Cattleya and related genera. Amer. Orch. Soc. Bull. 34, 116–122, 1965.

ZUCK, T.T.: Relative sterility in triploids. Amer. Orch. Soc. Bull. 36, 688, 1967.

7 Krankheiten und Schädlinge

Die wachsende Beliebtheit der Orchideen führte zu einer zunehmenden Ausweitung der Orchideenkultur sowohl im Erwerbsgartenbau als auch bei den Liebhabern, deren Zahl von Jahr zu Jahr größer wird.

Neben den kulturtechnischen Problemen treten Fragen der wirksamen Bekämpfung der zahlreichen Krankheiten und Schädlinge immer mehr in den Vordergrund.

Zusätzlich ergeben sich vielfach Schwierigkeiten vor allem aus der Vielzahl von oft sehr unterschiedlichen Orchideenarten und ihrer Hybriden, ihren spezifischen Ansprüchen und ihrer besonderen Empfindlichkeit sowohl gegen Schaderreger als auch gegen Pflanzenbehandlungsmittel.

Orchideen reagieren auf letztere meist genauso unterschiedlich wie auf Veränderung des Substrates, der Ernährung, des pH-Wertes, auf Mangel oder Überfluß an Licht, Luft und Feuchtigkeit.

Wichtig im Hinblick auf einen vorbeugende Pflanzenschutz ist auch die Einhaltung einer mehrwöchigen **Quarantäne** bei importierten Pflanzen, um gefährliche Krankheiten und Schädlinge bereits vor der möglichen Verseuchung des eigenen Bestandes erkennen zu können.

7.1 Viruskrankheiten

Hier handelt es sich um Infektionskrankheiten, die außer bei Menschen und Tieren auch bei Pflanzen durch Viren hervorgerufen werden.

Ihrem Bau nach sind Viren komplizierte Eiweißkörper, die sich in den Pflanzen ähnlich wie obligate Parasiten verhalten. Da sie keinen eigenen Energiestoffwechsel besitzen, sind sie auf den Stoffwechselmechanismus lebender Wirtszellen angewiesen.

Innerhalb der Zellen können sie sich vermehren und bestimmte Krankheitssymptome auslösen. Darüber hinaus besitzen sie die Fähigkeit zur Mutation.

Manche Viren werden durch **Vektoren**, z.B. Insekten, Schnecken, Sporen von Pilzen, Nematoden, von einem Wirt auf den anderen übertragen. Andere gelangen durch Kontakt, vegetative Vermehrung, Pollen- oder Samenübertragung von Pflanze zu Pflanze.

Von den Insekten sind es in erster Linie Blattläuse und Zikaden, die etwa 90% der bekannten Virusvektoren stellen. Daneben können noch Thripse, Mottenschildläuse (Weiße Fliegen), Schmierläuse und Schnecken in Frage kommen. Die weitaus häufigste und wichtigste Art der Übertragung von Virosen bei Orchideen geschieht durch den Saft kranker Pflanzen, etwa beim Schnitt oder bei der Teilung.

Für die Ausbreitung in der Pflanze stehen dem Virus zwei Wege zur Verfügung, die man kurz als „Parenchymweg“ und „Phloemweg“ charakterisiert. Auf dem erstgenannten Weg gelangt das Virus relativ langsam über die Plasmodesmen von Zelle zu Zelle. Im Phloem kann der passive Virustransport über größere Strecken recht beträchtliche Geschwindigkeiten erreichen.

Die Befallsymptome der einzelnen Viruskrankheiten zeigen sich als Verfärbungen an Blättern und Bulben, Minderung der Wüchsigkeit und der Blütenbildung sowie als Deformation an Blüten und Trieben. Von wenigen Ausnahmen abgesehen, sind sie leider nicht sehr eindeutig und daher vom Praktiker schlecht zu bestimmen. Ihre Ausprägung hängt u.a. stark von der Art und Sorte, vom Alter der befallenen Pflanze und von den Umweltbedingungen wie Licht- und Temperaturverhältnissen, der Düngung und anderen Faktoren ab.

Bei Mischinfektionen mit verschiedenen Viren, die nicht selten vorkommen, sind die Symptome besonders schwierig zu definieren.

Nachstehend soll versucht werden, die z.Z. bekanntesten Viruskrankheiten an Orchideen an Hand vorliegender Literaturangaben sowie eigener Beobachtungen und Untersuchungen zu beschreiben.

Cymbidium-Mosaikvirus

Nachgewiesen an *Cymbidium, Cattleya, Laelia*-Arten und -Hybriden sowie weiteren Orchideengattungen. Weitestverbreitete Viruskrankheit.

Cymbidium: An den Trieben kleine, längliche Aufhellungen des Blattgrüns, die sich später zu Längsstreifen auf der Blattmitte entwickeln.

Mehrere Monate nach der Infektion zeigen sich auf der Blattunterseite und bald darauf auch an der Oberseite die typischen, sehr feinen, länglichen schwarzen Streifungen, die in schweren Fällen auch auf die Bulben übergehen.

An den Blüten sind keine typischen Schadsymptome zu erkennen.

Durch die Beeinträchtigung der Assimilation kommt es langfristig zu einer Schwächung der Pflanze, die sich auch auf die Ausfärbung und Größe der Blüten auswirkt.

Cattleya, Laelien: An älteren Blättern eingesunkene, dunkelbraune bis schwarze Verfärbungen in verschiedenen Formen, meist parallele, die ganze Blattfläche einnehmende Längsstreifen, oft auch kreisrunde braunschwarze Flecken an der Blattunterseite, häufig auch beidseitig. An Neutrieben oft Gewebeaufhellungen als ovale Flecke oder Streifen. Zuweilen fehlt aber jegliches sichtbare Krankheitsbild.

Krankheitssymptome an offenen Blüten sind eingesunkene, braune punktförmige Flecken. Zuerst erscheinen sie deutlich voneinander abgegrenzt längs der Adern, später verbinden sie sich zu braunen nekrotischen Längsstreifen.

Die Blüten sind nicht deformiert.

Phalaenopsis: Hier zeigt sich der Befall besonders deutlich an jüngeren Blättern durch kleine oder breitflächige, meist hellere Gewebefarbabstufungen. Nach Ausreifung des Blattes entwickeln sich diese Aufhellungen zu stark eingesunkenen schwarzen Flecken, erst an der Blattunterseite, später auch an der Blattoberfläche.

Bei starker Schädigung fallen die infizierten Blätter ab. An Blüten von rosa- oder dunkelfarbenen Sorten deuten Deformierungen und Verfärbungen, sofern sie nicht auf Mutationen bei Kreuzungen zurückgeführt werden können, ebenfalls auf eine Infektion mit dem *Cymbidium*-Mosaikvirus hin.

Cymbidium-Streifenmosaikvirus

Nachgewiesen an *Cymbidium*: Auf den Blättern gelbe, manchmal scharf umgrenzte Flecke, die später schwarz werden.

Odontoglossum-Ringfleckenvirus

Nachgewiesen an *Odontoglossum, Cymbidium, Cattleya, Laelia* und anderen Orchideenarten.

Odontoglossum: Junge Blätter mit rundlich ovalen, gelblichen Flecken oder Ringen.

Cymbidium: Besonders blattoberseits zeigen sich gelbliche Mosaikerscheinungen in typisch rautenförmigem bzw. V-förmigem Muster. Keine sichtbaren Veränderungen an der Blüte.

Cattleya: Neben den Mosaikzeichnungen kann es hier auch zu Deformationen und Buntscheckigkeit der Blüten kommen.

Darüber hinaus gibt es bei den übrigen Orchideenarten eine Vielzahl von unterschiedlichen Symptomen mit allen Übergängen, die eine sichere Diagnose nicht zulassen.

Tabakmosaikvirus

Nahe verwandt mit dem *Odontoglossum*-Ringfleckenvirus und meist mit diesem zusammen beobachtet. Nachgewiesen an *Cattleya, Cymbidium, Odontoglossum, Oncidium.*

Cattleya: Starke Deformierung und wässerige Aufhellung der Petalen und Sepalen; diese häufig verkrüppelt, wobei sich die schmalblättrigen Petalen manchmal unregelmäßig einrollen.

Auf den Blättern oft leicht aufgehellte, parallele Längsstreifen.

Cymbidium: Anfangs gelblich gescheckte Blätter; im fortgeschrittenen Stadium des Befalls können schwarze Strichel und Flecken unregelmäßig über die ganze Blattoberfläche verteilt auftreten. Bei blühenden Pflanzen beobachtet man gelegentlich eine Buntscheckigkeit oder Streifung der Blütenfarbe.

Odontoglossum: Insbesondere bei *O. grande* und Hybriden findet man auf jüngeren Blättern hellgrüne bis blaßgelbe einfache oder konzentrische Ringe, die mit zunehmendem Alter der Blätter nekrotisch werden.

Oncidium: Ähnliche Schädigung wie bei *Odontoglossum.*

Viröse Blattfleckenkrankheit (Bazilliformes Virus)

Nachgewiesen vor allem an *Dendrobium,* aber auch *Paphiopedilum.* Es verursacht unregelmäßige gelbe, später braune Flecken. Bei starker Anhäufung kommt es in der Regel zum Blattfall.

Wichtig für den Orchideenzüchter ist der sichere Nachweis der Virosen. Er kann heute sowohl indirekt über Testpflanzen oder Verwendung spezifischer Antiseren als auch direkt durch Verwendung des Elektronenmikroskopes geführt werden.

Als **Testpflanzen** eignen sich für den Nachweis des *Cymbidium*-Mosaik-Virus junge Exemplare der Leguminose *Cassia occidentalis* und des Stechapfels *Datura stramonium*, für das *Odontoglossum*-Ringflecken-Virus der als Trokkenblume häufig verwandte Kugelamarant *Gomphrena globosa*.

Zum Virusnachweis wird der Saft von virusverdächtigen Pflanzen mit einem Wattebausch auf die vorher aufgerauhten Blätter der Testpflanzen verimpft. Sofern Befall vorliegt, zeigen sich schon nach 1–2 Wochen typisch gelbbraune Flecken auf den Blättern als sichtbare Reaktion auf die Übertragung des Virus.

Leider ist das Verfahren sehr arbeits- und platzaufwendig, da man für einen Nachweis stets mehrere Töpfe mit Testpflanzen benötigt.

Für den Züchter, der gewöhnt ist, mit Nährböden zu arbeiten, bietet sich die **serologische** Methode mittels Kaninchenserum an. Genaue Anweisungen und die notwendigen Antiseren kann man beim Institut für Virusserologie der Biologischen Bundesanstalt, Messeweg 11/12, 33 Braunschweig, beziehen.

Mit dem **Elektronenmikroskop** kommt man besonders schnell und sicher zu Ergebnissen, doch setzt dieses Verfahren vertiefte Spezialkenntnisse und das Vorhandensein des sehr teuren Geräts voraus, das nur an größeren Instituten zur Verfügung steht. Doch wird die elektronenoptische Untersuchung als die z. Z. sicherste Methode empfohlen.

Bekämpfung: Da für Virosen chemische Bekämpfungsmöglichkeiten bisher nicht gegeben sind, auch durch die Meristemkultur eine Übertragung nicht ausgeschlossen werden kann und eine Hitzebehandlung nur theoretische Bedeutung hat, ist zu versuchen, alle Übertragungsmöglichkeiten zu beseitigen.

Diese Bemühungen müssen schon bei der Auswahl der zu vermehrenden Pflanzen beginnen, indem man eine äußerst strenge **positive** Selektion betreibt, d. h. nur die besten, wüchsigsten und äußerlich gesunden Pflanzen auswählt.

Beim Hantieren mit Pflanzen, insbesondere aber beim Verpflanzen und beim Schnitt, sind die Arbeitsgeräte, vor allem die Schnittmesser, jedesmal abzuflammen oder 30 Minuten in einer 15%igen Trinatriumphosphatlösung oder in 2%iger Natronlauge zu entseuchen.

In der Praxis gut bewährt haben sich beim Blumenschnitt die im Handel erhältlichen auswechselbaren Spezialmesser oder die mit Stiel versehenen Rasierklingen, bei denen man für jede Pflanze eine andere Klinge benutzt. Nach Entseuchung (s. o.) kann man die Spezialmesser mehrmals benutzen, was die Wirtschaftlichkeit verbessert.

Um die vorbeugenden Bekämpfungsmaßnahmen abzurunden, gilt die Bekämpfung von möglichen Vektoren, wie Blattläusen, Schnecken u. a., als selbstverständlich.

7.2 Pflanzliche Krankheitserreger

7.2.1 Bakterien

Typische Symptome von Bakteriosen sind glasig feuchte oder schleimige, faulende Flecken an Blättern, Trieben und Blüten. Im erkrankten Pflanzengewebe erscheinen die Bakterien dem bloßen Auge als trübe graue, bisweilen auch als gelbliche, oft schleimige Massen. In ihrer Gestalt sind sie nur bei stärkster mikroskopischer Vergrößerung zu erkennen.

Alle als Erreger von Pflanzenkrankheiten wichtigen Bakterien sind einzellig und haben die Form einfacher unbegeißelter oder begeißelter Stäbchen. Ihre Länge beträgt durchschnittlich etwa 1,5 µm, die Dicke etwa 0,5 µm. Die Vermehrung erfolgt durch einfache Zweiteilung. In das Pflanzengewebe dringen sie über Wundstellen oder auch Spaltöffnungen **passiv**, mit Hilfe ihrer Geißeln gelegentlich auch aktiv ein. Die Verbreitung der Bakterien über größere Entfernungen erfolgt durch Wasser, Wind und auch Insekten, vor allem aber durch Verschleppung mit kranken Pflanzenteilen oder verseuchtem Substrat.

Bakterien-Blattfäule und -stengelgrundfäule

Als Erreger kommen nach den bisherigen Erkenntnissen sowohl Bakterien der Gattung *Pseudomonas,* wie *P. cattleyae, P. aeruginosa* wie auch *Erwinia carotovora* und die ihr nahestehende *E. cypripedia* in Betracht.

Ihre Schadbilder, die nachfolgend für einige wichtige Orchideenarten beschrieben werden, ähneln sich sehr, so daß eine genaue Differenzierung nur dem geschulten Bakteriologen möglich ist.

Cattleya, Epidendrum, Odontoglossum-Hybriden: Schwammige, fahlgelbe Flecke ungleichmäßig über das Blatt verteilt. Im weiteren Verlauf entwickeln sich von der Blattspitze her größere Faulstellen; das Gewebe schrumpft unter Braunfärbung ein.

Paphiopedilum und P.-Hybriden: Die Bakterienfäule beginnt in der Regel an der Blattbasis und breitet sich von da über die Blattspreiten aus. Dabei ist die deutliche Abgrenzung zum gesunden Gewebe ein typisches Merkmal. Die Fäule kann auf einzelne Blätter beschränkt bleiben, aber auch auf die ganze Pflanze übergreifen.

Phalaenopsis: Weichfaule, trübgelbliche Flecken an den Blättern, die ihren Ausgang vom Blattrand nehmen. Bei akutem Verlauf, der nicht selten ist, gehen die ursprünglich begrenzten braunen Befallstellen mit einer wässrig erscheinen-

Schadbilder I

15. Viröse Blattfleckenkrankheit (Bazilliformes Virus)
16. Ringfleckenvirus an Cymbidium
17. Sämlingsfäule an Pflanzen in Gemeinschaftstöpfen (Phytophthora- und Pythiumarten)

den Randzone in das gesunde Gewebe über. Hat die Krankheit den Vegetationspunkt erreicht, greift sie auf die anderen Blätter über und schließlich verfault die ganze Pflanze.

Cymbidien: Bakteriosen treten hier zunehmend stärker an pikierten Sämlingen auf, wobei die Blattspitzen weichfaul werden und die Pflanzen unter Braunfärbung absterben.

Bekämpfung: Sorgfältige Kultur- und strengste Hygienemaßnahmen. Darauf ist insbesondere in den lichtarmen Wintermonaten zu achten. Im einzelnen bedeutet das, bei vorsichtigem Gießen, weitgehendes Trockenhalten der Blätter, Vermeidung von Wunden, sofortige Beseitigung befallener Blätter oder besser ganzer Pflanzen aus dem Bestand, zumindest Isolierung. Eine lokale Behandlung der entstandenen Schnittflächen mit Captan (Orthocid 50) 10% zeigt eine gewisse Wirkung und wird gut vertragen. Weitere amtlich zugelassene Mittel stehen z.Z. nicht zur Verfügung.

Zur Anwendung von Antibiotika (Streptomycin und ähnliche Stoffe), von der gelegentlich aus den USA und den Niederlanden berichtet wird, sollte die zuständige Pflanzenschutzdienststelle befragt werden.

7.2.2 Mykoplasmen und mykoplasmaähnliche Organismen

Eine erst seit wenigen Jahren bekannte Gruppe kleiner, vielgestaltiger Organismen, die keine starre Zellwand wie die Pilze besitzen und deshalb in hohem Maße plastisch sind.

Durch die Möglichkeit der starken Formveränderung wird das Eindringen und die Verbreitung im Siebröhrensystem (Phloëm) der Pflanzen sehr erleichtert.

Von den Viren unterscheiden sie sich nicht nur durch Form und Größe, sondern auch dadurch, daß sie als echte Organismen einen eigenen Stoffwechsel haben. Charakteristisch für den Befall durch Mykoplasmen sind gelbliche oder rötliche Verfärbungen der Blätter, verbunden mit einem gestauchten Wuchs der gesamten Pflanze. Oft kommt es auch zum Austrieb von schlafenden Knospen und einer Vergrünung von Blüten und einer als **Phyllodie** bezeichneten blattartigen Umbildung der Staubgefäße und Stempel von Blüten. Als Hauptüberträger wurden Zikaden ermittelt. An Orchideen konnten Mykoplasmosen bisher noch nicht nachgewiesen werden, doch sind sie nicht auszuschließen.

7.2.3 **Mykosen** (Pilze)

Die echten Pilze bestehen in der Regel aus mikroskopisch feinen, stark verzweigten, gewöhnlich farblosen Fäden, den „**Hyphen**" oder dem „**Myzel**", die sich in den Wurzeln bzw. in oder auf dem befallenen Pflanzengewebe ausbreiten und diesem die für das Pilzwachstum benötigten Nährstoffe entnehmen.

Nach Erreichung einer bestimmten Entwicklungsstufe kommt es zur Bildung von Fortpflanzungszellen, den Sporen, die der Vermehrung und Ausbreitung dienen. Die Form der Sporen ist bei den einzelnen Pilzarten stark unterschiedlich, was eine Artenbestimmung erleichtert. Teils sind sie kugelig, teils elliptisch, teils zylindrisch, gerade oder gekrümmt, nadel- oder sichelförmig. Auch die Größe schwankt zwischen einigen tausendstel und hundertstel Millimetern. Die Sporen sind teils sofort nach ihrer Entstehung, teils erst nach einer gewissen Ruhezeit keimfähig. Die sofort keimfähigen Sporen haben die Aufgabe, den Pilz während der Vegetationszeit möglichst schnell zu verbreiten. Manche Pilzarten entwickeln mit Geißeln versehene „Schwärmsporen" (Zoosporen), die sehr beweglich sind.

Die später reifenden Dauersporen helfen dem Pilz über ungünstige Entwicklungsphasen (Trockenheit u.a.) hinweg. Die Verbreitung der Sporen erfolgt durch Luftströmungen, Regen, Tiere usw. Bei einigen Arten werden die im Pflanzengewebe sitzenden Sporen durch Pflanzenabfall und -rückstände verschleppt.

Bei genügend Feuchtigkeit und Wärme keimen sie auf den Wirtspflanzen aus und dringen mit ihren Keimschläuchen durch offene Verletzungen oder durch Spaltöffnungen ein.

Einige Pilze sind auch in der Lage, nach Durchstoßen der Oberhaut direkt in das Gewebe einzudringen. Im Pflanzengewebe wächst das Myzel entweder in den Zwischenzellräumen oder in den Zellen selbst, die dabei meist abgetötet werden. Wie bei der Keimung ist auch für die Weiterentwicklung der meisten Pilze Feuchtigkeit Bedingung.

Hohe Luftfeuchtigkeit und tropfbar flüssiges Wasser in schlecht belüftbaren Gewächshäusern bieten den Pilzen beste Entwicklungsmöglichkeiten.

Die durch Pilze hervorgerufenen Krankheitserscheinungen können mannigfacher Art sein. Bei Befall der Wurzeln und sonstiger unterirdischer Teile tritt meist Verfärbung, wie Bräunung und Schwärzung dieser Teile sowie Kräuseln oder Welken der oberirdischen Teile und schließlich Absterben der ganzen Pflanze ein. Bei Befall von oberirdischen Teilen zeigen sich Welke- und Absterbeerscheinungen an einzelnen Organen, Flecken oder sonstige Verfärbungen, Formveränderungen wie Verkrümmungen, Anschwellungen usw.

Die an Orchideen vorkommenden Pilze sind kaum zu übersehen. Nach Meinung namhafter Mykologen geht ihre Zahl in die Hunderte.

Nachfolgend wird der Versuch unternommen, die wichtigsten Erreger (ihr Schadbild und ihre Bekämpfungsmöglichkeiten) zu beschreiben.

Umfallen, Schwarzfäule

Erreger: *Pythium*-und *Phytophthora*-Arten

Beschränkt sich im wesentlichen auf Sämlinge und frisch pikierte junge Pflanzen, vorwiegend in der lichtarmen Zeit des Herbstes und Winters.

Befallene Pflänzchen zeigen Bräunungen an Wurzeln und Wurzelhals und fallen um. Bei größeren Pflanzen findet man an oberirdischen Pflanzenteilen, meist sekundär, wässerige Läsionen oder Weichfäule, die nach wenigen Tagen das Pflanzengewebe zerstören.

Weichfäulen

Erreger: *Phytophthora*-und *Pythium*-Arten

Vornehmlich an älteren Pflanzen von *Cattleya, Laelia, Phalaenopsis* und anderen Orchideen.

Die Blätter zeigen zunächst wässerig trübe Flecken, die sich schnell schwärzen und meist durch einen gelben Rand vom gesunden Blattgewebe abgegrenzt sind. Zuweilen bleibt die Infektion auf einen Blatteil beschränkt; greift sie jedoch auf die Pseudobulben oder Rhizome über, kommt es zur völligen Zerstörung der Pflanze.

Bekämpfung: Vorbeugend; harmonische Ernährung der Pflanzen, Vermeidung zu hoher Luftfeuchtigkeit und extremer Temperaturen; auf mögliche Verseuchung des Gießwassers achten. Befallsgefährdete Bestände niemals mit Wasser überspritzen, da sonst die Zoosporen sich optimal verteilen. So zeitig gießen, daß die Pflanzen abends abgetrocknet sind.

Entseuchung (Desinfektion) der Anzuchträume, Stellagen und Töpfe mit Dimanin A (Bayer) 0,5% oder Delegol (Bayer) 2%. Bei letzterem ist eine Mindestwartezeit von 8 Tagen einzuhalten.

Zur direkten Bekämpfung haben sich bewährt:

Bayer 5072 (Dexon) 0,04%: Angießen oder (bei größeren Pflanzen) Eintauchen der Wurzeln oder Ballen. Vorsicht, Giftabteilung 1! Gummihandschuhe tragen!

Auch Ortho-Difolaton 0,2% oder die Kombination Previcur N (Schering) 0,15% + Du Pont Benomyl 0,05% können eingesetzt werden.

Es empfiehlt sich, bei Befallsverdacht die Behandlungen in Abständen von 4–5 Wochen zu wiederholen.

Cylindrocarpon-Wurzelfäule

Erreger: *Cylindrocarpon radicicola*

Als ausgesprochener Bodenpilz weit verbreitet, greift er hauptsächlich geschwächte Pflanzen an der Wurzel an, wobei er sich auf die oberflächlichen Gewebeschichten beschränkt. Die Pflanzen kränkeln und bleiben im Wuchs stark zurück. Bei starkem Befall sterben die Wurzeln oft bis zur Ansatzstelle am Orchideenkörper ab.

Bekämpfung: Vorbeugend: Schaffung günstiger Wachstumsbedingungen. Bei Befall Entfernen der kranken Wurzeln, Eintauchen der Orchideen für 15 Minuten in eine Zineb-0,2%- oder Du Pont Benomyl-Brühe 0,05% und darauffolgendes Umpflanzen in neues unverseuchtes Substrat.

Schadbilder II

18. Fusarium-Blattfleckenkrankheit an Dendrobien (Blatt an der Basis durchgefault)
19. Rost an Laelia gouldiana
20. Fusariumbefall an Phalaenopsis, Endstadium

Cylindrocladium-Wurzelfäule

Erreger: *Cylindrocladium*-Arten

Schadbild ähnlich der vorgenannten Krankheit. Das befallene Gewebe wird schwärzlich und sinkt ein. Der Befall, der meist am Stammgrund seinen Anfang nimmt, kann sich sowohl auf den Wurzeln wie auch an den oberirdischen Pflanzenteilen fortsetzen.

Bekämpfung: siehe *Cylindrocarpon*-Wurzelfäule

Wurzel- und Stammfäule

Erreger: *Fusarium oxysporum* und andere *F.*-Arten

Da *Fusarium*-Pilze überwiegend Schwächeparasiten sind, werden die Schäden im Wurzelbereich u. a. begünstigt durch Staunässe, Versalzung des Pflanzsubstrates, zu niedrige Bodentemperaturen und Fraßstellen tierischer Schädlinge. Die Vermehrung von Fusarien und anderen Pilzen nimmt in stark torfhaltigen oder sterilen Pflanzstoffen (Styromull) besonders schnell zu, da andere Mikroorganismen als natürliche Gegenspieler in diesen Materialien weitgehend fehlen. Befallen werden praktisch alle Orchideenarten, insbesondere aber *Phalaenopsis.* Da das Befallsbild bei den einzelnen Arten stark variiert, sollen sie, soweit bekannt, hier beschrieben werden.

Phalaenopsis: Angegriffen werden zuerst Wurzeln oder das untere Stammende, gelegentlich auch die Herzbasis.

Fusariosen an *Phalaenopsis*-Wurzeln werden in aller Regel nicht früh genug erkannt, denn die Pflanzen geben im äußeren Erscheinungsbild die Zerstörung der Wurzel erst spät zu erkennen. Sie sterben sehr langsam; manchmal dauert es mehr als ein Jahr, bis eine Pflanze zusammenbricht. Bei infizierten Wurzeln fallen am weißen Wurzelstrang zunächst rotbraune Verfärbungen auf. Diese vergrößern sich, und es kommt zur Bildung von braunen bis dunkelbraunen Faulstellen, wobei sich an den Infektionsherden typische Einschnürungen zeigen.

Im fortgeschrittenen Krankheitsverlauf werden bald die hell rosafarbenen Sporenträger sichtbar. Die Pflanzen reagieren mit Wachstumsdepressionen; bald fallen die älteren Blätter ab, bis schließlich die ganze Pflanze welkt und eingeht.

Cattleya, Laelia, Dendrobium, Oncidium: Wie bei *Phalaenopsis* erkranken zuerst die Wurzeln. Schneidet man das Rhizom einer befallenen Pflanze durch, findet man unter der Epidermis oft einen purpurroten Ring. Die tiefer liegenden Leitungsbahnen durchzieht ein hellrosa Band.

Paphiopedilum: Auch hier geht die Infektion von den Wurzeln aus, die sich ähnlich wie bei *Phalaenopsis* verhalten. Bei starkem Befall findet man am Wurzelhals Anhäufungen von hell rosafarbenen Sporenträgern.

Bekämpfung: Zur Verhinderung des Befalls durch *Fusarium* sind Vorbeugungsmaßnahmen, wie bereits bei der Besprechung der Weichfäulen (s. S. 292) ausgeführt, wichtig. Stark befallene Pflanzen sind zu vernichten. Pflanzen mit partiellen Wurzelschäden werden von den abgestorbenen und sichtbar befallenen Wurzeln befreit, in eine Du-Pont-Benomyl-Lösung 0,05% getaucht und in neues Substrat (am besten *Sphagnum*) eingepflanzt. Da einige Orchideenarten, insbesondere einige *Phalaenopsis*-Sorten, auf eine Benomylbehandlung empfindlich reagieren können (Wachstumsdepressionen, Zwergwuchs an den Blüten), ist ein Überschreiten der oben angegebenen Konzentration unbedingt zu vermeiden. Ersatzweise kann auch Zineb 0,2% oder Ortho-Difolatan 0,2% verwandt werden.

Rhizoctonia-Herz- und Wurzelfäule

Erreger: *Rhizoctonia*-Arten

Bevorzugt werden *Paphiopedilum,* besonders *P. callosum* und *P. maudiae,* befallen. An den Blättern findet man unregelmäßig verteilte, meist vom Rande ausgehende diffuse, gelbbraune Verfärbungen, die sich später zu rotbraunen Flecken mit sichtbaren Sporenlagern entwickeln. Beim Befall der Basis stirbt die Pflanze ab.

Bekämpfung: Da die Sporen des *Rhizoctonia*-Pilzes ähnlich wie bei den vorgenannten Arten durch Besprühen der Pflanzen mit Wasser verteilt werden, sind gefährdete Bestände trocken zu halten. Ferner hat sich das Angießen der Pflanzen mit Du Pont Benomyl 0,05% bewährt. Bei stärkerem Befall oder Befallsgefährdung kann eine Kombination von Du Pont Benomyl 0,05% + Previcur N 0,15% empfohlen werden. Überdosierungen sind im Hinblick auf die hohe Empfindlichkeit einzelner *Paphiopedilum*-Arten gegenüber Benomyl zu vermeiden.

Weißfäule (Stengelgrundfäule, „Orchideenwelke“)

Erreger: *Corticium rolfsii (= Sclerotium rolfsii)*

Die Pflanzen werden mißfarbig, welken und vertrocknen oder faulen am Stengelgrund und fallen um. Die Befallstelle ist mit einem weißlichen bis gelblichen, flockigen Pilzmyzel besetzt, in dem sich etwa 1 mm große kugelige, erst weißliche, später braun werdende Sklerotien bilden.

Hohe Luftfeuchtigkeit und Wärme (27–30 °C) begünstigen die Krankheit, die an Gewächshausorchideen in kurzer Zeit große Schäden anrichten kann.

Bekämpfung: Temperatur senken. Stärker erkrankte Pflanzen schnellstens vernichten. Bei nur schwachem Befall kranke Teile sorgfältig entfernen und Pflanzen isolieren. Angießen mit Du Pont Benomyl 0,05%. Baldmöglichste Entseuchung des Standraumes, gegebenenfalls der gesamten Häuser.

Blattfleckenkrankheiten

a) Anthraknose

Erreger: *Colletotrichum gloeosporioides (= Glomerella cingulata)*

An den Blättern, z. T. auch an den Pseudobulben, kreisförmige, etwas eingesunkene, zuerst braune, später schwarze, lackartig glänzende, zuweilen gezonte Flecken, die einen scharfen Kontrast zum gesunden Gewebe bilden.

Im weiteren Krankheitsverlauf entwickeln sich auf dem zerstörten Gewebe die Sporenlager des Pilzes, aus denen die schleimigen, rosafarbenen bis gelblichen Sporenmassen austreten. Stark befallene Pflanzen verlieren dann oft die Blätter; meist ist auch die Bulbenentwicklung so gestört, daß sich Neutriebe nicht mehr bilden können. Am schwersten wirkt sich der Befall in der Regel bei weichblättrigen Orchideen, wie *Lycaste, Miltonia, Odontoglossum, Zygopetalum* u.a., aus. Vielfach wird die Krankheit mit Pflanzen aus Übersee in die eigenen Bestände verschleppt.

Bekämpfung: Strengste Quarantäne bei Zukäufen! Ausgeglichene Ernährung, Beseitigung stark befallener Blätter. Spritzungen mit Du Pont Benomyl 0,05%, Ortho-Difolatan 0,2% oder Zineb 0,2%.

b) Fusarium-Blattfleckenkrankheit

Erreger: *Fusarium moniliforme*

Vornehmlich an *Dendrobium phalaenopsis* und *D. phalaenopsis*-Hybriden. Als erste Symptome der Krankheit zeigen sich auf den Blättern punktförmige braunrote Flecken, mit deren Ausdehnung das Blattgewebe bleich und brüchig wird. Stärker befallene Blätter vertrocknen. Dennoch kommt es nur selten zu einem bestandsbedrohenden Auftreten.

In den USA wurde der gleiche Pilz als Erreger einer Fäule bei *Cymbidium*-Sämlingen und von Blütenflecken an *Cattleya* nachgewiesen.

Bekämpfung: Verbesserung der Kulturbedingungen, Blätter möglichst wenig benetzen. Spritzen mit Du Pont Benomyl 0,05% oder Ortho-Difolatan 0,2%.

c) Cercospora-Blattfleckenkrankheit

Erreger: *Cercospora odontoglossi* und weitere Arten

An *Odontoglossum, Zygopetalum* und verwandten Arten, besonders bei Importware aus Übersee häufig. An der Blattunterseite und auch an Sproßteilen olivgrüne Flecken, die bei zunehmender Verdichtung zur Vergilbung der Blätter führen.

Bekämpfung: Spritzen mit Du Pont Benomyl 0,05% oder Ortho-Difolatan 0,2%.

d) Sonstige Blatt- und Bulbenfleckenkrankheiten

An Cattleya: *Diplodia*-Art, braune Flecken an Blättern und Bulben.

An Paphiopedilum: *Phyllosticta*-Art, blaßbraun runde oder längliche, dunkelrot oder rotbraun umrandete Flecken.

An Cymbidium, Dendrobium, Cattleya u.a.: *Macrophoma*-Art, große braunschwarze Flecken an Bulben.

Schadbilder III

21. Macrophoma-Blattfleckenkrankheit an Dendrobium
22. Schildläuse an Paphiopedilum
23. Leuchtgasschäden an Dendrobien

Rost

Erreger: *Uredo-* und andere Arten

An den Blättern von *Cattleya, Epidendrum, Laelia, Oncidium, Lycaste* und anderen Orchideenarten findet man, abhängig von der jeweiligen Rostart, gelbe, orangefarbige oder braune Sporenlager (Pusteln), aus denen bei Reife die Rostsporen stäuben, die die Krankheit weiter verbreiten.

Bekämpfung: Verbesserung der Kulturbedingungen. Wiederholte Spritzung mit Dithane Ultra 0,2%, Saprol 0,15% oder Calirus 0,2%.

Blütenstippigkeit

Erreger: *Botrytis cinerea,* gelegentlich auch *Fusarium moniliforme* u. a. Arten

Auf den Blütenblättern kleine, runde oder unregelmäßige, bräunliche bis schwarze Flecken („Stippen"), die zuweilen einen wässerig durchscheinenden Saum haben. Besonders an weichblütigen Arten. Starke Qualitätsverminderung.

Bekämpfung: Herabsetzen der Luftfeuchtigkeit, Vermeidung stagnierender Luft, Einsatz von Ventilatoren.

Räuchern mit Altritan-Räucherdose oder Tecto-Räuchertabletten.

7.3 Tierische Schädlinge

Die Kultur der Pflanzen im Gewächshaus oder ähnlichen Räumen begünstigt vornehmlich **wärmebedürftige**, saugende und fressende Schädlinge. Die meisten sind in der Lage, sich unter den gegebenen Kulturbedingungen außergewöhnlich stark zu vermehren und beträchtliche Schäden zu verursachen.

Nachfolgend sollen die wichtigsten Schädlinge, geordnet nach dem Ort des häufigsten Auftretens, und die für sie geeigneten Bekämpfungsmittel und -verfahren genannt werden.

Die aufgeführten Wirkstoffe bzw. Handelspräparate haben sich sowohl hinsichtlich ihrer Wirkung als auch im Hinblick auf die Verträglichkeit gegenüber den Pflanzen bewährt, was allerdings nicht ausschließt, daß es bei starker Veränderung der Kulturmethoden oder bei Fehlern in der Anwendung gelegentlich doch in dem einen oder anderen Fall zu unbefriedigenden Wirkungen gegenüber dem Schädling oder Schäden an den Pflanzen kommen kann.

7.3.1 An oder in den Wurzeln

Wurzelmilben *(Rhizoglyphus echinopus)*

Die kleinen, etwa 0,75–1 mm langen, birnenförmigen, weißlichgelben, etwas glänzenden, im ausgewachsenen Zustand mit vier bräunlichen Beinpaaren versehenen Milben treten im allgemeinen erst sekundär an aus anderen Ursachen kränkelnden, geschwächten oder geschädigten Pflanzen auf. In den Wurzeln sind sie als kleine weißliche, sich langsam bewegende Körper mit der Lupe deutlich erkennbar.

Durch Zerstörung der Wurzel schaffen sie zusätzlich noch Eingangsstellen für pathogene Pilze. Sie werden besonders schädlich in *Sphagnum-* und Torfsubstraten. Hohe Luftfeuchtigkeit fördert ihre Entwicklung merklich.

Bekämpfung: Temik 10 G 2–5 g/m^2 ausstreuen oder Pflanzen mit befallenen Wurzeln beim Umtopfen in eine Malathion (0,2%) + Zineb-Brühe (0,2%) 10–20 Minuten eintauchen. Zineb hat einen sehr guten Effekt gegenüber sekundären Pilzerkrankungen. Handwärme der Brühe (30–40 °C) verbessert die Wirkung.

Springschwänze *(Collembolen)*

Die kleinen, etwa 1,5 mm großen, weißlich gefärbten, zu den Urinsekten gehörenden Springschwänze haben ihren Namen von der am Hinterende angebrachten, unter den Leib einschlagbaren Gabel, die sie zum Springen befähigt. Sie entwickeln sich besonders gut in sehr feucht gehaltenen Torfsubstraten. Bei Massenbefall (ab 10 Tieren in 100 ml Substrat) ist damit zu rechnen, daß neben verrottetem Pflanzstoff auch frischgebildete Wurzelspitzen angegriffen werden.

Bekämpfung: Vorbeugend mit Temik 10 G 2–3 g/m^2. Bei Befall auch Gießbehandlung mit Dichlorphos 0,2%, Lannate 25 WP 0,1% oder durch Ausstreuen von Dyfonate 10 G 0,5 g/Pfl.

Tausendfüßler und Zwergfüßler *(Myriapoda, Symphyla-*Arten)

Von beiden genannten Gattungen werden an Orchideenwurzeln insbesondere die sog. Zwergfüßler schädlich. Die zarten, weißen, schlanken, etwa 0,6 mm langen springschwanzähnlichen Tierchen, die zwölf Beinpaare und einen deutlich abgesetzten Kopf mit zwei mittellangen Fühlern haben, benötigen zur optimalen Entwicklung viel Feuchtigkeit. Die Fraßgewohnheiten ähneln denen von Springschwänzen.

Bekämpfung: Vorbeugend durch Trockenhaltung des Substrates, sonst wie bei Springschwänzen (s. o.).

Trauermücken *(Sciara-*Arten)

Ihre Larven verursachen Schäden durch Zerstörung und Veränderung des Pflanzstoffes sowie durch direkten Fraß an den Orchideenwurzeln.

Bei starkem Auftreten der 6–7 mm langen, dünnen, durchscheinend glasigweißen, glänzenden, schwarzköpfigen, beinlosen Larven kann durch deren Fraßtätigkeit der Pflanzstoff in kurzer Zeit in eine feinkrümelige Masse verwandelt werden, die sich sehr schnell zersetzt und vererdet.

Infolge dieser Strukturveränderung führt der Pflanzstoff nicht mehr genügend Luft, was zur Folge hat, daß die darin wachsenden Orchideenwurzeln, besonders der Jungpflanzen, kümmern und absterben. Durch Beschädigung der Wurzeln werden die Pflanzen stark geschwächt und auch das Eindringen von Bodenpilzen begünstigt.

Die Larven werden meist mit Torfmoos *(Sphagnum)* eingeschleppt. Die Verpuppung erfolgt in einem Kokon aus Seidenfäden und Pflanzenfasern in der Erde. Die Entwicklungsdauer vom Ei bis zur 2–3 mm langen, schwarz gefärbten Mücke dauert etwa einen Monat.

Bekämpfung: Als wichtigste Gegenmaßnahme empfiehlt sich das Ausstreuen von Temik 10 G 3 g/m^2, zusätzlich die Beseitigung von Unkräutern (Vogelmiere, Franzosenkraut) sowie von Moosen und anderen Wirtspflanzen unter den Tischen und an den Wegen. Behandlung der Stellflächen mit Lindan-Streumitteln 10 g/m^2. Ferner eignen sich Malathion, Mevinphos oder Parathion als Gießmittel.

Eine zusätzliche Bekämpfung der Mücken ist durch Versprühen von Dichlorphos-Präparaten möglich. Auch das in Orchideenkulturen übliche Aufstellen von „insektenfressendem" Fettkraut *(Pinguicula caudata)* soll hier nicht unerwähnt bleiben.

Asseln

Als Schädling in Orchideenhäusern wurden vorwiegend die **Kellerassel** *(Porcellio scaber)* und die **Gemeine Mauerassel** *(Oniscus asellus)* ermittelt. Als Feuchtlufttiere (die Atmung erfolgt durch Kiemen) und Nachttiere halten sie sich tagsüber versteckt am feuchten Boden, in Spalten und Ritzen von Mauern usw. auf; nachts kommen sie zur Nahrungssuche hervor. Wenn sie sich auch vorwiegend von zerfallenen organischen Stoffen nähren, so gehen sie doch gelegentlich auch an lebende Pflanzen. Blüten und Blütenstiele von Orchideen erfreuen sich offenbar einer besonderen Beliebtheit. Das Schadbild des Asselfraßes ähnelt dem von Schnecken, allerdings fehlen die bei Schnecken charakteristischen Schleimspuren.

Bekämpfung: Vorbeugend; peinliches Sauberhalten der Kulturen und Häuser und sofortiges Wegräumen aller Abfälle. Zur direkten Bekämpfung eignen sich feucht auszustreuende Ködermischungen aus 15 ml Parathion-Emulsion, 150 ml Wasser und 1 kg Kleie (Gummihandschuhe anziehen!) sowie wiederholtes Sprühen mit Blattanex-Sprühdose. Auch das Ausstreuen von Schneckenkorn Mesurol 0,5 g/m^2 zeigt eine deutliche Wirkung.

7.3.2 An oberirdischen Pflanzenteilen

Schnecken *(Arion-, Deroceras-* und andere Arten)

An Orchideen werden sowohl **Nackt-** als auch **Kleine Gehäuseschnecken** schädlich. Häufig werden sie mit dem Pflanzstoff eingeschleppt. Sie schaben oberflächlich an Wurzelspitzen, Blättern und Blütenknospen. Junge zarte Pflanzen und Pflanzenteile werden meist völlig weggefressen. Weitere Kennzeichen des Schneckenbefalls sind die silbrig glänzenden, bald eintrocknenden Schleimspuren und die dunklen, schmierigen Kotklumpen an den befressenen Pflanzen.

Bekämpfung: Gegen sehr kleine Schneckenarten zeigte Temik 10 G 3 g/m^2 eine beachtliche Wirkung. Gegen größere Arten sind möglichst feinkörnige metaldehyd- oder mercapdimethurhaltige Schneckenpräparate, wie etwa Mesurol, das auch eine gute Nebenwirkung gegen Asseln und Taußendfüßler hat, einzusetzen.

Weichhautmilben *(Tarsonemidae)*

Durch die versteckte Saugtätigkeit der farblosen oder schwach gelblich gefärbten, kugeligen oder ovalen, 0,3 mm großen Milben am Herzen (Vegetationspunkt) der Pflanzen fällt ein Schaden, der sich in Verbräunung und Verletzung des Blütenstieles und Verkrüppelung der Blüte äußert, relativ spät auf. Die Verluste, die sich infolge Qualitätsminderung ergeben, können beträchtlich sein.

Bekämpfung: Da hohe Luftfeuchtigkeit und Temperatur den Befall fördern, sollten diese nach Möglichkeit reduziert werden. Bei zügigem Wachstum der Pflanzen zeigt nur Temik 10 G 5 g/m^2 eine sichere Wirkung. Von den eingesetzten Spritzmitteln befriedigte nur Kelthane MF 0,1%. Präparate auf Endosulfan-Basis erbrachten erst bei Temperaturen über 20°C eine spürbare Wirkung. Die Behandlungen sind im wöchentlichen Abstand mindestens dreimal zu wiederholen.

Blattälchen und Stengelälchen (*Aphelenchoides* und *Ditylenchus*)

Blattälchen sind 0,5 bis 1,2 mm lange, glasige Fadenwürmer. Sie wandern bei genügend Feuchtigkeit vom Boden auf die Pflanzen und dringen meist durch die Spaltöffnungen in das Blattinnere ein. Braune Streifen, oft durch Blattrippen begrenzt, oder undeutlich umgrenzte braune Stellen mit nachfolgendem Absterben der Blätter sind die Folgen des Befalls.

Stengelälchen sind etwa 1–1,7 mm lang, im übrigen den Blattälchen sehr ähnlich. Bei Anwesenheit von Stengelälchen verfärbt sich die Blattbasis, die Blätter und manchmal auch die ganze Pflanze kippen um.

In der Praxis sind Älchen, von denen mehrere Tausend in einem einzigen Blatt vorhanden sein können, verhältnismäßig leicht nachzuweisen, wenn man das befallene Blatt in kleine Stücke schneidet und diese in ein Uhrschälchen mit warmem Wasser legt; nach einigen Minuten sind die Älchen aus dem Blattgewebe ausgewandert und schwimmen unter schlängelnder Bewegung im Wasser umher. Sie sind dann mit einer starken Lupe oder besser mit dem Mikroskop (schwache Vergrößerung) leicht zu erkennen.

Bekämpfung: Strenge Betriebshygiene, Ausmerzen befallener Pflanzen, Ausstreuen von 5 g/m^2 Temik 10 G, evtl. nach 4–6 Wochen wiederholen oder mehrmaliges Angießen mit Hostathion 0,1%.

Spinnmilben

An Orchideen werden mehrere Spinnmilbenarten schädlich. Neben der bekannten **„Roten Spinne“** *(Tetranychus urticae)* und der **Gewächshausspinnmilbe** *(Tenuipalpus pacificus)* wird zunehmend stärker die nicht spinnende, sehr wärmebedürftige **Rote Gewächshausmilbe** *(Brevipalpus inornatus)* gefunden.

Bevorzugt werden *Cymbidium, Paphiopedilum* und *Dendrobium* befallen, was nicht ausschließt, daß auch andere Gattungen bei ungünstigen Kulturbedingungen heimgesucht werden. Durch die Saugtätigkeit der Milben zeigen die Blätter, manchmal auch Blütenknospen, eine weißliche Sprenkelung; im weiteren Verlauf werden sie fahl, gelb gefleckt und sterben schließlich vergilbend ab. Bei starkem Befall durch die beiden erstgenannten Arten findet man zumeist an der Blattunterseite zarte Gespinstüberzüge.

Bekämpfung: Vorbeugend: Schaffung bzw. Erhaltung von optimalen Wachstumsbedingungen, harmonische Düngung. Vermeidung von Zugluft und sehr trockener Luft. Pflanzenbestände sorgfältig überwachen: Leichte Verfärbungen oder Vergilbungen der Blätter sind immer verdächtig.

Rechtzeitig, d. h. sofort nach der Feststellung eines Befalls (Lupe), chemische Mittel einsetzen.

Bewährt hat sich bei Jungpflanzen Temik 10 G 2–3 g/m². Tritt später Befall auf, so ist als bestverträgliches Mittel bei den o. g. Orchideenarten Pentac 0,1% an erster Stelle zu nennen. Auch Metasystox R gilt als gut pflanzenverträglich. Alle übrigen Akarizide zeigten gelegentlich Schäden oder mangelhafte Wirkung (Resistenzerscheinungen). Entsprechend den jeweiligen, unterschiedlich empfindlichen Stadien sind Spritzungen in Abständen von 5–7 Tagen zu wiederholen, dabei ist deckend zu spritzen. Wechsel der Wirkstoffe bleibt vorteilhaft.

Moosmilben (*Galluna*-Arten)

Die kugeligen, glänzenden, ledrig harten Milben beschädigen gelegentlich die Blüten von Orchideen.

Bekämpfung: Spritzungen mit Kelthane MF 0,1% oder Thiodan 35 0,1% (siehe auch Bekämpfung von Weichhautmilben).

Blasenfüße *(Thysanoptera)*

Die 1 mm langen, sehr schlanken, gelblichen oder braunschwarzen, sechsbeinigen, im ausgewachsenen Zustand mit zwei Paar gefransten Flügeln versehenen Blasenfüße können an Orchideen, vor allem an *Epidendrum, Oncidium, Odontioda* und *Phalaenopsis,* empfindliche Schäden verursachen. Die Blasenfüße und ihre Larven schaden durch Anbohren des Pflanzengewebes und Aussaugen des Zellsaftes. Die besogenen Pflanzenteile bekommen gelbliche bis grauweiße Flecken, wodurch sie wie gesprenkelt aussehen. Häufig zeigen die Befallstellen auch einen silbrigen Schimmer, der davon herrührt, daß Luft in das ausgesaugte Gewebe eindringt.

Bekämpfung: Temik 10 G 2–3 g/m², vorbeugend angewandt, schützt vor Befall. Bei bereits erfolgter Schädigung reicht die Wirkung nicht mehr aus.

Gut bewährt haben sich die Alphos-Nebeldose und Dedevap im Spritz- oder Verdampfungsverfahren. Aber auch andere Präparate, wie Lannate 25 WP 0,1% oder Tamaron 0,15%, sind gut brauchbar.

Blattläuse *(Aphidae)*

Die kleinen, weichhäutigen, grünlichgelben, sich träge bewegenden Sauginsekten sind teils geflügelt, teils ungeflügelt. Der sog. Honigtau, jener klebrige Überzug, der sich meist auf den von Blattläusen befallenen Pflanzenteilen findet, sind Darmausscheidungen der Läuse. Auf dem Honigtau siedeln sich häufig Rußtaupilze an, die die Pflanzen recht unansehnlich machen.

Darüber hinaus schädigen die Läuse beträchtlich durch Besaugen der weichen Blätter, Triebspitzen und Blütenknospen. Ferner gelten Blattläuse als potente Virusüberträger.

Bekämpfung: Als wirksame und gut pflanzenverträgliche Mittel haben sich Temik 10 G 3 g/m², Metasystox 0,1%, PD5 0,05% bewährt, bei Resistenzerscheinungen auch Pirimor 0,1% und Tamaron 0,1%. Als Räuchermittel Alphos-Nebeldose (12 sec/100 m³ Raum) oder die Pirimor-Räucherdose (1 Dose/700 m³ Raum). Die Behandlungen sind nach Bedarf zu wiederholen, ein Wechsel der Wirkstoffe wird empfohlen.

Schildläuse *(Coccidae)*

Alle kultivierten Orchideenarten, vornehmlich aber *Cattleya, Laelia, Cymbidium, Dendrobium, Oncidium, Phalaenopsis, Odontioda* und *Vanda* können mehr oder weniger stark von einer großen Anzahl von Deckel- oder auch Napfschildläusen befallen werden. Schäden entstehen durch deren Saugtätigkeit. Darüber hinaus siedeln sich in den zuckerhaltigen Ausscheidungen der Läuse häufig Schwärzepilze an, die die Pflanzen unansehnlich machen.

Wolläuse *(Pseudococcidae)*

Besonders an *Cattleya* und *Phalaenopsis* anzutreffen. Sie fallen durch ihre starken, wolligen Wachsausscheidungen auf, unter denen sich die Junglarven gut geschützt entwickeln können.

Bekämpfung: Infolge ihrer geschützten Lebensweise eignen sich nur Mittel mit einem guten Eindringungsvermögen für die Vernichtung der Schild- und Wolläuse. Wirksam und verträglich für die aufgeführten Orchideengattungen sind folgende Präparate: Diazinon 0,1%, Malathion 0,2%, Tamaron 0,15%, Thiodan 0,2%, Unden flüssig 0,2% sowie Unden-Spritzpulver 0,15%.

Zur endgültigen Tilgung eines vorliegenden Befalls sind mindestens zwei bis drei Behandlungen erforderlich. Sie sollten im Abstand von etwa 2 Wochen durchgeführt werden, wobei ein Wechsel der Präparate zweckmäßig ist. Eine Wiederholung nach 2 Wochen ist wirksamer als zu einem früheren Zeitpunkt, da bei diesem Abstand der Spritzbehandlungen eine bessere Möglichkeit gegeben ist, die empfindlichen Jungläuse zu erfassen. Das gegen andere Schädlinge verbreitet eingesetzte Temik 10 G hat zwar gegen zuwandernde Schildläuse eine beachtliche Wirkung, versagt aber bei bereits eingetretenem Befall, insbesondere bei *Cattleya, Dendrobium* und *Phalaenopsis.*

Bei einzelnen Orchideenarten kann der Befall durch Schildläuse so stark sein, daß nur durch eine **Tauchbehandlung** ihre sichere Abtötung zu erzielen ist. Dabei muß darauf geachtet werden, daß der Wurzelballen nicht mit in die Brühe getaucht wird, weil es sonst schnell zu Schäden kommen kann. Auch in diesem Fall sollte eine Nachbehandlung nach etwa 4 Wochen vorgenommen werden. Versuchsweise kann bei *Cattleya* auch Folidol-Öl 0,3–0,5% verwendet werden. Die Wirkung gegen Schildläuse war in Versuchen sehr gut, die Verträglichkeit gegenüber der Pflanze befriedigend.

Orchideenwanzen

Auf den Blättern kreisrunde, bleiche, gelbliche oder silbern glänzende, 2–3 mm große Flecken; mitunter so zahlreich, daß fast die ganze Blattspreite entfärbt ist. Zuweilen kommt es zu einem frühzeitigen Absterben der Blätter. Als Schädiger kommen die **Zweifarbige Orchideenwanze** *(Tenthecovis bicolor)*, etwa 4 mm lang, orangerot mit schwarzer, streifenförmiger Zeichnung auf dem Rücken, oder die **Malaiische Orchideenwanze** *(Mertila malayensis)*, 5–6 mm lang, am Vorderkörper rot, am Hinterkörper stahlblau, in Betracht.

Die erstgenannte Art wurde vermutlich aus Süd- und Mittelamerika, die letztgenannte aus Asien eingeschleppt. In den Warmhäusern finden beide günstige Entwicklungsbedingungen.

Bekämpfung: Vorbeugend sorgfältige Überprüfung aller Importe, strikte Einhaltung einer mehrwöchigen Quarantäne. Bei Befall oder Befallsverdacht Spritzen oder Stäuben mit Parathion oder Lindanpräparaten.

Orchideenrüsselkäfer und andere Käferarten

Die Larven der Käfer minieren mit mehr oder weniger unterschiedlichen Schadbildern an den

Blättern: Cattleya-Stachelkäfer *(Mordellistena cattleyana)*, Raubkäfer *(Agonia spathoglottis, Oncocephala anglata)*

Blattbasen: Mattschwarzer Orchideenrüßler *(Acythopens aterrimus)*

Bulben: Orchideenbulbenbohrer *(Encactophagus weissii)*, Schwarzweißer Cattleya-Rüßler *(Cholus cattleyae)*, Dendrobium-Bockkäfer *(Diaxenes dendrobii)*, Dendrobium-Rüßler *(Acythopeus orchivorus)*, Dendrobium-Borkenkäfer *(Xyleborus morgerius)*.

Bekämpfung: Da die Gefahr der Einschleppung durch Importe von Wildorchideen immer gegeben ist, sind neue Pflanzen vor Einreihung in die Bestände erst längere Zeit in Quarantäne zu nehmen.

Bei Befall erfolgt die Bekämpfung am wirkungsvollsten durch Sprühen oder Spritzen mit Lannate: 25 WP 0,1%, Mevinphos 0,05% oder Parathion 0,035%. Auch Räuchern mit Alphos-Nebeldose oder feines Stäuben mit Parathion-Staub ist wirksam.

Orchideenwespe, Cattleya-Fliege *(Eurytoma [Isoma] orchidearum)*

Die Larven der 4–5 mm langen, glänzend schwarzen Orchideenwespe minieren sowohl in jungen Blättern und Knospen, die deutlich anschwellen, wie auch in den Bulben, die verkümmern. Im Inneren der verunstalteten Knospen und Bulben findet man in meist mehreren getrennten kleineren Hohlräumen die weißlichen Larven. An älteren, einjährigen Bulben fallen später ihre kleinen runden Ausschlupflöcher auf. Besonders betroffen werden einige *Cattleya-* und *Laelia-*Arten.

Bekämpfung: Ständig alle Pflanzen durchmustern und befallene Teile entfernen. Importe einer mehrwöchigen Quarantäne unterziehen. Vorbeugend Anwendung von Temik 10 G 5 g/m^2, Stäuben mit Parathion-Staub oder Spritzen mit Mevinphos 0,05%.

7.4 Algen, Moose, Sauerklee

Bei der Kultur von Orchideen kommt es infolge der meist hohen Luftfeuchtigkeit in den Häusern, auf Stellflächen, Töpfen und Pflanzen zu einer starken Ausbreitung von **Algen und Moosen**.

Pikierte Jungpflanzen werden dabei in ihrer Entwicklung besonders stark behindert. Auch ältere Pflanzen erfahren durch eine Hemmung der Wasser- und Sauerstoffzufuhr zu den Pflanzenwurzeln und, sofern die Blätter bereits besiedelt werden, auch durch Minderung der Assimilation eine Schwächung. Außerdem bekommt die befallene Pflanze ein ungepflegtes und vernachlässigtes Aussehen.

Da die Beseitigung der Algen- und Moosbeläge auf den Pflanzen und an den Töpfen z.Z. noch sehr problematisch ist, gewinnen die vorbeugenden Maßnahmen, insbesondere die Behandlung der nicht besetzten Teile der Gewächshäuser, Tische, Fensterflächen usw. an Bedeutung.

Nach den vorliegenden Erfahrungen können zur Bekämpfung folgende Mittel und Maßnahmen empfohlen werden.

Mittel für Orchideengewächshäuser

Dimanin A (Bayer): Zur vorbeugenden Entseuchung werden Blumentöpfe und Schalen aus Ton 24 Stunden lang in eine 0,5%ige Dimanin A-Lösung (50 ml/10 l Wasser) getaucht. Tische, Bankbeete, Fenster und Plattenwege werden mit einer 1%igen Lösung (100 ml/10 l Wasser) behandelt. Für 1 m^2 benötigt man etwa 0,5 l Lösung. Gleichzeitig werden Fäulnisbakterien und Schimmelpilze abgetötet. Pflanzen dürfen nicht getroffen werden. Da Dimanin A fischgiftig ist, darf es nicht in mit Fischen besetzte Behälter, Gräben und Kanäle abgeleitet werden.

Alginex (Hoechst): Zugelassen zur Bekämpfung von Algen und Moosarten (Laubmoose). Töpfe werden eine Stunde vorsichtig in eine 2%ige Lösung getaucht. Die Pflanzen sollten dabei nicht benetzt werden. Zur Bekämpfung von Algen und Moosarten auf Matten, Sandstellbeeten, Tischen und Plattenwegen werden 3 g/m^2 gespritzt. Für 1 m^2 benötigt man 0,5 l Lösung.

Delegol (Bayer): Nach dem Räumen der Tische und Stellagen kann Delegol 2% gegen bereits vorhandenes Laubmoos und Algen mit sehr schnellem Erfolg eingesetzt werden. Auch das stärker zunehmende Lebermoos wird noch gut erfaßt. Darüber hinaus ist die allgemeine Desinfektionswirkung hervorragend. Nach einer kurzen Wartezeit von 5–8 Tagen können die Stellagen wieder mit Pflanzen bestellt werden.

Tenoran (Ciba-Geigy): Eignet sich gut zur Bekämpfung von Laubmoos und Unkräutern auf den Wegen im Gewächshaus. Mit 70 g/100 m^2 erzielt man eine nachhaltige Wirkung. Da es eine sehr niedrige Dampfphase hat, werden die kultivierten Pflanzen im Gewächshaus nicht beeinträchtigt.

Der **Sauerklee** *(Oxalis corniculatus)*, ein sehr lästiges, sich rasch ausbreitendes Unkraut, wird häufig mit Jungpflanzen in die Kulturen eingeschleppt. In größeren Beständen ist eine mechanische Ausrottung von Hand kaum möglich, doch auch die chemische Bekämpfung ist bisher noch unvollkommen. Die in den USA empfohlene Anwendung von Simazin 80 W (30 g in 4,5 l Wasser) hat sich bei uns als unbefriedigend und nicht ganz ungefährlich erwiesen, während Applikationen der Wuchsstoffe Bi-Hedonal (Bayer) oder Celatox DP (Cela-Merck) bei vorsichtiger Dosierung von besserer Wirkung waren.

Mittel für Blumenfenster und Pflanzen in Wohnräumen

Da Orchideen außer in Gewächshäusern vor allem von Liebhabern in nicht abschließbaren Blumenfenstern und in Wohnungen auf Fensterbänken gehalten

Mittel zur Schädlingsbekämpfung bei Pflanzen in der Wohnung

Wirkstoffe und Handelspräparate	Giftklasse	Bemerkungen zur Anwendung
Butoxycarboxim		
Paral Pflanzenzäpfchen	–	Blattläuse, Spinnmilben
Wacker Insektizidstäbchen	–	(Substrat feucht halten)
Diazinon + Methoxychlor + Tetradifon	–	Blattläuse, Weiße Fliege, Schildläuse, Blasenfüße, Spinnmilben
Paral Pflanzen-Spray (Sprühdose)	–	(mindestens 50 cm Abstand von Pflanzen, Gebrauchsanweisung genau einhalten)
Compo Insekten-Spray (Sprühdose)		
Dichlorvos		
Dedevap 0,2%	3	Schildläuse und saugende Insekten
Gesal (Sprühdose)	–	
Dichlorvos + Methoxychlor		
Fleur Insekten-Spray (Sprühdose)	–	Spinnmilben, saugende Insekten
Dichlorvos + Tetrasul		
Alphos-Nebeldose	3	Spinnmilben, saugende Insekten (gut wirksam und verträglich)
Dienochlor		
Pentac 0,1%	–	Spinnmilben (Spezialmittel)
Dimethoat		
Perfektion Pflanzenspray (Sprühdose)	–	Schildläuse, Schmierläuse, Spinnmilben, Blattläuse
Endosulfan		
Thiodan 35 flüssig 0,15%	3	Weichhautmilben und beißende Insekten
Mineralöl		
Elefant-Sommeröl 2%	–	saugende Insekten, Schildläuse, Spinnmilben
Propoxur		
Unden flüssig 0,2%	3	Schildläuse, beißende und saugende Insekten

werden, bedarf die Aufzählung der bei der Beschreibung der Schädlinge aufgeführten gut wirksamen Insektizide einer leichten Korrektur.

Zusätzlich zu den erwünschten Wirkungen auf Schädlinge und Pflanzen kommt der Forderung nach weitestgehender Ungiftigkeit gegenüber Warmblütern, insbesondere aber gegenüber dem Menschen, eine große Bedeutung zu.

In Einzelfällen muß zu Gunsten der relativen Ungiftigkeit auf eine volle Wirkung verzichtet werden. Durch Wiederholung der Behandlungen kann diese Schwäche einzelner Präparate wieder ausgeglichen werden.

Einsetzbar sind u. a. die in der Zusammenstellung (S. 306) aufgeführten Wirkstoffe bzw. Handelspräparate. Alle genannten Fungizide können ohne Einschränkung verwendet werden.

7.5 Information und Beratungsmöglichkeiten

Rechtzeitige Erkennung der Ursache einer Pflanzenkrankheit oder -schädigung ist Voraussetzung für eine erfolgreiche Bekämpfung. Sie ist aber vor allem bei pilzlichen Erregern und Virosen wegen der verwirrenden Symptome bei den einzelnen Arten und Sorten und unter verschiedenen Standortbedingungen nicht immer leicht.

In unklaren Fällen hat der Praktiker die Möglichkeit, sich bei dem **Pflanzenschutzdienst** seines Landes Auskunft zu holen oder eine örtliche Beratung anzufordern, die in vielen Fällen auch Vorschläge für eine notwendige Bekämpfung miteinschließt. In der Bundesrepublik sind für die Auskunftserteilung die Pflanzenschutzämter und ihre nachgeordneten Dienststellen, denen in der Regel sachkundige wissenschaftliche Kräfte zu Verfügung stehen, zuständig.

Spezialfragen und Probleme von grundsätzlicher Bedeutung werden von der **Biologischen Bundesanstalt** für Land- und Forstwirtschaft (BBA) Braunschweig und Berlin-Dahlem bearbeitet.

Die Auskunftserteilung erfolgt, sofern keine umfangreichen Untersuchungen notwendig sind, von Ausnahmen abgesehen, kostenlos. Den Anfragen sind gut verpackte Pflanzenproben mit umfassenden Angaben zum Auftreten der Schädlinge, wie Standort, Düngung, bisheriger Kulturverlauf, Anwendung von Pflanzenbehandlungsmitteln usw., beizufügen.

Auch die Untersuchung von Pflanzensendungen bei der Ein- und Ausfuhr, die Überwachung der Gartenbau-, insbesondere der Jungpflanzenbetriebe sowie die Ausstellung von Gesundheits- und Ursprungszeugnissen für die Ausfuhr gehören in Deutschland zu den Aufgaben des Pflanzenschutzdienstes.

Um Beanstandungen der Importländer zu vermeiden, die zu Verzögerungen oder im schlimmsten Fall zur Vernichtung der Pflanzen führen können, sind die Anträge bei dem für den Betriebsort zuständigen Pflanzenschutzamt so rechtzeitig zu stellen, daß die Pflanzen auch noch untersucht werden können. Diese Untersuchung ist kostenpflichtig.

Nachfolgend eine Aufstellung der hierfür in Frage kommenden Institute und Pflanzenschutzämter:

Bundesrepublik Deutschland

Biologische Bundesanstalt für Land- und Forstwirtschaft (BBA), Institut für Zierpflanzenkrankheiten und Institut für gärtnerische Virusforschung, Königin-Luise-Straße 19, 1 Berlin 33 (Dahlem)
Landesanstalt für Pflanzenschutz, Reinsburgstraße 107, 7 Stuttgart 1
Pflanzenschutzdienst Nordbaden, Amalienstraße 25, 75 Karlsruhe 1
Pflanzenschutzdienst Nordwürttemberg, Breitscheidstraße 4, 7 Stuttgart 1
Pflanzenschutzdienst Südbaden, Hauptstraße 34, 78 Freiburg/Br.
Pflanzenschutzdienst Südwürttemberg-Hohenzollern, Nauklerstraße 47, 74 Tübingen
Bayerische Landesanstalt für Bodenkultur, Pflanzenbau, Abteilung Pflanzenschutz, Menzinger Straße 54, 8 München 19.
Pflanzenschutzamt Bremen, Bahnhofsplatz 29, Tivolihochhaus, 28 Bremen
Institut für Angewandte Botanik, Pflanzenschutzamt, Marseiller Straße 7, 2 Hamburg 36
Pflanzenschutzamt Frankfurt/M., Friedrich-Wilhelm-v.-Steuben-Straße 2, 6 Frankfurt (Main)-Hausen
Pflanzenschutzamt Kassel, Am Versuchsfeld 17, 35 Kassel-Harleshausen
Pflanzenschutzamt Hannover, Wunstorfer Landstraße 9, 3 Hannover 91
Pflanzenschutzamt Oldenburg, Mars-la-Tour-Straße 9–11, 29 Oldenburg
Pflanzenschutzamt Bonn-Bad Godesberg, Mittelstraße 99, 53 Bonn-Bad Godesberg
Institut für Pflanzenschutz, Saatgutuntersuchung und Bienenkunde der Landwirtschaftskammer Westfalen-Lippe, Kanalstraße 240 Postfach 5925, 44 Münster
Landespflanzenschutzamt Rheinland-Pfalz, Essenheimer Straße 144, 65 Mainz-Bretzenheim
Pflanzenschutzamt Saarbrücken, Lessingstraße 12, 66 Saarbrücken 3
Pflanzenschutzamt des Landes Schleswig-Holstein, Westring 383, 23 Kiel
Pflanzenschutzamt Berlin, Altenkircher Straße 1 und 3, 1 Berlin 33 (Dahlem)

Deutsche Demokratische Republik

Biologische Zentralanstalt Berlin, 1532 Kleinmachnow
Institut für Phytopathologie, 432 Aschersleben
Pflanzenschutzämter bei den Bezirkslandwirtschaftsräten

Österreich

Bundesanstalt für Pflanzenschutz, Trunnerstr. 5, Wien II

Schweiz

Eidgen. Versuchsanstalt für Obst-, Wein und Gartenbau, Wädenswil

Niederlande

Plantenziektenkundige Dienst, Geertjesweg 15, Wageningen

Literaturverzeichnis

BONESS, M.: Moosmilbenschäden an Orchideen. Anzeiger für Schädlingskunde XLI. 170, 1968.

BORCHARDT, G.: Viruskrankheiten bei Orchideen. Gartenwelt 70, 288–289, 1970.

BURNETT, H. G.: Orchid diseases. Dept. Agric. Florida, Vol. I, No. 3, 1965.

GERLACH, W.: Eine bisher nicht bekannte Blattfleckenkrankheit an Dendrobien (Erreger: Fusarium moniliforme). Nachrichtenblatt des Deutschen Pflanzenschutzdienst, Braunschweig, 20, 49–52, 1968.

– Infektiöse Krankheiten gärtnerisch wichtiger Orchideen. Gartenwelt 71, 181–184, 1971.

GERLACH, W., und BORCHARDT, G.: Untersuchungen über eine Wurzelfäule an Phalaenopsis-Hybriden und ihren Erreger Fusarium oxysporum. Phytopath. Zeitschrift 63, 30–39, 1968.

HEDDERGOTT, H.: Taschenbuch des Pflanzenarztes. 2. Folge. Landwirtschaftsverlag, Münster-Hiltrup 1976.

HEMER, M.: Krankheiten und Schädlinge an Orchideen und ihre Bekämpfung. Gartenwelt 75, 78–81, 1975.

KITAGUMA, E. W., BLUMENSCHAU, A., und COSTA, A. S.: Rodlike Particles Associated with Ringspot Symptoms in Several Orchid Species in Brasil. Phytopath. Zeitschrift 81, 280–286, 1974.

KOENIG, R., und LESEMANN, D.: Serologischer Nachweis von Viren. „Das Karnikel als Freund und Helfer des Orchideengärtners". Gartenwelt 72, 48–49, 1972.

LESEMANN, D., und BEGTRUP, I.: Elektronenmikroskopischer Nachweis eines bazilliformen Virus in Phalaenopsis. Phytopath. Zeitschrift 71, 257–269, 1971.

NORTHEN, R.: Orchid Aliments, Part 1, American Orchid Soc. Bull., Vol 42, No. 8, 712–718, 1973.

– Orchid Aliments, Part II, Diseases. American Orchid Soc. Bull-, Vol 42, No. 9, 810–821, 1973.

PAPE, H., und HEMER, M.: Krankheiten und Schädlinge der Zierpflanzen und ihre Bekämpfung. 5. Aufl. Paul Paray, 1964.

SCHUMACHER, G.: Krankheiten und Schädlinge der Orchideen. Der Erwerbsgärtner 19, 746, 1974.

STAHL, M., und UMGELTER, U.: Pflanzenschutz im Zierpflanzenbau. Eugen Ulmer, Stuttgart 1976.

WEIDINGER, G.: Substrat, Düngung und Pflanzenschutz bei Orchideen. Gartenwelt 74, 453–454, 1974.

WITHNER, C. L.: The Orchids. Ronald Press Company, New York 1959.

8 Beschreibung der Gattungen, Arten und Hybriden mit Kulturhinweisen

8.1 Systematischer Aufbau der Orchideenfamilie

Die Familie der Orchideen umfaßt etwa 750 Gattungen und 20000–25000 Arten. Dieser Artenreichtum deutet in stammesgeschichtlicher Hinsicht auf eine junge, noch in Entwicklung begriffene Familie. Die Evolution der Orchidee vollzog sich von ihrer Urform ausgehend keinesfalls gleichschnell und nach einem bestimmten Plan. Die sich immer erneut verändernden Formen hatten epochenmäßig und gebietsweise eine sehr unterschiedliche Aktivität, die entweder Gattungen mit nur einer oder solche mit bis zu 1000 Arten entstehen ließ.

Um die verwandtschaftliche Stellung einer Orchidee deutlich ausdrücken bzw. sie auf Grund ihrer Merkmale an eine bestimmte Stelle einordnen zu können, bedarf es eines Systems mit hierarchischer Ordnung. Diese Abstufung ist im Internationalen Code der Botanischen Nomenklatur (I.C.B.N.) festgelegt, aus dem die wichtigsten Ränge angeführt werden: Ordnung (Ordo) – Familie (Familia) – Unterfamilie (Subfamilia) – Stamm (Tribus) – Unterstamm (Subtribus) – Gattung (Genus) – Art (Species) – Unterart (Subspecies) – Varietät (Varietas) – Form (Forma) – Einzelpflanze (Individuum).

An der systematischen Eingliederung der Orchideen waren seit 1800 namhafte Botaniker beteiligt, wie J. Lindley, G. Bentham, E. Pfitzer und R. Schlechter. Das vom letztgenannten Orchideologen erstellte System genoß rund 60 Jahre weltweite Anerkennung, obwohl kritische Beiträge für bestimmte Teilgebiete, z.B. von R. Mansfeld, R.L. Dressler und C.H. Dodson, L.A. Garay, P. Vermeulen, seine Revision schon früher erforderlich gemacht hätten. Diese Revision nahm F.G. Brieger auf Grund aller neuen wissenschaftlichen Erkenntnisse und eigener Forschungsergebnisse vor und stellte folgendes System der Orchidaceae auf:

Ordnung: *Microspermae*
1. Familie: *Apostasiaceae*
2. Familie: *Orchidaceae*
   1. Unterfamilie: *Cypripedioideae* (mit 4 Gattungen)
      1. Tribus: *Cypripedieae*
      2. Tribus: *Paphiopedileae*
      3. Tribus: *Phragmipedieae*
      4. Tribus: *Selenipedileae*
   2. Unterfamilie: *Orchidoideae* (mit etwa 70 Gattungen)
      5. Tribus: *Orchideae*
      6. Tribus: *Diseae*
      7. Tribus: *Satyrieae*

3. Unterfamilie: *Neottioideae* (mit etwa 125 Gattungen)
   8. Tribus: *Tropidieae*
   9. Tribus: *Neottieae*
   10. Tribus: *Spirantheae*
   11. Tribus: *Diurideae*
4. Unterfamilie: *Epidendroideae* (mit etwa 235 Gattungen)
   12. Tribus: *Podochileae*
   13. Tribus: *Arethuseae*
   14. Tribus: *Epidendreae*
5. Unterfamilie: *Vandoideae* (mit etwa 320 Gattungen)
   15. Tribus: *Maxillarieae*
   16. Tribus: *Oncidieae*
   17. Tribus: *Cataseteae*
   18. Tribus: *Vandeae*

In taxonomischer Hinsicht werden die Anzahl der fertilen Staubblätter sowie Form und Inhalt der Staubbeutel (Antheren) als wichtige Unterscheidungsmerkmale angesehen.

Die markantesten Merkmale der *Cypripedioideae* sind die zwei fertilen Staubblätter seitlich der Narbe am oberen Ende des Säulchens mit schmierigen bis körnigen Pollen, das Staminodium (Abb. 109), das pantoffelähnliche Labellum und die zu einem Synsepalum verwachsenen seitlichen Sepalen. Das letztgenannte Organ kommt seltener auch getrennt vor (Abb. 111).

Bei den vier übrigen Unterfamilien besitzt das Säulchen nur ein fertiles Staubblatt und je nach Gattung keine oder zwei Staminodien von unterschiedlicher Größe und Aussehen (Abb. 110). Bei den *Orchidoideae* und *Neottioideae* ist der obere Teil des fertilen Staubblattes kapuzenförmig und aufrechtstehend, dagegen bei den *Epidendroideae* und *Vandoideae* rundlich und abgeflacht. Bei den *Orchidoideae* reißen die erst mit dem Welken der Blüte vertrocknenden Antheren zweimal der Länge nach auf. Bei den *Neottioideae* öffnen sich die Antheren der Breite nach und trocknen frühzeitig unter Beibehalt ihres Aussehens ein. Bei den *Epidendroideae* und *Vandoideae* werden bei Entnahme der Pollinien durch das bestäubende Insekt die Antheren teilweise oder gänzlich abgetrennt.

Die Pollinien haben bei den *Orchidoideae* eine basale, stielartige Verlängerung aus Pollensackgewebe, das Freniculum, an dessen Ende ein aus Narbengewebe gebildeter Klebkörper (Viscidium) vorhanden ist (Abb. 15, S. 32). Der staubfeine Pollen hat sich zu kleinen, kettenartig zusammenhängenden Klümpchen, sog. Massulae, vereinigt. Bei den *Neottioideae* steht gegenüber den *Orchidoideae* der Klebkörper infolge geänderter Narbenstellung an der Spitze der Antheren. Der Pollen ist zum unterschiedlich festen Pollinium zusammengekittet und seine Klebsubstanz (Caudicula) ist mit dem Klebkörper vereint. Bei den *Epidendroideae* befinden sich in den Antheren zwei bis acht typisch geformte, mit Caudicula versehene Pollinien. Klebsubstanz und Klebkörper sind bei dieser Unterfamilie somit ebenfalls stiellos verbunden, wogegen bei den *Vandoideae* zwischen diesen beiden Teilen ein aus dem Narbengewebe entwickeltes

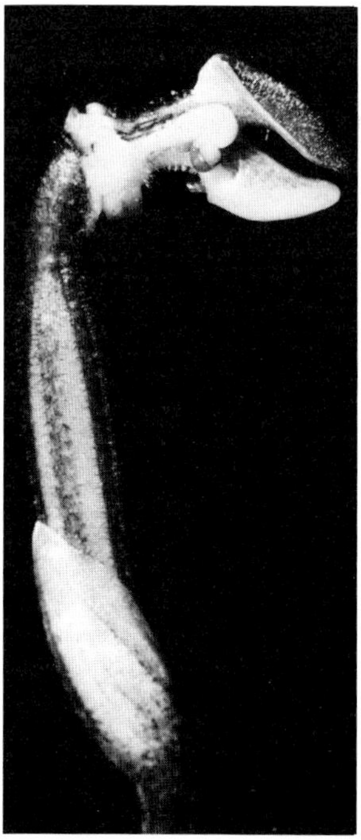

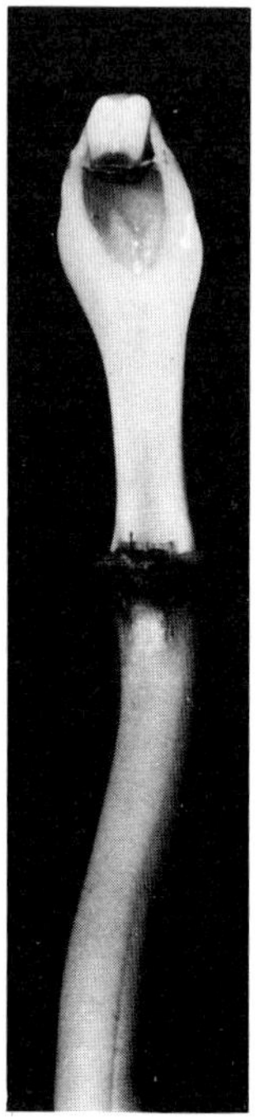

Stielchen (Stipes) vorhanden ist. Dieses Stielchen ist trotz größter Ähnlichkeit mit dem Freniculum ein analoges, jedoch kein homologes Gebilde.

Diesen fünf durch ihre Merkmale dargestellten Unterfamilien untergeordnet sind die anfangs schon genannten 18 Triben, 74 Subtriben und rund 750 Gattungen. Von diesen werden die wichtigsten, in der Kultur am meisten verbreiteten Arten nachfolgend beschrieben.

8.2 Erklärung der Abkürzungen, Stichwörter und Zeichen

2n:: bezeichnet mit der angeführten Zahl den diploiden Chromosomensatz bei bisher untersuchten Arten.
Z: unter bestimmten Voraussetzungen im Wohnraum pflegbar.
K: kühl zu kultivierende Art, 17–12 °C (tags–nachts).
T: temperiert zu kultivierende Art, 22–15 °C.
W: warm zu kultivierende Art, 25–18 °C.
Gartpf.: als Gartenpflanze verwendbar.
st.duft.: besonders stark duftende Art.
Schnittbl.: haltbare Schnittblume.
×: internationales Zeichen für Bastard (Hybride). Dem Gattungsnamen vorgesetzt: Gattungsbastard, dem Artnamen vorgesetzt: Artbastard.
cv.: Cultivar = Sorte.
Deutscher Orchideenname: Vielfach gehört der lateinische Name, z.T. verdeutscht, zur Umgangssprache des Orchideenkundigen. Der korrekt übersetzte deutsche Name ist seltener im Gebrauch.
Kulturhinweis: Der jährlich andersgeartete Klimaverlauf sowie der unterschiedliche Witterungscharakter in den einzelnen Bundesländern ermöglicht nur, die Grundregel der Kultur anzuführen. Die Hinweise sind infolgedessen entsprechend den örtlichen Verhältnissen zu variieren.
Substrathinweise: Bei Angaben zum Beimischen von Buchenlaub bzw. Farnwedeln zum Pflanzmaterial sind diese immer trocken und zerkleinert (geschnitten oder gehackt) zu verstehen. Beigabe etwa $^1/_{10}$ der Pflanzstoffmenge.

Abb. 109 (oben links). Fruchtknoten und Säulchen von Paphiopedilum mit zwei Staubblättern und anhaftenden Pollensäcken (hinteres Staubblatt nicht sichtbar), darüber dachartig das Staminodium und darunter die abwärts gerichtete Narbe. Alle Blütenblätter sind entfernt.
Abb. 110 (oben Mitte). Fruchtknoten und Säulchen von Cattleya mit Narbe und darüberstehendem Staubblatt.
Abb. 111 (oben rechts). Die normalerweise zum Synsepalum zusammengewachsenen seitlichen Sepalen sind bei dieser Blüte von Paphiopedilum leeanum getrennt; Rückansicht.
Abb. 112 (unten links). Weibliche Blüte von Catasetum fimbriatum; dazu auf Farbbild 33 die männliche Blüte (Seite 323).
Abb. 113 (unten rechts). Gleichalte Samenkapseln von Cattleya trianae var. backhousieana; links Scheinfrucht nach Nachbarbestäubung, rechts samenausbildende Frucht nach Fremdbestäubung, 5 Monate alt.

Die Zugabe von Hornspänen bzw. Hornmehl beträgt für 1–2 l Substrat etwa so viel, wie zwei Fingerspitzen fassen können. Hornspäne zersetzen sich innerhalb von 1–2 Jahren, Hornmehl innerhalb eines halben Jahres.

8.3 Außereuropäische Orchideen

Aus der unüberschaubaren Menge der in den letzten 150 Jahren auf allen Kontinenten gesammelten Orchideen bürgerten sich diejenigen bei uns ein, welche sich in das Milieu des Glashauses oder der Fensterbank einfügten. Es sind Arten mit größerer Toleranz bezüglich ihrer Ansprüche an Temperatur, Feuchtigkeit, Nahrung und Licht. Eine von Hofmann (1975), Konstanz, durchgeführte Erfassung aller kultivierten Orchideen in Sammlungen von 17 Botanischen Gärten Mitteleuropas und 33 Liebhabern erbrachte die stattliche Anzahl von fast 5000 Arten. Von diesen bestimmten jene, die am häufigsten genannt wurden, die Auswahl der nachfolgend besprochenen Orchideen.

Aërides Lour.

Aufgestellt wurde die Gattung 1790 von dem portugiesischen Missionar und Botaniker J. de Loureiro. Der Name ist eine Zusammensetzung von *aer-* (griech. Luft) und *eides*(griech. ähnlich) als Hinweis auf ihre epiphytische Lebensweise. Im Deutschen: Aërides.
Monopodial wachsende Pflanzen mit riemenförmigen oder stielrunden Laubblättern, langen, sich verzweigenden Luftwurzeln und seitlichen Blütenständen. Dichtblumige Traube oder wenigblumige Rispe. Sepalen und Petalen gespreizt, die seitlichen Petalen teilweise mit dem Säulchen verwachsen. Das Labellum ist mit nach vorn gekrümmtem Sporn an der Säulchenfußspitze angewachsen. Seine Seitenlappen stehen meistens aufrecht, der Vorderlappen ist kahnförmig aufwärts gekrümmt oder waagrecht vorwärts gestreckt. Die kurze Columna verlängert sich im Säulchenfuß, ihre kapuzenförmige Anthere enthält zwei mit bandartigen Stielchen versehene Pollinien. Etwa 50 epiphytisch wachsende Arten zwischen Indien über die Philippinen bis Japan.

Vorbemerkung zu den Farbaufnahmen:
Die Zahlen nach den Pflanzennamen geben das Größenverhältnis der abgebildeten Blüte zur natürlichen Größe an.

24. Aërides multiflorum, 1,5 : 1
25. Angraecum distichum, 3 : 1
26. Ansellia gigantea, 1 : 1
27. Ascocentrum curvifolium, 1 : 1

A. multiflorum Roxb.; 2n: 38, Farbbild 24
Reichblumige Aërides; W bis T
Die Laubblätter des 20–70 cm hohen Stammes sind 15–25 cm lang. Die hängende, 15–30 cm lange Traube hat 2–3 cm breite Blüten. Die weißlichen, der Spitze zu rosalilafarbigen Sepalen und Petalen sind zusätzlich dunkler gefleckt. Von gleicher Färbung das Labellum mit seinem breit-eiförmigen, kurzen Vorderlappen und den kaum hervortretenden Seitenlappen. Gleichfarbig auch der nach vorn gekrümmte, sackartige Sporn. Blütezeit: Juni–September. Heimat: nordöstliches Indien bis Malaysia.

A. odoratum Lour.; 2n: 38
Wohlriechende Aërides; W bis T, st. duft.
Habitus wie *A. multiflorum,* die Blüten jedoch 1,5–2,5 cm breit. Diese sind weißlich, den Spitzen zu rosalila. Am Labellum ist der aufwärtsgekrümmte Vorderlappen rosalila gestreift, die aufwärtsgerichteten Seitenlappen rosalila punktiert. Grünlich der hornartig vorgekrümmte Sporn. Blütezeit: April–Juli. Heimat: tropisches Asien.

Kulturhinweis siehe bei *Angraecum,* jedoch für *A. multiflorum* über Winter etwas kühler.

Angraecum Bory

Der malaiische Name *angurek* diente dem französischen Botaniker M. Baron Bory de St. Vincent 1804 zur Gattungsbezeichnung. Im Deutschen: Angraekum.
Monopodial wachsende, mitunter sich reichlich verzweigende, dicht bis locker beblätterte Pflanzen, welche durch ihre Internodienlänge von sehr unterschiedlicher Größe sind. Dem Habitus entsprechend sind die Blüten zwischen 5 mm und 15 cm groß, einblumig oder in traubenartigen Blütenständen beisammen. Die gespreizten Sepalen und Petalen sind weitgehend gleichartig. Das ungeteilte Labellum mit sack- bis sehr lang fadenartigem Sporn umfaßt mit seiner Basis die kurze Columna, deren Spitze zum ausgerandeten Rostellum seitlich zwei Öhrchen besitzt. Die Anthere birgt zwei Pollinien auf gemeinsamen oder getrennten Stielchen. Etwa 50 epiphytisch auf Bäumen und Felswänden wachsende Arten in Afrika und auf Madagaskar.

A. distichum Lindl., Farbbild 25
Zweireihiges Angraekum; T bis W
Die dichtbeblätterten, bis 15 cm langen Stämmchen sind gebüschelt und ihre fleischigen Laubblätter etwa 1 cm lang. In mehreren Blattachseln zugleich erblühen weiße $^{1}/_{2}$–1 cm breite Blüten mit aufwärtsgerichtetem, kapuzenförmigem Labellum. Blütezeit: Oktober–April. Heimat: tropisches Afrika.

A. sesquipedale Thou.; 2n: 38, 42
Anderthalb Fuß langes Angraekum; W

Der bis 70 cm hoch werdende Stamm trägt bläulichgrüne, mit Wachsschicht überhauchte, 15–25 cm lange Laubblätter und gespreizt wegstehende Wurzeln. Die zwei- bis vierblumige Infloreszenz hat wachsartige, elfenbeinweiße, 12–18 cm breite Blüten. Ihre Sepalen, Petalen und das fast gleich aussehende Labellum sind schlank zugespitzt. Der fadenförmige Sporn ist zwischen 15–30 cm lang. Blütezeit: Dezember–April. Heimat: Madagaskar, in niederen Lagen des Regenwaldes, nicht über 100 m.

Kulturhinweis. Entsprechend der unterschiedlichen Größe sind Angraekum in stehende oder aufhängbare Holzkörbchen bzw. durchlöcherte Töpfe einzusetzen oder auf mit Pflanzmaterial versehene Korkbrettchen aufzubinden. Angraekum wollen im Sommer warmen, luftfeuchten, halbschattigen Stand, welcher ab Ende des Hochsommers bis Frühjahr schattenlos ist. Im Frühjahr und Sommer gedeihen sie bei Temperaturen zwischen 26 und 20 °C, im Winterhalbjahr sind 22–17 °C ausreichend. In der Vegetationszeit sind sie an heißsonnigen Tagen zusätzlich zur ausreichenden Bewässerung zu überspritzen, wogegen in den Herbst- und Wintermonaten bei ausreichender Luftfeuchtigkeit nur nach Notwendigkeit angegossen wird. Angraekum sind alle 3–5 Jahre mit Vegetationsbeginn in ein Pflanzmaterial aus 1/3 Osmundawurzeln, 1/3 Sphagnum und 1/3 Styroporschnitzeln mit Zugabe von Buchenlaub oder Farnwedeln, Kuhfladengeriebsel bzw. Hornspäne umzusetzen. Für im Habitus größere Pflanzen ist grobes Pflanzmaterial besser als eine den kleinbleibenden und epiphytisch wachsenden Arten zusagende feinere Materialmischung. Größere Arten gedeihen auch in Rinde gepflanzt mit öfterer schwacher Düngung. Alle sparrig wegstehenden Wurzeln sind beim Umsetzen der Pflanze außerhalb des Pflanzgefäßes zu belassen; gebrochene Wurzeln beeinträchtigen sehr stark ihre Weiterentwicklung.

Ansellia Lindl.

J. ANSELL sammelte auf Fernando Póo die ersten Pflanzen, und ihm zu Ehren gab 1844 der englische Botaniker J. LINDLEY dieser Gattung den Namen. Im Deutschen: Ansellia.
Epiphytisch wachsende Pflanzen mit aufrechten, in der oberen Hälfte beblätterten Pseudobulben und endständigem, einfachem oder verzweigtem Blütenschaft. Die Sepalen und Petalen sind fast gleich, die seitlichen Sepalen bilden mit dem Säulchenfuß ein Kinn. Vom dreilappigen Labellum umfassen die Seitenlappen die Columna, der Vorderlappen trägt zwei oder drei Kiele. Die Anthere birgt zwei zweispaltige Pollinien. Etwa sechs Arten sind in Afrika beheimatet.

A. africana Lindl.
Afrikanische Ansellia; T bis W
Die spindelförmige, 50–80 cm hohe Pseudobulbe trägt vier bis acht 30–40 cm lange Laubblätter. Der locker- und reichblumige Blütenschaft wird 40–70 cm lang. Die gelblichgrüne, schokoladenbraun gefleckte Blüte ist 4–6 cm breit. Ihre Petalen sind breiter als die Sepalen, und das Labellum ist mit drei gelblichen Kielen versehen. Blütezeit: Januar–Juli. Heimat: tropisches Afrika.

A. gigantea Rchb.f., Farbbild 26
Riesengroße Ansellia; T bis W
In Habitus und Blüte wie *A. africana,* jedoch in der Blütenfarbe stärker variierend. Die Petalen und Sepalen sind gleich breit, die Kiele gekerbt. Blütezeit: Januar–Juli. Heimat: tropisches und südliches Afrika.

Kulturhinweis. Gegen Ende der Winterruhe entfaltet sich an der vorjährigen Pseudobulbe endständig der Blütenschaft, und zugleich sproßt der Neuaustrieb. Bei immer reichlicher werdenden Wassergaben und gelegentlicher Düngung entwickelt sich im Sommer der neue Sproß. Dazu erforderlich ist ein leicht beschatteter Stand im luftfeuchten, frischluftreichen Glashaus bei Temperaturen zwischen 26 und 20 °C. Vom Spätsommer an beginnt die Ruheperiode mit eingeschränkten Wassergaben; ein kühlerer Stand zwischen 20 und 16 °C genügt. Eingesetzt werden die Ansellia in Pflanzmaterial für Epiphyten; sie bilden bei guter Entfaltung auch aufrechtwachsende Luftwurzeln.

Ascocentrum Schltr.

Vom deutschen Botaniker R. SCHLECHTER 1913 nach dem langen Sporn der Blüte benannt; *ascos* (griech. Sack, Schlauch) und *kentron* (griech. Sporn). Im Deutschen: Ascocentrum.
Im Habitus kleinbleibende, monopodial wachsende Pflanzen. Aus den Achseln mehrjähriger Laubblätter kommen vielblumige Infloreszenzen. Die an der Basis verschmälerten Sepalen und Petalen sind fast gleich aussehend; das Labellum hat zwei kleine, aufrecht stehende Seitenlappen, einen schmal-länglichen Vorderlappen und sackartigen bis länglichen Sporn. Etwa fünf epiphytisch wachsende Arten zwischen Himalaja und ostindischen Inseln fallen durch leuchtend gefärbte Blüten auf.

A. curvifolium (Lindl.) Schltr.; 2n: 38, Farbbild 27
Krummblättriges Ascocentrum; W bis T
Das Stämmchen wird 20–30 cm hoch, die gekrümmten Laubblätter sind 12–15 cm, der aufrechte Blütenschaft 12–17 cm lang. Die zinnoberroten Blüten sind 1,5–2,5 cm breit. Blütezeit: März–Juni. Heimat: Thailand, ostindische Inseln.

28. Bifrenaria harrisoniae, 1 : 2
29. Brassavola perrinii, 1 : 1
30. Brassia verrucosa, 1 : 1
31. Bulbophyllum leopardinum, 4 : 5

A. miniatum (Lindl.) Schltr.; 2n: 38
Mattrotes Ascocentrum; W bis T
Das Stämmchen wird 10–20 cm hoch, die schräg aufrecht stehenden, fleischigen Laubblätter sind 6–8 cm, der aufrechte Blütenschaft 8–12 cm lang. Die goldgelben bis orangeroten Blüten sind 1,5–2 cm breit. Blütezeit: März–Juni. Heimat: Thailand, ostind. Inseln; auf Bäumen lichter Wälder, zwischen 250 und 750 m.

Kulturhinweis siehe bei *Vanda* 1.

Auliza Salisb.

Der englische Botaniker R.A. Salisbury gab 1812 der Gattung ihren Namen nach *aulizomai* (griech. im Freien wohnen) als Hinweis auf die epiphytische Lebensweise dieser Pflanzen. Im Deutschen: Auliza.
Die Arten dieser Gattung gehörten bisher zu *Epidendrum* und wurden von dieser wegen ihrer Pseudobulben abgetrennt; diese können mitunter kurze Sproßachsen sein. Im Gipfelbereich der Pseudobulben breiten sich ein bis sechs lederige bis fleischige Laubblätter aus. Vielfach wird vor vollständiger Ausbildung von Pseudobulben und Laubblättern die endständige Infloreszenz entfaltet. Die Merkmale der Blüten stimmen mit jenen von *Epidendrum* überein, insbesondere die Verwachsung des Nagels vom dreilappigen Labellum mit der Columna. Weitere Merkmale s. Seite 356. Etwa 60 Arten sind in Mittel- und Südamerika epiphytisch wachsend beheimatet.

A. ciliaris (L.) Salisb.; 2n: 40
Syn.: *Epidendrum ciliare* L.
Gefranste Auliza; Z, T
Die spindelförmige, 8–15 cm hohe Pseudobulbe trägt zwei 10–15 cm lange Laubblätter. Der 10–25 cm lange Blütenschaft ist zwei- bis sechsblumig, die Blüte 4–6 cm breit. Die Sepalen und Petalen sind gelblich- bis grünlichweiß. Die äußeren Seiten der Seitenlappen des dreigeteilten, weißen Labellums sind stark gefranst, der Mittellappen schmal und lang vorgestreckt. Blütezeit: Juni–September, seltener Januar–März. Heimat: Mittel- und östliches Südamerika.
Kulturhinweis siehe bei *Cattleya* 1; die Pseudobulbe erstarkt erst nach der Blüte.

A. parkinsoniana (Hook.) Brieg., Farbbild 56
Syn.: *Epidendrum parkinsonianum* Hook., *E. falcatum* Lindl.
Parkinsons Auliza; Z, T
Die abwärts wachsenden Sprosse haben kurze, stielrunde Pseudobulben mit einem schmalen, fleischig-lederigen, 10–30 cm langen Laubblatt. Endständig stehen ein oder zwei 5–8 cm breite Blüten. Die Sepalen und Petalen sind gelblichgrün. Dreilappiges, weißes Labellum mit großen Seitenlappen und Mittellappen schmal und lang. Blütezeit: April–August. Heimat: Mittelamerika.
Kulturhinweis siehe bei *Cattleya* 2; jedoch mit Pflanzmaterial auf Korkbrettchen hängend aufbinden.

Bifrenaria Lindl.

Die lateinischen Wörter *bi* (doppelt) und *frenum* (Zügel, Zaum) als Ausdruck für das Zusammenhängen zweier Pollinien mittels Stielchen (Stipes) an der Klebscheibe (Viscidium) benutzte 1833 der englische Botaniker J. LINDLEY zur Benennung dieser Gattung. Im Deutschen: Bifrenarie.
Eiförmige bis etwas kantige Pseudobulben stehen durchwegs gedrängt beisammen, seltener durch längere Rhizome auseinandergerückt. Die Pseudobulben tragen ein gestieltes, lederiges, mehrjähriges Laubblatt. Der Blütenstand ist eine wenig- bis mehrblütige Traube. Die Sepalen und Petalen sind auseinandergespreizt, das dreilappige, seltener ungeteilte Labellum weist eine mit Haaren besetzte Längsschwiele oder erhöhte Kiele auf. Die schlanke Columna ist mit längerem Säulenfuß versehen. Etwa 25 teils epiphytisch, teils terrestrisch wachsende Arten sind von Brasilien bis Venezuela verbreitet.

B. harrisoniae (Hook.f.) Rchb.f.; 2n: 40, Farbbild 28
Harrisons Bifrenarie; Z, W bis T
Die Pseudobulben sind 5–8 cm hoch, die Laubblätter 15–25 cm, der ein- bis dreiblumige Blütenschaft ist 10–15 cm lang. Die rein- bis gelblichweiße Blüte wird 5–7 cm breit, ihr Labellum ist innen hell bräunlichlila, dunkler geadert und mit dottergelber, stark behaarter Schwiele versehen. Blütezeit: März–Juni. Heimat: tropisches Amerika.
Kulturhinweis siehe bei *Cattleya* 2.

Bletilla Rchb.f.

Auf Grund der großen Ähnlichkeit der Blüte mit *Bletia* benannte der deutsche Botaniker H.G. REICHENBACH (filius) 1853 diese Gattung *Bletilla*. Don L. BLET, nach dem die Gattung *Bletia* benannt wurde, war katalanischer Apotheker und begleitete die spanischen Botaniker H. RUIZ und J.A. PAVÓN auf ihrer Expedition von 1778 bis 1788 nach Chile, Peru und in die angrenzenden Gebiete. Im Deutschen: Bletilla.
Die halb im Erdreich verborgen wachsenden Rhizome haben knolliges Aussehen, verzweigen sich reichlich und hängen durch mehrere Jahre kettenartig zusammen. Die Laubblätter sind durch vorspringende Nerven wie gefaltet. Die Sepalen und Petalen sind fast gleich, das Labellum umschließt lose die Basis der schlanken Columna. Die Anthere birgt acht körnige Pollinien. Etwa sieben Arten in China, auf Japan und Formosa.

B. striata (Thunb.) Rchb.f.; 2n: 32
Syn.: *Bletia hyacinthina* R.Br., *Bletilla hyacinthina* (R.Br.) Rchb.f.
Gestreifte Bletilla; K, auch Gartpf.
Der 50–80 cm lange Blütenschaft kommt aus der Mitte des ausgetriebenen Sprosses vor Entfaltung der 40–70 cm langen Laubblätter. Die Infloreszenz trägt zwei bis acht 3–5 cm breite, rötlichlila Blüten. Der Mittellappen des Label-

lums weist mehrere weißliche, gekrauste Lamellen auf. Blütezeit: April–Juni. Heimat: China, Japan; auf Bergwiesen.
Kulturhinweis. Eingesetzt werden die Rhizome oberflächennah in größere Blumentöpfe, in eine Erdmischung aus schwererer Erde mit Torf, Sand und Hornspänen. Bei kühlstem Stand und geringsten Wassergaben erfolgt im März der Sproßaustrieb mit Blüte im April–Mai. Ab Ende Mai ist die Bletilla mit Topf im Garten in die Erde zu $^3/_4$ einzusenken und den Sommer über bei reichlicher Bewässerung und mehrmaliger schwacher Düngung weiter zu kultivieren. Sie ist mit Verfärbung des Laubes im Spätsommer aus dem Garten hereinzunehmen, trocken und kühl (lichtes Kellerfenster) zu überwintern, um 3–5 °C. Mit beginnendem Sproßaustrieb etwas wärmer und lichtnah aufstellen. Auch eine Auspflanzung im Garten kann erfolgreich sein, wenn im Winter entsprechender Nässe- und Frostschutz gegeben wird. Blütezeit: Juni. Die Rhizome überdauern keinen sehr strengen bzw. anhaltend nassen Winter. Ausbleibende Infloreszenz deutet fast immer auf eine ins Vorjahr zurückgehende unzureichende Ernährung.

Brassavola R.Br.

1813 wurde diese Gattung von dem englischen Botaniker R. Brown nach dem in Ferrara tätigen italienischen Botaniker und Arzt A. M. Brassavola benannt. Im Deutschen: Brassavola.
Durch ihre langen, stielrunden Sprosse und Laubblätter unterscheidet sich *Brassavola* im Habitus von *Laelia* und *Rhyncholaelia,* mit denen sie im Bau der Blüte übereinstimmende Merkmale aufweist. Die Sepalen und Petalen sind durchweg schmal. Das große Labellum umfaßt an der Basis die Columna. Etwa 20 epiphytisch wachsende Arten sind von Mexiko bis Brasilien verbreitet.

B. nodosa (L.) Lindl.; 2n: 40
Knotige Brassavola; Z, T bis W
Die aufwärtsgerichtete, stielrunde Pseudobulbe wird 3–5 cm hoch, in Fortsetzung ist das halbrunde Laubblatt 15–30 cm und der ein- bis dreiblumige Schaft mit 7–9 cm breiten Blüten 10–20 cm lang. Die Sepalen und Petalen sind grünlich- bis gelblichweiß, die Basis des herzförmigen, weißen Labellums ist rötlichbraun punktiert. Blütezeit: September–Dezember. Heimat: tropisches Amerika, Westindien. Auf Bäumen, Felsen und Kakteen in Meereshöhe bis 600 m.

32. Calanthe vestita var. regnieri, 1 : 1
33. Catasetum fimbriatum, männliche Blüte, 1 : 2, dazu weibliche Blüte Seite 312
34. Catasetum maculatum, männliche Blüte, 1 : 1
35. Chysis bractescens, 4 : 5

B. perrinii Lindl.; 2n: 40, Farbbild 29
Perrins Brassavola; Z, T
Die überhängenden, stielrunden Pseudobulben sind 6–10 cm, in Fortsetzung ist das stielrunde Laubblatt 10–20 cm und der ein- bis dreiblumige Schaft, mit 4–6 cm breiten Blüten, 10–15 cm lang. Die Sepalen und Petalen sind grünlichweiß, das Labellum weiß mit grünlicher Basis. Blütezeit: April–Juli. Heimat: Brasilien.

Kulturhinweis. Brassavola benötigen lichtreichen, temperierten bis warmen Stand und werden am vorteilhaftesten mit etwas Pflanzstoff auf Korkbrettchen aufgebunden. Sie beanspruchen im Sommerhalbjahr reichliche Wassergaben, in den Wintermonaten bei gesenkten Temperaturen entsprechend geringere Mengen. Ihre Wurzeln sind im Winterhalbjahr gegen stauende Nässe empfindlich.

Brassia R. Br.

Von dem englischen Botaniker R. Brown 1813 zu Ehren seines Landsmannes W. Brass benannt, einem um 1790 lebenden Illustrator guinesischer und südafrikanischer Pflanzen. Im Deutschen: Brassia, auch Spinnenorchidee.
Die seitlich abgeflachte, eiförmige bis stark verlängerte Pseudobulbe trägt ein oder zwei mehrere Jahre haltbare Laubblätter. Der aus der Blattscheide des jungen Sproßaustriebes hervorkommende aufrechte oder überhängende Blütenschaft endet mit einseitswendiger langer oder zweizeiliger kurzer Infloreszenz. Die Sepalen und Petalen sind schmal und langgestreckt, das geigenförmige Labellum trägt an der Basis zwei kurze Kiele und vielfach zahlreiche Warzen. Die öhrchenlose Columna ist kurz. Etwa 35 epiphytisch wachsende Arten im tropischen Amerika.

B. antherotes Rchb.f.; 2n: 60
Artname nicht korrekt erklärbar; T bis K
Die Pseudobulbe ist 10–15 cm hoch, das Laubblatt 20–30 cm und der vier- bis zehnblumige Blütenschaft 40–60 cm lang. Die Blüte ist gelblich, bräunlich gefleckt, das Labellum zusätzlich rötlichbraun. Bei **B. a.** var. **antherotes** sind das mittlere Sepalum 7–9 cm, die seitlichen Sepalen 10–20 cm, die Petalen 4,5–6 cm und das Labellum 4,5–5 cm lang; bei **B. a.** var. **longissima** (Rchb.f.) Teuscher, syn. *B. lawrenceana* Lindl. var. *longissima* Rchb.f., *B. longissima* Schltr., sind das mittlere Sepalum 15–17 cm, die seitlichen Sepalen 26–32 cm, die Petalen 7–8,5 cm und das Labellum 6–7 cm lang. Blütezeit: Mai–Juli. Heimat: Mittel- und östliches Südamerika.

B. lawrenceana Lindl.
Lawrences Brassia; T bis K
Im Habitus kleiner als *B. antherotes*. Die Blüte ist gelblich, bräunlich gefleckt, das Labellum ungefleckt. Die Sepalen sind 7–8 cm, die Petalen und das Labellum 3,5–4,5 cm lang. Blütezeit: April–Juli. Heimat: Costa-Rica.

B. verrucosa Lindl.; 2n: 60, Farbbild 30
Warzige Brassia; Z, T
Die Pseudobulbe ist 6–10 cm hoch, die zwei Laubblätter sind 20–30 cm und der vorgeneigte, acht- bis fünfzehnblumige Blütenschaft ist 35–70 cm lang. Die 6–10 cm lange Blüte hat gelblichgrüne Sepalen und Petalen mit schwärzlichen Flecken, das weißliche Labellum ist bräunlich gefleckt. Blütezeit: April–Juli. Heimat: Mittelamerika.

Kulturhinweis siehe bei *Rossioglossum;* jedoch etwas wärmer.

Bulbophyllum Thou.

Benannt wurde diese Gattung 1822 von dem französischen Botaniker L. M. A. Du Petit-Thouars mit den griechischen Wörtern *bolbos* (Bulbe) und *phyllon* (Blatt). Im Deutschen: Bulbophyllum.
Die kürzeren bis längeren Rhizome bilden Pseudobulben unterschiedlicher Gestalt mit ein oder zwei Laubblättern aus. Der seitenständige, ein- oder vielblumige Blütenschaft hat vielseitig aussehende Blüten. Die Sepalen sind durchwegs verschieden, die Petalen und das Labellum stets kleiner. Die Columna hat einen verlängerten Säulenfuß, an dem vielfach die seitlichen Sepalen angewachsen sind und mit ihm ein Kinn bilden. Etwa 900 Arten in den Tropen und Subtropen.
Die nachfolgend beschriebene Species ist ein Beispiel für viele kultur- und verbreitungswürdige Arten.
Dieser Gattung nahestehend ist *Cirrhopetalum* Lindl., das sich durch die verlängerten, gedrehten, am Rand zusammengewachsenen seitlichen Sepalen von Bulbophyllum unterscheidet.

B. leopardinum Lindl.; n: 19, Farbbild 31
Leopardengeflecktes Bulbophyllum; Z, K
Die flaschenförmigen Pseudobulben sind 4–6 cm hoch, das gestielte Laubblatt ist 8–12 cm und die wenig- bis vielblumige Infloreszenz 5–10 cm lang. Die 2–3 cm breite Blüte hat hell gelblichbraune, rötlichbraun gefleckte Sepalen und Petalen, das hell weinrote Labellum ist dunkler gefleckt. Blütezeit: April–Juni. Heimat: Himalaja.
Kulturhinweis. Infolge der klimatischen Unterschiede der heimatlichen Standorte läßt sich für die Bulbophyllum- und Cirrhopetalumarten kein einheitlicher Kulturhinweis geben. Doch gehen wir bei Beachtung ihres vegetativen Verhaltens bei ihrer Pflege kaum fehl. Fast immer beginnt mit Ende der Pseudobulbenentwicklung eine Wochen bis Monate dauernde Ruheperiode, in welcher das leicht übertrocknete Pflanzmaterial durch Angießen nur so stark benäßt wird, daß Laubblätter und Pseudobulben kaum schrumpfen. Mit Beginn der Blüte bzw. des neuen Sproßaustriebes werden die Wassergaben reichlicher, und während der Hauptentwicklungszeit sind einige schwache Düngungen angebracht. Fast alle Arten beider Gattungen sind den Sommer über bei gegebener Temperatur halbschattig, luftfeucht und luftig zu kultivieren. Je nach Heimatgebiet

benötigen sie im Winterhalbjahr bei hellem Stand tagsüber Temperaturen zwischen 15 und 20 °C, nachts 12 und 17 °C. Obwohl die meisten Arten gegen vorübergehende Staunässe unempfindlich sind, gibt es solche, welche darauf kränkelnd reagieren, z.B. *B. lobbii* Lindl. Verpflanzt und geteilt wird entsprechend der Größe des Individuums vor Sproßaustrieb. Die geteilten Pflanzen sind auf Korkbrettchen mit etwas Pflanzstoff aufzubinden oder in aufhängbaren Körbchen einzusetzen.

Calanthe R. Br.

Der englische Botaniker R. Brown gab 1821 mit den griechischen Wörtern *kalos* (schön) und *anthe* (Blüte) der Gattung den Namen. Im Deutschen: Calanthe.

Die Gattung umfaßt epiphytisch und halbterrestrisch wachsende Arten, von denen jene mit erstarkten Pseudobulben vor der Blüte abfallende Laubblätter besitzen und jene mit schlanken Stämmchen ausdauernde Laubblätter. Die Sepalen und Petalen sind fast gleich, das genagelte Labellum ist an der Basis mit den Rändern der Columna verwachsen und bildet dort den Eingang zum längeren Sporn. Etwa 60 Arten in tropischen Gebieten Asiens, mit einigen in Afrika und Mittelamerika.

C. vestita Lindl.; 2n: 40
Bekleidete Calanthe; T bis W
Die eiförmig-schlanke Pseudobulbe wird 10–15 cm hoch und trägt drei bis fünf 30–60 cm lange, vor der Blüte vergilbende Laubblätter. Der anfangs aufrechte, später sich neigende, sechs- bis zwölfblumige Blütenschaft wird 40–100 cm lang. Die weiße, 4–6 cm breite, gespornte Blüte hat ein vierlappiges Labellum mit gelblichem Mittelfleck. **C. v.** var. **regnieri** Veitch hat ein rosarotes Labellum mit karminrotem Mittelfleck (Farbbild 32). Blütezeit: November–Februar. Heimat: SO-Asien. Auf humusbedeckten, moosbewachsenen Felsen.
Kulturhinweis. Nach trockener Überwinterung sind die Pseudobulben im März in eine neue Erdmischung aus je 1 Teil Rasenerde, Sphagnum und Osmundawurzeln bzw. aus Rasenerde und gedüngtem Torf mit Zugabe von Kuhfladengeriebsel bzw. Hornmehl umzusetzen. Die anfangs spärlichen Wassergaben werden mit größer werdendem Sproß reichlicher; ab beginnender Erstarkung der Pseudobulben sind schwache Volldüngergaben angebracht. Die Kultur er-

36. Cattleya amethystoglossa, 1 : 3
37. Cattleya bicolor, 3 : 4
38. Cattleya bowringiana, 2 : 3
39. Cattleya dowiana var. aurea, 3 : 4

folgt im nicht zu stark beschatteten, luftfeuchten, jedoch gelüfteten Warmhaus bei 25–18 °C. Vom Überspritzen der Calanthen ist abzusehen, bei Mißachtung sind Fleckenbildung auf Laubblättern und Sproßfäule die Folgen. Vor beginnender Vergilbung der Laubblätter entwickelt sich der Blütensproß, und nach dem Schnitt der Blütenrispe erfolgt bei kühlerem Stand die trockene Überwinterung der Pseudobulbe. Zu warme Überwinterung bewirkt zu frühen Sproßaustrieb mit Blüte im Herbst statt im Dezember.

Catasetum L. C. Rich. ex Kunth

Das Säulchen der männlichen Blüte einiger Arten trägt zwei abwärts gerichtete, fadenförmige Organe, die den französischen Botaniker L. C. RICHARD 1822 zur Namensgebung veranlaßten. *Catasetum* setzt sich aus *kata* (griech. abwärts) und *seta* (lat. Borste) zusammen. Im Deutschen: Katasetum.
Die breiten, gefalteten Blätter der spindel- bis eiförmigen Pseudobulben halten knapp ein Jahr. Von der Basis der Pseudobulben aus entwickeln sich aufrechte, vorgeneigte oder hängende Blütenschäfte mit wenig- bis vielblumigen Infloreszenzen, mit artbedingt zwittrigen oder dimorphen eingeschlechtlichen Blüten. Bei den häufiger sich ausbildenden ♂ Blüten mit verkümmerten Narben reichen, von der Anthere ausgehend, zwei fadenförmige Organe (Antennen) ins schuh- oder muschelförmige Labellum. Bei Berührung dieser Antennen katapultiert das im Säulchen vorhandene Spannungsgewebe die Pollinien. Bei der ♀ Blüte ist die Narbe ausgeprägt entwickelt, die Antennen und Pollinien sind verkümmert. Die Tepalen dieser dimorphen Blüten sind von unterschiedlichem Bau und werden bei der Artbeschreibung charakterisiert. Die zwittrigen Blüten enthalten gleichkräftig entwickelte Pollinien und Narbe. Die etwa 100 epiphytisch wachsenden Arten sind im tropischen Amerika beheimatet.

C. fimbriatum Lindl.; 2n: 108, Abb. 112 und Farbbild 33
Gefranstes Katasetum; Z, W
Die spindelförmige Pseudobulbe wird 5–15 cm hoch, die Laubblätter werden 15–20 cm lang. Der schräg aufwärts bis überhängende, zwei- bis zwölfblumige Blütenstand wird 10–20 cm lang. Die gelblichgrünen Sepalen und Petalen der 4–6 cm breiten ♂ resupinierten Blüte sind rötlichbraun strichartig gefleckt, das sack- und fächerartige, gelb- bis grünliche Labellum ist stark gefranst. Die ♀ nicht resupinierte Blüte mit kapuzenartigem Labellum ist grün. Eine stark variierende Art. Blütezeit: Mai–September. Heimat: Brasilien.

C. integerrimum Hook.
Syn.: *C. maculatum* hort. non Kunth
Ganzrandiges Katasetum; W
Habitus wie *C. fimbriatum*, jedoch mit aufrechtem Blütenstand. Die nicht resupinierten Blüten sind 3–5 cm breit, Sepalen und Petalen der ♂ Blüte sind gelblichgrün, bräunlich überhaucht, das kapuzenartige, fleischige Labellum ist innen und außen grün, sein Öffnungsrand bewimpert. Die ♀ Blüte ist grün. Blütezeit: September–November. Heimat: Mittelamerika.

C. macrocarpum L. C. Rich. ex Kunth; 2n: 54, 56
Großfrüchtiges Katasetum; W, st. duft.
Habitus und Blüte wie *C. integerrimum,* jedoch sind die Sepalen und Petalen der ♂ Blüte weißlichgrün, rötlichbraun gefleckt, das Labellum gelb bis orangegelb. Die ♀ Blüte ist grün. Blütezeit: Oktober–März. Heimat: tropisches Amerika, Westindien.

C. maculatum Kunth, Farbbild 34
Syn.: *C. oerstedii* Rchb.f.
Geflecktes Katasetum; W
Habitus und Blüte wie *C. integerrimum,* jedoch sind die Sepalen und Petalen der ♂ Blüte innen stark rotbraun gefleckt, der Öffnungsrand des Labellums ist nicht bewimpert. Blütezeit: September–November. Heimat: Mittelamerika.

C. pileatum Rchb.f.; 2n: ca. 108
Huttragendes, auch schalenartiges Katasetum; W
Habitus und Blütenschaft wie *C. fimbriatum.* Die weißlich- bis orangegelbe, resupinierte Blüte ist 6–10 cm breit, die Vertiefung inmitten des schalenartigen Labellums orangerot. Blütezeit: September–November. Heimat: Venezuela.

C. russellianum Hook.; 2n: 54
Russellis Katasetum; W
Habitus wie *C. fimbriatum,* jedoch mit hängendem, 10–30 cm langem, fünf- bis zwanzigblumigem Blütenschaft. Die resupinierte, grünlichweiße, dunkelgrün geaderte ⚥ Blüte wird 4–6 cm breit, ihr schuhähnliches Labellum besitzt obenauf eine stark gefranste Platte. Blütezeit: Juli–Oktober. Heimat: Mittelamerika.

Kulturhinweis. Die Kultur der Kataseten erfolgt im nicht oder nur wenig beschatteten Teil des wärmsten Glashauses, wo der heranwachsende Neuaustrieb relativ rasch zur Pseudobulbe erstarkt. Bei angegebenem Stand ist eine fast tägliche Wässerung des Wurzelballens notwendig. Besteht der Pflanzstoff aus groben Osmundawurzeln oder Mexifern und wird entsprechend dräniert, ist keine die Austriebe zum Verfaulen bringende stagnierende Nässe zu befürchten. Während der Vegetationsperiode ist ein- oder zweimalige Düngung in der Woche erforderlich, anfangs schwächer, später bis 1 g/Liter ansteigend. Diese reichlichen Wassergaben und Düngungen, verbunden mit der anfangs betonten Sonneneinstrahlung, bewirken vielfach die Entwicklung der selteneren ♀ Blüten. Diese haben im Gegensatz zu den ♂ Blüten eine lange Blühdauer. Gegen Spätsommer sind die Wassergaben einzuschränken, und die Düngung unterbleibt. Die sukzessiv ihr Laub abwerfenden Kataseten überwintern bei niederen Temperaturen, 20–16 °C. Umgesetzt wird je nach Wüchsigkeit der Individuen alle 1–3 Jahre. Spritz- und Tropfwasser bringen Sproßaustrieb und Laubblätter zum Verfaulen.

Cattleya Lindl.

Benannt vom englischen Botaniker J. LINDLEY 1824 zu Ehren von Mr. W. CATTLEY in Barnet, England, bei dem diese Orchidee erstmals für Europa blühte. Im Deutschen: Cattleya.
Pflanzen mit keulen- oder spindelförmigen bzw. sehr schlanken Pseudobulben und ein bis drei lederartigen Laubblättern. Die Blüten der endständigen, ein- oder mehrblumigen Infloreszenz haben unterschiedlich große Sepalen und Petalen; das Labellum als größtes Blumenblatt umfaßt tütenförmig die der Spitze zu verbreiterte Columna. Die Anthere birgt vier Pollinien. Etwa 45 epiphytisch wachsende Arten sind in Mittel- und Südamerika beheimatet.

C. amethystoglossa Lind. et Rchb.f., Farbbild 36
Amethystfarbige Cattleya; T bis W
Die schlanken, 60–100 cm hohen Pseudobulben tragen zwei 15–20 cm lange Laubblätter. Der 15–30 cm hohe Blütenschaft hat fünf bis fünfzehn 6–10 cm breite Blüten. Die Sepalen und Petalen sind weißlichrosa, dunkelpurpur gefleckt, das Labellum mit nierenförmigem, gekraustem Vorderlappen ist von weißlicher Basis dunkel blauviolett. Blütezeit: Februar–Juni. Heimat: Brasilien. Kulturhinweis 1; möglichst nahe beim Glas.

C. bicolor Lindl.; 2n: 40, 80, Farbbild 37
Zweifarbige Cattleya; T bis W
Die schlanken, 30–60 cm hohen Pseudobulben haben zwei 10–20 cm lange Laubblätter. Der 10–30 cm lange Blütenschaft trägt zwei bis acht 8–12 cm breite Blüten. Die Sepalen und Petalen sind auf grünlichem Grund kupferbraun streifig gefleckt, das seitenlappenlose Labellum ist rosalila und grünlichgelb umrandet. Blütezeit: August–November. Heimat: Brasilien. Kulturhinweis 1.

C. bowringiana Veitch; 2n: 40, 41, 42, Farbbild 38
Bowrings Cattleya; Z, T
Die an der Basis kugelig verdickten, schlanken Pseudobulben sind 30–70 cm hoch und tragen zwei oder drei graugrüne, 10–15 cm lange Laubblätter. Der 10–20 cm hohe Blütenschaft hat drei bis fünfzehn, dichtstehende, 3–6 cm breite, rosa- bis purpurlila Blüten. Der Schlund des Labellums ist weißlich mit einem dunkel purpurlila Fleck davor. Blütezeit: September–November. Heimat: Honduras. Kulturhinweis 1; leicht kultivierbare Art.

40. Cattleya granulosa, 4 : 5
41. Cattleya leopoldi, 4 : 5
42. Cochlioda rosea, 2 : 1
43. Coelogyne massangeana, 1 : 1

C. dowiana Batem.; 2n: 40
Kapitän Dows Cattleya; W
Habitus wie *C. labiata;* der Blütenschaft trägt zwei bis fünf 10–12 cm breite Blüten. Die Sepalen und Petalen sind hell- bis bräunlichgelb, das gekrauste, purpurlila Labellum ist spärlich goldgelb geadert. **C. d.** var. **aurea** T. Moore (Farbbild 39) ist reichlich goldgelb geadert. Blütezeit: Juli–September, für die Varietät: September–Oktober. Heimat: Costa-Rica, für die Varietät: Kolumbien. In Regenwäldern beheimatet. Kulturhinweis 1; eine nicht leicht zu kultivierende Art.

C. forbesii Lindl.; 2n: 48, cv. 2n: 54–60
Forbes' Cattleya; Z, T bis W
Die schlanke, 10–20 cm hohe Pseudobulbe trägt ein oder zwei 10–15 cm lange Laubblätter und ihr kurzer Blütenschaft eine bis fünf 8–10 cm breite Blüten. Die Sepalen und Petalen sind gelblichgrün, das röhrige Labellum erweitert sich aus gelblichem, rötlich geadertem Schlund nach vorne zum weißlichen, gewellten Vorderlappen. Blütezeit: Juni–September. Heimat: Brasilien. Auf Bäumen und Felsen im Küstenbereich. Kulturhinweis 1.

C. granulosa Lindl., Farbbild 40
Gekörnte, auch warzige Cattleya; T bis W, st. duft.
Die schlanke, 30–70 cm hohe Pseudobulbe trägt zwei oder vier 15–30 cm lange Laubblätter. Der 10–20 cm hohe Blütenschaft hat zwei bis acht 10–15 cm breite Blüten. Die Sepalen und Petalen sind bräunlichgrün mit kleiner bräunlichroter Punktierung; der gelblich-rosafarbige Schlund des weißlichen Labellums ist purpur liniiert und sein Mittellappen mit purpurlila bis karminroten Warzen versehen. Blütezeit: August–September. Heimat: Guatemala. Kulturhinweis 1; will in der Kultur sonnigen, luftigen Stand.

C. guttata Lindl.; 2n: 40
Gefleckte Cattleya; T bis W
Die schlanken, 30–50 cm hohen Pseudobulben haben zwei 10–25 cm lange Laubblätter. Der fünf bis zwanzig 8–10 cm breite Blüten tragende Blütenschaft wird 10–20 cm hoch. Die Sepalen und Petalen sind gelblichgrün, unterschiedlich stark punktiert, das weißlichrosa Labellum hat einen karminroten, dunkler gefleckten Vorderlappen. Blütezeit: Januar–März. Heimat: Brasilien. Auf Bäumen der Dünen des Atlantiks. Die Blüte kommt nach der Ruheperiode, verwechselbar mit *C. leopoldi.* Kulturhinweis 1.

C. harrisoniana Batem. ex Lindl.; 2n: 40
Harrisons Cattleya; Z, T, Schnittbl.
Zwei 10–20 cm lange Laubblätter auf kantigen, 20–60 cm hohen Pseudobulben. Der 10–20 cm lange Blütenschaft hat zwei bis sechs 8–10 cm breite, lilarosa Blüten. Die Sepalen und Petalen sind gegenüber *C. loddigesii* schmaler, und das mehr seitlich zusammengedrückte Labellum besitzt einen gelblichen Mittelfleck und stark gekrausten Rand. Blütezeit: Juni–Oktober. Heimat: Brasilien. Auf Bäumen, am Strand des Atlantiks, in Sumpfgebieten. Kulturhinweis 1.

C. intermedia Grah.; 2n: 40
Mittelgroße Cattleya; Z, T, Schnittbl.
Die schlanken, zweiblättrigen Pseudobulben sind 20–50 cm hoch. Der 10–20 cm lange Blütenschaft trägt zwei bis acht 9–12 cm breite, weißlich- bis dunkelrosa Blüten. Der Schlund des Labellums ist gelblich, purpur geadert, der gekrauste Vorderlappen purpurlila. Blütezeit: März–Juni. Heimat: Brasilien. Ein Epiphyt, der auch im sandigen Erdboden terrestrisch wachsend gefunden wird. Kulturhinweis 1.

C. labiata Lindl.; 2n: 40, 42, cv. 2n: 40, 60–62, 80, 83, 84
Lippige Cattleya; Z, T bis W, st. duft., Schnittbl.
Die spindelförmigen, 15–35 cm hohen Pseudobulben sind einblättrig. Der Blütenschaft trägt eine bis fünf 10–13 cm breite, weißlichrosa bis rosalila Blüten. Das Labellum hat aus weißlicher bis rosalila Basis nach vorne zu einen gelben Schlund, der bis zum dunkelrosa-purpurlila Lippenfleck ebenso geadert ist. Eine sehr variierende Art und vielfacher Kreuzungspartner. Blütezeit: Oktober bis Januar. Heimat: Brasilien. Kulturhinweis 2.

C. leopoldi Verschaff. ex Lem.; 2n: 40, Farbbild 41
Syn.: *C. guttata* Lindl. var. *leopoldii* (Verschaff.) Rolfe
Leopolds Cattleya; Z, T bis W
Die zweiblättrige, schlanke Pseudobulbe wird 40–70 cm hoch. Der Blütenschaft trägt fünf bis zwanzig 6–10 cm breite Blüten. Die Sepalen und Petalen sind grünlich bis bronzefarbig, rotbraun punktiert bis gefleckt. Das Labellum hat weißliche bis hellpurpurne Seitenlappen und einen breiten, purpurnen Vorderlappen. Blütezeit: Juli–September. Heimat: Brasilien. Die Blüte kommt vor der Ruheperiode, verwechselbar mit *C. guttata.* Kulturhinweis 1.

C. loddigesii Lindl.; 2n: 40
Loddiges Cattleya; Z, T, Schnittbl.
15–30 cm hohe, zweiblättrige Pseudobulben. Der Blütenschaft bildet zwei bis fünf 6–10 cm breite, weißlichrosa bis hellila Blüten. Die Sepalen und Petalen sind gegenüber *C. harrisoniana* breiter, der Vorderlappen des mehr von oben breitgedrückten Labellums hat einen weißlichen Mittelfleck, gelblichen Schlund und lilafarbigen, etwas gewellten Rand. Blütezeit: Juli–September. Heimat: Brasilien. Auf Bäumen höherer Bergkuppen. Kulturhinweis 1.

C. mossiae Parker, 2n: 40, cv. 2n: 40, 41, 60
Moss' Cattleya; Z, T, Schnittbl.
Im Habitus eine schwächere *C. labiata* mit mehr kantigen Pseudobulben und rosalila Blüten. Der Schlund und Vorderlappen des Labellums sind auf gelblichem Grund purpurlila strichartig gefleckt, der gewellte Rand rosalila bis weißlich. Blütezeit: April–Juni. Heimat: Venezuela. Kulturhinweis 2.

C. percivaliana Rchb.f.; 2n: 40
Percivals Cattleya; Z, T, Schnittbl.
Die spindelförmige, 10–15 cm hohe Pseudobulbe ist einblättrig. Der Blütenschaft besitzt zwei bis vier 10–13 cm breite, rosalila Blüten. Der orangegelbe Schlund und Vorderlappen des Labellums ist braun und dunkellila gefleckt, der Rand gewellt. Blütezeit: Nov.–März. Heimat: Kolumbien. Kulturhinweis 2.

C. skinneri Batem.; 2n: 40
Skinners Cattleya; Z, T
Zweiblättrige, keulige, 15–30 cm hohe Pseudobulbe. Der vier- bis zehnblumige Blütenschaft hat 8–10 cm breite, rosa- bis purpurlila Blüten. Der untere Teil des dunkleren Labellums ist weißlich. Blütezeit: März–Juni. Heimat: Mittelamerika. Auf Bäumen feuchter Wälder und auf feuchten Felsen. Kulturhinweis 1.

C. trianae Lind. et Rchb.f.; 2n: 40, cv. 2n: 40, 59, 60, 80, 83
Trianas Cattleya; Z, T bis W, Schnittbl.
Habitus und Blütenfärbung wie *C. labiata;* hat jedoch einen mehr orangegelben Schlund und Aderung zum purpurlila Lippenfleck. Eine sehr variierende Art. Blütezeit: Januar–März. Heimat: Kolumbien. Kulturhinweis 2.

C. walkeriana Gardn.; 2n: 40
Walkers Cattleya; Z, T
Die etwas verdickten, 8–12 cm hohen, einblättrigen Pseudobulben stehen getrennt durch längere Rhizome. Nach monatelanger Ruheperiode entwickelt sich seitlich der letzten Pseudobulbe ein schlanker, laubblattloser Blütensproß mit ein bis drei 8–10 cm breiten, rosalila Blüten. Der Schlund des Labellums ist gelblich, der Vorderlappen dunkellila und dunkler geadert. Eine sehr variierende Art. Blütezeit: Februar–April, auch Juli–August. Heimat: Brasilien. Kulturhinweis 1; möglichst nahe beim Glas.

Kulturhinweis 1. Die hier einbezogenen Arten und Hybriden entwickeln ihren Blütenstand ohne eingeschaltete Ruheperiode nach Ausbildung ihrer Pseudobulben. Die Blüten dieser tagneutralen Pflanzen sind nur durch geförderte Entwicklung des Sprosses beeinflußbar. Diese besteht in der sommerlichen Periode durch das gebotene warme, sonnige, wenig beschattete, reichlich gelüftete Glashaus bzw. durch den diesen Bedingungen entsprechenden Fensterstandort, 20–25 °C tagsüber, 17–20 °C nachts. Die Sproßentwicklung wird zusätzlich durch das der Witterung angepaßte Überbrausen und Angießen, einschließlich zeitgerechter Düngung, gefördert. Besonders tagsüber ist auf geringere Luftfeuchtigkeit zu achten. Man läßt sie nachts durch abendliche Befeuchtung des unterhalb der erhöht stehenden Cattleya liegenden Blähtons, Bimkieses oder der Schlacke ansteigen. Durch die daraus sich ergebende Wasserverdunstung wird ein den Pflanzen zusagender nächtlichkühler Stand erreicht. Diese Faktoren begünstigen eine kräftige Sproßentwicklung mit blütenreicher Infloreszenz. Ein sonniger Stand (demzufolge gelblichgrüne Laubblätter) und stärker differenziertes Tag-und-Nacht-Temperaturgefälle fördern die Blüteninduktion, während ein mehr schattiger Stand (dunkelgrüne Laubblätter) bei fast gleicher Tag- und Nachttemperatur die Blüteninduktion unterdrückt. Nach der Blüte sollen bei reichlicher Frischluftzufuhr und verringerten Wassergaben die Pseudobulben für die Winterruhe ausreifen.

Die Cattleya und ihre Hybriden sind ohne wesentliche Schrumpfung ihrer Pseudobulben und Wurzeln bei hellem, luftfeuchtem Stand, geringsten Wassergaben und Temperaturen zwischen 20 und 16 °C zu überwintern. Stagnierende Ballenfeuchtigkeit führt zum Absterben der Wurzeln und zum geschwächten bis verkrüppelten Austrieb des neuen Sprosses. Im Frühjahr wird weniger durch reichlicheres Gießen, als durch häufigeres leichtes Überspritzen der Pflanzen und Wurzelballen an sonnigwarmen Tagen der Übergang aus der Ruhe- in die Vegetationsperiode eingeleitet.

Kulturhinweis 2. In diese Kulturgruppe gehören Arten und Hybriden mit einer zwischen der fertig entwickelten Pseudobulbe und beginnender Ausbildung des Blütenstandes eingeschalteten Ruheperiode. In dieser sind sie wie in Hinweis 1 angeführt zu behandeln. Sie bringen im Zusammenwirken von Kurztag und kühler Nachttemperatur vorwiegend vor oder mit Sproßaustrieb den Blütenstand an der überwinterten Pseudobulbe zur Ausbildung. Höhere Nachttemperaturen können trotz Kurztag die Ausbildung des Blütenstandes verhindern, was vielfach die Ursache des Ausbleibens der ersehnten Blüte bei zu warm gepflegten Cattleya auf der Fensterbank ist. Die sommerlichen Pflegemaßnahmen gleichen den in Hinweis 1 beschriebenen. *Cattleya labiata* und ihre Hybriden weichen von diesem Modus durch eine zweimalige Ruheperiode – vor und nach der Blüte – ab. Diese Pflanzen beginnen etwa 4–6 Wochen nach Ausbildung ihrer Pseudobulben mit der Entwicklung des Blütenstandes. Durch Aufrechterhaltung des Langtages mit Beleuchtung von 2000 lx läßt sich die Blüte bis zu zweieinhalb Monate verzögern und in die Tage größeren Bedarfes verschieben. Zwischen Ende der Beleuchtungsperiode und dem gewünschten Blühbeginn ist die Zeit der Blütenstandentwicklung einzukalkulieren.
Wenn notwendig, werden die Cattleya und ihre Hybriden alle 3–4 Jahre zwischen März und Juni bei Wurzelneubildung bzw. Sproßaustrieb verpflanzt. Zugleich sind alle blatt- und wurzellosen Rückbulben, das alte Pflanzmaterial und die abgestorbenen Wurzeln zu entfernen. Wenigstens drei gesunde Pseudobulben sind an der Pflanze zu lassen. Gepflanzt wird so, daß die Unterseite des Rhizoms im Pflanzmaterial ruht, und so fest, daß die Pflanze ohne Stütze aufrecht steht. Zu fest gestopftes Pflanzmaterial trocknet nach Durchnässung schlecht aus und fördert die Wurzelfäule. Eine günstig zusammengesetzte Mischung besteht aus 3 Teilen Osmundawurzeln bzw. Mexifern, 2 Teilen Sphagnum mit Zugaben von Buchenlaub oder Farnwedeln und Kuhfladengeriebsel bzw. Hornspänen. Diese Mischung läßt sich durch eine solche aus gleichen Teilen Styroporschnitzeln und Sphagnum ersetzen mit einer dem Vegetationsverlauf angepaßten Nährsalzdüngung. In den ersten 2–4 Wochen sind die Pflanzen leicht zu überbrausen; danach, bei sichtbarer Weiterentwicklung des Neuaustriebes, vergrößert man die Wassergaben bei allmählichem Übergang in die bewährt hergebrachte Betreuung.

Chysis Lindl.

Die 1837 von dem englischen Botaniker J. LINDLEY aufgestellte Gattung wurde wahrscheinlich nach den an der Basis zusammenhängenden Pollinien benannt: *chysis* (griech. schmelzen, verschmelzen). Im Deutschen: Chysis.
Die spindelförmigen Pseudobulben hängen am kriechenden Rhizom; ihre Laubblätter überdauern zwei oder drei Vegetationsperioden. Die Infloreszenz sproßt aus der Achsel eines Niederblattes vom neuen Sproßaustrieb. Von der fleischig-wachsartigen Blüte sind die seitlichen Sepalen mit der Basis der Columna zu einem Kinn verwachsen. Das dreilappige Labellum besitzt fleischige Lamellen. Die acht ungleichgroßen Pollinien sind durch einen Klebkörper miteinander verbunden. Etwa sechs epiphytisch wachsende Arten in Mittelamerika.

C. bractescens Lindl., Farbbild 35
Deckblattartige Chysis; T
Die Pseudobulben und Laubblätter werden 20–30 cm, die ein- bis achtblumige Infloreszenz 10–15 cm lang. Die reinweiße Blüte ist 4–6 cm breit, die innere Labellumseite orangegelb und nach vorne orangerot gestrichelt. Blütezeit: März–Juni. Heimat: Mexiko.
Kulturhinweis siehe bei *Laelia* 1; jedoch mit einer sich vom Frühjahr bis Spätsommer erstreckenden Vegetationsperiode und darauf folgender Ruhe bei nicht zu trockenem Wurzelballen.

Cochlioda Lindl.

Der englische Botaniker J. LINDLEY benannte 1853 diese Gattung nach dem spiralig-schneckenförmigen Aussehen der Lippenschwiele bei der Typusart: *kochlioides* (griech. spiralig, schneckenschalenförmig).Im Deutschen: Cochlioda.
Ein oder zwei schmale Laubblätter sitzen auf eiförmigen Pseudobulben, aus deren Basis sich der einfache oder verzweigte Blütenstand entwickelt. Die fast gleich aussehenden Sepalen und Petalen stehen gespreizt weg; das genagelte, dreilappige Labellum ist mit dem mehr oder weniger ausgeprägten Fuß der Columna verwachsen. Diese hat zwei getrennte Narben; ihre unausgeprägt zweifächerige Anthere birgt zwei gestielte Pollinien. Etwa fünf epiphytisch wachsende Arten sind im nordwestlichen Südamerika verbreitet.

C. rosea (Lindl.) Benth., Farbbild 42
Rosarote Cochlioda; K
Die 3–5 cm hohe Pseudobulbe trägt zwei 10–20 cm lange Laubblätter und einen verzweigten, lockerblumigen, 20–40 cm langen Blütenstand. Die dunkelrosa Blüte wird 1,5–2,5 cm breit; ihr genageltes Labellum besitzt schief-rhomboide Seitenlappen, einen zungenförmigen Vorderlappen und an seiner Basis vier weiße Schwielen. Blütezeit: Dezember–April. Heimat: Peruanische Anden.
Kulturhinweis siehe bei *Rossioglossum*.

Coelogyne Lindl.

Diese Gattung wurde 1822 von J. Lindley nach der ausgehöhlten Narbe benannt: *koilos* (griech. hohl) und *gyne* (griech. Frau, worunter die Narbe zu verstehen ist). Im Deutschen: Coelogyne.
Die vielfach nebeneinander stehenden Pseudobulben können durch unterschiedlich lang gestreckte Rhizome auseinandergerückt sein; ihre Laubblätter sind sehr vielgestaltig. Der aufrechte oder hängende Blütenschaft erscheint je nach Art vor oder nach der Pseudobulbenentwicklung end- oder seitenständig, meistens als vielblumige Traube. Die Sepalen und Petalen sind fast gleich oder sehr unterschiedlich breit. Die Seitenlappen des Labellums rollen sich tütenförmig um die Columna, die oben schildförmig verbreitert ist. Etwa 130 epiphytisch und terrestrisch wachsende Arten sind vom Himalaja über Indochina bis nach Samoa verbreitet.

C. cristata Lindl.; 2n: 40
Kammartige Coelogyne; Z, K bis T
Die ei- bis länglichrunden Pseudobulben sind 4–8 cm hoch, die überhängenden Laubblätter 15–25 cm lang. Seitenständig kommt aus der fertig entwickelten Pseudobulbe die überhängende, 10–20 cm lange drei- bis achtblumige Infloreszenz mit 4–6 cm breiten weißen Blüten. Das Labellum hat nach vorne zu fünf orangegelbe, stark gefranste Kiele. Blütezeit: Dezember–März. Heimat: Himalaja. Auf bemoosten Bäumen und Felsen in Höhen zwischen 1500 und 2000 m. Kulturhinweis 1.

C. dayana Rchb.f.
Days Coelogyne; T bis W
Die schlanken, kantigen Pseudobulben sind 15–20 cm hoch, die Laubblätter 50–75 cm lang. Aus der Mitte des ausgetriebenen Sprosses kommt der vielblumige, hängende, 30–70 cm lange Blütenschaft. Die 3–4 cm breite Blüte ist bräunlichgelb, das mit dunkelbraunen Längsstreifen versehene Labellum hat mehrere gezähnte Kiele. Blütezeit: April–August. Heimat: Borneo. Auf Bäumen an Flüssen. Kulturhinweis 2.

C. flaccida Lindl.; 2n: 40
Schlaffe Coelogyne; Z, K bis T
Die 15–20 cm hohen, keuligen Pseudobulben tragen 20–30 cm lange Laubblätter. Die lockerblumige, 10–20 cm lange Infloreszenz kommt aus der Mitte des austreibenden Sprosses. Die kremfarbige Blüte ist 3–4 cm breit; das braun geaderte Labellum weist einen gelb gebänderten Vorderlappen auf. Blütezeit: Februar–April. Heimat: Himalaja. Höhe: 1000 bis 2000 m. Kulturhinweis 2.

C. massangeana Rchb.f., Farbbild 43
Massanges Coelogyne; Z, T bis K
Die keulig gestreckte Pseudobulbe wird 10–15 cm hoch, die Laubblätter sind 30–50 cm lang. Die vielblumige, hängende, 30–50 cm lange Infloreszenz

kommt seitlich aus der fertig entwickelten Pseudobulbe. Die bräunlichgelbe Blüte ist 3–5 cm breit, das vorne mit gelblichen Kielen versehene, rötlichbraun gefleckte Labellum ist innen bräunlichgelb gestreift. Blütezeit: Frühjahr und/ oder Herbst. Heimat: Assam. Kulturhinweis 2; eine leicht zu pflegende, willig blühende Art.

C. speciosa (Bl.) Lindl.
Prächtige Coelogyne; W
Die 4–6 cm hohen, eiförmigen Pseudobulben tragen ein 15–30 cm langes Laubblatt. Aus der Mitte des ausgetriebenen Sprosses erscheint der überhängende, 6–10 cm lange Blütenschaft mit einer bis drei nacheinander sich öffnenden, 4–6 cm breiten Blüte. Die Sepalen und Petalen sind grünlich, auch bräunlich, das Labellum dunkelrotbraun mit zwei gleichfarbigen, gefransten Kielen. Die vordere Hälfte des Vorderlappens ist weißlich. Blütezeit: März–Oktober. Heimat: Malaysia, Java. Kulturhinweis 2; hält keine ausgeprägte Ruheperiode ein.

Kulturhinweis 1. *Coelogyne cristata* hält man während der Ruheperiode, die sich vom Zeitpunkt nach der Blüte bis zur Wurzelbildung am neuen Sproßaustrieb erstreckt, zwischen 16 und 10 °C und mäßig feucht. Danach sind die Wassergaben entsprechend der sommerlichen Witterung gemäß reichlich. Monatliche Düngung fördert die Pseudobulbenentwicklung. Die zwischen Spätsommer und Oktober herrschende nächtliche Kühle bewirkt bei entsprechend feuchtem Wurzelballen die Füllung noch geschrumpfter Pseudobulben und fördert die Blüteninduktion. Die Entwicklung der Infloreszenz schließt sich an die der Pseudobulben an, später kommende Austriebe sind Laubsprosse. Bei der Wahl eines sommerlichen Standortes im Garten, von Ende Mai bis Oktober, soll dieser halbschattig und feucht sein. Zusätzlich ist der Topf bzw. das Körbchen zu ³/₄ in feuchte Erde einzusenken. *C. cristata* läßt sich mit und wie Cymbidien kultivieren.

Kulturhinweis 2. Die meisten Coelogyne-Arten gehören ins temperierte Glashaus, wo sie während ihrer Vegetation reichliche Wasser- und einige Düngergaben erhalten. Nach Erstarkung der Pseudobulben beginnt mit eingeschränkteren Wassergaben ihre Ruheperiode. Umgepflanzt und geteilt wird mit Sproßaustrieb. Die Teilpflanzen werden entweder mit Pflanzmaterial für Epiphyten auf Korkbrettchen aufgebunden oder in gut dränierte Töpfe bzw. aufhängbare Körbchen eingesetzt.

44. Comparettia macroplectron, 1 : 1
45. Cymbidium devonianum, 3 : 4
46. Cymbidium lowianum, 4 : 5
47. Cymbidium siamense, 1,5 : 1

Comparettia Poepp. et Endl.

Der deutsche Forschungsreisende E. F. POEPPIG und der österreichische Botaniker S. L. ENDLICHER beschrieben zusammen 1835 diese Gattung und benannten sie zu Ehren des italienischen Botanikers A. COMPARETTI. Im Deutschen: Comparettia.
Eine wenigblättrige Pflanze mit kleinen, seitlich abgeflachten Pseudobulben. Von der Basis der Pseudobulbe aus entwickelt sich ein traubiger oder verzweigter, überhängender Blütenschaft. Das mittlere Sepalum und die seitlichen Petalen sind aufwärts gerichtet, wogegen die seitlichen, zusammengewachsenen Sepalen abwärts stehen und deren Basis sich zum Sporn verlängert. Das genagelte, auffallend große Labellum ist nierenförmig. Die Anthere der kurzen Columna hat zwei gestielte Pollinien. Etwa sieben Arten wachsen als Epiphyten im tropischen Amerika.

C. coccinea Lindl.
Scharlachrote Comparettia; T bis W
Die 1–3 cm hohe Pseudobulbe bildet 6–10 cm lange, lederige Laubblätter und einen fünf- bis fünfzehnblumigen, 10–30 cm langen Blütenschaft. 1–3 cm breite Blüte, Sepalen und Petalen gelblich, orangerot umrandet, Labellum scharlachrot, 1–2 cm langer gelblicher Sporn. Blütezeit: August–Dezember. Heimat: Mexiko.

C. falcata Poepp. et Endl.; 2n: 42
Sichelförmige Comparettia; T bis W
Habitus und Blüte wie *C. coccinea,* jedoch rosa- bis rötlichlilablütig. Blütezeit: August–Januar. Heimat: Peru.

C. macroplectron Rchb.f. et Triana, Farbbild 44
Großspornige Comparettia; T bis W
Habitus wie *C. coccinea,* jedoch sind die Blüten größer, rosalila, purpurrot punktiert. Der Sporn ist 4–5 cm lang. Blütezeit: Juli–Okt. Heimat: Kolumbien.

Kulturhinweis. *Comparettia* sind ebenso wie *Ionopsis* auf Korkbrettchen mit Pflanzmaterial aus feinen Osmundawurzeln mit Sphagnum und etwas Kuhfladengeriebsel aufzubinden, besser jedoch in kleinste Körbchen einzupflanzen. Die Einwurzelung erfolgt bei mäßiger Bewässerung. Die Wurzeln dringen teils ins Pflanzmaterial ein, teils entwickeln sie sich zu drahtigen Luftwurzeln. Diese sind bei der Bewässerung mit anzufeuchten. Das Pflanzmaterial darf nicht austrocknen, auch nicht stagnierend naß sein. Erforderlich ist ein heller Stand, im Sommer zwischen 22 und 17 °C. In den Wintermonaten kann bei 4–2 °C niedrigerer Temperatur das Pflanzmaterial etwas trockener sein. Diese Periode, mit der Gefahr des Vertrocknens, und die nachfolgende, in der sich der gegen Nässe sehr empfindliche Neuaustrieb entwickelt, sind die schwierigsten Kulturabschnitte. Einige schwache Dunggüsse in den Sommermonaten fördern die Sproßentwicklung.

Cymbidium Sw.

Die Gattung wurde 1799 von dem schwedischen Botaniker O. SWARTZ aufgestellt. Wahrscheinlich benannte er sie nach der Form des Säulchens: *kymbos* (griech., bedeutet so viel wie schalenförmig oder Boot). Im Deutschen: Cymbidie.
Es sind terrestrisch und epiphytisch wachsende Arten, deren gestauchter Sproß zur klobigen Pseudobulbe erstarkt oder klein und kaum erkennbar bleibt. Sie ist von Scheiden der Laubblätter eingehüllt. Der aufrecht stehende, überhängende oder gebogene Blütenschaft entwickelt sich von der Basis der Pseudobulbe. Die Sepalen und Petalen sind gleichaussehend, das dreilappige Labellum trägt zwei Kiele. Am kahnförmigen Säulchen haften die Pollinien mit ihrer Klebscheibe auf einem über der Narbe befindlichen Bändchen. Etwa 50 Arten sind zwischen Indien und Japan und südwärts bis nach Australien beheimatet.

C. devonianum Paxt.; 2n: 40, Farbbild 45
Herzog von Devonshires Cymbidie; T
Die Pseudobulben sind 2–3 cm hoch, die zwei oder drei lanzettlichen, an der Basis stielartig verschmälerten Laubblätter 20–35 cm lang. Der hängende, 15–30 cm lange Blütenschaft trägt zehn bis zwanzig 3–5 cm große Blüten. Die Sepalen und Petalen sind grünlich bis schmutzig braunlila, das Labellum hell purpurbraun bis dunkellila mit zwei dunkleren Flecken. Blütezeit: März–Juni. Heimat: Sikkim, Assam. Auf Bäumen und Felsen zwischen 1500 und 2100 m. Kulturhinweis 1; jedoch sommerüber ohne Stand im Freien.

C. ensifolium (L.) Sw.; 2n: 40
Schwertblättrige Cymbidie; Z, T bis W, Schnittbl.
Diese Art hat keine ausgeprägten Pseudobulben; die etwa 1 cm breiten, riemenförmigen Laubblätter sind 20–30 cm lang. Der drei- bis siebenblumige, 25–35 cm hohe Blütenschaft hat 4–6 cm breite, weißlichgelbe, purpurbraun gefleckte Blüten. Blütezeit: Mai–September. Heimat: Thailand, China, Japan. Kulturhinweis 2.

C. lowianum Rchb.f.; 2n: 40, Farbbild 46
Lows Cymbidie; Z, K, Schnittbl.
Die 8–10 cm hohe Pseudobulbe trägt sechs bis acht linealische, 50–75 cm lange Laubblätter. Die sechs- bis fünfzehnblumige, überhängende, 60–80 cm lange Infloreszenz hat 8–10 cm breite Blüten. Die Sepalen und Petalen sind gelblichgrün, der Mittellappen des gelblichen Labellums ist weißlich, mit scharlachrotem bis kastanienbraunem Fleck. Blütezeit: Februar–Mai. Heimat: Burma. Kulturhinweis 1.

C. siamense Rolfe ex Downie, Farbbild 47
Siamesische Cymbidie; Z, T bis W, Schnittbl.
Die Pseudobulbe ist 1–3 cm hoch, die riemenförmigen, etwa 1 cm breiten Laubblätter sind 30–50 cm lang. Der zwei- bis sechsblumige, aufrechte, 25–45 cm

hohe Blütenschaft hat 3–5 cm breite, gelblichgrüne, rötlichbraun gefleckte Blüten. Blütezeit: Januar–Mai. Heimat: Thailand. Terrestrisch wachsend von Meereshöhe bis 300 m. Kulturhinweis 2.

C. tigrinum Par. ex Hook.
Getigerte Cymbidie; K
Die rundlichen, 3–4 cm hohen Pseudobulben tragen zwei bis vier, 10–15 cm lange Laubblätter. Der aufrechte, 15–20 cm lange Blütenschaft hat zwei bis vier 5–8 cm breite Blüten. Die gelblich- bis olivgrünen Sepalen und Petalen sind an der Basis bräunlich punktiert, das weißliche Labellum hat bräunlichrot gefleckten Vorderlappen und bräunlichrote Seitenlappen. Blütezeit: März–Mai. Heimat: Burma, Moulmein. Auf felsigen Standorten zwischen 1700 und 2000 m. Kulturhinweis 1; jedoch sommerüber ohne Stand im Freien.

C. tracyanum Rolfe; 2n: 40
Tracy's Cymbidie; Z, K
Im Habitus wie *C. lowianum,* jedoch größer. Von den 10–15 cm breiten Blüten sind die grünlichen Sepalen und Petalen braunrot punktiert und gestreift, der Vorderlappen des rahmfarbigen Labellums braunrot punktiert, die Seitenlappen gleichfarbig geadert. Die Kiele sind stark behaart. Blütezeit: November bis März. Heimat: Burma. Wachsen vorwiegend in mit vermodertem Laub gefüllten Astgabelungen. Kulturhinweis 1.

Kulturhinweis 1. Eine Ruheperiode halten alle Cymbidien himalajaischen Ursprungs nach ihrer Blüte ein. Am günstigsten im kühlen Glashaus bei Temperaturen zwischen 16 und 10 °C. Im Frühjahr beginnt bei etwas höherer Temperatur und größerer Luftfeuchtigkeit der Sproßaustrieb. Sobald die Gefahren der Maifröste vorüber sind, gehören die Cymbidien ins Freie, in die Schattenhalle. Sie sind in Abständen von sich leicht berührenden Laubblättern zu ²/₃ der Topfhöhe einzusenken. Tägliches Überbrausen an sonnigen Tagen fördert die Sproßentwicklung und die kühlende, vom nassen Erdboden aufsteigende, zwischen den Laubblättern sich haltende Luftfeuchtigkeit. In dieser Entwicklungsperiode sind vierzehntägige Düngungen unerläßlich, anfangs schwächer, später bis zu 1 g/Liter. Ab Mitte-Ende August sind Cymbidien der vollen Sonne und der nächtlichen Abkühlung auszusetzen, welche gemeinsam die Blüteninduktion beeinflussen. Ein Schrumpfen der Pseudobulben durch austrocknende Töpfe führt zum Verlust des Blütensprosses. Dagegen hat die gelblichbraune

48. Dendrobium aphyllum, 3 : 4
49. Dendrobium devonianum, 3 : 4
50. Dendrobium heterocarpum, 4 : 5
51. Dendrobium loddigesii, 3 : 4

Färbung der Laubblätter keinen schädigenden Einfluß. Vor Frostbeginn gehören die Cymbidien ins gut lüftbare, helle Kalthaus und sind dort bei höherer Luftfeuchtigkeit und feuchtem Wurzelballen weiterzukultivieren. Die Knospen vertrocknen sehr leicht bei zu großer Glashauswärme; anderseits fallen sie bei zu dunklem, kühlem Stand ab, bei Temperaturen unter 13 °C. Bei geschlossener Lüftung ist Luftumwälzung unumgänglich. Die Blütenrispen sind zum Erhalt gerader Stiele frühzeitig aufzubinden.
Ergibt sich nach 3–5jähriger Kultur die Notwendigkeit eines Umpflanzens bzw. einer Teilung, ist dies bei beginnender Wurzelspitzenerneuerung im Frühjahr vorzunehmen. Man nimmt immer relativ große Pflanztöpfe mit höherer Scherbeneinlage für eine längere ungestörte Entwicklung. Als Pflanzmaterial bewährte sich ein Gemisch aus Lehm bzw. Rasenerde mit Osmundawurzeln, Sphagnum und Buchenlaub oder mit Styroporschnitzeln und Buchenlaub bei Zugabe von Hornspänen. Zwecks rascherer Einwurzelung sind die Cymbidien anfangs luftfeuchter und wärmer zu kultivieren. Erst bei guter Weiterentwicklung ist in die übliche Kulturmethode überzugehen.

Kulturhinweis 2. Alle soeben gegebenen Hinweise gelten auch für die Kultur der Miniaturcymbidien, doch benötigen sie ganzjährige Kultur im hellen Glashaus bzw. auf der Fensterbank bei Temperaturen zwischen 21 und 16 °C.

Dendrobium Sw.

Der schwedische Botaniker O. P. SWARTZ stellte 1799 diese Gattung auf: *dendron* (griech. Baum) und *bios* (griech. Leben), danach „auf Bäumen lebend". Im Deutschen: Dendrobium.
Die Pflanzen bilden je nach Art aufrechtwachsende oder hängende, schlanke bis keulenförmige oder zwischen den Internodien verdickte Sprosse. Die Laubblätter sind papierdünn bis sukkulentenartig, ein- oder mehrjährig. Die Blüten stehen wenigblumig auf der oberen Sproßhälfte oder sind zu traubenartigen Blütenständen vereint. Die Sepalen und Petalen sind fast gleich, das meist größere und vielfach anders gefärbte Labellum bildet eine spornähnliche Aussakkung (Kinn), wodurch die seitlichen Sepalen schief zu stehen kommen. Die Columna ist im Kinn mit einem Fuß versehen, und ihre Anthere enthält vier paarweise zusammenstehende, flache Pollinien. Das Verbreitungsgebiet der durchweg epiphytisch wachsenden Arten, etwa 800, erstreckt sich vom Himalaja nach Osten bis Japan, nach Süden bis Neuseeland.

D. aggregatum Roxb.; 2n: 38
Gebüscheltes Dendrobium; Z, K
Die eiförmig zugespitzte, etwas flachgedrückte, runzelige, 6–10 cm lange Pseudobulbe trägt ein derblederiges Laubblatt. Die locker- und vielblumige, abstehende Blütentraube wird 15–30 cm lang. 2–3 cm breite, hellgelbe Blüten, Labellum mit orangegelber Mitte. Blütezeit: März–Mai. Heimat: Nordindien, Burma, westliches China. Kulturhinweis 1; mit wenig Pflanzmaterial auf Korkbrettchen aufbinden.

D. aphyllum (Roxb.) C. E. C. Fisch.; 2n: 38, Farbbild 48
Syn.: *D. pierardii* Roxb.
Blattloses oder Pierards Dendrobium; Z, T bis K
Die schlanken, 50–100 cm hängenden Sprosse haben vor der Blüte abfallende Laubblätter. Die aus vielen Blattachseln zugleich kommenden, 4–6 cm breiten Blüten sind bei mattgelbem Labellum zart rosalila. Blütezeit: Januar–April. Heimat: Nordindien, Burma. In feuchtwarmen Tälern. Kulturhinweis 2.

D. chrysanthum Wall.; 2n: 38
Goldgelbblumiges Dendrobium; T bis K
Die zylindrischen Sprosse mit vor der Blüte abfallenden Laubblättern sind anfangs aufrecht, später hängend und 50–100 cm lang. Goldgelbe, 3–5 cm breite Blüte, Schlund des Labellums orangegelb, mit zwei dunkelpurpurnen Flecken. Blütezeit: März–September. Heimat: Nordindien, Burma, westliches China. In warmen Tälern zwischen 1000 und 2000 m. Kulturhinweis 2.

D. chrysotoxum Lindl.; 2n: 38, 40
Goldgelb-bogiges Dendrobium; T bis K
Die spindelförmigen, 10–25 cm hohen Pseudobulben tragen zwei bis vier lederige, mehrere Jahre haltbare Laubblätter. Die lockerblumige, überhängende, 10–20 cm lange Blütentraube hat 3–4 cm breite, goldgelbe Blüten mit dunkelorange- bis dottergelbem Schlund im Labellum. Blütezeit: März–Juni. Heimat: Burma. Kulturhinweis 1.

D. densiflorum Wall.; 2n: 40
Dichtblumiges Dendrobium; Z, T bis K
Die aufrechten, 20–40 cm hohen Pseudobulben sind zur Spitze hin keulenförmig und vierkantig und mit drei bis fünf derblederigen, haltbaren Laubblättern versehen. Die hängende, 10–20 cm lange Blütentraube hat 3–5 cm breite, gelbe bis orangegelbe Blüten mit dunklerem Labellum. Verwechselbar mit *D. thyrsiflorum*. Blütezeit: März–Juni. Heimat: Nordindien, Burma. Auf Bäumen in feuchtwarmen Tälern zwischen 800 und 1200 m. Kulturhinweis 2.

D. devonianum Paxt.; 2n: 38, Farbbild 49
Herzog von Devonshires Dendrobium; T
Die schlanken, hängenden, 50–100 cm langen Sprosse mit vor der Blüte abfallenden Laubblättern haben 4–6 cm breite, gelblichweiße, mit purpurlila Spitzen versehene Blüten, deren gefranstes Labellum im Schlund zusätzlich zwei orangegelbe Seitenflecken aufweist. Blütezeit: April–Juni. Heimat: Nordindien, Moulmein. Auf Waldbäumen und Kalkfelsen in wärmeren Gebieten bis 1500 m. Kulturhinweis 2.

D. farmeri Paxt.; 2n: 40
Farmers Dendrobium; K bis T
Auf kugeliger Basis aufrechte, keulenförmige, fast vierkantige Pseudobulben, 15–20 cm lang, mit zwei bis vier lederigen, gipfelständigen Laubblättern. Die

lockerblumige, überhängende Blütentraube hat weißlichrosa, 3–4 cm breite Blüten mit dottergelbem Labellumfleck. **D. f.** var. **aureoflavum** Hook. hat dottergelbe Blüten und ein dunkleres Labellum. Stark variierende Art. Blütezeit: März–Juni. Heimat: Nordindien, Burma, Laos. Kulturhinweis 1.

D. fimbriatum Hook.; 2n: 38
Gefranstes Dendrobium; Z, T bis K
Die aufrechten, etwas spindelförmigen Pseudobulben sind 40–80 cm lang, haben mehrjährige Laubblätter und hängende Blütentrauben. Die goldgelbe Blüte ist 3–4 cm breit, der Lippenrand kurz gefranst. **D. f.** var. **oculatum** Hook. ist dottergelb, die Lippenmitte zusätzlich schwärzlichbraun gefleckt. Blütezeit: Februar–Mai. Heimat: Nordindien, Burma, Laos. Kulturhinweis 2; bei zu warmer Überwinterung kommen statt Blüten Seitensprosse.

D. formosum Roxb.; 2n: 38
Schöngeformtes Dendrobium; Z, T
Die aufrechten, 20–45 cm langen Sprosse sind schwarzbehaart und gefurcht, die derben Laubblätter mehrjährig. Die ein bis fünf gipfelständigen, weißen Blüten sind 6–9 cm breit, der Schlund und Vorderlappen des Labellums goldgelb gefleckt. **D. f.** var. **giganteum** Van Houtte hat über 10 cm breite Blüten. Blütezeit: Februar–Mai. Heimat: Burma, Thailand. Auf Bäumen und Felsen wachsend. Kulturhinweis 2.

D. heterocarpum Wall.; 2n: 38, Farbbild 50
Syn.: *D. aureum* Lindl.
Verschiedenfrüchtiges Dendrobium; T bis W
Die 20–40 cm langen Pseudobulben stehen mit schmaler Basis zylindrisch aufrecht, später hängen sie über. Die Laubblätter fallen vor der Blüte ab. Diese ist 5–7 cm breit, gelblichweiß bis hellgelb, das dunklere Labellum ist zusätzlich orangebraun gefleckt und geadert. Blütezeit: Januar–Juni. Heimat: von Ceylon bis zu den Philippinen. Kulturhinweis 2.

D. infundibulum Lindl.; 2n: 38, 40
Trichter-Dendrobium; Z, T
Die aufrechten, gefurchten, schwarzbehaarten, 30–60 cm langen Sprosse tragen mehrjährige Laubblätter. Die zwei bis fünf gipfelständigen, 8–12 cm breiten Blüten sind weiß, der Schlund des Labellums schmal rotorange bis orange gefleckt und geadert. **D. i.** var. **jamesianum** (Rchb.f.) Veitch, syn. *D. jamesianum* Rchb.f., unterscheidet sich durch steifere Sprosse und breiteren Label-

52. Dendrobium nobile, 4 : 5
53. Dendrobium thyrsiflorum, 1 : 2
54. Disa uniflora, 1 : 2
55. Doritis pulcherrima, 1 : 1

lumfleck. Blütezeit: Mai–August. Heimat: Burma, Thailand. In Höhen zwischen 1000 und 1200 m. Kulturhinweis 2; die Wurzeln sind gegen Trockenheit und stagnierende Nässe sehr empfindlich.

D. jenkinsii Wall.; 2n: 38
Syn.: *D. aggregatum* Roxb. var. *jenkinsii* (Wall.) Lindl.
Jenkins Dendrobium; Z, K
Die oval-eiförmigen, flachgedrückten, runzeligen, 2–4 cm langen Pseudobulben tragen ein mehrjähriges, derbes Laubblatt. Der kurze Blütenstand hat durchweg eine 2–3 cm breite dottergelbe Blüte mit dunklerem Mittelfleck am Labellum. Blütezeit: März–Mai. Heimat: Indien, Assam. Kulturhinweis 1; mit wenig Pflanzmaterial auf Korkbrettchen aufbinden.

D. kingianum Bidw.; 2n: 38, 76, 112–114
Mr. Kings Dendrobium; Z, K
Die aus breiter Basis schlank zugespitzten, 15–30 cm langen Pseudobulben besitzen zwei bis fünf derbe Laubblätter. Die aufrechte, lockere Blütentraube hat 1,5–2,5 cm breite, kremfarbige bis purpurrosa variierende, mitunter dunkler geaderte Blüten. Blütezeit: März–Juni. Heimat: Ostaustralien. Kulturhinweis 1; bei zu warmer Überwinterung kommen statt Blüten Seitensprosse.

D. loddigesii Rolfe; 2n: 38, 40, Farbbild 51
Loddiges Dendrobium; Z, T bis K
Die anfangs aufrechten, später überhängenden, 10–20 cm langen, schlanken Sprosse entwickeln nach der Blüte wurzelreiche Seitensprosse. Die Laubblätter sind zur Blütezeit meistens abgefallen. Blüte 4–5 cm breit, hell rosarot bis rötlichlila, gefranstes Labellum mit weißlich umrandeter, orangegelber Mitte. Blütezeit: Februar–Mai. Heimat: westliches China. Auf vermoosten Bäumen. Kulturhinweis 2.

D. moschatum Sw.; 2n: 38, 39, 40
Moschus- oder bisamduftendes Dendrobium; T bis K
Die schlanken, aufrechten bis geneigten Sprosse sind 80–100 cm lang, die lederigen Laubblätter mehrjährig. Die Blüte der locker- und wenigblumigen Blütentraube ist 5–7 cm breit, weißlich- bis rötlichgelb, das schuhartige Labellum weist zwei rötlichbraune Schlundflecke auf. Blütezeit: April–Mai. Heimat: Nordindien. Kulturhinweis 2; bei zu warmer Überwinterung kommen statt Blüten Seitensprosse.

D. nobile Lindl.; 2n: 38,40, 57, cv. 2n: 76, Farbbild 52
Edles, auch vornehmes Dendrobium; Z, Sommer T, Winter K, Schnittbl., wenn mit Sproß geschnitten
Die Pseudobulben erheben sich aus schmaler Basis zylindrisch, aufrecht bis vorgeneigt, 30–60 cm hoch, bei cv. bis 100 cm. Am blühenden Sproß sind selten Laubblätter vorhanden. Die 4–7 cm breite Blüte ist rosalila mit weißlichem Grund. Das Labellum hat zusätzlich einen dunkel purpurlila Schlundfleck

mit oder ohne dottergelben Rand. Stark variierende Art. Blütezeit: Dezember bis Juni. Heimat: von Nordindien über Burma bis China. Kulturhinweis 3; bei zu warmer Überwinterung kommen statt Blüten Seitensprosse.

D. parishii Rchb.f.; 2n: 38, 40
Parishs Dendrobium; Z, T bis K
Die dickstämmigen, überhängenden, 8–20 cm langen Pseudobulben verlieren vor der Blüte ihre Laubblätter. Die 4–5 cm breite Blüte ist dunkel rosalila mit hellerem bis weißlichem Labellum, dessen Schlund beiderseits dunkler gefleckt ist. Blütezeit: April–Juni. Heimat: Moulmein. Kulturhinweis 1.

D. phalaenopsis Fitzg.; 2n: 28, cv. 2n: 76
Phalaenopsisblumiges Dendrobium; W, Schnittbl.
Die 50–80 cm langen, schlanken, aufrecht stehenden Sprosse tragen in der oberen Hälfte mehrjährige Laubblätter. Der gipfelständige, 30–80 cm lange Blütenschaft ist vielblumig. Die 5–9 cm breite Blüte ist hell bis dunkel rötlichlila, der Schlund des Labellums dunkler. Blütezeit: September–Februar. Heimat: nördliches Australien und benachbarte Inseln. Kulturhinweis 4.

D. primulinum Lindl.; 2n: 38
Primelähnliches Dendrobium; T bis K
Die anfangs aufrechten, später hängenden, 20–40 cm langen zylindrischen Sprosse haben zur Blütezeit abfallende Laubblätter. Die 4–6 cm breite Blüte ist weißlich mit gelblichrosa Anflug, der Schlund des primelgelben Labellums ist purpurfarbig geadert. Blütezeit: April–Mai. Heimat: Nordindien. Kulturhinweis 2.

D. pulchellum Roxb.; 2n: 38, 40
Syn.: *D. dalhousieanum* Wall.
Niedliches Dendrobium; W bis T
Die schlanken, aufrechtwachsenden bis geneigten, 50–90 cm langen Sprosse tragen mehrjährige Laubblätter. Die wenig- und lockerblumige Blütentraube hat 6–8 cm breite, aus hell bräunlichgelber Basis den Rändern zu bräunlichlila gefärbte Blüten, das Labellum ist seitlich mit zwei dunklen braunpurpurnen Flecken gezeichnet. Blütezeit: April–Juni. Heimat: von Nordindien bis Burma. Kulturhinweis 2.

D. superbum Rchb.f.; 2n: 38, 40
Prächtiges, auch stolzes Dendrobium; Z, T
Von den anfangs aufrechtwachsenden, später hängenden, 50–120 cm langen Sprossen fallen zur Blütezeit die Laubblätter ab. Von der 8–12 cm breiten, hellpurpur- bis -lilarosa Blüte ist das Labellum zusätzlich mit zwei dunkleren Schlundflecken versehen. Blütezeit: Februar–Mai. Heimat: Philippinen, Borneo, auf den Molukken. Auf Bäumen längs der Flüsse. Kulturhinweis 2.

D. thyrsiflorum Rchb.f.; 2n: 40, Farbbild 53
Wird auch als Synonym von *D. densiflorum* angesehen
Straußblumiges Dendrobium; Z, T bis K
Die schlanken Pseudobulben sind rundlich, 40–100 cm hoch, mit drei bis sechs gipfelständigen, lederigen, mehrjährigen Laubblättern. Blütentraube und Einzelblüte wie bei *D. densiflorum,* nur sind die Sepalen und Petalen weißlich, das Labellum dunkel orangegelb. Eine stark variierende Art. Blütezeit: März–Juni. Heimat: Burma, Moulmein. Kulturhinweis 2.

D. wardianum Warner; 2n: 40, cv. 2n: 57
Wards Dendrobium; T bis K
Die knotig verdickten, anfangs aufrechten, später hängenden Sprosse mit zur Blütezeit abfallenden Laubblättern sind 40–100 cm lang. Blüte 6–10 cm breit, weißlich, mit purpurlila Blattspitzen, Schlund des Labellums orangegelb, mit zwei dunkel purpurbraunen Flecken. Blütezeit: März–Juni. Heimat: Burma, Assam. Kulturhinweis 2.

Kulturhinweise. Die heimatlichen Standorte der bekanntesten Arten sind klimatisch derartig unterschiedlich, daß keine einheitliche Kulturvorschrift gegeben werden kann. Differenziert werden müssen vor allem Temperatur und die Gießwasserversorgung während der in die lichtarme Jahreszeit fallenden Ruheperiode. Fast alle Dendrobien-Arten benötigen zwischen März und September warmen, sonnigen Stand, höhere Luftfeuchtigkeit, Frischluftzufuhr und ausreichende Bewässerung mit geregelter Düngung. Weitere Einheitlichkeit besteht in der Verwendung kleiner, dränierter Pflanzgefäße und eines wasserdurchlässigen Pflanzmaterials, z.B. Osmundawurzeln bzw. Mexifern oder Styroporschnitzel und Sphagnum zu gleichen Teilen. Die Dendrobien sind im zwei- bis vierjährigen Rhythmus umzupflanzen und benötigen anfangs bei wärmerem, luftfeuchterem Stand kein bis sehr wenig Gießwasser. Erst nach sichtbarer Überwindung der Störung und Wurzelneubildung wird im Einklang mit Witterung und Raumtemperatur schrittweise reichlicher gegossen. Stauende Nässe im Wurzelbereich ist auch bei nicht umgesetzten Pflanzen zu vermeiden, ebenso das Naßwerden heranwachsender Sprosse durch Gieß- und Spritzwasser. Ihre Wasserempfindlichkeit bringt sie in kühleren Nächten leicht zum Verfaulen. Folgesprosse mit verminderter Bewurzelung ergeben fast immer unzureichend entwickelte Jahrestriebe – vielfach der Anfang einer sich ständig schwächenden Pflanze. Beim Umtopfen wird empfohlen, die Pflanze so einzusetzen, daß der zu erwartende Neuaustrieb etwa 1 cm über dem Pflanzmaterial zu stehen kommt. Eingewurzelte Pflanzen sind während der Sproßentwicklung zwei- bis viermal monatlich stickstoffreich zu düngen, ab August stickstoffarm; anfangs 0,5 g/Liter, später bis 1 g/Liter ansteigend. Beschattet wird im Sommer bei stärkerer Sonneneinstrahlung, ab Spätsommer nicht mehr. Bei zu geringer Luftfeuchtigkeit sind dünnblättrige Arten spinnmilbenanfällig.

Hinweis 1. Die zusagende sommerliche Temperatur erreicht man für kühl zu pflegende Arten durch Beschattung, Wasserverdunstung und Lüftung. Durch die herbstliche Abkühlung pendelt sich die Überwinterungstemperatur ein, 16–10 °C; dem entsprechend sind die Wassergaben zu reduzieren. Die fast trockene und kühle Überwinterung ist Voraussetzung für den vor Sproßaustrieb kommenden Blütenansatz. Eine zu feuchtwarme Überwinterung unterdrückt die Blüteninduktion.

Hinweis 2. Die kühl und die wärmer zu kultivierenden Arten lassen sich nicht streng abgrenzen. Vielfach sind Arten mit peitschenförmigen, hängenden bzw. schlanken, aufrechtwachsenden Sprossen im Vergleich zu denen mit Speicherorganen über Winter etwas wärmer, 18–14 °C, und ballenfeuchter zu halten. Die Häufigkeit des Gießens bzw. die Gießwassermenge richtet sich in dieser Periode weitgehend nach der jeweiligen Temperatur und Witterung. Alle übrigen Maßnahmen wurden schon erwähnt.

Hinweis 3. Voraussetzung für zeitgerechten Knospenansatz bei *D. nobile* und seinen Hybriden ist die Ende August beendete Entwicklung des Jahrestriebes. Danach bewirken reduzierte Wassergaben, Stand in voller Sonne und tief fallende Nachttemperaturen die Blüteninduktion. Nach 6–12 Wochen erfolgt der Knospenansatz. Die einfachste Methode für den Liebhaber ist Standortwechsel von der Fensterbank in eine windgeschützte, sonnige Gartenecke, wo die Dendrobien niederen Nachttemperaturen ausgesetzt sind. Doch dürfen die Sprosse der Pflanzen nicht schrumpfen oder einer längeren Regenperiode ausgesetzt sein. Bei Knospenansatz gehören sie in den Wohnraum zurück versetzt und sind anfangs noch sehr kühl, danach langsam temperiert bis zu 18 °C zu halten. Rasch gegebene größere Wärme läßt die Knospen vertrocknen. Nach der Blüte ist bis zum Austrieb des neuen Sprosses eine wasserarme, kühle Ruheperiode einzuschalten.

Hinweis 4. Eine erfolgreiche Kultur von *D. phalaenopsis* und seinen Hybriden ist nur möglich, wenn die Pflanzen während ihrer Sproßentwicklung bei geringer Beschattung viel Wärme, 24–28 °C, hohe Luftfeuchtigkeit, ausreichend Gießwasser und wöchentliche Düngung erhalten. Bei zu starker nächtlicher Abkühlung sind faulende Triebe unabwendbar. Die Infloreszenz enwickelt sich an der Spitze des neuen Triebes; unter günstigen Voraussetzungen bringen auch ältere Sprosse erneut Blütenschäfte. Mit beginnender Blüte sind volle Sonne, reichliche Lüftung und niedere Luftfeuchtigkeit notwendig. Vielfache Ursache plötzlichen Zusammenfallens der Blüte sind zu hohe Luftfeuchtigkeit und Äthyleneinwirkungen. Nach der Blüte wird, ohne daß es zum Schrumpfen der Sprosse kommt, eine Trocken- und Ruheperiode eingehalten.

Dinema Lindl.

Von J. Lindley nach den zwei fadenförmigen Fortsätzen an der Columna benannt: *di* (griech. zwei) und *nema* (griech. Faden). Im Deutschen: Dinema. Durch die Entwicklung von zwei bis sechs, durch 2–3 cm lange Rhizome entfernt stehenden Pseudobulben in einer Vegetationsperiode ist *Dinema* ein rasch wachsendes, teils kriechendes, teils hängendes Sympodium. Die etwa 2 cm hohe, eiförmige Pseudobulbe trägt zwei länglichelliptische Laubblätter und endständig eine Blüte. Die Sepalen und Petalen sind schmal und zugespitzt, das fast rundliche Labellum ist mit kurzem Nagel versehen. Die Columna trägt im Bereich der rötlichen Anthere zwei fadenförmige Flügel von gleicher Färbung. Bisher nur eine Art bekannt.

D. polybulbon Lindl.
Syn.: *Epidendrum polybulbon* Sw., *Encyclia polybulbon* (Sw.) Dressl.
Vielbulbige Dinema; Z, T
2–3 cm breite Blüte, Sepalen und Petalen bräunlich, Labellum weiß. Blütezeit: Dezember–März. Heimat: Mexiko, Westindien.

Kulturhinweis. Mit Pflanzmaterial auf Korkbrettchen aufgebunden, benötigen *Dinema* im Sommer reichlich Gießwasser, im Winter eine der Temperatur entsprechende geringere Menge. Von den in einer Vegetationsperiode sich entwikkelnden Pseudobulben bildet die erste bzw. die ersten beiden keine Blüten aus, die übrigen zugleich.

Disa Berg.

Diese Gattung wurde 1767 von dem schwedischen Botaniker P. J. Bergius aufgestellt und möglicherweise nach einem südafrikanischen Ort oder nach „*dives*" (lat. reich) im Hinblick auf die Schönheit der Blüte benannt. Im Deutschen: Disa.
Terrestrisch wachsende, bis 70 cm hoch werdende Pflanzen mit rosettenähnlich gestellten Laubblättern und rüben- bis knollenförmigen Wurzelorganen. Die locker- bis dichtstehenden Blüten unterschiedlicher Größe sind von reinweiß über gelb bis rot bzw. grau bis bläulich gefärbt. Die Sepalen sind immer groß, das mittlere ist helmförmig und gespornt. Die Petalen sind klein und im Sepalenhelm verborgen. Das kleine Labellum ist von zungenförmigem Aussehen. Die mit zwei Pollinien besetzte Anthere liegt auf der Rückseite der Columna, die dreiteilige Narbe vorn. Etwa 130 Arten, größtenteils in Südafrika, die übrigen in westafrikanischen Gebieten.

D. uniflora Berg., Farbbild 54
Syn.: *D. grandiflora* L.f.
Einblumige Disa; K, Schnittbl.
Der bis 70 cm hohe Blütenschaft ist von Grund- und Stengelblättern umgeben, ein- bis vierblumig. An der 6–10 cm breiten, gelborange bis scharlachroten Blüte ist das mittlere Sepalum heller und dunkler geadert. Blütezeit: Juni–August. Heimat: Südafrika. An Berghängen entlang von Bachläufen.
Kulturhinweis. Die sehr rasch ihre Keimkraft verlierenden Samen sind innerhalb 3 Wochen nach der Ernte auszusäen, sollen aber bei Lagerung bei −20 °C bis ein Jahr haltbar sein. Die Samen von unterernährten Mutterpflanzen keimen fast nicht. Die Aussaat erfolgt in dränierten Kunststofftöpfen auf klopffest

angefüllten, feingesiebten Torf. Überbraust und in wassergefüllten Untertassen stehend, erhält die Aussaat einen Stand im beschatteten, temperierten, luftigen Glashaus. Die Betreuung beschränkt sich auf ein der Witterung angepaßtes Benebeln der Aussaat und das Nachfüllen des verdunsteten Wassers in der Untertasse. Etwa 6 Wochen nach der Aussaat sind grüne Protokorme erkennbar. Ab diesem Stadium wird zwei- bis dreimal monatlich gedüngt, $^1/_8$ g/Liter. Nach Ausbildung zweier Laubblätter fördert tuffweises Pikieren auf ein Gemisch aus Torf und feingeschnittenem, übertrocknetem Sphagnum (1 : 1) die Weiterentwicklung. Die erste Überwinterung erfolgt bei sehr hellem Stand im wärmeren Glashaus, 20–15 °C. Gegossen wird nur nach Notwendigkeit durch Nachfüllen des aus der Untertasse aufgesaugten Wassers. Im Frühjahr ist bei unveränderter Pflege ein Standortwechsel ins luftigere, leicht beschattete, kühlere Glashaus vorzunehmen. An warmen Sommertagen fördert ein morgendliches, bedacht vorgenommenes Benebeln das Wohlbefinden der Jungpflanzen. Herangewachsen, sind sie tuffweise in ein aus gröberem saurem Torf, geschnittenem, übertrocknetem Sphagnum und Kuhfladengeriebsel bestehendes Gemisch einzutopfen, pH-Wert um 5. Die weiteren Überwinterungen erfolgen bei 10–15 °C, wobei die Jungpflanzen allmählich den Vegetationsrhythmus blühfähiger Pflanzen annehmen. Diese sind mit Ausgang des Hochsommers in größere Kunststofftöpfe umzusetzen und weiterhin im Stauverfahren mit Gießwasser zu versorgen. Eingewurzelte Pflanzen düngt man noch mit 0,05 %igen Lösungen. Seltener 3, häufiger 4 Jahre nach der Aussaat blühen die *Disa.* Nicht blühend, entwickeln sie früher als blühende Individuen durch Ausläufer neue Pflanzen. Diese sind bei entsprechender Größe abzutrennen und eingepflanzt wie größere Jungpflanzen weiterzukultivieren. Nur kalkfreies Gießwasser verwenden, andernfalls versagt die Kultur.

Doritis Lindl.

Die Bedeutung des Namens der von J. LINDLEY 1833 aufgestellten Gattung ist ungeklärt. Entweder nach *Doritis*, einem Beinamen der griechischen Göttin Aphrodite oder nach *dory* (griech. Spieß) wegen der Ähnlichkeit des Labellums mit einem Spieß. Im Deutschen: Doritis.

Monopodial wachsende Pflanzen mit laubblattreichem, kurzem Stamm oder stark reduziertem Stamm und Laubblättern von kaum 1 cm Länge. Der langgestreckte bzw. sehr verkürzte Blütenschaft endet in einer reichblumigen Traube oder Rispe. Die Sepalen und Petalen sind abstehend bis zurückgeschlagen. Das konkave, dreilappige, spornlose Labellum besteht aus zwei aufrechten Seitenlappen und einem größeren, an der Basis mit zwei spitzen Auswüchsen versehenen Vorderlappen. Die zwei Pollinien sind durch einen gemeinsamen Klebkörper verbunden. Die wenigen epiphytisch wachsenden Arten sind im indisch-malaiischen Raum beheimatet.

D. pulcherrima Lindl.; 2n: 38, Farbbild 55
Syn.: *Phalaenopsis esmeralda* Rchb.f.
Sehr schöne Doritis; W, Schnittbl.
Der 5–10 cm hohe Stamm trägt mehrere zugespitzte Laubblätter, der vielblumige, aufrechte, 35–80 cm lange Blütenschaft 2–4 cm breite Blüten. Die abstehenden bis zurückgeschlagenen Sepalen und Petalen sind lila- bis purpurrosa, der Vorderlappen des dunkleren Labellums ist heller und weißlich oder gelblich geadert. Blütezeit: Juli–Oktober. Heimat: Burma, Indochina, Sumatra.
Kulturhinweis siehe bei *Phalaenopsis* 1; ein nicht zu tief abgeschnittener Blütenschaft bringt vielfach eine zweite Infloreszenz.

Encyclia Hook.

Der Gattungsname wurde 1823 von dem englischen Botaniker W. J. Hooker geschaffen; namengebend war die von Seitenlappen des Labellums umhüllte Columna, *enkyklein* (griech. umhüllen). Im Deutschen: Encyclie.
Die birnen- bis walzenförmigen, seltener kugeligen Pseudobulben bilden ein bis drei bandförmige, lederige Laubblätter. Der terminale, lockere Blütenschaft ist aufrechtstehend oder überhängend. Die Sepalen und Petalen sind fast gleichaussehend. Von der dreiteiligen Lippe umhüllen die Seitenlappen die Columna, ohne mit dieser verwachsen zu sein. Die dorsal hervorstehende Anthere liegt auf der Spitze der Columna. Etwa 100 Arten mit vorwiegender Verbreitung in Mexiko und Westindien.

E. alata (Batem.) Schltr.
Syn.: *Epidendrum alatum* Batem.
Geflügelte Encyclie; T
Die 5–10 cm hohen Pseudobulben haben 20–30 cm lange, lineale, lederige Laubblätter. Der aufrechte, verzweigte Blütenschaft wird 50–100 cm lang. Die 3–6 cm breite Blüte hat gelbliche, purpurbraun geaderte Sepalen und Petalen. Von gleicher Färbung sind die Seitenlappen des Labellums, der hellgelbliche, dunkler umrandete Vorderlappen ist mit purpurnen Kielen versehen. Blütezeit: Mai–August. Heimat: Mittelamerika.

E. ambigua (Lindl.) Schltr.
Syn.: *Epidendrum ambiguum* Lindl., *E. alatum* Lindl.
Zweifelhafte Encyclie; T
Habitus wie *E. alata*, jedoch sind die purpurbräunlichen, grünlichgelb umrandeten Petalen breiter als die gleichfarbigen Sepalen. Die Seitenlappen des grün-

56. Auliza parkinsoniana, 3 : 4
57. Encyclia nemoralis, 1 : 2
58. Epidendrum fulgens, 1 : 1
59. Gongora galeata, 1 : 1

lichgelben Labellums sind purpurbräunlich geadert, der Vorderlappen purpurfleckig. Blütezeit und Heimat wie *E. alata.*

E. atropurpurea (Willd.) Schltr.; 2n: 40, 80–90
Syn.: *Epidendrum atropurpureum* Willd.
Dunkelpurpurrote Encyclie; Z, T
Habitus und Blütengröße wie *E. alata,* der wenigblumige Blütenschaft wird nur 35–70 cm lang. Die Sepalen und Petalen sind gelappt, rotbraun mit grünlichem Grund. Am dreilappigen, weißen Labellum ist die Basis scharlachrot gezeichnet. Blütezeit: März–Juni. Heimat: tropisches Amerika.

E. nemoralis (Lindl.) Schltr., Farbbild 57
Syn.: *Epidendrum nemorale* Lindl.
Laubwaldbewohnende Encyclie; T
Habitus wie *E. alata,* jedoch hat der überhängende, 40–80 cm lange Blütenschaft 8–12 cm breite Blüten. Die Sepalen und Petalen sind lilarosa, der Vorderlappen des gleichfarbigen Labellums ist purpurlila geadert, die Labellumbasis weißlich. Blütezeit: Juni–August. Heimat: Mexiko.

Kulturhinweis siehe bei *Cattleya* 2.

Epidendrum L.

Auf Grund der epiphytischen Lebensweise dieser Pflanzen bildete der schwedische Arzt und Naturforscher C. von Linné 1753 aus *epi* (griech. auf) und *dendron* (griech. Baum) den Gattungsnamen. Im Deutschen: Epidendrum.
Die Gattung umfaßt terrestrisch und epiphytisch wachsende Arten mit gebüschelt beisammenstehenden, schlanken, wenig- bis vielblättrigen Sprossen. Diese sind bei vielen Arten befähigt, unterhalb der Infloreszenz im unbeblätterten Sproßabschnitt bewurzelte Adventivsprosse auszubilden. Der terminale Blütenstand kann eine einfache Traube oder verzweigte Rispe sein. Die Sepalen und Petalen sind weitgehend gleich. Der Nagel des dreilappigen Labellums ist wenigstens bis zum schräg stehenden, tief eingeschnittenen Rostellum mit der Columna verwachsen. An der Basis des Labellums ist ein vielgestaltiger Kallus vorhanden. Die Anthere mit vier Pollinien liegt in der Columna grubenartig eingebettet. Die Caudicula-Anhängsel befinden sich über dem Rostellumschlitz. Etwa 500 Arten sind vorwiegend in Südamerika, weniger häufig in Mittelamerika beheimatet.

E. fulgens Brongn.; 2n: 24, Farbbild 58
Syn.: *E. mosenii* Rchb.f.
Leuchtendes Epidendrum; T bis W
Die gegenständig beblätterten, schlanken Sprosse erreichen eine Höhe von 30–70 cm und gehen in den laubblattlosen, kugelförmigen Blütenstand über. Seine gelb- bis rotorange Blüten sind etwa 2–3 cm breit. Die Seitenlappen des gefransten Labellums sind größer als der abgestumpfte, etwas geteilte Mittel-

lappen. Blütezeit: Mai–September. Heimat: Verbreitet im Dünengebiet der Küsten von Südamerika.

E. radicans Pavon ex Lindl.; 2n: 40, 70
Wurzelbildendes Epidendrum; T bis W
Habitus und Blüte gleichen weitgehend *E. fulgens,* sie bilden aber an fast jedem Sproßknoten zusätzliche Wurzeln aus. Blütezeit: Mai–September. Heimat: Mittelamerika. Terrestrisch im Grasland.

E. schomburgkii Lindl.
Schomburgks Epidendrum; T bis W
Habitus und Blüte ähnlich wie *E. fulgens,* die leuchtend orangefarbigen bis dunkelroten Blüten sind 3–4 cm breit, der langgezogene Mittellappen endet etwas zugespitzt. Blütezeit: Mai–September. Heimat: tropisches Südamerika.

Kulturhinweis siehe bei *Cattleya* 1; die Sprosse kommen im zweiten oder dritten Entwicklungsjahr zum Blühen.

Gongora Ruíz et Pav.

Don A. Caballero y Góngora war Bischof von Cordoba in Spanien und Vizekönig von Neu-Granada (Kolumbien); ihm zu Ehren wurde 1794 diese Gattung von den spanischen Botanikern H. Ruíz und J. A. Pavón benannt. Im Deutschen: Gongora.
Es sind horstbildende Pflanzen mit rundlichen, gefurchten Pseudobulben, zwei Laubblättern und herabhängenden Blütenständen. Ihre Blüten sind durch gekrümmte Stiele so gedreht, daß das Labellum über die Columna zu stehen kommt. Die seitlichen Sepalen sind zurückgeschlagen, die Basis des mittleren Sepalums und die der Petalen ist mit jener der Columna verwachsen. Das Labellum besteht aus dem zwei Hörner tragenden Hypochil und dem löffelförmigen bzw. zusammengedrückten Epichil. Etwa 25 epiphytisch wachsende Arten in tropisch-subtropischen Gebieten Mittel- und Südamerikas.

G. galeata (Lindl.) Rchb.f.; 2n: 40, Farbbild 59
Helmartige Gongora; Z, T bis K, st. duft.
Die 2–3 cm hohen Pseudobulben haben 15–25 cm lange Laubblätter. Der 10–30 cm lange Blütenstiel trägt mehrere einwärts gekrümmte, 3–4 cm breite, gelblich- bis rötlichbraune Blüten, deren orange- bis bräunlichrotes Labellum ein Epichil mit aufwärtsgerichteter, hakenförmiger Spitze besitzt. Blütezeit: Juni–August. Heimat: Mexiko.
Kulturhinweis siehe bei *Stanhopea*; jedoch sind die Sproßaustriebe gegen Nässe sehr empfindlich.

Hormidium Lindl.

Der Gattungsname leitet sich von *hormos* (griech. Halsschmuck) ab, ohne daß wir die Gründe kennen, die den englischen Botaniker J. LINDLEY 1841 zu dieser Namengebung bewogen. Möglicherweise war es die kettenartige Anordnung der in kurzen Abständen an kriechenden Rhizomen stehenden Pseudobulben der Typusart. Im Deutschen: Hormidium.
Die eiförmigen bis langgestreckt-spindelförmigen Pseudobulben sind durch unterschiedlich lange Rhizome auseinandergerückt. Die zwei bis vier ovalen bis spatelförmigen Laubblätter sind von zarterer bis festerer Konsistenz. Der endständige Blütenstand, eine wenig- bis vielblütige Traube, trägt resupinierte oder nicht resupinierte Blüten. Die Sepalen und Petalen sind sehr ähnlich. Das an der Basis mit der Columna etwas verwachsene Labellum ist ganzrandig. Die gattungstypischen Merkmale liegen bei der Columna, dem dorsal vorspringenden, stumpfen oder einem Zahn bzw. Horn gleichenden Kiel und dem die Anthere dachartig überdeckenden Filamentanhängsel. Die Anzahl der überwiegend in Südamerika, in geringerer Zahl in Mittelamerika verbreiteten Arten ist z. Z. noch nicht bekannt.

H. brassavolae (Rchb.f.) Brieg.; 2n: 40
Syn.: *Epidendrum brassavolae* Rch.f., *Encyclia brassavolae* (Rchb.f.) Dressl.
Brassavola-ähnliches Hormidium; T bis W
Die birnenförmigen, schlanken Pseudobulben sind 15–25 cm, die riemenförmigen Laubblätter 20–25 cm lang. Der 25–40 cm hohe Blütenschaft trägt fünf bis zehn Blüten von 6–10 cm Breite. Die Sepalen und Petalen sind grünlich- bis bräunlichgelb, das eiförmig zugespitzte, weiße Labellum besitzt eine rötliche Spitzenhälfte. Blütezeit: Mai–September. Heimat: Mittelamerika.
Kulturhinweis siehe bei *Cattleya* 2.

H. citrinum (Llave et Lex.) Brieg.; 2n: 40, Farbbild 60
Syn.: *Cattleya citrina* (Llave et Lex.) Lindl., *Encyclia citrina* (Llave et Lex.) Dressl.
Zitronengelbes Hormidium; Z, K
Die abwärts gerichteten, eiförmigen Pseudobulben sind 4–7 cm, die bläulichgrünen Laubblätter 10–20 cm lang. Der ebensolange, hängende Blütenschaft trägt ein oder zwei zitronengelbe, 3–5 cm breite Blüten. Der weiß umrandete Vorderlappen des im Schlund grün geaderten Labellums hat einen orangegel-

60. Hormidium citrinum, 3 : 4
61. Hormidium mariae, 3 : 4
62. Hormidium vitellinum, 4 : 5
63. Ionopsis utricularioides, 1,5 : 1

ben Mittelfleck. Blütezeit: März–Juni. Heimat: Mexiko. Auf Baumstämmen in Höhen zwischen 2000 und 2500 m.
Kulturhinweis siehe bei *Rossioglossum*; jedoch mit Pflanzmaterial auf Korkbrettchen hängend kultivieren.

H. cochleatum (L.) Brieg.; 2n: 40
Syn.: *Epidendrum cochleatum* L., *Encyclia cochleata* (L.) Dressl.
Muschelförmiges Hormidium; Z, T
Die seitlich zusammengedrückten Pseudobulben sind 5–10 cm hoch, die Laubblätter 10–20 cm lang. Der aufrechte, 10–25 cm lange Blütenschaft hat nacheinander aufblühende, nicht resupinierte, 1–4 cm breite Blüten. Die Sepalen und Petalen sind gelblichgrün; das konkave Labellum ist an der Basis grün, mit purpur- bis schwärzlichbrauner Aderung, in der oberen Hälfte ist es purpur- bis schwärzlichbraun gefärbt und grün geadert. Blütezeit: März–Oktober. Heimat: tropisches Amerika.
Kulturhinweis siehe bei *Cattleya* 2.

H. fragrans (Sw.) Brieg.
Syn.: *Epidendrum fragrans* Sw., *Encyclia fragrans* (Sw.) Dressl.
Wohlriechendes Hormidium; Z, T
Die schlanken Pseudobulben sind 2–5 cm hoch, die Laubblätter 6–10 cm lang. Am 4–8 cm hohen, zwei- bis fünfblumigen Blütenschaft sind die nicht resupinierten, gelblichweißen bis -grünen Blüten etwa 2 cm breit. Die Sepalen und Petalen sind lanzettlich-zungenförmig, das konkave Labellum ist rötlichbraun gestreift. Blütezeit: April–Juli. Heimat: tropisches Amerika.
Kulturhinweis siehe bei *Cattleya* 2.

H. mariae (Ames) Brieg.; 2n: 40, Farbbild 61
Syn.: *Epidendrum mariae* Ames, *Encyclia mariae* (Ames) Hoehne
Marias Hormidium; Z, T bis K
Die 3–5 cm hohen Pseudobulben tragen zwei bläulichgrüne, 10–15 cm lange Laubblätter. Am ebensolangen, überhängenden Blütenschaft befinden sich ein bis drei 4–6 cm breite Blüten. Die Sepalen und Petalen sind grün, das Labellum weiß mit grünen Schwielen und Adern. Blütezeit: Mai–Juli. Heimat: Mexiko.
Kulturhinweis siehe bei *Rossioglossum.*

H. prismatocarpum (Rchb.f.) Brieg.; 2n: 40
Syn.: *Epidendrum prismatocarpum* Rchb.f., *Encyclia prismatocarpa* (Rchb.f.) Dressl.
Prismafrüchtiges Hormidium; T bis W
Habitus wie *H. brassavolae,* jedoch mit reichblumigerem Blütenstand. Die Sepalen und Petalen der 4–6 cm breiten Blüte sind grünlich- bis bräunlichgelb und rötlichbraun bis schwärzlichrot gefleckt. Das keilförmig zugespitzte, gelb- bis weißliche Labellum besitzt einen rosafarbigen Mittelfleck. Blütezeit: Juli–Oktober. Heimat: Mittelamerika.
Kulturhinweis siehe bei *Cattleya* 1.

H. radiatum (Lindl.) Brieg.
Syn.: *Epidendrum radiatum* Lindl., *Encyclia radiata* (Lindl.) Dressl.
Strahlenartiges Hormidium; Z, T
Die länglich-eiförmigen Pseudobulben werden 10–15 cm hoch, die spatelförmigen Laubblätter ebenso lang. Der aus vorjährigen Pseudobulben kommende zwei- bis siebenblumige Blütenschaft wird 6–12 cm hoch. An der nicht resupinierten gelblich- bis grünlichweißen, 2–3 cm breiten Blüte ist das konkave Labellum rötlichbraun gestreift. Blütezeit: Mai–August. Heimat: tropisches Amerika.
Kulturhinweis siehe bei *Cattleya* 2.

H. vitellinum (Lindl.) Brieg., Farbbild 62
Syn.: *Epidendrum vitellinum* Lindl., *Encyclia vitellina* (Lindl.) Dressl.
Dottergelbes Hormidium; Z, K
Die blaugrünen, eiförmigen Pseudobulben werden 4–7 cm hoch, die blaugrünen Laubblätter 10–15 cm und der aufrechte bis geneigte Blütenschaft 35–60 cm lang. Die 2–4 cm breite Blüte ist rot- bis gelborange. Blütezeit: August bis Dezember. Heimat: Mittelamerika. Auf Bäumen und Felshängen in Höhen zwischen 1800 und 2300 m.
Kulturhinweis siehe bei *Rossioglossum.*

Ionopsis H.B.K.

H. = F.H.A. von Humboldt, deutscher Naturforscher, B. = A.J.A.G. dit Bonpland, französischer Arzt und Botaniker, und K. = C.S. Kunth, deutscher Botaniker, beschrieben 1815 diese Gattung und benannten sie mit den griechischen Wörtern *ion* (Veilchen) und *opsis* (ähnlich). Im Deutschen: Ionopsis.
Pflanzen mit einem oder wenigen schmalen oder stielrunden Laubblättern und kleinen, kaum ausgeprägten Pseudobulben. Der Blütenschaft kann kurz und traubig oder lang und verzweigt sein. Das mittlere Sepalum und die seitlichen Petalen sind annähernd gleich, wogegen die seitlichen Sepalen sackartig und etwas verwachsen sind. Das genagelte, herzförmige Labellum trägt an der Basis zwei Kiele. Die Anthere der kurzen Columna birgt gestielte Pollinien. Etwa acht Arten im tropischen Amerika.

I. utricularioides (Sw.) Lindl.; 2n: 46, Farbbild 63
Syn.: *I. paniculata* Lindl.
Schlauchkrautähnliche Ionopsis; Z, T bis W
Die kaum 2 cm hohe Pseudobulbe trägt zwei oder drei steifere, 7–10 cm lange Laubblätter. Der drahtige, mitunter verzweigte Blütenschaft wird 12–20 cm lang, die etwa 1 cm breite, zart rosalila Blüte ist dunkler gefleckt. Blütezeit: Januar–Oktober. Heimat: Mittel- und östliches Südamerika. In feuchtwarmen Gebieten bis 1000 m emporsteigend.
Kulturhinweis siehe bei *Comparettia.*

Laelia Lindl.

Von dem englischen Botaniker J. Lindley wurde 1831 diese Gattung wahrscheinlich nach der altrömischen Patrizierfamilie Laelius oder nach der Priesterin Laelia vom Vesta-Tempel oder nach dem Heerführer und Konsul Gaius Laelius benannt. Im Deutschen: Laelie.
Die Laelien sind im Habitus vielfach der *Cattleya* ähnlich, manche Arten haben aber auch durch langgestreckte, hängende oder stark knollig gestauchte Pseudobulben sowie abgewandelte Laubblätter ein gänzlich anderes Aussehen. Der Blütenbau gleicht dem von *Cattleya,* bis auf acht Pollinien gegenüber vier. Etwa 35 vorwiegend epiphytisch, teils auch terrestrisch wachsende Arten sind in Mittel- und Südamerika beheimatet.

L. anceps Lindl.; 2n: 40, cv. 2n: 60
Doppelköpfige oder zweiseitige Laelie; Z, K bis T, Schnittbl.
Die gefurchten, vierkantigen, 5–10 cm hohen Pseudobulben tragen ein, seltener zwei Laubblätter. Der 30–70 cm lange Blütenschaft hat zwei bis fünf 6–10 cm lange große Blüten. Die Sepalen und Petalen sind weißlichrosa bis rosalila, das dunkelpurpurne Labellum ist mit gelbem, purpurgeadertem Schlund und sein Vorderlappen mit weißlichgelbem Fleck und drei gelben Schwielen versehen. Eine sehr variierende Art. Blütezeit: Dezember–Februar. Heimat: Mexiko. In Höhen zwischen 1000 und 2000 m. Kulturhinweis 1.

L. autumnalis (Llave et Lex.) Lindl.; 2n: 41, 42
Syn.: *L. gouldiana* Rchb.f.; 2n: 40, 60
Herbstblühende Laelie; Z, K bis T, Schnittbl.
Die eiförmigen, etwas gefurchten, 5–10 cm hohen Pseudobulben tragen zwei oder drei Laubblätter. Der zwei- bis sechsblumige, 30–80 cm lange Blütenschaft hat 5–8 cm breite Blüten. Die Sepalen und Petalen sind rosa, vom gleichfarbigen Labellum ist der Schlund purpurrot punktiert bis gestreift, und sein Vorderlappen hat mehrere ungleichlange, gelbe Schwielen. Eine sehr variierende Art. Blütezeit: Dezember–Februar. Heimat: Mexiko. In Höhen zwischen 1000 und 2000 m, hat mit *L. anceps* benachbarte Standorte. Kulturhinweis 1.

L. cinnabarina Batem.; 2n: 40
Zinnoberrote Laelie; Z, T
Die 20–40 cm hohen Pseudobulben enden in einem langen, schmal-zugespitzten Laubblatt. Der 20–40 cm lange Blütenschaft trägt vier bis zehn 4–7 cm breite, grünlichgelbe bis orangerote Blüten. Vom Labellum ist der gekräuselte,

64. Laelia harpophylla, 1 : 1
65. Laelia milleri, 1 : 1
66. Laelia perrinii, 2 : 3
67. Laelia pumila, 4 : 5

stark zurückgebogene Vorderlappen gegenüber den Seitenlappen mehr als doppelt so lang. Blütezeit: Dezember–Mai. Heimat: Brasilien. Wächst epiphytisch und auf grasigen Humusinseln als Felsenorchidee zwischen 800 und 1200 m. Kulturhinweis 2.

L. crispa (Lindl) Rchb.f.
Gekrauste Laelie; T
Die keulenartigen, 20–40 cm hohen Pseudobulben sind einblättrig. Der 20–35 cm lange Blütenschaft trägt zwei bis sechs 8–10 cm breite, reinweiße oder an der Basis rötlich angehauchte Blüten. Das rhomboidförmige Labellum hat einen gelblichen, purpurgestreiften Schlund und einen purpurfarbenen, weißumrandeten, gekrausten Vorderlappen. Blütezeit: Juli–August. Heimat: Brasilien. Vielfach auf Felsen in voller Sonne.
Kulturhinweis siehe bei *Cattleya* 1; blüht nicht alljährlich.

L. dayana Rchb.f.
Dayans Laelie; Z, T
Die einblättrigen Pseudobulben werden 5–10 cm hoch. Aus dem noch nicht gänzlich entfalteten Laubblatt kommt endständig der 5–10 cm lange, spathalose Blütenschaft mit einer, seltener zwei 6–10 cm breiten, rosa- bis hellila Blüte. Die innere Hälfte des rhomboidförmigen Labellums ist weißlich bis gelblich, im dunkelrosa bis schwärzlichlila Ton der äußeren Hälfte geadert und mit Schwielen versehen. Blütezeit: August–Oktober. Heimat: Brasilien. Auf Bäumen und Felsen zwischen 600 und 900 m. Kulturhinweis 2.

L. flava Lindl.; 2n: 40
Gelbe Laelie; T
Die keulenartigen, 15–20 cm hohen Pseudobulben haben ein vielfach auf der Unterseite rötlich gefärbtes Laubblatt. Der 20–45 cm lange Blütenschaft trägt vier bis zehn 4–6 cm breite, zitronen- bis orangegelbe Blüten. Vom Labellum ist der Rand des neben den Seitenlappen nur wenig längeren Vorderlappens gewellt, nicht gekraust. Blütezeit: Februar–Juni. Heimat: Brasilien. Wächst auf grasbewachsenen Felsen. Kulturhinweis 2.

L. harpophylla Rch.f.; 2n: 40, Farbbild 64
Hakenförmige Laelie; T bis K
Die aufrechtstehenden bis hängenden, 10–30 cm langen, bleistiftstarken Pseudobulben tragen ein schmal-langzugespitztes Laubblatt. Die sternartigen Blüten des fünf- bis fünfzehnblumigen, 20–25 cm langen Blütenschaftes sind 5–7 cm breit und zinnoberrot. Vom Labellum ist der die Seitenlappen um die doppelte Länge überragende, gelblichweiße Vorderlappen gekraust. Blütezeit: Januar bis April. Heimat: Brasilien. Auf Bäumen und sonnigen, grasarmen Felswänden zwischen 800 und 1500 m.
Kulturhinweis siehe bei *Cattleya* 2.

L. milleri Blumensch.; 2n: 40, Farbbild 65
Millers Laelie; T, Schnittbl.
Die kegelförmigen, 2–3 cm hohen Pseudobulben haben ein, seltener zwei schmale, 3–5 cm lange Laubblätter. Der 30–50 cm lange, drei- bis fünfblumige Blütenschaft hat 3–5 cm breite, lachs- bis orangerote Blüten. Blütezeit: April bis Juni. Heimat: Brasilien. Auf Felsen in Humusritzen und in voller Sonne. Kulturhinweis 2.

L. perrinii (Lindl.) Batem.; 2n: 40, Farbbild 66
Perrins Laelie; T
Die etwas flachgedrückten, 10–20 cm hohen Pseudobulben sind einblättrig. Der aus purpurüberlaufener Scheide sich streckende, 10–20 cm lange Blütenschaft trägt zwei bis vier 12–15 cm breite, lilarosa Blüten. Das tütenförmige Labellum mit weißem Schlund ist dunkelpurpur geadert und vorn ebenso gefleckt. Blütezeit: August–Oktober. Heimat: Brasilien.
Kulturhinweis siehe bei *Cattleya* 1.

L. praestans Rchb.f.
Vortreffliche Laelie; Z, T
Habitus wie *L. dayana,* jedoch hat das ovale Labellum der rosalila Blüte einen dunkel rosalila Rand und einen gelblichen bis orange Schlund. Blütezeit: August–Oktober. Heimat: Brasilien. Kulturhinweis 2.

L. pumila (Hook.) Rchb.f.; 2n: 40, Farbbild 67
Zwergartige Laelie; Z, T
Habitus wie *L. dayana;* am dreilappigen, mit fünf halblangen Schwielen versehenen Labellum der hell- bis dunkel rosalila Blüte ist aber der Schlund hellgelb und der Vorderlappen dunkellila. Blütezeit: August–Oktober. Heimat: Brasilien. Kulturhinweis 2.

L. purpurata Lindl.; 2n: 40
Purpurrote Laelie; Z, T, Schnittbl.
Die spindelförmigen, 30–50 cm hohen Pseudobulben sind einblättrig. Der 20–30 cm hohe Blütenschaft entwickelt zwei bis sieben 15–20 cm breite Blüten. Die Sepalen und Petalen variieren zwischen weißlich bis dunkel rosalila, der Schlund des gleichfarbigen Labellums ist gelblich und dunkellila geadert. Eine sehr variierende Art. Blütezeit: März–Juni. Heimat: Brasilien. Auf Bäumen wachsend, auch als Felsenorchidee auffindbar.
Kulturhinweis siehe bei *Cattleya* 2.

L. tenebrosa Rolfe; 2n: 40
Dunkle Laelie; T
Die keulenförmigen, einblättrigen Pseudobulben werden 15–25 cm hoch. Der 10–20 cm lange Blütenschaft trägt zwei bis vier 10–15 cm große Blüten. Die Sepalen und Petalen sind gelblich- bis grünlichbraun. Der Schlund des hellrosa, dunkel purpurrot geaderten Labellums ist weißlich, der Vorderlappen hat zu-

sätzlich zwei dunkellila Seitenflecke. Blütezeit: April–Juni. Heimat: Brasilien. **Kulturhinweis** siehe bei *Cattleya* 2.

Kulturhinweis 1. Die Laelien-Arten des mittelamerikanischen Berglandes blühen während ihrer in die Winter- und Frühjahrsmonate fallenden Ruheperiode. Ihre Pseudobulben sind im Spätsommer/Herbst ausgereift und benötigen danach bei geringen Wassergaben einen hellen, kühlen Stand, zwischen 17° und 10 °C. Nach wenigen Wochen der Ruhe entwickelt sich, mitunter sehr langsam, der Blütenschaft. Die nach der Blüte folgende Ruhe kann länger sein als die vor der Blüte und reicht bei einigen Arten bis ins späte Frühjahr. Nicht Wärme, sondern die Tageslänge aktiviert den Beginn des neuen Sproßaustriebes. Gefördert wird seine Entwicklung durch sonnigen, wenig beschatteten Stand, eine Temperatur zwischen 25° und 18 °C, erhöhte Luffeuchtigkeit, leichtes Überbrausen der Pflanzen an sonnigen Tagen und durch ausreichende Wasser- und Düngergaben.

Kulturhinweis 2. Die Arten der brasilianischen Savannen und Bergkuppen haben ihre Blütezeit durchweg **vor** Beginn ihrer Ruheperiode. Bei einigen Arten erstarkt nach der Blüte zunächst die Pseudobulbe. Bei nicht zu warmem Stand, zwischen 18 und 14 °C, und leicht trockenem Substrat darf es trotzdem zu keiner Schrumpfung der Pseudobulben kommen, insbesondere bei weichblätterigen Arten, wie *L. dayana, L. perrinii, L. praestans* und *L. pumila.* Mit beginnendem Sproßaustrieb sind die brasilianischen Arten wie die mexikanischen weiterzukultivieren, wobei die weichblätterigen schattiger und luftfeuchter unterzubringen sind.
Umpflanzen, Teilen und Pflanzstoff wie bei *Cattleya.*

Lycaste Lindl.

J. LINDLEY benannte die Gattung 1843 nach Lykaste, einer Tochter des letzten Trojanerkönigs Priamos. Im Deutschen: Lykaste.
Die eiförmigen Pseudobulben haben zwei oder vier, keine Ruheperiode überdauernde, vielrippige Laublätter. Die mehr oder weniger langgestielten Blüten des kurzen Blütenschaftes erscheinen nach der Ruheperiode zugleich oder vor dem Neuaustrieb. Die Sepalen sind abstehend, die Petalen zusammengeneigt, das dreilappige Labellum sitzt fest am Säulenfuß auf und ist mit Längsschwiele versehen. Die etwa 35 teils epiphytisch, teils terrestrisch wachsenden Arten stammen aus den Bergtälern Mittel- und Südamerikas.

68. Lycaste virginalis, 1 : 2
69. Masdevallia coccinea, 1,25 : 1
70. Maxillaria tenuifolia, 2 : 3
71. Miltonia clowesii, 1 : 1

L. aromatica (Grah.) Lindl.; 2n: 40
Würzige Lykaste; Z, K bis T
Die ovalen, etwas zusammengedrückten Pseudobulben sind 3–6 cm hoch und tragen zwei 15–25 cm lange Laubblätter. 10–15 cm lang sind die Blütenstiele. Die 3–5 cm breite Blüte ist außen grünlichgelb, innen goldgelb, das Labellum orange gefleckt und bräunlichrot punktiert. Blütezeit: März–Juni. Heimat: Mittelamerika.

L. cruenta Lindl.
Blutrote Lykaste; Z, K bis T
Im Habitus größer als *L. aromatica;* die gleichfarbige Blüte ist 4–7 cm breit, jedoch im Schlund des Labellums karminrot gefleckt. Blütezeit: März–Juni. Heimat: Mittelamerika.

L. deppei (Lodd.) Lindl.
Deppes Lykaste; Z, K bis T
Habitus und Blütengröße wie *L. cruenta.* Die Sepalen sind grün und rotbraun gesprenkelt, die Petalen weiß und das Labellum goldgelb, rötlichbraun gefleckt. Blütezeit: Januar–Mai. Heimat: Guatemala.

L. virginalis (Scheidw.) Lind., Farbbild 68
Syn.: *L. skinneri* (Batem. ex Lindl.) Lindl.
Jungfräuliche Lykaste; Z, T und W, Schnittbl.
Die eiförmigen Pseudobulben sind 8–10 cm hoch und tragen zwei oder vier Laubblätter von 30–50 cm Länge. Die Blütenstiele werden 10–25 cm lang, die weißliche bis dunkelrosa Blüte ist 7–12 cm breit, ihr Labellum dunkler gefleckt. Eine sehr variierende Art. Blütezeit: April–Juni, einzelne Blüten auch zu jeder Jahreszeit. Heimat: Mittelamerika.

Kulturhinweis siehe bei *Rossioglossum; L. virginalis* braucht etwas mehr Wärme.

Masdevallia Ruíz et Pav.

Die spanischen Botaniker H. Ruíz und J. A. Pavón beschrieben 1794 diese Gattung und gaben ihr den Namen ihres Landsmannes, des Arztes und Botanikers J. Masdevall. Im Deutschen: Masdevallie.
Polsterbildende Pflanzen, deren stark verkürztes Rhizom rudimentäre Pseudobulben entwickelt. Diese tragen ein Laubblatt und einen endständigen, aufrechten oder hängenden Blütenschaft. An der traubigen Infloreszenz öffnen sich die Blüten einzeln und nacheinander oder alle zugleich. Die Blüte hat an der Basis verwachsene, an der Spitze verlängerte Sepalen, kleinbleibende Petalen und am fußartigen Säulchen ein zungen- oder muschelförmiges, bewegliches Labellum. Etwa 150 Arten in den Nebelwaldgebieten Mittel- und Südamerikas.

M. coccinea Lind. ex Lindl.; cv. 2n: 44, Farbbild 69
Syn.: *M. harryana* Rchb.f., *M. lindenii* André
Scharlachrote Masdevallie; Z, K
Die Laubblätter mit ihren längeren Stielen sind 10–15 cm lang. Der 20–35 cm lange Blütenschaft hat nacheinander aufblühende, dunkelrosa bis violettrote Blüten von 4–8 cm Länge, deren mittleres Sepalum nach rückwärts gekrümmt ist. Blütezeit: April–August. Heimat: Andentäler von Kolumbien. In Höhen zwischen 2000 und 3200 m.

M. militaris Rch.f.
Syn.: *M. ignea* Rchb.f.
Helmartige Masdevallie; Z, K
Laubblätter und Blütenschaft wie *M. coccinea;* die zinnoberrote Blüte hat jedoch ein nach vorne gekrümmtes, mittleres Sepalum. Blütezeit: April–August. Heimat: Andentäler von Kolumbien. In Höhen zwischen 2500 und 3500 m.

M. tovarensis Rchb.f.
Tovars Masdevallie; Z, K
Die Laubblätter mit kurzen Stielen sind 8–12 cm lang. Der kantige, 10–15 cm lange Blütenschaft hat zwei bis fünf, etwa 3 cm lange, reinweiße Blüten, deren Sepalenspitzen gelblich sind. Blütezeit: November–März; die Infloreszenz blüht im Jahr danach meistens nochmals. Heimat: Andentäler von Venezuela.

Kulturhinweis. Die Masdevallien bewohnen teils epiphytisch moosbewachsene Baumstämme, teils terrestrisch mit Rohhumus angefüllte Felsspalten und -hänge. Diese feuchten Wuchsorte ermöglichen eine ganzjährige Entwicklung ohne ausgeprägte Ruheperiode. Dementsprechend beanspruchen die Masdevallien ein kühles, luftiges, luftfeuchtes und beschattetes Milieu bei gleichbleibender Ballenfeuchtigkeit und differenzierter Tag- und Nachttemperatur. Im Sommer ist ihnen der kühlste Stand zu bieten, im Winterhalbjahr zwischen 17 und 11 °C. Als Gemeinschaftspflanze gedeiht sie bestockt besser als oftmals geteilt. Sie wollen kein sich verdichtendes Pflanzmaterial, geeignet ist ein Gemisch aus Farnwurzeln und Sphagnum, mit oder ohne Styroporschnitzel und Kuhfladengeriebsel bzw. Hornmehl. Gedüngt wird im Sommerhalbjahr alle 3–5 Wochen mit ¼ g/Liter. Aufhängbare Körbchen sind günstigere Pflanzgefäße als Tontöpfe. Zu vermeiden ist Austrocknen des Wurzelballens oder stauende Nässe. Größter Schädling sind die Nacktschnecken.
Gleiche Kulturbedingungen gibt man den mit Pflanzstoff an Korkbrettchen gebundenen kleinblumigen, polsterbildenden **Pleurothallis, Restrepia** und **Stelis** der Nebelwälder Süd- und Mittelamerikas.

Maxillaria Ruíz et Pav.

Die Gattung wurde von den spanischen Botanikern H. Ruíz und J. A. Pavón 1794 nach *maxilla* (lat. Kiefer) benannt – eine Anspielung auf das Aussehen der Blüte mancher Arten, welche durch die kieferartig vorgezogene Lippenbasis einem aufgerissenen Maul gleicht. Im Deutschen: Maxillarie.
Im Habitus eine vielgestaltige Gattung von polsterartigem bis buschigem Wuchs mit aufrechtstehenden oder hängenden Sprossen. Es gibt Arten mit dicht bis entfernt stehenden Pseudobulben, besetzt mit einem oder mehreren Blättern. Die Blüten stehen einzeln oder gebüschelt, mit mehr oder weniger verlängerten Sepalen und Petalen und dreilappigem oder ganzrandigem, mit Schwielen versehenem Labellum. Der Säulenfuß bildet mit den seitlichen Petalen ein Kinn. Anthere kapuzenförmig. Etwa 250 Arten in Mittel- und Südamerika.

M. picta Hook.; 2n: 40
Gefleckte Maxillarie; Z, T
Die eiförmigen, 2–3 cm hohen Pseudobulben stehen dicht beisammen und tragen auf 6–8 cm langen Stielen 3–5 cm breite, dunkelgelbe, bräunlichrot gefleckte Blüten mit weißlichgelbem, bräunlichrot punktiertem Labellum. Die Blüten kommen gebüschelt aus dem neuen, noch unausgereiften Sproßaustrieb. Blütezeit: Januar–April. Heimat: Brasilien.

M. tenuifolia Lindl.; 2n: 40, Farbbild 70
Zartblättrige Maxillarie; Z, T
In Abständen von 2–5 cm entwickelt das aufwärtswachsende Rhizom 2–3 cm hohe, eiförmige Pseudobulben mit einem sehr schmalen, 25–40 cm langen Laubblatt. Aus Niederblättern unterhalb der Pseudobulbe entfaltet sich jeweils eine 3–4 cm breite, bräunlichrote, bräunlichgelb gefleckte Blüte, deren weißliches Labellum bräunlich- bis purpurrot punktiert ist. Blütezeit: März–Juni. Heimat: Mittelamerika.

Kulturhinweis. Die Maxillarien sind vorwiegend in feuchteren Gebieten ohne ausgeprägte Trockenperiode beheimatet, auf Berghängen und in Tälern als Epi- und Lithophyten. In Kultur benötigen sie temperierten bis kühlen, beschatteten Stand bei ausreichender Luft- und Ballenfeuchtigkeit und reichlicher Frischluftzufuhr während der sommerlichen Vegetationsperiode. Im Winterhalbjahr benötigen sie eine nur mäßige Feuchtigkeit bei Temperaturen zwischen 17 und 12 °C. Die Maxillarien sind entweder mit Pflanzmaterial auf Korkbrettchen aufzubinden oder in gut dränierte Schalen oder Körbchen einzupflanzen. Substrat wie bei Masdevallien. Bei Teilung ist ihre Vorliebe zur Vergesellschaftung zu berücksichtigen.

72. Odontoglossum cervantesii, 3 : 4
73. Odontoglossum uro-skinneri, 1,5 : 1
74. Oncidium crispum, 1 : 1
75. Oncidium leucochilum, 2 : 1

Miltonia Lindl.

1837 von J. LINDLEY benannt zu Ehren von Earl FITZWILLIAM Viscount MILTON, Schirmherr des Gartenbauvereines und der Orchideenkulturen der Grafschaft Yorkshire. Im Deutschen: Miltonie.
Die stets kleinen, seitlich abgeflachten, durch kürzere oder längere Rhizome getrennt stehenden Pseudobulben tragen mehrjährige Laubblätter und bringen vor ihrer Erstarkung, aus laubblattähnlichen Niederblättern, kurzbleibende Blütenschäfte, meist einfache Trauben. Die Sepalen und Petalen sind fast gleich, das mitunter sehr vergrößerte, rundliche oder geigenförmige Labellum hat zwei Schwielen an seiner Basis und steht rechtwinklig zum kurzen Säulchen. Etwa 20 epiphytisch wachsende Arten in Gebieten mit gemäßigtem Klima von Süd- und Mittelamerika.

M. clowesii Lindl., Farbbild 71
Clowes Miltonie; T bis W
Die mehr oder weniger auseinandergerückten Pseudobulben sind 5–8 cm hoch, die Laubblätter 20–30 cm und der aufrechte, zwei- bis siebenblumige Blütenschaft ist 30–40 cm lang. Die Blüte ist 5–7 cm breit, die bräunlichgelben Sepalen und Petalen sind dunkelbraun gefleckt und gestreift, und das rein- bis gelblichweiße Labellum hat eine rosa bis lila Basishälfte. Blütezeit: August–November. Heimat: Brasilien.

M. flavescens (Lindl.) Lindl.; 2n: 56, 60
Gelbwerdende Miltonie; T bis K
Die in kurzen Abständen stehenden Pseudobulben werden 8–12 cm hoch, ihre Laubblätter 20–30 cm und der vier- bis zehnblumige Blütenschaft 20–40 cm lang. Die gelbliche Blüte ist 6–8 cm breit, das weißliche Labellum bräunlichrot gefleckt. Blütezeit: Juni–Oktober. Heimat: Brasilien.

M. spectabilis Lindl.; 2n: 60
Ausgezeichnete Miltonie; T bis W
Die mehr oder weniger weit getrennt stehenden Pseudobulben sind 5–8 cm hoch, die Laubblätter 12–15 cm und der einblumige Blütenschaft ist 10–15 cm lang. Die 5–8 cm breite Blüte hat gelblichweiße, öfters rosa überhauchte Sepalen und Petalen, und ihr rosalila Labellum ist entlang den Adern dunkellila fleckig gestreift. Basis und Schwiele sind gelb. **M. sp.** var. **moreliana** (hort. ex Lindl.) Henfrey unterscheidet sich durch größere Blüten, weinrote Sepalen und Petalen und rosalila Labellum mit dunklerer Aderung. Blütezeit: Juli–Oktober. Heimat: Brasilien.

Kulturhinweis. Für die in Brasilien beheimateten Arten siehe bei *Maxillaria*, für die kolumbianischen Arten, welche kaum in Kultur anzutreffen sind, bei *Rossioglossum*.

Odontoglossum H.B.K.

H. = F. H. A. von Humboldt, deutscher Naturforscher, B. = A. J. A. Goujaud dit Bonpland, französischer Arzt und Botaniker, K. = C. S. Kunth, deutscher Botaniker; diese beschrieben 1815 die Gattung und gaben ihr nach dem auf dem Labellum vieler Arten vorhandenen zahnartigen Fortsatz (Schwiele) den Namen: *Odous, odonto* (griech. Zahn) und *glossa* (griech. Zunge). Im Deutschen: Odontoglossum.
Die Pseudobulben sind birnen- bis eiförmig, je nach Art seitlich abgeflacht oder kantig, mit einem bis vier Laubblättern. Kurzbleibende Blütenschäfte sind wenig-, aufrechte bis übergeneigte Trauben oder Rispen vielblumig. Der Blütenschaft entwickelt sich entweder vor der Ruheperiode aus der Basis der Pseudobulbe oder danach aus dem Neuaustrieb. Die Sepalen und Petalen sind freistehend; artbedingt können die seitlichen Sepalen teilweise verwachsen sein. Die Basis des Labellums steht parallel zum Säulchen oder ist mit diesem verwachsen. Der Vorderteil der Lippe ist mehr oder minder stark abwärts geneigt, im Bugbereich mit Schwielen besetzt. Die Columna trägt oben kleine Öhrchen, Borsten oder Haare. Die Anthere birgt vier Pollinien. Abgetrennte Gattungen sind *Rossioglossum* und *Osmoglossum.* Etwa 150 Arten sind teils epiphytisch, teils terrestrisch wachsend als Gebirgspflanzen in den Kordilleren von Mittel- und Südamerika verbreitet.

O. bictoniense (Batem.) Lindl.
Bictons Odontoglossum; Z, K bis T, Schnittbl.
Die seitlich abgeflachten Pseudobulben sind 4–10 cm hoch, die zwei schmalen Laubblätter 25–40 cm und der steif-aufrechte, selten verzweigte, reichblumige Blütenschaft erreicht eine Länge von 40–100 cm. Die 3–5 cm breite Blüte hat gelblichgrüne, rotbraun gefleckte bis gestreifte Sepalen und Petalen und ein weißes oder rosa bis rosalila, dreieckiges Labellum. Blütezeit: Februar–Mai und/oder September–Dezember. Heimat: Mittelamerika. Epiphytisch und terrestrisch wachsend zwischen 1500 und 2000 m.

O. cariniferum Rchb.f.
Kahntragendes Odontoglossum; K
Die seitlich abgeflachten Pseudobulben sind 4–10 cm hoch, die beiden Laubblätter 20–30 cm lang und der eckig gekrümmte, lockerblumige Blütenschaft mißt 50–150 cm. Die 4–5 cm breite Blüte hat rotbraune, mit olivgrünen Randflecken versehene Sepalen und Petalen und ein rosabräunliches Labellum, das aus schmaler Basis vorn weiß und nierenförmig ist. Blütezeit: März–Mai und/oder Oktober–Dezember. Heimat: Mittelamerika.

O. cervantesii Llave et Lex., Farbbild 72
Cervantes' Odontoglossum; K bis T
Die 2–3 cm hohen Pseudobulben sind abgeflacht, mitunter kantig, und tragen ein 10–15 cm langes Laubblatt. Der gleichlange, hängende Blütenschaft ist zwei- bis sechsblumig, die Blüte 4–6 cm breit. Die Sepalen, Petalen und das

herzförmige Labellum sind weiß bis weißlichrosa, am Grunde bräunlichpurpur gestreift bzw. gefleckt. Blütezeit: November–April. Heimat: Mexiko, Guatemala.

O. cordatum Lindl.; 2n: 56
Herzförmiges Odontoglossum; K
Die flachgedrückten Pseudobulben sind 3–5 cm hoch, das eine Laubblatt ist 15–20 cm lang. Der drei- bis achtblumige, 25–50 cm lange Blütenschaft hat 5–8 cm breite Blüten. Die langzugespitzten Sepalen und Petalen sind grünlichgelb, rötlichbraun gestreift bis gefleckt; das herzförmige, ebenfalls langspitzige Labellum ist weißlich bis gelblich mit rotbraunen Randflecken und Spitzen. Blütezeit: April–August. Heimat: Mittelamerika. Auf Bäumen nebelreicher Wälder zwischen 1900 und 3000 m.

O. crispum Lindl.; 2n: 56
Gekraustes Odontoglossum; K
Die abgeflachten, kantigen Pseudobulben sind 5–10 cm hoch und tragen zwei oder drei 25–40 cm lange, am Ende verschmälerte Laubblätter. Der 25–80 cm lange, aufrechte bis sich neigende Blütenschaft ist fünf- bis zwanzigblumig mit 5–10 cm breiten Blüten. Die breit-eiförmigen, zugespitzten Sepalen und Petalen und das zungenförmige Labellum sind wellig gekraust, reinweiß oder weißlichgelb bis -rosa, nicht oder teilweise reichlich rötlichbraun gefleckt. Das Labellum hat zusätzlich einen gelben Mittelfleck. Sehr variierende Art. Blütezeit: zu jeder Jahreszeit. Heimat: Kolumbien. Zwischen 2500 und 3000 m.

O. pendulum (Llave ex Lex.) Batem,; 2n: 44–48
Syn.: *O. citrosmum* Lindl.
Hängendes Odontoglossum; K bis T
Die diskusähnlichen Pseudobulben sind 5–10 cm hoch, die beiden Laubblätter 20–30 cm lang. Der drahtige, 20–40 cm lange, schräg-aufrechte bis hängende, fünf- bis zwanzigblumige Blütenschaft hat 3–6 cm breite Blüten. Die weißen bis zartrosa Sepalen und Petalen sind individuell auch rosa punktiert; das gleichfarbige Labellum ist nierenförmig, seine gelbe Schwiele rot punktiert. Blütezeit: Mai–Juni; der Blütenschaft kommt nur nach eingehaltener Ruheperiode aus neuem Sproß, vor Entwicklung der Laubblätter. Heimat: Mexiko, Guatemala.

O. rossii Lindl.
Ross' Odontoglossum; Z, K
Die etwas abgeflachten Pseudobulben sind 3–6 cm hoch, das eine Laubblatt ist 10–15 cm und der ein-bis fünfblumige, aufrechte, 5–15 cm lange Blütenschaft hat 2–6 cm breite Blüten. Diese sind weiß bis purpurrosa, die schmäleren Sepalen und breiteren Petalen sind an der Basis rötlichbraun gefleckt, das fleckenlose Labellum ist rundlich bis herzförmig. Blütezeit: November–April. Heimat: Mittelamerika.

O. uro-skinneri Lindl., Farbbild 73
Ure Skinners Odontoglossum; Z, K bis T
Die weiter auseinandergerückten, diskusähnlichen Pseudobulben sind 6–12 cm hoch und bei sonnigem Stand rötlich. Die zwei Laubblätter sind 20–30 cm, der übergeneigte, vielblumige Blütenschaft ist 50–100 cm lang. Die 3–8 cm breite Blüte hat gelblichgrüne, rotbraun marmorierte Sepalen und Petalen; das herzförmige Labellum ist weiß, stark rosa gefleckt. Blütezeit: August–Oktober und/oder Dezember–März; der Blütenschaft kommt aus neuem Sproß vor der Pseudobulbenerstarkung. Heimat: Guatemala. Auf vermoosten Felsen.

Kulturhinweis siehe bei *Rossioglossum.* Das dort Gesagte gilt uneingeschränkt auch für *O. crispum* und seine Hybriden, jedoch benötigt dieser Formenkreis kühlere Temperaturen, feuchtigkeitsreichere Luft, stärker beschatteten Standort, einen gleichmäßig feuchten Wurzelballen und regelmäßige, schwache Düngung, insbesondere in den heißen Sommermonaten. Zu trockene Luft und große Wärme am Standort sowie stauende Nässe und Überdüngung sind die häufigste Ursache von Mißerfolgen.

Oncidium Sw.

Der schwedische Botaniker O. P. SWARTZ benannte 1800 die Gattung nach der warzigen Schwiele an der Basis des Labellums: *onkos* (griech. Tumor, Wucherung, Anschwellung). Im Deutschen: Oncidie, bestimmte Arten auch Schmetterlingsorchidee.
Die rundlichen, ovalen bis birnenförmigen, mitunter seitlich abgeflachten Pseudobulben mit ein bis drei Laubblättern stehen dicht beisammen oder sind durch langgestreckte, mit Niederblättern besetzte Rhizome mehr oder weniger weit auseinandergerückt. Bei vielen Arten fehlt die Pseudobulbe, dafür wurde das vorhandene Laubblatt sukkulent, manchmal stielrund. Die wenigblumige Traube wie die vielblumige, aufrechte bis überhängende oder auf Stützen emporrankende Rispe entsteht an der Basis der Pseudobulbe bzw. des sukkulenten Laubblattes. Die Sepalen und Petalen sind weitgehend gleich und freistehend, nur bei bestimmten Arten sind die seitlichen Sepalen etwas zusammengewachsen. Das vielgestaltige Labellum als größtes oder kleinstes Blumenblatt steht rechtwinkelig zum Säulchen und ist mit vielen Warzen und Schwielen besetzt. Die Columna ist an der Basis verstärkt und oben mit öhrchen- bis fächerähnlichen Staminodien versehen. Die beiden kugeligen Pollinien verbindet eine bandartige Klebscheibe. Einige Arten haben dimorphe Blüten. Etwa 500 epiphytisch wachsende Arten findet man vom Norden Mexikos bis zum Süden Brasiliens in Höhe des Meeresspiegels bis in höhere Gebirgslagen.

O. bicallosum Lindl.; 2n: 28
Zweischwielige Oncidie; Z, T bis W, Schnittbl.
Die stark reduzierten, höchstens 1,5 cm hohen Pseudobulben tragen ein 15–35 cm langes, sukkulentenartiges Laubblatt. Der sechs- bis fünfzehnblumige Blütenschaft ist 35–90 cm lang. Die Sepalen und Petalen der 4–6 cm brei-

ten Blüte sind gelb und grün- bis bräunlichgelb gefleckt. Das gelbe Labellum hat kleine Seitenlappen und einen großen nierenförmigen Vorderlappen mit zwei rötlich punktierten Höckern. Blütezeit: August–Oktober. Heimat: Guatemala. Kulturhinweis 1.

O. carthaginense (Jacq.) Sw.; 2n: 28, 30
Karthaginensische Oncidie; T bis W
Habitus wie *O. bicallosum,* jedoch mit blumenreicherem, verzweigtem, 70–150 cm langem Blütenschaft. Die 2–3 cm breite Blüte hat stark gewellte, gelblichweiße, dunkel- bis bräunlichrosa gefleckte Sepalen und Petalen. Das gleichfarbige, mit gelber Schwiele versehene Labellum ist gelblichweiß umrandet. Blütezeit: Juni–September. Heimat: Mittelamerika, Westindien. Wächst auf Baumstämmen. Kulturhinweis 1.

O. cavendishianum Batem.; 2n: 28
Cavendishs Oncidie; Z, T bis W, Schnittbl.
Habitus wie *O. bicallosum,* auch mit ähnlichen Blüten. Die stärker gewellten Sepalen und Petalen sind gelb und rotbraun gefleckt. Das goldgelbe Labellum hat kleine Seitenlappen und einen großen, nierenförmigen, vorn ausgerandeten Vorderlappen. Die stark rotbraun gefleckte Schwiele besteht aus vier Höckern. Blütezeit: Februar–Mai. Heimat: Mexiko, Guatemala. Kulturhinweis 1.

O. cebolleta (Jacq.) Sw.; 2n: 34, 36
Artname nicht korrekt übersetzbar; W, Schnittbl.
Die sehr stark reduzierten Pseudobulben tragen ein stielrundes, zugespitztes, 15–30 cm langes Laubblatt. Der aufrechte, verzweigte, 25–60 cm lange Blütenschaft ist vielblumig. Die goldgelben Sepalen und Petalen der etwa 2 cm breiten Blüte sind rötlichbraun gebändert bis gefleckt. Das goldgelbe Labellum hat große Seitenlappen, einen tief eingeschnittenen Vorderlappen und ist um die Schwiele rötlichbraun gefleckt. Blütezeit: Januar–Mai. Heimat: Mittelamerika, südwärts bis Brasilien. Kulturhinweis 1.

O. crispum Lodd.; 2n: 56, Farbbild 74
Gekrauste Oncidie; Z, T bis W
Die ovale, seitlich abgeflachte, bräunliche, 5–10 cm hohe Pseudobulbe trägt zwei oder drei Laubblätter von 15–25 cm Länge. Der viel- und lockerblumige, aufrechte Blütenschaft ist 30–75 cm lang. Die 5–8 cm breite, bräunliche Blüte ist gelb umsäumt, am Labellum hat der große Vorderlappen einen gelben Mittelfleck. Blütezeit: April–August. Das von dieser Art in der Blüte kaum unterscheidbare *O. enderianum* hort. mit gedrungenem Schaft blüht von Oktober bis Dezember. Heimat: Brasilien. Kulturhinweis 2.

O. flexuosum Sims.; 2n: 56
Vielgebogene Oncidie; T bis K, Schnittbl.
Die 5–10 cm hohen, eiförmigen, seitlich abgeflachten Pseudobulben sind durch längere Rhizome auseinander gerückt und tragen ein oder zwei 8–20 cm lange

Laubblätter. Der drahtige, 20–100 cm lange Blütenschaft ist im oberen Viertel verzweigt und vielblumig. Die 1–2 cm breite Blüte hat goldgelbe, an der Basis bräunlich gefleckte Sepalen und Petalen und ein goldgelbes Labellum mit kleinen Seitenlappen und großem, nierenförmigem, eingeschnittenem Vorderlappen; Schwiele bräunlich gefleckt. Blütezeit: Juli–Oktober. Heimat: Brasilien.
Kulturhinweis siehe bei *Rossioglossum.*

O. forbesii Hook.
Forbes Oncidie; Z, T bis W, Schnittbl.
Habitus und Blüte stimmen mit *O. crispum* weitgehend überein. Die Blüte variiert von gelb- bis dunkelbraun, ihre Sepalen sind gelb quergeadert, der gewellte Petalen- und Labellumrand ist gelb marmoriert. Blütezeit: August bis Oktober. Heimat: Brasilien. Kulturhinweis 2.

O. guttatum (L.) Rchb.f.; 2n: 28, 32
Syn.: *O. luridum* Lindl.
Betropfte Oncidie; T bis W
Habitus wie *O. bicallosum;* das Laubblatt ist 20–50 cm, der verzweigte, lockerblumige Blütenschaft 50–150 cm lang. Die 2–3 cm breite Blüte hat gewellte, bräunlichgelbe, gefleckte Sepalen und Petalen und ein gelblichbraunes Labellum. Blütezeit: April–August. Heimat: Mittelamerika, Westindien. Kulturhinweis 1.

O. incurvum Bark.; 2n: 56
Einwärtsgekrümmte Oncidie; Z, T bis K
Die zwei- bis dreiblättrigen, ovalen Pseudobulben sind 5–10 cm hoch, die Laubblätter 25–40 cm und der überhängende, vielblumige Blütenschaft ist 50–150 cm lang. Die gewellten Sepalen und Petalen der 2–3 cm breiten Blüte sind weiß, unterschiedlich stark lilarosa gefleckt. Vom gleichfarbigen, geigenförmigen Labellum ist der Vorderlappen reinweiß und die Schwiele gelb. Blütezeit: Juli–Oktober. Heimat: Mexiko. In Höhen zwischen 1300 und 1700 m vorkommend.
Kulturhinweis siehe bei *Rossioglossum.*

O. kramerianum Rchb.f.; 2n: 38
Kramers Schmetterlingsorchidee; Z, W
Die seitlich zusammengedrückten Pseudobulben sind 2–4 cm hoch, und das lederartige, 15–25 cm lange Laubblatt ist dunkelgrün und schwärzlichgrün marmoriert. Der aufrechte, stielrunde, 40–75 cm lange Blütenschaft hat über Jahre nacheinander erscheinende Blüten von 5–10 cm Breite. Das mittlere Sepalum und die Petalen sind schmal, schokoladenbraun, der Rand ist gelb und gewellt. Die gleichfarbigen seitlichen, sichelförmigen und stark gekrausten Sepalen sind rotbraun gefleckt. Der rundliche, große gelbe Vorderlappen des Labellums ist kreisförmig rotbraun gefleckt. Blütezeit: mit Einzelblüten zu jeder Jahreszeit. Heimat: Kolumbien, Ekuador. Um 1000 m, auf Bäumen tiefer Schluchten. Kulturhinweis 3.

O. lanceanum Lindl.; 2n: 28
Lances Oncidie; Z, W, st. duft., Schnittbl.
Habitus wie *O. bicallosum;* das Laubblatt ist 20–50 cm, der fünf- bis zwanzigblumige Blütenschaft 25–60 cm lang. Die Sepalen und Petalen der 4–7 cm breiten Blüte sind gelblichbraun bis -grün und stark rotbraun gefleckt. Am Labellum ist die kleinere Basishälfte dunkellila, der größere Vorderlappen hell-lila. Blütezeit: Mai–September. Heimat: tropisches Amerika, Westindien. Kulturhinweis 1.

O. leucochilum Batem.; 2n: 56, Farbbild 75
Weißlippige Oncidie; T bis K
Habitus und Blütenschaft wie *O. incurvum.* Etwa 2 cm breite Blüte mit grünlichgelben Sepalen und Petalen, rötlich- bis schwärzlichbraun gefleckt, weißes Labellum mit nierenförmigem, an der Basis rosa geadertem Vorderlappen. Blütezeit: Februar–Juli. Heimat: Mittelamerika. Auf Bäumen in Berghöhen um 2000 m.
Kulturhinweis siehe bei *Rossioglossum.*

O. ornithorhynchum H. B. K.; 2n: 56, Farbbild 76
Vogelschnäbelige Oncidie; Z, K
Die eiförmigen, 4–8 cm hohen Pseudobulben sind seitlich abgeflacht und ihre Laubblätter 15–25 cm lang. Der überhängende, locker verzweigte, vielblumige, 20–35 cm lange Blütenschaft hat rosalila, etwa 2 cm breite Blüten mit gelben Schwielen. Blütezeit: November–März. Heimat: Mittelamerika. In feuchten Wäldern in Höhen um 1500 m.
Kulturhinweis siehe bei *Rossioglossum.*

O. papilio Lindl.; 2n: 38, Farbbild 77
Schmetterlingsorchidee; Z, W
Habitus und Blüte wie *O. kramerianum,* jedoch größer. Das olivgrüne Laubblatt ist rötlichbraun gefleckt. Der im oberen Drittel flachgedrückte Blütenschaft ist 60–100 cm lang. Die Blüte ist 6–10 cm breit, das schmale mittlere Sepalum und die seitlichen Petalen sind rötlichbraun und gelb gefleckt, die seitlichen sichelförmigen, gewellten Sepalen braun und gelb quergebändert. Der auffallend große Vorderlappen des Labellums ist gelb und breit kreisförmig gefleckt. Blütezeit: mit Einzelblüten zu jeder Jahreszeit. Heimat: tropisches Amerika, Westindien. Kulturhinweis 3.

76. Oncidium ornithorhynchum, 1 : 1
77. Oncidium papilio, 1 : 1
78. Paphiopedilum bellatulum, 1 : 1
79. Paphiopedilum concolor, 1,5 : 1

O. sphacelatum Lindl.; 2n: 56
Brandfleckige Oncidie; T bis K
Die länglich-eiförmigen Pseudobulben sind gefurcht, 10–15 cm hoch, mit zwei oder drei 40–60 cm langen Laubblättern. Der verzweigte, überhängende, vielblumige, 40–150 cm lange Blütenschaft hat etwa 3 cm breite Blüten. Die goldgelben Sepalen und Petalen sind braun gefleckt, das gleichfarbige Labellum mit nierenförmigem Vorderlappen ist vor der Schwiele braun gebändert. Blütezeit: März–Juni. Heimat: Mittelamerika. Kulturhinweis 2.

O. splendidum A. Rich.; 2n: 34, 36, 56
Glänzende Oncidie; Z, W bis T, Schnittbl.
Die eiförmigen, 3–5 cm hohen Pseudobulben haben ein sukkulentenartiges, 15–30 cm langes Laubblatt. Der nicht oder wenig verzweigte, steif aufrechte, fünf- bis zwanzigblumige Blütenschaft ist 40–100 cm lang. Die 5–7 cm breite Blüte hat grünlich- bis goldgelbe, rötlichbraun quergebänderte Sepalen und Petalen; das gleichfarbige Labellum besitzt einen großen Vorderlappen mit braungefleckter Basis. Blütezeit: August–November. Heimat: Guatemala. Kulturhinweis 1.

O. tigrinum Llave et Lex.; 2n: 54
Getigerte Oncidie; T bis K
Die eiförmigen Pseudobulben sind 5–10 cm hoch, die zwei oder drei Laubblätter 20–30 cm, der nicht oder wenig verzweigte Blütenschaft ist 40–80 cm lang. Die 4–6 cm breite Blüte hat grünlichgelbe, dunkelbraun gefleckte Sepalen und Petalen, das goldgelbe Labellum deutliche Seitenlappen und einen großen, rundlichen Vorderlappen. Blütezeit: September–Dezember. Heimat: Mexiko. In Höhen zwischen 1500 und 2000 m.
Kulturhinweis siehe bei *Rossioglossum.*

O. varicosum Lindl.; 2n: 56, 112, 168
Aufgetriebene Oncidie; Z, K, Schnittbl.
Die länglichen, gefurchten, 5–12 cm hohen Pseudobulben tragen zwei 10–20 cm lange Laubblätter. Der drahtige, im oberen Viertel verzweigte, 50–150 cm lange Blütenschaft ist vielblumig. Die 2–4 cm breite Blüte hat relativ kleine, grünlichgelbe, rötlichbraun gefleckte Sepalen und Petalen, das goldgelbe Labellum kleine Seitenlappen und einen großen rundlichen bis nierenförmigen Vorderlappen mit rötlichbraun gefleckter Schwiele. **O. v.** var. **rogersii** Rchb.f.; 2n: 56, Rogers Oncidie, hat 4–6 cm breite Blüten mit großen Seitenlappen und viergeteiltem Vorderlappen. Blütezeit: August–Dezember. Heimat: Brasilien.
Kulturhinweis siehe bei *Rossioglossum.*

Kulturhinweis 1. Die Oncidien-Arten mit sukkulenten Laubblättern beanspruchen ab Austriebsbeginn in den Frühjahrsmonaten und im Sommer einen Stand im luftfeuchten, frischluftreichen, beschatteten Warmhaus, tagsüber 22–25 °C und nachts 17–20 °C. In dieser Entwicklungsperiode benötigen sie reichliche Wasser- und schwache Düngergaben zur Ausbildung eines entsprechend großen Laubblattes und des mitunter sehr blumenreichen Blütenstandes. Ein Überspritzen der Pflanzen ist möglichst zu unterlassen. Wasserreste in den Scheiden der Niederblätter des neuen Triebes bringen das heranwachsende Laubblatt an seiner Basis sehr leicht zum Verfaulen. Das gleiche bewirkt ein zu naß gehaltener Wurzelballen. Deshalb ist als Substrat Osmunda oder Mexifern, mit wenig Sphagnum untermischt, mit oder ohne Styroporschnitzel, anderen Pflanzstoffen vorzuziehen. Die Verwendung kleinerer Blumentöpfe oder Körbchen ist aus dem gleichen Grunde angebracht. In der nach der Blühperiode beginnenden Ruhe die Wassergaben einschränken, doch dürfen die sukkulenten Laubblätter nicht schrumpfen. Die Temperatur im Winter bei 17–20 °C halten.

Kulturhinweis 2. Die meisten Oncidien-Arten mit Pseudobulben gedeihen und blühen ohne übermäßige Pflege, wenn bei entsprechenden Temperaturen ihre Vegetations- und Ruheperioden eingehalten werden. Die Temperatur kann im Sommerhalbjahr gegenüber der vorgenannten Artengruppe stärker schwanken; sie soll im luftfeuchten, beschatteten und gut gelüfteten Glashaus zwischen 25 und 17 °C liegen, im Winterhalbjahr genügen 18–14 °C. Rasch wachsende und umfangreiche Arten sind mit dem üblichen Epiphyten-Pflanzstoff und entsprechender Düngergabe in größere, gut dränierte Blumentöpfe einzusetzen, während langsam wachsende, kleinbleibende Arten günstiger mit etwas Substrat auf Korkbrettchen aufzubinden sind. Während der Sproß- und Blütenschaftausbildung sind reichliche Wasser- und öfter schwache Düngergaben erforderlich. Danach sind diese Oncidien langsam in eine Trockenperiode mit geringen Wassergaben überzuleiten, ohne daß in dieser eine wesentliche Schrumpfung der Pseudobulben erfolgt. Viele Arten kommen bei zu hoher Überwinterungswärme zu früh zum Austrieb, und die Sprosse sind dann infolge des noch mangelnden Sonnenlichtes sehr wasserempfindlich. Nicht immer sind die Nachfolgetriebe von verfaulten Sprossen stark genug, um die Größe der Pflanze zu erhalten; vielfach tritt ein Abbau ein. Das Verpflanzen und Teilen wird bei beginnender Bildung neuer Wurzeln vorgenommen.

Kulturhinweis 3. Im Prinzip ist die Kultur der Schmetterlingsorchidee keine andere als die der Oncidien mit sukkulenten Laubblättern, jedoch ohne ausgeprägte Ruheperiode. Der Wurzelballen soll das ganze Jahr fast gleichbleibend feucht sein, um die aufeinanderfolgende Blütenentfaltung nicht zu hemmen. Wenn der Neutrieb ausbleibt, ist meistens die Sproßknospe naß geworden und abgefault.

Osmoglossum Schltr.

Den stärkeren Duft dieser Orchideen nahm der deutsche Botaniker R. Schlechter 1922 zum Anlaß der Gattungsbenennung: *osme* (griech. Duft) und *glossa* (griech. Zunge). Im Deutschen: Osmoglossum.
Die morphologischen Gattungsmerkmale stimmen weitgehend mit jenen von *Odontoglossum* überein; jedoch sind die Laubblätter auffallend schmal, der Blütenschaft flach zusammengedrückt, die Blüten nicht resupiniert, und das

Labellum ist länglich, stark knieförmig gebogen, an der Basis mit stumpfem Kallus versehen. Etwa drei epiphytisch wachsende Arten in Mittelamerika.

O. egertonii (Lindl.) Schltr.
Syn.: *Odontoglossum egertonii* Lindl.
Egertons Osmoglossum; T bis K, st. duft.
Unterscheidet sich von der nachfolgend beschriebenen Art dadurch, daß die seitlichen Sepalen bis zur Hälfte verwachsen sind, das Labellum keine Seitenlappen hat und nur eine kleine, weiße Schwiele besitzt. Blütezeit: Januar–April. Heimat: Mittelamerika.

O. pulchellum (Batem. ex Lindl.) Schltr.
Syn.: *Odontoglossum pulchellum* Batem. ex Lindl.
Niedliches Osmoglossum; T bis K, st. duft., Schnittbl.
Die eiförmigen, seitlich abgeflachten Pseudobulben sind 4–8 cm hoch, die zwei schmalen Laubblätter 15–30 cm lang. Der etwas längere, zusammengedrückte Blütenschaft trägt fünf bis fünfzehn, 2–3 cm breite weiße Blüten. Die seitlichen Sepalen sind nicht verwachsen, die Seitenlappen des geigenförmigen Labellums sind zurückgeschlagen, und die goldgelbe Schwiele ist rot punktiert. Blütezeit: Januar–April. Heimat: Mittelamerika. Auf vermoosten Bäumen in höheren Bergregionen.

Kulturhinweis siehe bei *Rossioglossum.*

Paphiopedilum Pfitz.

Der Gattungsname wurde von dem deutschen Botaniker E. PFITZER 1886 aus *Paphia* (griech., Beiname der Venus) und *pedilon* (griech. kleiner Schuh) zusammengesetzt. Im Deutschen: Paphiopedilum, auch Frauenschuh.
Das Paphiopedilum besitzt eine durch Stauchung der Sproßinternodien verkürzte, mehrjährige Blattrosette. Der Blütensproß kommt endständig aus kräftig entwickelten Laubsprossen hervor; reichlich bestockte Individuen können mehrere Blütensprosse zugleich ausbilden. Diese sind ein- oder mehrblumig und können zugleich oder nacheinander über Monate ihre Blüten öffnen. Das aufwärts gerichtete mittlere Sepalum hat sich zur „Fahne“ vergrößert. Die seitlichen Sepalen sind zu einem abwärts gerichteten Blumenblatt (Synsepalum) mehr oder weniger vollständig verwachsen. Die seitlichen Petalen sind bei fast waagrechter Stellung in der Regel kurz, können auch sehr langgezogen sein und bartartig herabhängen. Ihre Ränder weisen bei manchen Arten Haare und

80. Paphiopedilum delenatii, 1 : 1
81. Paphiopedilum tonsum, 1 : 1
82. Paphiopedilum venustum, 1 : 1
83. Paphiopedilum victoria-regina ssp. liemianum, 1,5 : 1

Warzen auf. Das Labellum, auch „Schuh" genannt, ist von pantoffelähnlichem Aussehen. Die Columna besitzt seitlich je ein Staubblatt und der Narbe gegenüber ein dachartiges Staminodium, das von Art zu Art zwar Unterschiede aufweist, deren Merkmale aber zu gering sind, um hier aufgeführt zu werden.

P. appletonianum (Gower) Rolfe; 2n: 38
Appletons Frauenschuh; W bis T
Die graugrünen Laubblätter sind etwas gefleckt, der einblumige Blütenschaft ist 40–50 cm lang, die Blüte 10–12 cm breit. Das eiförmige, kurz zugespitzte mittlere Sepalum ist gelbbraun und bräunlichgrün geadert. Die bandartigen Petalen sind an der Basis gelbgrün, dunkelgrün geadert, an der Spitze lilarosa. Das Labellum ist gelblich- bis grünlichbraun. Blütezeit: Januar–Juni. Heimat: Siam, Assam. Kulturhinweis 2.

P. barbatum (Lindl.) Pfitz.; 2n: 38
Bärtiger Frauenschuh; T bis W, Schnittbl.
Die schmal-elliptischen, hell- und dunkelgrün schachbrettartig gefleckten Laubblätter sind 10–15 cm lang. Der behaarte, einblumige Blütenschaft ist 15–25 cm lang, die Blüte 5–7 cm breit. Das eher kreisförmige, weiße mittlere Sepalum hat einen braunpurpurnen, bandartigen Mittelfleck und dunkelgrüne Streifen. Die Färbung der seitlichen, bewimperten Petalen geht zwischen Basis und Spitze von Grün zu Braunpurpur über; die Petalen haben dunkelgrüne Streifen und Warzen. Das rötlichbraune Labellum ist dunkler geadert. Mit *P. callosum* verwechselbar. Blütezeit: März–Juli. Heimat: Malaiische Halbinsel, Thailand. Kulturhinweis 2.

P. bellatulum (Rchb.f.) Pfitz.; 2n: 26, Farbbild 78
Niedlichschöner Frauenschuh; W
Die oberseits hell- und dunkelgrün gefleckten Laubblätter sind unterseits rötlichbraun bis braunpurpur marmoriert. Der einblumige, rötlich gefleckte, weiß behaarte Blütenschaft ist 6–10 cm lang, die Blüte 6–7 cm breit. Die Sepalen, Petalen und das Labellum sind weiß und unterschiedlich stark rotpurpur bis dunkel rotbraun gefleckt. Blütezeit: März–Oktober. Heimat: Süd-Thailand, Malakka. Auf grasigen Lehmhügeln und auf Felsen zwischen Unterwuchs und Sträuchern in 750 und 1200 m Höhe. Kulturhinweis 3.

P. callosum (Rchb.f.) Pfitz.; 2n: 32
Schwieliger Frauenschuh; Z, W bis T, Schnittbl.
Die 15–20 cm langen Laubblätter sind grün, schwärzlichgrün marmoriert bis schachbrettähnlich gefleckt. Der ein- oder zweiblumige Blütenschaft ist 25–50 cm lang, die Blüte 8–12 cm breit. Das breitovale, zugespitzte, mittlere Sepalum ist in der Basishälfte grün, der übrige Teil weiß bis weißlichrosa, grün und braunpurpur gestreift. Die seitlichen, abwärts- und rückwärts geneigten, etwas sichelförmigen Petalen sind auf rötlichem Grund grün und braunpurpur gestreift, zerstreut schwärzlich gefleckt sowie bewimpert und mit Warzen versehen. Das Labellum ist purpurbraun und dunkler geadert. Eine stark variie-

rende Art. Blütezeit: Januar–August. Heimat: Thailand. In lockeren Buschwäldern. Kulturhinweis 2.

P. concolor (Batem.) Pfitz.; 2n: 26, Farbbild 79
Gleichfarbiger Frauenschuh; W
Die oberseits dunkelgrün, graugrün marmorierten Laubblätter sind unterseits gefleckt bis einheitlich rotbraun. Der rotbraun behaarte Blütenschaft ist 6–10 cm lang, ein- bis dreiblumig, die Blüte etwa 5 cm breit. Das mittlere Sepalum, die Petalen und das Labellum sind kremgelb und bräunlichrot punktiert, das Labellum nur in der oberen Hälfte. Blütezeit: März–Juli. Heimat: Süd-Vietnam, Thailand, Burma. In Humusnestern auf Kalksteinklippen. Kulturhinweis 3.

P. delenatii Guill.; 2n: 26, Farbbild 80
Delénats Frauenschuh; W
Die breit-ovalen Laubblätter sind oberseits dunkelgrün, hellgrün gefleckt und unterseits rotbraun marmoriert. Der rotbräunliche Blütenschaft ist 15–20 cm lang, ein- oder zweiblumig, die Blüte 6–9 cm breit. Das mittlere Sepalum und die Petalen sind rosaweißlich bis hellrosa, das kugelformähnliche Labellum ist rosafarben. Blütezeit: Januar–April. Heimat: Süd-Vietnam, Thailand. Kulturhinweis 3.

P. exul (O'Brien) Pfitz.; 2n: 26
Verbannter (verwiesener) Frauenschuh; T bis W, Schnittbl.
Die grünen Laubblätter sind heller umrandet. Der einblumige Blütenschaft ist 15–25 cm lang, die Blüte 7–9 cm breit. Das mit breitem, weißem Rand versehene mittlere Sepalum ist gelbgrün und rötlichbraun gefleckt. Die bräunlichgelben Petalen sind mit braunem Mittelstreifen versehen. Das Labellum ist bräunlichgelb. Blütezeit: November–Februar. Heimat: Thailand. In Lichtungen der Wälder felsiger Gebirge, zwischen 500 und 700 m Höhe. Kulturhinweis 2.

P. fairieanum (Lindl.) Pfitz.; 2n: 26
Fairies Frauenschuh; Z, T bis K
Die länglich-schmalen Laubblätter sind hellgrün, der einblumige Blütenschaft ist 15–25 cm lang und die bizarre Blüte 4–6 cm breit. Das breit-ovale, zugespitzte mittlere Sepalum und die sichelförmigen Petalen sind grünlichweiß und purpurbraun geadert. Das grünlichgelbe Labellum ist bräunlich bis hell purpurbraun überlaufen und dunkler geadert. Blütezeit: September– Januar. Heimat: Bhutan. In etwa 100 m Höhe, in voller Sonne und bei größerer Bodenfeuchtigkeit. Kulturhinweis 1, jedoch Pflanzmaterial wie bei Hinweis 3.

P. hirsutissimum (Lindl.) Pfitz.; 2n: 26
Rauhhaarigster Frauenschuh; Z, T
Die riemenförmigen, dunkelgrünen Laubblätter sind undeutlich marmoriert. Der schwärzlichbraun behaarte Blütenschaft ist 15–20 cm lang, einblumig, die Blüte ist 10–15 cm breit. Das zugespitzte, bewimperte mittlere Sepalum ist

bräunlich, grün umrandet und violettbraun punktiert. Die stark gewellten Petalen sind nach vorn verbreitert, von der grünen Basis bis zur Mitte stark violettbraun punktiert und in der äußeren Hälfte violett. Das weißlichviolette Labellum ist zur Öffnung hin grün und stärker violettbraun punktiert. Blütezeit: März–Juni. Heimat: Assam. Zwischen 1500 und 1800 m. Kulturhinweis 2.

P. insigne (Wall. ex Lindl.) Pfitz.; 2n: 26, 28, cv. 2n: 26, 28, 32–39, 43–48, 54–57, 62–67
Ausgezeichneter Frauenschuh; Z, K bis T, Schnittbl.
Die riemenförmigen Laubblätter sind grün, der Blütenschaft ist 10–20 cm lang, ein-, seltener zweiblumig, und die Blüte 6–10 cm breit. Das zugespitzte mittlere Sepalum ist gelblichgrün, weiß umrandet und reichlich braun gefleckt. Die gelblichgrünen Petalen sind braun längsgeadert, das gleichfarbige Labellum braun schattiert und dunkler geadert. Eine sehr variierende Art. Blütezeit: Oktober–März. Heimat: Zwischen Nepal und Assam. Auf feuchtkühlen, moosigen, steileren Erd- und Felshängen zwischen 1300 und 2000 m. Kulturhinweis 1.

P. lawrenceanum (Rchb.f.) Pfitz.; 2n: 36, 40
Lawrences Frauenschuh; W bis T, Schnittbl.
Die länglich-eiförmigen Laubblätter sind hell- und dunkelgrün schachbrettartig gezeichnet. Der 20–30 cm lange Blütenschaft ist einblumig, die Blüte 10–13 cm breit. Das etwas elliptische mittlere Sepalum ist weiß und hat kurze grüne sowie halb- und ganzlange violette Streifen. Die riemenförmigen, weißlichen Petalen sind reichlich grün längsgestreift, zu den Spitzen hin violettbraun bis violettrot bewimpert, mit schwärzlichen Warzen. Das Labellum ist bräunlich bis violettrötlich. Blütezeit: Februar–Juni. Heimat: Borneo. In humusgefüllten Felsritzen. Kulturhinweis 2.

P. mastersianum (Rchb.f.) Pfitz.; 2n: 32
Masters Frauenschuh; W
Die länglichen, grünen Laubblätter sind graugrün gefleckt, der rotbraun behaarte, einblumige Blütenschaft ist 30–40 cm lang, die Blüte 6–10 cm breit. Das zugespitzte, grüne mittlere Sepalum hat einen schmaleren gelbgrünen und breiteren weißen Rand und ist bräunlichgrün geadert. Die ziemlich waagrechten Petalen sind grünlich bis rotbraun und haben einige schwärzliche Warzen. Das Labellum ist hell rötlichbraun. Blütezeit: April–Juli. Heimat: Ambon. Kulturhinweis 2.

P. niveum (Rchb.f.) Pfitz.; 2n: 26
Schneeweißer Frauenschuh; W
Die länglichen, oberseits grün und weißlichgrün marmorierten Laubblätter sind unterseits rotviolett. Der weißbehaarte, 10–15 cm lange Blütenschaft ist ein- oder zweiblumig. Die 6–10 cm breite Blüte ist weiß, mitunter am Grunde bräunlichrot punktiert. Blütezeit: März–Juli. Heimat: Inseln zwischen Malaysia und Sumatra sowie zwischen Singapur und Borneo. Nordseitig zwischen Gebüsch in Humusnestern auf Kalkfelsen. Kulturhinweis 3.

P. parishii (Rchb.f.) Pfitz.; 2n: 26
Parishs Frauenschuh; W
Die lederartigen Laubblätter sind grün, der ein- bis fünfblumige Blütenschaft ist 30–60 cm lang, die Blüte 6–10 cm breit. Das mittlere Sepalum ist grünlichgelb und violettbräunlich geadert. Die herabhängenden, etwas gedrehten, 10–15 cm langen Petalen sind grünlichgelb und zu den Rändern und Spitzen hin rötlichbraun bis schwärzlichpurpur gefleckt. Das Labellum ist grünlichgelb und fein bräunlich geadert. Blütezeit: März–August. Heimat: Burma, Thailand. Wächst in Waldlichtungen epiphytisch, bevorzugt auf Baumfarnen. Kulturhinweis 2.

P. philippinense (Rchb.f.) Pfitz.; 2n: 26
Philippinischer Frauenschuh; W bis T
Die bandartigen, lederigen Laubblätter sind grün, der zwei- bis sechsblumige Blütenschaft ist 30–60 cm lang, die Blüte 7–12 cm breit. Das zugespitzte mittlere Sepalum ist auf hellem Grund braunviolett gestreift. Die herabhängenden, gedrehten, 10–15 cm langen gelblichen Petalen sind braunviolett bis purpur gefleckt. Das sandfarbene Labellum ist dunkler geadert. Blütezeit: April–Juli. Heimat: Philippinen. Kulturhinweis 2.

P. spicerianum (Rchb.f.) Pfitz.; 2n: 28, 30
Spicers Frauenschuh; Z, T bis K, Schnittbl.
Die riemenförmigen Laubblätter sind dunkelgrün, unterseits rötlich. Der schwärzlich behaarte, 20–30 cm lange Blütenschaft ist ein-, seltener zweiblumig, die Blüte 6–8 cm breit. Das trichterförmige mittlere Sepalum, grün am Grund, ist reinweiß mit purpurnem Mittelstreifen. Die gewellten Petalen sind grün in braun übergehend, fein braun punktiert, mit oder ohne bräunlichen Mittelstreifen. Auch das grüne Labellum ist zur Öffnung hin bräunlich. Blütezeit: Oktober–Februar. Heimat: Assam. An Wasserläufen auf nordseitigen, steilen, feuchten Felswänden. Kulturhinweis 1.

P. sukhakulii Schoser et Sengh.; 2n: 40
Sukhakuls Frauenschuh; Z, T bis W, Schnittbl.
Die grünen Laubblätter sind weißlichgrün gefleckt, unterseits mit oder ohne rötliche Punktierung. Der 15–25 cm lange, einblumige Blütenschaft trägt eine 8–12 cm breite Blüte. Das zugespitzte mittlere Sepalum ist weißlich mit grüner Aderung. Die hellgrünen, dunkelgrün geaderten Petalen sind braunrot punktiert und behaart. Das grünliche Labellum ist nahe der Öffnung purpur und dunkelgrün gezeichnet. Blütezeit: September–Mai. Heimat: Thailand. An Bachläufen und in Waldlichtungen bis in Höhen von 1000 m. Kulturhinweis 2.

P. tonsum (Rchb.f.) Pfitz.; 2n: 34, Farbbild 81
Geschorener Frauenschuh; T bis W, Schnittbl.
Die dunkel- bis graugrünen Laubblätter sind schachbrettartig gemustert, an der Basis unterseits rotbraun gefleckt. Der 15–25 cm lange Blütenschaft ist einblumig, die Blüte 6–10 cm breit. Das breit-elliptisch zugespitzte mittlere Sepalum ist aus grünlicher Mitte weiß und bräunlichrot gestreift. Die grün- und bräun-

lichroten Petalen sind rötlichbraun geadert und mit einigen schwärzlichen Warzen versehen. Das olivfarbene Labellum ist bräunlich überlaufen. Blütezeit: März–Juli. Heimat: Sumatra. Kulturhinweis 2.

P. venustum (Wall.) Pfitz.; 2n: 36, 38, 40, 42, Farbbild 82
Lieblicher Frauenschuh; Z, K bis T, Schnittbl.
Die dunkelgrünen, graugrün marmorierten Laubblätter sind unterseits rot- bis purpurbraun. Der 10–15 cm lange, einblumige Blütenschaft bildet eine 6–10 cm breite Blüte. Das weißliche mittlere Sepalum hat dunkelgrüne Nerven. Die spatelförmigen Petalen sind aus grünlichweißer Basis purpurbraun, reichlich dunkelgrün geadert, mit oder ohne schwärzliche Warzen. Das gelblichgrüne Labellum ist rosarot überlaufen und deutlich grün geadert. Blütezeit: November–April. Heimat: Himalaja. Zwischen 1000 und 1500 m. Kulturhinweis 1.

P. victoria-regina (Sander) M.W. Wood; 2n: 32, 36
Königin-Viktoria-Frauenschuh; W bis T
Die bandartigen, grünen, unterseits mehr oder weniger rotbraun gefleckten Laubblätter sind an der Basis bewimpert, jedoch nur bei **P. v.** ssp. **liemianum** (J.A. Fowlie) M.W. Wood von der Basis bis zur Spitze (Farbbild 83). Alle Subspecies haben einen überhängenden, bräunlich gefleckten, behaarten, 20–50 cm langen, bis fünfzehnblumigen Blütenschaft mit nacheinander aufblühenden, 6,5–9 cm breiten Blüten. Diese sind bei **P. v.** ssp. **primulinum** (M.W. Wood et P. Taylor) M.W. Wood, 2n: 32, nur 4–6 cm breit. Dazu ist das mittlere Sepalum einfarbig grün, die grünlichen Petalen sind braun gefleckt, und das bräunlichorange Labellum ist mehr oder weniger dunkler punktiert. Bei **P. v.** ssp. **glaucophyllum** (J.J. Smith) M.W. Wood, syn. *P. glaucophyllum* J.J. Smith, 2n: 36, sind im Gegensatz zu den übrigen Subspecies die Laubblätter oberseits bläulichgrün und unterseits nicht rötlichbraun gefleckt. Das bräunliche mittlere Sepalum ist weiß umrandet, im Spitzenbereich grünlich und von der Basis aus braun geadert. Die gewellten bis gedrehten, bewimperten Petalen sind weißlich und purpurbraun gefleckt. Das purpurfarbene Labellum mit gelblichgrünem Rand ist dunkler punktiert. **P. v.** ssp. **chamberlainianum** (Sander) M.W. Wood, syn. *P. chamberlainianum* (Sander) Stein, 2n: 32, hat ein weißes, rotbraun gestreiftes mittleres Sepalum. Die gewellten bis gedrehten, bewimperten Petalen sind weiß und purpurbraun gefleckt. Das lilarosa Labellum ist dunkler punktiert. *P. v.* ssp. *liemianum* besitzt eine grüne, weiß umrandete, braun geaderte Fahne, Petalen und Labellum wie *P. v.* ssp. *chamberlainianum*. *P. v.* ssp. *victoria-regina* ist von gleichem Aussehen, jedoch ist das Labellum nicht punktiert. Blütezeit: das ganze Jahr hindurch. Heimat: Java, Sumatra. Kulturhinweis 2.

P. villosum (Lindl.) Pfitz.; 2n: 26, 28
Zottiger Frauenschuh; Z, T bis K, Schnittbl.
Die steiferen, eher aufrechtstehenden grünen Laubblätter sind an der Basis rötlichbraun punktiert. Der 25–35 cm lange, einblumige Blütenschaft hat eine

12–15 cm breite Blüte. Das mittlere Sepalum ist grün, mit bräunlicher Mitte und weißem Rand. Die obere Hälfte der Petalen ist gelblichbraun, die untere bräunlichgrün und der Mittelstreifen dunkelbraun. Das Labellum ist bräunlichgelb. **P. v.** var. **boxallii** Veitch hat größere Blüten, und das mittlere Sepalum ist schwärzlichbraun gefleckt. Blütezeit: Dezember–April. Heimat: Burma, Moulmein. In Höhen zwischen 1300 und 1700 m, zwischen Moosen und Farnen in den Astgabelungen hoher Bäume. Kulturhinweis 1.

Kulturhinweise. Die heimatliche terrestrische bzw. epiphytische Lebensweise der Paphiopedilen erweist sich in der Kultur von untergeordneter Bedeutung. Zu berücksichtigen sind die klimatischen Gegebenheiten, denn je besser in der Kultur das Zusammenspiel von Wärme, Licht, Lüftung und Luftfeuchtigkeit praktiziert wird, um so günstigere Ergebnisse sind erzielbar. Die Paphiopedilen beanspruchen keineswegs eine monatelang stabil gehaltene Temperatur; sie sind auch nicht empfindlich gegen tägliche Wärmeschwankungen. Als Schattenpflanze benötigen sie im Sommer einen stärkeren Lichtschutz, die wärmebedürftigen Arten mehr als die kühler zu pflegenden. Diese brauchen zur Blüteninduktion, Ausgang des Hochsommers, mehrere Wochen nächtliche Abkühlung, sonst kommen z.B. *P. insigne* bei zu warmem Stand auf der Fensterbank nicht zum Blühen. Im Gegensatz dazu entwickeln die wärmeliebenden Arten oft ohne Bindung an eine bestimmte Jahreszeit, nach Abschluß eines kräftigen Laubsprosses, den Blütenschaft. Je nach Notwendigkeit wird zwischen 2 und 5 Jahren verpflanzt, die kühler zu kultivierenden Arten und Hybriden im März oder April und jene, die Wärme benötigen, unmittelbar nach ihrer Blüte zwischen März und August. Beim Austopfen bleiben häufig die Wurzeln am Tontopf haften, seltener am Kunststofftopf. Beim Säubern des Wurzelballens zerfallen umfangreiche Exemplare in eintopffähige Teilpflanzen; zusammenhängende Stöcke sind als solche zu belassen. Die Paphiopedilen gedeihen in Gemeinschaft besser denn als Einzelpflanzen. Das Pflanzgemisch kann aus gleichen Teilen abgelegener Rasenerde und Styroporschnitzeln bestehen, mit Zugaben von Buchenlaub oder Farnwedeln und Kuhfladengeriebsel bzw. Hornspänen. Auch Osmunda und Sphagnum mit den genannten Zugaben sind geeignet, ebenso Styroporschnitzel mit Sphagnum oder Redwood orchid bark. Die Nachdüngung mit 0,02–0,1%igen Lösungen muß dem Vegetationsrhythmus und dem Substrat angepaßt werden. Zum besseren Wasserabzug sind in die Pflanztöpfe Scherben einzulegen. Die Pflanzen müssen mit verteilten Wurzeln so tief, wie sie waren, locker eingesetzt werden, nur so fest, daß sie aufrecht stehen. Bei zu fester Pflanzung stagniert die Bodenluft und die Wurzeln faulen. Umgepflanzte Paphiopedilen sind entsprechend der Witterung 3–6 Wochen lang öfters am Tag nur leicht zu überbrausen. Erst mit beginnender Ausbildung neuer Wurzeln wird allmählich in die übliche Kultur übergegangen. Ausschlaggebend für den Erfolg ist weitgehend das richtige Gießen; bei Verwendung einer Rasenerde-Mischung sind, je nach der Jahreszeit, in ein- bis zweiwöchigen Abständen individuell abgestimmte Wassergaben erforderlich, während bei wasserdurchlässigerem Pflanzmaterial häufiger und ausgiebiger gegossen werden muß.

Hinweis 1. Etwa ab April setzt bei den kühl zu kultivierenden Paphiopedilen die Wurzelerneuerung und Sproßentwicklung ein. Gefördert wird dieser Zuwachs durch diffuses Licht und morgendliches leichtes Überbrausen, durch die zwischen den erhöht stehenden Pflanzen aufsteigende Feuchtigkeit und entsprechende Lüftung des Kulturraumes. Ab Hochsommer verringert man die Schattierung, und durch offen bleibende Lüftungsfenster wird zwischen Tag und Nacht ein Temperaturgefälle angestrebt, das die Blütenbildung anregt. Herbst- und Wintertemperaturen zwischen 15 und 18 °C tagsüber, 12 und 15 °C nachts reichen aus. Nach der Blüte eine geringfügig trockenere Ruheperiode einhalten.

Hinweis 2. Im Unterschied zum vorgenannten Formenkreis haben die wärmeliebenden Arten und Hybriden keinen an den Lauf der Jahreszeiten streng gebundenen Vegetationsrhythmus. Sie bevorzugen mehr lockeres Pflanzmaterial (Osmunda-Sphagnum-Mischung). Der neue Sproßaustrieb erfolgt während oder unmittelbar nach der Blühperiode und ist wie die Blütezeit selbst sehr individuell. Die Pflegemaßnahmen ähneln weitgehend denen in Hinweis 1, die Temperatur allerdings soll das ganze Jahr über zwischen 22 und 26 °C bzw. zwischen 18 und 22 °C liegen.

Hinweis 3. Die Kultur der kalkbodenliebenden Arten und Hybriden gleicht der in Hinweis 2 angegebenen, jedoch wird dem Pflanzmaterial etwa $^{1}/_{10}$ leicht verwitterbarer Muschelkalk- bzw. Kalksteingrieß zugegeben.

Phaius Lour.

Der portugiesische Missionar und Botaniker J. de Loureiro stellte 1790 diese Gattung auf. Nach der Blütenfarbe gab er ihr den Namen *phaios* (griech. dunkelbraun, worunter auch rotbraun zu verstehen ist). Im Deutschen: Phaius.
Einige Arten bilden eine gestauchte, knollige Pseudobulbe aus, andere einen verlängerten Stamm. Die breitfächerigen, gefalteten Laubblätter sind an der Basis stielartig verschmälert. Der stets langgestielte Blütenschaft entwickelt sich seitenständig aus den unteren Blattachseln. Die Sepalen und Petalen sind fast gleich, das nicht mit dem Säulchen verwachsene Labellum umfaßt dieses mit seinen Seitenlappen trichterartig und bildet mit dem Säulenfuß einen Sporn. Acht Pollinien. Etwa 30 vorwiegend terrestrisch wachsende Arten sind in einem Gebiet beheimatet, das sich von Westafrika über Südostasien und den Malaiischen Archipel bis zu den Samoa-Inseln erstreckt.

84. Phalaenopsis cornu-cervi, 1 : 1
85. Phalaenopsis schilleriana, 1 : 1
86. Phaius wallichii, 1 : 2
87. Phragmipedium caudatum, 2 : 3

P. tancarvilliae (Aiton) Bl.; 2n: 42
Syn.: *P. grandifolius* Lour.; 2n: 50
Tankarvills Phaius; Z, T, Schnittbl.
Die gestauchten Pseudobulben sind eiförmig, die gestielten Laubblätter bis 90 cm lang. Der steif aufrechte, 80–120 cm hohe Blütenschaft trägt fünf bis fünfzehn 8–12 cm breite Blüten. Die Sepalen und Petalen sind innen hellbraun, außen weißlich. Das Labellum ist dunkel rosalila, nach vorn heller werdend, der Schlund ist weiß geadert. Der fast gerade Sporn ist etwa 6 mm lang. Blütezeit: Dezember–März. Heimat: tropisches Asien. An grasigen Bachrändern und auf feuchten Wiesen.

P. wallichii Lindl.; 2n: 42, Farbbild 86
Wallichs Phaius; Z, T, Schnittbl.
In der Größe erreicht sie die vorgenannte Art nicht. Die Sepalen und Petalen sind innen dunkler braun, außen grünlich. Das im Schlund gelbliche Labellum ist in der Mitte ringförmig dunkel und vorn hell rosalila. Der abwärts gekrümmte Sporn ist etwa 13 mm lang. Blütezeit: Dezember–März. Heimat: Ceylon, Indien. An feuchten Stellen in hochgrasigen Savannen.

Kulturhinweis. Sobald nach der winterlichen Ruheperiode der neue Sproß im Frühsommer annähernd Handlänge erreicht, gehört Phaius bis zum Blühbeginn in eine wassergefüllte Untertasse. Notwendig sind auch monatliche Düngungen mit 0,1%igen Lösungen. Sein Standort ist die Sonnenseite eines schattierten, warmen und luftigen Glashauses, in dem zur Blütezeit und danach Temperaturen zwischen 20 und 15 °C herrschen. Umzupflanzen ist alle 3–4 Jahre. Stärkere Dränageeinlage ist erforderlich, und das Pflanzmaterial soll zu gleichen Teilen aus Osmundawurzeln und Sphagnum bestehen, mit Farnwedeln, Kuhfladengeriebsel bzw. Hornspänen als Zugabe. Abgetrennte blattlose Pseudobulben machen in Schalen, die etwa 1 cm hoch mit frischem Wasser gefüllt sind, innerhalb von 3–6 Monaten mehrere Sproßaustriebe, die nach Wurzelbildung eingetopft als Jungpflanze weiter kultivierbar sind. In der ersten winterlichen Ruheperiode brauchen sie wegen der noch geringen Wurzelzahl sorgfältige Betreuung. Eine weitere Vermehrungsart ist das Zerschneiden abgeblühter Blütenschäfte in 10–15 cm lange Teilstücke mit ein oder zwei Hochblättern. Auch diese Teilstücke, etwa 2–3 cm tief in reines Wasser gestellt, bringen bei warmem Stand nach 2–4 Monaten Sproßaustriebe. Nach Wurzelentwicklung eingetopft, sind die Jungpflanzen nach drei- bis vierjähriger Kultur blühfähig.

Phalaenopsis Bl.

Die Gattung wurde von dem holländischen Botaniker C. L. Blume 1825 nach *phalaina* (griech. Motte, Nachtfalter) und *opsis* (griech. ähnlich) benannt. Im Deutschen: Phalaenopsis.
Monopodial wachsende, stammlose Pflanzen mit wenig fleischiglederigen, meist überhängenden Laubblättern und bandartigen, sich an die Unterlage fest anheftenden Wurzeln. Der Blütenstand ist eine gestauchte Traube oder vielver-

zweigte Rispe. Die Sepalen und Petalen sind abstehend, das am Säulenfuß aufsitzende, dreilappige Labellum ist spornlos. Die Seitenlappen des Labellums sind aufrecht- oder abstehend, der ungeteilte oder zweiteilige Vorderlappen ist ohne oder mit langen Fortsätzen versehen. An der Basis des Labellums sind Schwielen in Form zweier Höcker oder eines zungenförmigen, zweispitzigen Auswuchses vorhanden. Etwa 70 epiphytisch wachsende Arten sind zwischen dem Himalaja Indiens über die malaiischen Inseln, die Philippinen bis zum nördlichen Australien verbreitet.

P. amabilis (L.) Bl.; 2n: 38, cv. 2n: 38, 114, 152
Liebliche Phalaenopsis; Z, W, Schnittbl.
Die Laubblätter sind hellgrün; der aufrechte bis vorgeneigte Blütenschaft trägt drei bis fünfzehn 5–10 cm breite, weiße Blüten. Das Labellum ist an der Basis gelblich und rötlich punktiert und gestrichelt. Die aufwärts gerichteten Seitenlappen sind aus schmälerer Basis breitoval und länger als der Vorderlappen. Dieser ist schmal und hat dreieckige Nebenlappen sowie fadenartige Fortsätze. Die nicht gefranste, sattelförmige, gelbe Schwiele ist bräunlichrot punktiert. Blütezeit: November–Juli. Heimat: Malaysia bis Neuguinea. Kulturhinweis 1; zurückgeschnittene bzw. abgeblühte Blütenschäfte bringen durch seitliche Austriebe neue Infloreszenzen.

P. aphrodite Rchb.f.; 2n: 38
Aphrodites Phalaenopsis; W, Schnittbl.
In Habitus und Blüte wie *P. amabilis,* jedoch sind die Seitenlappen des Labellums aus schmalerer Basis breit-rundlich und kürzer als der Vorderlappen. Dieser ist dreieckig, so breit wie lang, und mit fadenförmigen Fortsätzen versehen. Die sattelförmige gelbe Schwiele ist gefranst und bräunlichrot punktiert. Blütezeit: November–Mai. Heimat: Philippinen, Formosa. Kulturhinweis 1.

P. cornu-cervi (Breda) Bl. et Rchb.f.; 2n: 38, Farbbild 84
Hirschhorn-Phalaenopsis; W
Die Laubblätter sind hellgrün; an dem verzweigten und blattartig verbreiterten Blütenschaft erscheinen über Jahre hindurch die nacheinander aufblühenden, etwa 2 cm breiten Blüten. Die Sepalen und Petalen sind gelblich und rötlichbraun quergebändert. Das weiße Labellum hat schief-aufrecht stehende, gelbliche Seitenlappen, sein dreieckig-riemenförmiger Vorderlappen endet mit zwei spitzen Fortsätzen. Die Schwiele ist fünfborstig. Blütezeit: ganzjährig. Heimat: Burma, Thailand, Malaysia, Indochina. Kulturhinweis 1.

P. lueddemanniana Rchb.f.; 2n: 38, cv. 2n: 38
Lueddemanns Phalaenopsis; W
Die grünen Laubblätter sind glänzend, der Blütenschaft ist kürzer als das Laubblatt, wenigblumig, die fleischige Blüte 4–5 cm breit. Die rahm- bis rosafarbenen Sepalen und Petalen sind purpurbräunlich bis lila, mitunter auch grünlich gebändert oder gefleckt. Das gleichfarbige Labellum hat aufrechte, spitze Seitenlappen und einen länglichen Vorderlappen. Die Schwiele ist zerschlitzt. Eine

stark variierende Art. Blütezeit: April–September; befruchtete Blüten vergrünen. Heimat: Philippinen. Kulturhinweis 1; der Blütenschaft entwickelt endständig beblätterte und bewurzelte Jungpflanzen.

P. mannii Rchb.f.; 2n: 38
Manns Phalaenopsis; T bis K
Die Laubblätter sind grün, der überhängende Blütenschaft ist so lang wie das Laubblatt, die Blüte 3–4 cm breit. Die gelblichen Sepalen und Petalen sind mit hell- bis ockerbraunen, streifigen Flecken versehen. Das weiße Labellum hat aufrechtstehende, lilagestreifte Seitenlappen und einen ankerförmigen Vorderlappen mit oder ohne lila Streifen und Punkte. Blütezeit: März–September. Heimat: Assam. Kulturhinweis 2.

P. schilleriana Rchb.f.; 2n: 38, cv. 2n: 38, 65, 76, Farbbild 85
Schillers Phalaenopsis; W
Die dunkelgrünen Laubblätter sind bandartig silbergrau marmoriert. Der überhängende, vielblumige Blütenschaft hat zart- bis lilarosa, 3–5 cm breite Blüten. Das Labellum ist rötlich punktiert, seine ovalen Seitenlappen sind aufrechtstehend, der Vorderlappen ist ankerförmig, die gelbe Schwiele rotbraun punktiert. Blütezeit: Dezember–März. Heimat: Philippinen. Auf der Wetterseite der Baumstämme in Höhen zwischen 300 und 400 m. Kulturhinweis 1.

P. stuartiana Rchb.f.; 2n: 38
Stuarts Phalaenopsis; W
Die Laubblätter sind mattgrün, im Jugendstadium grauweiß marmoriert. Die weiße Blüte der überhängenden Rispe ist 4–6 cm breit, die untere Hälfte der seitlichen Sepalen ist bräunlichrot punktiert, ebenso das weiße Labellum mit sichelförmigen, schief-aufrecht stehenden Seiten- und ankerförmigem Vorderlappen. Die gelbe Schwiele ist bräunlichrot punktiert. Blütezeit: November bis März. Heimat: Philippinen. Kulturhinweis 1.

Kulturhinweis 1. Berichte über tropische Phalaenopsis-Standorte sprechen von vorwiegender Verbreitung auf beschatteten Wetterseiten größerer Bäume, an deren Stämmen sich die Wurzeln meterlang ausdehnen. Dies erklärt die Empfindlichkeit der Phalaenopsis gegen Trockenheit und niedere Temperaturen, insbesondere in der Periode vegetativer Entfaltung. Zur Überwinterung bei mäßig feuchtem Wurzelballen genügen Temperaturen zwischen 21 und 17 °C; mit beginnender Vegetation ab März erhöht man sie. Im Sommer kann die Temperatur bei Beschattung tagsüber bis 28 °C ansteigen, sie soll nachts nicht unter 22 °C sinken. Die erhöhte Wärme verlangt entsprechende Bewässerung und wöchentliche Düngung, anfangs $^1/_2$ g Volldünger je l Wasser, bei üppigster Entfaltung 2 g. Günstigste Verpflanzzeit ist das späte Frühjahr im Abstand von mehreren Jahren, wenn das Pflanzmaterial zu vererden beginnt. Für aufhängbare Körbchen und durchlöcherte Töpfe sowie für Töpfe aus Kunststoff kann ein Gemisch aus Osmunda und Sphagnum mit Buchenlaub oder Farnwedeln und Kuhfladengeriebsel verwendet werden. *P. amabilis* und ihre Hybriden sind auch in größeren Kunststofftöpfen mit Redwood-Rinde oder grobfaserigem Torf kultivierbar. Die Wurzeln sind unbeschädigt einzusetzen; zum Schutz gegen Stamm- und Blattfäule und zur besseren Wurzelbildung bleibt der kurze Stamm frei. Bei Torfkultur ist unbedingt zwischen den in Abständen von 1–2 Wochen eingehaltenen Gießtagen eine den Torf übertrocknende Periode einzuschalten. Das Gießwasser soll die Wärme der Lufttemperatur haben, 22–24 °C.

Kulturhinweis 2. Das bisher Gesagte hat auch für die kühler zu pflegenden Phalaenopsis-Arten Gültigkeit, nur sind im Sommer 22–18 °C ausreichend und bei entsprechend reduzierten Wassergaben im Winter 18–15 °C.

Phragmipedium Rolfe

Das von dem deutschen Botaniker E. PFITZER 1894 als Sektion aufgestellte „Phragmipedium" wurde von R. A. ROLFE 1896 zur Gattung erhoben. Der Gattungsname setzt sich aus *phragma* (griech. getrennt, für den in drei Fächer unterteilten Fruchtknoten) und *pedi(l)on* (griech. kleiner Schuh) zusammen. Im Deutschen: Phragmipedium, auch südamerikanischer Frauenschuh.
Der Hauptunterschied zu *Paphiopedilum* liegt im vegetativen Aufbau des Sprosses. Die riemenförmigen Laubblätter bilden eine Blattrosette, aus deren unterem Teil der neuaustreibende Seitensproß mehrere Niederblätter durchstößt und sich höher stehend als die alte Blattrosette entfaltet. Der aufrechte Blütenschaft ist eine vielblumige Traube, die ihre Knospen nacheinander öffnet und vor Verblühen die Blüte abstößt. Der Blütenbau deckt sich weitgehend mit dem von *Paphiopedilum.*

P. caudatum (Lindl.) Rolfe; 2n: 32, Farbbild 87
Geschwänztes Phragmipedium; T bis K
Die aufrechtstehenden Laubblätter sind graugrün, der ein- bis dreiblumige Blütenschaft wird 30–40 cm hoch, die Blüte 8–12 cm breit. Das vornüber geneigte, mittlere Sepalum ist weißlich- bis grünlichgelb und grün geadert. Die im Aufblühen kurzen Petalen werden innerhalb weniger Tage bis 35 cm, seltener bis 55 cm lang und sind aus gelblicher Basis rötlichbraun. Das Labellum ist bräunlichgrün, zur Spitze hin bräunlichrot und dunkelgrün geadert. Blütezeit: Juni bis September. Heimat: Anden von Peru bis Panama. Wachsen epiphytisch in vermoosten Astgabelungen alter Bäume und terrestrisch im lockeren Humus beschatteter, feuchter, felsiger Standorte. Bis in Höhen von 2000 m.
Kulturhinweis siehe bei *Rossioglossum.*

Pleione D. Don

Die Gattung wurde 1825 von dem englischen Botaniker D. DON nach Pleione benannt, der Mutter der Plejaden – eine Anspielung auf die vielen, von der Pseudobulbe spitzenständig ausgebildeten Brutknöllchen. Im Deutschen: Pleione.

Unterscheidet sich von *Coelogyne* durch Ausbildung einjähriger Pseudobulben mit vor der Winterruhe abfallenden Laubblättern. Etwa 15 epiphytisch und terrestrisch wachsende Arten in den Bergen zwischen Himalaja und Südchina.

P. formosana Hayata; 2n: 40
Syn.: *P. pricei* Rolfe, wird auch als eigene Art angesehen; 2n: 20, 40
Formosa-Pleione; K
Die grünen oder schwärzlichen Pseudobulben sind 1–2 cm hoch, die Laubblätter 25–35 cm lang, und die hell bis dunkel rosalila Blüte ist 7–10 cm breit. Das hellere bis weißliche Labellum hat bräunlichgelbe, strichartige Flecken und trägt mehrere unterschiedlich lange Kiele am gefransten Vorderlappen. Blütezeit: März–Mai. Heimat: Formosa. Kulturhinweis 2.

P. lagenaria Lindl.
Flaschenförmige Pleione; Z, T
Die gefleckten Pseudobulben sind 1–2 cm hoch, die Laubblätter 10–15 cm lang, die lilarosa Blüte ist 3–5 cm breit. Der Schlund des Labellums ist dunkellila gestreift, der Vorderlappen mit orange Mittelfleck und dunkellila Randflecken versehen. Blütezeit: September–Oktober. Heimat: Himalaja. Kulturhinweis 1.

P. limprichtii Schltr.; 2n: 40, 80, Farbbild 88
Limprichts Pleione; K, Gartenpfl.
Die grünen Pseudobulben sind etwa 1 cm hoch, die Laubblätter 8–12 cm lang, Breite der rosalila Blüte 4–6 cm. Das Labellum ist innen heller und purpurlila gefleckt, der gefranste Vorderlappen besitzt zwei lange und zwei kurze Kiele. Blütezeit: April–Mai. Heimat: China. Im Moos von Quelläufen in Höhen zwischen 1300 und 2500 m. Kulturhinweis 2.

P. maculata (Lindl.) Lindl.; 2n: 40, Farbbild 89
Gefleckte Pleione; Z, T
Die gefleckten Pseudobulben sind 1–2 cm hoch und im Jugendstadium von blasigen Niederblättern umgeben, die Laubblätter 8–12 cm lang. Die 3–5 cm breite Blüte ist weiß, das Labellum orange- bis goldgelb und lilarot gestreift bis gefleckt. Blütezeit: September–Oktober. Heimat: nördliches Indien, Burma, Siam. Auf vermoosten Stämmen zwischen 500 und 1500 m. Kulturhinweis 1; sind empfindlich gegen Trockenheit.

P. pogonioides Rolfe
Bartähnliche Pleione; K
Die kleinen grünen Pseudobulben haben 8–12 cm lange Laubblätter und dunkellila Blüten von 6–9 cm Breite. Der Schlund des Labellums ist weißlich, der gefranste Vorderlappen mit gelblichem Mittelfleck hat kleine purpurlila Randflecken, zwei lange Kiele und einen kurzen. Blütezeit: März–Mai. Heimat: China. Auf vermoosten Felsen. Kulturhinweis 2.

P. praecox (Sm.) D. Don; 2n: 40
Syn.: *P. wallichiana* Lindl.; 2n: 40
Pseudobulben und Laubblätter gleichen denen von *P. lagenaria*. Die 5–7 cm breite Blüte variiert zwischen hell- und dunkelviolett, das Labellum ist mehr oder minder deutlich dreilappig, heller gefranst, und der Schlund weist ein orangegelbes, streifenartiges Fleckenmuster auf. Blütezeit: September–Oktober. Heimat: nördliches Indien, Burma. In Höhen zwischen 1700 und 2700 m. Kulturhinweis 1.

Kulturhinweis 1. Mit Vergilben der Laubblätter im Spätsommer beginnt die Ruheperiode mit verringertem Wasseranspruch. Zugleich kommen seitlich der Pseudobulbe ein oder zwei Sproßaustriebe, aus deren Niederblättern sich der ein- oder zweiblumige Blütensproß entwickelt. Nach der Blüte sind die Pleionen mit gefleckten Pseudobulben relativ trocken und temperiert bis kühl zu überwintern, zu einem Schrumpfen der Pseudobulben darf es nicht kommen. Ab Frühjahr, mit beginnender Laubblattentwicklung, sind sie bei halbschattigem Stand reichlich mit Gießwasser zu versorgen. Die Bildung großer Pseudobulben wird durch zwei bis vier Düngungen sehr gefördert. Alle 2–4 Jahre sind diese Pleionen zu teilen und mit Pflanzmaterial für Epiphyten neu auf Korkbrettchen aufzubinden.

Kulturhinweis 2. Die grünbulbigen Arten lieben im Sommer kühlen, luftigen, luftfeuchten und halbschattigen Stand im fensterlosen Frühbeetkasten oder in entsprechender Gartenecke. Sie benötigen in der Vegetationsperiode gleichbleibende Ballenfeuchtigkeit und Luftbewegung. Die Neutriebe verfaulen bei stauender Nässe, andererseits vertrocknen sie leicht, wenn der Ballen zu trocken wird. Zwei bis vier Düngungen begünstigen die Größe der Pseudobulben. Nach Abwerfen der Laubblätter sind diese Pleionen fast trocken und frostfrei zu überwintern. Im Frühjahr beginnt mit steigenden Wassergaben die Entwicklung der Sprosse und Blüten. Geteilt und umgesetzt werden die Pleionen mit grünen Pseudobulben vor oder nach der Blüte in ein Gemisch aus alter Rasenerde, Farnwurzelabfällen, Torf und Sand, mit Zugabe von Kuhfladengeriebsel oder Hornspänen. Sie lassen sich auch in gedüngtem Torf mit Sanduntermischung gut kultivieren. Ältere Exemplare bilden willig Bulbillen aus, die, im Frühjahr auf Substrat gelegt, bei entsprechender Kultur innerhalb von 3–4 Jahren zu blühfähigen Pflanzen heranwachsen.

Renanthera Lour.

Der portugiesische Missionar und Botaniker L. DE LOUREIRO benannte 1790 diese Gattung nach der Form der Staubblätter mit *renes* (lat. Niere) und *anthera* (griech. Staubbeutel). Im Deutschen: Renanthera.
Monopodial wachsende Pflanzen mit meterlang werdenden Sprossen, mehrere Jahre ausdauernden, lederig-derben Laubblättern und seitenständigem, mitunter verzweigtem Blütenschaft. Das mittlere Sepalum und die Petalen der Blüten sind zungenförmig und abstehend, die seitlichen Sepalen unten schmal, oben

elliptisch, und das relativ kleine, dreilappige Labellum mit sackartigem Sporn ist an der Basis des Vorderlappens mit Schwielen versehen. Etwa 10 Arten im tropischen Südostasien.

R. coccinea Lour.; 2n: 38
Scharlachrote Renanthera; W bis T
Die Laubblätter sind 8–12 cm lang, 3–3,5 cm breit, der Blütenschaft ist 40–80 cm lang. Das mittlere, etwa 3 cm große Sepalum und die Petalen sind hellrosa mit scharlachroten Flecken. Die seitlichen, über 3,5 cm langen Sepalen und das Labellum sind scharlachrot. Blütezeit: Februar–Juni. Heimat: Burma, Indochina, südliches China.

R. imschootiana Rolfe; 2n: 38, Farbbild 90
Imschoots Renanthera; W bis T
Laubblätter 6–8 cm lang und 1,5–2,5 cm breit, Blütenschaft 30–50 cm lang. Das mittlere Sepalum ist gelblich, mitunter scharlachrot punktiert, die seitlichen Sepalen sind scharlachrot. Die hellgelben Petalen und das 5–10 mm lange weißliche Labellum sind scharlachrot gefleckt. Eine stark variierende Art. Blütezeit: Februar–Juni. Heimat: Assam, Indochina.

Kulturhinweis siehe bei *Vanda*.

Rhyncholaelia Schltr.

Der von R. Schlechter 1918 eingeführte Gattungsname ist eine Zusammensetzung aus *rhynchos* (griech. Schnabel) und *Laelia*, eine verwandte Orchideengattung. Im Deutschen: Rhyncholaelie.
Im Unterschied zu *Laelia* hat *Rhyncholaelia* eine geschnäbelte Frucht. Die *Rhyncholaelia*-Arten waren bis 1918 in die Gattung *Brassavola* einbezogen und wurden wegen ihres den Laelien gleichenden Aussehens von diesen abgetrennt. *Rhyncholaelia* hat kolbige Pseudobulben und sukkulente Laubblätter, während *Brassavola* lange, stielrunde Sprosse und Laubblätter aufweist. Die durch Bastardierung zwischen *Rhyncholaelia* (syn. *Brassavola*) und *Cattleya* bzw. *Laelia* hervorgegangenen Hybriden tragen noch die ursprüngliche Bezeichnung: *Brassocattleya, Brassolaeliocattleya.*

R. digbyana (Lindl.) Schltr.; 2n: 40, Farbbild 91
Syn.: *Brassavola digbyana* Lindl.
Digbys Rhyncholaelie; T, st. duft.
Die keuligen, etwas flachgedrückten Pseudobulben mit graugrünem Laubblatt sind 10–15 cm hoch. Aus rötlicher Scheide entfaltet sich eine weiße, grünlich

88. Pleione limprichtii, 1,25 : 1
89. Pleione maculata, 3 : 4
90. Renanthera imschootiana, 1 : 1
91. Rhyncholaelia digbyana, 3 : 4

überhauchte Blüte von 10–15 cm Breite, deren Labellum breitrandig gefranst ist. Blütezeit: April–August. Heimat: Honduras.

R. glauca (Lindl.) Schltr.
Syn.: *Brassavola glauca* Lindl.
Blaugrüne Rhyncholaelie; T
Im Wuchs kleiner als *R. digbyana;* die weiße, grünlich überhauchte Blüte ist 6–10 cm breit, das Labellum nicht gefranst, jedoch mit purpurrosa Schlundfleck versehen. Blütezeit: Januar–Mai. Heimat: Mexiko, Guatemala. Auf Paßhöhen zwischen regenarmen Tälern, auf schattenlosen Ästen älterer Eichen.

Kulturhinweis. Trotz des sukkulentenartigen Charakters gleicht die Kultur von Rhyncholaelien sehr jener von Laelien. In ihrer nach der Blüte beginnenden Ruheperiode brauchen sie einen kühleren, luftigeren, sonnigen Stand und werden nur so viel gegossen, daß es zu keiner stärkeren Schrumpfung bei Laubblättern und Wurzeln kommt. Zur Zeit des Sproßaustriebs benötigen sie mehr Wärme und Luftfeuchtigkeit sowie mäßige Ballenfeuchtigkeit. Später fördern monatliche Düngungen die Sproßentwicklung. Rhyncholaelien vertragen sehr schlecht ein Verpflanzen, weshalb dem das Pflanzgefäß verlassenden Neuaustrieb ein mit Substrat gefülltes Ansatzgefäß untergeschoben wird. Nach 3–5 Jahren lassen sich nach Durchschneiden des Rhizoms die Pflanzen gefahrlos teilen. Rhyncholaelien sind blühfaul; nur gut ernährt bilden sie Blüten aus.

Rhynchostylis Bl.

Die Gattung wurde von dem holländischen Botaniker C. L. Blume 1825 nach dem schnabelartigen Säulchen bei der Blüte einer Art benannt: *rhynchos* (griech. Schnabel) und *stylos* (griech. Säulchen). Im Deutschen: Rhynchostylis. Kräftige, stammbildende Pflanzen von monopodialem Wuchs mit fleischig-lederigen Laubblättern und dicken Wurzeln. Der Blütenstand ist eine hängende oder aufrechtstehende, viel- und dichtblumige Traube. Das mittlere Sepalum und die Petalen sind fast gleich, die seitlichen Sepalen sind am Säulchenfuß angewachsen, und das ungeteilte Labellum besitzt einen nach rückwärts gestreckten Sporn. Etwa vier Arten im tropischen Indien, auf dem Malaiischen Archipel und den Philippinen.

R. retusa (Sw.) Bl.; 2n: 38, Farbbild 92
Abgestumpfte Rhynchostylis; W bis T
Der kräftige Stamm trägt dichtstehende, abwärtsgekrümmte, 15–30 cm lange Laubblätter und einen hängenden, 15–35 cm langen, zylindrischen Blütenstand mit 1,5–2,5 cm breiten Blüten. Die Sepalen und Petalen sind weißlich mit rotlila Flecken, das purpurne Labellum ist an der Basis heller, der Sporn seitlich abgeflacht. Blütezeit: März–Juni. Heimat: tropisches Asien. Auf Bäumen bis in Höhen von 1200 m, wo zur kühlen Jahreszeit die nächtliche Temperatur bis auf +10 °C absinken kann.
Kulturhinweis siehe bei *Vanda.* In Körbchen aufgehängt kultivieren.

Rodriguezia Ruíz et Pav.

Die Gattung erhielt 1794 ihren Namen von den spanischen Botanikern H. Ruíz und J. A. Pavón zu Ehren ihres Landsmannes, dem Botaniker, Apotheker und Reisebegleiter Don M. Rodriguez. Im Deutschen: Rodriguezie.
Es sind Pflanzen mit ein oder zwei fleischig-lederigen Laubblättern und kleineren ovalen, seitlich abgeflachten Pseudobulben, die durch mehr oder weniger lange Rhizome unterschiedlich weit auseinandergerückt sein können. Der überhängende Blütenstand ist eine wenig- bis vielblumige Traube. Das mittlere Sepalum und die Petalen sind zusammen vorgeneigt, die seitlichen Sepalen bis etwa zur Hälfte verwachsen, an der Basis spornartig vorgestreckt. Das vorn breite Labellum ist zweilappig, am Grunde mit zwei Kielen versehen. Die kurze Columna trägt an der Spitze zwei mitunter bewimperte Fortsätze. Etwa 30 Arten im tropischen Amerika, vorwiegend in Brasilien.

R. secunda H. B. K.; 2n: 42, Farbbild 93
Einseitswendige Rodriguezie; T bis W
Durch kurze Rhizome sind die 2–4 cm hohen Pseudobulben auseinander gerückt, tragen zwei oder drei 10–15 cm lange, schmale Laubblätter und eine ebensolange vielblumige Traube. Die etwa 1 cm breite Blüte ist rosa- bis dunkelrot, das zweilappige, zungenartige Labellum hat zwei Kiele. Blütezeit: Mai bis September. Heimat: nördliches Südamerika.
Kulturhinweis siehe bei *Comparettia.*

Rossioglossum (Schltr.) Garay et Kennedy

Der deutsche Botaniker R. Schlechter stellte 1916 innerhalb der Gattung *Odontoglossum* die Sektion *Rossioglossum* auf, welche von den nordamerikanischen Botanikern L. A. Garay und G. Kennedy 1976 Gattungsrang erhielt. *Rossioglossum* setzt sich zusammen aus *Ross*, der 1838/39 die ersten Pflanzen dieser Gattung sammelte, und *glossa* (griech. Zunge, für Labellum). Im Deutschen: Rossioglossum.
Rossioglossum hat einen mit *Odontoglossum* übereinstimmenden Habitus, unterscheidet sich jedoch im Blütenbau von diesem durch die rechtwinkelige Stellung der Labellumbasis zur Columna und die abgerundeten, stumpfen Warzen auf der Lippe. Etwa sechs Arten in Mittelamerika.

R. grande (Lindl.) Garay et Kennedy; 2n: 44
Syn.: *Odontoglossum grande* Lindl.
Großes Rossioglossum; Z, K
Die eiförmigen, etwas kantigen Pseudobulben sind 6–12 cm hoch, die beiden breit-eiförmigen, etwas zugespitzten Laubblätter 20–30 cm lang, und der aufrechte, drei- bis achtblumige Blütenschaft wird 25–80 cm hoch. Die 10–15 cm breite Blüte hat grünlich- bis hellgelbe, rotbraun gebänderte Sepalen, die gelben Petalen sind zur Basis hin rotbraun, das weißliche, nierenförmige bis kreisrunde

Labellum ist bräunlich gebändert, mitunter um den Rand bräunlich gefleckt. Blütezeit: Juli–Oktober. Heimat: Mexiko, Guatemala.

R. insleayi (Baker ex Lindl.) Garay et Kennedy; 2n: 44
Syn.: *Odontoglossum insleayi* Baker ex Lindl.
Insleays Rossioglossum; Z, K
Pseudobulben, Laubblätter und Blütenschaft wie bei *R. grande*, nur um ein Viertel kleiner. Blüte 6–8 cm breit, die fast gleich aussehenden Sepalen und Petalen sind hellgelb und rötlichbraun gebändert, das dottergelbe, ei- bis nierenförmige Labellum ist an der Basis karminrot gebändert und am Rand entlang ebenso gefleckt. Blütezeit: Juni–September. Heimat: Mexiko.

R. schlieperianum (Rchb.f.) Garay et Kennedy; 2n: 44, Farbbild 94
Syn.: *Odontoglossum schlieperianum* Rchb.f.
Schliepers Rossioglossum; Z, K bis T
Pseudobulben, Laubblätter und Blütenschaft wie bei *R. grande*, nur etwa um ein Viertel kleiner. Die Sepalen und Petalen der 6–10 cm breiten Blüte sind schwefel- bis sehr blaß gelb und rotbraun gebändert; das mehr bandförmige, vorn eingekerbte Labellum ist hellgelb, am Grunde bräunlich gebändert. Blütezeit: Juni–September. Heimat: Costa-Rica.

R. williamsianum (Rchb.f.) Garay et Kennedy; Farbbild 95
Syn.: *Odontoglossum williamsianum* Rchb.f.
Williams Rossioglossum; Z, K bis T
Pseudobulben, Laubblätter und Blütenschaft wie bei *R. grande*, nur um ein Viertel kleiner. 8–10 cm breite Blüte mit gelben Sepalen, rotbraun gebändert; Petalen teils gelb, teils durch zusammenfließende Streifen rotbraun; Labellum wie bei *R. grande*. Blütezeit: Juli–September. Heimat: Costa-Rica.

Kulturhinweis. Als alpine Bergorchideen gedeihen die Rossioglossum am besten bei kühleren Temperaturen, tagsüber 15–18 °C, nachts 10–13 °C. Im Sommerhalbjahr können die Temperaturen um etwa 5 °C höher sein, jedoch bei entsprechender Schattierung und in Verbindung mit Kühlung der Luft durch öfteres Bespritzen von Wegen und Wänden im Glashaus bzw. durch verdunstendes Wasser aus unterhalb der Pflanzen aufgestellten wassergefüllten Schalen auf der Fensterbank. Rossioglossum lassen sich im Sommer auch in einer schattigen, luftfeuchten Gartenecke kultivieren. Von Beginn des Austriebes bis zur beendeten Entwicklung der Pseudobulbe soll der Wurzelballen gleichbleibend feucht

92. Rhynchostylis retusa, 1 : 2
93. Rodriguezia secunda, 1,25 : 1
94. Rossioglossum schlieperianum, 1 : 1
95. Rossioglossum williamsianum, 4 : 5

sein; in dieser Periode sind auch wiederholte Volldüngergaben mit 0,5–1 g Salz je Liter angebracht. In der Ruheperiode sind die Gießwassermengen so zu reduzieren, daß keine Ballentrockenheit verursacht wird. Zu viel Nässe im Winterhalbjahr führt zu Wurzelfäule und damit zur Schrumpfung der Pseudobulbe. Großes Verlangen besteht nach frischer, möglichst kühler, zugfreier Luft, die im Winterhalbjahr nur durch Umwälzanlagen zu bieten ist.
Umgepflanzt wird alle 2–4 Jahre bei einer Größe des Neutriebes von 6–10 cm. Dabei sind überzählige Rückbulben abzutrennen, vertrocknete Wurzeln ohne Zerstörung des Ballens zu entfernen, ebenso vererdetes Pflanzmaterial. Als Substrat dienen die für epiphytische Orchideen empfohlenen Mischungen. Die Rossioglossum sind in möglichst kleine, die Wurzeln unbeschädigt fassende Blumentöpfe mit guter Dränage einzusetzen.

Sophronitella Schltr.

Die Gattung wurde von R. Schlechter 1925 in Ableitung von *Sophronitis* aufgestellt. *Sophronitella* ist die Verkleinerungsform von *Sophronia;* Bedeutung bei *Sophronitis.* Im Deutschen: Sophronitella.
Im Habitus ähnlich *Sophronitis,* jedoch mit zwei schmalen Laubblättern. Die Sepalen und Petalen sind annähernd gleich, das ebensolange Labellum ist birnenförmig und hat im Gegensatz zu *Sophronitis* keine Seitenlappen. Der Feinbau des Säulchens stimmt mit *Sophronitis* überein. Eine Art in Brasilien.

S. violacea (Lindl.) Schltr.
Syn.: *Sophronitis violacea* Lindl.
Veilchenfarbige Sophronitella; Z, K
Die keuligen Pseudobulben sind 2–4 cm hoch, die Laubblätter 5–7 cm lang; der endständige Blütenschaft trägt ein oder zwei purpur- bis lilarosa Blüten von 3–5 cm Breite. Blütezeit: Dezember–April. Heimat: Brasilien. Wächst häufig auf flechtenüberzogenen Felsen.
Kulturhinweis siehe bei *Sophronitis.*

Sophronitis Lindl.

Diese Gattung wurde 1828 von J. Lindley in Anlehnung an die schon von ihm benannte Gattung *Sophronia* aufgestellt. Grundlage dazu war das griechische Wort *sophron,* das rein, sittsam, bescheiden, auch keusch bedeutet. Im Deutschen: Sophronitis.
Epiphytisch wachsende Pflanzen mit kriechendem Rhizom, ausgeprägter Pseudobulbe und einem sukkulenten Laubblatt. Der kurze, aus halbgeöffnetem Laubblatt hervorkommende, endständige Blütenschaft trägt eine oder mehrere Blüten. Die Petalen sind breiter als die Sepalen, das kürzere Labellum ist dreilappig, seine Seitenlappen umfassen das Säulchen und sind mit diesem an der Basis zweiseitig verwachsen. Die Anthere hat acht Pollinien. Etwa sechs Arten in Brasilien und Paraguay.

S. brevipedunculata (Cogn.) Fowl.
Kurzgestielte Sophronitis; K
Die ovalen Pseudobulben sind 1,5–2,5 cm hoch, das breit-ovale Laubblatt ist 2,5–4 cm lang, die lilarosa Blüte 5–7 cm breit. Das Labellum hat nahezu dreiekkige Seitenlappen und einen keilförmigen Mittellappen von fast halber Lippenlänge, seine Basis ist etwas orange geadert. Blütezeit: Dezember–April. Heimat: Brasilien.

S. cernua Lindl.; 2n: 40, Farbbild 96
Nickende Sophronitis; Z, K
Die spindelförmigen bis diskusähnlichen Pseudobulben sind 2–6 cm hoch, das breit-ovale Laubblatt ist 2–3 cm lang; der endständige, von der Spitze abwärts aufblühende Blütenschaft trägt drei bis sieben gelbliche bis zinnoberrote Blüten von etwa 1 cm Breite. Die Basis des breit-ovalen, zugespitzten Labellums ist orange- bis zitronengelb. Blütezeit: November–April. Heimat: Brasilien.

S. coccinea (Lindl.) Rchb.f., Farbbild 97
Syn.: *S. grandiflora* Lindl.
Scharlachrote Sophronitis; Z, K
Die spindelförmigen Pseudobulben sind 2–4 cm hoch, das schlank-ovale Laubblatt ist 2–3 cm lang, die scharlachrote Blüte 3–5 cm breit, selten größer. Das Labellum hat gegenüber *S. brevipedunculata* rundliche Seitenlappen und gegenüber *S. mantiqueirae* einen längeren und schmaleren Mittellappen von fast halber Lippenlänge. Die Basis ist orangegelb und nach vorn ebenso geadert. Blütezeit: Dezember–April. Heimat: Brasilien. Serra da Mar, in 750 bis 900 m Höhe.

S. mantiqueirae Fowl.
Mantiqueira-Sophronitis; K
Die spindelförmigen Pseudobulben sind etwa 2 cm hoch, das breit-ovale Laubblatt ist 3–4 cm lang, die orange bis rote Blüte 3–5 cm breit. Das Labellum hat rundliche Seitenlappen wie *S. coccinea,* jedoch einen kurzen, breiten Mittellappen von etwa $^1/_4$ der Lippenlänge. Die Basis ist etwas orangegelb geadert. Blütezeit: Dezember–April. Heimat: Brasilien. Serra da Mantiqeira, 1500 m Höhe.

Kulturhinweis. Entsprechend ihrer epiphytischen, den Baumstämmen anliegenden Wuchsart gedeihen Sophronitis mit wenig Pflanzstoff auf Korkbrettchen aufgebunden besser als eingetopft. Sie sind je nach Witterung in der Vegetationszeit häufiger zu wässern als in der Ruheperiode. Stauende Nässe führt ebenso wie zu große Trockenheit zu Schäden an den Wurzeln, was auch den neuen Sproß schwächt. Tropfen von Spritz- und Gießwasser im Inneren sich öffnender Laubblätter sind oft Ursache für das Ausfaulen der Blüten. Die Sophronitis beanspruchen einen luftigen, beschatteten und kühlen Standort. In den Wintermonaten genügen Temperaturen zwischen 15 und 17 °C tagsüber, zwischen 12 und 14 °C während der Nacht. Als Pflanzmaterial ist ein Gemisch aus weicheren Farnwurzeln mit Sphagnum angebrachter als eines mit sparrigen Substanzen. Gut eingewurzelte Pflanzen sind für Düngergaben (0,5 g/Liter) vor und nach der Blüte dankbar.

Stanhopea Frost ex Hook.

Der englische Botaniker J. FROST, Gründer der London Medico-Botanical Society, benannte diese Gattung 1829 zu Ehren des ersten Präsidenten dieser Gesellschaft, Sir P. H. Earl STANHOPE. Im Deutschen: Stanhopea.
Epiphytisch wachsende, horstbildende Pflanzen mit rundlichen, gefurchten Pseudobulben, die ein mehrjähriges, derbes Laubblatt tragen und herabhängende Blütenstände ausbilden. Die Sepalen und Petalen sind auf- bzw. seitwärts geschlagen; das parallel zur herabhängenden Columna stehende fleischig-wachsartige Labellum hat ein sack- oder kahnförmiges, mit seitlichen Kielen versehenes Hypochil (hinterer Lippenteil), ein hornähnliches Mesochil (mittlerer Lippenteil) und breit-elliptisches, vorn dreizähniges bzw. -lappiges Epichil (vorderer Lippenteil). Die schlanke Säule ist seitlich flügelartig verflacht, ihr Fuß geht allmählich in das Labellum über. Etwa 50 Arten in Mittel- und Südamerika.

St. hernandezii (Kunth) Schltr.; 2n: 40
Syn.: *St. tigrina* Batem.
Hernandez' Stanhopea; Z, T bis K, st. duft.
Die Pseudobulben sind 4–7 cm hoch, das eine Laubblatt ist 30–50 cm lang, der kurze Blütenstand hat zwei bis vier 10–15 cm breite Blüten. Die weißlichgelben Sepalen und Petalen sind stark dunkelrotbraun gefleckt, das gleichfarbige Labellum ist an der Basis gefleckt und zur Spitze hin wie die Columna punktiert. Blütezeit: Juli–Oktober. Heimat: Mexiko.

St. oculata (Lodd.) Lindl.; 2n: 40, Farbbild 98
Augen-Stanhopea; Z, T bis K, st. duft.
Im Wuchs etwas kleiner als *St. hernandezii,* der Blütenstand mit drei bis fünf 6–8 cm breiten Blüten ist jedoch 20–35 cm lang. Die hellgelblichen Sepalen und Petalen sind rötlichbraun gepunktet, außerdem befinden sich an der Basis der Petalen beiderseits zwei dunkel rotbraune, augenartige Flecken. Das Labellum und die Columna sind weißlichgelb, rötlichbraun punktiert, und auch das Hypochil trägt beiderseits einen dunkelbraunen Augenfleck. Blütezeit: Juni bis September. Heimat: Mittelamerika.

96. Sophronitis cernua, 2 : 1
97. Sophronitis coccinea, 2 : 1
98. Stanhopea oculata, 1 : 2
99. Trichopilia tortilis, 1 : 1

St. wardii Lodd. ex Lindl.
Wards Stanhopea; Z, T bis K, st. duft.
Habitus und Blütengröße wie bei *St. oculata*. Die hell- bis orangegelben Sepalen und Petalen sind purpurbraun gefleckt, das hellere Labellum hat beiderseits einen, seltener keinen, schwärzlichbraunen, augenartigen Fleck. Die gleichfarbige Columna ist punktiert. Blütezeit: Juni–September. Heimat: Mittel- und tropisches Südamerika.

Kulturhinweis. Wegen der hängenden Blütensprosse sind die Stanhopea in aufhängbare Holzkörbchen einzupflanzen, ihre Laubblätter wachsen jedoch aufwärts. Während der winterlichen Ruhe sind die Wassergaben zu verringern, insbesondere bei kühler Überwinterung. Mit Beginn der Vegetationszeit bis zum Spätsommer benötigen die Pflanzen einen sonnigen, leicht beschatteten, luftigen und wärmeren Stand, der im Hochsommer auch unter Baumkronen im Garten sein kann, wenn die Luftbewegung keine zu rasche und anhaltende Ballentrockenheit verursacht. In dieser Periode sind reichliche Wassergaben und gelegentliche Düngungen angebracht. Umgesetzt wird je nach Notwendigkeit in ein Pflanzmaterial für Epiphyten.

Thunia Rchb.f.

Diese Gattung wurde 1852 von dem deutschen Botaniker H. G. REICHENBACH (filius) nach dem Grafen VON THUN-HOHENSTEIN von Tetschen in Böhmen benannt. Im Deutschen: Thunie.
Die aufrechten, stammartigen, keine zweite Ruheperiode überdauernden Sprosse tragen bläulichgrüne, mit einer Wachsschicht überzogene Laubblätter. Die endständige, überhängende Infloreszenz ist drei- bis zehnblumig. Die Sepalen und Petalen sind länglich zugespitzt; das ähnliche Labellum umfaßt mit seinen Seitenlappen den Fuß der Columna. Die Anthere enthält acht Pollinien. Etwa 5 terrestrisch-halbepiphytisch wachsende Arten in Indien, Burma, Nepal.

T. marshalliana Rchb.f.; n: 20
Marshalls Thunie; T
Die fingerstarken Sprosse werden 50–100 cm hoch, die Infloreszenz ist zwei- bis achtblumig mit 5–10 cm breiten, weißen Blüten. Das gefranste Labellum ist vorn gelb gefleckt und mit orange Kämmen versehen. Blütezeit: Juni–August. Heimat: Burma, Himalaja. Auf moosbewachsenen Baumstämmen und Felsen.

Kulturhinweis. Bei Sproßaustrieb sind die Thunien Mitte/Ende März in nährstoffreiches Pflanzmaterial für Epiphyten umzusetzen. Das Fehlen von Wurzeln macht das sofortige Aufbinden der Sprosse erforderlich. Die anfänglich spärlichen Wassergaben werden entsprechend der Schnelligkeit der Sproßentwicklung immer reichlicher, auch sind bis kurz vor Erscheinen der Blüten einige schwache Düngergaben angebracht. Man kultiviert bei schwacher Schattierung im luftfeuchten Warmhaus, 25–20 °C, ohne die Pflanzen zu überspritzen. Nasse Stellen an den Laubblättern verursachen schwärzliche Fleckenbildung. Nach

der Blüte sind die Gießwassermengen einzuschränken, und mit Beginn des Vergilbens der Laubblätter wird das Gießen ganz eingestellt. Die Pflanzen ballentrocken in der kühlsten Ecke des temperierten Glashauses überwintern.
Vor Blühbeginn können zur Vermehrung die überwinterten Sprosse in etwa 10 cm lange Teilstücke zerschnitten und in ein Glas mit etwa 2 cm reinem Wasser gestellt werden. Das Wasser ist hin und wieder zu ergänzen bzw. zu erneuern. Bei warmem Stand entwickeln sich nach 2–5 Monaten aus den unter trockenen Blattscheiden vorhandenen Augen Seitensprosse, die, nach Wurzelbildung eingetopft und wie Jungpflanzen weiterkultiviert, nach 3–5 Jahren blühfähige Pflanzen bringen.

Trichopilia Lindl.

Auf Grund des zottiggefransten Randes des Klinandriums (Antherengrube, Vertiefung über oder hinter der Narbe) benannte 1836 der englische Botaniker J. LINDLEY diese Gattung mit *thrix, tricho-* (griech. Haare, haarig) und *pilos* (griech. Filz, filzig). Im Deutschen: Trichopilie.
Die abgeflachten Pseudobulben tragen ein lederiges Laubblatt und bringen grundständig eine bis mehrere hängende, ein- bis fünfblumige Infloreszenzen. Die schmalen Sepalen und Petalen gleichen sich; das große Labellum umschließt tütenförmig die schlanke Columna, die an der Spitze zottig gefranst ist. Die Anthere enthält zwei Pollinien. Etwa 25 epiphytisch wachsende Arten sind im tropischen Mittel- und Südamerika verbreitet.

T. suavis Lindl. et Paxt.; 2n: 56
Liebliche Trichopilie; Z, T bis K
Seitlich zusammengedrückte Pseudobulben von 2–4 cm Höhe, Länge des Laubblattes 10–15 cm. Ein- bis dreiblumiger, hängender Blütenstand, mit 7–10 cm breiten Blüten, weißlich mit lilarosa Tupfen und Flecken; die Sepalen und Petalen sind gewellt, der Schlund des Labellums ist gelb gefleckt. Blütezeit: Februar–Mai. Heimat: Mittelamerika.

T. tortilis Lindl., Farbbild 99
Gedrehte Trichopilie; Z, T bis K
Habitus und Blüte wie bei *T. suavis,* jedoch sind die gedrehten Sepalen und Petalen gelblichgrün mit bräunlichrot gefleckter Mitte, und der gelbliche Schlund des weißlichen Labellums ist rötlich gefleckt. Blütezeit: Dezember bis April. Heimat: Mittelamerika. Vorwiegend auf Bäumen an Berghängen in Höhen um 1600 m.
Kulturhinweis siehe bei *Rossioglossum.*

Vanda Jones

Sir W. JONES, Jurist und Orientalist in Kalkutta, entnahm das Wort *vanda* dem Sanskrit (indische Gelehrtensprache) und bezeichnete 1795 damit verschiedenartige Epiphyten. Im Deutschen: Vanda.

Es sind monopodial wachsende Pflanzen mit meterlang werdenden Stämmen, längeren Luftwurzeln, wechselständig stehenden Laubblättern von lederiger bis fleischiger Struktur und seitenständigen, wenig- bis vielblumigen Blütensprossen. Die fast gleich aussehenden Sepalen und Petalen sind zur Basis hin verschmälert, leicht gewellt oder etwas gedreht. Das mit kurzem Sporn versehene Labellum hat zwei Seitenlappen und einen nieren- bis geigenförmigen Mittellappen mit mehr oder weniger erhöhten Mittelnerven. Die kurze Columna ist zur Basis hin besonders verdickt. Die Anthere enthält zwei Pollinien. Etwa 45 epiphytisch wachsende Arten sind zwischen Indien, den Philippinen und dem nördlichen Australien beheimatet.

V. alpina Lindl.; 2n: 38
Bergbewohnende Vanda; T bis K
Der 10–30 cm hohe Stamm hat 6–12 cm lange, etwas keilförmig gefaltete Laubblätter; am wenigblumigen Blütenstand sind die 2–4 cm breiten Blüten gelblichgrün gefärbt. Das grüne, purpurbraun streifig gefleckte, spornlose Labellum hat runde Seitenlappen; der ovale Vorderlappen endet vorn mit zwei nicht deutlich ausgebildeten Spitzen. Verwechselbar mit *V. cristata.* Blütezeit: Mai–Juli. Heimat: Sikkim. Zwischen 1500 und 1800 m. Kulturhinweis 2.

V. amesiana Rchb.f.; 2n: 38
Ames' Vanda; T bis K
Der kurz bleibende Stamm trägt wenige, 15–25 cm lange, halbzylindrische, tief gerillte Laubblätter. Der 30–60 cm lange Blütenschaft hat drei bis fünfzehn weißlich- bis hell grünlichgelbe Blüten von 3–5 cm Breite. Der rundliche bis breit keilförmige, gewellte Mittellappen des Labellums ist rosalila gefleckt. Blütezeit: November–April. Heimat: Burma, Siam, Indochina. Auf sonnigen Felsen zwischen 1300 und 1700 m. Kulturhinweis 2.

V. coerulea Griff. ex Lindl.; 2n: 38
Blaue Vanda; T bis W
Der reichbeblätterte Stamm wird 50–100 cm hoch, die etwas gefalteten Laubblätter sind 20–30 cm, der Blütenschaft 30–60 cm lang. Die fünf- bis fünfzehnblumige Infloreszenz hat 5–10 cm breite Blüten von bläulichweißer bis bläulichschiefergrauer Färbung, mit unterschiedlich ausgeprägter dunklerer Netzzeichnung. Die Petalen sind gedreht, das kurze, dunkelviolette Labellum hat zwei weißliche Seiten- und einen länglichen Mittellappen mit zwei oder drei Kielen. Der waagrechte Sporn ist kurz. Blütezeit: September–Dezember. Heimat: Burma. In Eichenwäldern zwischen 700 und 1300 m. Kulturhinweis 1.

100. Vanda teres, 2 : 3
101. Vanda tricolor, 1 : 1
102. Vanilla planifolia, 1 : 3
103. Zygopetalum mackayi, 4 : 5

V. cristata Lindl.
Kammförmige Vanda; T bis K
Habitus und die gelblichgrünen bis zitronengelben Blüten wie *V. alpina,* jedoch ist das Labellum gespornt, hat vorn zwei gespreizte Lappen, darunter einen hornartigen Auswuchs und ist blutrot bis schwärzlichpurpur gefleckt oder gestreift. Blütezeit: März–Juni. Heimat: Sikkim. Zwischen 600 und 1500 m Höhe. Kulturhinweis 2.

V. teres Lindl.; 2n: 38, Farbbild 100
Stielrunde Vanda; W bis T
Die meterlangen, gabelförmig verzweigten, mit Luftwurzeln besetzten Stämme brauchen eine haltgebende Stütze. Sie haben stielrunde, 8–15 cm lange Laubblätter, die oberseits gefurcht und dunkelgrün, mitunter bräunlich gefleckt sind. Der länger als die Laubblätter werdende Blütenschaft trägt zwei bis acht 6–10 cm breite Blüten, deren weißliche Sepalen und Petalen rosa bis hellila angehaucht sind. Die Seitenlappen des Labellums, die oberhalb des Säulchens übereinander gelegt sind, weisen gelbliche, lila und bräunliche Farbtöne auf und sind purpurfarben punktiert. Der vorn breite Mittelteil der Lippe ist zweilappig und ähnlich gefärbt. Der kurze Sporn ist kugelförmig. Blütezeit: April bis August. Heimat: südliches Himalaja-Gebiet, Indochina. Auf Bäumen in wärmeren Tälern. Kulturhinweis 1; Voraussetzung für reichlichen Blütenansatz ist ein heller, sonniger und luftfeuchter Stand im Glashaus.

V. tricolor Lindl.; 2n: 38, Farbbild 101
Dreifarbige Vanda; W, st. duft.
Die reichbeblätterten Stämme sind 50–150 cm hoch, die etwas gefalteten Laubblätter 30–50 cm lang, die drei- bis zehnblumige, kompakte Infloreszenz ist kürzer als das Laubblatt. Blüte 4–5 cm breit; die gelblichen Sepalen und die gedrehten Petalen sind braun gefleckt, das gleichlange Labellum mit weißlichen Seitenlappen hat einen breit-geigenförmigen, lila, purpurgestreiften Vorderlappen. Der kurze Sporn ist seitlich etwas zusammengedrückt. Bei **V. t.** var. **suavis** (Lindl.) Rchb.f., 2n: 38, angenehm duftende Vanda, ist die lockerblumige Infloreszenz länger als das Laubblatt. Die weißlichen Sepalen und Petalen sind bräunlichlila bis purpur gefleckt, das Labellum hat purpurfarbene Seiten- und einen rosa bis dunkellila Vorderlappen. Blütezeit: Februar–Juni oder September bis Oktober. Heimat: Java. In Höhen zwischen 400 und 800 m. Kulturhinweis 1.

Kulturhinweis 1. Die fast ganzjährige Vegetationszeit der meisten Vanda-Arten in ihrem tropisch-subtropischen Verbreitungsgebiet verkürzt sich in Mitteleuropa auf die Periode zwischen Mai und September. Obwohl Vanda intensives Sonnenlicht vertragen, kommen wir ohne Schattierung im Sommer nicht aus. Dazu benötigen sie hohe Luftfeuchtigkeit, Temperaturen zwischen 27 und 22 °C und bei entsprechender Witterung täglich ein- oder zweimaliges leichtes Überspritzen ihrer Laubblätter und Wurzeln. Ab Spätsommer unterläßt man das, auch die Gießwassermenge wird reduziert, und im Winter genügen Temperaturen zwischen 22 und 17 °C. In dieser Zeit wird von den Wurzeln anhaltende

Ballennässe nicht vertragen, doch darf das Gießen nicht völlig unterlassen werden. Das geeignetste Pflanzmaterial mit rascher Wasserabzugsmöglichkeit und guter Durchlüftung sind gröbere Farnwurzeln oder Redwood-Rinde mit etwas Sphagnum und organischer Düngung. Verpflanzt wird nur, wenn unbedingt notwendig, wobei die sparrig seitwärts gewachsenen Wurzeln unversehrt in das neue Pflanzgefäß unterzubringen sind. Viele gebrochene Wurzeln bringen die Pflanze für Jahre zum Entwicklungsstillstand. Pflanzen mit einem durch Größe und Alter blattleer gewordenen Stamm sind durch Abmoosen in Wipfelhöhe befähigt, innerhalb von 1–2 Jahren im Abmoosungsbereich neue Wurzeln hervorzubringen (Abb. 103). Bei Vegetationsbeginn wird unterhalb dieser neugebildeten Wurzeln der Wipfel vom Stamm abgetrennt, eingetopft und wie umgepflanzte Vanda weiterbehandelt.
Bei Kultur auf der Fensterbank ohne direkte Sonneneinstrahlung zur Mittagszeit ist eine Schattierung überflüssig. Die Ursache fehlender oder zu später Blüte ist meistens Lichtmangel; Knospenverlust im Spätsommer ist eine Folge des inzwischen zu kühl gewordenen Standortes.

Kulturhinweis 2. Alle Vanda aus höher gelegenen Gebieten beanspruchen im Sommer einen beschatteteren und kühleren Standort, der dementsprechend luftiger sein muß und über Winter Temperaturen zwischen 18 und 12 °C aufweisen soll. Sonstige Kulturmaßnahmen entsprechend Hinweis 1.

Vanilla Sw.

Anregung zu diesem Gattungsnamen gab dem schwedischen Botaniker O. P. Swartz 1799 das spanische Wort *vainilla,* kleine Schote – ein Hinweis auf die langen, dünnen Früchte bei dieser Orchidee. Im Deutschen: Vanille.
Die auf Stützen emporklimmenden, fingerdicken, mehr oder minder reichlich beblätterten und verzweigten Sprosse werden meterlang und entwickeln aus ihren Internodien lange, in den Erdboden eindringende Luftwurzeln. Aus den Achseln von wechselständig stehenden fleischigen Laubblättern oder häutigen Laubblattrudimenten entspringen vielblumige, nacheinander aufblühende, kurze Infloreszenzen. Die Sepalen und Petalen sind fast gleich, das spornlose Labellum umschließt tütenförmig die langgestreckte Columna. Die fälschlich als Schote bezeichnete längliche Kapsel enthält, im Fruchtfleisch eingebettet, harten, schwarzen Samen. Etwa 100 Arten sind in den Tropen beheimatet. Die nachfolgend beschriebene Art wird in vielen tropischen Gebieten plantagenmäßig kultiviert, um aus ihren aromatisch duftenden Früchten durch Fermentierung die bei der Mehlspeisezubereitung verwendeten Vanillestangen und -schoten zu erhalten.

V. planifolia Andr.; 2n: 28–32, Farbbild 102
Syn.: *V. fragrans* (Salisb.) Ames
Flachblättrige Vanille; W
Die meterlang werdenden Sprosse mit fleischigen Laubblättern bringen aus vereinzelten Blattachseln kurze, zehn- bis fünfzehnblumige Trauben von grünli-

chen, 7–10 cm breiten Blüten. Blütezeit: April–August. Heimat: tropisches Amerika.
Kulturhinweis. Ausgepflanzt ins dränierte Erdbeet im Warmhaus mit sommerlichen Temperaturen zwischen 28 und 22 °C, im Winter 22 und 17 °C, wächst die Vanille am Lattengerüst emporklimmend sehr willig. Ein nährstoffreiches, lokkeres Pflanzmaterial aus gleichen Teilen von Sphagnum und Styroporschnitzeln mit viel Hornspänen und eine der Jahreszeit entsprechende Bewässerung ermöglichen üppiges Gedeihen und reichliches Blühen. Um Früchte zu erhalten, müssen die kaum einen Tag haltbaren Blüten vormittags handbestäubt werden.

Zygopetalum Hook.

Diese Gattung wurde von dem englischen Botaniker W. J. HOOKER im Jahre 1827 beschrieben. Die Benennung mit *zygon* (griech. Joch) und *petalon* (griech. Kronblatt) ist wahrscheinlich auf den an der Basis des Labellums vorhandenen Kallus zurückzuführen. Im Deutschen: Zygopetalum.
Es gibt terrestrisch und/oder epiphytisch wachsende Arten mit monopodialem Sproß oder sympodialer Sproßverzweigung und rundlichen Pseudobulben. Die Laubblätter sind schmal und lang, der aufrechte bis überhängende Blütenschaft kommt bei monopodial wachsenden Arten aus der Achsel jüngerer Laubblätter, bei Arten mit Pseudobulben aus dem neuen Sproßaustrieb. Die Sepalen und Petalen sind fast gleich, das Labellum ist ungeteilt, mit hufeisenförmigen Schwielen versehen. Es bildet mit dem Säulchenfuß ein kräftiges Kinn. Etwa 15 Arten sind zwischen Brasilien und Venezuela verbreitet.

Z. mackayi Hook.; 2n: 48, Farbbild 103
Mackays Zygopetalum; Z, K, Schnittbl.
Die 4–8 cm hohen Pseudobulben haben 40–80 cm lange Laubblätter und einen aufrechten, fünf- bis zehnblumigen Blütenschaft von 50–100 cm Länge. An der 4–6 cm breiten Blüte sind die gelblichgrünen Sepalen und Petalen purpurbraun gefleckt, das weißliche Labellum ist violett gestrichelt. Blütezeit: September bis Januar. Heimat: Brasilien.
Kulturhinweis siehe bei *Cymbidium* oder bei *Rossioglossum.*

8.4 Orchideen-Hybriden

Im Laufe von Jahrtausenden entstand in allen Erdteilen durch die gestaltungsfreudige Natur eine unüberschaubare Anzahl von Orchideenarten. Ihre überaus reizvollen Formen und Farben begeisterten unzählige Menschen, so daß sie die Pflanzen von ihren natürlichen Standorten holten und noch holen, um sie in einer künstlich geschaffenen Umgebung mit mehr oder weniger Geschick weiterzupflegen. Die wenigsten Menschen erfassen dabei die für die Orchidee zu bewältigende Umstellung von ihrem angestammten Kleinklima in eine uns Menschen behagende Umwelt, und sie greifen darum prüfungslos nach Ersatz bei mißglückter Akklimatisierung. Diese sich über Jahrzehnte erstreckende Nachfrage verringerte bei gleichzeitiger Vernichtung vieler Standorte ihren Bestand derart, daß in den letzten Jahren die Einrichtung von Orchideenreservaten erforderlich wurde.

Seit Beginn der Orchideenimporte wurde versucht, durch vegetative Vermehrung die Bestände zu erhalten, jedoch erst die in diesem Jahrhundert entwickelten Methoden der asymbiotischen Aussaat und der Triebspitzenvermehrung gaben die Voraussetzung für eine verringerte Nachfrage nach importierten Orchideen. Die in der Kultur aus Samen oder isolierten Knospen entstandenen Jungpflanzen wachsen in einer Umwelt heran, die, trotz Wechsel vom Züchter zum Liebhaber, eine erfolgreiche Weiterentwicklung viel besser garantiert. Die Nachzuchten von reinen Arten oder Hybriden sind bei Verlust durch einen Kulturfehler leicht ersetzbar. Mit Sortennamen versehene Neuzüchtungen werden alljährlich von Bewertungsausschüssen nationaler Orchideen-Gesellschaften nach verschiedenen Gesichtspunkten beurteilt und prämiiert. Die vergebenen Prädikate bürgen für Erlesenes aus der Vielzahl guter Aufzuchten. Kennzeichen dieser Prämiierungen ist das an den Sortennamen in Abkürzung mit Jahreszahl angefügte Prädikat, wie z.B. *Phal.* Lippstadt 'Elegance' GM/DOG 74, mit der Bedeutung: die Sorte *Phalaenopsis* Lippstadt 'Elegance' erhielt 1974 die Goldmedaille der Deutschen Orchideen-Gesellschaft.

Folgende Abkürzungen der deutschen und ausländischen Orchideen-Gesellschaften sind gebräuchlich:

GM Gold-Medaille (GH für Hybriden, GB für botanische Art)
SM Silber-Medaille (SH für Hybriden, SB für botanische Art)
BM Bronze-Medaille (BH für Hybriden, BB für botanische Art)
AM Award of Merit
FCC First Class Certificate
HCC Highly Commendable Certificate
DOG Deutsche Orchideen-Gesellschaft
AOS American Orchid Society
CSA Cymbidium Society of America
NOS Netherlands Orchid Society
RHS Royal Horticultural Society
WOC World Orchid Conference

Zusätzlich zur Bewertung von Farbe, Haltung und Form der Blüte von Hybriden können auch botanische Arten und der Kulturzustand eigens prämiiert werden. Nachfolgend wurde aus den Tausenden älterer und neuerer Art- und Gattungshybriden in- und ausländischer Züchter sowie selektierter Varietäten eine Auswahl getroffen.
– n.r. – bedeutet: nicht registrierte Hybride.

8.4.1 Hybriden der Gruppe Brassavola-Cattleya-Laelia-Sophronitis

Frühere Kreuzungen wurden mehr oder weniger willkürlich durchgeführt. Erst nachdem erleichterte Aussaat- und Aufzuchtmöglichkeiten bestanden, konnten auch auf kommerzieller Basis neuartige Zuchtrichtungen gezielt verwirklicht werden. Nachdem der Vererbungsgang bestimmter Merkmale einzelner Arten erkannt worden war, fußt darauf die Auswahl der Elternpflanzen. Die Hybriden mit schmalen, überhängenden Blumenblättern und mit leicht zusammenfallenden Blüten wurden ebenso ausgeschieden wie kleinblumige und blühfaule Bastarde. Das erstrebte Zuchtziel ist in der Regel eine relativ große, geschlossene, haltbare Blüte.

Außer den offenen und breiten Petalen vererbt *Cattleya labiata* auch die Variabilität ihrer Färbung. Bei Bastardierungen mit anderen Arten des gleichen Formenkreises entstand dadurch ein unerschöpfliches Potential von rosa- bis dunkellila Einfach- und Mehrfachhybriden mit und ohne Farbeinsprengungen auf ihren Labellen. Die aufgefundenen Albino-Formen des gleichen Artenkreises erwiesen sich bei Bastardierungen größtenteils als reinerbig. Mit ausgewählten Eltern, zu denen auch *Brassavola digbyana* gehörte, ließ sich ohne besondere Schwierigkeit ein reichhaltiges Sortiment von weißblumigen Sorten, auch solche mit grünlichem oder gelblichem Labellumschlund züchten. Ebenso Sorten, deren Lippe mehrfarbig war.

Konnte man frühzeitig erstklassige lila- und weißblumige Hybriden, vorwiegend für Schnittzwecke, erzielen, stellten sich die Erfolge rot und bläulich blühender Sorten relativ spät ein. Zugleich mit Cattleyen wurden auch Laelien untereinander gekreuzt, doch erfreuten sich ihre Hybriden keiner besonderen Wertschätzung. Ihre Blüten erwiesen sich zum Schnitt als ungeeignet. Laelien mit Cattleyen gekreuzt ergaben dagegen z.T. wertvolle Gattungsbastarde, die weit verbreitet sind.

Der Wunsch der Züchter, rote Cattleyen zu präsentieren, war, wie schon angedeutet, schwer zu verwirklichen. Unter den Arten dieser Gattung gibt es keine roten Formen. Ihre nächsten Verwandten mit roten und orange Blüten sind *Sophronitis coccinea, Laelia cinnabarina* und *L. milleri*. Die ersten Versuche bestanden darin, *S. coccinea* in weißblühende Cattleyen einzukreuzen, mit dem Ergebnis eines Mißerfolges. Die weiße Blütenfarbe erwies sich als dominant. Weitere Versuche mit kleinblumigen, farbigen Cattleyen und Laelien brachten zunächst nur kleinbleibende, sterile, langsamwachsende Hybriden mit in allen Nuancen rötlichen Blüten. Als mit ausgesuchten gelb-, orange- und bronzefarbenen Laeliocattleyen und Sophrocattleyen der F_1-Generation neuerliche Einkreuzungsversuche mit dunkellila Cattleyen vorgenommen wurden und die Sterilität durch Embryokultur umgangen werden konnte, waren die Hindernisse zur Züchtung roter Cattleyen-Hybriden weitgehend überwunden. Das Verfahren der Embryokultur bestand darin, die der unreifen Frucht entnommenen befruchteten Samenanlagen auf speziellen Nährböden zur Weiterentwicklung zu bringen. Der auf diesem Umweg herangezogenen, berühmt gewordenen *Slc.* Falcon haftet allerdings die Sterilität an, die sie zur Weiterkreuzung ungeeignet macht. Aus anderen Hybriden mit *S. coccinea*-Erbmerkmalen entstanden bei weiteren Bastardierungsversuchen und Nutzung der Embryokultur Bastarde, die nicht die Zuchtschwierigkeiten ihrer Eltern erbten, sondern sich als fertile Partner erwiesen. Ihre Einkreuzung in dunkellila F_1- und F_2-Hybriden von *C. labiata* brachte rotnuancierte Sorten. Dieser erwünschte Farbton trat besonders hervor, wenn ausgesuchte *Slc.* in dunkellila Cattleyen-

Hybriden eingekreuzt wurden, die reichlich Erbgut von *C. dowiana* var. *aurea* besaßen. Berühmt gewordene Rotproduzenten sind z. B. *Slc.* Pearl Spencer und die tetraploide *Slc.* Anzac 'Orchidhurst'. Die letztgenannte Sorte brachte, mit gleichfarbigen Individuen gekreuzt, noch dunklere Hybriden, mit *C. aurantiaca* dagegen eine rot und orange sowie gelb blühende Nachkommenschaft.

Eine weitere Erfolgskreuzung war die Verbindung von *L. cinnabarina* und *S. coccinea* mit *Sl.* Psyche, die zwar einen zwergigen Wuchs, jedoch leuchtende orangerote Blüten mittlerer Größe aufweist. Diese Hybride behielt ihre Fertilität und brachte bei weiteren Einkreuzungen eine größere Anzahl schöner *Slc.* und *Potinara.*

Ein anderer wertvoller Rotproduzent ohne *S. coccinea*-Blut ist C. Nigrella, die, mit verschiedenen Hybriden gekreuzt, erlesene Nachkommen hervorbrachte. Hiermit wurde eine weitere Möglichkeit eröffnet, rotblühende, großblumige Cattleyen zu erzielen. Einkreuzung ohne *S. coccinea* hat sich als das erfolgreichere Verfahren herausgestellt. Trotz der Einfachheit der Durchführung einer Kreuzung bleibt die Partnerwahl eine schwierige Entscheidung, weil zum Gelingen das gesamte Erbgut der Vorfahren mitbestimmend ist.

Um das leuchtende Orange von *Laelia cinnabarina* in großblütige Cattleyen hineinzubringen, wurde sie in der Anfangszeit der Hybridisierung in *C. dowiana, C. mossiae, C. trianae* und in weitere Arten eingekreuzt, aber auch in *Brassavola digbyana* und *B. glauca,* in *Sophronitis coccinea, Laelia harpophylla* und *L. purpurata.* Ein Rückblick auf die daraus hervorgegangenen Primärhybriden ergibt, daß nur wenige für die Weiterzucht größere Bedeutung erlangten. Die meisten Bastarde waren steril, mit Ausnahme der Tochtergenerationen von *L. cinnabarina* bzw. *L. harpophylla* mit *Cattleya.* Bei diesen Primärhybriden kam unterschiedlich stark die sternartige Blütenform der Laelie zum Vorschein und die Dominanz des Orange über die purpurlila Blütenfarbe. Erst weitere Ein- und Rückkreuzungen brachten nennenswerte Ergebnisse mit vollkommenen Cattleyenblüten, z. B. *Lc.* Edgard van Belle.

Blaue Cattleyen von dunklem Marineblau wird die Hybridisierung nicht hervorbringen. Die vorhandenen blaugrauen Formen entstammen Varianten, bei denen die Blüten durch zufällige Zellsaftveränderungen ihren bläulichgrauen Farbton erhielten. Solche vereinzelten Farbmutationen wurden bei mehreren Arten verschiedener Gattungen unter tausenden von Individuen gefunden und dann vorwiegend vegetativ vermehrt. Durch Bastardierung untereinander ließen sich dunklere blaugraue Farbtöne erzielen.

In jüngster Zeit kommt zu den genannten Zuchtzielen das Bestreben hinzu, die Orchideenliebhaber mit anspruchsloseren, farbigen Hybriden für die Zimmerkultur zu versorgen. Ein weiterer Trend zeigt sich in der verstärkten Bastardierung andersartiger Naturformen, um durch neue Blütenformen und bisher nicht gekannte Farbkombinationen die weltweit bestehende Gleichförmigkeit der auf dem *Cattleya labiata*-Formenkreis basierenden Hybriden aufzulockern.

Brassocattleya; *Bc.* Apparition.
Gattungsbastard aus *Brassavola* × *Cattleya*
Lilafarbige: *Bc.* Jugend; *Bc.* Languedoc 'Patrick'.
Weißblühende: *Bc.* Déesse 'Perfection' FCC/AOS; *Bc.* Pastoral 'Innocence'.

Brassolaeliocattleya; *Blc.*
Gattungsbastard aus *Brassavola* × *Laelia* × *Cattleya*
Lilafarbige: *Blc.* Gigant SM/DOG; *Blc.* Kébir 'La Tuilerie'; *Blc.* Norman's Bay 'Lows' FCC/RHS; *Blc.* Norman's Bay 'Lucille' AM/AOS, FCC/AOS; *Blc.* Stilles Gedenken; *Blc.* Wichmanns Liebling.
Orange-gelblich: *Blc.* Brigitte 'Roche d'Or' AM/NOS; *Blc.* Pacific Gold; *Blc.* Sylvia Reilly; *Blc.* Yellow Imp. 'King's Cup' AM/AOS.
Grünlichblühende: *Blc.* Cadmium Light 'Sweet Lime' AM/AOS.
Weißblühende: *Blc.* Apparition.

Cattleya-Hybriden; *C.*
Lilafarbige: *C.* Califlora 'Sun Acres'; *C.* Nigrella; *C.* Nigritian; *C.* Portia 'Gloriosa' AM/AOS.
Weißblühende und zweifarbige: *C.* Amathy 'Raphaela'; *C.* Arctic Expedition; *C.* Bob Betts 'York' AM/AOS; *C.* Bow Bells 'Elzada' AM/AOS; *C.* Bow Bells 'July'; *C.* Nerto; *C.* Polarstern; *C.* Silvana Capobianco.
Bläulichblühende: *C. bowringiana* var. *coerulescens; C. intermedia* var. *coerulea; C. labiata* var. *coerulea; C. mossiae* 'Anala'; *C.* Portia *coerulea* 'Baroness' BM/DOG; *C. trianae* 'Bluebird'.

Laelia-Hybriden; *L.*
Bläulichblühende: *L. intermedia* var. *coerulea; L. pumila* var. *coerulea* 'Oakwood'; *L. purpurata* var. *werkhäuseri.*

Laeliocattleya; *Lc.*
Gattungsbastard aus *Laelia* × *Cattleya*
Lilafarbige: *Lc.* Consul 'Philippe' FCC/RHS; *Lc.* Culminant 'La Tuilerie' AM/AOS, GM/AOS; *Lc.* Heidegruß; *Lc.* Marceau 'Prince Noir'; *Lc.* Wintermärchen.
Weißblühende: *Lc.* Gagiste; *Lc.* Marinette 'Poesie'; *Lc.* Stephen O. Fouraker FCC/AOS; *Lc.* Peronelle.
Rotblühende: *Lc.* Belle of Celle; *Lc.* Cecile Simmons 'Jimenez'; *Lc.* Dusky Maid 'Christiana' AM/RHS; *Lc.* Maria Ozzella 'Red King'; *Lc.* Varycolor 'Unna' BM/DOG 74.
Orange-gelbliche: *Lc.* Chemin d'Or; *Lc.* Edgard van Belle; *Lc.* Golden Talisman; *Lc.* Danae 'Mariana'.

104. Laeliocattleya Cornelia'Coerulea', 4:5
105. Sophrolaeliocattleya Jewel Box 'Scheherezade', 3:4
106. Dendrobium Lady Midnight, 1:1
107. Odontoglossum bictoniense × Oncidium cucullatum, 1,33:1

Gelbliche mit lila Lippe: *Lc.* Max und Moritz; *Lc.* Varycolor.
Gelbliche mit rötlicher Lippe: *Lc.* Alma Wichmann; *Lc.* Amber Glow; *Lc.* Dorset Gold 'Orchidhurst' AM/RHS, BM 5. WOC.
Grünlichblühende: *Lc.* Erin.
Bräunlichblühende: *Lc.* Janice Matthews 'Ceylon'.
Bläulichblühende: *Lc.* Ariel; *Lc.* Blue Boy; *Lc.* Cornelia 'Coerulea' (Farbbild 104).

Potinara; *Pot.*
Gattungsbastard aus *Brassavola* × *Cattleya* × *Laelia* × *Sophronitis*
Lilafarbige: *Pot.* Dark King; *Pot.* Hugo Porto; *Pot.* Medea AM/RHS.
Rot-gelbliche: *Pot.* Rebecca Merkel; *Pot.* Jo Ann Crouch 'Zada' AM/AOS.

Sophrolaelia; *Sl.*
Gattungsbastard aus *Sophronitis* × *Laelia*
Rot-orangefarbige: *Sl.* Psyche; *Sl.* Orpetti.

Sophrolaeliocattleya; *Slc.*
Gattungsbastard aus *Sophronitis* × *Laelia* × *Cattleya*
Rotblühende: *Slc.* Anzac 'Orchidhurst' SCC/RHS; *Slc.* Falcon 'Westonbirt' FCC/AOS; *Slc.* Jewel Box 'Scheherezade' AM/RHS (Farbbild 105); *Slc.* Lindores 'Purple Flame'; *Slc.* Marion Fitch 'La Tuilerie' AM/RHS; *Slc.* Phena 'Saturn'.

Kulturhinweis siehe bei *Cattleya* 1 und 2.

8.4.2. Cymbidium-Hybriden; *Cym.*

Schwerpunktmäßig liegt die Cymbidien-Züchtung im englisch-amerikanischen Raum, der klimatisch besser geeignet ist als Mitteleuropa. Der jetzige Bestand an großblumigen Hybriden ging überwiegend aus Einkreuzungen von etwa zehn Arten des Südhimalajas hervor. Zwei charakteristische Typen lassen sich unterscheiden: ein mehr frühblühender mit sternartigen, wenig ausgefärbten Blüten, der unter dem Einfluß von *C. erythrostylon* und *C. tracyanum* entstanden und weitgehend als überaltert anzusehen ist, und ein anderer mit späterer Blütezeit, dessen Blumen haltbarer, breitblättriger und reiner in der Farbe sind. Dieser ging aus Bastardierungen zwischen *C. insigne, C. eburneum, C. lowianum* und anderen, weniger bekannten Arten hervor. Das anfängliche Zuchtziel, extrem lange Blütenrispen mit 20–30 Blüten zu erzeugen, wurde abgelöst von dem Bestreben, besser verkäufliche kurze Rispen mit weniger, jedoch größeren Blüten mit ausgeprägten Farben zur Verfügung zu haben. Das heutige Sortiment an Standard-Cymbidien weist 6–8 Wochen haltbare Blüten in allen nur denkbaren Farben auf, doch konnten die Pflanzen wegen ihres zu großen Umfanges nur vereinzelt Einzug bei Orchideenliebhabern halten.

Mit Miniatur-Cymbidien wurde der Anfang zur Züchtung kleinwüchsiger Pflanzen mit zierlichen Blüten gemacht. Hervorgegangen sind diese aus einer Anzahl kleinbleibender Naturformen, wie *C. devonianum, C. ensifolium, C.*

pumilum, C. siamense usw., die von ihrem heimatlichen Standort her mehr Wärme benötigen als die Arten aus dem Himalaja-Gebiet. Umfang und Pflegeanspruch lassen die Miniatur-Cymbidien für die Haltung im Zimmer besser geeignet erscheinen als die großblütigen Standard-Cymbidien. Ihre aufrechtstehenden bis leicht überhängenden Blütenschäfte sind teils viel-, teils wenigerblütig. Infolge ihrer Robustheit beanspruchen sie keine größere Luftfeuchtigkeit als die einer normal beheizten Wohnung (18–20 °C), doch müssen sich Lichtverhältnisse, Gießen und Düngen harmonisch ergänzen.

Großblütige Cymbidien
Rosafarbige: *Cym.* Anita 'Boissy'; *Cym.* Christmas Beauty 'St. Francis'; *Cym.* La Belle 'Annabelle'; *Cym.* Lillian Stewart 'Coronation' FCC/RHS, AM/AOS, BM/CSA; *Cym.* Lillian Stewart 'April Blush' HCC/AOS; *Cym.* Lillian Stewart 'Lady Rose' AM/AOS, BM/CSA.
Weißliche-weißlichrosafarbige: *Cym.* Cleo Sherman; *Cym.* Joan of Arc; *Cym.* Mazatlan 'La Tuilerie'; *Cym.* San Francisco 'Ste. Marie' HCC/AOS, BM/CSA.
Rot-bräunlichrotblühende: *Cym.* Flare; *Cym.* Lillian Stewart 'Anna Haas'; *Cym.* Sabre Dance; *Cym.* Sensation 'Chianti'; *Cym.* Tapestry 'Long Beach' BM/5. WOC.
Gelbliche: *Cym.* Angelica 'December Gold' AM/RHS; *Cym.* Claudona Regal; *Cym.* Lump O' Gold 'Glitter' AM/AOS; *Cym.* San Francisco 'Triumph'; *Cym.* York 'La Cumbre' HCC/AOS.
Grünlichblühende: *Cym.* Joyce Duncan 'Celle' SM/DOG; *Cym.* Miretta 'The Globe' AM/RHS; *Cym.* Nandi 'Green Mist' AM/AOS; *Cym.* Peach Bloom 'Cypress Point' AM/AOS; *Cym.* San Miguel 'Pacifica' HCC/AOS; *Cym.* Sayonara 'Green Willow' AM/AOS.

Miniatur-Cymbidien
Rosafarbige: *Cym.* Flirtation 'Princess Royal'; *Cym.* Oriental Legend 'Princess Rose' BM/CSA.
Weißblühende: *Cym.* Showgirl 'Audrey Hepburn' SM/5. WOC; *Cym.* Showgirl 'Immaculata'.
Gelbliche: *Cym.* Mary Pinchess 'Susie' HCC/AOS'; *Cym.* Nonna 'Goldilocks'.
Grünlichblühende: *Cym.* Dag 'Celeste'; *Cym.* Evening Star 'La Tuilerie'; *Cym.* King Arthur 'Everglades' HCC/AOS.

Kulturhinweis. Für großblütige Cymbidien siehe bei *Cymbidium* 1, für Miniatur-Cymbidien bei *Cymbidium* 2.

8.4.3 Dendrobium-Hybriden; *Dend.*

In mehreren englischen Orchideengärtnereien wurden vor Ausgang des 19. Jahrhunderts die ersten Dendrobien-Hybriden erzielt. Diese Erfolge spornten an, auch im übrigen Europa verschiedene in Kultur befindliche Arten miteinander zu kreuzen. Vorwiegender Partner waren *D. crassinode, D. heterocarpum, D. nobile* und *D. wardianum,* ohne eindrucksvolle Hybriden hervorzubringen. Allzuoft erwiesen sich die Nachkommen als steril, um durch Ein- und Rückkreuzungen durchschlagende Verbesserungen zu erzielen. Trotz vielfacher Bemühungen der Züchter erlangten die bisher herangezogenen *Dendrobium*-Hybriden im allgemeinen nicht die Beliebtheit anderer Kreuzungsprodukte. Eine Ausnahme bilden höchstens die auch für den Liebhaber interessanten *D. nobile*-Hybriden, z.B. *D.* Anne-Marie, die durch ihre großen und vielfarbigen Blüten herausragen. Weniger für die Zimmerkultur als für die Anzucht im Gewächshaus geeignet sind die *D. phalaenopsis*-Hybriden, die mit ihren langen, dunkelvioletten Blütenrispen eine größere Bedeutung als Schnittblume bekamen.

Aus dem *D. nobile*-Komplex: *Dend.* Anne-Marie; *Dend.* Anne-Marie 'Celle' AM/RHS; *Dend.* Marimos; *Dend.* Orion; *Dend.* Red Star.
Weißblühende: *Dend.* Alice Iwanago; *Dend.* Dale Takiguchi 'Maurice' AM/AOS 72; *Dend.* Happiness; *Dend.* Sagimusume.
Gelbliche: *Dend.* Gatton Sunray; *Dend.* Heiderose; *Dend.* Oborozuki; *Dend.* Golden Wave.
Kulturhinweis siehe bei *Dendrobium* 3.

Aus dem *D. phalaenopsis*-Komplex: *Dend.* Anouk; *Dend.* Artur Elle; *Dend.* Celle; *Dend.* Lady Fay 'Ess' AM/AOS, FCC/RHS; *Dend.* Lady Hamilton; *Dend.* Lady Midnight (Farbbild 106), *Dend.* Madame Pompadour; *Dend.* Ursula Koch.
Kulturhinweis siehe bei *Dendrobium* 4.

8.4.4 Miltonia-Hybriden; *Milt.*

Vor der Jahrhundertwende kreuzte A. Bleu in Paris *Miltonia roezlii* mit *M. vexillaria* und begründete mit *Milt.* × *bleuana* hort. die Züchtung der im Habitus buschigen, großblumigen Hybriden. Aus dieser Stammform heraus entstanden durch Auslese und weitere Einkreuzungen mit vorwiegend anders gefärbten Formen der beiden sehr variierenden Ausgangsarten das uns heute zur Verfügung stehende Sortiment. Die Blumenblätter dieser sich durch leuchtende Farben auszeichnenden Hybriden bilden bei den meisten Sorten eine flächige, fast geschlossene Einheit. Durch züchterische Auslese war es möglich, die Haltbarkeit der zum Schnitt ungeeigneten Blüten auf 4–6 Wochen zu verlängern.

Naturhybriden: *Milt.* × *binotii* Cogn. *(M. candida* × *M. regnellii); Milt.* × *cogniauxiae* Peeters *(M. regnellii* × *M. spectabilis* var. *moreliana); Milt.* × *festiva* Nichols. *(M. flavescens* × *M. spectabilis).*

108. Odontioda Coccinella, 4 : 5
109. Vuylstekeara Cambria, 1 : 1
110. Paphiopedilum Royal George, 3 : 4
111. Paphiopedilum Sarella 'Gilda', 4 : 5

Aus dem *Milt.* × *bleuana*-Komplex (mit farbigen Blüten mit und ohne Lippenzeichnung in den Farben weiß, gelb, rosa und rot): *Milt.* Alexandre Dumas; *Milt.* Celle 'Wasserfall' BM/DOG 74; *Milt.* Emotion 'Monte Carlo'; *Milt.* Franz Wichmann; *Milt.* Hamburg; *Milt.* Herrenhausen; *Milt.* Jean Sabourin 'Vulcain' AM/RHS.

Andere Hybriden: *Milt.* Anne Warne 'Alli' AM/AOS; *Milt.* Goodale Moir 'Golden Wonder'.

Kulturhinweis siehe bei *Rossioglossum;* jedoch etwas wärmer.

8.4.5 Hybriden der Gruppe Cochlioda-Miltonia-Odontoglossum-Oncidium

Um die Jahrhundertwende berichtete der englische Botaniker ROLFE über *Odontoglossum crispum* aus Kolumbien und bestimmte die Individuen mit nicht gefleckten Blüten aus dem Popayan-Distrikt als reine Art. Die Individuen mit gefleckten Blüten aus dem Pacho- und Velez-Distrikt bezeichnete er dagegen als Naturhybriden. ROLFE bestritt die Richtigkeit der bisherigen Ansicht, die Individuen mit gefleckten Blüten als Varietäten von *O. crispum* anzusehen. Im Pacho-Distrikt bastardierten sie mit den im gleichen Gebiet verbreiteten *O. gloriosum, O. lindleyanum* und *O. luteo-purpureum,* im Velez-Distrikt mit *O. hunnewellianum* und *O. triumphans,* woraus Formen entstanden, die in anderen Distrikten unauffindbar waren. Wurden diese Naturhybriden untereinander künstlich gekreuzt, brachten sie bei anfänglichen Zufallskeimungen die ersten in Glashäusern herangezogenen Hybriden mit ganz neuen Zeichnungsmustern.

Der erfolgreichste Odontoglossum-Kultivateur um die Jahrhundertwende war CH. VUYLSTEKE in Loochristi bei Gent in Belgien, der als erster Gärtner den Versuch unternahm, rotblühende *Cochlioda* in *Odontoglossum* einzukreuzen. Es gelang ihm auch, die Sämlinge dieses Gattungsbastardes *Odontioda* zum Blühen zu bringen. Bei der damaligen Unkenntnis der zwischen Orchideen und Mykorrhiza bestehenden Symbiose eine sehr beachtliche Leistung. *Cochlioda* vererbt vorwiegend ihr Rot in Fleckenform, das sich auf der *Odontioda*-Blüte als ornamentreiche Zeichnung darstellt. Diese durch die Färbung hervorgebrachte Lebendigkeit gleicht weitgehend den durch den Einfluß der kleinblumigen *Cochlioda* hervorgerufenen Größenverlust der *Odontoglossum*-Blüte aus (dazu Farbbild 108).

Mit gleichem Erfolg wird in *Odontoglossum* die nahverwandte *Miltonia* eingekreuzt (= *Odontonia*). Das sich dabei vergrößernde Labellum trägt weiterhin Miltonien-Charakter. Das Erfreuliche dieses Bastardes ist, insbesondere bei Einkreuzungen in *O. crispum,* daß er mehr Wärme verträgt und auch dort gedeiht, wo *O. crispum* kulturmäßig versagt.

Odontioda und *Odontonia* miteinander gekreuzt ergab den dreifachen Gattungsbastard, der zu Ehren des erfolgreichen Odontoglossum-Züchters VUYLSTEKE *Vuylstekeara* benannt wurde. Dieser Bastard bringt sehr lange Blütenschäfte mit großen, sternartigen Blüten hervor. Unter dem Einfluß zweifacher

Odontoglossum-Erbmerkmale streckten sich die Sepalen und Petalen, während die Lippe miltonienähnlich blieb. Beachtlich ist die von Eltern und Großeltern ererbte Veranlagung zum Hervorbringen schwarzroter Blüten mit heller, ornamentaler Labellumzeichnung (Farbbild 109).

Die Hybridisierung von *Oncidium*-Arten untereinander wurde erst in jüngerer Zeit durchgeführt und ergab Pflanzen mit festeren, aufrecht stehenden Blütenschäften und farbigeren Blüten. Diese wirken trotz vorherrschendem Gelbton belebter und zeichnen sich durch große Blühfreudigkeit aus. Die meisten Sorten ergeben haltbare Schnittblumen.

In *Oncidium* wurden auch *Odontoglossum* eingekreuzt, woraus farbenprächtige Blüten entstanden. Dieses *Odontocidium* hat trotz des Odontoglossum-Einflusses kaum seinen Oncidien-Charakter verloren. Die Blüten weisen ein vergrößertes Labellum auf.

Oncidium mit *Odontioda* hybridisiert, ergab den dreifachen Gattungsbastard *Wilsonara,* robuste Pflanzen mit kräftigeren Blütenschäften und relativ großen Blüten von Odontoglossum-Gepräge.

Odontioda; *Oda.*
Gattungsbastard aus *Odontoglossum* × *Cochlioda*
Mit bräunlichroten, andersfarbig gefleckten Sepalen und Petalen bei weiß-, gelblichem oder rosafarbigem Labellum: *Oda.* Brocade 'Heike' BM/DOG 75; *Oda.* Carmine; *Oda.* Coccinella (Farbbild 108); *Oda.* Hambühren 'Kenji' BM/DOG 75; *Oda.* Lippestern; *Oda.* Phoenix 'Perlita Tiger'; *Oda.* Radiat AM/RHS.
Mit weiß- oder gelblichen, andersfarbig gefleckten Blüten: *Oda.* Echanson; *Oda.* Franz Wichmann SCC/RHS; *Oda.* Heinrich Hennis; *Oda.* Henriette Lecoufle; *Oda.* Ira; *Oda.* Lippstadt 'Astronaut' *Oda.* -n.r.- 'Arko' SH/DOG 75.
Kulturhinweis siehe bei *Rossioglossum.*

Odontocidium; *Odcdm.*
Gattungsbastard aus *Odontoglossum* × *Oncidium*
Mit gelben und orangefarbigen bis rötlichbraun gefleckten Blüten: *Odcdm.* Autumn Glow 'Udo' BH/DOG 75; *Odcdm.* Biti; *Odcdm.* Jacobert; *Odcdm.* Selsfield Gold AM/RHS; *Odcdm.* Solana; *Odcdm.* Tiger Butter 'Miami' AM/AOS; *Odcdm.* Wintergold 'Dingden' BM/DOG 74; *Odcdm.* Wintergold 'Wuppertal' BH/DOG 75; *Odcdm.*-n.r.- (*Odontoglossum bictoniense* × *Oncidium cucullatum,* Farbbild 107).
Kulturhinweis siehe bei *Oncidium* 2.

Odontoglossum-Hybriden; *Odm.*
Naturhybriden: *Odm.* × *andersonianum* Rchb.f. *(O. crispum* × *O. gloriosum); Odm.* × *elegans* Rchb.f. (*O. cirrhosum* × *O. cristatum*); *Odm.* × *excellens* Rchbf. (*O. Pescatorei* × *O. triumphans*).
Künstliche Hybriden: *Odm.* Annie Vogel; *Odm.* Cristor; *Odm.* Dryade; *Odm.* Phioman; *Odm.* Sylphide.
Kulturhinweis siehe bei *Rossioglossum.*

Odontonia; *Odtna.*
Gattungsbastard aus *Odontoglossum* × *Miltonia*
Mit weißen, bunt gefleckten Blüten: *Odtna.* Berlioz 'Lecoufle' AM/RHS, AM/AOS; *Odtna.* Lulli 'Menuet'; *Odtna.* Moliere 'Etoile' AM/RHS; *Odtna.* Moliere 'Lanni' AM/RHS.
Mit gelben, braun gefleckten Blüten: *Odtna.* Diane 'Loriot'.
Andersfarbige: *Odtna.* Ingera Fred Brandley; *Odtna.* Merna.
Kulturhinweis siehe bei *Rossioglossum*; jedoch im Sommer zwischen 25 und 15 °C, im Winter zwischen 18 und 13 °C.

Oncidium-Hybriden; *Onc.*
Naturformen mit Sortennamen: *Onc. maculatum* 'Paulo' AM/AOS; *Onc. spilopterum* 'Rotkäppchen' BB/DOG 73; *Onc. varicosum* 'Lemförde' BB/DOG 73.
Künstliche Hybriden: *Onc.* Elle 'Flambeau'; *Onc.* Goldrausch 'Goldy' BM/DOG 74; *Onc.* Green Gold; *Onc.* Rainbow 'Richella' AM/HOS.

Vuylstekeara; *Vuyl.*
Gattungsbastard aus *Cochlioda* × *Miltonia* × *Odontoglossum*
Vorwiegend schwarzrote Blüten mit weißer Lippenzeichnung: *Vuyl.* Cambria AM/RHS (Farbbild 109), *Vuyl.* Cambria 'Plush' FCC/RHS, BM/DOG 73; *Vuyl.* Edna 'Normandy' AM/RHS; *Vuyl.* Edna 'Stamperland' FCC/RHS, FCC/AOS; *Vuyl.* Rutilant 'Colombia'.

Kulturhinweis siehe bei *Rossioglossum;* jedoch im Sommer zwischen 25 und 15 °C, im Winter zwischen 18 und 13 °C.

Wilsonara; *Wils.*
Gattungsbastard aus *Cochlioda* × *Odontoglossum* × *Oncidium*
Mehrfarbige: *Wils.* Celle 'Venus' AM/RHS; *Wils.* Franz Wichmann 'Tessa' BM/DOG 74; *Wils.* Tiger Talk; *Wils.* Memoria Christiana Halbinger.
Kulturhinweis siehe bei *Rossioglossum;* jedoch etwas wärmer.

8.4.6. Paphiopedilum-Hybriden; *Paph.*

Als sich im vorigen Jahrhundert die ersten Erfolge bei der Kultur indischer Paphiopedilen einstellten, wurden Arten, die zufällig zugleich blühten, miteinander gekreuzt. Die Produkte waren intermediäre Formen von solcher Wüchsigkeit und Teilungsfähigkeit, daß sie teilweise noch heute problemlose Kultur- und Liebhaberpflanzen sind.

112. Phalaenopsis amabilis-Hybride, 2 : 3
113. Phalaenopsis violacea-Hybride, 1,5 : 1
114. Ascocenda Meda Arnold, 4 : 5
115. Renantanda Sladdenii, 1 : 1

Die nachfolgenden Kreuzungen gaben zu erkennen, daß die generative Vermehrung ein risikoreiches Unterfangen ist. Vielfach kommt es bei dem Versuch, triploide oder polyploide Eltern mit- bzw. untereinander zu hybridisieren, von vornherein zu keiner Samenbildung. Und wenn, dann sind nur wenige mit Embryo versehene Samen zwischen der Masse von embryolosen eingebettet. Diese wenigen fertilen Samen verlieren zudem meistens sehr bald ihre Keimfähigkeit. Die vorzeitige Alterung wird bewirkt durch überreiche Ausbildung von Hemmstoffen in der noch grünen, unausgereiften Samenkapsel. Der Züchter versucht dieser Hemmstoffbildung durch Greenpod-Kultur zuvorzukommen, was in manchen Fällen auch gelingt.

Mit fortschreitender züchterischer Erfahrung erkannte man, welche Eigenschaften die einzelnen Arten dominierend vererben. *Paphiopedilum insigne* z. B. die gefaltete Spitze am mittleren Sepalum, die gewellten Petalen sowie Form und Haltung des Labellums. *P. bellatulum, P. concolor* und *P. godefroyae* ihre Kurzstieligkeit. *P. charlesworthii* wiederum die lila Sepalenfärbung. Mit Blühträgheit belastete Hybridenbestände werden aus der Weiterkultur ausgeschieden. Andererseits ließ sich durch Einkreuzung von *P. villosum* var. *boxallii* die erste großblumige, langgestielte Sorte erzielen.

Naturhybride: *Paph.* × *leeanum* (Rchb.f.) Pfitz. *(P. insigne* × *P. spicerianum).*
Kulturhinweis siehe bei *Paphiopedilum* 1.

Hybriden früherer Kreuzungsversuche: *Paph.* × *arthurianum* (Rchb.f.) Stein *(P. fairieanum* × *P. insigne); Paph.* × *ashburtoniae* (Rchb.f.) Pfitz. *(P. barbatum* × *P. insigne); Paph.* × *crossianum* (Rchb.f.) Pfitz. *(P. insigne* × *P. venustum* var. *pardinum); Paph.* × *harrisianum* (Rchb.f.) Pfitz. *(P. barbatum* × *P. villosum); Paph.* × *lathamianum* (Rchb.f) Stein *(P. spicerianum* × *P. villosum); Paph.* × *nitens* (Rchb.f.) Pfitz. *(P. insigne* × *P. villosum).*
Kulturhinweis siehe bei *Paphiopedilum* 1.

Paph. × *maudiae* (Hort.) Pfitz. *(P. callosum* var. *sanderae* × *P. lawrenceanum* var. *hyeanum).*
Kulturhinweis siehe bei *Paphiopedilum* 2.

Mehrfach-Hybriden

Rotbraune: *Paph.* Juno 'Charmant' BH/DOG 74; *Paph.* Orchilla 'Chilton' SM/DOG 73; *Paph.* Prof. Burgeff; *Paph.* Rosewood 'Regalis' SM/DOG 74; *Paph.* Royal George (Farbbild 110); *Paph.* Sibyl 'Farnsburg' BH/DOG 75; *Paph.* St. Albans; *Paph.* Zephir.

Mittl. Sepalum weiß-grün bis weiß-rötlichbraun, Petalen und Labellum rötlichbraun: *Paph.* Frau Ida Brandt 'Karlo' BH/DOG 75; *Paph.* Kapriccio; *Paph.* Lady Isabel 'Unna' BH/DOG 75; *Paph.* Lippegold; *Paph.* Lippesonne; *Paph.* Martinique; *Paph.* Octave 'Lippstadt' BM/DOG 74; *Paph.* Palmengarten; *Paph.* Papa Röhl 'Loccum' SH/DOG 74; *Paph.* Papa Röhl 'Paradiese' BM/DOG 73; *Paph.* Wilhelm Hennis; *Paph.* Woodruff 'Milkwood' SM/DOG 74.

Weißblühende: *Paph.* Freckles 'Princess' BM/DOG 73; *Paph.* Nancy Alfaro; *Paph.* Rosy Dawn 'La Tuilerie'; *Paph.* Vanda M. Pearman 'Pink Mist' SH/DOG 74; *Paph.* F. C. Puddle FCC/RHS.

Gelbliche: *Paph.* Bidborough; *Paph.* Doraeus; *Paph.* Rosy Dawn.

Grünlichblühende: *Paph.* London Wall; *Paph.* Rosettii; *Paph.* Sarella 'Gilda' (Farbbild 111); *Paph.* Yukon.

Rosafarbige: *Paph.* Aladin; *Paph.* Aladin 'Genevieve' AM/RHS; *Paph.* Darling.

Kulturhinweis siehe bei *Paphiopedilum* 2.

Kulturformen reiner Arten
Paph. argus 'Januar' SB/DOG 74; *Paph. dayanum* 'Carola'; *Paph. delenatii* 'Hahnwald' BB/DOG 74; *Paph. delenatii* 'La Tuilerie'; *Paph. philippinense* 'Lulu' BB/DOG 75; *Paph. rothschildianum* 'Charlese' AM/AOS; *Paph. rothschildianum* 'Unna' SB/DOG 73; *Paph. stonei* 'Dutch' SB/DOG 75; *Paph. wardii* 'Peter' BB/DOG 74.
Kulturhinweis siehe bei *Paphiopedilum* 2.

Nachzucht von Naturhybriden
Paph. × *leeanum* 'Clinkaberrianum'; *Paph.* × *leeanum* 'Hawaii'.
Kulturhinweis siehe bei *Paphiopedilum* 1.

8.4.7 Hybriden der Gruppe Phalaenopsis-Doritis und verwandter Gattungen

Unter den 1852 aus Manila nach England importierten *Phalaenopsis aphrodite* befanden sich Individuen, die der englische Botaniker LINDLEY als Naturhybriden bestimmte und sie *Phal.* × *intermedia* benannte. 1886 konnte J. SEDEN bei VEITCH in Chelsea diese Annahme durch die geglückte Kreuzung zwischen *P. aphrodite* und *P. rosea* (syn. *P. equestris*) bestätigen. Obwohl dort und in weiteren Orchideengärtnereien durch Aussaat um die Mutterpflanze mehrere Hybriden herangezogen wurden, gab es bis Anfang 1920 keine 20 Sorten. Auch die asymbiotische Aussaatmethode vergrößerte das Sortiment zunächst nur wenig. Die Züchtung großblumigerer Sorten für Topfkultur und zum Schnitt gelang erst durch Einkreuzung der tetraploiden *P. amabilis* var. *rimestadiana* in *P. amabilis* und *P. aphrodite*. Mit dieser Varietät wurde der Grundstein für die weißen polyploiden Hochzuchthybriden gelegt. Die nachfolgenden Einkreuzungen in *P. sanderiana* und *P. schilleriana* ergaben tiefviolette bis rosablütige Sorten. Durch weitere Bastardierung mit anderen Arten erschienen rotlippige, gelb- und buntblumige Kulturformen. Die Anzahl der Hybriden vergrößerte sich explosionsartig in den letzten 20 Jahren, es kam zur Registrierung von bis zu 200 Sorten in einem Jahr.

Vorwiegend südostasiatische und hawaiische Orchideenzüchter kreuzten *Phalaenopsis* mit nah verwandten Gattungen, wie z. B. mit *Aërides, Renanthera, Vanda* usw., insbesondere mit *Doritis* zu *Doritaenopsis*. Unter dem Einfluß von *Phalaenopsis* vergrößerte sich die Blüte des Doritistyps um das Doppelte und erbte zugleich von *Doritis* die gute Eigenschaft langer Haltbarkeit.

Doritaenopsis; ***Dtps.***
Gattungsbastard aus *Doritis* × *Phalaenopsis*
Lilarosafarbige: *Dtps.* Cardinal; *Dtps.* Cellensia; *Dtps.* Dresden; *Dtps.* Erfurt; *Dtps.* Malibu Queen; *Dtps.* Ravenswood; *Dtps.* Renate Frese; *Dtps.* Susan Ann Schubert.

Phalaenopsis-Hybriden; ***Phal.***
Naturhybriden: *Phal.* × *intermedia* Lindl. *(P. aphrodite* × *P.rosea); Phal.* × *leucorrhoda* Rchb.f. *(P. aphrodite* × *P. schilleriana).*

Gezüchtete Hybriden
Weißblühende mit ± rotgeflecktem Labellum: *Phal.* Alice Gloria 'Elle'; *Phal.* Alice Gloria 'Orchid Isles' AM/AOS; *Phal.* Cher Ann 'Elegance'; *Phal.* Cher Ann 'Unna'; *Phal.* Francishigh; *Phal.* Halle; *Phal.* Henriette Lecoufle 'Boule de Neige' AM/RHS, FCC/RHS; *Phal.* Muriel Turner; *Phal.* Schwerte 'Lady Ruby' BM/DOG 74; *Phal.* Stemshorn; *Phal.* Wintermärchen 'Agathe' BM/DOG 74; *Phal.* Zülpich BM/DOG 73; *Phal.*-n.r.- (Farbbild 112).
Rosa- bis lilafarbige: *Phal.* Carnival; *Phal.* Comtesse Bettina; *Phal.* Fischers Liebling; *Phal.* Heideperle; *Phal.* Lipperose; *Phal.* Lippezauber; *Phal.* Lippstadt 'Diana' SM/DOG 74; *Phal.* Morgenröte; *Phal.* Sesam 'Flamingo' SM/DOG 74; *Phal.* Sourire; *Phal.* Westfalenzauber.
Farbige: *Phal.* Artur Elle 'Godesberg' BM/DOG 73; *Phal.* Artur Elle 'Kolibri' BM/DOG 74; *Phal.* Brandenburg 'Unna' SM/DOG 74; *Phal.* Corvocado; *Phal.* Star Lip; *Phal.* Star of Celle; *Phal.*-n.r.- (Farbbild 113).
Gelbliche: *Phal.* Annette Wichmann; *Phal.* Elcornu; *Phal.*Golden Sands 'Miami Shores' AM/AOS.
Kulturformen reiner Arten: *Phal. lueddemanniana* 'Mindanao' BB/DOG 74; *Phal. lueddemanniana* 'Superb' BB/DOG 74; *Phal. lueddemanniana* 'Woodlawn' BB/DOG 74; *Phal. violacea* 'Halle' BB/DOG 73.

Kulturhinweis siehe bei *Phalaenopsis.*

8.4.8 Hybriden der Gruppe Vanda-Ascocentrum-Renanthera-Rhynchostylis

Der Anfang der Hybridisierung von *Vanda* lag im heimatlichen Singapur. Berichte von dort aus dem Jahr 1895 besagen, daß die Pflanzenpflegerin Agnes Joaquim eine aus *Vanda teres* und *V. hookeriana* hervorgegangene Hybride zum Blühen brachte. Ihr zu Ehren wurde sie *V.* Miss Joaquim genannt. Die

116. Cephalanthera longifolia, 1 : 6
117. Cypripedium calceolus, 1 : 4
118. Dactylorhiza majalis, 1 : 3
119. Ophrys holosericea, 2 : 1

Chronik verschweigt, ob dies ein Produkt künstlicher Bestäubung war oder, was naheliegender wäre, das Ergebnis einer von Insekten zufällig vorgenommenen Kreuzung.

SO-Asien begünstigt durch die klimatischen Verhältnisse die Züchtung monopodial wachsender Orchideen. Die aus der Einkreuzung von *Euanthe sanderiana* in *Vanda* hervorgegangenen farbenprächtigen *Vandanthe* sind im Gegensatz zu *Euanthe* auch in Mitteleuropa blühwillig und nicht so schwierig in ihrer Kultur. Ein reich abgestuftes Farbenspiel können die Kreuzungsprodukte zwischen *Vanda* und *Ascocentrum* aufweisen. Diese *Ascocenda* haben reichblumige Infloreszenzen und trotz ihrer Kleinwüchsigkeit relativ große Blüten von leuchtender Farbkraft. Der Bastard zwischen *Rhynchostylis* und *Vanda* hat den Habitus und die Haltung der Infloreszenz vom letztgenannten Elternteil geerbt, während Blütenform und Farbe stark von *Rhynchostylis* beeinflußt wird. Außer diesen genannten Gattungen wurden weitere, z.B. *Aërides, Arachnis, Phalaenopsis, Saccolabium, Vandopsis,* in *Vanda* eingekreuzt, oder diese Gattungen wurden untereinander bastardiert, doch ist es unmöglich, einen vollständigen Überblick über das große Gebiet der Züchtung innerhalb der Vanda-Verwandtschaft zu geben. Namentlich deshalb, weil die meisten dieser in Ostasien entstandenen Gattungs- und Artbastarde z. Z. in Europa noch weitgehend unbekannt sind.

Auch in Mitteleuropa wurde der Versuch unternommen, *Vanda* untereinander und mit *Renanthera* zu bastardieren. Die Sämlinge benötigten infolge der jährlichen kurzen Vegetationsperiode 8–10 Jahre bis zum ersten Blühen, eine bis vierfach längere Anzuchtzeit als in Ostasien. Die farbenfreudigen Blüten der erzielten Sorten waren kein Ausgleich für die Aufzuchtkosten. Man erkannte jedoch, daß die Farben der Blüten bei *Renantanda* sich je nach Partnerwahl mehr im orangerötlichen oder blaugrauen Bereich bewegen (siehe Farbbild 115).

Ascocenda; *Ascda.*
Gattungsbastard aus *Ascocentrum* × *Vanda*
Ascda. Meda Arnold (von bläulichviolett bis orangerot, Farbbild 114); *Ascda.* Medasand 'Dansweiler' SM/DOG 74 (rosalila).

Renantanda; *Rntda.*
Gattungsbastard aus *Renanthera* × *Vanda*
Rntda. Sladdenii (orange, Farbbild 115)

Rhynchovanda; *Rhv.*
Gattungsbastard aus *Rhynchostylis* × *Vanda*
Rhv. Blue Angel (bläulichviolett).

Vanda-Hybriden; *V.*
V. Lone Star 'Weihe' SM/DOG 74 (bläulichviolett); *V.* Rothschildiana (von rötlichlila bis bräunlich); *V.* Tan Chay Yan 'Sahba' (pfirsichfarbig).

Kulturhinweis siehe bei *Vanda.*

8.5 Mitteleuropäische Erdorchideen und Cypripedien verschiedener Herkunft

Als Folge vermehrter landwirtschaftlicher Produktion, der Erweiterung von Siedlungsgebieten und des Straßennetzes werden immer größere Flächen bisher beschränkt bewirtschafteter Wiesen, Auen und Gebüschlandschaften eingeengt. Weitgehend naturbelassene Areale mit natürlichen Standorten von Orchideen und anderen selten gewordenen Pflanzen werden auf diese Weise der Vernichtung preisgegeben. Bei solchen unabwendbaren Vorhaben ermöglicht nur eine nach Absprache mit der zuständigen Naturschutzbehörde vorzunehmende Evakuierung dieser Pflanzen ihre Erhaltung. Im Interesse dieser Erhaltung wird das Anlegen von Naturgärten größeren Ausmaßes als Sammelstelle zur Notwendigkeit. Diese Restareale natürlicher Biotope bedürfen dann einer ständigen Betreuung. Grundlage für einen Erfolg ist die Berücksichtigung der klimatischen und ökologischen Ansprüche der einzelnen Orchideenarten und die Beachtung ihres jährlichen Verjüngungsrhythmus. Die Arten mediterraner Herkunft, mit einem von Herbst bis Frühjahr dauernden, nur durch die Winterkälte unterbrochenen Wachstum, benötigen im Sommer eine Ruhe- und Reifeperiode. Andere Orchideen mit Knollen oder Rhizomen ruhen in der kalten Jahreszeit.

Orchideen im Freien auszugraben und im eigenen Garten einzupflanzen, verbieten die Naturschutzgesetze. Es ist in der Regel auch nutzlos, da die am Naturstandort herrschenden, den Pflanzen zusagenden Boden- und Klimaverhältnisse kaum rekonstruierbar sind. Auch außereuropäische Cypripedien lassen sich im Garten nur bedingt zu jahrzehntealten, blühfreudigen Frauenschuhstöcken heranziehen.

Anacamptis Rich.

Der Name der von dem französischen Botaniker L. C. M. RICHARD 1818 aufgestellten Gattung lehnt sich an das griechische Wort *anakamptein,* zurückgekrümmt, an, vermutlich wegen der an der Spitze zurückgerollten Brakteen oder den zurückgekrümmten Pollinien. Im Deutschen: Anacamptis, auch Pyramidenorchidee.
Die Vegetationsperiode der Pflanzen mit überwinterungsfähigen Laubblättern erstreckt sich vom Herbst bis Frühsommer. Im Hochsommer hält die neue Wurzelknolle ihre Ruhe- und Reifezeit ein. Der schlanke Blütenschaft ist von linealen Laubblättern umgeben, der dichte Blütenstand ungefähr pyramidenförmig. Die seitlichen Sepalen sind abstehend, das mittlere Sepalum und die seitlichen Petalen bilden zusammen den Helm. Das dreilappige, langgespornte Labellum hat an der Basis zwei wulstartige Schwielen. Die beiden Pollinien besitzen eine gemeinsame Klebscheibe. Eine Art in Mitteleuropa und in den Ländern am Mittelmeer bis Kaukasus.

A. pyramidalis (L.) Rich.; 2n: 36
Pyramidenorchidee
Die etwa 1 cm breiten Blüten sind in Mitteleuropa purpurviolett, im Süden Europas rosa bis weißlich. Blütezeit: Juni und Juli. Standorte: Auf südseitigen, warmen Hangwiesen. Kulturhinweis 3.

Cephalanthera Rich.

Der französische Botaniker L. C. M. Richard benannte 1818 diese Gattung wahrscheinlich nach der gestielten, kopfartigen Anthere *kephale* (griech. Kopf) und *anthera* (griech. Staubbeutel). Im Deutschen: Cephalanthera, auch Waldvögelein.
Aus überwintertem Rhizom entwickelt sich alljährlich ein im Herbst absterbender Laubsproß mit wenig- bis reichblumigem Blütenstand. Die Sepalen und Petalen können geschlossen bis abstehend sein. Das Labellum weist als Gattungsmerkmal ein stark bauchiges Hypochil und flaches Epichil auf. Die Anthere sitzt auf kurzer Columna. Das Viscidium (Klebmasse) an den Pollinien ist kaum ausgebildet. Etwa zwölf Arten in Vorderasien und Europa.

C. damasonium (Mill.) Druce; 2n: 32, 36
Syn.: *C. alba* (Cr.) Simk.
Weißes Waldvögelein
Die bis 50 cm hohe Pflanze trägt breit-ovale zugespitzte Laubblätter; ihre weißen, für Autogamie eingerichteten Blüten sind selten etwas geöffnet. Blütezeit: Mai–Juli. Standorte: Vorwiegend im Buchenwald. Kulturhinweis 4.

C. longifolia (L.) Fritsch; 2n: 32, 34, Farbbild 116
Syn.: *C. ensifolia* (Sw.) Rich.
Langblättriges Waldvögelein
Die Laubblätter der bis 60 cm hohen Pflanze sind schmal, lanzettlich-zugespitzt; die weißen Blüten sind für Allogamie geöffnet. Blütezeit: Mai–Juni. Standorte: Lichte Wälder und Waldränder. Kulturhinweis 4.

C. rubra (L.) Rich.; 2n: 36
Rotes Waldvögelein
Längliche und zugespitzte Laubblätter sitzen am Sproß der bis 80 cm hoch werdenden Pflanze, deren offene Blüten rosa bis rotlila sind. Blütezeit: Mai bis Juli. Standorte: Lichtungen und Waldränder der Laub- und Mischwälder auf Kalkböden. Kulturhinweis 4.

Cypripedium L.

Aufgestellt wurde diese Gattung von dem schwedischen Arzt und Botaniker C. von Linné und benannt nach *Kypris*, Venus, und *pedi(l)on*(griech. kleiner Schuh). Im Deutschen: Cypripedie, auch Frauenschuh.
Aus verzweigtem Rhizom entwickeln sich vieltriebige Sproßbüschel, deren

oberirdische, drei- bis fünfblättrige Sprosse jährlich absterben. Die seitlichen Sepalen der Blüte sind zum Synsepalum verwachsen, das mittlere ist aufrechtstehend bis vorgeneigt. Die seitlichen, abstehenden Petalen zeigen je nach Art eine mehr oder minder starke Drehung. Das Labellum ist von pantoffelähnlichem Aussehen. Das kurze Säulchen trägt seitlich je ein mit schmierigem Pollen behaftetes Staubblatt (Stamen) während das Staminodium frei und dachartig darüber und über der Narbe steht. Etwa 36 Arten in Europa, Asien und Nordamerika.

C. acaule Ait.; 2n: 20
Kurzgestielter Frauenschuh
Der 25–30 cm lange, einblumige Laubsproß besitzt nur zwei große, elliptisch-zugespitzte Laubblätter. Die Sepalen und Petalen sind gelblichgrün bis bräunlich. Das länglich-eiförmige, außen samtige, innen behaarte, weißlich- bis rosarote Labellum ist rot geadert. Blütezeit: Mai–Juni. Verbreitet im Osten von Nordamerika. Kulturhinweis 5.

C. calceolus L.; 2n: 20, Farbbild 117
Gelber Frauenschuh, auch Marienfrauenschuh
Der 40–60 cm hohe Sproß trägt vier oder fünf, breit-elliptisch zugespitzte Laubblätter und ein oder zwei 6–8 cm breite Blüten. Die Sepalen und die gewellten bis gedrehten Petalen sind rötlichbraun, mitunter gelblichbraun marmoriert. Das zitronengelbe Labellum ist innen rötlichbraun getupft. Blütezeit: Mai–Juli. Standorte: Auf kalkreichen Böden in Laub- und Nadelwäldern, von der Ebene bis über 1000 m. Kulturhinweis 4.

C. cordigerum D. Don; 2n: 20
Herztragender Frauenschuh
Im Habitus ähnlich wie *C. calceolus,* auch in der Blüte, jedoch sind die Sepalen und Petalen gelblichgrün, das Labellum weiß. Blütezeit: Juni–Juli. Verbreitet im Himalaja in Höhen um 3000 m. Kulturhinweis 4; jedoch ist Winterschutz angebracht. Verträgt schlecht das warm-kalte Wechselwetter unserer Frühjahre, weshalb diesem Frauenschuh schattig-kühler Stand zu bieten ist.

C. macranthum Sw.; 2n: 20
Großblumiger Frauenschuh
Im Habitus ähnlich wie *C. calceolus;* jedoch ist der Sproß nur 30–40 cm hoch, und die Laubblätter sind breiter. Die etwa 10 cm breite, purpurfarbige bis rosaviolette Blüte hat ein großes, bauchig aufgeblasenes Labellum. Blütezeit: Mai–Juli. Verbreitet im Nordosten und Osten von Asien. Kulturhinweis 4; jedoch ist Winterschutz angebracht.

C. parviflorum Salisb.; 2n: 20
Kleinblütiger Frauenschuh
In Habitus und Blüte wie *C. calceolus,* aber bedeutend kleiner. Die schmallanggezogenen Petalen sind sechsmal schraubenartig gewunden. Das schlankere

Labellum ist goldgelb. Blütezeit: Mai–Juli. Verbreitet im Osten von Nordamerika; in moorigen Wäldern und auf feuchten Wiesen. Vielfach mit *C. pubescens* bastardiert. Kulturhinweis 5.

C. pubescens Willd.; 2n: 20
Behaarter Frauenschuh
Im Habitus und Blüte wie *C. calceolus,* etwas kleiner und einblütig. Die gelblichen Sepalen und Petalen sind mit bräunlichen bis rötlichen Adern und Flecken versehen. Das Labellum ist goldgelb, innen bräunlichrot geadert bis gefleckt. Blütezeit: Mai–Juli. Verbreitet wie *C. parviflorum.* Kulturhinweis 5.

C. reginae Walt.; 2n: 20
Syn.: *C. spectabile* Salisb.
Königin-Frauenschuh
Der 50–70 cm hohe Sproß hat vier bis sechs elliptisch-zugespitzte, behaarte, weiche Laubblätter und ein oder zwei weiße, 6–8 cm breite Blüten mit rosa- bis blutrot gefärbtem Labellum. Blütezeit: Juni–Juli. Verbreitet im Osten von Nordamerika. Kulturhinweis 5.

C. speciosum Rolfe
Prächtiger Frauenschuh
In Habitus und Blüte wie *C. macranthum;* die etwas kleinere Blüte ist zart lilarosa und dunkellila geadert. Blütezeit: Mai–Juni. Verbreitet in Japan auf Wiesen im lockeren Humusboden. Kulturhinweis 5.

Dactylorhiza (Neck.) Nevski

Die Namensgebung erfolgte 1790 durch den in Mannheim lebenden französischen Arzt und Botaniker N. J. de Necker auf Grund der fingerförmigen Wurzelknolle, *dactylos* (griech. Finger) und *rhiza* (griech. Wurzel). 1937 wurde diese Untergattung von dem sowjetrussischen Botaniker Nevski in Gattungsrang gehoben. Im Deutschen: Dactylorhiza, auch Knabenkraut.
Im Frühjahr entwickelt sich frühzeitig mit den aus rüben- oder fingerförmigen Knollen hervorkommenden Laubblättern auch der Blütenschaft. An diesem sind die Brakteen stets länger als der Fruchtknoten. Die Blüte, insbesondere der Säulchenbau, hat mit *Orchis* übereinstimmende Merkmale (s. Seite 441). Verbreitet sind etwa 30 Arten von Europa bis auf die Alëuten (Alaska).

D. fuchsii (Druce) Soó; 2n: 40
D. maculata (L.) Soó; 2n: 80
Syn.: *Orchis maculata* L.
Fuchs' bzw. geflecktes Knabenkraut
Der früher als eine Art angesehene Formenkomplex wurde nach ökologischen und chromosomalen Merkmalen aufgeteilt. Das dreilappige Labellum bei *D. fuchsii* hat einen breiten, gegenüber den Seitenlappen deutlich längeren Mittellappen. Dieser ist bei *D. maculata* schmaler und kaum länger als die breiteren

Seitenlappen. *D. fuchsii* bevorzugt trockenere, kalkreiche Wiesen und Waldränder, *D. maculata* mehr nasse Wiesen. Von beiden Arten sind die mehr oder weniger stark gefleckten Laubblätter zugespitzt; der 30–60 cm hohe Blütenschaft ist markgefüllt. Die weißlichen bis rosa Blüten sind dunkler punktiert und schleifenartig gezeichnet. Blütezeit: Juni–August. Kulturhinweis 1.

D. incarnata (L.) Soó; 2n: 40
Syn.: *Orchis incarnata* L.
Fleischfarbiges Knabenkraut
Die grünen, langzettlich-schmalen, aufrechtstehenden Laubblätter des 30–40 cm langen Blütenschaftes sind größtenteils mit kapuzenähnlichen Spitzen versehen. Von der fleischfarbenen bis rosaroten Blüte hat das schwach dreilappige Labellum um seine Fleckenzeichnung eine bogenförmige Umrahmung. Blütezeit: Mai–Juni. Standorte sind Sumpfwiesen. Kulturhinweis 2.

D. majalis (Rchb.) Hunt et Summerh.; 2n: 80, Farbbild 118
Syn.: *Orchis majalis* Rchb.
Großes Knabenkraut
Der 20–50 cm hohe, hohle Blütenschaft ist von breitoval-zugespitzten, reich schwarzbraun gefleckten Laubblättern umgeben. Die rosarote bis lilarosa Blüte weist eine dunklere Fleckenzeichnung auf. Blütezeit: Mai–Juli. Standorte sind feuchte Wiesen. Kulturhinweis 2.

Epipactis Zinn

Der Name ist unerklärbar. Der deutsche Botaniker J. G. ZINN übernahm ihn 1757 von dem griechischen Philosophen THEOPHRASTUS, der damit eine Pflanze bezeichnete, deren Saft die Milch gerinnen läßt. Im Deutschen: Epipactis, auch Stendelwurz oder Sumpfwurz.
Aus überwinterndem Rhizom entwickeln sich alljährlich oberirdische, im Herbst absterbende Sprosse. Es gibt Arten, die sich vorwiegend autotroph ernähren und normalgroße Laubblätter entwickeln und solche, die mykotroph sind und sehr stark reduzierte Laubblätter aufweisen. Der knospentragende Blütenschaft ist nickend, erblüht aufrechtstehend. Die Sepalen und Petalen sind vorgeneigt bis abstehend. Das Labellum setzt sich basal aus einem bauchigen Hypochil und einem flach ausgebreiteten bis zurückgeschlagenen Epichil zusammen. Die Anthere sitzt auf kurzem Säulchen, und je nach Art sind die Pollinien mit Klebmasse versehen oder nicht. Etwa 33 Arten in Nordamerika, Europa, Asien und Afrika.

E. atrorubens (Hoffm.) Besser; 2n: 40
Syn.: *E. atropurpurea* Rafin., *E. rubiginosa* (Cr.) Koch
Braune Stendelwurz
Der 40–60 cm hohe Sproß hat breit-ovale, zugespitzte Laubblätter; die Blüten am lockeren Blütenstand sind hell- bis dunkelrötlichbraun. Das Epichil des Labellums ist breiter als lang und mit zwei gekräuselten Schwielen versehen.

Blütezeit: Juni–August. Standorte sind vorwiegend Trockenrasen und trockene Nadelwaldränder auf Kalkböden. Kulturhinweis 4; jedoch ist ein sonnig-warmer Standort erforderlich.

E. helleborine (L.) Cr.; 2n: 38, 40
Syn.: *E. latifolia* (L.) All.
Nieswurzähnliche oder breitblättrige Stendelwurz
Der mitunter rötlichbraun überlaufene, 50–90 cm hohe Sproß trägt rundliche bis lanzettliche, zugespitzte Laubblätter. An der vielblumigen Ähre sind die Blüten grünlich bis rötlichbraun. Das herzförmige Epichil der Lippe hat zwei höckerartige Schwielen, das schüsselartige Hypochil ist dunkellila gefärbt. Das Rostellum hat perlenartiges Aussehen. Blütezeit: Juli–September. Findet sich an Waldrändern und in lichten Wäldern. Kulturhinweis 4.

E. palustris (L.) Cr.; 2n: 40
Weiße Sumpfwurz
Am 30–50 cm hohen Sproß sitzen schmal-lanzettliche, zugespitzte Laubblätter. Die Sepalen sind rötlichgrün, die Petalen weiß und rötlich geadert, vom weißen Labellum ist das Hypochil rot, das Epichil rosa geadert und mit zwei gelben Schwielen ausgestattet. Blütezeit: Juni–August. Standorte sind Sumpfwiesen und Quelläufe. Kulturhinweis 4; doch feuchter bis naß zu kultivieren.

Gymnadenia R.Br.

Der englische Botaniker R. BROWN stellte 1813 die Gattung auf und benannte sie auf Grund des fehlenden Täschchens um die Klebscheibe (Drüse) mit *gymnos* (griech. nackt) und *aden* (griech. Drüse). Im Deutschen: Gymnadenie, auch Händelwurz.
Der von schmalen Laubblättern umgebene Blütenschaft entwickelt sich aus fingerförmig geteilter Wurzelknolle. Die Blüten sind ausgezeichnet durch abstehende Sepalen, helmartig angeordnete Petalen und ein dreilappiges, mit dünnem Sporn versehenes Labellum. Die Columna ist kurz, zwischen den Klebscheiben ist ein längeres Rostellum eingefügt. Etwa sieben Arten sind von Europa bis nach China verbreitet.

G. conopsea (L.) R.Br.; 2n: 40, 80
Mücken-Händelwurz
Die 40–80 cm hohe Pflanze mit langgestreckter, reichblumiger Ähre hat hellrosa bis dunkel lilarosa Blüten mit einem dünnen Sporn von fast doppelter Fruchtknotenlänge. Blütezeit: Mai–August. Standorte sind trockenere bis feuchte Wiesen, Waldränder und Hangwiesen. Kulturhinweis 1.

G. odoratissima (L.) Rich.; 2n: 20, 40
Wohlriechende Händelwurz
Habitus und Blüte wie *G. conopsea,* jedoch ein Drittel kleiner, mit lockerem Blütenstand, weißlichen bis dunkel rosalila Blüten und kurzem, kaum frucht-

knotenlangem Sporn. Blütezeit: Juni–Juli. Nur in Kalkgebieten an grasigen Weg- und Waldrändern. Kulturhinweis 1; auf Kalkboden.

Himantoglossum Koch

Die von dem deutschen Arzt und Botaniker W.D.J. Koch 1837 aufgestellte Gattung wurde nach dem langgestreckten Labellum mit *himas* (griech. Riemen) und *glossa* (griech. Zunge) benannt. Im Deutschen: Himantoglossum, auch Riemenzunge.
Die Vegetationsperiode erstreckt sich vom Herbst bis zum Frühsommer, die Pflanzen überwintern mit 5–10 cm langen Laubblättern und halten im Sommer bei abgestorbenen oberirdischen Organen eine Ruheperiode ein. Die Sepalen und Petalen stehen helmartig beisammen, das dreilappige, sackartig gespornte Labellum ist sehr lang und geschlitzt. Die beiden Pollinien haben eine gemeinsame Klebscheibe. Vier Arten in Europa und Kleinasien.

H. hircinum (L.) Koch; 2n: 36
Syn.: *Loroglossum hircinum* (L.) Rich.
Nach Bock riechende Riemenzunge
Der locker- bis dichtblumige Blütenschaft wird 40–80 cm hoch; an der etwa 1 cm breiten Blüte ist die Lippe 5–8 cm lang. Der weißliche bis grünliche Helm ist innen bräunlichrot gestreift bis punktiert; die Seiten- und Mittellappen des gleichfarbigen Labellums sind unterschiedlich breit bräunlichrot umrandet. Blütezeit: Mai–Juli. Standorte sind Trockenrasenhänge und Gebüschlichtungen auf Kalkböden. Kulturhinweis 3.
Der Artenkomplex *H. hircinum* wurde 1978 getrennt in *H. adriaticum* Baumann, mit langgestrecktem Blütenstand, locker stehenden Blüten und wenig gedrehtem Mittellappen des Labellums, und *H. hircinum* (L.) Koch, mit gedrungenem Blütenstand, dichtstehenden Blüten und stark gedrehtem Mittellappen des Labellums.

Listera R.Br.

Der englische Botaniker R. Brown benannte 1813 diese Gattung nach dem englischen Arzt und Naturforscher M. Lister. Im Deutschen: Listera, auch Zweiblatt.
Das langgestreckte Rhizom bildet alljährlich einen oberirdischen Sproß mit zwei, selten drei, gegenüberstehenden Laubblättern aus. Die Blüte weist keine typische Columna auf, die Anthere ist von zwei Staminodien flankiert. Oberhalb der beiden fertilen Narbenlappen befindet sich das mit Viscidium versehene Rostellum.

L. ovata (L.) R.Br.; 2n: 32, 34, 35, 36, 38, 42
Eirundes Zweiblatt
Die 40–60 cm hohe Pflanze trägt breit-ovale Laubblätter und die unterschiedlich dichtblumige Infloreszenz hell- bis dunkelgrüne Blüten. Die Sepalen und Petalen sind helmartig zusammengeneigt, das langgestreckte, geteilte Labellum

ist rundlich gelappt. Blütezeit: Mai–Juni. Auf Wiesen, in Auen und an Waldrändern. Kulturhinweis 4.

Ophrys L.

Den griechischen Namen *ophrys,* Augenbraue, übernahm 1753 der schwedische Arzt und Botaniker C. VON LINNÉ von dem römischen Schriftsteller PLINIUS, der damit eine Pflanze zum Färben der Haare bezeichnet hatte. Im Deutschen: Ophrys, auch Ragwurz.
Nach einer Ruhe im Sommer entwickelt die Pflanze im Spätherbst aus der Wurzelknolle mehrere Winterblätter und im Frühjahr den wenig- bis reichblumigen Blütenschaft. Die Sepalen und Petalen haben verschiedene Größe und Färbung. Das ornamentreiche Labellum ist ganzrandig oder dreilappig, es kann flach ausgebreitet bis konvex, mit oder ohne Höcker bzw. Anhängsel sein. Oft ist es samtartig, am Rande mehr oder weniger stark behaart, oft mit einem Mal gezeichnet. Die Klebscheiben der Pollinien sind getrennt. Nach Absterben der oberirdischen Organe im Spätfrühjahr durchläuft die neue Wurzelknolle eine Ruhe- und Reifeperiode. Die Gattung umfaßt etwa 45 Arten, von denen vier in Mitteleuropa, die übrigen im mediterranen Bereich zu finden sind.

O. apifera Huds.; 2n: 36
Bienenragwurz
Die 30–60 cm hoch werdende Pflanze mit fünf- bis zwölfblumiger Infloreszenz hat 2–3 cm breite Blüten. Die großen Sepalen und auffallend kleinen Petalen sind hell- bis dunkelrosa. Das dreilappige, konvexe, mit behaarten Höckern versehene Labellum ist schwärzlich- bis purpurbraun. Ein helles Mal umrandet das Basalfeld, außerdem sind im unteren Labellumteil fast stets zwei isolierte Flecken vorhanden. Der sehr lange Konnektivfortsatz ist geschlängelt. Blütezeit: Mai–Juli. Standorte sind sonnendurchwärmte Trockenrasen und Auengebiete auf Kalkböden. Kulturhinweis 3.

O. holosericea (Burm.f.) Greut.; 2n: 36, Farbbild 119
Syn.: *O. fuciflora* (F.W. Schmidt) Moench
Hummelragwurz
Die drei- bis siebenblumige Infloreszenz der 25–45 cm hohen Pflanze hat 1,5–2 cm breite Blüten. Die Sepalen und Petalen sind gleich gefärbt oder unterschiedlich hell bis dunkel rosalila, weißlich oder grünlich. Das leicht gewölbte, wenig gehöckerte Labellum ist rot- bis purpurbraun mit kontrastreichem, sehr variierendem Mal. Blütezeit: Mai–Juni. Standorte sind sonnendurchwärmte Trockenrasen, Auen, seltener Mähwiesen auf Kalkböden. Kulturhinweis 3.

O. insectifera L.; 2n: 36
Syn.: *O. muscifera* Huds.
Fliegenragwurz
Die 30–50 cm hohe Pflanze mit vier- bis zehnblumiger Infloreszenz hat etwa 1 cm breite Blüten. Die Sepalen sind grün, die auffallend fadenförmigen Petalen

rötlichbraun; von gleicher Färbung ist das langgestreckte, dreilappige Labellum mit zusätzlich geteiltem Mittellappen. Das schildartige Mal ist blaugrau. Blütezeit: Mai–Juli. Standorte sind Waldwiesen sowie Lichtungen von Laub- und Mischwäldern auf Kalkböden. Kulturhinweis 3.

O. sphecodes Mill.; 2n: 36
Spinnenragwurz
Die Pflanze erreicht eine Höhe von 25–45 cm, die drei bis acht Blüten der Infloreszenz haben eine Breite von 1,5–2 cm. Die Sepalen und Petalen sind grün, das konvexe Labellum ist dunkel- bis rötlichbraun, manchmal mit gelblichem Rand. Ein H-förmiges bläulichviolettes Mal kennzeichnet die Art. Blütezeit: April-Juni. Auf sonnendurchwärmten Trockenrasen und an Waldrändern auf Kalkböden. Kulturhinweis 3.

Orchis L.

Der im 1. Jahrhundert n. Chr. lebende griechische Arzt P. DIOSKURIDES bezeichnete in seiner Arzneimittellehre Pflanzen mit zwei Knollen als *orchis*, Hoden. Dieser Name wurde 1753 von C. VON LINNÉ übernommen. Im Deutschen: Orchis, auch Knabenkraut.
Die im Hochsommer ruhende Wurzelknolle entwickelt vor Wintereinbruch einige Laubblätter bzw. einen bis zur Erdoberfläche reichenden Kurzsproß. Im Frühjahr erfolgt mit weiterer Ausbildung der Laubblätter auch die des Blütensprosses. Die Sepalen sind bei einem Teil der Arten abstehend bis zurückgeschlagen, bei anderen mit den Petalen zu einem Blütenhelm zusammengeschlossen. Das gespornte Labellum ist dreilappig, wobei der Mittellappen nochmals gelappt sein kann. Die Klebscheibe der beiden Pollinien ist mit gelenkiger Bursicula versehen. Zwischen den Stipes der Pollinien befindet sich eine langgestreckte Rostellumfalte. Etwa 36 Arten von Europa bis zur Mongolei.

O. mascula (L.) L.; 2n: 42
Männliches Knabenkraut, Mannsknabenkraut
Von der 30–60 cm hohen Pflanze ist die Basis der glänzenden Laubblätter und die des Blütenschaftes unterschiedlich braunrot bis purpur punktiert. Von der hellrosa bis lilaroten Blüte ist der Mittelteil des dreilappigen Labellums heller und dunkler punktiert. Blütezeit: April–Juni. Standorte sind feuchte Wiesen und der Rand von Laubwäldern. Kulturhinweis 3; jedoch feuchterer Wuchsort.

O. militaris L.; 2n: 42
Helm-Knabenkraut
Der 30–60 cm hohe Blütenschaft ist lockerblumig. Die Sepalen und Petalen stehen helmartig beisammen, sind innen rosalila und dunkler geadert. Der rosalila, mit dunkleren Haarbüscheln besetzte Mittellappen des dreiteiligen Labellums ist nochmals gelappt und dazwischen mit einem kleinen Zähnchen versehen. Der Sporn hat halbe Fruchtknotenlänge. Blütezeit: Mai–Juni. Auf Magerwiesen, wiesigen Berghängen und an Waldrändern. Kulturhinweis 3.

O. morio L.; 2n: 36
Kleines oder Salep-Knabenkraut
Der lockere Blütenschaft wird 15–30 cm hoch. Die Farbe der Blüte variiert von hellrosa bis lilarot. Die Sepalen und Petalen stehen helmartig zusammen und sind innen grün geadert. Der mittlere, hellere Teil des dreilappigen Labellums ist rot- bis rosalila punktiert. Der Sporn erreicht nicht die Fruchtknotenlänge. Blütezeit: Mai–Juni. Standorte sind trockenere bis feuchte Wiesen. Kulturhinweis 3.

O. palustris Jacq.; 2n: 42
Sumpf-Knabenkraut
Umgeben von schmalen, linealischen Laubblättern trägt der 40–60 cm hohe Schaft locker verteilte Blumen. Von der lila- bis rosaroten Blüte sind die seitlichen Sepalen hochgestellt, das mittlere Sepalum und die Petalen zum Helm zusammengeneigt, das Labellum ist schwach dreiteilig und punktiert. Der Sporn ist so lang wie der Fruchtknoten. Blütezeit: Mai–Juni. Standorte sind feuchte Wiesen. Kulturhinweis 3; jedoch feuchter stehend.

O. purpurea Huds.; 2n: 40, 42
Purpur-Knabenkraut
Der reichblumige, 50–80 cm hohe Blütenschaft ist von glänzenden Laubblättern umgeben. Die Sepalen und Petalen stehen helmartig beisammen, sind außen rosa bis purpur und dunkler gefleckt, innen grünlich. Der Mittellappen des dreiteiligen, weißlichen bis rosafarbigen, mit zahlreichen dunkleren Papillen besetzten Labellums ist nochmals gelappt und mit einem kleinen Zähnchen versehen. Blütezeit: Mai–Juni. In Laub- und Buschwäldern und auf Lichtungen. Kulturhinweis 3; jedoch im Schatten größerer Sträucher.

O. tridentata Scop.; 2n: 42
Dreizähniges Knabenkraut
Die Laubblätter sind zugespitzt, und der Blütenstand des 15–30 cm hohen Schaftes ist kugelig bis eiförmig. Rosa Blüten, Sepalen und Petalen dunkler gestreift, das dreilappige Labellum dunkler gefleckt. Blütezeit: Mai–Juni. Auf kurzrasigen Wiesen über Kalkböden. Kulturhinweis 3.

O. ustulata L.; 2n: 42
Brand-Knabenkraut
Die Höhe des Blütenschaftes variiert zwischen 10 und 50 cm. Die reichblumige Infloreszenz ist im knospigen Zustand purpurbraun. Die Sepalen und Petalen bilden einen außen purpurbraunen, innen weißlichen Blütenhelm. Der Mittellappen des dreiteiligen Labellums ist nochmals gelappt, weißlich bis rosa und purpurbraun gefleckt. Der Sporn ist kurz. Blütezeit: Mai–Juli. Standorte sind Trockenrasen und Mähwiesen. Kulturhinweis 3.

Platanthera Rich.

Der Name wurde von dem französischen Botaniker L. M. C. Richard 1818 aus *platys* (griech. breit) und *anthera* (griech. Staubbeutel) zusammengestellt. Im Deutschen: Platanthera, auch Waldhyazinthe, Kuckucksblume.
Die beiden in Mitteleuropa beheimateten Arten haben rübenförmige Wurzelknollen, meistens zwei zungenförmige Laubblätter und dicht- bis lockerblumige Infloreszenzen. Die markantesten Blütenmerkmale sind das zungenförmige Labellum, der lange fadenförmige Sporn, die breite, konkave Narbe und die getrennten Klebkörperchen. Eine Rostellum-Falte ist nicht vorhanden. – Etwa 52 Arten mit Verbreitung von Nordamerika über Europa bis nach Japan.

P. bifolia (L.) Rich.; 2n: 42
Weiße Waldhyazinthe, auch zweiblättrige Kuckucksblume
Der lockerblumige Blütenschaft wird 30–50 cm hoch. Die seitlichen Sepalen der weißen Blüte stehen ab, das mittlere schließt sich mit den Petalen zum Helm. Der Sporn ist sehr lang, die Theken stehen parallel. Blütezeit: Mai–Juli. In lichten Wäldern, an Waldrändern und auf Sumpfwiesen. Kulturhinweis 1.

P. chlorantha (Cust.) Rchb.; 2n: 42
Grüne Waldhyazinthe, auch Berg-Kuckucksblume
In Habitus und Blüte wie *P. bifolia*, nur von kräftigerem Wuchs und mit mehr grünlichen Blüten. Das charakteristische Merkmal sind die schräg stehenden Theken. Blütezeit: Mai–Juli. Standorte sind Bergwiesen und Waldränder. Kulturhinweis 1. Es wird nochmals daran erinnert: das Ausgraben heimischer Orchideen ist verboten. Die nachfolgenden Kulturhinweise verstehen sich für die Betreuer von Naturgärten, welche im Einvernehmen mit den Naturschutzbehörden Orchideen von Baustellen aller Art in Naturgärten geschützter Standorte evakuieren.

Kulturhinweis 1. Erfolgversprechend ist die Ansiedlung evakuierter Orchideen nur auf dafür speziell hergerichteten, durch Baumgruppen leicht beschatteten Beeten. Diese sind vorher bis zu ½ m Tiefe auszuschachten und mit standortgerechtem Erdmaterial zu füllen. Gegen das Eindringen von Wurzeln unerwünschter Pflanzen sollten die Seitenwände der Grube, keineswegs der Boden, mit Kunststoffolie ausgekleidet sein. Zur Füllung ist ein Gemisch aus Löß oder Lehm mit leicht verwitterbarem Kalksteingrieß zu verwenden, das nach dem Einfüllen gut angefeuchtet wird. Erst nach mehreren Tagen, wenn sich das Erdgemisch gesetzt hat, ist das Beet bereit zur Pflanzung. Zwischen April und August sind die vom Standort zu evakuierenden *Dactylorhiza, Gymnadenia* und *Platanthera* mit würfelförmigen, nicht mit konisch nach unten verjüngten Wurzelballen auszustechen und nach Möglichkeit sofort einzusetzen. Der würfelartige Wurzelballen läßt sich ohne Hohlraum einpflanzen, wodurch ein späteres Absinken der den Ballen umhüllenden Erde vermieden wird. Vor dem Einpflanzen sind aus dem Wurzelballen alle staudenartigen Gräser und Blütenpflanzen an der Erdoberfläche abzuschneiden, um dadurch ihrem Überhandnehmen vorzubeugen. Niedrigbleibende Bodenbedecker und Moose kann man belassen bzw. sind zusätzlich polsterartig vom Standort abzutragen und zur Vergrößerung der Abdeckungsfläche zu verwenden. Nach der Pflanzung ist ein neuerliches Einschwemmen zur Bindung von Wurzelballen und Mutterboden notwendig. Auch später ist bei Bedarf gute Durchwässerung des Beetes sowie häufige Befeuchtung der Bodenoberfläche zur Weiterentwicklung der bodenbedeckenden Flora unbedingt erforderlich. Zu vermeiden sind größere Bodenerwärmung (daher beschatteter Standort), jedes Austrocknen (daher bei Bedarf Bewässerung ohne Übernässung) und im Winter die Hackschäden größerer Vögel (Drahtgitter als Schutz). Um der Illusion vorzubeugen, die evakuierten Orchideen würden sich auf solchen Beeten jahrzehntelang entfalten, sei gleich bemerkt, daß die Lebenserwartung der Pflanzen in der Natur vom ersten Blühen an durchschnittlich 5 bis höchstens 10 Jahre beträgt.

Kulturhinweis 2. Das schattenlose Moorbeet wird grundsätzlich wie das in Hinweis 1 beschriebene Erdbeet angelegt, jedoch soll die ausgehobene Grube flächenmäßig größer sein und ein Gefälle aufweisen. Die Grube ist allseitig mit Folie zu isolieren, bevor sie mit vom Standort entnommener mooriger Erde angefüllt wird. Das ständig von der höchsten Beetseite zugeführte Wasser (gesammeltes Regenwasser) ist gleich einem schwach fließendem Bachlauf auf der gegenüberliegenden Seite über eine Schwelle wieder abzuleiten. Um den Wasserfluß durch das Moorbeet zu erleichtern, wird die untere Hälfte der Grube mit trockenen Ästen und Zweigen locker belegt, ehe man sie durch Eintreten und -wässern mit Moorerde anfüllt. Die obere Schicht ist frei von auflockernden Zugaben. Nach gründlicher Wässerung und Setzen der Erde ist das Beet für die entsprechenden Orchideen und andere Moorbeetgewächse pflanzfertig.

Kulturhinweis 3. Eine erfolgreiche Weiterkultur von evakuierten Orchideen mit Sommerruhe (*Ophrys, Orchis, Himantoglossum* usw.) ist nur bei Anlagen in einem wärmebegünstigten Gebiet möglich. Es sollten dort im Winterhalbjahr größere Boden- und Luftfeuchtigkeit, im Frühjahr reichlichere Regenfälle und im Sommer längere Trockenheit, jedoch keine Dürre, vorherrschen. Die Wachstumsperiode dieser Orchideen ist diesem Klimaverlauf angepaßt; sie erstreckt sich vom Spätsommer/Herbst bis Frühjahr/Frühsommer mit einer Ruheperiode im Hochsommer. An der ruhenden, neuen Wurzelknolle entwickelt sich die anfangs embryonale Sproßanlage, die bereits im Herbst auszutreiben beginnt. Sind die Sommerwochen durch anhaltendes Schönwetter relativ trocken, begünstigt dies die Reife der meisten Knollen und die Ausbildung zahlreicher großer Blattrosetten, während die Samenkeimung weitgehend unterbleibt. War dagegen der Sommer regenreich, überleben die wenigsten Knollen größere Bodennässe, doch wird die Entwicklung einer größeren Anzahl von Sämlingen gefördert. Diese können unter einigermaßen günstigen Bedingungen nach 4–6 Jahren erstmals blühen.

Die Anlage eines geeigneten Beetes ist wie in Hinweis 1 angegeben, vorzunehmen, jedoch unter Verwendung von Standorterde oder eines kalksteingrießbzw. muschelkalkreichen Lößgemisches. Eine Einschwemmung der Erde erfolgt nicht, doch wartet man ab, bis sie sich gesetzt hat. Die beste Zeit zum Umpflanzen liegt im Frühjahr/Frühsommer, wenn die oberirdischen Organe einziehen. Die ausgegrabenen, vom alten Erdmaterial grob befreiten Knollen sind in etwa der Tiefe ihrer Höhe in das bereitgestellte Beet einzusetzen. Ein Angießen des Beetes erfolgt nicht; die leicht angedrückte Bodenoberfläche wird zur Verhinderung einer Verkrustung mit Kiefern- oder Fichtennadeln etwa 1 cm hoch abgedeckt. Locker wachsendes Waldmoos kann die Koniferennadeln ersetzen, insbesondere dann, wenn die Voraussetzungen zur Weiterentwicklung des Mooses gegeben sind. Vor und nach Sproßaustrieb im Spätsommer/Herbst ist in den Wochen größter Trockenheit ein Angießen bzw. öfteres leichtes Überbrausen des Beetes zum Befeuchten des Bodens (Tauimitation) erforderlich. Ebenso ist in trocken-heißen Frühjahrswochen die gleiche Kulturmaßnahme zur besseren Blütensproßentfaltung empfehlenswert. Die Wassergaben aber dürfen nicht zu stauender Bodennässe führen, da sonst die Sprosse verfaulen. Mit Beginn der Blüte bis zum Spätsommer darf nicht mehr gewässert werden. Während der Wintermonate und zu Frühjahrsanfang sollte man als Schutz gegen Trockenheit, Kahlfröste und schädigende Spätfröste Kunststoffolien in Tunnelform etwa einen halben Meter über die Beete spannen.

Kulturhinweis 4. Die Neuanlage eines Beetes für Orchideen mit Rhizomen *(Cypripedium, Epipactis, Cephalanthera, Listera)* erfolgt wie in Hinweis 1 angegeben, jedoch im Mittagsschatten höherer Laub- und Nadelbäume. Außerdem soll sich der Standort in den Sommermonaten nicht übermäßig erwärmen und austrocknen. Das für das Beet benötigte Erdmaterial besteht aus einem Gemisch von abgelagerter Lauberde, Kalksteingrieß und Lehm- oder Lößboden im Verhältnis von 1 : 1 : 2. Die Verpflanzung wird am besten im Spätsommer/Herbst vor Einziehen der oberirdischen Sproßorgane vorgenommen. Der angegossene Wurzelstock erhält dann durch die Niederschläge im Herbst und Winter eine feste Bindung mit dem Erdreich des Beetes. Im Frühjahr verpflanzte Orchideen erfordern mehr gärtnerische Betreuung, insbesondere durch reichliche Bewässerung in Schönwetterperioden. Gegen Verkrustung und zu rasches Austrocknen der Erdoberfläche wird das Beet alljährlich neu mit einer dünnen Schicht halbverrottetem Laub oder mit Koniferennadeln abgedeckt. Gut eingewurzelte Orchideen vertragen bei feuchtem Erdreich im Sommerhalbjahr eine zwei- bis viermalige schwache Düngung (0,25 g/Liter). Stärkere Düngergaben führen zu Mißbildungen im Blütenbereich (Vergrünung) oder zum Absterben des Stockes. Bei Pflanzung auf einen zu sonnig-heißen Standort bleiben die Pflanzen niedrig und verkümmern.

Kulturhinweis 5. Die in Mitteleuropa nur teilweise winterharten Cypripedienarten aus Nordamerika und Asien brauchen einen leicht sauren, humusreichen Lehmboden ohne Kalksteinzugaben und in den Sommermonaten reichlichere Wassergaben als *C. calceolus*. Die spätaustreibende *C. reginae* wächst gern in humosem, sandigem Boden nächst einem fließenden Wässerchen. Käuflich erworbene, als zu schwach angesehene Rhizome läßt man bei sorgfältiger Betreuung erst 1–3 Jahre im Topf erstarken, ehe man sie im Beet weiterkultiviert.

8.6 Entwicklungsdauer von Samenkapseln

In der nachfolgenden Liste wird von einigen im Botanischen Garten Wien überprüften Arten die Dauer der Samenkapselentwicklung bei Fremd- oder Nachbarbestäubung angegeben. Bildete sich bei Nachbarbestäubung keine Samenkapsel bzw. nur eine Scheinfrucht, wird dies durch „erfolglos" angezeigt. Die Entwicklungszeit einer Scheinfrucht kann bis zu $^3/_4$ der Zeitlänge für eine mit Samen gefüllte Kapsel betragen (siehe dazu Abb. 113). Wo für die Untersuchungen nur eine einzige Infloreszenz zur Verfügung stand, fehlen in der betreffenden Rubrik die Angaben für Fremdbestäubung. Die Menge an gut ausgebildeten Samen gegenüber tauben bzw. solchen mit schwächlichem Embryo innerhalb einer Kapsel hängt nicht nur von der Anzahl der befruchteten Samenanlagen ab, sondern auch vom Gesundheitszustand der Pflanzen und vom Alter der Blüte am Bestäubungstag. Entsprechend der artbedingten Blühlänge liegt der günstigste Bestäubungstag zwischen dem 2. und 5. Blühtag. Sonnig-trockenes Wetter beschleunigt, trüb-feuchtes verzögert die Entwicklung und Reife der Samenkapsel.

Reifezeit von Orchideenfrüchten vom Tag der Bestäubung bis zum beginnenden Verfärben oder Aufreißen der Fruchtwände bei Fremd- (FB) und Nachbarbestäubung (NB). Angaben in Wochen.

	FB	NB
Acacallis		
cyanea	32–33	erfolglos
Aërangis		
kotschyi	–	erfolglos
Anacamptis		
pyramidalis	–	6–8
Angraecum		
distichum	–	29–33
Bifrenaria		
harrisoniae	–	erfolglos
Bletia		
campanulata	–	12–13
purpurea	–	9–10
Bletilla		
striata	27–31	27–31
Brassia		
verrucosa	–	erfolglos
Bulbophyllum		
barbigerum	–	14–18
leopardinum	–	erfolglos
micholitzii	–	64–66
Calanthe		
vestita	–	12–14

	FB	NB
Catasetum		
fimbriatum	35–47	erfolglos
planiceps	48	erfolglos
russellianum	32–43	32–43
Cattleya		
amethystoglossa	–	erfolglos
aurantiaca	–	42–43
bowringiana	41–43	41–43
dowiana		
var. *aurea*		erfolglos
Hybriden	44–45	–
intermedia	42–43	–
maxima	–	31–32
walkeriana	–	erfolglos
Chysis		
aurea	–	99–100
bractescens	47–49	53–57
Cirrhopetalum		
ornatissimum	–	18–21
Cochlioda		
rosea	–	erfolglos
Coelogyne		
cristata	78–91	82–139
flaccida	86–115	erfolglos
massangeana	–	erfolglos
Cymbidium		
tigrinum	–	erfolglos
tracyanum	–	erfolglos
Cypripedium		
calceolus	16–18	19–20
Dactylorhiza		
maculata/fuchsii	–	6–10
majalis	–	7–8
Dendrobium		
bellatulum	–	erfolglos
chrysotoxum	50–52	50–52
crumenatum	38–40	erfolglos
densiflorum	50	erfolglos
devonianum	–	erfolglos
farmeri	58–60	erfolglos
fimbriatum	–	erfolglos
heterocarpum	47–49	40–43
loddigesii	35–37	erfolglos
moschatum	53	erfolglos

	FB	NB
nobile	42–60	45–68
phalaenopsis	30–32	erfolglos
superbum	58–60	erfolglos
Disa		
uniflora	6–8	erfolglos
Encyclia		
atropurpurea	35	erfolglos
citrina[1]	–	erfolglos
cochleata[1]	–	erfolglos
fragrans[1]	–	erfolglos
mariae[1]	26–30	27–28
polybulbon[2]	44–50	erfolglos
Epidendrum		
fulgens	–	11–15
glumaceum[1]	–	28–30
parkinsonianum[3]	–	erfolglos
sceptum[1]	–	30–31
Epigeneium		
amplum	–	erfolglos
coelogyne	–	erfolglos
Eria		
coronaria	–	18
Eulophia		
guineensis	–	erfolglos
quartiniana	–	26–31
Eurychone		
rothschildiana	–	erfolglos
Gongora		
galeata	19–21	21–23
Himantoglossum		
hircinum	5–8	6–8
Laelia		
anceps	17–19	17–19
autumnalis	24–25	–
cinnabarina	–	34–35
flava	–	erfolglos
harpophylla	–	erfolglos
lundii	–	51–53
perrinii	–	81
superbiens	–	51
Lycaste		
aromatica	–	erfolglos
cruenta	–	51–52
cruenta	bei Herbstblüte	75

[1] jetzt zur Gattung *Hormidium* gehörend
[2] jetzt zur Gattung *Dinema* gehörend
[3] jetzt zur Gattung *Auliza* gehörend

	FB	NB
deppei	–	erfolglos
virginalis	46–52	60–61
Masdevallia		
bella	–	22–24
tovarensis	–	14–16
Maxillaria		
elatior	–	erfolglos
porphyrostele	11–13	erfolglos
sophronitis	–	erfolglos
tenuifolia	10–15	erfolglos
variabilis	–	erfolglos
Miltonia		
endresii	–	20
spectabilis	–	erfolglos
Odontoglossum		
bictoniense	–	erfolglos
Hybriden	47	–
laeve	–	erfolglos
pendulum	–	erfolglos
rossii	49–51	–
uro-skinneri	–	54–56
Oncidium		
cavendishianum	–	erfolglos
cebolleta	21	erfolglos
crispum	–	erfolglos
forbesii	19–23	erfolglos
lanceanum	33–35	erfolglos
leucochilum	–	erfolglos
ornithorhynchum	20–21	erfolglos
papilio	20–21	–
sphacelatum	47–50	erfolglos
splendidum	–	64–65
Ophyrs		
bombyliflora	–	10–12
holosericea	8–10	8–10
speculum	7–12	7–12
sphecodes	8–10	8–10
Orchis		
anatolica	12–16	12–14
canariensis	–	14
italica	10–12	10–12
militaris	8–10	8–10
morio	–	5–8

	FB	NB
quadripunctata	–	8–9
sancta	9–12	9–12
tridentata	–	6–8
Osmoglossum		
pulchellum	–	56–57
Paphiopedilum		
appletonianum	48–50	–
callosum	–	31–32
concolor	46–47	–
delenatii	–	46
insigne	43–67	erfolglos
rothschildianum	–	erfolglos
venustum	–	erfolglos
Peristeria		
elata	–	33–35
pendula	–	erfolglos
Phaius		
tancarvilliae	22–30	22–27
wallichii	22–27	22–26
Phalaenopsis		
cornu-cervi	51–54	erfolglos
Hybriden	32–33	
mannii	–	60–62
schilleriana	–	erfolglos
stuartiana	–	erfolglos
Pleione		
lagenaria	–	38–41
maculata	–	37–39
praecox	–	35–42
Renanthera		
coccinea	–	erfolglos
imschootiana	–	erfolglos
Rhyncholaelia		
digbyana	–	erfolglos
glauca	–	erfolglos
Rhynchostylis		
retusa	21–22	–
Rossioglossum		
grande	–	erfolglos
schlieperianum	31–34	31–34
williamsianum	–	erfolglos
Schomburgkia		
lyonsii	–	22–23
Serapias lingua	–	6–8

	FB	NB
neglecta	–	6–8
orientalis	9–10	–
parviflora	7–8	–
Sophronitis		
cernua	–	erfolglos
coccinea	40–47	–
Stanhopea		
graveolens	–	39–41
oculata	–	34–35
Thunia		
marshalliana	46–49	46–49
Trichopilia		
tortilis	30–35	–
Vanda		
coerulea	–	66–68
Hybriden	65–66	–
tricolor	–	47–71
Vanilla		
planifolia	–	47–56
Zygopetalum		
intermedium	–	29–31
maxillare	–	77–78

Literaturverzeichnis

Butzin, F.: Etymologie der wissenschaftlichen Namen von häufig kultivierten exotischen Orchideen, zugleich eine Zusammenstellung ihrer deutschen Namen. Orchidee 27, 38–40 und 82–88, 1976.

Danesch, O. und E.: Orchideen Europas. 1. Bd. Mitteleuropa, 2. Bd. Südeuropa, 3. Bd. Ophrys-Hybriden. Hallwag-Verlag, Bern und Stuttgart 1962–1972.

Fedorov, A.: Chromosome Numbers of Flowering Plants. Komarov Botanical Institute, Moskau, Isdat. Nauka, Leningrad 1969.

Hofmann, M.: Gedanken zur Erhaltung des Artenreichtums der Orchideen. Orchidee 24, 139–140, 1973.

– Katalog der kultivierten Orchideen. Private Veröffentlichung, 1975.

Sadovsky, O.: Orchideen im eigenen Garten. Bayerischer Landwirtschaftsverlag, München 1965.

Schlechter, R.: Die Orchideen. Hrsg.: F. G. Brieger, R. Maatsch und K. Senghas. 3. Aufl. Verlag P. Parey, Berlin und Hamburg. Ab 1970 in Lieferungen erscheinend.

Schultes, R. E., and Pease, A. S.: Generic Names of Orchids. Academic Press, New York und London 1963.

Sundermann, H.: Europäische und mediterrane Orchideen. 2. Aufl. Brücke-Verlag, Hildesheim 1975.

Tanaka, R., and Kamemoto, H.: List of Chromosome Numbers in Species of the Orchidaceae. In: C. L. Withner; The Orchids. John Wiley and Sons, New York, London, Sydney, Toronto 1974.

Bildquellen

Soweit Abbildungen aus der Literatur übernommen wurden oder auf firmeneigenem Material beruhen, ist dies in der jeweiligen Legende vermerkt.

Farbbilder
1–3 Prof. E. L. Nuernbergk, Hamburg
4 Dr. Inga Steinvorth-Goetz, Caracas
5–10 Gartenbauing. (grad.) Paul Kurzmann, Freising-Weihenstephan
11–14 sowie Umschlagbild: Kuno Krieger, Herdecke-Ende
15–23 Dr. Martin Hemer, Münster/Westf.
24–119 Walter Vöth, Botanischer Garten der Universität Wien

Zeichnungen
1–28, 34–37, 90, 97f und g: Regina Brendel, Aarbergen-Panrod
45, 48, 49, 51, 56a und b, 57, 62, 73, 78 Helmuth Sang, Essen
44, 53, 60 Kuno Krieger, Herdecke-Ende
105, 107 J. C. Arends, Renkum
87 Ehrenfried Lücke, Osterode/Harz

Schwarzweißbilder
44, 46, 47, 50, 52, 55, 57, 58, 61, 63–68, 70–72, 76, 77, 79, 80 Kuno Krieger, Herdecke-Ende
41–43, 84–86, 92–97a bis e, 98–102 Paul Kurzmann, Institut für Bodenkunde und Pflanzenernährung der FH Freising-Weihenstephan
103, 104, 109–113 Walter Vöth, Botanischer Garten der Universität Wien
105, 107, 108 J. C. Arends, Renkum
81–83 Hans Koch, Unna
88 Dr. M. Seitz/Claviez, Tübingen
40 Gerhard Bomba, Frankfurt/M.

Verzeichnis der beschriebenen Arten und Hybriden

a) Naturformen (reine Arten)

b) Kulturformen (Hybriden, Varietäten und Sorten)

Sachregister

Mit * versehene Seitenzahlen verweisen auf Abbildungen, Tabellen oder Formeln.

Für Orchideenliebhaber ist „Gartenpraxis" eine echte Bereicherung!

In regelmäßigen Abständen erhalten Sie umfassende Informationen, unter anderem über Orchideen und ihre Besonderheiten.

Fortgeschrittene Hobby-Gärtner haben an dieser exklusiven Gartenzeitschrift ihre wahre Freude. Das ganze Gartenjahr hindurch erscheinen brillante Beiträge über einheimische und fremdländische Garten- und Zimmerpflanzen. Rat bei Gartenproblemen und Hinweise auf praktische Gartengeräte geben in regelmäßigen Abständen die bekanntesten Garten-Fachleute aus dem In- und Ausland.
„Gartenpraxis" erscheint monatlich zum Jahresbezugspreis von z. Zt. DM 73,30. Zum Kennenlernen halten wir für Sie zwei Probehefte für nur DM 3,– bereit.

Verlag Eugen Ulmer · Postfach 1032 · 7000 Stuttgart 1

Kakteen

Einführung in die Kakteenkunde und Anleitung zur erfolgreichen Kakteenkultur. Von Dr. W. Cullmann, Marktheidenfeld. 4. Auflage. 280 Seiten mit 332 Schwarzweißfotos, 60 Farbfotos und 13 Zeichnungen. Ln. DM 58,-

Die schönsten Kalt- und Warmhauspflanzen

Arten, Herkunft, Pflege und Vermehrung. Ein Handbuch für Liebhaber und Fachleute. Großformatiger Bild- und Textband. Von Dr. h. c. F. Encke, Frankfurt/M. 439 Seiten mit 289 teils ganzseitigen Abbildungen von K. Reis. Ln. DM 88,-

Zimmerpflanzen

Alte und neue Arten, ihre Behandlung und Vermehrung. Von Dr. h. c. F. Encke, Greifenstein. Überarbeitete und ergänzte 11. Auflage. 183 Seiten mit 104 Farbfotos und 36 Zeichnungen. Kst. DM 19,80

Das große Blumenbuch

Pflanzenlexikon der Garten- und Hauspflanzen mit 2048 Farbfotos. Zusammengestellt von R. Hay und P. M. Synge, London. Deutsche Bearbeitung von Dr. A. Herklotz, Hannover, und Dipl.-Gärtner P. Menzel, Niederzissen/Brohltal. 4. Auflage. 371 Seiten mit 256 Farbtafeln. Kst. DM 78,- (Großformat 25 x 31 cm)

Sträuße aus meinem Garten

Kultur, Schnitt und floristische Verarbeitung der Gehölze, Stauden und Sommerblumen. Von M. Beuchert, Frankfurt. 2. Auflage. 237 Seiten mit 24 Farbtafeln und 55 Zeichnungen. Kst. mit Schutzumschlag DM 38,-

Ikebana-Kurs

Eine Anleitung für das japanische Blumenbinden. Von N. Sparnon, Japan. Übersetzung und deutsche Bearbeitung von I. Wundermann, Ahlem. 2. Auflage. 83 Seiten mit 16 Farbtafeln und 154 Schwarzweißfotos. Ln. mit Schutzumschlag DM 19,80

Das Ikebana-Jahr

Von K. Teshigahara, Japan, mit einer Einführung von E. Harms, Köln. 137 Seiten mit 57 Farb- und 59 Schwarzweißfotos. Kst. mit Schutzumschlag DM 38,-

Die Kunst des japanischen Bonsai

Formen und Pflegen von Zwergbäumen. Ein Gartenpraxis-Buch. Von W. Schmidt, Hamburg. 2. Auflage. 176 Seiten mit 40 Farbfotos, 13 Schwarzweißfotos und 14 Zeichnungen. Ln. mit Schutzumschlag DM 68,-

Erhältlich durch jede Buch(Fach)handlung · Prospekte kostenlos

Verlag Eugen Ulmer · Postfach 1032 · 7000 Stuttgart 1